HISTOIRE

DU SECOND EMPIRE

DU MÊME AUTEUR

Histoire populaire de la Révolution française,
nouvelle édition, un fort volume in-18. Prix : 3 francs.

Histoire populaire du Consulat et de l'Empire,
un fort volume in-18 jésus. Prix : 3 francs.

HISTOIRE

DU

SECOND EMPIRE

PAR

HIPPOLYTE MAGEN

DEUXIÈME ÉDITION

PARIS

MAURICE DREYFOUS, ÉDITEUR

10, RUE DE LA BOURSE, 10

1878

Tous droits réservés

LE PROLOGUE DU SECOND EMPIRE

CHAPITRE PREMIER

Une protestation de Joseph Bonaparte. — Le duc de Reichstadt; sa mort. — Transmission du droit napoléonien. — La filialité de Louis-Napoléon ; l'insurgé des Romagnes ; sa fuite et son permis de séjour à Paris. — Le citoyen de Thurgovie. — Conseils de la reine Hortense à son fils. — Espérances et caractère de M. Louis Bonaparte. — M. Fialin, *dit* de Persigny. — Les deux aventuriers s'accordent. — La conspiration de Strasbourg ; ses résultats. — M. Louis Bonaparte est gracié et s'embarque pour New-York. — Acquittement de ses complices. — Son retour en Europe. — Mort de sa mère. — Conflit entre la France et la Suisse. — Départ de M. Louis Bonaparte pour Londres. — Conspirateur et viveur. — La conspiration de Boulogne. — Les conjurés devant la Cour des pairs ; la sentence ; réflexions qu'elle inspire. — M. Louis Bonaparte dans la forteresse de Ham ; la comédie qu'il y joue ; son évasion ; son retour à Londres ; mort de son père ; il prête serment de constable. — Un seul frère de Napoléon Ier a survécu. — Une cérémonie funèbre à Saint-Leu-Taverny. — Situation de M. Louis Bonaparte en février 1848.

En écrivant cette histoire, qui se renoue à celle du premier Empire dont j'ai fait le récit, je me suis proposé de mettre à un point de vue qui le montre tout entier l'abîme où descend un Peuple soumis à un homme.

Napoléon Ier qui, le 30 octobre 1815, avait débarqué à Sainte-Hélène, mourut prisonnier des Anglais sur ce rocher de l'Océan indien, le 5 mai 1821.

Après la révolution de Juillet, Joseph Bonaparte, l'ancien

roi de Naples et d'Espagne, contesta, en sa qualité de frère aîné de l'ex-empereur, à la Chambre des députés le droit de disposer d'une couronne « conférée par la Chambre de 1815 à Napoléon II, conformément au pacte constitutionnel. » S'inclinant, d'ailleurs, devant la souveraineté du Peuple, il ajoutait : « Si la nation croit devoir faire, dans son intérêt, un autre choix, elle en a le pouvoir et le droit, mais elle seule. »

Celui qui devait être Napoléon II et dont la naissance fut si pompeusement fêtée, le 20 mars 1811, portait le nom de duc de Reichstadt, que les alliés lui donnèrent en chargeant son grand-père, l'empereur d'Autriche, de veiller sur lui. On imagina un système d'énervation qui eut un plein succès. L'enceinte de certains châteaux impériaux était pour lui les bornes du monde. Dans ses rares promenades aux environs de Vienne, il était tenu sous une surveillance sévère. On restreignait à la chronologie ses études historiques. Les lettres qu'on lui adressait, et qui auraient pu l'initier à ce qu'on voulait lui laisser ignorer, étaient supprimées. On ne lui parlait pas de son père dont il ne reçut jamais la moindre nouvelle. Marie-Louise avait contracté avec le général autrichien comte Neipper une liaison illicite (1), et ne s'occupait pas plus de son mari que de son fils. Dans sa réponse à une demande d'audience adressée par le poëte Barthélemy, le comte de Diétrichstein, gouverneur du prince, disait : « La politique de la France et celle de l'Autriche s'opposent à ce qu'un étranger, surtout un Français, soit présenté au prince ; il ne voit, ne lit et n'entend que ce que nous voulons qu'il voie, qu'il lise et qu'il entende. S'il recevait une lettre qui eût trompé notre surveillance, il nous la remettrait sans l'ouvrir. »

Cet isolement où on le retenait, cette émasculation de son intelligence, lui produisirent l'ennui de la vie ; émacié,

---

(1) Après la mort de Napoléon, un mariage secret sanctionna cette union.

atrophié le duc de Reichstadt mourut à Schœnnbrun, le 22 juillet 1832, d'un cancer à l'estomac, disaient les uns, de phthisie, prétendaient les autres, — des effets d'un poison lent, affirmaient des bonapartistes. Quoi qu'il en soit de ces diverses allégations, « sur l'héritier présomptif de Napoléon s'accomplissait l'arrêt irrévocable que Dieu, depuis un demi-siècle, semblait avoir prononcé contre l'orgueil des dynasties qui se prétendent immortelles. La mort du duc de Reichstadt ne devait pas fermer la série (1)... »

Deux sénatus-consultes (2) avaient réglé la transmission de la dignité impériale ; au cas où l'Empereur ne laisserait pas d'héritier légitime ou adoptif, elle aurait lieu collatéralement au profit de Joseph Bonaparte et de ses enfants, et, à leur défaut, de Louis Bonaparte et de sa descendance directe, naturelle et légitime.

Joseph n'avait pas de fils ; Louis en avait reconnu trois issus de sa femme Hortense. L'aîné était mort à la Haye, le 5 mars 1807, à l'âge de cinq ans ; le deuxième nommé Napoléon-Louis naquit en 1805. Le roi de Hollande se refusait assure-t-on, à endosser le troisième, Louis-Napoléon né, à Paris, le 20 mai 1808 ; il se serait laissé imposer par l'Empereur cette paternité qu'il reniait. Il ne voulut jamais que le portrait de cet enfant pour lequel sa mère avait une prédilection marquée figurât parmi ceux de tous les autres membres de la famille dans son salon, à Florence où il s'était retiré. Que la filialité de Louis-Napoléon Bonaparte n'ait rien de napoléonien, comme le lui ont reproché à lui-même, plus d'une fois, quelques-uns de ses parents, — et que le père ait protesté, deux fois et par écrit (3),

---

(1) Louis Blanc, *Histoire de dix ans*.
(2) Du 28 floréal an XII et du 5 frimaire an XIII.
(3) A l'époque de son abdication, le roi Louis aurait déposé une protestation à ce sujet dans les archives de la Haye. — En 1831, après l'affaire de Forli, il aurait écrit au pape Grégoire XVI une lettre dans laquelle, après avoir exprimé la tristesse et l'indignation que lui avait causées la part prise à cette insurrection par Na-

contre l'illégitimité de cet enfant, l'historien n'a pas à s'en préoccuper : « La filiation se prouvant par l'acte de naissance, » et celui de Louis-Napoléon Bonaparte ayant été dressé et enregistré dûment et légalement, le troisième fils de la reine Hortense est, aux yeux de l'histoire et aux yeux de la loi, rattaché à la souche d'où sortent les Bonapartes par les mêmes liens familiaux que ses deux frères.

La reine Hortense, que Louis XVIII, après la restauration, avait créée duchesse de Saint-Leu, s'occupait, à Arenemberg, de l'éducation de ses deux fils. En février 1831, les Romagnes s'insurgèrent contre le gouvernement du pape. Les deux frères, affiliés à la société des Carbonari, allèrent prendre part à cette insurrection dont le but était *de soustraire Rome à la domination du pouvoir temporel*. Les Autrichiens battirent les insurgés. Le corps dont faisaient partie Napoléon-Louis et Louis-Napoléon opéra sa retraite sur Forli où une inflammation de poitrine emporta brusquement le premier. L'autre, qui va devenir le héros de cette histoire, trouva un refuge à Ancône. Sa mère y accourut ; elle obtint de l'ambassade anglaise un passe-port sous la protection duquel cette femme intrigante et hardie put conduire à Paris le dernier de ses fils. M Louis Bonaparte sollicita du roi l'autorisation d'y séjourner afin de rétablir sa santé ; la duchesse de Saint-Leu appuya de ses supplications maternelles cette demande que Louis-Philippe accueillit favorablement. Le jeune conspirateur ne tarda pas à tramer contre le gouvernement français des menées qui furent découvertes. La mère et le fils reçurent l'ordre de quitter Paris et retournèrent à Arenemberg.

M. Louis Bonaparte venait d'être naturalisé citoyen de Thurgovie quand il apprit la mort du duc de Reichstadt.

poléon-Louis et par Louis-Napoléon, il disait de ce dernier : « Quant à l'autre qui usurpe mon nom, vous le savez, Saint Père, celui-là, grâce à Dieu, ne m'est rien. Ma femme est une..., etc., etc. » (*Le dernier des Napoléon*. — Élie Saurin, *la France impériale*, etc.)

Aussitôt, la reine Hortense fit scintiller à ses yeux la couronne impériale dont, par transmission du droit napoléonien, il devenait l'héritier. Dès ce moment, elle ne cesse d'inculquer dans l'esprit de son fils l'idée que son étoile est d'être Empereur et l'assurance que s'il marche en foi vers la conquête de l'héritage qui lui échoit, il le sera. Elle maximait ainsi quelques-unes de ses leçons : « Les hommes sont partout et toujours les mêmes ; ils révèrent, malgré eux, le sang d'une famille qui a possédé une grande fortune. Un nom connu est le premier à-compte fourni par le destin à l'homme qu'il veut pousser en avant. — Un prince doit savoir se taire ou parler pour ne rien dire. — Votre oncle a pu établir son autorité en donnant à tous les partis l'espérance particulière qui amusait la badauderie royaliste ou républicaine. — *Tous les moyens de régner sont bons* pourvu qu'on maintienne l'ordre matériellement. » Elle lui apprenait qu'*aux yeux des hommes qui sont crédules on est grand en n'avouant aucune faute et en rejetant, comme le faisait Napoléon, ses torts sur autrui.* Elle lui recommandait « si jamais il était le maître de pourvoir à l'organisation du pays, *de ne pas souffrir qu'on y parle quelque part sans son autorisation expresse ; — que ce soit seulement*, insistait-elle, *sous votre surveillance, car le pouvoir est comme une source dont il ne faut pas remuer le fond.* » Admettant dans ses prévisions, quoique le jugeant improbable, le cas où la nation française ne se livrerait pas à l'héritier de l'Empereur « *dont il faut, sans se lasser affirmer l'infaillibilité, en soutenant qu'il y avait un motif national à tous ses actes,* » la mère disait à son fils : « *Si la France vous échappait définitivement*, l'Italie, l'Allemagne, la Russie, l'Angleterre vous présenteraient encore des sources d'avenir ; *partout, il se produit* DES CAPRICES D'IMAGINATION *qui peuvent élever aux nues l'héritier d'un homme illustre.* »

Dans ce cours de *morale* où abondent les excitations à la pratique des perfidies et du mensonge, au dédain de toute moralité, au mépris des hommes et des lois, la reine Hortense enseignait à M. Louis Bonaparte la méthode qu'il faut suivre pour tromper une nation au moyen « *d'un art des princes consistant à faire miroiter des phrases de manière à ce que, par un phénomène d'optique, elles fassent voir aux peuples tout ce qui leur plait,* » et pour s'emparer du pouvoir en mettant, de guet-apens, l'épée sur la gorge des législateurs et des honnêtes gens; cette méthode la voici : « *Toujours l'œil aux aguets, surveillez les occasions propices. Étudiez les* MACHINATIONS *des grands actes politiques de votre oncle. C'est amené de loin, mais étant données les circonstances analogues,* INFAILLIBLE *comme une des manœuvres militaires de sa jeunesse.* »

Des principes aussi immoraux germant dans une âme ambitieuse ne pouvaient qu'y engendrer une corruption profonde. Avec une opiniâtreté que secondait l'entêtement de son caractère, M. Louis Bonaparte se mit à poursuivre la réalisation des espérances dont sa mère le berçait. Très-indifférent au choix des moyens, il ne regardait que le but offert à ses convoitises, et il se croyait sûr de l'atteindre. Si on le contredisait sur ce point, il sortait de sa taciturnité et s'emportait jusqu'à l'éclat. « Alors, disait madame Cornu (1), sa violence ne connaissait plus de bornes, il devenait un tigre. »

Dans ses « *rêveries politiques,* » se trouvait un projet de Constitution établissant une *République* avec un Empereur. Cette chimère étrange exposa le rêveur au sourire de ceux qui la connurent.

En 1834, un jeune aventurier, ancien boursier du collége de Limoges, ex-maréchal des logis, sans sou ni maille, cherchait partout des moyens d'existence. Il se nommait Fialin. Tandis qu'on sollicitait pour lui un emploi dans les douanes, il écrivait des entrefilets dans le journal *le*

(1) Madame Cornu était la sœur de lait de M. Louis Bonaparte.

Temps et collaborait à une correspondance destinée aux journaux légitimistes des départements. La pensée d'exploiter M. Louis Bonaparte lui vint. En conséquence il fonda une revue mensuelle : *L'Occident français*. Dans le premier et unique numéro de cette revue, M. Fialin qui, en 1832, légitimiste ardent, s'était battu au château de la Pénissière-de-la-Cour, à côté des conspirateurs vendéens, disait : « La vraie loi des mondes modernes et tout le symbole des nationalités occidentales résident dans l'idée napoléonienne. Le temps est venu d'annoncer par toute la terre cet évangile impérial et de relever le vieux drapeau de l'Empereur. »

M. Fialin lia par une particule son nom à celui de Persigny ; puis, reniant tout à fait le nom de son père il s'appela *de Persigny* et se créa vicomte. Il alla voir, à Londres, l'ex-roi Joseph qui avait inutilement essayé d'établir une alliance entre les bonapartistes et les républicains et qui n'encouragea pas dans son projet le fondateur de *l'Occident français*. De retour à Paris, M. Fialin obtint de M. Belmontet avec lequel M. Louis Bonaparte s'épanchait (1), une lettre de recommandation pour le fils de la reine Hortense. Les deux aventuriers s'accordèrent. Désormais aux gages de M. Louis Bonaparte, M. Fialin reprit la route de Paris. Dès son arrivée, il visita La Fayette, Armand Carrel et d'autres républicains en renom afin de donner, en divulguant ses entretiens avec eux, un appui moral au plan concerté avec le prince. « Le nom que porte Louis-Napoléon, disait Armand Carrel, est le plus grand des temps modernes et le seul qui puisse exciter les sympathies du peuple français.

---

(1) Le 16 novembre 1834, M. Louis Bonaparte écrivait au poëte bonapartiste : « Songez aux idées poignantes qui me froissent le cœur lorsque je rêve au grand passé de la France et que je vois le présent si vide d'avenir. Il faut un grand courage pour marcher comme on peut au but que l'on s'est tracé. » Et le 27 août 1835 : « Le sang de Napoléon se révolte dans mes veines. Le soleil de la gloire a rayonné sur mon berceau. La confiance dans le sort, voilà mon seul espoir ; l'épée de Napoléon, voilà mon seul soutien. »

Si le Prince oublie les droits de légitimité impériale pour ne se rappeler que la souveraineté du peuple, il peut être appelé à jouer un grand rôle. »

M. Fialin se hâta de retourner à Arenemberg où, avec les paroles de Carrel, il exalta les espérances de M. Louis Bonaparte. Un projet de conspiration fut conçu, et on en prépara l'exécution. M. Fialin se mit en rapport avec le colonel Vandrey « qui, pendant toute sa vie, livré à ses passions, offrait, plus qu'un autre, prise à la séduction (1). » Ce colonel Vaudrey commandait le 4ᵉ d'artillerie à Strasbourg. M. Fialin l'embaucha, aidé par une dame Eléonore Grault, veuve Gordon, qui pérégrinait en donnant des concerts publics. M. Louis Bonaparte avait rencontré en Suisse et converti au bonapartisme cette chanteuse qui était spirituelle et belle. « Active, intrigante, de mœurs équivoques et sans argent, madame Gordon offrait l'assemblage de toutes les conditions qui, d'un être doué de raison, font souvent un instrument docile (2). » On la dépêcha au colonel Vaudrey qui s'en éprit : « Je ne puis appartenir, lui écrivit-elle, qu'à l'homme qui se dévouerait au succès de l'entreprise. »

Le colonel étant gagné à la conspiration, il fut décidé que Strasbourg serait le théâtre où elle se produirait ; le commandant Parquin, le lieutenant Laity et une douzaine d'aventuriers ou de déclassés parmi lesquels figuraient MM. de Quérelles, de Gricourt et de Bruc, s'y associèrent. Le 29 octobre 1836, M. Louis Bonaparte arriva secrètement à Strasbourg. Le lendemain, à six heures du matin, le prince « revêtu d'un costume pareil à celui de Napoléon Iᵉʳ, la tête couverte du chapeau historique, » prend, avec son groupe de complices, le chemin de la caserne que le 4ᵉ d'artillerie occupe. MM. de Quérelles et M. de Gricourt marchent en avant et se relayent pour porter l'aigle impé-

(1) Acte d'accusation du procès de Strasbourg.
(2) Idem.

riale. On arrive ; le colonel Vaudrey est à la tête de ses soldats que par argent et par promesses de grades il a corrompus. Il fait quelques pas vers M. Louis Bonaparte et le présente à son régiment : « Soldats du 4ᵉ d'artillerie, s'écrie-t-il, une révolution a renversé Louis-Philippe du trône ; voici Napoléon II, empereur des Français ; il vient prendre les rênes du gouvernement. Criez : *Vive l'Empereur !* » Ce cri fut poussé par les soldats. Le Prince confie au colonel l'aigle que portait M. de Gricourt ; « il promet de l'avancement à tout le monde, » charge M. Fialin d'aller, avec une partie des artilleurs, arrêter le préfet dans son hôtel, se porte, avec le reste du régiment, vers le quartier général et ouvre ses bras au général Voirol qu'il étreint en lui disant : « Reconnaissez en moi Napoléon II. » Le général repousse dédaigneusement le conspirateur et, en termes véhéments, il flétrit cette rebellion insensée. Confiant la garde du général au commandant Parquin et à dix ou douze artilleurs, M. Louis Bonaparte se dirige vers la caserne de la Finkmatt. Là, il tente, par des promesses, de soulever en sa faveur le 49ᵉ de ligne. Officiers et soldats rejettent les offres qui leur sont faites ; ils arrêtent les conjurés pendant que le lieutenant-colonel Taillandier met la main au collet du Prince tremblant et le fait écrouer à la citadelle.

Fialin s'était réfugié dans un appartement loué par madame Gordon. Elle cherche à relever le fugitif de l'abattement où il est tombé ; elle barricade les portes et brûle les papiers compromettants. Quand le commissaire, suivi de gendarmes, pénètre dans l'appartement, elle se rue sur eux pour laisser à M. Fialin le temps de fuir par une porte donnant sur le rez-de-chaussée.

Dès qu'elle apprit les résultats de cette misérable équipée la duchesse de Saint-Leu alla se jeter aux pieds de Louis-Philippe, en le suppliant de faire grâce à son fils. Le 9 novembre, une chaise de poste amena le Prince à Paris. En

1.

arrivant à la préfecture, il sut que le roi le graciait. Il écrivit, aussitôt, une lettre pour détourner des sept conjurés qui devaient être jugés à Strasbourg une responsabilité qu'il assumait tout entière. « Le roi, disait-il, *a ordonné, dans sa clémence* que je fusse conduit à Lorient pour passer en Amérique. *Je suis vivement touché de la générosité du roi.* — Nous sommes tous coupables envers le gouvernement d'avoir pris les armes contre lui. *Mais le plus coupable c'est moi qui, méditant depuis longtemps une révolution, suis venu arracher des hommes à une position honorable.* C'EST MOI QUI LES AI SÉDUITS. Pour leur ôter tout scrupule, je leur dis que la nouvelle de la mort presque subite du roi paraissait certaine. *On verra par là combien j'étais coupable. J'étais coupable envers le gouvernement ; or, le gouvernement a été généreux envers moi.* » Cette lettre fut lue aux jurés qui, ne pouvant condamner des rebelles subalternes quand le chef de la révolte était amnistié, les acquittèrent.

Le 21 novembre, à Lorient, au moment où il montait à bord de l'*Andromède* en partance pour les États-Unis, M. Louis Bonaparte reçut du sous-préfet seize mille francs en or; cette somme lui était remise de la part du roi.

Après avoir donné aux jurés du Bas-Rhin lecture de la lettre du Prince, l'avocat Parquin, défenseur de son frère le commandant, s'était écrié : « Parmi les défauts de Louis-Napoléon, *il ne faut pas, du moins, compter l'ingratitude.* » La conduite du Prince démentit bientôt la parole de l'avocat.

Moins de six mois après son arrivée à New-York où il menait folle vie, M. Louis-Bonaparte reçut une lettre de la reine Hortense qui, atteinte d'une maladie grave, allait se faire opérer. Il s'embarqua pour l'Europe et demeura auprès de sa mère qui expira entre ses bras le 3 octobre 1837. Elle l'avait vu, avec douleur, se ruiner par ses dissipations que de doux reproches maternels étaient impuissants à réprimer. En 1836, elle écrivait à la duchesse d'Abrantès : « Si Louis devient jamais Empereur, il mangera la France. »

Après la mort de sa mère, M. Louis Bonaparte machina une nouvelle insurrection contre le gouvernement de son bienfaiteur. Dès les premiers mois de 1838, un acquitté de Strasbourg, le lieutenant Laity, publia une brochure dans laquelle on lisait ceci : « Le prince entend proclamer de nouveau ses prétentions au trône de France. » M. Molé, président du conseil des ministres, écrivait à M. de Montebello, notre consul en Suisse : « Louis Bonaparte a assez prouvé assurément qu'il n'était accessible à aucun sentiment de reconnaissance et qu'une plus longue patience du gouvernement français ne ferait que le confirmer dans son aveuglement et l'enhardir à de nouvelles trames... Vous déclarerez au Vorort que si, contre toute attente, la Suisse prenant fait et cause pour celui qui compromet si gravement son repos refusait l'expulsion de Louis Bonaparte, vous avez ordre de demander vos passe-ports. » Le Vorort opposa un refus à la demande du gouvernement français afin de sauvegarder le principe et non par sympathie pour M. Louis Bonaparte au sujet duquel l'avoyer Kopp, député de Lucerne, s'exprimait ainsi : « Je refuse d'expulser un citoyen de Thurgovie sur la demande d'un ambassadeur étranger, mais il est hors de doute que Louis Bonaparte a manqué à la France et à la Suisse. Il devait savoir qu'il renonçait à sa qualité de français en se faisant recevoir citoyen de Thurgovie. Lucerne ne saurait féliciter Thurgovie de l'acquisition d'un citoyen qui comprend si mal les devoirs qu'impose le titre de républicain. » Des troupes françaises se dirigeaient vers la frontière et la Suisse armait son contingent. Devant l'imminence d'un conflit dont il redoutait les conséquences pour sa personne plutôt que pour la nation hospitalière dont il était devenu le citoyen, M. Louis Bonaparte gagna furtivement l'Angleterre. « Je ne veux, avait-il écrit, ni réclamer ni renier mon droit de citoyen suisse. »

Le Prétendant loua un hôtel à Londres dans Carlton Gardens. Ses partisans s'y réunissaient ; à ceux qui figurèrent dans l'échauffourée de Strasbourg s'étaient joints le chef d'escadron Mésonan, les colonels Voisin, Laborde et Bouffet-Montauban, M. de Montholon et le docteur Conneau. On cherchait partout des complices et de l'argent, car on voulait donner à l'insurrection projetée un déploiement qui imposât. Madame Gordon était l'âme de tout cela. Pendant que les conjurés s'agitaient dans l'ombre, M. Louis Bonaparte se livrait aux plaisirs de la vie aristocratique ; le conspirateur perçait à peine sous le viveur ; il se ridiculisait, à Eglington, dans un tournoi où il parut déguisé en chevalier noir ; il entra dans l'arène en criant : « Montjoie et Saint-Denis ! »

Au moment où les journaux raillaient et dardillonnaient le preux d'Eglington, un industriel nommé Rapallo, le comte d'Orsay et une certaine miss Howard que le prince « aimait tendrement (1), » fournirent l'argent nécessaire à l'entreprise. On nolisa un paquebot, *la Ville d'Édimbourg*, à bord duquel montèrent, le 4 août 1840, M. Louis Bonaparte, dix-neuf conjurés et trente-huit domestiques ou cuisiniers qu'on revêtit, sur le paquebot, d'uniformes du 40e de ligne ; ce régiment était caserné près de Boulogne où les conspirateurs devaient opérer leur débarquement. « Dans la traversée de Londres à Wimereux, ils burent seize douzaine de bouteilles de vin, sans compter l'eau-de-vie et les liqueurs (2) ». « *Ils ont bu énormément*, a dit le capitaine du paquebot dans son interrogatoire, *et de toutes sortes de vins. Je n'ai jamais vu plus boire.* »

Le 6 août, vers cinq heures et demie du matin, cette bande avinée traversa Boulogne où tenaient garnison deux

---

(1) Cette miss Howard, dont le *prince*, devenu *empereur*, fera une comtesse, a rappelé cet amour tendre dans une lettre relative à un règlement de comptes dont M. Mocquard était chargé : « Elle avait payé, plusieurs fois, les dettes du prince Louis. » (*Papiers et correspondance de la famille impériale*, t. I, p. 157.)

(2) Rapport du préfet du Pas-de-Calais au ministre.

compagnies du 42ᵉ de ligne et pénétra dans la caserne. Le lieutenant Aladenize, qui appartenait à ce régiment et au complot, « avait pris le commandement des deux compagnies ; il fit porter les armes et battre au drapeau (1). » M. Louis Bonaparte harangue les soldats et nomme officiers tous les sous-officiers du régiment. Des soldats, à l'instigation du lieutenant Aladenize, proclament le Prince ; un autre lieutenant du 42ᵉ se présente et les rappelle au devoir. M. Fialin, habillé en sous-officier d'infanterie et armé d'un fusil s'élança sur lui et « *au moment où il allait le tuer*, » Aladenize détourna le coup. M. Col-Puygellier, capitaine des grenadiers, est accouru ; il ordonne aux troupes de faire évacuer la caserne. M. Fialin se précipite vers lui, le fusil en avant. » *J'aurais*, a-t-il confessé, *infailliblement tué le capitaine* si M. Aladenize ne s'était, de nouveau, jeté entre ce militaire et moi et ne m'avait retenu de la manière la plus énergique (2). » M. Louis Bonaparte, alors, arma un pistolet et ajusta le capitaine ; le coup partit et la balle de l'assassin alla briser la mâchoire d'un grenadier. Chassés de la caserne, les conjurés vont tenter une attaque sur le Château. Devant la force publique ils fuient, en débandade, vers la plage et se jettent dans la mer pour regagner le paquebot. M. Louis Bonaparte est monté sur un canot. M. Fialin le rejoint à la nage et fait chavirer l'embarcation ; un douanier retire le Prince de l'eau ; tous les rebelles sont repêchés et conduits au Château. Les trente-neuf comparses, dépouillés de leurs faux uniformes de soldats français, furent renvoyés à leurs antichambres et à leurs fourneaux. L'un de ces soldats postiches dit, dans son interrogatoire : « On nous a distribué à chacun une gratification de cent francs et un costume. On me remit à moi, qui ne sais ni lire ni écrire, une capote et des galons de caporal. »

(1) Déposition du sergent Risuk.
(2) Déclaration de M. Fialin devant M. Petit, président de chambre à la cour de Douai.

On trouva dans les poches du Prince 500,000 francs en banck-notes et en or, et dans le paquebot un aigle vivant et apprivoisé. C'était, disent les journaux de cette époque, un aigle savant; on l'avait dressé à voltiger autour du chapeau du prince en l'y attirant par une amorce; il devait être lâché au moment où la population de Boulogne eût acclamé l'empereur au-dessus de la tête duquel il fut venu planer. La foule enthousiaste eût regardé cet événement « comme un présage heureux et providentiel. »

M. Louis Bonaparte comptait sur cet histrionage pour frapper l'imagination « *du gros de la nation française* qui, — la reine Hortense le lui avait affirmé, — *est court d'idées, facile à émouvoir, aisément enthousiaste et crédule.* »

La *Presse* dont M. Emile de Girardin était le directeur fit ressortir, dans un article attribué à M. Granier de Cassagnac alors rédacteur principal de ce journal, *tout ce que cette nouvelle tentative d'insurrection avait de ridicule et d'odieux*. « Louis Bonaparte s'est placé, disait le journaliste, dans une position telle que nul, en France, ne peut honorablement éprouver pour sa personne la moindre sympathie, ni même la moindre pitié. Le ridicule est dans l'avortement si misérable de ses projets, dans cette fuite précipitée, dans cette subite métamorphose de farouches conspirateurs en tritons effrayés et transis. L'odieux est dans l'ingratitude qui oublie qu'une fois déjà la clémence royale a pardonné généreusement un crime qu'on avait le droit de punir des peines les plus sévères et que Napoléon, particulièrement, eût fait expier chèrement à ses auteurs dans les vingt-quatre heures. Mais, laissons là ce jeune homme qui ne paraît pas avoir plus d'esprit que de cœur (1). »

Se ressouvenant, pour la première fois publiquement, de sa paternité légale, l'ex-roi de Hollande adressa aux jour-

---

(1) N° de la *Presse* du 8 août 1840.

naux une lettre (1) où il était dit : « Je ne saurais garder le silence sans m'exposer aux plus amers reproches. Je déclare donc que mon fils Louis-Napoléon, victime d'une infâme intrigue et séduit par de vils flatteurs, de faux amis, est tombé, pour la troisième fois, dans un piége épouvantable, dans un effroyable guet-apens, car il est impossible qu'un homme qui n'est pas dépourvu de moyens et de bon sens se soit jeté dans un pareil précipice. »

Le 28 septembre, M. Louis Bonaparte et ses dix-neuf co-accusés comparurent devant la Cour des pairs ; le principal d'entre eux était ainsi désigné au procès : Fialin *dit* de Persigny. Le président lui demanda : « Vous prenez le nom de Persigny, mais ce n'est pas le vôtre. » Il répondit : « C'est le nom de mon grand'père. » — « Paternel ou maternel ? » — Point de réponse.

M. Berryer, dans sa plaidoierie pour M. Louis Bonaparte, fit ce raisonnement que l'histoire a retenu pour en démontrer la profonde justesse : « Avant de juger, dites-vous, messieurs : la main sur la conscience, devant Dieu et devant mon pays, s'il eût réussi, s'il eût triomphé, j'aurais nié son droit, j'aurais refusé toute participation à son pouvoir, je l'aurais méconnu, je l'aurais repoussé. — Et quiconque, devant Dieu et devant le pays, me dira : *S'il eût réussi, je l'aurais nié, ce droit !* — Celui-là, je l'accepte pour juge. »

M. Berryer connaissait bien les dignitaires auxquels il s'adressait ! Beaucoup de ces juges de M. Louis Bonaparte avaient servi le premier empire ; et, le jour où le conspirateur de Strasbourg et de Boulogne réussira, par le guet-apens et par le meurtre, à s'emparer du pouvoir, loin de refuser toute participation à ce pouvoir usurpé violemment, de méconnaître et de repousser le Parjure ensceptré par le Crime, ils l'acclameront, l'aduleront fadement et solliciteront

---

(1) Datée du 24 août 1840.

ront de lui, pour eux ou pour leurs fils, un siége au Sénat ou au conseil d'État, une préfecture ou une clef de chambellan.

Le 6 octobre, ces mêmes juges qui, peu de jours auparavant, avaient frappé Armand Barbès d'un arrêt de mort (1) pour une tentative d'insurrection au milieu de laquelle un lieutenant fut tué, crime qualifié « d'assassinat » par la sentence de la Cour des pairs et auquel Barbès affirmait être complétement étranger, ne condamnèrent le chef de l'insurrection de Boulogne, le prince qui, en voulant assassiner un capitaine blessa grièvement un soldat, qu'à l'emprisonnement perpétuel, peine créée tout exprès pour lui et n'emportant avec elle aucune flétrissure.

« Voulant, disait-il, élever une protestation en faveur du principe sacré de l'égalité devant la loi, M. d'Althon-Shée eut, seul, le courage de voter « l'application de la peine de mort au principal accusé, » peine dont la commutation, d'ailleurs, n'eût pas été douteuse. Le lieutenant Aladenize, défendu par M. Jules Favre, fut condamné à la déportation, et « M. Fialin *dit* Persigny » à vingt ans de détention. On proportionna la peine des autres à leur plus ou moins grande part de culpabilité : quinze, dix et cinq ans de détention.

M. Louis Bonaparte alla occuper, à Ham, le plus bel appartement de la citadelle. Il avait auprès de lui son valet de chambre Thélin, M. de Montholon et le docteur Conneau ; il recevait qui bon lui semblait. Livres, brochures, journaux lui arrivaient librement. Dans un manége disposé pour lui, il se livrait aux plaisirs de l'équitation. Il écrivait, dans le *Progrès du Pas-de-Calais* et dans le *Précurseur de l'Ouest*, des articles forts vifs contre le gouvernement de Louis-Philippe et des déclarations empreintes d'un radicalisme ardent. MM. Frédéric Degeorges et Peauger, rédacteurs

(1) C'est grâce à la duchesse Hélène d'Orléans que cette sentence de mort ne fut point exécutée.

en chef de ces deux journaux, Louis Blanc et d'autres personnalités marquantes du parti républicain visitaient le prisonnier qu'entouraient toutes les commodités de la vie. Il correspondait avec Georges Sand et Béranger. Il publiait des brochures où étaient professées les idées socialistes les plus hardies. Son livre sur l'*Extinction du paupérisme* contient tout un plan de révolution sociale; on y lit des phrases comme celle-ci : « Il est naturel, dans le malheur, de songer à ceux qui souffrent. — *La classe ouvrière ne possède rien, il faut la rendre propriétaire.* » Il écrivait au *Journal du Loiret* : « Je n'ai jamais cru, je ne croirai jamais que la France soit l'apanage d'un homme ou d'une famille. Je n'ai jamais revendiqué d'autres droits que ceux de citoyen français. Je n'ai eu d'autre ambition que celle de réunir autour de mon nom populaire tous les partisans de la souveraineté du Peuple, tous ceux qui voulaient la liberté. Quel que soit le sort que me réserve la destinée, on ne pourra jamais dire de moi que, dans l'exil ou dans ma prison, *je n'ai rien oublié, ni rien appris.* » Dans sa brochure intitulée : *Le Clergé et l'État*, il s'exprimait ainsi : « *Les ministres de la religion en France sont, en général, opposés aux doctrines démocratiques; leur permettre d'élever sans contrôle des écoles, c'est leur permettre d'enseigner au Peuple la haine de la Révolution et de la Liberté.* »

Et le *Journal du Loiret* félicitait le prince de ses sentiments généreux qu'il exprimait si bien : « Notre sympathie, ajoutait-il, est acquise au prince Louis-Napoléon. Il n'est plus à nos yeux un prétendant, mais un membre de notre parti, un soldat de notre drapeau. » M. Frédéric Degeorges imprimait ceci dans son journal : « Que le prince Louis-Napoléon soit toujours l'homme de la liberté, l'homme du Peuple, et sa popularité s'étendra bien au delà des limites de son cachot. La famille Bonaparte étant issue de la Révolution ne peut et ne doit reconnaître qu'un principe, celui de la souveraineté du Peuple, elle ne peut revendiquer que les droits de citoyens français; il y aurait injustice et petitesse à ne pas les lui concéder dorénavant. » Georges Sand écrivait : « Le règne illustre de Napoléon n'est plus de ce monde et l'héritier de son nom, penché sur les livres, médite, attendri, sur le sort des prolétaires. Parlez-nous, souvent, de délivrance et d'affranchissement, noble captif ! Le Peuple est, comme vous, dans les fers. Le Napoléon d'aujourd'hui est celui qui personnifie les douleurs du Peuple, comme l'autre personnifiait sa gloire. »

Pendant quatre ans et demi, M. Louis Bonaparte joua, en grand comédien, le rôle que lui avait appris sa mère. Sans doute, il riait sous cape en voyant combien il est aisé à un prince de duper les hommes. Ainsi se vérifiaient ces paroles de la reine Hortense : « Il ne manque pas, même parmi les libéraux, d'esprits impressionnables qui vous croiront. » Ce premier succès devait enhardir son audace astucieuse et son espoir d'une restauration impériale. Cette préoccupation incessante de son esprit se trahissait dans tous ses actes et dans tous ses écrits, jusques dans *une analyse de la question des sucres*; il y montrait « la fabrication indigène réléguée d'abord dans un coin de la France, ayant presque l'air de se dérober aux regards pour faire oublier son origine, *subissant le sort du drapeau d'Austerlitz qui, comme elle, est obligé de se cacher*, CONSERVANT CEPENDANT TOUT UN AVENIR DE GLOIRE. »

Vers le mois de mars 1846, l'ex-roi de Hollande, malade à Florence, pria Louis-Philippe de rendre la liberté au prisonnier de Ham. De son côté, M. Louis Bonaparte écrivit au roi « qu'il s'adressait à Sa Majesté, non sans une vive émotion, pour lui demander, comme une faveur, la permission de quitter la France pour un temps très-court, l'âge et les infirmités de son père réclamant impérieusement ses soins. » Il terminait sa lettre ainsi : « Votre Majesté, j'en suis convaincu, comprendra une demande qui, d'avance, *engage ma gratitude.* »

Certes, Louis-Philippe savait la valeur de cette gratitude-là ; cependant il inclinait à accorder la grâce demandée. Les ministres y mirent une condition : M. Louis Bonaparte signerait une demande en grâce ; il s'y refusa.

Une partie du fort de Ham était livrée aux maçons qui la réparaient. M. Louis Bonaparte résolut de mettre à profit cette circonstance favorable à une évasion. Son valet de chambre acheta les vêtements d'un manœuvre qui servait les maçons (1). Le 25 mai, de très-grand matin, M. Louis Bonaparte coupa ses moustaches, se coiffa d'une perruque noire et d'une casquette, passa le gros pantalon et la blouse du manœuvre, chaussa des sabots, mit une pipe de terre à sa bouche et une planche sur l'épaule. Pendant que son valet de chambre faisait boire du vin aux ouvriers et que le docteur Conneau détournait l'attention des gardiens en causant avec eux, le prince, ainsi affublé et sans être reconnu, parvint à franchir la porte de la citadelle. Une voiture retenue, la veille, par le valet de chambre qui rejoignit son maître, les attendait sur la route de Saint-Quentin. Deux jours après, M. Louis Bonaparte arrivait à Londres où, reprenant sa vie de plaisir, il ne songea plus à son père qui mourut à Florence, le 25 juillet, sans avoir, d'ailleurs, exprimé le désir de le voir.

L'évadé de Ham établit sa demeure dans King-Street, Saint-James. Un document dont copie a été prise sur les registres du parvis Saint-James porte ce qui suit: « Le 6 août, le prince Louis-Napoléon a prêté serment comme constable spécial pour deux mois, à la Cour de police de Malborough-Street, entre les mains de S. P. Birgham écuyer, et il était en fonctions, le 10 août, pendant le meeting chartiste, sous le commandement du comte Gray. »

Jérôme, l'ex-roi de Wesphalie, survivait à tous les frères et à toutes les sœurs de Napoléon Ier. Lucien, le complice du

---

(1) Ce manœuvre se nommait Badinguet.

18 Brumaire était mort à Sinigaglia, en 1840, et Joseph, à Londres, en 1844. Mais vingt-cinq rejetons de la postérité masculine et de la postérité féminine de ces frères et de ces sœurs deviendront autant de sangsues vivant à nos dépens.

Louis-Philippe croyait le bonapartisme éteint ; il n'était que refroidi et le roi, inconsciemment, le réchauffait. Le 14 décembre 1840, ce monarque imprudent avait assisté, avec toute sa famille, dans l'église des Invalides, aux cérémonies pompeuses de la translation des cendres de Napoléon Ier ramenées de Sainte-Hélène par le prince de Joinville et dont l'entrée dans Paris fut célébrée avec une magnificence qui donnait à cet événement le caractère d'une fête nationale. Sept ans plus tard, le roi des Français permit que les cercueils du père et du frère de M. Louis Bonaparte fussent ramenés d'Italie à Saint-Leu-Taverny où, le 27 septembre 1847, la célébration d'un service commémoratif se fit. L'église, au milieu de laquelle un catafalque se dressait, était parée de tentures sur le fond noir desquelles se détachaient les abeilles d'or et les autres emblèmes ou attributs de la monarchie impériale.

Quand la révolution de Février éclata, M. Louis Bonaparte était ruiné et endetté, il devait une somme d'argent considérable à miss Howard qui, pour subvenir aux frais qu'exigeront les préparatifs du grand crime de décembre 1851, engagera le reste d'une fortune acquise « au pays de Tendre. » — « Très-bien avec plusieurs membres de l'aristocratie anglaise, quoiqu'elle ne fût pas admise elle-même dans la haute société de Londres, cette jeune et jolie femme rendit des services de tout genre à l'homme qu'elle aimait (1). » C'est avec l'argent des contribuables français que M. Louis Bonaparte payera ces services-là.

(1) Vicomte de Beaumont-Vassy, *Mémoires secrets du XIXe siècle*.

CHAPITRE II

(1848-51)

Le gouvernement provisoire et M. Louis Bonaparte. — Réveil du bonapartisme. — Élection, démission et réélection. — Allocution de M. Louis Bonaparte à l'Assemblée ; sa candidature à la présidence de la République ; son serment. — Coalition. — Acte de contrition. — Voyages et déclarations. — Les coalisés se dupaient mutuellement. — Rupture. — Satory, Wiesbaden et Claremont. — « *L'Empire est fait.* » — L'œuvre de l'Assemblée. — Le discours de Dijon. — Le général Changarnier ; « *Délibérez en paix !* » — Imprévoyances. — Vote sur la révision de la Constitution. — Un espoir détruit. — Une imprudence de l'Assemblée ; M. L. Bonaparte en profite. — Les complices. — Le commandant Fleury ; sa campagne de subornation. — Un groupe de chefs militaires subornés. — Le général Saint-Arnaud. — Le général Magnan. — Les prétoriens se démasquent. — Un nouveau ministère. — Le dogme de l'obéissance passive.

Le 25 février 1848, à minuit, les membres du gouvernement provisoire reçurent la lettre suivante : « Le peuple de Paris ayant détruit par son héroïsme les derniers vestiges de l'invasion étrangère, j'arrive de l'exil pour me ranger sous le drapeau de la République. Sans autre ambition que celle de servir mon pays, je viens annoncer mon arrivée aux membres du gouvernement provisoire et les assurer de mon dévouement à la cause qu'ils représentent, comme de ma sympathie pour leurs personnes. » — « Louis-Napoléon Bonaparte. »

Le prétendant fut invité à retourner en Angleterre. A

quatre heures du matin, il partit pour Boulogne. Le bonapartisme sommeillait encore. Aidé de quelques amis, M. Fialin, qui s'était présenté aux électeurs de la Loire comme *un loyal et franc républicain*, le réveilla après la journée du 15 mai. Il y eut des élections complémentaires. La candidature de Louis-Napoléon fut posée dans plusieurs départements ; on créa des journaux pour la soutenir ; elle réussit à Paris, dans l'Yonne, la Charente-Inférieure et la Corse. Des débats très-vifs s'engagèrent dans l'Assemblée au sujet de l'admission de M. Louis Bonaparte qui venait d'adresser au président une lettre dont les termes hautains excitèrent une indignation générale ; le mot de République n'y était pas prononcé. Le lendemain, 15 juin, il baissait le ton : « Je désire, — écrivait-il, — l'ordre et le maintien d'une république grande, sage, intelligente. » En même temps, il donnait sa démission de député. Réélu en septembre, à Paris, dans l'Yonne, la Charente-Inférieure, la Moselle et la Corse, il prit place, le 28, au sein de l'Assemblée nationale. Dans une allocution à ses collègues, il se plaignit des calomnies dont il avait été l'objet, déclara que « la République lui avait fait le bonheur de retrouver sa patrie et tous ses droits de citoyen » puis, il s'écria : « *Que la République reçoive mon serment de dévouement!* Nul, ici, plus que moi, n'est résolu à se dévouer à la défense de l'ordre et à l'affermissement de la République. » Dans la séance du 26 octobre, il protesta contre « ceux qui l'accusent d'ambition, connaissant peu son cœur ; *jamais*, dit-il, *jamais personne* n'a *pu douter de ma parole.* »

M. Louis Bonaparte recherchait la compagnie des socialistes les plus connus. A la veille de l'élection du 10 décembre, il publia un manifeste dans lequel se trouvaient ces déclarations : «*Je ne suis pas un ambitieux qui rêvê* l'Empire.... Si j'étais nommé président, je me dévouerais tout entier, sans arrière-pensée, à *l'affermissement d'une république* sage par ses lois, honnête par ses intentions, grande et forte par ses actes. *Je mettrais mon honneur à laisser, au bout de quatre ans, à mon successeur le pouvoir affermi, la liberté intacte...* La République doit avoir foi dans son avenir. »

L'appui des monarchistes dont l'ambition espérait dominer la sienne, les promesses d'amnistie et de diminution d'impôts, le prestige des souvenirs d'une époque alors mal connue élevèrent M. Louis Bonaparte à la présidence de la République française. Le 20 décembre 1848, il jura « en présence de Dieu et devant le peuple français représenté par l'Assemblée nationale, *de rester fidèle à la République démocratique, une et indivisible* et de remplir tous les devoirs que lui impose la Constitution. » Il lut, ensuite, une déclaration dans laquelle il était dit : « *Je remplirai en homme d'honneur mon devoir tracé par le serment que je viens de prêter.* Je regarderai comme ennemis de la Patrie tous ceux qui tenteraient, par des voies illégales, de changer la forme du gouvernement que vous avez établi. Nous avons une grande mission à remplir, *c'est de fonder une république dans l'intérêt de tous.* »

Dès le lendemain, les manœuvres qui doivent aboutir à la violation de la foi jurée se découvrent. Avec le concours des royalistes qu'aveugle leur haine pour la République, M. Louis Bonaparte va briser tous les obstacles qui s'opposeraient à ses desseins. Il déclare à la presse républicaine une guerre à mort; il révoque les maires patriotes, dissout les municipalités indépendantes, désarme les gardes nationaux dévoués à la démocratie, destitue les instituteurs primaires suspects de républicanisme, suspend les professeurs libéraux, chasse les proscrits étrangers, pactise avec les jésuites, détruit la République romaine, fait insulter la République française et jeter des provocations aux républicains sur un théâtre qui semble s'être réservé le monopole des obscénités antipatriotiques. A toutes les époques de réaction violente, en 1791 comme en 1850 et en 1871, ce théâtre fut le rendez-vous des aristocrates et des réactionnaires, de leurs parasites et de leurs valets qui allaient y applaudir d'écœurantes platitudes contre la démocratie.

En même temps, de la rue de Poitiers (1) sortaient, librement et par milliers, d'ignobles pamphlets dont la France était inondée, tandis qu'on saisissait partout les publications démocratiques.

Le colportage et la vente des journaux indépendants sont interdits, le droit de réunion est supprimé, les administrations se peuplent des créatures serviles, les représentants dont la voix proteste contre la violation des lois sont livrés à de Hautes-Cours ; les uns se dérobent en s'exilant, aux geôliers qui s'emparent des autres. Les prisons regorgent de patriotes. Aux socialistes qu'autrefois il a tant flattés M. Bonaparte fait jeter par son journal le *Dix Décembre* cette menace atroce : « La faux ne discute pas avec l'ivraie; on ne discute pas avec les socialistes, on les tue. » En même temps, des calomniateurs gagés évoquaient le « spectre rouge » du socialisme qu'ils nommaient anarchie, et réveillaient tous les égoïsmes. Une brochure publiée par un viveur célèbre (2) allait, sous la double protection du gouvernement et des royalistes qui la propageaient, semant les peurs, annonçant une jacquerie, menaçant le riche de la haine du pauvre, le petit bourgeois de la haine des ouvriers, le petit fermier de la haine des manœuvres, et invoquant la force et le canon « dût-il arriver de la Russie pour fustiger et châtier les prolétaires aspirant au jour où ils tiendront les petits enfants des riches, des bourgeois et des fermiers et les écraseront sur la pierre. »

---

(1) La coalition réactionnaire de l'Assemblée avait formé une association dont le comité central siégeait dans la rue de Poitiers.

(2) Romieu. « Un de ses amis l'ayant vu tomber dans la rue à la suite de trop fortes libations, mit sur son corps un de ces lampions qui servent, la nuit, à désigner les embarras aux voitures. » (Taxile Delord, *Histoire du second Empire*.)

Je dois l'avouer, afin que la leçon nous profite, des républicains, cédant à une irritation qu'il eût fallu contenir, opposaient à la violence des actes que le pouvoir commettait une violence de langage ressemblant à des menaces, et dont les royalistes s'emparaient pour jeter l'épouvante au sein des campagnes et de la bourgeoisie naturellement peureuses. Une sagesse qui n'exclut pas l'énergie peut, seule, poser les fondements d'une république durable.

M. Louis Bonaparte enleva aux membres du Corps législatif un reste de popularité en favorisant leurs rancunes contre le suffrage universel. L'instrument de haine qu'il mettait entre leurs mains satisfaites deviendra le principal instrument de ses desseins. Afin de donner à ses alliés un gage de confiance, il alla faire amende honorable de son passé au seuil de la prison (1), « où il expia, dit-il, la témérité de ses entreprises. » Et, comme des bruits de coups d'État circulaient : « Qui donc, s'écria M. Dufaure ministre de l'intérieur, se permettrait d'accuser le président de la République de projets hostiles au Corps législatif au moment même où il vient de se livrer, à Ham, à *un acte de contrition* si honorable pour lui et si rassurant pour l'Assemblée ? »

Huit jours après s'être montré, à Ham, bien contrit « de sa témérité contre les lois de sa patrie, » M. Louis Bonaparte alla se plaindre, à Tours (2), d'être calomnié ; il s'exprima ainsi : « On a prétendu, on prétend encore que le gouvernement médite quelque chose de semblable au 18 Brumaire. Confiez-vous à l'avenir. Les coups d'État n'ont aucun prétexte. » Quatre mois plus tard, il rassurait encore les esprits inquiets : « Je veux, écrivait-il dans un message, être digne de la confiance de la nation en maintenant la Constitution que j'ai jurée (3). Afin de combattre le doute que, malgré ses protestations réitérées, on gardait touchant

---

(1) Le 22 juillet 1849.
(2) Le 30 juillet 1849.
(3) Le 31 octobre 1849.

sa bonne foi, il fit reproduire ces paroles dans le *Moniteur*, qui ajoutait : « Partout on accrédite le bruit d'un prétendu coup d'État. Nous sommes autorisé à déclarer qu'il y a là intention perfide, calomnie odieuse, insulte à la loyauté de celui qui ne viola jamais sa parole (1). »

Quand la loi du 31 mai 1850 eut ravi le droit électoral à plus de trois millions de Français, les journaux bonapartistes, dociles à un mot d'ordre parti de l'Élysée, attaquèrent violemment cette loi que, dans un but inaperçu des royalistes impatients d'assouvir leur haine contre le suffrage universel, M. Louis Bonaparte leur avait fait présenter.

Cependant le prince faisait, dans les départements, des voyages qui étaient un moyen d'étudier l'esprit des populations. On travaillait, peu à peu, à ne livrer qu'à des hommes sûrs toutes les fonctions publiques. Les déclarations mensongères du Président se multipliaient ; au maire de Lyon il disait (2) : « Des bruits de coup d'État sont peut-être venus jusqu'à vous, mais vous n'y aurez pas ajouté foi, je vous en remercie. » A Strasbourg, où on l'accueillit froidement, il affirma que « le titre qu'il ambitionne le plus est celui d'honnête homme et qu'il ne connaît rien au-dessus du devoir. » A Cherbourg, où l'accueil fut meilleur, il parla de la vie qu'il fallait donner à l'industrie et au commerce ; « mais, ajouta-t-il, ces résultats tant désirés ne s'obtiendront que si vous me donnez les moyens de les accomplir. » A Caen, où l'opinion publique se montrait délicate et soupçonneuse, il cacha le bout d'oreille qu'il venait de montrer à Cherbourg : « Quand partout, dit-il, la prospérité semble renaître, il serait bien coupable celui qui tenterait d'en arrêter l'essor par le changement de ce qui existe aujourd'hui. » Puis, son ambition de l'Empire reprenant le dessus ; il ajouta que « si le Peuple *voulait* imposer un nouveau fardeau au chef du gouvernement, ce chef, à son

---

(1) Le 9 novembre 1849.
(2) Le 12 août 1850.

tour, serait bien coupable de déserter cette haute mission (1). »

Avant de rentrer à Paris, M. Louis Bonaparte, en costume de général, alla passer en revue les troupes que, pour les corrompre, on gorgeait de viandes et de vin dans les plaines de Satory. La cavalerie cria : *Vive l'empereur !* l'infanterie se tut. Le président s'en étonna. Le général Neumayer avait rappelé à des colonels le règlement qui ordonne le silence le plus rigoureux sous les armes. Recommander le respect des lois à des soldats qu'il voulait détourner du devoir, c'était, aux yeux de M. Louis Bonaparte, une chose intolérable; aussi le général Neumayer fut-il privé de son commandement.

Quand le Président rentra à Paris, des coupe-jarrets, enrôlés et connus sous le nom de décembraillards, bâtonnaient, sur la place du Havre, les passants, hommes ou femmes, qui refusaient de crier : *Vive l'empereur !* Tout cela produisit une émotion dont s'alarmèrent les conspirateurs qui n'étaient pas encore prêts. M. Louis Bonaparte crut prudent de la calmer. En conséquence, dans un message présidentiel (2), il renouvela ses protestations de probité : « La règle invariable de ma vie politique sera de *faire mon devoir, rien que mon devoir.* » Et au moment où ses agents et ses complices s'agitaient pour la prolongation de ses pouvoirs, où, à Cherbourg et à Satory, il venait de manifester sa convoitise, il disait : « Il est permis à tout le monde, excepté à moi, de vouloir hâter la révision de notre loi fondamentale... *moi seul, lié par mon serment,* je me renferme dans les strictes limites que la Constitution m'a tracées. Entendons-nous, afin que ce ne soit jamais la passion, *la surprise ou la violence* qui décident du sort d'une grande nation. »

Le président de la République et la majorité royaliste avaient vécu dans une parfaite harmonie tant qu'il s'était

(1) Le 4 septembre 1850.
(2) Le 12 novembre 1850.

agi de détruire les institutions républicaines ; mais ils jouaient au plus fin, et chacun des coalisés espérait que l'autre serait sa dupe. Le jour où les royalistes s'aperçurent que, loin de se prêter à leur projet de restauration monarchique, le Prince-Président travaillait pour son propre compte au renversement de la République, le lien se rompit et les hostilités commencèrent. Ce furent, d'abord, d'ardentes et de mutuelles récriminations : les monarchistes accusaient le Président d'avoir enivré les soldats à Satory et provoqué ou, tout au moins toléré, de leur part des cris inconstitutionnels. A cette accusation, M. Louis Bonaparte fit riposter par une autre du même genre : les légitimistes étaient allés rendre hommage au comte de Chambord, et les orléanistes aux princes d'Orléans ; donc les reproches d'inconstitutionnalité adressés aux revues de Satory sont applicables aussi aux pèlerinages de Wiesbaden et de Claremont. MM. Thiers et Berryer repoussèrent l'analogie que le gouvernement établissait entre leurs voyages et les revues : « Il n'y a que deux pouvoirs, s'écria M. Thiers : le Pouvoir législatif et le Pouvoir exécutif. Si l'Assemblée cède, il n'y en aura plus qu'un, et quand il n'y aura qu'un Pouvoir, la forme de gouvernement sera changée. Et, soyez-en sûrs, les mots viendront plus tard. Quand ? Je ne sais ; mais qu'importe ! le mot viendra quand il pourra : l'Empire est fait. »

Et qui l'a rendu possible si ce n'est l'Assemblée législative ? Elle s'est rendue si impopulaire, elle a jeté dans les esprits libéraux de si légitimes irritations que, si on la chasse, cela sera au Peuple de la dernière indifférence.

Cette Assemblée dont la majorité se composait de royalistes n'a-t-elle pas applaudi à l'assassinat de la République romaine, livré à de Hautes-Cours ceux de leurs collègues qui protestèrent contre cet attentat, approuvé le saccagement des imprimeries par des bandes de gardes nationaux amis de l'ordre et de la propriété ? N'a-t-elle pas voté la loi organique sur l'état de siège présentée et soutenue par M. Dufaure, loi tellement odieuse que M. Grévy la qualifiait, avec raison, de *dictature militaire*? Et cette autre loi qui sacrifiait l'Université à l'Église? Et la loi de déportation à Nouka-Hiva, qui fut rétroactivement appliquée à trois condamnés du complot de Lyon, Ode, Alphonse Gent et un troisième dont je parlerai plus tard? Gent, le patriote vaillant et généreux, avait, au 13 juin 1849, sauvé la vie à M. Lacrosse, ministre de M. Bonaparte. Cette Assemblée n'a-t-elle pas, sur le rapport de l'astronome Le Verrier, supprimé le décret du 19 juillet 1848, établissant la gratuité de l'admission dans les écoles polytechnique et militaire, décret *abominable* s'il en fût, car il était, suivant l'expression du rapporteur, *un acheminement certain vers la gratuité à tous les degrés*? Or, rendre l'instruction accessible à tous, ne serait-ce pas mettre en péril le cléricalisme et la royauté? Dans l'emportement de sa haine contre les lois de la République, cette Assemblée ne les a-t-elle pas anéanties? N'a-t-elle pas détruit, une à une, toutes les libertés, exécutant ainsi l'entreprise que M. de Montalembert appelait *une expédition de Rome à l'intérieur*?

Aussi, dans son discours de Dijon, le président de la République avait-il pu dire : « On a remarqué que j'ai toujours été secondé par l'Assemblée quand il s'est agi *de combattre le désordre* par la compression. » Nous savons que dans la bouche des ennemis de la République, ces mots : *combattre le désordre* signifient : *combattre la liberté !*

M. Louis Bonaparte ayant sur le cœur le refus opposé par l'Assemblée à un supplément de 1,800,000 francs que ses ministres avaient demandé pour lui, ajoutait : *Lorsque j'ai voulu faire le bien, améliorer le sort des populations, l'Assemblée m'a refusé son concours.* Après ce coup de boutoir, le *prince* dévoilait son but hardiment : *Si la France reconnaît qu'on n'a pas eu le droit de disposer d'elle sans elle, la France n'a qu'à le dire : mon courage et mon énergie ne lui man queront pas.* Cette attaque et ce défi qui sentaient le coup d'État mit l'Assemblée en furie.

Le général Changarnier, à qui M. Louis Bonaparte venait d'ôter le commandement en chef de l'armée de Paris, était un de ces touche-à-tout vaniteux dont la tapageuse personnalité rappelle que « les tonneaux vides sont ceux qui font le plus de bruit. » Bon militaire, assure-t-on, et l'assurait-il le premier, mais beaucoup moins célèbre par ses travaux guerriers que par les intrigues politiques auxquelles il se livrait et par les essences dont il se parfumait, il passa sa vie à faire l'homme d'importance. Était-il pour Wiesbaden ou pour Claremont ? Nul ne le savait. Les royalistes des deux branches le confirmaient dans son infatuation pour lui-même en le surnommant le Monck de la restauration monarchique rêvée par eux. Les deux Bertrand avaient, — chacun de son côté, — l'espoir de croquer le marron que, à tort, ils le croyaient propre à tirer du feu, et ils flattaient également l'amour-propre de leur Raton qui se rengorgeait. Ce général qui, en 1848, avait mis « *au service de la République sa volonté et son habitude de vaincre,* » — c'est ainsi que s'exprimait sa modestie, — voulut répondre au discours de Dijon et rassurer ses amis. Il se dirigea vers la tribune dont il gravit les degrés lentement. Puis, avec une emphase qui singeait l'énergie, il scanda ces phrases mémorables : « L'armée, profondément pénétrée de ses devoirs et des sentiments de sa propre dignité, ne désire pas plus que vous de voir les hontes et les misères du gouvernement des Césars alternativement proclamés ou changés *par des prétoriens en débauche. Personne n'obligerait nos soldats à marcher contre la loi et à marcher contre l'Assemblée ; dans cette voie fatale on n'entraînerait pas un bataillon, pas une compagnie, pas une escouade, et on trouverait devant soi les chefs que ces soldats sont habitués à suivre sur le chemin du devoir et de l'honneur.* Mandataires de la France, délibérez en paix ! »

Le général, sur le visage duquel se pavanait une satisfaction orgueilleuse, regagna sa place en marchant des épaules et en échangeant des poignées de main avec ses amis qui l'applaudissaient. Hélas ! nous verrons des milliers de soldats suivre leurs chefs non pas *sur le chemin de l'honneur et du devoir*, mais sur la route du crime où ensemble ils fouleront aux pieds le devoir et l'honneur.

Divisés entre eux, chacun ayant son candidat au trône, les deux partis bourboniens oubliaient leurs divisions et s'unissaient pour faire à la Constitution républicaine une guerre acharnée. Le Prince-Président voyait, avec une satisfaction dissimulée, ces conjurés sans prévoyance saper les fondements de la République et faciliter l'escalade et l'effraction qu'il projetait. D'ailleurs, on ne saurait trop le répéter, supposant à M. Louis Bonaparte une incapacité absolue, ils l'avaient élevé à la Présidence dans la pensée qu'ils auraient là un soliveau dont ils se serviraient comme d'un bélier pour battre et renverser à leur profit le régime démocratique : « Si quelque chose, a dit plus tard le duc d'Aumale, pouvait amnistier Louis-Napoléon de ses méfaits, ce serait que les partis ne l'ont mis à la tête de la République que pour la détruire. »

Le 20 juillet 1851, après une discussion qui avait duré cinq jours et pendant laquelle éclatèrent librement, sous la protection du président Dupin, toutes les haines du royalisme contre la République, le vœu émis par les groupes monarchistes que « la Constitution soit révisée, » fut soumis au vote : 446 députés acceptèrent et 278 repoussèrent la proposition des trois partis rivaux mais provisoirement ligués contre l'institution républicaine. La majorité constitutionnelle pour la révision étant fixée aux trois quarts des votants, il manqua aux ligueurs 97 voix pour l'atteindre. MM. de Rémusat, Thiers, Baze, Creton et Bedeau furent les seuls membres de la Droite qui votèrent contre la révision avec tous les groupes républicains. Louis Bonaparte avait compté sur la révision de l'art. 45 qui interdisait sa réélection en 1852. Cet espoir étant détruit par le vote du 20 juillet, il va demander au crime ce que la légalité lui refuse.

Le 9 août, l'Assemblée se proroge imprudemment jusqu'au 3 novembre. M. Louis Bonaparte se hâte de mettre à profit cette imprudence et de manœuvrer en vue de l'entreprise qu'il veut faire contre le droit et contre la loi. M. de Morny, son frère utérin, fils naturel de la reine Hortense, l'aidera beaucoup dans cette besogne. « Élevé dans les traditions galantes de l'ancienne cour » par madame de Souza, sa grand'mère du côté paternel, il aimait passionnément le jeu. M. de Morny jouait aussi à la Bourse, où il est facile de gagner quand on connaît les nouvelles politiques ignorées des autres spéculateurs et qui la feront monter ou descendre après les opérations du jour. Protégé par le duc d'Orléans « auquel il succéda dans l'intimité d'une femme riche et jolie, » M. de Morny exploita cette liaison que rendit célèbre un certain pavillon nommé « *la niche à Fidèle.* » Pour entretenir des vices ruineux, on ne fait scrupule de rien. Dévorés par les mêmes besoins et ruinés l'un et l'autre (1), les deux fils utérins de la reine Hortense s'entendirent aisément pour tenter une aventure dont le succès, incertain mais possible s'il était bien préparé, mettrait fin à leur existence aventureuse, car de la France terrifiée ils feraient une cocagne pour leurs complices et pour eux. Quand le coup aura réussi, nous verrons M. de Morny prendre part à des spéculations éhontées. Sa soif des richesses, insatiable, sera la cause d'une guerre affreuse; gracieux, d'ailleurs, pour tout le monde, séducteur habile et subtil, il attaquera par la corruption les consciences faibles et les fera capituler.

M. Fialin dit de Persigny, était le plus ardent excitateur

(1) Les dettes de Louis Bonaparte s'élevaient alors à plus de deux millions; celles de M. de Morny atteignaient aussi un chiffre considérable.

de M. Louis Bonaparte au crime qu'on préparait ; il disait gaiement aux complices qui en redoutaient l'insuccès : « Nous n'avons pas, nous autres, des châteaux à perdre et nous pouvons en gagner. »

MM. Baroche et Rouher, avocats dans la gêne et ambitieux d'honneurs, s'étaient associés à la fortune de M. Bonaparte. Le premier se glorifiait, en 1848, « d'avoir devancé de quelques heures la justice du peuple. » Il disait à ses électeurs : « *Je suis républicain par raison, par sentiment, par conviction.* » Le second s'était, à la même époque, déclaré républicain du lendemain seulement ; » mais, ajoutait-il, « convaincu que les idées nouvelles peuvent seules faire le bonheur de mon pays, je m'y dévouerai avec énergie. »

Autour de ces deux hommes s'étaient successivement groupés des transfuges de l'orléanisme : MM. Magne, Drouyn de l'Huys, Fould, de Parieu, Fortoul, Schneider, Ferdinand Barrot et quelques autres. Tel était le noyau des futurs dignitaires du coup d'État mais qui, prudemment, différaient jusqu'après son exécution leur entrée en jeu.

Voici encore deux recrues qui, celles-là, jouèrent un rôle actif dans la perpétration du crime. C'est, d'abord, M. de Maupas qui, s'il faut en croire *le Bulletin français*, l'un des organes de l'orléanisme les mieux informés, « a l'esprit à la fois présomptueux et court, est à la fois épais et intrigant. » Préfet à Toulouse il fit arrêter plusieurs membres du Conseil général de la Haute-Garonne ; et comme le chef du parquet ne trouvait pas dans cette affaire l'ombre d'une charge, le préfet aurait tenu un langage tel que M. Léon Faucher, ministre de l'intérieur, s'en serait indigné en l'apprenant. Menacé de révocation, M. de Maupas se serait abrité sous la haute protection du président de la République (1). M. Bonaparte venait de trouver un aide qui exécuterait toutes ses volontés.

(1) Le *Bulletin français*, p. 98, et l'*Histoire des crimes du 2 Décembre*, par V. Schœlcher, p. 224, donnent tous les détails de cette

L'autre est M. Vieyra, homme d'affaires et officier de la garde nationale. Ce fut lui qui, le 13 juin 1849, avec M. de Korsy, aide de camp du général Changarnier, guida vers les imprimeries des sept journaux supprimés, ce jour-là par décret, les hordes dévastatrices. Au moment où il devenait le coopérateur de Louis Bonaparte, M. Vieyra était condamné, en première instance, comme stellionataire (1).

Le commandant Fleury fut lancé à la piste des chefs militaires les plus accessibles aux tentations; « il était chargé d'apprécier les courages, d'invoquer les dévouements, DE CERTIFIER LES ESPÉRANCES. » Ainsi s'exprime un ami des conspirateurs élyséens (2); il nous apprend que « la mission du commandant Fleury ne fut ni longue ni pénible. » Alléchés par les espérances qu'on leur certifiait, « généraux de division ou de brigade, colonels ou lieutenants-colonels, cédèrent à l'entraînante parole » de leur tentateur. On leur donna, tout d'abord, dans le cadre de l'armée active « la place de leurs aînés, » car ces aînés « étaient à craindre; les uns pouvaient manquer d'audace, et la grande majorité des plus jeunes figurait dans le Parlement. » C'est-à-dire que, redoutant la fidélité des anciens généraux à l'honneur militaire et leur respect pour la loi, il fallait « suivant un mot de génie négligemment jeté par le Président, *faire des généraux,* » qui, ceux-là n'auraient pas des scrupules aussi sots. « *La graine n'en manquait pas* » avoue éhontément l'historien bonapartiste. « Les cadets, qui devinrent ainsi les aînés » et que nous verrons bientôt à l'œuvre, vinrent former le nouvel état-major de Paris. « Composé comme il l'était auparavant, il n'offrait pas assez de garanties...

---

affaire. M. d'Haussonville était le directeur politique et l'un des principaux rédacteurs du *Bulletin français.*

(1) Le 10 juin 1852, la cour d'appel, tout en adoptant les motifs des premiers juges, mais considérant que, *quelque mensongère et frauduleuse* que soit la déclaration des époux Vieyra, etc., etc., dit qu'il n'y a lieu de les déclarer stellionataires.

(2) P. Mayer, *Histoire du 2 Décembre*, p. 129 et suivantes.

Maintenant, il ne comptait plus que des généraux décidés à passer le Rubicon ou à mourir (1). »

Le chef de ces défectionnaires était le général Achille Leroy, dit de Saint-Arnaud; dès sa première jeunesse, il tourbillonna dans les plaisirs. Criblé de dettes, il dut quitter plusieurs régiments auxquels il avait été successivement incorporé. Après la révolution de 1830, il redevint soldat. Le maréchal Bugeaud en fit, à Blayes, le *surveillant* de la duchesse de Berry. A l'époque où M. Saint-Arnaud, ayant le grade de colonel, commandait une troupe qu'on appelait en Afrique, *la colonne infernale*, cinq cents Arabes se réfugièrent dans la caverne de Shelas ; il raconte ainsi à son frère une horrible prouesse : « Je fis fermer hermétiquement toutes les ouvertures. Je fis de la caverne *un vaste tombeau*. Personne, si ce n'est moi, ne savait que là-dessous se trouvaient cinq cents brigands qui ne tueront plus de Français... Ma conscience ne me reproche rien. »

En mai 1851, le commandant Fleury fit capituler aisément cette conscience-là. M. Saint-Arnaud était alors, général de brigade ; Louis-Bonaparte le nomma divisionnaire, le 10 juillet suivant, après une expédition faite en Kabyle pour *mettre en relief* les cadets qui devaient succéder aux aînés. Le 27 octobre, il recevra du président de la République le portefeuille de la guerre. Dès ce moment-là, « toute l'armée de terre sera, par l'intermédiaire de M. Saint-Arnaud, à la disposition des conspirateurs ; » celle de Paris a été formée des régiments les plus hostiles à la population parisienne contre laquelle, depuis trois ans, *tous leurs chefs, indistinctement, aînés ou cadets*, n'ont pas cessé de les irriter.

A la tête de ces régiments aigris on a placé sous le commandement supérieur du général Magnan, les vingt géné-

(1) Tout ce qui est guillemeté dans ce passage relatif à la mission du commandant Fleury a été extrait du livre de P. Mayer.

raux dont on s'est assuré le concours. En 1840, Louis Bonaparte fit offrir à M. Magnan 100,000 francs, plus 300,000 dans le cas où il perdrait son commandement et la promesse du bâton de maréchal; il s'agissait, alors, de l'affaire de Boulogne. Devant la Cour des pairs, M. Magnan avoua qu'il n'avait pas fait son devoir en n'envoyant pas la lettre de son suborneur au ministre de la guerre; en la lui remettant, le commandant Mésonan lui disait : « Vous manquez une belle occasion, une occasion de fortune. » Cette occasion que Louis Bonaparte lui offre de nouveau, il ne veut pas la manquer; mais il est prévoyant et prudent; « il est tout disposé à marcher contre Paris et contre l'Assemblée; il est prêt à aller jusqu'au bout, mais il refuse de se risquer en prenant ouvertement part à la conspiration (2). » Il veut bien employer à la destruction de la loi et à l'exécution « du carnage requis » les forces placées sous son commandement, mais, en prévision d'un échec, il se prépare une excuse, celle d'avoir refusé sa participation à un complot; en outre, avant d'agir, cet homme précautionneux exigera du ministère de la guerre un autre moyen de se disculper.

Dès qu'on se fut mis d'accord avec les officiers supérieurs, on s'occupa de ceux qui avaient un grade moins élevé. On multipliait les largesses de vivres et de vin aux soldats; on leur prodiguait les flatteries et on excitait de plus en plus leur exaspération contre les Parisiens.

Les gendarmeries dont on a doublé l'effectif appartiennent aux conspirateurs; dans un grand nombre de villes, les gardes nationaux ont été désarmés; les départements qu'on redoute le plus sont mis en état de siége; les préfectures sont tenues par des administrateurs cupides et endettés comme presque tous les chefs de cette conspiration si bien nommée : *Le coup de main des insolvables.*

(1) William Kinglake, *Invasion de la Crimée.*

Des journalistes gagés pour cela faisaient rage contre l'Assemblée et guerre ouverte à la Constitution. De leur côté, les prétoriens découvraient leur pensée hardiment. Le 20 octobre, le général Pellion proclama que « le jour est venu où la Terreur doit changer de côté. » Le 31, à l'occasion d'un punch qu'il offrait aux officiers du 7e lanciers récemment venus d'Afrique et à ceux de tous les corps de cavalerie de la garnison de Paris, le colonel Rochefort du 1er lanciers s'écria : « Buvons à celui qui nous facilite si bien *la tâche que nous devons accomplir!* » Le colonel Feray répondit : « Le 7e lanciers dont je suis l'interprète se félicite d'avoir à partager avec nous la tâche si patriotique de *sauver l'ordre et la société.* »

Le salut de l'ordre et de la société! Tel était le prétexte dont on colorait le crime qui se préméditait.

Un nouveau ministère s'était formé ; il se composait de MM. Saint-Arnaud, de Thorigny, Turgot, Daviel, Magne, Fortoul, Giraud et Casabianca. En même temps, M. de Maupas remplaçait M. Carlier à la préfecture de police.

En prenant possession, le nouveau ministre de la guerre adressait à ses complices les généraux de l'armée de Paris une circulaire (1), qui ne laissait aucun doute sur la prochaine violation de la loi et qui promettait l'impunité aux violateurs afin de les enhardir au crime : « Nous le savons tous, général, disait M. Saint-Arnaud, point de discipline dans une armée où le dogme de l'obéissance passive ferait place au droit d'examen, un ordre discuté amène l'hésitation ; l'hésitation, la défaite. Sous les armes, *le règlement militaire* EST L'UNIQUE LOI. *La responsabilité qui fait sa force ne se partage pas; elle s'arrête au chef de qui l'ordre émane; elle couvre, à tous les degrés, l'obéissance et l'exécution.* »

L'ordre donné par un chef militaire serait donc supérieur aux lois qui régissent une nation ! Ce chef pourrait ordon-

---

(1) Cette circulaire porte la date du 31 octobre 1851.

ner toutes les illégalités, tous les brigandages, et la responsabilité de ces crimes n'atteindrait pas les officiers généraux qui, prêchant d'exemple, auraient obligé leurs soldats à les commettre! Avec une pareille morale une société ne saurait exister.

CHAPITRE III

DU 4 NOVEMBRE AU 2 DÉCEMBRE 1851

Le message du 4 novembre ; Louis Bonaparte propose l'abrogation de la loi du 31 mai ; la droite repousse l'urgence. — Situation des partis. — Les préparatifs du coup d'État se continuent. — Discours aux officiers et aux industriels français. — Mensonges des écrivains bonapartistes. — Discussion du projet de loi sur le rétablissement du suffrage universel. — Les royalistes tombent dans le piége. — Illusion des républicains. — Questions et réponses. — Discussion de la proposition des questeurs. — Aveuglement de la gauche. — La proposition est rejetée. — Conséquences de ce vote. — Fautes reconnues trop tard. — Pourquoi le coup d'État ne peut plus être retardé. — Réunion des généraux subornés. — Le général Perrot et M. Vieyra. — La soirée et la nuit du 1er décembre. — Le colonel Espinasse au Corps législatif. — Arrestations. — Trente-deux mille soldats en mouvement. — Une dépêche de M. de Maupas.

L'heure que Louis Bonaparte avait choisie pour porter à l'Assemblée le coup de grâce était venue. Les travaux législatifs furent repris le 4 novembre. M. de Thorigny, ministre de l'intérieur, lut un message dont les points principaux étaient maniés habilement. Après avoir dit *qu'il se souvient avec orgueil de ses promesses de fidélité à la Constitution*, et rappelé ses paroles du dernier message, le Président ajoutait : « Aujourd'hui, les questions sont les mêmes, *et mon devoir n'a pas changé.* » Abordant le sujet qu'il veut traiter, il se demande s'il est sage de restreindre plus longtemps la base du suffrage universel qui a relevé l'édifice social, il croit utile de demander à l'Assemblée le retrait de la loi du 31 mai sans renier l'approbation qu'il donna au ministère réclamant, alors, au nom *des chefs de la majorité dont cette loi était l'œuvre*, l'honneur de la présenter. Le message se terminait par une évocation *du spectre rouge*, qui mécontenta la gauche et par cette phrase qui fit murmurer la droite. « Rétablir le suffrage universel, c'est enlever à la guerre civile son drapeau. »

Le ministre déposa sur le bureau un projet de loi ayant pour but le rétablissement du suffrage universel, et il demanda l'urgence. Satisfaite de la restitution d'un droit qu'elle revendiquait, et dédaignant les attaques dirigées par le message contre les républicains, la gauche appuya l'urgence ; les royalistes, qui avaient pris le message pour un défi, la combattirent ; 355 voix contre 348 la repoussèrent.

La circulaire du ministre de la guerre aux généraux ne laissait aucun doute sur les projets de Louis Bonaparte contre l'Assemblée dont elle détruisait un droit garanti par l'article 32 de la Constitution, celui de « fixer l'importance des forces militaires établies pour sa sûreté, et d'en disposer. » Le 6 novembre, les questeurs déposèrent une proposition ainsi conçue : « Sera promulguée comme loi, mise à l'ordre du jour de l'armée et affichée dans les casernes, la disposition de l'article 6 du décret du 11 mai 1848 (1) dans les termes suivants : Le président de l'Assemblée nationale est chargé de veiller à la sûreté intérieure et extérieure de l'Assemblée. Et, à cet effet, il a le droit de requérir la force armée et toutes les autorités militaires dont il juge le concours nécessaire. Les réquisitions peuvent être adressées directement à tous les officiers, commandants et fonction-

---

(1) Le 11 mai 1849, le président de la République avait officiellement reconnu la validité de ce décret non abrogé par la Constitution.

naires qui sont tenus d'y obtempérer immédiatement sous les peines portées par la loi. »

Le salut de l'Assemblée est dans l'adoption de l'une ou de l'autre des deux propositions qui lui sont soumises ; elle les rejettera toutes les deux. Tandis que les commissions balancent le pour et le contre et qu'une mutuelle méfiance élargit la séparation entre la gauche et la droite, le Prince-président continue les préparatifs du coup d'État. Aux officiers des régiments qui viennent d'arriver à Paris et que le général Magnan lui présente, il tient ce langage significatif : « Si la gravité des circonstances m'obligeait de faire appel à votre dévouement, il ne me faillirait pas j'en suis sûr, parce que je ne vous demanderais rien qui ne soit d'accord avec mon droit et que je ne vous dirais pas : *Marchez, je vous suis ; mais je vous dirais : je marche*, suivez-moi ! » Il voulut distribuer, lui-même, les récompenses décernées aux industriels français qui s'étaient distingués à l'exposition de Londres. Dans un discours qu'il leur lut, *les idées démagogiques et les hallucinations monarchiques* était également accusées « d'entraver tout progrès, tout travail sérieux, d'empêcher *la grandeur de la République française* en jetant sans cesse le trouble dans les affaires. » MM. Changarnier, Falloux, Daru, Berryer, Buffet, Montalembert, — pèlerins de Wiesbaden et pèlerins de Claremont, — étaient, tous, présentés comme des hallucinés « *se faisant conventionnels* afin de désarmer le Pouvoir issu du suffrage populaire, » en un mot, comme étant aussi dangereux pour l'organisation sociale que les *énergumènes de la démagogie*.

La discussion sur le projet de loi portant abrogation de *la loi du* 31 *mai* s'engagea le 14 novembre. Le succès de la politique de Louis Bonaparte dépend du rejet de la proposition qu'il a faite ; aussi est-elle défendue par les ministres Daviel et Thorigny avec une mollesse qui trahit le désir du maître. Les royalistes ont en telle exécration le suffrage universel qu'ils ne voient pas le piége vers lequel on les appelle ; ils s'y précipitent tête baissée. Par 353 voix contre 347, la proposition du président de la République est rejetée. Dans la présentation de ce projet de loi, ces gens à courte vue s'imaginaient apercevoir les premières avances de Louis Bonaparte au parti démocratique pour se réconcilier avec lui. Hélas ! il faut bien le dire, les chefs parlementaires de la démocratie se flattèrent, un instant, de cette illusion que leur sens politique, s'ils lui eussent fait appel, aurait dissipée et qui les entraînait dans un vote non moins profitable au prétendant que celui dont venaient de se rendre coupables les royalistes de l'Assemblée.

La séance du 17 novembre va s'ouvrir au milieu d'une anxiété que Paris tout entier partage. Nul ne se dissimule les périls de la crise qui se prépare. Quelle que soit l'issue des débats auxquels la proposition des questeurs donnera lieu, le pays ne sera-t-il pas lancé dans un redoutable inconnu ? Si elle est adoptée, le président de la République a dû, admettant cette éventualité, consigner en tenue de campagne les troupes dont disposent les généraux qui se sont associés à lui en se déclarant « pleins d'horreur pour le parlementarisme. » Ne les jettera-t-il pas contre le Parlement, avant que le président de l'Assemblée, usant du droit de réquisition dont il viendrait d'être armé, ait pu réunir les forces destinées à sa défense ? Il ne l'oserait probablement pas ; il craindrait que, dans la même prévision, les généraux appartenant à l'Assemblée et les questeurs ne se fussent assurés du concours immédiat de quelques régiments dont les chefs n'avaient encore pris aucun engagement contre l'honneur. Il sait que les régiments français ne s'entre-tuent pas et que tout le monde est sur ses gardes ; or, en le supposant assez fou pour jouer son va-tout dans une partie aussi hasardeuse, ses complices les moins imprudents hésiteraient à y risquer leur tête. Dans le cas possible où les aventuriers de l'Élysée tenteraient ce coup de désespoir, le succès en serait, au moins, fort incertain, et nul ne peut dire ce qui résulterait d'un choc entre les cohortes prétoriennes et les troupes de service au palais législatif. En voyant les généraux Cavaignac, Bedeau, Lamoricière, Le Flô, Changarnier à la tête des troupes groupées sous le drapeau de la loi, plus d'un bataillon insurgé contre elle mettrait bas les armes, et la garde nationale, dont le commandement appartient encore au général Perrot, prêterait main-forte aux défenseurs de la Constitution.

Mais, les royalistes triomphants n'useraient-ils pas de leur pouvoir en ordonnant l'arrestation du président de la République? Ce serait une illégalité, si aucune voie de fait ne trahissait les desseins criminels qu'on lui prête, et au sujet desquels, tout au plus, une enquête serait demandée. Ces royalistes, qui haïssent tant la République, ne se débarrasseraient-ils pas de la minorité républicaine? Pour le moment, non ; car cette minorité est indispensable aux adversaires du pouvoir exécutif pour former une majorité contre lui ; la proposition ne peut être adoptée que si les républicains votent pour elle. — Qu'adviendrait-il de son rejet ? Une chose si simple que, pour la prédire, il ne faut pas être devin : L'Assemblée serait à la merci de Louis Bonaparte qui, pour la chasser, attendrait l'heure propice.

Telles étaient les questions et les réponses, qui, partout, s'échangeaient. Dans plusieurs groupes d'ouvriers, on déplorait la résolution prise par la gauche de repousser le projet sans tenir compte de la déclaration de MM. Thorigny et Saint-Arnaud, au sujet du décret du 11 mai 1848, lequel, d'après eux, « ne pouvait être considéré comme étant encore en vigueur ; » en apprenant que le ministre de la guerre en avait fait arracher les copies dans les casernes, on espérait que les députés républicains apprécieraient plus sainement la situation véritable des deux adversaires contre lesquels ils avaient à se mettre en garde.

Cependant, au sein de l'Assemblée, la discussion s'animait. A M. Saint-Arnaud qui, déniant à la Chambre le droit de réquisition, demande, au nom du salut du pays, « le rejet d'une proposition destructive de l'autorité militaire et accusant *une méfiance injuste* envers le pouvoir exécutif, » le général Le Flô répond que l'obéissance aux lois fortifie la discipline militaire au lieu de la troubler et de la détruire : « Si vous repoussez notre proposition, dit-il, vous aurez livré l'existence de l'Assemblée aux hasards d'un coup de main. Vous vous serez désarmés vous-mêmes, et Dieu veuille que vous n'ayez pas à le regretter amèrement! » Le colonel Charras monte à la tribune : il a eu l'intention de voter contre le projet jusqu'au moment où le pouvoir exécutif a nié à l'Assemblée le droit de pourvoir à sa sûreté : « A l'heure présente, dans des salons, — tout le monde devine lesquels, — on parle de fermer les portes de cette Assemblée et de proclamer *on sait quoi.* » — « Le plus dangereux ennemi est là, » s'écrie un membre de la gauche, en indiquant la droite. — « Non, réplique le colonel républicain, la majorité, dans les termes où maintenant la question se pose, n'est pas, pour la Constitution et pour la République, un danger aussi immédiat, aussi imminent que le Président qui siége à l'Elysée. »

Comme celle d'un grand nombre de républicains, la claivoyance de Michel de Bourges était mise en défaut, non-seulement par la pensée que, en demandant l'abrogation de la loi du 31 mai, M. Louis Bonaparte donnait un gage à la démocratie, mais encore par une double illusion à l'endroit du peuple et de l'armée : « Le péril, — dit Michel qui obéissant à une conviction bien-intentionnée voulait combattre l'hésitation que les sages paroles de Charras avaient portée dans les rangs de la gauche, — le péril, c'est que la Monarchie est menacée, c'est que la République commence à être inaugurée, voilà le péril. Vous avez peur de Napoléon Bonaparte, et vous voulez vous sauver par l'armée. *L'armée est à nous...* non, il n'y a point de danger, et s'il y en avait un, *il y a aussi une sentinelle invisible qui nous garde, c'est le Peuple.* » Cédant à l'éloquence entraînante du tribun républicain, la gauche couvrit de ses applaudissements ces confiantes affirmations que le Peuple et l'armée allaient si cruellement démentir.

Une provocation adressée par M. Vitet à Michel ravive les craintes que Charras avait assoupies : « Le péril est dans votre alliance avec celui que vous protégez, » crie le rapporteur orléaniste de la commission à l'orateur républicain. De tous les bancs de la gauche s'élèvent des clameurs irritées; on entend ces paroles de Schœlcher : « Vous l'avouez donc, la proposition est dirigée contre nous et vous voulez que nous la votions! » Debout, Charras s'écrie : « J'ai déclaré que je voterais le projet de loi mais je me rétracterais s'il devait atteindre une partie des mandataires du Peuple. » — « Non, non, jamais! » dit M. Vitet, et répétent plusieurs voix de la droite. M. Thiers se précipite vers la tribune et renouvelle cette protestation : « Approuvez-vous, demanda-t'il, que le ministre de la guerre, parlant de l'obéissance, de la discipline, ne parle pas du respect dû aux lois? Tel est le but de la proposition. » — Je sais, répond M. Saint-Arnaud, respecter les lois et je suis de ceux qui savent les faire respecter par mes actes plus que par mes paroles. Je n'ai pas songé à faire descendre la loi des hauteurs où elle réside dans un ordre du jour pour l'y placer *dans une hypothèse de violation qui n'est pas acceptable. L'obéissance aux lois, c'est le principe vital de toute société.* Qui donc en doute? » Ayant ainsi exalté la loi qu'il s'apprêtait à mettre sous ses pieds, cet émulateur des impostures de son maître renouvela sa déclaration provocatrice : « L'Assemblée est complètement maîtresse de fixer l'importance des forces qu'elle entend consacrer à sa garde ; mais, pour en disposer, elle doit passer par la hiérarchie. » C'est-à-dire que le jour où elle se verrait menacée, l'Assemblée devrait, pour être défendue, s'adresser à ceux qui se prépareraient pour l'attaquer! — « Est-il vrai, demande le général Bedeau au ministre de la guerre, que le décret du 11 mai 1848, affiché dans les casernes, ait été récemment enlevé par ordre de la Présidence ? » — « En présence de la proposition des questeurs, répond le ministre, et comme il y avait doute si ce décret devait être exécuté, pour ne pas laisser d'hésitation dans les ordres donnés, je dois le déclarer, j'ai ordonné qu'on le retirât. »

Cet aveu brutal déchaîne une tempête ; les colères éclatent ; les interpellations se croisent ; des députés de la droite se mêlent à ceux de la gauche et les supplient d'écarter par leur vote en faveur de la proposition un péril qui ne saurait être plus évident. M. Saint-Arnaud cherche à dissimuler sous une affectation d'indifférence le trouble de son esprit ; il échange un regard avec le général Magnan assis à côté de M. de Maupas dans la tribune de l'état-major, et il quitte la salle en se donnant des airs mystérieux. Le général Magnan s'était levé pour le suivre. En même temps, le ministre de l'intérieur disait aux indécis qui prenaient conseil de lui : « Faites ce que vous voudrez, nous sommes prêts à tout. » En se combinant avec la sortie théâtrale des deux généraux pour laisser entrevoir une détermination à tout oser, ces paroles de jactance visaient à un effet d'intimidation sur les esprits peureux. Le stratagème réussit : « Les interlocuteurs du ministre se regardèrent, et sûrs de ne pas mettre leur courage au service d'un gouvernement timide, ils allèrent voter résolument (1). »

Combattue, dans les groupes républicains, par MM. Grévy, Charras, Edgard Quinet, et soutenue par MM. Jules Favre et Crémieux, l'erreur de Michel prévalut. Près de cent soixante députés de la gauche votèrent contre la proposition qui, grâce à eux, fut repoussée par une majorité de

---

(1) Granier de Cassagnac, *Histoire de la chute de Louis-Philippe et du rétablissement de l'Empire*

cent huit voix (1). Le général Cavaignac, les capitaines Millote, Bruckner et Tamisier, le lieutenant Valentin, MM. Marc-Dufraisse, Pascal Duprat et quelques autres députés républicains, partageant l'opinion du colonel Charras, de MM. Quinet et Grévy, s'étaient séparés de leurs amis dans cette votation fatale.

S'il faut en croire des historiens bonapartistes, « *Le Prince* répondit à ceux qui lui annoncèrent *ce résultat inespéré* : « *Cela vaut peut-être mieux.* » Assurément cela valait mieux pour lui. Dans ses mains qui, déjà, concentrent une armée de cinq cent mille fonctionnaires, on vient de concentrer une armée de cinq cent mille soldats. Désormais, plus de choc à redouter entre des régiments qui auraient obéi au pouvoir législatif armé du droit de les requérir et ceux dont le Pouvoir exécutif s'est, depuis longtemps, assuré l'appui. Le décret autorisant le président de l'Assemblée nationale à adresser directement « des réquisitions à la force armée et à toutes les autorités militaires dont il jugerait le concours nécessaire à la sûreté du Pouvoir législatif » n'existe plus; dans les casernes où on vient de le déchirer, les officiers savent que, maintenant, pour être valables ces décrets doivent passer par la hiérarchie et conséquemment, porter le sceau du ministre de la guerre.

Le Pouvoir exécutif se hâta de tirer avantage des ressources *inespérées* que lui avaient fournies successivement les royalistes en refusant l'abrogation de la loi du 31 Mai et en lui laissant le mérite de l'avoir proposée, — les républicains en désarmant l'Assemblée; il y avait là une faute et une imprudence tellement énormes qu'elles ne tardèrent pas à être reconnues par un grand nombre de ceux qui les avaient commises, et qu'on essaya de les réparer. L'opinon publique s'était prononcée; son blâme et la réflexion dessillaient les yeux. A droite, le projet de rétablir le suf-

---

(1) Le résultat du scrutin fut : *pour*, 300 voix; *contre*, 408.

frage universel au moyen d'une proposition nouvelle gagnait du terrain ; le projet de loi concernant la responsabilité du président de la République et des agents du Pouvoir exécutif allait fournir à la gauche une occasion pour rendre à l'Assemblée son droit de réquisition directe ; un amendement affirmatif de ce droit et accepté dans les bureaux eût obtenu dans la Chambre la majorité des voix. A la suite de cette mutuelle concession, on se serait mis d'accord *pour réviser la Constitution* ; on aurait ainsi ôté aux conspirateurs de l'Élysée tout prétexte à un coup de force, et, surtout, le moyen qui leur en facilitait l'exécution. Mais M. Louis Bonaparte préviendra ce triple coup qui compromettrait une partie presque gagnée.

D'ailleurs, la pénurie dans laquelle on vit à l'Élysée n'est plus tolérable. Le prince, en outre, s'est chargé, en vue du but qu'il poursuit, de dettes pour le payement desquelles il a fixé des délais ; il doit 340,000 francs au marquis de Pallavicini, 500,000 francs, au maréchal Narvaëz, une très-grosse somme, à miss Howard. Comment payera-t-il cela si, au plus tôt, il n'a pas une occasion de *faire sa main* pour lui en même temps que pour ses complices qu'il a promis d'enrichir et dont l'existence équivoque atteint les dernières limites de la précarité? Bout-ci, bout-là, on trouve à peine de quoi vivoter. Mais la patience des fournisseurs s'est épuisée. D'innombrables créanciers, las de se faire leurrer, montrent les dents et refusent le renouvellement des billets à ordre que ces mauvais payeurs ont, suivant leur coutume, laissé protester. La vente de l'hôtel de M. de Morny vient d'être affichée et « un banquier célèbre a refusé quatre traites de dix mille francs chacune tirées par le président de la République (1). » Le coup de main sur lequel tous ces viveurs obérés comptent *pour sauver la France*, comme ils

(1) Dans les *Mémoires d'un Bourgeois de Paris*, le docteur Véron confirme la précarité de la situation pécuniaire du président de la République.

disent dans leurs argot, ne peut donc être différé. Enfin, des susurrations commençaient à révéler une partie des scandales et des rapines dont l'affaire des paquebots de la Méditerranée était grosse; on savait que des pots-de-vin s'étaient glissés dans les conseils de la Présidence et l'avaient emporté sur les intérêts de l'État.

Tout poussait M. Louis Bonaparte et ses complices à l'exécution immédiate de leur attentat. Aussi la résolution d'agir sans délai fut-elle prise vivement.

Tandis que, se confirmant, d'ailleurs, par *les amis du prince*, la croyance qu'aucun péril n'était imminent après le rejet de la proposition des questeurs étouffait les bruits de coup d'État, et que l'Assemblée, au milieu d'une sécurité trompeuse, cherchait un remède à ses fautes, le général Magnan réunissait chez lui tous les généraux commandant l'armée de Paris; il leur dit qu'il allait s'associer « à une détermination de la plus haute importance, » et qu'il comptait sur leur obéissance passive à ses ordres; » il ajouta : « *Vous comprenez ce dont il s'agit*. Si quelqu'un de vous hésite à me suivre dans cette voie, qu'il le dise... *Nous devons sauver la France*... Quoi qu'il arrive, ma responsabilité vous couvrira... En cas d'insuccès, seul responsable, c'est moi qui porterai, s'il y a lieu, ma tête à l'échafaud ou ma poitrine à la plaine de Grenelle. » Cet homme qui, avec tant de bravacherie, faisait de sa tête un enjeu, avait, nous le savons, dans l'espoir de la sauver si le *crime* à la perpétration duquel il allait concourir ne réussissait pas, exigé que le ministre de la guerre le couvrît de sa responsabilité.

Il étaient là vingt généraux qui entendirent cette proposition sans sourciller; pas un d'eux ne refusa son concours à la violation des lois que le *prince* dont ils briguaient les faveurs avait juré de défendre. Ces officiers supérieurs de l'armée française promirent la coopération qu'on leur demandait et qui, pour des gens dont l'ambition fait taire la conscience, était pleine davantages et n'exposait à aucun risque, d'après l'étrange morale des Magnan et des Saint-Arnaud : En cas d'insuccès, l'impunité; si le crime triomphe, des richesses et des dignités à belles mains. En sa qualité de doyen d'âge, le général Reybell répondit à M. Magnan qu'ils le suivraient tous : « Une chaleureuse acclamation couvrit les paroles du général Reybell, et toutes les mains se cherchèrent (1). »

Voici les noms de ces généraux qui, le 26 novembre 1851, entrèrent dans la conjuration contre la loi de leur pays : d'Allonville, de Bourgon, Canrobert, Carrelet, Cornemuse, de Courtigis, de Cotte, Dulac, Forey, Herbillon, Hubert, Korte, Levasseur, Marulaz, Renault, Reybell, Ripert, Sallenave, Sauboul et Tartas. Un louangeur du coup d'État les flétrit, sans le vouloir, en disant qu'ils furent mis « en possession de la succession de leurs *scrupuleux et constitutionnels aînés*. » N'est-ce pas avouer que, pour besogner dans son œuvre criminelle, il fallait à M. Louis Bonaparte des gens comme eux, contempteurs des scrupules et des devoirs ?

Assurés du concours de l'armée de Paris tout entière, les conjurés n'avaient plus que la garde nationale à craindre. Le général Perrot la commandait; c'était un honnête homme, lui; conséquemment, on n'osait pas destituer ce loyal soldat. On songea, pour l'évincer indirectement, à tirer parti de sa haute moralité. Si on lui adjoignait, comme chef d'état-major, un individu mésestimable, il se retirerait assurément. Ce moyen digne de ceux qui l'employaient eut un plein succès. M. Vieyra fut nommé chef d'état-major. Afin d'éviter un pareil contact, le général Perrot se démit de son commandement qui fut donné au marquis de Lawoestine, vieil officier de l'Empire et n'ayant pas, en matière de morale et conscience, toutes les délicatesses de son prédécesseur.

(1) P. Mayer.

Dans sa quiétude profonde, l'Assemblée ne s'émut pas, un seul instant, d'un signe aussi caractéristique; suivant l'expression d'un de ses membres, « elle était devenue incapable de défendre ni la liberté des autres ni sa propre existence (1). » Le lundi 1er décembre, elle s'ajournait tranquillement au lendemain.

Le soir, à l'Opéra-Comique, M. de Morny se montrait dans plusieurs loges. A cette question de madame Liadières: « On disait, tantôt, que le président de la République va balayer la Chambre; que ferez vous? » il répondit: « S'il y a un coup de balai, je tâcherai de me mettre du côté du manche. » Cette réponse, qu'il croyait spirituelle, faite au moment même où il allait préparer une série de crimes, n'était qu'une plaisanterie cynique et à laquelle s'applique surtout ce mot de D'Alembert : « Le faux bel esprit tient de plus près qu'on ne croit à la barbarie. »

A la même heure, dans le grand salon de l'Élysée où les visiteurs étaient nombreux, M. Louis Bonaparte, s'adossant à une cheminée, attirait M. Vieyra par un regard : « Colonel, lui demanda-t-il à voix basse, êtes-vous assez fort pour ne rien laisser apercevoir d'une vive émotion sur votre visage? — « Prince, je le crois. » — « Eh bien! c'est pour cette nuit. Pouvez-vous m'affirmer que, demain, on ne battra pas le rappel? » — « Oui, si j'ai assez de monde pour porter mes ordres. » — « Voyez Saint-Arnaud... et, à six heures du matin, soyez à l'État-Major; qu'aucun garde national ne sorte en uniforme. » Les narrateurs de cet entretien rapportent que les deux interlocuteurs se séparèrent sans avoir éveillé aucune attention.

Le président de la République s'approcha de M. Ferdinand Favre, maire de Nantes, et, à propos des bruits de coup d'État qui avaient circulé, il lui dit : « Au moins, vous, monsieur Favre, vous ne croyez pas à cela, n'est-ce pas?

(1) De Tocqueville, *un Récit par un membre de l'Assemblée nationale*.

Vous savez que je suis un honnête homme. » Peu à peu les salons se vident. Quand le dernier visiteur s'est retiré, M. Louis Bonaparte se dirige vers son cabinet où MM. de Morny, Saint-Arnaud, de Maupas et Mocquard l'attendent.

M. Mocquard était, vers la fin du premier empire, un de ces beaux fils qui courent après l'argent et les bonnes fortunes. Des spéculations malheureuses le ruinèrent, il gagna la Suisse ; l'ex-reine Hortense l'agréa pour secrétaire et l'admit dans sa plus douce familiarité. Après la mort de sa royale amie, M. Mocquard reporta sur le fils une partie de l'affection qu'il avait eue pour la mère, et lui donna tout son dévouement. Louis Bonaparte ne pouvait mettre ses projets en plus sûre confidence. Aussi le dossier cacheté que le prince tira d'un tiroir secret de son secrétaire avait il été formé par M. Mocquard « de tous les papiers relatifs à l'exécution du coup d'État. » Le docteur Véron nous apprend que « sur ce dossier était écrit le mot : RUBICON. »

Le chef de la conjuration ouvre le dossier ; « il y prend trois paquets cachetés ; il donne à M. de Morny le premier paquet contenant 500,000 francs et la nomination de ministre de l'intérieur ; le deuxième paquet fut remis à M. de Maupas ; il renfermait la liste des représentants, chefs de parti et journalistes qu'il s'agissait d'arrêter, plus 500,000 francs. Le troisième paquet, un peu plus volumineux que les autres, fut remis au général Saint-Arnaud ; il contenait 2 millions dont 500,000 francs pour le ministre de la guerre et le reste pour être distribué suivant un état annexé qui englobait tous les grades. Les généraux de division devaient recevoir 10,000 francs, les généraux de brigade 6,000 francs, les colonels 2,000 francs et ainsi de suite, jusqu'aux caporaux et soldats qui devaient toucher 10 francs et 5 francs. Ces sommes n'étaient pas offertes comme gratification mais comme indemnité en cas de prolongation de la lutte ; elles étaient prises sur les millions que le Président avait obligé la Banque de France à lui avancer. Elle y consentit moyennant qu'elle aurait le droit d'augmenter son capital de 600 millions (1). L'écrivain auquel j'emprunte ces détails les tient, dit-il, *de source certaine.*

M. de Béville est entré dans le cabinet où sont réunis les conspirateurs ; Louis Bonaparte lui remet une liasse de papiers : ce sont les originaux des proclamations et des décrets dont l'affichage doit être fait avant le jour. M. de Béville reçoit l'ordre de les apporter à M. de Saint-Georges, directeur de l'Imprimerie nationale ; il sort et remplit, à la hâte, sa mission. Les manuscrits sont divisés en fragments afin d'en rendre le sens inintelligible aux compositeurs que des agents de police surveillent. Des gendarmes mobiles occupent l'Imprimerie nationale dont toutes les issues sont gardées ; ils ont chargé leurs armes et reçu cette consigne : « Fusiller tout ce qui tenterait de sortir ou de s'approcher d'une fenêtre (2). »

Vers trois heures et demie, les principaux conjurés se séparaient après avoir envoyé au général Magnan l'ordre qui le concernait et que M. Saint-Arnaud venait de signer. Chacun d'eux, suivant le rôle qu'il a pris, va disposer ses forces et ses moyens pour une action simultanée. M. de Maupas a regagné la préfecture de police ; MM. de Saint-Georges et de Béville lui apportent les proclamations qui viennent d'être imprimées.

Dès son retour de l'Élysée, M. de Maupas avait convoqué à domicile les quarante commissaires de police et les officiers de paix ; ils arrivaient, successivement, à la préfecture de police où, la veille, à onze heures du soir, « les huit cents sergents de ville et les brigades de sûreté avaient été consignées sous le prétexte de la présence à Paris des réfugiés de Londres (3). »

(1) Vicomte de Beaumont-Vassy, *Mémoires secrets du dix-neuvième siècle.*
(2) P. Mayer, *Hist. du 2 Décembre.*
(3) Granier de Cassagnac, *Récit complet et authentique des événements de décembre* 1851.

M. de Maupas appelle, un à un, les commissaires dans son cabinet; il leur apprend ce qui va se faire; il s'agit, pour eux, « d'opérer l'enlèvement » de soixante-dix-huit personnes dont seize représentants, c'est-à-dire de participer à un double crime : crime de haute trahison en aidant au renversement de la loi fondamentale du pays, et crime de lèse-inviolabilité en arrêtant des représentants du Peuple et de la loi. Aucun d'eux ne refusa la complicité qu'on lui demandait. « Ils reçurent du préfet, avec les indications, les INSTRUMENTS (1) et les ordres nécessaires. Ces hommes avaient été appropriés, avec un soin spécial, *au genre d'opération* qui leur était confié; et tous partirent, *pleins de zèle et d'ardeur, résolus d'accomplir leur devoir* A TOUT PRIX (2). » Les mandats d'arrêt portaient contre les victimes désignées à *l'ardeur et au zèle* de ces magistrats prévaricateurs l'accusation du crime qu'ils allaient commettre eux-mêmes, celle « de complot contre la sûreté de l'État. »

Chargé de veiller à la prise de possession du Palais législatif, M. Fialin dit Persigny, était arrivé à l'École militaire vers quatre heures et avait remis au général Renault les ordres du ministre de la guerre. Pour exécuter ce coup de main, on avait choisi le colonel Espinasse du 42º de ligne, l'un des premiers officiers qui, en Afrique, se laissèrent séduire par M. Fleury; un bataillon de son régiment est, depuis la veille, de service au Palais législatif; le capitaine adjudant-major et quelques officiers de ce bataillon étaient gagnés. A cinq heures, Espinasse s'est mis à la tête des deux autres bataillons du 42º; il donne le signal d'une marche silencieuse. Non loin de la grille du Palais, dans la rue de l'Université, on fait halte. Espinasse détache de son avant-garde les sapeurs qui la précèdent, leur ordonne de le suivre, d'entrer avec lui si la porte à laquelle il va frapper s'ouvre, et de la briser si elle ne s'ouvre pas. Au premier coup,

---

(1) Des haches, des leviers et des bâillons.
(2) Granier de Cassagnac.

l'adjudant-major qui était aux aguets l'a ouverte ; les soldats s'y précipitent. Attiré par le bruit, le commandant Meunier, chef du bataillon de garde, voit Espinasse rangeant ses troupes dans l'allée qui aboutit à l'hôtel de la Présidence ; il court à lui : « Colonel, dit-il, que venez-vous faire ici ? » — « Prendre le commandement et exécuter les ordres du Prince, » répond Espinasse. — « Ah ! vous me déshonorez, » s'écrie le loyal commandant en arrachant ses épaulettes et en brisant son épée; et il les jette aux pieds du colonel qui, d'un pas rapide, se dirige vers les appartements du gouverneur militaire du Palais; il ouvre la porte : Je vous arrête, » crie ce traître en sautant sur l'épée du lieutenant-colonel Niol qui s'habillait : « Vous faites bien de la prendre, dit le brave officier, car je vous l'aurais passée au travers du corps. »

Les grenadiers venus avec Espinasse relevaient tous les postes, le capitaine de l'artillerie de garde livrait ses pièces, et M. Persigny, qui, protégé par un piquet d'infanterie, avait surveillé cette opération, allait en apprendre le succès à Louis-Bonaparte.

Les commissaires de police Primorin et Bertoglio se sont partagé la besogne de l'enlèvement des questeurs. Suivi d'agents de police et de soldats du 42e, Primorin s'est rué avec une partie de sa meute, sur M. Baze qui, réveillé en sursaut, passait une robe de chambre. Le questeur se défend énergiquement contre ses agresseurs. Sans songer qu'elle est à demi vêtue, madame Baze s'élance vers la fenêtre et l'ouvre en criant au secours. Sous les yeux des officiers et des soldats impassibles, cette courageuse femme résiste, de son mieux, aux argousins qui veulent l'arracher à la barre d'appui où elle se cramponne et qui déchirent ses vêtements. Les forces de M. Baze s'épuisent et Primorin le fait traîner, presque nu, jusqu'à la place de Bourgogne où on le jette dans un corps de garde avant de le conduire à Mazas.

Pour arriver aux appartements du général Leflô, Bertoglio a pris un escalier de service débouchant sur la chambre d'un enfant que le bruit éveille et effraye : c'est le fils du général ; il a huit ans à peine : « Ne vous effrayez pas, mon ami, lui dit Bertoglio en le patelinant ; nous venons faire à votre papa une communication importante et urgente ; il sera heureux de la recevoir ; conduisez-nous vers lui. » Et l'enfant dont la naïve candeur ne peut soupçonner de fausseté un langage aussi affectueux sert de guide aux argousins et leur indique la chambre de son père ; ils fondent tête baissée, sur le général qui sautait du lit et qui leur oppose une longue résistance ; avec les accents de l'indignation, il proteste contre la violence dont il est l'objet. Les cris de madame Leflô malade se mêlent aux sanglots de son fils ; le pauvre enfant supplie, tour à tour, le commissaire et les soldats de ne faire aucun mal à son père qu'il s'accuse de leur avoir livré. Le général essaye en vain de faire entendre à ces soldats la voix de l'honneur dont ils ont perdu le sentiment. Le général revêtit son uniforme et prenant sur ses genoux son enfant qui toujours sanglotait : « Mon fils, lui dit-il, il se peut que M. Bonaparte imite son oncle en toutes choses et me fasse fusiller comme son oncle a fait lâchement fusiller le duc d'Enghien ; quoi qu'il arrive, garde bien dans ton souvenir la manière dont il traite ton père. » Au bas de son escalier, le général rencontra M. Espinasse : « Vous faites-là, lui dit-il, un sale métier ! » — « Filez, filez, monsieur, lui répondit le colonel abject. Lorsque, au milieu des baïonnettes que les soldats reçurent l'ordre de croiser sur lui, le général monta dans un fiacre où trois agents de police l'attendaient, « il entendit un malheureux portant l'épaulette de lieutenant lui adresser distinctement ce mot : « CANAILLE ! (1) »

Cependant, les autres arrestations s'opéraient. Le com-

---

(1) V. Schœlcher, *Histoire des crimes du 2 Décembre.*

missaire Lerat « assisté du capitaine de la garde républicaine Baudinet, de quinze agents choisis, de trente gardes et d'un piquet de dix hommes à cheval, » s'était chargé D'ENLEVER le général Changarnier ; il pénètre dans la maison, arrache au domestique la clef de la chambre à coucher et ouvre la porte. Le général est debout, à moitié vêtu et un pistolet à la main ; Lerat et ses agents se jettent impétueusement sur lui, le désarment, l'entraînent dans la rue et l'enferment dans une voiture qui, escortée par les gardes républicains à cheval, roule vers Mazas.

Le commissaire Courteille fait voler, à coups de hache, la porte de l'appartement du colonel Charras ; des agents de police armés jusqu'aux dents précèdent leur chef et d'autres le suivent dans la chambre du colonel, tandis que, dans les escaliers et dans la cour, des gendarmes mobiles attendent un signal pour prêter, au besoin, main-forte à Courteille. Charras dont la clairvoyance politique n'avait pu, le 19 novembre, désaveugler ses amis, dit au commissaire qui voulait lui donner lecture du mandat d'arrêt : « C'est bien ; voilà le coup d'État ; mes prévisions ne se sont pas trompées. » Apercevant un pistolet sur la cheminée, Courteille s'en empare vivement : « Oh ! n'ayez pas peur, dit le colonel, il n'est pas chargé. » Désignant, avec un geste de dégoût, les argousins qui l'entouraient, Charras continua : « Voyons, commissaire, maintenant que vous voilà rassuré, renvoyez tous ces gredins-là dans l'antichambre. » Courteille garda seulement deux agents avec lui. On descendit bientôt et, à travers une double haie de mouchards et de gendarmes, on arriva près d'une voiture où, avec le colonel, montèrent le commissaire et deux estafiers.

Prenant le commissaire Hubault *jeune* pour M. Valette secrétaire de la présidence de l'Assemblée, le domestique du général Bedeau lui ouvre la porte et se dirige vers la chambre à coucher de son maître afin de l'annoncer. Sur ses pas, Hubault jeune et plusieurs agents courent jusqu'au lit du général que réveillent ces mots : « Je suis commissaire de police et je viens vous arrêter. » — « M'arrêter, s'écrie le général en sursautant, j'en doute, car la loi me couvre et ce serait un crime. Si vous êtes magistrat, c'est pour faire respecter la loi et non pour la violer. » Le commissaire répondit au général : « Pas de résistance ! Autrement, je me verrais forcé d'employer les moyens extrêmes. » Toisant cet homme de la tête aux pieds, le général répliqua : « Si j'avais voulu résister, je sais jouer ma vie et la vôtre ne serait plus à vous; faites sortir ce monde, je vais m'habiller. » Quand il se fut bien lentement vêtu, le général s'adossant contre la cheminée, dit au commissaire : « Faites entrer votre monde si vous le voulez ; je ne sortirai d'ici que par la violence. » Hubault jeune appelle ses aides et leur ordonne *d'empoigner* le vice-président de l'Assemblée nationale. Après un instant d'hésitation, ces malfaiteurs suivirent l'exemple de leur chef qui avait pris le général au collet; ils le traînèrent dans un fiacre entouré de sergents de ville qui avaient mis l'épée à la main.

Le commissaire Blanchet surprend le général Lamoricière dans le sommeil et lui promet d'user de ménagements s'il donne sa parole de ne pas chercher à fuir. » Le général répond « qu'on ne donne pas sa parole à pareille engeance. » Le commissaire et trois drôles bien armés montent avec lui dans un fiacre. Un instant, le général se penche vers la portière; Blanchet, aussitôt lui montre un bâillon en disant : « Si vous dites un mot, je vous bâillonne. »

L'appartement du lieutenant Valentin avait une entrée commune avec celui du propriétaire nommé Scaillette, un bonapartiste. La servante de cet homme guide le commissaire Dourlens jusqu'au lit de M. Valentin. Escorté d'agents porteurs de haches, de pistolets et d'épées, Dourlens prie le lieutenant de s'habiller et de le suivre. M. Valentin exige, avant de sortir du lit, que Dourlens le délivre *des hideuses figures de ses agents* ; ils sont renvoyés dans une pièce voisine. Le lieutenant des chasseurs de Vincennes engage le commissaire de police « à ne point exécuter un mandat dont il ne peut méconnaître l'illégalité et l'infamie. » M. Dourlens dont les sbires s'avançaient répond que « l'obéissance aux ordres de son chef est une nécessité qui le met à l'abri de toute responsabilité. » Le lieutenant fut mis dans une voiture dont les portières étaient cadenassées.

A la tête de nombreux agents munis de lanternes sourdes et de merlins, M. Gronfier sonne chez M. Greppo qui ouvre sa porte et qui est renversé par une demi-douzaine d'alguazils dont les griffes l'ont saisi : « Au nom de la loi, je vous arrête, s'écrie le commissaire, point de résistance ! Nous sommes en force, vous essayeriez en vain de vous défendre. » Greppo ne put que protester contre la violence dont il était l'objet.

M. Desgranges et ses policiers sont introduits dans la chambre de Nadaud par le concierge qui en avait la clef. Le commissaire dit au représentant du Peuple en le réveillant : « Je ne viens pas vous arrêter ; venez jusque chez moi et nous rédigerons, à votre gré, le procès-verbal de ma visite. » Nadaud s'habille et monte dans un fiacre que M. Desgranges fait arrêter devant un bec de gaz. Feignant de relire le mandat dont il était porteur, le commissaire s'écrie : « Ah, mon Dieu ! je m'étais trompé ; j'avais mal lu ; c'est à Mazas que nous devons aller. » — « Non, monsieur, réplique Nadaud, vous ne vous étiez pas trompé ; vous avez agi honteusement. »

Le général Cavaignac obtint du commissaire Colin de se rendre à Mazas avec lui seul. Charles Lagrange fut arrêté par M. Baudrot et M. Thiers par M. Hubault aîné. J'ignore les noms des commissaires qui arrêtèrent MM. Baune, Miot, Roger (du Nord) et le capitaine Cholat.

« En même temps que les représentants, dit M. Granier de Cassagnac, étaient arrêtés dans leurs lits et sans la moin-

dre difficulté les chefs les plus dangereux des sociétés secrètes et des barricades ; nous ne citerons que ceux qui passent pour les plus célèbres dans le monde de l'émeute ; ce sont : MM. Grignon, Stévenot, Michel, Artaud, Geniller, Philippe, Armand Bréguet, Célestin Delpech. F. Gabriel, F. Schmidt, Baune frère du représentant, Vasbenter, Houl, Charles Cellier, Louis Jacotier, Alphonse Kuch, Théodore Six, F. Brun, Lemesle, Malapert, Hiblach, Minor Lecomte, Arsène Meunier, A. Buisson, Pierre Mussot, Th. Bonvallet, Choquin, Guiterie, Léon Billotte, Aimé Voinier, Thomas, Curnel, Boireau, Charles Crousse, Baillot, Noguez, Lucas, Isidore Lassère, Cahaigne, Hippolyte Magen et Polino. »
M. Granier de Cassagnac ajoute que : « les personnes dont la police devait opérer l'enlèvement étaient surveillées et comme gardées à vue, depuis quinze jours par des agents invisibles (1). » — « L'objet principal de ces arrestations nocturnes fut de priver l'armée de généraux disposés à obéir à la loi, et l'Assemblée des officiers chargés de la convoquer, et aussi de paralyser les partis politiques par la disparition de leurs chefs (2). » Les listes d'arrestations avaient été dressées par MM. Carlier, de Maupas, de Morny et Saint-Arnaud.

Pendant que les personnes arrêtées étaient conduites à Mazas dont un colonel nommé Thirion ou Thiérion, digne ami du général Forey, venait d'accepter le commandement, se faisant ainsi le géôlier des généraux, des représentants et des citoyens honorables que des malfaiteurs lui amenaient, — M. de Morny, escorté par deux cent cinquante chasseurs de Vincennes, prenait possession du ministère de l'intérieur, M. de Lawoestine faisait enjoindre à tous les colonels de la garde nationale de ne laisser sous aucun prétexte battre le rappel, M. Vieyra faisait crever les tambours déposés à l'État-Major, des afficheurs placardaient les proclamations

(1) *Récit complet et authentique des événements de Décembre* 1851.
(2) W. Kinglathe, *Invasion de la Crimée*.

et les décrets, et des troupes sous les ordres de quelques-uns des généraux gagnés prenaient leurs positions que M. Fleury inspectait; il veillait à ce que l'Elysée fût bien gardé!

Autour de ce palais, aux Champs-Élysées et dans l'avenue Marigny, le général Canrobert développait sa brigade dont faisaient partie le 1ᵉʳ et le 2ᵉ lanciers sous le commandement du général Reybell et une division de grosse cavalerie ayant le général Korte à sa tête; la brigade Ripert occupait le palais de l'Assemblée nationale et ses abords; le général Forey déployait la sienne dans toute la longueur du quai d'Orsay; celle du général De Cotte se massait sur la place de la Concorde; enfin, le général Dulac concentrait le 19ᵉ et le 51ᵉ de ligne dans le jardin des Tuileries. Le principal objet de ceux qui placèrent ainsi près de trente-deux mille fantassins, cavaliers ou artilleurs était, dit un historien, « d'appuyer les opérations de Maupas et de protéger *les Frères de l'Élysée* en les abritant derrière l'égide de l'armée tant qu'ils seraient à Paris, et en couvrant leur fuite si la fuite devenait nécessaire. »

Les brigades Marulaz, Bourgon, Sauboul, Courtigis et celles des neuf autres généraux subornés étaient consignées dans les diverses casernes de Paris.

A sept heures du matin, M. de Maupas adressait à M. Louis Bonaparte cette dépêche : « Nous triomphons sur toute la ligne. » En vérité, les *triomphateurs* ont lieu de se glorifier de leur facile victoire! Une grosse bande de malfaiteurs armés jusqu'aux dents s'introduisant, à la faveur des ténèbres, par ruse ou par effraction, dans une maison où tout sommeille, et s'abattant sur un honnête homme endormi, ne triomphe-t-elle pas de lui aisément? C'est ainsi que M. Louis Bonaparte fit célébrer, par soixante-dix-huit grosses bandes composées de mouchards et de soldats ayant à leur tête des officiers d'infanterie et des officiers de police, le quarante-neuvième anniversaire de la bataille d'Austerlitz.

CHAPITRE IV

LE DEUX-DÉCEMBRE 1851

La Journée du Deux-Décembre : Proclamations et parallèles. — Les bases d'une Constitution. — Louis Bonaparte se dément pour mentir. — Fouché et M. de Maupas. — Suppression des journaux indépendants. — Attitude du peuple et de la bourgeoisie. — Première réunion des députés républicains; leur première proclamation. — Réunions au Palais législatif, chez M. Crémieux et à la mairie du X° arrondissement. — Arrestation de 227 représentants; leur attitude. — Arrêt de la Haute-Cour; expulsion des juges. — Protestations. — Louis Bonaparte et sa cavalcade. — Michel de Bourges au boulevard du Temple. — Réunions chez MM. Beslay et Lafon; le comité de résistance.— Réunion chez Cournet. — Un rendez-vous patriotique.

Le Dix-huit Brumaire, le général Bonaparte commit, du moins, son crime en plein jour; il se présenta, lui-même, dans les deux Assemblées. Laissant, à une certaine distance, les grenadiers qui le suivaient, il s'exposa aux apostrophes et aux menaces des défenseurs de la Constitution qu'il voulait détruire, et un fer vengeur de la sainteté des lois méprisées aurait pu le frapper, s'il se fût trouvé là un homme capable de mettre en pratique la maxime vieille comme le monde et que Montesquieu a proclamée en ces termes : « Le crime de César qui vivait dans un gouvernement libre n'était-il pas hors d'état d'être puni autrement que par l'assassinat ? Et demander pourquoi on ne l'avait pas poursuivi par force ouverte ou par les lois, n'était-ce pas demander raison de ses crimes ? (1) »

Le Deux-Décembre, Louis Bonaparte fait enlever, un à un, en pleine nuit et dans leur sommeil, les défenseurs de la Constitution qu'il veut renverser. Pendant que des aventuriers, des policiers et des soldats surveillent ou exécutent l'enlèvement des citoyens dont le Peuple eût, peut-être, écouté la voix, et d'officiers supérieurs dont la probité influente eût pu ramener à l'honneur les régiments qu'on en détournait, lui, le parjure, le traître, cache ses inquiétudes et ses peurs au fond de son palais protégé par trente-deux mille soldats.

L'homme du Dix-huit Brumaire n'avait, du moins, avant son crime, attaché son nom qu'à des exploits glorieux. Sa campagne d'Italie avait été une succession de victoires couronnées par des traités avantageux pour la France; celle d'Égypte, dont le résultat devait être si désastreux, ne se révélait encore que par le retentissement des batailles gagnées par nos soldats dans ce pays lointain. Tant de succès exclusivement attribués au génie militaire de ce général l'entouraient d'un prestige qui éblouissait le Peuple et l'armée. Dédaignant les voluptés au milieu desquelles s'avilissait le chef du Directoire, il avait, depuis près de cinq années, vécu sur les champs de bataille. Et puis, ni le Conseil des Anciens, ni celui des Cinq-Cents n'avaient su préserver la fortune publique des dilapidations auxquelles Barras la livrait pour entretenir ses débauches. Tout cela favorisait l'accomplissement de l'attentat et pouvait, aux yeux de certaines gens d'accommodement facile, en atténuer la criminalité.

L'homme du Deux-Décembre, au contraire, n'était connu que par ses équipées scabreuses et folles avant son élévation au pouvoir et par ses machinations contre la République,

---

(1) *Grandeur et décadence des Romains.*

depuis qu'il en était devenu le gardien. Pendant les deux années qui précédèrent son crime, il ne songea qu'aux plaisirs sensuels dont il fut toujours l'esclave, et à brigander une dictature qui lui permettrait de s'abandonner à eux plus commodément en lui facilitant les dilapidations et les abus : « Lorsqu'on le croyait occupé des grandes affaires de l'État, il ne songeait, en réalité, qu'aux refus très-secs de telle actrice n renom et aux moyens à employer pour prendre avec telle autre une éclatante revanche. Les années 1850 et 1851 ont été celles où les favorites de théâtre ont régné le plus sur le Prince-Président. Plus tard, les dames du monde allaient avoir leur tour (1).

Pour justifier son guet-apens, le Bonaparte du Dix-huit Brumaire accusa l'Assemblée d'avoir, trois fois, violé la Constitution et *de tramer des complots aux dangers desquels il pouvait, seul, arracher le pays*. Dans une proclamation aux Français, *il se posait en victime* que d'imaginaires conspirateurs visaient, *et en défenseur de la République*, pour le salut de laquelle il avait déchiré la Constitution.

Servile imitateur de cette justification fallacieuse, le Bonaparte du Deux-Décembre adresse aux Français une proclamation dans laquelle il accuse l'Assemblée d'être *devenue un foyer de complots*, d'attenter aux pouvoirs qu'il tient directement du Peuple, d'accumuler *sur lui les provocations et les outrages, de ne pas respecter le pacte fondamental* (2). » Cette proclamation était rédigée avec une habile duplicité. Aux Parisiens dont le républicanisme est aussi ardent que leur aversion pour les royalistes des deux branches bourbonniennes, il présente son acte criminel comme étant

---

(1) *Mémoires secrets du dix-neuvième siècle*.
(2) La Constitution avait, il est vrai, été violée deux fois, — le 8 mai 1849, dans son article 5, par le renversement de la république romaine, — et le 31 mai 1850, dans l'une de ses dispositions fondamentales, par la mutilation du suffrage universel. Mais ces deux violations de la loi furent l'œuvre commune de Louis Bonaparte et de la majorité royaliste de l'Assemblée.

exclusivement dirigé contre « *ces hommes qui ont perdu deux monarchies :* ils veulent, ajoute-t-il, me lier les mains afin de renverser la République ; mon devoir est de déjouer leurs perfides projets, *de maintenir la République et de sauver le pays en invoquant le jugement solennel du seul souverain que je reconnaisse en France :* LE PEUPLE. »

Afin de donner une apparence de vérité à ces mensonges agréables au Peuple dont ils flattaient la haine, Louis Bonaparte les accompagne d'un décret dissolvant l'impopulaire Assemblée, rétablissant le suffrage universel, et convoquant le Peuple français dans ses comices à partir du 14 décembre jusqu'au 21 décembre suivant.. La frauduleuse proclamation disait : « Je soumets à vos suffrages les bases fondamentales d'une Constitution que les Assemblées développeront plus tard. Ce système créé par le Premier Consul, au commencement du siècle, a donné à la France le repos et la prospérité ; il les lui garantirait encore. »

Dans mon récit de l'*Histoire du Consulat et de l'Empire*, j'ai dit quelle étrange sorte de repos et de prospérité goûta la France avec un pareil système. Quant à cette seconde Assemblée que la Constitution proposée à la sanction populaire nomme un *Pouvoir pondérateur formé de toutes les illustrations du pays*, on sait ce que ce Pouvoir fait du pacte fondamental et des libertés publiques dont il est constitué le gardien ; on n'a pas oublié la flétrissure que Napoléon Ier imprima sur ces troupeaux de mercenaires tout brodés, rampant dans les fanges où ils trouvent leur pâture, léchant indistinctement les mains qui la leur jettent, donnant toujours l'exemple des ingratitudes et des lâchetés, se hâtant de renier et d'insulter le maître sous les pieds duquel ils mettaient leur tête, dès que l'adversité lui ôte le moyen de les gorger encore de faveurs et d'or.

De même que le Bonaparte du Dix-huit Brumaire irrita l'armée contre les patriotes en les traitant de « factieux et de brigands qu'il fallait mettre à la raison, » de même le

4.

Bonaparte du Deux-Décembre excite par d'hypocrites condoléances les soldats contre la population de Paris : « En 1830 comme en 1848, leur dit-il, on vous a traités en vaincus. » Cet homme faussait tout, morale et vérité, histoire et serment. En 1830 comme en 1848, le Peuple ouvrit ses bras à l'armée ; le soldat, l'ouvrier et le bourgeois fraternisèrent. L'homme du Deux-Décembre le savait bien ; mais, pour en venir à ses fins, il ne se laisse arrêter par aucune impudence ; il s'inflige des démentis à lui-même ; ainsi fait-il dans sa proclamation à l'armée, proclamation où l'ingratitude va de pair avec l'imposture ; il y présente aux soldats comme outrageante pour eux la révolution de Juillet que tous les Bonapartes saluèrent à pleins transports comme la vengeresse de leurs griefs contre les Bourbons, — et la révolution de Février que son insulteur d'aujourd'hui remerciait, avec effusion et en lui offrant *un serment de reconnaissance*, « de lui avoir fait retrouver la Patrie et les droits de citoyen après trente-trois années de proscription et d'exil (1). »

Mais le voici qui comble la mesure : après avoir suggéré à l'armée de faux sujets de plainte contre les deux révolutions dont sa famille et lui ont retiré tant d'avantages et de contentement, il feint de s'apitoyer sur le sort de ces pauvres soldats et *il associe leur histoire avec la sienne : il y a, leur dit-il, entre nous, dans le passé, communauté de* GLOIRE *et de malheur.* »

Quel était donc son apport dans cette communauté de gloire ? Son équipée de Strasbourg pour laquelle il demanda pardon à Louis-Philippe qui le gracia, — son ridicule débarquement, avec le petit chapeau et un aigle apprivoisé, sur la plage de Boulogne où son pistolet visant un capitaine qui le traitait de conspirateur et de traître brisa la mâchoire d'un soldat, — sa grotesque évasion de Ham, — ses passes histrioniques dans le tournoi d'Eg-

(1) Discours de Louis Bonaparte à l'Assemblée constituante, 26 septembre 1848.

lington, — ses opérations policières contre les ouvriers chartistes de Londres avec un bâton *de constable spécial*, — enfin, l'expédition infâme qui, par son ordre, venait de se faire, pendant la nuit, avec effraction et violence, contre le Droit, la Justice et la Loi. C'est au partage d'une telle gloire que M. Louis Bonaparte conviait les soldats !

Je reprends mes comparaisons : Fouché dont la scélératesse était au service de tous les crimes, fut placé au ministère de la police quelques semaines avant le 18 Brumaire. Après l'exécution de l'attentat, ce malfaiteur trompait les inquiétudes des Parisiens dans une proclamation où il disait que « *la Constitution avait été brisée dans l'intérêt du Pays et pour le salut de la République.* »

M. de Maupas, dont Louis Bonaparte avait apprécié les aptitudes, fut mis en possession de la préfecture de police quelques semaines avant le Deux-Décembre. Dans une proclamation inoubliable comme l'œuvre qui s'exécutait, ce fonctionnaire donne le change aux habitants de Paris; il leur dit : « *C'est au nom du Peuple, dans son intérêt et pour le maintien de la République* que l'événement s'est accompli. »

On s'était mis en garde contre les journaux qui auraient renversé tout cet échafaudage de mensonges. Dès le matin, la force armée occupait les imprimeries des feuilles républicaines et monarchistes; deux seulement acquises à M. Louis Bonaparte furent autorisées à paraître (1).

Aux premières lueurs d'un jour bruineux et froid, les passants lisaient les proclamations et le décret avec une surprise qui se manifestait diversement. Les ouvriers, — sinon tous, du moins le plus grand nombre, — qui, suivant un mot d'ordre donné aux sergents de ville, n'apprirent, d'abord, que l'arrestation des généraux auxquels s'attachaient les haines du Peuple depuis les événements de juin 1848, approuvaient le mauvais coup de M. Louis Bonaparte ; ils

---

(1) Le *Constitutionnel* et la *Patrie*.

n'y voyaient que ceci : la dissolution d'une Assemblée impopulaire à l'excès, « *l'empoignement* » de ceux qu'ils regardaient comme des ennemis, la chute d'une majorité qui ne dissimulait pas ses projets de restauration bourbonnienne, le maintien de la République et le rétablissement du suffrage universel : « *C'est bien joué,* » disaient quelques-uns d'entre eux. Que leur importait, après cela, la légalité d'un acte qui leur donnait tant de satisfactions ensemble ! Aveuglée par la rancune, leur bonne foi s'était prise au piége tendu à leur crédulité. O la cruelle expiation qui suivra de près ce savourement inopportun de la vengeance, cette indifférence inconsciente pour la Légalité qu'on tuait afin de lui substituer la Tyrannie !

Revenant de la stupéfaction que leur avaient causée les premières nouvelles de l'attentat, toutes les classes de la bourgeoisie parisienne furent d'accord pour s'en indigner; elles excitèrent une grande agitation dans Paris.

A huit heures du matin, Michel de Bourges, Pierre Lefranc, Versigny, quelques autres représentants et des républicains dévoués, se réunissaient chez M. Yvan, l'un des secrétaires de l'Assemblée. On convint de résister au coup d'État par tous les moyens et on alla rejoindre, dans la rue Blanche, chez M. Coppens, Victor Hugo, Charamaule, Bancel, Rouet, Brives, Joigneaux, Baudin, Guitter, Testelin, etc. Les uns voulaient agir sans délai, les autres, temporiser; ceux-ci l'emportèrent. Un appel à quelques légions de la garde nationale fut décidé; Victor Hugo, Charamaule et Forestier firent, pour cela, des démarches qui échouèrent. Revenu chez Coppens, Victor Hugo dicta la proclamation suivante à Baudin : « Louis-Napoléon est un traître ! Il a violé la Constitution ! Il s'est mis hors la loi ! Les représentants républicains rappellent au Peuple et à l'armée l'article 68 et l'article 110 ainsi conçus : L'Assemblée constituante confie la défense de la présente Constitution et des droits qu'elle consacre à la garde et au patriotisme de tous les

Français. — Le Peuple est à jamais en possession du suffrage universel, il n'a besoin d'aucun Prince pour le lui rendre, et il châtiera le REBELLE. — Que le Peuple fasse son devoir ! Les représentants républicains marcheront à sa tête. — Aux armes ! Vive la République ! »

Victor Hugo, Schœlcher, Charamaule, Testelin, Noël Parfait, Michel, Emmanuel Arago, Versigny, Madier-Montjau, d'Etchégoyen, Rouët, Chauffour, Cassal, Breymand, Deflotte, Brives, Eugène Sue, Baudin, Lamarque, Guitter, et quelques autres signèrent cette proclamation.

A l'heure où se tenaient ces Conseils dans la rue Blanche, de nombreux représentants siégeaient chez M. Daru. Ils se dirigent vers le Palais législatif que les soldats d'Espinasse gardent. Tandis que, sur la place de Bourgogne, ces soldats, croisant la baïonnette, repoussent M. Daru, percent l'habit de M. de Talhouët et blessent à la cuisse M. de Larcy, une porte du palais, mal fermée, livrait passage à quarante représentants. Ils pénètrent dans la salle des séances. M. de Morny en est informé ; il envoie, aussitôt, des ordres à Espinasse qui charge M. Saucerotte, commandant de la gendarmerie mobile, de les faire exécuter. Suivi de ses gendarmes, M. Saucerotte entre dans la salle où les représentants ont repris leurs places de la veille ; ils accueillent les gendarmes aux cris de : « Vive la République ! Vive la Constitution ! » S'adressant au commandant Saucerotte, le vieux général s'écrie : « Prenez-y garde ! La mission que vous avez acceptée vous compromet et déshonore votre uniforme ; retirez-vous ! » — « J'ai un ordre formel de mes chefs, répond le prétorien ; je vous somme de sortir. » Et il donne un signal à ses gendarmes qui arrachent les représentants de leurs siéges et les expulsent de l'enceinte des séances. Refoulés vers la salle Casimir Périer, les députés de la nation y rencontrent M. Dupin que deux de leurs collègues étaient allé chercher dans ses appartements. « Mais, Messieurs, dit-il aux représentants, vous faites à vous seuls plus de bruit que tous ces braves militaires ensemble. » M. Desmousseaux lui passe une écharpe au cou et l'invite à faire lecture de l'article 68 ; il s'exécute ; entre ses dents serrées, qui claquent, sa langue balbutie quelques mots sur le respect dû à la Constitution. Ses collègues lui reprochent sa pusillanimité : « Nous avons le droit, c'est évident, — mais, ajouta-t-il en montrant les gendarmes, ces messieurs ont la force ; filons ! » Et il fila.

Les représentants sortirent ; les uns allèrent chez M. Crémieux dont la maison fut immédiatement cernée par des soldats et envahie par des agents de police ; tous ceux qui se trouvaient là furent arrêtés.

Les autres, ayant appris qu'un grand nombre de leurs collègues se trouvaient réunis à la mairie du Xe arrondissement, s'y rendirent. Ils sont là, deux cent vingt, constitués en Assemblée, avec le bureau ordinaire, moins M. Dupin ; parmi eux on compte à peine trente républicains. Sur la proposition de M. Berryer, on décrète, à l'unanimité, la déchéance de Louis-Napoléon Bonaparte, la mise en liberté des représentants qui ont été arrêtés, la réquisition de la 10e légion pour défendre le lieu des séances de l'Assemblée.

Le général Lauriston, représentant du peuple, avait convoqué à la mairie les officiers de la 10e légion dont il était le lieutenant-colonel. Il allait ordonner de battre le rappel, lorsqu'un individu, nommé Albert Courpon, vint signifier, de la part de M. Vicyra, « que tous les gardes nationaux qui descendraient en armes dans la rue seraient fusillés ; » et il fit confisquer les tambours. L'approche des soldats est signalée : « Vous ne vous défendrez que par la Révolution, » dit M. Pascal Duprat à ses collègues. « Nous nous défendrons par le droit, répond M. Berryer ; sauvons-nous légalement ; faisons appel à la force organisée. » — « Oui, oui, crient les royalistes des deux branches, pas de révolution ! » — « Mais, réplique M. Duprat, la force organisée est et marche contre nous. Adressons-nous au Peuple qu'il ne faut pas craindre de soulever ; vous n'avez pas d'autre moyen de salut. »

Les royalistes, on le verra bientôt, aimaient mieux assurer le triomphe de leur spoliateur que d'être sauvés par le Peuple. Leurs propositions se croisent ; ils délibèrent au lieu d'agir. Ils investissent du commandement des troupes et de la garde nationale le général Oudinot qui avait dirigé l'expédition romaine. M. Tamisier consent à lui servir de chef d'état-major.

Un sous-lieutenant du 6ᵉ chasseurs de Vincennes, nommé Charles Guédon, arrive avec deux sergents. Le général Oudinot veut leur faire reconnaître son autorité ; il parlemente avec eux ! Bientôt apparaissent deux commissaires de police, MM. Lemoine-Bacherel et Merlet ; ils somment l'Assemblée de se disperser. Un nouvel officier vient et dit : « Je suis militaire, je reçois un ordre, je dois l'exécuter ; le voici : « En conséquence des ordres du ministre de la guerre, faites occuper la mairie du Xᵉ arrondissement, et faites arrêter et conduire à Mazas, s'il est nécessaire, les représentants qui n'obéiraient pas, sur-le-champ, à l'injonction de se retirer, signé : *le général en chef*, MAGNAN. » Au nom de Magnan, l'Assemblée éclate en murmures ; de toutes parts ces cris s'élèvent : « Tous à Mazas ! Oui, oui ! Allons à pied ! Employez la force ! »

Un troisième commissaire de police, des agents et des chasseurs ont envahi la salle. Les membres du bureau et les représentants sont pris par le bras et conduits vers l'escalier que la troupe occupe. Dans la cour où ils descendirent, on vit apparaître le général Forey ; il leur infligea l'humiliation d'attendre là qu'il plût à M. Saint-Arnaud d'indiquer la prison où on devait les conduire, car on trouvait celle de Mazas trop éloignée ; on craignait que, suivant l'expression d'un historien (1), « Paris ne vit pas sans émotion cette

(1) V. Schœlcher.

chaîne de représentants conduits à la geôle. » Et ils attendirent patiemment! Et à aucun d'eux ne vint une courageuse pensée! Eh! quoi, la foule qui, un instant auparavant, avait accueilli par des acclamations une harangue de M. Berryer grossit, la 10ᵉ légion est prête à marcher au premier signal, deux de ses chefs de bataillon, MM. Guillot et Balot, étaient venus se mettre à la disposition de l'Assemblée, « des gardes nationaux qui sont dans cette cour criaient chaque fois que la porte s'ouvrait pour laisser passer les officiers allant et venant : Vive la République ! Vive la Constitution (1) ! » On sait qu'une grande fermentation règne parmi les jeunes gens des écoles et que plus de douze cents d'entre eux ont tenté de se rapprocher de la mairie,— et pas un de ces représentants qu'on chasse et qu'on humilie, ni le général Oudinot, ni le général Lauriston, ni l'amiral Cécile ne font appel à tant de dévouements patriotiques! A les entendre crier : « Tous à Mazas ! » A voir leur piteuse attitude en attendant qu'on les y mène et leur empressement à se ranger entre deux haies de soldats dès que l'ordre du départ est, enfin, donné, on eût dit, vraiment, qu'ils avaient peur d'un secours d'où pouvait naître un danger pour leur vie, et hâte de trouver un abri derrière les murs d'une prison. Le général Forey, étalant son ignominie à la tête de la colonne, les dirigea vers la caserne du quai d'Orsay.

Quelques membres de la Haute-Cour auraient bien voulu être arrêtés aussi ! Grande était leur perplexité ! Personnellement ils approuvent, au fond du cœur *l'acte du Prince* dont ils se sont montrés les partisans. — Magistrats, ils sont liés par un serment, et ils ont sous les yeux la Constitution qui trace leur devoir ; quoi qu'il en soit, ils le remplirent. La Haute-Cour se réunit. Après une courte délibération, visant « les placards imprimés et affichés sur les murs de la Capitale, attendu que les faits et l'emploi de la force

(1) Compte-rendu rédigé par les sténographes ordinaires de l'Assemblée.

militaire dont ils sont appuyés réaliseraient le cas prévu par l'article 68 de la Constitution, déclare qu'elle se constitue, dit qu'il y a lieu de procéder, nomme pour son procureur général M. Renouard et s'ajourne à demain midi pour la continuation de ses opérations. » Les juges signaient cet arrêt lorsque trois commissaires de police, accompagnés d'officiers de paix et d'un détachement de gardes municipaux commandés par M. de Montour aide de camp du ministre de la marine « envahirent la chambre du conseil et sommèrent la Haute-Cour de se séparer sous peine d'être dissoute par la force et ses membres emprisonnés. La Cour protesta et déclara qu'elle ne cédait qu'à la force. » Les juges se rendirent chez leur président pour constater sur les registres cette violence exercée contre eux « *par ordre de M. de Maupas préfet de police.* »

Les membres du conseil d'État « ayant trouvé le lieu de leurs séances entouré par la force armée qui leur en a interdit l'accès, » protestèrent contre le décret du 2 décembre et déclarèrent « n'avoir cessé leurs fonctions qu'empêchés par la force. » Les journalistes indépendants essayèrent vainement de publier une protestation qu'ils avaient signée.

Vers midi, des dragons, des carabiniers et des cuirassiers arrivaient de Saint-Germain et de Versailles pour renforcer les troupes, déjà nombreuses, qui entouraient la résidence présidentielle. On décida Louis Bonaparte à se montrer dans quelques rues de Paris. Ayant à sa droite le vieux Jérôme, à sa gauche le comte de Flahaut, il sortit de l'Elysée, à cheval. Un nombreux état-major l'entourait. L'attitude dédaigneuse et froide que gardait la foule en le voyant passer abrégea l'exhibition de la brillante cavalcade ; il ne s'aventura pas au delà des quais et des rues que les troupes occupaient. Quand il atteignit le Pont-Royal, des cris de « Vive la République ! Vive la Constitution ! » l'accueillirent, et il reprit le chemin de l'Elysée. Dans l'après-midi, il passa la revue des troupes qui protégeaient son palais où il se confina jusqu'à ce qu'il n'y eût plus une ombre de péril. C'est ainsi que le bravache tint la promesse qu'il avait récemment faite aux officiers en ces termes : « je ne vous dirai pas : marchez, je vous suis ; mais, je vous dirai : *Je marche, suivez-moi!* »

A deux heures de l'après-midi, Michel de Bourges, entouré de plusieurs de ses collègues et revêtu de son écharpe, haranguait, de l'une des fenêtres du restaurant Bonvallet, une grande foule. Des nuées de sergents de ville s'abattirent sur la maison ; les représentants purent, à travers le jardin, gagner un refuge dans le passage Vendôme. Ils se retrouvèrent, à quatre heures, chez M. Beslay, ancien constituant ; la réunion était nombreuse ; un avis que la police arrivait obligea les représentants à chercher un autre gîte. Après de longues recherches, on se retira chez M. Lafon, quai de Jemmapes. Un comité de résistance fut nommé ; il se composait de M.M. Victor Hugo, Schœlcher, Madier-Montjau, Jules Favre, Michel, de Flotte et Carnot. Ce comité devait se réunir dans un lieu qu'il connaîtrait seul et d'où il transmettrait ses résolutions et ses ordres. On apprit que la maison était surveillée et que les soldats de Marulaz dont la brigade campait non loin de là pourraient instantanément l'investir.

A travers une nuit obscure, on se dirige vers la rue de Popincourt et on la suit, à tâtons, cherchant les ateliers de Frédéric Cournet. Bientôt, nos amis emplissent une salle vaste et nue ; il y a deux tabourets seulement ; Victor Hugo qui va présider en prend un ; l'autre est donné à Baudin qui servira de secrétaire. La résistance armée est l'unique pensée de tous : « Écoutez, s'écrie Victor Hugo ; rendez-vous compte de ce que vous faites. D'un côté, 100,000 hommes, 17 batteries attelées, 6,000 bouches à feu dans les forts, des magasins, des arsenaux, des munitions de quoi faire la campagne de Russie ; — de l'autre : 120 représentants, 1,000 ou 1,200 patriotes, 600 fusils, deux cartouches par homme, pas un tambour pour battre le rappel, pas une cloche pour sonner le tocsin, pas une imprimerie pour imprimer une proclamation ; à peine, çà et là, une presse lithographique, une cave où l'on imprimera, en hâte et furtivement, un placard à la brosse ; peine de mort contre qui remuera un pavé, peine de mort contre qui s'attroupera, peine de mort contre qui sera trouvé en conciliabule, peine de mort contre qui placardera un appel aux armes. Si vous êtes pris pendant le combat, la mort ; si vous êtes pris après le combat, la déportation ou l'exil. D'un côté : une armée et le crime ; — de l'autre : une poignée d'hommes et le droit. Voilà cette lutte, l'acceptez-vous (1). »

A cette parole patriotique et puissante, un cri subit, unanime répondit : « Oui, oui, nous l'acceptons. » Il était plus de minuit quand on décida que, le lendemain matin, à huit heures, les représentants, les journalistes et tous les hommes résolus se réuniraient dans le faubourg, au sein même du Peuple ; en se réfugiant dans ses bras, les représentants de sa souveraineté le mettraient en demeure de se défendre lui-même. Sur l'indication de Baudin, on choisit pour lieu de rendez-vous le café Roysin, en face du marché Lenoir.

(1) Les paroles de Victor Hugo furent sténographiées par l'un des assistants ; c'est ainsi que je pus les donner, dès 1852, dans mon *Histoire de la terreur bonapartiste*, telles qu'il les prononça.

CHAPITRE V

LE 3 DÉCEMBRE 1851

La journée du 3 décembre : Des prisonniers repoussant leurs libérateurs. — Des représentants républicains au faubourg Saint-Antoine. — Désarmement de deux postes. — La barricade. — Conduite héroïque de huit représentants du Peuple. — Mort de Baudin et d'un jeune ouvrier. — Ce qui suivit la tentative insurrectionnelle. — Le ministère du coup d'État et la commission consultative. — Protestations. — M. de Morny aiguillonne ses complices; son système d'« *envahissement par la terreur.* » — Encore la Haute-Cour. — L'agitation grandit. — Arrêté de MM. de Morny et de Maupas. — Monstrueuse proclamation de Saint-Arnaud. — Réunions chez MM. Landrin et Marie. — Meurtres préparés et exécutés par le colonel Rochefort. — Exécutions sommaires dans la rue Beaubourg. — Conseil militaire; combinaison d'un massacre. — Transfèrement à Ham de huit prisonniers.

Le comité de résistance avait chargé Victor Hugo de rédiger une proclamation à l'armée. J'ai fait connaître cette admirable page qui appartient à l'histoire.

La nuit se passa calmement. Vers six heures du matin, au faubourg Saint-Antoine, des ouvriers se groupaient. Frédéric Cournet secouait leur indifférence en les éclairant sur la portée du coup d'État, lorsqu'on vit des omnibus s'avancer; des lanciers les escortaient. Quelques voix s'écrient : « Ce sont des représentants du Peuple ! » — « Délivrons-les ! » ajoutent Cournet et Malardier en s'élançant vers le premier omnibus dont les chevaux saisis par la bride s'arrêtent ; des ouvriers accourent pour prêter main-forte ; une portière s'ouvre. Mais, les prisonniers ont peur de la liberté qu'on leur offre : ils supplient leurs libérateurs de les laisser tranquillement aller où on les conduit. Les brides qu'on retenait sont lâchées, les chevaux reprennent leur trot lourd, et les ouvriers stupéfaits s'éloignent en disant à Cournet, avec une indignation qui se mêlait au dégoût : « Vous voyez bien qu'il n'y a rien à faire avec ces gens-là. » Ces représentants étaient de ceux qu'on avait casernés, la veille, au quai d'Orsay et qu'on menait à Vincennes. On avait disséminé les autres dans le fort du Mont-Valérien et dans les cellules de Mazas.

Les représentants républicains qui se rendirent les premiers au café Roysin trouvèrent la population du faubourg écœurée par les lâchetés qui venaient de se donner en spectacle à elle. Aux patriotiques exhortations, les ouvriers répondaient : « Nous ne voulons pas nous battre pour ces lâches qui viennent de préférer la prison à la délivrance ; ne nous rend-on pas le suffrage universel qu'ils nous avaient ravi ? Et puis, avec quoi nous battrions-nous ? Nous n'avons pas un seul fusil ; on nous a désarmés en juin 1848. Le faubourg ne marchera pas. »

Il y avait eu un malentendu sur le moment fixé pour la prise d'armes ; aussi, à neuf heures, ne se trouva-t-il au rendez-vous que douze ou quinze républicains et une vingtaine de journalistes et d'ouvriers prêts à tenir leur engagement. Ils sortirent du café Roysin. A leur appel, une centaine d'hommes répondirent ; bientôt une barricade informe s'élevait dans la rue du Faubourg, aux angles des rues Cotte et Sainte-Marguerite. On se procura quelques fusils en désarmant trois fantassins qui passaient, et les postes de la rue de Reuilly et du marché Lenoir.

Après le désarmement de ces deux postes, Madier-Montjau, Jules Bastide et un brave ouvrier, Charles Broquet, s'étaient dirigés, par Ménilmontant, vers Belleville ; on voulait qu'un mouvement stratégique et simultané reliât cette commune au faubourg Saint-Antoine.

Il était près de neuf heures et demie quand les défenseurs de la barricade virent s'avancer un détachement d'infanterie. En dehors des représentants, on comptait à peine vingt-cinq combattants n'ayant pour s'abriter que deux voitures, une charrette et un omnibus renversés, et, pour se défendre, que vingt-deux fusils. Apercevant des ouvriers qui se retirent, Baudin en appelle, une dernière fois, à leur patriotisme : « Pas si bêtes, dit l'un d'eux, de nous faire tuer pour vous conserver vos vingt-cinq francs. » — « Mon ami, répond Baudin, dans un instant, si vous êtes encore là, vous verrez comment on meurt pour vingt-cinq francs. »

Huit représentants : MM. Baudin, Schœlcher, Malardier, Bruckner, Deflotte, Brillier, Magne et Dulac étaient montés sur la barricade, derrière laquelle n'étaient restée qu'une poignée de républicains : Frédéric Cournet, Ruin, Amable Lemaître et Maillard étaient du nombre. Les autres constructeurs de la barricade s'étaient éloignés, « jugeant, dit M. Schœlcher avec sa bienveillance qui égale son courage, toute résistance impossible dans l'état où l'on se trouvait. »

Les trois compagnies dont se composait le détachement avançaient lentement : « Amis, dit M. Schœlcher aux vaillants qui se tenaient, l'arme au bras, derrière les voitures, nous, représentants, nous allons à la troupe ; si elle tire, la première décharge sera pour nous ; si elle nous tue, vengez-nous ; mais, jusque-là, pas un coup de fusil ! » Aussitôt il fait signe aux soldats de s'arrêter ; le capitaine Petit, qui les commande, s'y refuse. Sept représentants descendent. Baudin était resté debout sur l'une des voitures. Dominée par l'attitude majestueuse des sept législateurs revêtus de leurs insignes parlementaires, marchant vers elle, sans armes et rangés sur une même ligne, la troupe s'arrête dans un saisissement de respect. Schœlcher s'adressant aux soldats : « Nous sommes représentants ; on vous trompe ; c'est la

Constitution que vous attaquez ; sauvez-la ; nous réclamons votre concours pour faire respecter la loi. Venez avec nous, ce sera votre gloire. » — « Taisez-vous, s'écria le capitaine ; je ne veux pas vous entendre. J'obéis à mes chefs ; j'ai des ordres à exécuter ; retirez-vous, ou je fais tirer. » Les voix des sept représentants s'unirent pour répondre : « Vous pouvez nous tuer, mais nous ne reculerons pas. »

Sur l'ordre de leur capitaine, les soldats apprêtent les armes et marchent en avant ; ils passent entre les représentants et détournent d'eux les baïonnettes ; une seule déchire involontairement les vêtements de M. Schœlcher. Le croyant blessé, un des défenseurs de la barricade fait feu : un soldat est tué. La troupe riposte. Baudin reçoit à la tête trois balles qui le foudroient. En même temps que lui tomba un jeune ouvrier frappé à mort ; on ne put malheureusement pas savoir son nom qui eût partagé l'impérissable gloire attachée à celui de Baudin.

Après avoir répondu par une décharge générale à celle de la troupe, les quinze ou vingt républicains s'éloignèrent de la barricade qui ne pouvait être défendue ; ils avaient atteint leur but qui n'était pas seulement d'engager une lutte partielle, mais de prendre une initiative et de donner au Peuple l'exemple d'une résistance ouverte contre un attentat monstrueux.

Les sept représentants que leur collègue Sartin avait pu rejoindre parcoururent la rue de Charonne en exhortant les ouvriers à la défense de la République et des lois : « Il fallut bien, a dit M. Schœlcher, nous avouer que le Peuple ne voulait pas remuer ; son parti était pris. »

A Belleville, Madier-Monjau avait rédigé une proclamation dont Bastide fit plusieurs copies ; elles furent affichées à Belleville et dans le haut du faubourg du Temple ; là comme au faubourg Saint-Antoine, les ouvriers battaient froid à ceux qui les excitaient au combat. Après une heure de vaine attente, Madier et ses amis revinrent au faubourg ;

ils le trouvèrent envahi par de nombreux bataillons. Des soldats étaient lancés à la piste des citoyens qui venaient d'abandonner la barricade. Quand Victor Hugo arriva, elle fumait encore. Du cabriolet où il était monté il adressait de vives paroles aux soldats qui remplissaient la chaussée. Des argousins se dirigeaient, au pas de course, vers le cabriolet; les chevaux, fouettés par le conducteur, l'emportèrent rapidement.

Cependant, Louis Bonaparte constituait ainsi son ministère du coup d'État : Fould, ministre des finances; Turgot, des affaires étrangères; Rouher, de la justice; Ducos, de la marine et des colonies; Fortoul, de l'instruction publique; Magne, des travaux publics; Lefèvre-Duruflé, de l'agriculture et du commerce. On sait que MM. Saint-Arnaud et Morny étaient en possession des ministères de la guerre et de l'intérieur. Louis Bonaparte n'avait dans son entourage et ne pouvait avoir dans ses Conseils que des aventuriers trop connus et d'obscurs ambitieux pactisant avec son crime dans l'espoir d'y trouver les moyens d'acquérir une fortune et une notoriété dont ils étaient avides et qui, alors, leur défaillaient. La composition de ce cabinet, dont quelques membres parvinrent, plus tard, à une triste célébrité, n'était pas de nature à gagner la confiance publique; la bourgeoisie n'était un peu rassurée que par la présence de M. Fould dans ce groupe d'inconnus ayant à leur tête MM. de Morny et Saint-Arnaud; ce banquier, disait-on, a été poussé là par son désir de sauvegarder les grosses sommes qu'il avait imprudemment prêtées à Louis Bonaparte, et la surveillance de ses propres intérêts s'étendra sur ceux de l'État.

C'est, naturellement, dans les mêmes catégories que furent recrutés les membres d'une commission dite consultative; le *Moniteur* du 3 décembre en publia la liste ainsi qualifiée par le docteur Véron : « Liste des candidats au pouvoir, aux places, aux honneurs. » Quelques personnes s'indignèrent d'avoir été mises en aussi mauvaise compagnie. M. Joseph Périer, dans une lettre adressée au *Journal officiel*, protesta contre l'abus qu'on avait fait de son nom, et, comme le *Moniteur* se refusait à publier cette protestation, l'honorable régent de la Banque arracha, lui-même, la liste qui était affichée. M. Léon Faucher, dont le nom figurait aussi sur cette liste, écrivit à Louis Bonaparte : « Je ne pensais pas vous avoir donné le droit de me faire une pareille injure. »

Cette légion, formée de faméliques et d'ambitieux dont l'homme du Deux-Décembre avait le tarif, flottait, dans une perplexité grotesque, entre la cupidité et la peur : « Quelques-uns, après avoir sollicité, la veille, l'honneur d'être inscrits sur cette liste, écrivaient, le lendemain, au ministre pour que leur nom fût rayé, — puis demandaient qu'il y fût rétabli suivant les nouvelles et les agitations de la journée (1). » Le ministère de l'intérieur était la scène des écœurantes fluctuations de toutes ces âmes vénales. « M. de Morny et quelques amis résolus qui l'entouraient rassuraient ces trembleurs qui se tenaient volontiers dans le voisinage des portes de sortie (2). »

C'est M. de Morny qui fit triompher le crime ; il tenait les bras en action ; il ne cessait d'éperonner ses complices ; il leur indiquait les mesures à prendre et les cruautés à commettre ; il écrivait à Magnan : « La police pour épier les projets, la troupe pour agir violemment... Laissez les insurgés s'engager tout à fait et des barricades sérieuses se former pour *écraser l'ennemi et le détruire*. Il n'y a qu'avec une abstention entière en cernant un quartier et le prenant par la famine ou en L'ENVAHISSANT PAR LA TERREUR qu'on *fera la guerre de ville*. »

A midi, la Haute-Cour s'était réunie au Palais de justice ; les registres disent : « M. Renouard, auquel avait été notifié

---

(1) Docteur Véron, *Mémoires d'un bourgeois de Paris*.
(2) Idem.

l'arrêt de la veille, fut introduit et déclara qu'il acceptait les fonctions de procureur général. La Cour lui donna acte de sa déclaration, et attendu que les obstacles matériels à l'exécution de son mandat continuaient, elle s'ajourna (1). »
L'arrêt qu'elle avait rendu, la veille, et les proclamations de la gauche républicaine circulaient dans beaucoup de quartiers ; sur les boulevards, on les lisait tout haut ; la nouvelle de la mort de Baudin multipliait les rassemblements ; l'agitation grandissait ; les excitations à la résistance étaient mieux accueillies ; on escarmouchait dans les rues Aumaire, Beaubourg, Saint-Denis, Transnonain, Saint-Martin et Rambuteau.

Vers trois heures, on affichait cet arrêté portant les signatures de MM. de Morny et de Maupas : « Tout rassemblement est rigoureusement interdit ; il *sera entièrement dissipé par la force.* Tout cri séditieux, toute lecture en public, tout affichage d'écrits politiques n'émanant pas d'une autorité régulièrement constituée sont également interdits. »

On placardait, en même temps, la proclamation suivante : « Habitants de Paris, les ennemis de l'ordre et de la société ont engagé la lutte. Ce n'est pas contre le gouvernement, contre l'élu de la nation qu'ils combattent, mais ils veulent le pillage et la destruction. Que les bons citoyens s'unissent au nom de la société et des familles menacées ! Restez calmes ! Pas de curieux inutiles dans les rues ; ils gênent les mouvements des braves soldats qui vous protégent de leurs baïonnettes. Pour moi, vous me trouverez toujours inébranlable dans la volonté de vous défendre et de maintenir l'ordre — Le ministre de la guerre, *vu la loi sur l'état de siége*, arrête : *Tout individu pris construisant ou défendant une barricade, ou les armes à la main*, SERA FUSILLÉ. »

« Le général ministre de la guerre : de SAINT-ARNAUD. »

(1) J'ai adopté, au sujet des trois réunions de la Haute-Cour, la version de M. Eugène Ténot, qui semble être la vraie, car elle n'est que la reproduction du « Procès-verbal des opérations de la Haute-Cour. »

L'audace du surveillant de Blaye, la férocité du tigre de la caverne de Shélas respirent dans cette proclamation sauvage. Saint-Arnaud, impute, d'abord, aux défenseurs de la loi qu'il viole le crime qu'il commet lui-même, « en aidant à faire de la France une dépouille (1). » Car on lui a promis une grosse part « dans la répartition du butin, » et comme il a « de grands besoins, » sa large coopération à l'attentat lui donnera « le droit d'extorquer beaucoup à son complice principal, de retourner souvent, fort souvent à la charge, de demander et de toujours demander davantage (2). » Après avoir calomnié les hommes de cœur opposés à ses mauvais desseins, il décrète contre eux des barbaries inconnues aux peuples civilisés. Si, quelquefois, dans les guerres civiles, une exaspération engendrée par l'acharnement de la lutte pousse des soldats vainqueurs à fusiller des citoyens désarmés après le combat, jamais encore il n'était venu, que je sache, à l'esprit d'un chef supérieur de l'armée française de décréter, avant la bataille, la mort et l'exécution immédiate de *tout individu pris en construisant ou en défendant une barricade, ou les armes à la main.* Ce bandoulier devenu ministre de la guerre comprend la monstruosité d'un pareil décret, et, par la plus grossière des impostures, il attribue à la loi sur l'état de siége les abominables prescriptions qu'il a conçues ; « il est à peine besoin de dire, répéterai-je avec un historien (3), que cette loi ne contenait et n'a jamais contenu aucune prescription de cette espèce. »

Les représentants que les soldats avaient traqués, le matin, dans les rues du faubourg Saint-Antoine, se retrouvèrent, à cinq heures, chez M. Landrin où plusieurs de leurs collègues les rejoignirent. Michel de Bourges présida cette réunion à laquelle M. Émile de Girardin assistait. Napoléon

---

(1) William Kinglake.
(2) William Kinglake.
(3) Eugène Ténot.

Bonaparte s'introduisit, avec une certaine violence, dans le salon dont madame Landrin lui refusait l'entrée. Froidement accueilli et suspect, non sans raison, aux républicains dont il embrassa le proscripteur, un mois plus tard, le fils de Jérôme quitta la réunion et ne se montra plus qu'à Notre-Dame pour y chanter un *Te Deum*, et à l'Élysée pour y accepter de son cousin triomphant une pension de vingt mille livres en attendant mieux.

Dans la soirée, on se réunit encore chez M. Marie. Victor Hugo, Michel et Madier-Montjau y rédigèrent une déclaration décrétant : 1° l'obligation, pour tous les citoyens et fonctionnaires publics, de refuser, sous peine de complicité, obéissance à Louis Bonaparte déchu de ses fonctions de président de la République ; — 2° la publication du décret rendu par la Haute-Cour et à l'exécution duquel les autorités civiles et militaires étaient requises, sous peine de forfaiture de prêter main-forte. Cent-quatre-vingt-un représentants signèrent cette déclaration.

La nuit était venue. Tandis que le général Herbillon, à la tête d'une colonne, fouillait les rues voisines du Temple et y détruisait des barricades qu'on abandonnait sans les défendre, le colonel Rochefort parcourait, avec ses lanciers, les boulevards où se pressait une foule compacte et hostile. « Il lui avait été interdit de repousser par la force d'autres cris que celui de : Vive la République démocratique et sociale (1) ! » La foule, qui suivait les lanciers allant et venant depuis la rue de la Paix jusqu'au boulevard du Temple, criait seulement : vive la République ! Rochefort déjà célèbre par son toast du 31 octobre et impatient « d'accomplir la tâche que Louis Napoléon facilitait si bien, » se lassait d'attendre le cri qui lui permettrait d'assassiner quelques Parisiens. « *Pressentant ce qui allait arriver*, il prescrivit à ses lanciers de rester calmes, impassibles,

---

(1) Le capitaine H. Mauduit, *Révolution militaire du 2 Décembre*.

jusqu'au moment où il ordonnerait la charge, et, une fois l'affaire engagée, *de ne faire grâce à personne* (1). » Il va, aussitôt, dresser à ceux qu'il appelle des *vociférateurs en paletot* et qu'il veut tuer un ignoble guet-apens qualifié, tout simplement, de « ruse de guerre » par l'apologiste de ce forfait. « Afin de laisser croire qu'il était occupé du côté de la Bastille, il masqua ses deux escadrons dans un pli de terrain près du Château-d'Eau ; mais, faisant brusquement demi-tour, *sans être aperçu*, il se remit en marche, *au pas*, jusqu'au moment où il se trouva à l'endroit le plus épais d'une *foule compacte et incalculable* avec l'intention de *piquer* tout ce qui s'opposerait à son passage (2). » Ce coupe-jarret avait calculé « sur l'enhardissement de la foule en présence de cette démonstration pacifique ; en effet, *ils* se placèrent en avant du colonel. » L'historien officiel fait le récit des meurtres qu'on a si odieusement préparés : « Les plus audacieux poussèrent les cris *insultants* de : vive l'Assemblée nationale ! A bas les traîtres ! Reconnaissant à ce cri *une provocation*, le colonel de Rochefort s'élance, comme un lion furieux, au milieu du groupe d'où elle était partie, *en frappant d'estoc, de taille, et de lance*. Il resta sur le carreau PLUSIEURS CADAVRES. Dans ces groupes ne se trouvaient que peu d'individus en blouse. »

A l'heure où, sur les boulevards, le colonel de Rochefort s'éclaboussait de sang, le colonel Chapuis du 6ᵉ de ligne et le commandant Boulatigny du 6ᵉ léger prenaient entre deux feux les défenseurs d'une barricade élevée dans la rue Beaubourg et « *passaient par les armes* (3) » ceux qui n'étaient point morts en combattant.

La situation devenait alarmante pour les conspirateurs Élyséens. A minuit, un grand Conseil militaire fut tenu. MM. de Morny, Saint-Arnaud, Magnan et plusieurs généraux

(1) Le capitaine H. Mauduit, *Révolution militaire du 2 Décembre*.
(2) Idem.
(3) Rapport officiel du général Magnan.

divisionnaires de l'armée de Paris y assistaient. Louis Bonaparte, dont la frayeur exaltait la férocité, fit prévaloir l'horrible projet dont le germe se trouvait dans ces paroles de M. de Morny au général Magnan : *envahir un quartier par la terreur*. Il est hors de doute que « un massacre sur le boulevard fut concerté comme un moyen de terroriser la population et d'écraser ainsi la résistance (1). » L'aveu en a été fait par un panégyriste des conjurés dont il était le confident : « Il fallait, dit-il, sous peine de *défaite honteuse* et de guerre civile, ne pas seulement prévenir, mais ÉPOUVANTER. En matière de coup d'État, on ne discute pas, on FRAPPE ; on n'attend pas l'ennemi, ON FOND DESSUS ; ON BROIE ou l'on est broyé (2). »

Pendant la nuit, on retira de Mazas pour les transférer à Ham, les généraux Cavaignac, Le Flô, Lamoricière, Changarnier et Bedeau, le colonel Charras, MM. Baze et Roger (du Nord). »

(1) William Kinglake.
(2) P. Mayer.

CHAPITRE VI

LE 4 DÉCEMBRE 1851

La journée du 4 décembre : Proclamation de M. de Maupas. — Les hommes en blouse et les barricades. — Physionomie de Paris. — Effarement de M. de Maupas ; sang-froid et aveux de M. de Morny. — Stratagème odieux. — Mise en marche de 30,000 soldats avinés. — Les premiers égorgements. — La barricade du boulevard Bonne-Nouvelle. — Aspect des boulevards avant la tuerie. — Massacre, bombardement et fantaisies. — Le colonel Rochefort sur le boulevard des Italiens. — La musique du général Reybell. — Aspect des boulevards après le massacre ; la vérité jaillit sur la tuerie. — Divers quartiers envahis par la terreur. — Égorgement des prisonniers. — Denys Dussoubs. — Boucheries. — Une exécution au Luxembourg. — La chasse aux hommes. — Le général Fesseur. — Assommements. — Parallèles. — La nuit du 4 au 5. — Mobiles et résultats de deux œuvres scélérates. — Le total des morts. — Détroussement des cadavres.

Le 4 décembre, au point du jour, on affichait une nouvelle proclamation de M. de Maupas aux habitants de Paris ; le préfet de police interdisait la circulation aux voitures, déclarait que les stationnements des piétons sur la voie publique et la formation des groupes seraient, *sans sommation*, dispersés par la force, et terminait ainsi : « Que les citoyens paisibles restent à leur logis ; *il y aurait* PÉRIL SÉRIEUX *à contrevenir aux dispositions arrêtées.* »

Rédigée après la tenue du grand Conseil militaire, cette proclamation semblait s'inspirer du plan qui y avait été adopté ; tout, d'ailleurs, se préparait pour son exécution.

Les troupes avaient été retirées des positions qu'elles occupaient. On voulait que la construction des barricades ne trouvât point d'obstacles.

Des républicains impatients de combattre pour la défense de la loi virent, dès le matin, quelques hommes en blouse (1) élever des barricades dans les rues où, pendant les crises révolutionnaires, l'action s'engage; ils crurent que, obéissant à l'impulsion donnée par le Comité de résistance et par le Comité central des corporations, la classe ouvrière cessait d'être indifférente au coup d'État; ils espéraient que les masses populaires céderaient à l'entraînement de l'exemple, et ils mirent la main à l'œuvre commencée par des *ouvriers* peu nombreux, il est vrai, mais paraissant résolus.

Les deux barricades les plus formidables se dressaient, l'une au coin des rues du Temple et de Rambuteau, l'autre à l'endroit où la rue Saint-Denis, près de la rue Saint-Sauveur, offre un renflement. Placée là, cette barricade sur laquelle flottait le drapeau enlevé au poste des Arts-et-Métiers, pouvait défier la morsure des boulets; elle allait être défendue par 150 républicains dont la plupart étaient des sous-officiers congédiés; ils avaient aisément trouvé des fusils dans les maisons voisines.

Non loin de la porte Saint-Denis, le boulevard Bonne-Nouvelle se barricadait pendant qu'une phalange républicaine s'emparait, dans le faubourg Saint-Martin, de la mairie du Vᵉ arrondissement où un dépôt de fusils et de munitions fut indiqué par le tambour-major de la légion.

Le faubourg Saint-Antoine commençait à s'émouvoir; le quartier des Écoles s'agitait; la fermentation était forte aux Batignolles, à Montmartre et à la Chapelle-Saint-Denis. Sur les boulevards remplis des mêmes foules que la veille, on croyait à l'avortement du coup d'État et à la chute ridicule du « Soulouque » napoléonien contre lequel se faisait une

---

(1) On verra bientôt quels étaient ces hommes en blouse.

grande huée ! « A bas Soulouque ! » Ce cri dominait tous les autres.

Vers une heure, M. de Maupas, s'effarant, accablait M. de Morny de dépêches qui sentaient la peur : « Les nouvelles deviennent tout à fait graves. — Les insurgés occupent les mairies, les boutiquiers livrent leurs armes. — *Laisser grossir maintenant serait un acte de haute imprudence.* Voilà le moment de frapper *un coup décisif*, il faut le bruit et *l'effet du canon*, et il les faut de suite. » — Un peu plus tard, ce préfet, dont le cerveau se troublait vite, se croit en danger et crie au secours : « Barricades rue Dauphine. Je suis cerné. Prévenez le général Sauboul. Je suis sans forces. C'est à n'y rien comprendre. » Son anxiété redouble : « Coups de fusil au quai aux Fleurs ; masses compactes aux environs de la Préfecture de police. On tire *par une grille* : Que faire ? » M. de Morny ne l'ôtait guère de crainte en lui télégraphiant : « Répondez en tirant *par votre grille.* » Rendu plus ahuri par cette réponse brusque, le préfet réplique : « *Mon devoir* exige qu'on me rende mes canons et mes bataillons. » On lui rendit sans doute *ses canons et bataillons* car, il se déclara « *personnellement rassuré* pour le quart d'heure. » Voici la cause des transes de M. de Maupas : Une vingtaine de jeunes gens disséminés dans quelques maisons du quai Pelletier avaient tiré « plusieurs coups maladroits » contre la ligne de tirailleurs placés en avant de l'Hôtel de Ville, pour en protéger les abords : « Plus de vingt mille cartouches furent brûlées, des milliers de carreaux brisés, mais seulement quelques hommes tués ou blessés dans les deux camps (1). »

Des dépêches de M. de Maupas retenons ces mots : « *Laisser grossir maintenant serait un acte de haute imprudence,* » et rapprochons-les de ces paroles adressées par M. de Morny « *avec une chaleureuse gaieté,* à son entourage effrayé par cette nouvelle que de nombreuses barricades s'étaient élevées dans

---

(1) Le capitaine Mauduit.

Paris : « *Comment, hier, vous vouliez des barricades, on vous en fait, et vous n'êtes pas contents* (1) ? » C'est que, pour motiver la tuerie projetée, il fallait un prétexte ; des barricades le fourniraient, mais les ouvriers opposent une opiniâtre résistance aux républicains *en paletot* qui les convient à se joindre à eux pour en élever. Ceux-ci voient, donc, leur bonne volonté réduite à l'impuissance, le succès, ils le savent, ne pouvant être espéré sans l'alliance de la blouse et du paletot. C'est pourquoi, « afin de faire couper les rouges dans le pont, » suivant l'expression des bandits qui y contribuèrent, il avait été décidé que des agents de police et des décembraillards, se déguisant sous la blouse de l'ouvrier, parcourraient les rues, y sèmeraient l'agitation et y ébaucheraient les premières barricades. Dans ce but, M. Magnan « avait fait rentrer toutes les troupes et tous les postes dans leurs quartiers respectifs. » Les sergents de ville avaient opéré la même retraite.

Quelques bandes de coquins en blouse s'étaient, dès huit heures du matin, dirigées vers les rues où les barricades s'élevèrent. Quand le tour fut joué, quand, pour arriver au résultat voulu, on eut, par d'amples libations, échauffé les soldats jusqu'au point où le cerveau se trouble, M. de Morny dépêcha ces mots au général Magnan : « Je vais, d'après votre rapport, faire fermer les clubs des boulevards, FRAPPEZ FERME DE CE COTÉ (2). »

Vers deux heures, on mettait en marche trente mille soldats avinés. La division Renault allait prendre des positions s'étendant du Luxembourg à la Cité ; le général Levasseur faisait occuper les quartiers avoisinant l'Hôtel de Ville par les brigades Herbillon et Marulaz, tandis que la brigade Courtigis s'avançait de la barrière du Trône vers la Bastille. Après avoir dirigé vers la Pointe-Saint-Eustache

(1) *Mémoires d'un bourgeois.* C'est vers deux heures et demie que cette tiraillerie eut lieu.
(2) *Mémoires d'un bourgeois de Paris.*

la brigade Dulac avec une batterie, le général Carrelet fit déboucher de la Madeleine et de la place Vendôme sur les boulevards le reste de sa division dans l'ordre suivant : la brigade Bourgon, la brigade de Cotte et la brigade Canrobert ; quinze bouches à feu dont cinq obusiers les suivaient ; deux régiments de lanciers appartenant à la brigade de cavalerie du général Reybell fermaient la marche de cette formidable colonne dont une partie allait bientôt « *envahir les boulevards par la terreur* et FRAPPER FERME DE CE CÔTÉ ; » c'est-à-dire faire le massacre conseillé par M. de Morny, ordonné par Louis Bonaparte et devant l'horreur duquel il semble que Saint-Arnaud ait, un instant, reculé (1). »

Altéré de sang autant qu'il l'était la veille, le colonel de Rochefort se signala par le premiers égorgements qui marquèrent cette affreuse journée. A l'entrée de la rue Taitbout et sur le trottoir du boulevard, devant Tortoni, des négociants, des rentiers, des journalistes s'étaient rassemblés; quelques-uns donnaient le bras à leurs femmes qui tenaient leurs enfants par la main. Ils crièrent : Vive la République ! Vive la Constitution ! Aussitôt, le colonel enlève son cheval qui tombe au milieu du rassemblement; ses lanciers sabrent tout. « Une trentaine de cadavres restèrent sur le carreau, presque tous couverts d'habits fins (2).

Cependant, la brigade Bourgon arrivait et s'arrêtait à une courte distance du semblant de barricade qui, à la hauteur de la rue de la Lune, fermait à peine le boulevard. Une pièce de de canon lança un boulet qui, passant au dessus du faible retranchement derrière lequel s'abritaient

---

(1) Le général Roguet apportait à Louis Bonaparte « les nouvelles de plus en plus inquiétantes... Celui-ci répondait invariablement ces quatre mots : *Qu'on exécute mes ordres !* La dernière fois que le général entra avec de mauvaises nouvelles, il était près d'une heure... Louis Bonaparte dit au général, en le regardant fixement : « Eh bien, qu'on dise à Saint-Arnaud d'exécuter « mes ordres. » (Victor Hugo, *Napoléon le Petit*.)

(2) Le capitaine Mauduit.

vingt ou ving-cinq hommes, alla tuer un enfant près de Château-d'Eau. La petite barricade que ses défenseurs abandonnèrent fut renversée; puis, la brigade, enlevant les obstacles, non défendus, qu'elle rencontrait sur son passage, atteignit le Château-d'Eau; elle s'y divisa en plusieurs colonnes qui s'engagèrent dans les rues dont se forme le quartier du Temple; elle avait été suivie jusqu'à la porte Saint-Martin par la brigade de Cotte qui fit halte sur ce point. Le 72ᵉ de ligne en est détaché; on le lancera, bientôt, dans la rue Saint-Denis, à l'attaque de la grande barricade dont, nous le verrons, la résistance fut héroïque et meurtrière.

Il était près de trois heures. Pour bien saisir toute l'énormité des crimes qui l'un à l'autre vont s'enchaîner, il faut connaître l'aspect sous lequel se présentait, alors, le théâtre où ils éclateront. Le 72ᵉ de ligne marche à l'assaut de la barricade de la rue Saint-Denis contre laquelle viennent de tirer, à toute volée, quatre canons mis en batterie sur la chaussée du boulevard; le reste de la brigade de Cotte occupe ce boulevard et une partie de celui de Bonne-Nouvelle. La brigade Canrobert s'étend depuis le Gymnase jusqu'à la hauteur du passage de l'Opéra, au delà duquel se massent la cavalerie du général Reybell et la gendarmerie mobile. En disposant deux obusiers sur le boulevard Poissonnière, des artilleurs titubants ont brisé l'avant-train d'un caisson; l'ivresse des soldats est manifeste; la foule s'en égaye et circule paisiblement sur les trottoirs; moins provocante qu'ironique, elle pousse, par intervalles, quelques cris hostiles au dictateur. Les magasins s'étaient fermés au bruit du canon qui avait tiré sur la barricade du boulevard Bonne-Nouvelle. Les habitants des maisons qui longent les boulevards Poissonnière, Montmartre et des Italiens sont aux balcons et aux fenêtres; ils regardent les troupes et les promeneurs qui stationnent à quelques pas d'elles.

Dans leur halte, les soldats avaient gardé l'ordre de marche; ils faisaient donc face à la porte Saint-Denis. Un coup de fusil fut tiré d'une croisée ou d'un toit d'une maison située au coin de la rue du Sentier, disent les uns, — « par un soldat placé vers le centre d'un bataillon et qui le tira tout droit en l'air, » affirme un témoin. Ce coup de fusil *qui ne blessa personne* était-il le signal attendu? Le fait est que toutes les troupes changèrent subitement de front. La tête de la colonne fit éclater, aussitôt, contre la foule et contre les maisons un feu roulant « qui s'étendit, dans l'espace de quelques secondes, et descendit le boulevard comme une lance de flamme ondulante (1). » Aux sifflements des balles se mêlent des cris déchirants; la terreur pousse vers les maisons dont les portes sont fermées et vers les rues adjacentes les hommes, les femmes et les enfants que n'a pas atteints la première décharge; des soldats tirent sur les fugitifs dont les pieds glissent dans le sang; pour échapper à la grêle de plomb qui s'abat sur eux, quelques-uns de ces malheureux se couchent, à plat ventre, auprès des blessés et des mourants. Les curieux se sont retirés des fenêtres qui n'ont plus ni vitres, ni châssis, et les projectiles les poursuivent dans les appartements où glaces, pendules, vases et lustres volent en éclats au milieu du plâtras qui se détache des plafonds troués; plusieurs victimes de ces soldats assauvagis gisent sur les parquets.

M. Pecquet, médecin et septuagénaire, est frappé, dans son salon, d'une balle au flanc droit. Le paysagiste Jollivart, qu'une balle atteint, tombe mort, le pinceau à la main, devant son chevalet. « A une fenêtre, se trouvait un jeune noble russe ayant sa sœur à ses côtés, quand, soudain, ils furent, tous deux, blessés par des balles (2). » Le capitaine Jesse ne préserva sa femme de la mort « qu'en la poussant hors du balcon; une balle vint frapper le plafond directement au-dessus de leur tête; » il avait vu « un soldat, un

(1) Lettre du capitaine anglais William Jesse. *Times* du 13 décembre.
(2) William Kinglake.

coquin plus vif que les autres, un gamin sans moustaches les ajuster. Une seconde après, une autre décharge frappait toute la façade. Les soldats tuèrent bien des malheureux qui étaient restés sur le boulevard parce qu'ils ne pouvaient obtenir accès dans aucune maison. Plusieurs personnes ont été tuées sur le seuil de leur porte (1), « et d'autres dans les caves où elles s'étaient réfugiées; les soldats tiraient par les soupiraux.

Au bruit de la mousqueterie est venu se joindre celui du canon. Deux obusiers battent en brèche l'hôtel Lannes où M. Sallandrouze a établi son grand dépôt de tapis d'Aubusson. Les épaisses murailles se crevassent et craquent; encore quelques obus, et elles crouleront sur les maisons voisines que des nuées de tirailleurs criblent de balles, et sur les canonniers « ivres au point que, ne sachant plus ce qu'ils faisaient, plusieurs se laissèrent tuer par le recul du canon (2). » Un officier d'artillerie fait cesser le bombardement.

Des soldats pénètrent dans l'intérieur de l'hôtel et dans quelques maisons du voisinage; ils y assassinent toutes les personnes qui s'y trouvent. Six employés ou garçons de magasin sont découverts derrière des tapis; on les entraîne et on les fusille sur l'escalier de l'hôtel. Des chasseurs de Vincennes se précipitent dans la librairie qui touche aux magasins du *Prophète* et, n'y trouvant pas un homme qu'ils poursuivaient, ils tuent le père, la mère et les deux filles de ce négociant que le capitaine sabre, lui-même. — Un autre libraire du boulevard Poissonnière, M. Lefilleul, est assailli, dans sa boutique, par des soldats qui le blessent au bas ventre; entre un capitaine et le blessé une lutte s'engage; M. Lefilleul reçoit deux nouvelles blessures; le capitaine est frappé mortellement par des soldats qui cherchaient à le défendre et M. Lefilleul parvint à s'échapper.

(1) Lettre du capitaine Jesse.
(2) Victor Hugo.

Depuis le Gymnase jusqu'aux Bains chinois, les soldats de Canrobert et ceux de Reybell s'animent simultanément au même carnage ; l'odeur de la poudre leur montait au cerveau avec les fumées du vin, et leur ivresse se tournait en folie furieuse ; des chefs les fouaillaient de leur voix sifflante : « *Tapez ferme sur les bédouins !* disaient des sergents ; — « *Tirez aux femmes !* » criaient des officiers ; — « Pas de quartier ! » vociférait un capitaine ; — « Entrez dans les maisons et tuez tout ! » hurlait un chef de bataillon.

Ainsi attisée, la fureur des soldats redoublait de violence et se déchaînait effrénément. Il y en eut qui tirèrent les uns sur les autres ; déshumanisés, n'écoutant que les chefs dont la voix les excitait au meurtre, ils étaient sourds aux conseils de la modération : « Un chirurgien aide-major du 27° faillit être tué par des soldats qu'il voulait modérer. Un sergent dit à un officier qui lui arrêtait le bras : « *Lieutenant, vous trahissez* (1). » Les tirailleurs se passaient la fantaisie de parier « qu'ils descendraient celui-ci ou celui-là, » et ils riaient à se tordre quand l'homme, la femme, l'enfant ou le vieillard visé s'abattait mourant. Un marchand de coco, sonnette en main et fontaine sur le dos, regagnait sa demeure précipitamment : ô la belle cible que cette fontaine en fer blanc qui reluit ! Des balles partent et le malheureux « s'affaissant sur lui-même tombe mort (2). » Une femme, revenant d'une boulangerie, traverse la rue Saint-Fiacre ; ses enfants ne mangeront pas le pain qu'ils attendent et qu'elle leur apportait, car un tirailleur « fait le pari de *la descendre,* » et il la descend. — Voilà un petit apprenti sellier qui rentre chez son maître ; des soldats l'ajustent, il leur montre une bride de cheval et leur crie d'une voix suppliante : « je viens de faire une commission ; ne me tuez pas ! « Plusieurs balles, en trouant sa poitrine, répondirent aux sup-

(1) Victor Hugo, *Napoléon le Petit.*
(2) M. Versigny fut l'un des témoins de cet assassinat.

plications de l'enfant. — Un octogénaire cherchait un refuge ; il est amené devant le perron du *Prophète* : « En voilà un qui ne se fera pas de bosse à la tête, » dit un soldat ; et le vieillard foudroyé « tombait sur un monceau de cadavres (1). » — « Une femme qui tomba et qui mourut en étreignant son enfant ne lâcha prise ni pendant la vie ni pendant la mort, car l'enfant aussi fut tué (2). »

Quelques-uns de ces meurtriers se firent voleurs. Un négociant et son garçon de caisse porteur d'une somme de 5,000 francs en or sont accueillis sur le boulevard par une décharge ; le garçon de caisse est tué ; le négociant s'échappe, et, quand, le massacre terminé, il revient, le cadavre du garçon de caisse est toujours là, mais sa bague, sa montre et l'or ont été volés (3).

La partie du boulevard Montmartre et le boulevard des Italiens, qu'on avait livrés à la merci de la brigade Reybell offrait les mêmes scènes de carnage et de dévastation. Là, comme sur le théâtre où opérait la brigade Canrobert, un mensonge pareil à celui qui avait servi de prétexte au saccagement de l'hôtel Lannes et à une indescriptible tuerie produisait de pareilles horreurs. Le colonel de Rochefort en avait donné l'exemple et le signal. Prétendant qu'un coup de fusil avait été tiré d'une maison sur ses lanciers, il s'était mis à leur tête ; tantôt carabinant, tantôt frappant de pointe la foule éperdue, ils laissaient, après eux des traînées sanglantes de blessés et de morts : « Lardez-les ! Lardez-les ! » criait un de leurs officiers en se ruant sur un groupe de jeunes gens, au coin de la Chaussée-d'Antin. Le *brave colonel de* Rochefort poursuivait et sabrait des femmes sur le trottoir.

(1) Victor Hugo.
(2) William Kinglake.
(3) « Ce négociant alla faire sa déclaration à la police ; on lui répondit qu'il mentait, que s'il disait un mot de plus, on *l'arrêterait*, et que, s'il *bavardait*, il aurait à s'en repentir. (V. Schœlcher.)

Le général Canrobert avait prêté quelques compagnies d'infanterie à son collègue Reybell pour l'aider « *à frapper ferme* » de son côté. Fantassins, gendarmes mobiles et lanciers faisaient autour d'eux un feu d'enfer, brisaient les fenêtres, enfonçaient les portes, pénétraient dans les maisons : « Un moment après, on voyait sortir de la bouche des conduits de fonte un flot rouge et fumant. C'était du sang (1). »

Des soldats, guidés par le capitaine Larochefoucault envahirent la maison du Grand-Balcon où se trouve le cercle du commerce dont deux membres venaient d'être blessés par les balles des lanciers. Le capitaine voulait qu'on fusillât les trente sociétaires qui étaient là et les ouvriers du tailleur bonapartiste Dussautoy qui habite la même maison. En se faisant reconnaître par un colonel, le vieux général Lafontaine put arracher sa vie et celle de ses trente cosociétaires à la rage homicide d'un capitaine ivre ou fou.

Après avoir fait voler en éclats, sous une grêle de balles, toutes les fenêtres de la maison occupée par le café Cardinal et, au-dessus, par les magasins de musique de M. Brandus, des soldats enfonçant les portes « se précipitent dans les escaliers ; démolissant, brisant tous les obstacles qui se présentent, ils fouillent toutes les chambres. Un fidèle et vieux domestique de M. Brandus avait été tué. Tout le monde fut arrêté et conduit devant le général, sur le boulevard. Heureusement, une des personnes présentes était M. Sax que le général connaissait, et toute la compagnie eut la permission de s'échapper dans le passage de l'Opéra (2). »

Ce général était M. Reybell. Dans les fusillades qui, par son ordre, cassaient tant de têtes innocentes, il trouva le mot pour rire : « Moi aussi, dit-il à M. Sax, *je fais un peu de*

---

(1) Victor Hugo.
(2) Lettre d'un Anglais qui se trouvait chez M. Brandus. *Times* du 9 et du 16 décembre.

musique en ce moment. » Quelle odieuse et lugubre plaisanterie dans un pareil moment ! *Les exécutants* du concert Reybell allaient, successivement, entretenir leur ivresse au café Leblond, situé à l'entrée du passage de l'Opéra. « Ce café était plein de soldats qui faisaient sauter le goulot des bouteilles de liqueur et de vin de Champagne (1). »

La musique du général Reybell ne discontinuait pas, « Les soldats pénétraient de vive force dans plusieurs maisons, et notamment au café de Paris, au café Tortoni, à l'hôtel de Castille, dans la Maison-Dorée et dans celle de la Petite Jeannette ; les individus qui s'y trouvaient ont été plus ou moins atteints par les coups de feu de la troupe (2). » — Le café Anglais fut presque démoli.

Un vieillard « père d'un des banquiers les plus célèbres de Paris, traversait les boulevards pour rentrer chez lui, rue Laffite ; il tomba frappé d'une balle. Il essayait de se relever lorsqu'il aperçut des soldats qui tiraient à bout portant sur d'autres blessés couchés comme lui, il resta immobile jusqu'à ce que la troupe se fut retirée (3). »

Après avoir jonché de cadavres et *nettoyé* le boulevard, les meutriers cherchaient d'autres victimes dans les rues adjacentes. Les lanciers déchargeant, à droite et à gauche, leurs carabines dans la rue Le Pelletier, frappent de plusieurs balles et tuent un pharmacien, M. Boyer, assis dans son comptoir. A l'entrée de la rue Richelieu, ils *lardent* tous ceux qu'ils peuvent atteindre. Rue Montmartre, vers quatre heures, « on tirait sur un groupe inoffensif, sans armes, ne criant pas. Un homme tombe, dit M. Jules Simon, nous le relevons ; il n'était que blessé. A trois pas de là, un homme était mort. Une femme avait le bras cassé par une balle. Je retourne rue Richelieu, je vois un soldat ajuster et tirer sur une fenêtre. » Des coulissiers sortant de la Bourse sui-

(1) Taxile Delord, *Histoire du second Empire*.
(2) *La Patrie*, n° du 6 décembre.
(3) V. Schœlcher, *Hist. des crimes du 2 Décembre*.

vaient, les uns la rue Montmartre, les autres la rue Vivienne. « A une faible distance du boulevard, ils se virent en présence de soldats qui les couchaient en joue ; ceux qui n'eurent pas le temps ou la présence d'esprit de se jeter dans l'embrasure des portes furent atteints par les balles (1). » — Poursuivis par des soldats furieux, sept citoyens désarmés essayent vainement d'ébranler une porte cochère en face de la rue Neuve-Vivienne ; il se couchent au pied de cette porte dans l'espoir d'éviter la mort, ils reçoivent une décharge presque à bout portant, et cinq sur sept ne se relèvent pas : « Vous pouvez affirmer le fait, mande à M. Schœlcher un témoin de cette tuerie ; j'ai recueilli un des survivants dont le frère venait d'être tué sous lui. » Dans la rue Lamartine, des lanciers passaient. Un homme bien vêtu crie : Vive la République ! Une lance le cloue au mur, et douze ou quinze soudards s'acharnant sur lui, comme des chacals sur une proie saignante, le mutilent et le déchirent. — Partout, « les soldats frappent sans pitié, détruisent les maisons, en tuent les habitants et se vantent de ces exploits (2). »

Sous les décharges du boulevard étaient tombés, pêle-mêle, des propriétaires et des cochers, des négociants et des ouvriers de diverses professions, des rentiers et des domestiques, des clercs d'avoué et des clercs d'huissier, un ancien sous-préfet et un avocat, des employés et des hommes d'affaires, un pharmacien et un professeur, le comte Pevinski, neuf femmes, trois enfants et une foule d'hommes appartenant à toutes les conditions sociales mais « principalement à la classe aisée, suivant le récit d'un médecin ; presque tous étaient fraîchement gantés et en bottes vernies (3). »

Sur les marches de l'hôtel Lannes, qu'il fallut étançonner ainsi que la maison Billecoq, trente cadavres étaient gisants.

---

(1) Taxile Delord, *Hist. du second Empire*.
(2) *L'Émancipation*, journal clérical de Bruxelles, n° du 7 décembre.
(3) V. Schœlcher.

Dans la cité Bergère et près des Variétés, ou sous le vestibule de ce théâtre, cinquante deux parmi lesquels onze cadavres de femmes. Rue Grange-Batelière, il y en avait trois entièrement nus. Un peu plus loin que les Variétés, « un cadavre la face contre terre, et une casquette pleine de cervelle et de sang accrochée à une branche d'arbre. Un peu plus loin, il y avait deux corps, un homme et une femme, puis, un seul, un ouvrier. De la rue Montmartre à la rue du Sentier, on marchait littéralement dans le sang. On compta là trente-trois cadavres, et puis dix-huit dans la longueur de vingt-cinq pas (1). » — Devant la porte de la la maison Jouvin, on en voyait un tas. « Dans un espace de mille mètres, à l'est de la rue de Richelieu, le pavé du boulevard était jonché de corps ensanglantés, et en plusieurs endroits ils étaient entassés. Des corps placés de loin en loin se gravaient dans la mémoire. On ne pouvait oublier l'aspect d'un vieillard aux cheveux argentés qui n'avait d'autre arme que le parapluie resté dans sa main crispée. On tressaillait en apercevant le gai désœuvré des boulevards, le dos appuyé contre une maison, raidi par la mort, à peine séparé du cigare qui se trouvait à terre, à portée de sa main. On a gardé un profond souvenir d'un apprenti imprimeur collé contre une devanture de boutique ; les épreuves qu'il portait étaient demeurées dans ses mains et elles flottaient au vent rougies par son sang (2). — J'ai compté, dit le correspondant de l'*Émancipation*, vingt-six cadavres dans la maison de M. Odier. Et c'étaient des cadavres couverts d'habits luxueux, des femmes, des vieillards et des enfants (3). Les ambulances des bains de Jouvence, de l'hôtel Montmorency et de la maison du numéro 19 du faubourg Montmartre regorgent de blessés.

Les boulets et les obus ont démoli à demi les maisons

(1) Victor Hugo.
(2) William Kinglake.
(3) N° du 7 décembre.

Raguenault et Odier comme l'hôtel Sallandrouze et troué le bazar Montmartre. Les débris de cartouches et les platras des maisons ont étendu sur les boulevards comme un tapis de neige, que marquettent des tâches de sang.« Les boulevards et les rues adjacentes sont, sur quelques points, UN VÉRITABLE ABATTOIR (1). »

Après avoir constaté que, sur la rive gauche, la fusillade commença dans les rangs d'une partie de la brigade Renault en même temps que dans ceux des brigades Canrobert et Reybell, et que, à quatre heures et demie, des soldats adossés contre une maison de la place du Panthéon tiraient encore, de tous le côtés, sur les passants, un historien (2) pose ironiquement cette question : « Les troupes de la rive gauche entendirent-elles aussi un coup de fusil parti d'une fenêtre ? »

Tous ces coups de fusil partis des fenêtres sont mensonges dont les meurtriers essayèrent de couvrir leurs crimes : On prétendit que des balles parties de l'hôtel Sallandrouze et de quatre autres maisons « avaient tué un capitaine-adjudant du 72e de ligne et blessé dangereusement le colonel, le lieutenant-colonel et quelques soldats de ce régiment (3). » Or, quand la fusillade éclata sur les boulevards, le 72e de ligne prenait part au combat engagé devant la barricade de la rue Saint-Denis ; c'est là que nous le retrouverons et que furent tués ou blessés des soldats et des officiers de ce régiment. Parmi les victimes, d'ailleurs, aucun capitaine-adjudant-major ne se trouva. — En outre, le directeur de l'établissement Sallandrouze, M. Billecoq, approbateur du coup d'État, et les propriétaires des autres maisons d'où les coups de fusils avaient, disait-on, été tirés, élevèrent contre cette allégation mensongère des protestations qui furent accueillies et non contestées. — Sur les boulevards Montmartre et des Italiens,

---

(1) Lettre du capitaine Jesse.
(2) Taxile Delord.
(3) *Le Constitutionnel* et *la Patrie*.

d'où étaient partis les coups de feu entendus par le colonel de Rochefort, transformés par le rapport du général Magnan en « une assez vive fusillade essuyée par la cavalerie du général Reybell, » et qui, suivant les narrateurs officieux du coup d'État *ont blessé plusieurs lanciers?* Du café de Paris et de la Maison-Dorée, ont dit les uns, — du café Tortoni et de celui du Grand-Balcon, affirmaient les autres. Puis, ce fut la maison Brandus qu'on désigna ; on se rabattit, enfin sur l'hôtel de Castille et sur le magasin de *la Petite Jeannette*. Eh bien ! le *Constitutionnel* et *la Patrie* furent obligés de reconnaître que pas un coup de fusil n'avait été tiré de ces maisons-là « où aucun fait de cette nature ne s'était passé et qu'ils avaient commis une erreur en le disant. »

Mais, si tous ces coups de feu qui ont servi de prétexte à tant de saccagements et de meurtres sont imaginaires, comment « plusieurs lanciers ont ils été blessés ? » *Aucun lancier n'a reçu aucune blessure.* « Nous possédons, dit un historien, la liste détaillée, régiment par régiment, des militaires tués ou blessés pendant les journées de Décembre, *liste officielle*, et force nous est de constater que *pas un seul lancier n'a été tué ni même blessé* (1). »

Perçant les obscurités dont on la couvrait, la Vérité jeta sa lumière sur cette tuerie si horrible que, dans son rapport officiel, le général Magnan *n'en dit pas un mot* (2), et dont on put, longtemps, en imposant à la presse le même silence, dérober l'histoire à la France terrorisée.

Le capitaine William Jesse, placé de façon à parcourir

---

(1) Eugène Ténot. Cette affirmation, publiée sous l'empire, ne ne fut point démentie. Nous avons pu, d'ailleurs, en vérifier l'exactitude.

(2) Le général Magnan se borne à dire : « Les rassemblements qui ont essayé de se former sur les boulevards ont été chargés par la cavalerie du général Reybell. » Pas un mot ni du bombardement des maisons, ni du massacre général de la foule sur plus de huit cents mètres de boulevard.

des yeux l'espace qui s'étend depuis la rue Richelieu jusqu'à l'extrémité du boulevard Montmartre, juge impartial d'événements dont il a été le témoin et dans lesquels il est désintéressé dit : « A titre de militaire, c'est avec le plus profond regret que je suis forcé d'admettre que *cette fusillade de gaieté de cœur n'était pas le résultat d'une panique, mais celui d'une impulsion sanguinaire.* » — L'historien de la guerre de Crimée, aux récits duquel tout le monde s'accorde à reconnaître la plus exacte impartialité, ajoute : « Ce que vit avec calme cet officier anglais des milliers de Français le virent avec une horreur frénétique. Il n'y eut ni combat, ni émeute, ni tumulte, ni querelle, ni dispute. C'était une masse d'hommes non armés, de femmes et d'enfants. Les meurtriers étaient des milliers de soldats armés qui ne se trouvaient exposés à aucun danger réel ; *ils ont subitement fait feu sur une foule d'hommes et de femmes qui ne leur résistaient pas.* Ceci constitue un massacre de propos délibéré. »

Tandis que les soldats appartenant aux brigades Canrobert et Reybell pénétraient avec effraction dans les maisons canonnées et que les boulevards devenaient un vaste cimetière, les troupes, dont j'ai indiqué les positions de combat, exécutaient un mouvement d'ensemble pour *envahir par la terreur* les quartiers qui leur étaient livrés. Les uns attaquaient les barricades, pendant que les autres opéraient « *d'un air bonhomme* » une marche convergente ayant un double but : Couper la retraite aux défenseurs de la loi, pousser les curieux dans les rues par où cette retraite devait s'effectuer, et qui subitement barrées aux deux bouts ne laisseraient aucune issue aux fugitifs conduits dans ce piége infernal. « Alors, combattants ou simples spectateurs étaient fusillés, pour ainsi dire, à bout portant (1). »

C'est vers deux heures et demie que la batterie de la bri-

---

(1) William Kinglake.

gade de Cotte avait ouvert le feu contre la barricade de la rue Saint-Denis ; quand les obus et les boulets l'eurent entamée, le 72ᵉ de ligne marcha sur elle au pas de charge ; il fut accueilli par un feu qui le fit reculer ; trois fois il s'élança vers la redoute, et trois fois il fut mis en fuite. Les canons se rapprochent et tirent à mitraille, puis le général de Cotte dirige, lui-même, un quatrième assaut ; il est plus meurtrier pour les soldats que les trois autres. Sous une grêle de balles, le lieutenant-colonel Loubeau, trois officiers et dix ou douze grenadiers tombent morts ; une vingtaine de fantassins, quelques artilleurs et le colonel Quilico sont blessés. Le cheval du général Cotte est tué. Le 72ᵉ, dans les rangs duquel le désordre s'est mis, bat encore en retraite et regagne précipitamment le boulevard, tandis que, debout sur la barricade, les défenseurs de la loi crient : Vive la République ! Vive la Constitution !

Déconcerté par cette résistance aussi vaillante qu'inattendue, le général Cotte tint conseil. On résolut de prendre les républicains entre deux feux. Il était près de cinq heures quand ils virent le 72ᵉ se disposant à les attaquer de front, et le 15ᵉ léger débouchant par la rue aux Ours afin de les prendre à revers ; ils se retirèrent sur la rue Saint-Sauveur, ne laissant que trois de leurs amis sur le carreau. Le 15ᵉ léger venait d'enlever les barricades de la rue des Jeûneurs et des rues adjacentes.

La brigade Bourgon avait détruit celles des rues qui aboutissent au Temple ; dans la rue Phélippeaux, vingt jeunes gens se firent tuer jusqu'au dernier.

Parties, en même temps, d'une direction opposée à celle des brigades de Cotte et Bourgon pour former le cercle qui allait entourer les combattants, les brigades Dulac, Herbillon et Marulaz pénétraient, par la rue Rambuteau et par le bas des rues du Temple, Saint-Martin et Saint-Denis, dans les quartiers barricadés. Partout, il fallut employer le canon avant la baïonnette pour s'emparer des barricades ; rue

Rambuteau, il y en eut une qui égala celle de la rue Saint-Denis par la solidité de sa construction et par l'héroïsme de sa défense.

Dès qu'il n'y eut plus que des cadavres sur les boulevards que sa brigade occupait, le général Canrobert, sans laisser prendre haleine à ses soldats, les amena au faubourg Saint-Martin. Au fur et à mesure qu'une barricade était enlevée, ceux de ses défenseurs qui n'avaient pas succombé dans la lutte étaient fusillés ou égorgés. « *Pas un seul ne fut épargné* (1). » On fusilla des prisonniers dans la cour de la mairie; on en égorgea partout, jusqu'aux bords du canal où, dans leur fuite ils avaient été acculés et cernés. « Là, comme à Zaatcha, dit un historien bonapartiste, le général Canrobert donna l'exemple du *courage* (2). » Non! C'est du *carnage* que, le 4 décembre, il donnait l'ordre et l'exemple. En faisant tuer, sur les boulevards et dans un faubourg de Paris, des citoyens qu'abritait le drapeau de l'honneur et de la loi, il entachait la gloire qu'il avait acquise au siège de Zaatcha en combattant les ennemis de la France, sous ce même abri sacré qu'il fait, aujourd'hui, mettre en pièces par des soldats ivres.

Les républicains armés qui, en abandonnant assez tôt la barricade de la rue Saint-Denis, avaient rendu sans effet le mouvement convergent du 72º de ligne et du 15º léger, s'étaient retrouvés dans le quartier Montorgueil. A neuf heures du soir, retranchés au nombre de cent derrière la troisième des barricades qui se dressaient dans les rues Saint-Eustache, du Petit-Carreau et Montorgueil, ils prirent la résolution de ne pas survivre à la Constitution et à la Liberté. Tout à coup, se présentèrent à eux Denis Dussoubs frère du représentant de la Haute-Vienne et Carpentier délégué du comité démocratique, échappés, tous les deux, au carnage que les soldats du général Canrobert faisaient des défen-

(1) *La Patrie*, nº du 6 décembre.
(2) A. Granier de Cassagnac.

seurs de la barricade du faubourg Saint-Martin sur laquelle ils avaient combattu à côté du brave lieutenant Luneau de l'ancienne garde républicaine. Ce groupe de vaillants auxquels le patriotisme a inspiré un beau désespoir se laisse enfermer dans un cercle de fer. Les clairons des troupes se répondent. Dix heures sonnent. Les avant-postes sont attaqués. Bientôt s'approche le 2ᵉ bataillon du 51ᵉ de ligne ayant à sa tête le commandant Jeannin. Revêtu de l'écharpe de représentant qu'il avait empruntée à son frère malade, Denis Dussoubs franchit les barricades; il marche, seul et sans armes, au devant des soldats; il leur adresse une harangue où vibrent les sentiments du devoir et de l'honneur. Les élans de sa voix douloureuse, la dignité de son maintien ont ému le commandant qui cherche à le détourner d'une résistance inutile. Denis Dussoubs regagne la barricade; pendant qu'il y monte en criant : Vive la République! des soldats auxquels il tourne le dos font feu sur lui sans en avoir reçu l'ordre; il tombe frappé de deux balles à la tête.

Les premières barricades sont enlevées; la troisième n'est prise qu'à la suite de plusieurs assauts furieux et d'un combat acharné. Les voltigeurs du bataillon Jeannin fusillent les républicains restés debout; quand ils ont achevé les blessés à coup de sabre, ils tournent leur fureur contre les habitants des maisons voisines où ils se répandent; ils assassinent les hommes qu'ils y trouvent; ils en entraînent vingt-cinq ou trente au pied de la barricade où ils les hachent; ils arrachent à son comptoir le marchand de vin du coin des rues du Cadran et du Petit-Carreau et ils le lardent de vingt-deux coups de baïonnette. Depuis la rue Mandar jusqu'à la rue Neuve-Saint-Eustache, ce sont les mêmes boucheries humaines. On évalue *à cent* (1) les prisonniers qu'on fit là; « il y en avait, dit M. Mauduit, dont

---

(1) H. de Mauduit.

les mains étaient encore noircies par la poudre; comment était-il possible de ne pas exécuter contre *beaucoup* d'entre eux les prescriptions terribles de l'état de siége? » Aucun des prisonniers n'échappa à l'enragerie farouche des soldats qui voyaient rouge (1).

Quelques-uns de ces enragés, dont le détachement stationnait dans la rue Montmartre, fouillent le passage du Saumon; ils y saisissent douze ou quinze hommes et les égorgent. Sous un tas de jouets d'enfants, ils découvrent un gamin de treize ans et ils le tuent. Une de leurs victimes s'est traînée jusqu'à la porte d'un magasin, où, agonisante, elle demande une goutte d'eau; ils aperçoivent ce mourant, et ils élargissent, en riant, ses blessures avec leurs sabres.

Vers la même heure, dans la rue Laharpe, trente-cinq hommes élevaient une barricade; pris entre deux bataillons, ils furent conduits au Luxembourg où le général Sauboul ordonna leur égorgement, après avoir, en termes fort durs, fait un crime aux officiers « de n'avoir pas exécuté sur-le-champ les ordres du ministre de la guerre. »

Rue Maubert, gisaient les cadavres de vingt jeunes gens fusillés par un peloton de gendarmerie mobile. Sur le quai des Orfèvres, d'autres gendarmes abattaient des passants inoffensifs. Tant que dura cette nuit de meurtre, ce fut une véritable chasse aux hommes. Dans la rue Pagevin, un soldat du 19ᵉ de ligne tire, à bout portant, sur un négociant qui rentrait chez lui. Un sapeur du même régiment fend, d'un coup de hache, la tête d'un citoyen dont il s'était laissé approcher sans le moindre avertissement. Au milieu du quai aux Fleurs, une sentinelle crie à un jeune homme :

(1) L'un de ces blessés héroïques fut transporté, pendant la nuit, à la Charité où le docteur Deville constata onze plaies éparses sur son corps; il se nommait Paturel. « Le voyant à terre, des soldats lui avaient tiré plusieurs coups de feu et l'avaient lardé à coups de baïonnette; il se plaignait d'avoir été dépouillé par eux de tout ce qu'il portait sur lui, sans excepter son mouchoir. » (V. Schœlcher.)

« Passez au large! » En même temps, le jeune homme est étendu roide mort.

Le capitaine Mauduit raconte que, à huit heures du soir, se déterminant à s'aventurer vers la Chaussée-d'Antin, un de ses amis le rencontra et lui dit : « Vous ne pourrez traverser le boulevard sans vous exposer à des coups de pistolet ou de lance de la part des vedettes placées à chaque angle des rues ; les boulevards sont jonchés de cadavres. » Rue de la Michodière, un passant lui dit, à voix basse : « N'allez pas vers les boulevards ; on tire sur tout ce qui traverse. » Et le capitaine bonapartiste ajoute : « *La victoire restait à Napoléon...* Jetons un voile funèbre sur *les victimes nombreuses* qui gisent, çà et là, depuis Tortoni jusqu'à la porte Saint-Denis, et, parfois, par groupes réunis. »

Non ! non ! il faut, au contraire, découvrir toutes les horreurs dont on décora du beau nom de *victoire* l'effroyable succès. Horreurs telles que « sous le saisissement produit chez eux par ce lugubre coup d'œil et ces cris déchirants, beaucoup d'hommes braves sentirent leur force brisée, et sanglotaient comme des enfants (1). » Autant qu'il se pourra, nous suivrons les traces sanglantes des meurtriers napoléoniens.

Un officier se vantait « d'avoir fait des coups admirables entre les deux yeux, d'avoir arrêté des gens et de les avoir mené fusiller au coin de la rue. » Un autre disait : « Nous avons pris notre revanche de Février, et tout ce que nous regrettons, c'est qu'elle n'ait pas duré davantage (2. » Les scènes de carnage nocturne se multipliaient. Une croisée s'ouvrait-elle? des balles la criblaient. Sans chercher à savoir si la mort allait frapper un ami ou un ennemi, on tuait. Un parfumeur de la rue Saint-Martin, M. Monpelas, voulut éclairer sa fenêtre en l'honneur des soldats qu'il

(1) V. Schœlcher.
(2) P. Mayer.

applaudissait; ils le remercièrent en le frappant d'une balle au front. La mort atteint, dans leurs chambres, deux boutiquiers de la rue Saint-Denis. Un habitant de la rue des Vinaigriers regagnait sa demeure : « On ne passe pas! » lui crient des chasseurs de Vincennes. Il rebrousse chemin et tombe. Deux voisins se hasardent à ouvrir leur porte afin de relever cet homme expirant, une nouvelle décharge les blesse. Rue des Arcis, des soldats entrent dans un magasin, y trouvent quatre jeune gens, et les entraînent dans la cour où ils les fusillent.

Jugeant que « la population a été suffisamment épouvantée par les coups de feu, » plusieurs officiers recommandent à leurs soldats « de se servir de l'arme blanche. » A minuit, dans la rue Rambuteau, quinze personnes furent tuées « avec économie de poudre et de bruit, » suivant l'expression d'un capitaine de lanciers qui qualifiait ainsi la mort donnée par l'arme blanche; il glorifiait l'usage qu'en avait fait son régiment.

« Il y eut un général français nommé Herbillon, qui, enviant le renom de Haynau... « faisait donner le fouet aux insurgés agés de moins de vingt ans qu'on lui amenait, et les livrait ensuite aux sergents de ville (1). » Que devenaient entre les mains des agents de police ces jeunes gens victimes du général Fesseur? Les déclarations suivantes nous l'apprendront : « Deux de mes amis rentrant chez eux, le 4, vers neuf heures du soir, ont rencontré une forte troupe de *sergents de ville* et de gendarmes mobiles qui menaient une soixantaine de prisonniers, le long du Louvre, dans la direction des Champs-Élysées. Au moment où ils passaient, un de ces malheureux leur cria : *adieu, frères, on va nous fusiller!* Et sa voix fut immédiatement étouffée (1). » M. Xavier Durieu raconte ainsi les assommements des prisonniers dans une des cours de la Préfecture de police :

(1) Déclaration de M. Domengé, ex-membre de l'Université, rapportée par M. V. Schœlcher, *Hist. des crimes du 2 Décembre.*

7.

« Souvent, quand la porte était refermée, *les sergents de ville* se jetaient, comme des tigres, sur les prisonniers attachés les mains derrière le dos. Ils les assommaient à coups de casse-tête. Ils les laissaient râlant sur la pierre où plusieurs d'entre eux ont expiré... il en est ainsi ni plus ni moins ; nous l'avons vu des fenêtres de nos cellules qui donnaient sur la cour. » Caillaux, ex-lieutenant-colonel de la garde républicaine, m'a souvent répété qu'on entendait, nuit et jour, dans cette Préfecture, des cris plaintifs, étouffés. « Au fond de la première cour, du côté du quai aux Lunettes, me disait-il, les prisonniers essayaient vainement de se dérober aux coups dont les frappait le bâton court et plombé des sergents de ville. » MM. Guillot, Venart et Castellino furent conduits à la Préfecture, le 6 décembre ; on les mit dans une cellule où celui qui distribuait le pain, un boiteux, leur dit : « Il est heureux pour vous de n'être arrivés qu'aujourd'hui à la Préfecture ; il s'y est passé de terribles choses, ces jours derniers. » M. Domengé écrivit à M. Schœlcher : J'ai vu dans une maison de la rue de Grenelle-Saint-Honoré un gendarme mobile saisi d'un accès de fièvre chaude causé par le remords d'avoir participé aux assassinats de la Préfecture de police. Dans ses accès de délire, il voyait les fantômes de ceux qu'il avait fusillés.

Un détenu du fort d'Ivry, âgé de dix-sept ans, ne cessait de raconter à ses compagnons que, « en présence de beaucoup de prisonniers parmi lesquels il se trouvait, on en avait fusillé dix-sept à Mazas. » Il souffrit longtemps d'un ébranlement des nerfs causé par ce spectacle sanglant.

Le massacre des défenseurs de la loi, conçu par Louis-Napoléon Bonaparte et par le duc de Morny, sera aussi exécrable à la postérité la plus reculée que celui des défenseurs de la liberté de conscience, conçu par Charles IX et par le duc de Guise ; aux noms des Saint-Arnaud, des Magnan, des Canrobert, des Reybell, des Sauboul, et des Rochefort s'est attachée la même fameuseté qu'à ceux des Tavannes, des Retz, des Gondi, des Crucé, des Besmes et des Sarlabousse ; les dates de ces deux meurtres immenses, le 24 Aout 1572 et le 4 décembre 1851, apparaîtront éternellement dans l'histoire comme deux larges taches de sang.

Entre ces deux crimes, l'un religieux et l'autre politique, que de rapprochements sinistres !

« Saignez ! saignez ! » criaient aux égorgeurs ceux qui présidaient aux massacres ordonnés par Charles IX. — « Lardez ! lardez ! » vociféraient quelques-uns des chefs qui faisaient exécuter le massacre ordonné par Louis-Napoléon Bonaparte.

Ceux qui, par leurs excitations, ranimaient le carnage des défenseurs de la liberté de conscience, « avaient l'espoir d'obtenir les charges ou les successions des victimes. » Les officiers, dont la voix stimulante acharnait les soldats contre les défenseurs de la loi « avaient l'idée que l'avancement était favorisé par une participation zélée au massacre, et que celui qui s'y serait le plus profondément plongé avait le plus de chance (1). »

De même que les égorgeurs déchaînés par Charles IX, les décembriseurs jetaient, parfois, dans la Seine les cadavres de leurs victimes : « Un individu, porteur d'armes sous sa blouse, fut fusillé à l'entrée du Pont-Neuf et *son corps jeté aussitôt* à la Seine. Dans la Cité, un émeutier et trois individus arrêtés porteurs de munitions, de proclamations ou de fausses nouvelles, furent passés par les armes et lancés dans la Seine (2). »

« Dans les prisons, on tenait en réserve des protestants que l'on tuait pendant la nuit (3). » — Il est de notoriété que, pendant les nuits du 4 et du 5 décembre, « des prisonniers furent fusillés par détachements et jetés dans des fosses. » M. Kinglake rapporte que, dans les quartiers

---

(1) W. Kinglake, *l'Invasion de la Crimée.*
(2) Le capitaine Mauduit, *Révolut. milit.*, p. 238.
(3) Dulaure, *Hist. de Paris.*

tranquilles, on entendait des feux de peloton séparés ; que ces détonations venaient surtout de la direction du Champ de Mars et retentissaient aussi du côté du jardin du Luxembourg et dans quelques autres endroits; que, dans les environs de l'esplanade des Invalides, le bruit des feux de peloton était accompagné de cris et de gémissements. « *L'ordre avait été donné de ne pas faire des prisonniers* (1). » On l'exécuta rigoureusement. Un historien raconte que « devant les cadavres des protestants amoncelés dans les rues, les chefs des massacreurs, les courtisans de Charles IX et les courtisanes titrées, ivres de vin, tenaient des *propos obscènes* et se livraient à des jeux sacrilèges (2). » — Quel spectacle offrait Paris pendant la nuit du 4 décembre? On voyait, de temps en temps, des troupes défiler au son de la musique, sur les boulevards jonchés de cadavres et où les pieds glissaient dans le sang. A partir du faubourg Montmartre, on rencontrait à chaque pas des bivouacs où des soldats faisaient ripaille. « Les tables étaient dressées depuis la Chaussée-d'Antin jusqu'à la Bastille... Les soldats qui ne mangeaient pas buvaient ; la flamme des punchs se mêlait au feu des bivouacs (3). » — « Vers onze heures du soir, il y eut sur le boulevard comme une fête de nuit. Les soldats riaient et chantaient. Le cigare à la bouche, ils faisaient sonner l'argent qu'ils avaient dans la poche... De bivouac à bivouac, on s'appelait avec de grands cris et des *plaisanteries obscènes*. On entendait le choc des verres et le bruit des bouteilles brisées (4). » — « La nuit du 4 au 5, dit M. Schœlcher, fut, sur plusieurs points, une véritable orgie. » Un témoin qu'il cite a vu, sur les boulevards, les lanciers boire et s'enivrer à côté de mares de sang et de débris humains. Sur la place du Panthéon, les tirailleurs de Vincennes étaient en débau-

---

(1) Le lieutenant-colonel Lebrun, du 58e de ligne, président d'un des conseils de guerre de Paris, l'a déclaré en pleine audience.
(2) Pierre de L'Étoile.
(3) Taxile Delord, *Hist. du second Empire.*
(4) Victor Hugo, *Napoléon le Petit.*

che. Plusieurs d'entre eux se passaient de l'un à l'autre des filles de joie. Tout le quartier retentissait de chansons bachiques. Quand le jour revint, un officier ivre-mort, et qu'on avait peine à contenir, « brandissait son sabre en demandant des socialistes à exterminer. »

La célébration de la Sainte-Barbe en 1851 fait pendant à celle de la Saint-Barthélemy en 1572. Si le résultat des deux œuvres scélérates inspire une égale horreur, le mobile, il faut bien le dire, en fut différent. L'assassin pieux et couronné fit égorger les adversaires de la Papauté sous l'impression du fanatisme religieux et pour être agréable au Pape. — L'assassin parjure et besoigneux fit tuer les adversaires de la Tyrannie sous l'aiguillon de désirs malsains, pour trouver dans l'usurpation du pouvoir absolu les moyens de payer ses dettes et de soûler royalement ses appétits sensuels.

A Paris seulement, les égorgeurs que Charles IX et ses complices avaient fanatisés et affolés enveloppèrent dans le massacre dont Coligny, le vaillant amiral, fut la première victime, huit ou neuf mille champions de l'inviolabilité des consciences. — Pendant la durée du massacre auquel on préluda par l'assassinat de Baudin, le courageux représentant du Peuple, à combien de milliers s'éleva le nombre des défenseurs de la loi violée, qui tombèrent sous les sabres, les baïonnettes ou les balles des soldats que Louis-Napoléon et ses aides avaient égarés et enivrés ?

Tout au contraire de Charles IX qui, après avoir, d'une fenêtre du Louvre, animé par ses cris les tueurs au carnage et arquebusé « les malheureux échappés aux poignards et traversant la rivière à la nage, » déclara que lui seul avait ordonné le massacre et se glorifia « *du succès de l'expédition,* » Louis Bonaparte qui, pendant l'exécution de ses ordres féroces, cachait ses peurs dans un coin de l'Élysée, où, en cas d'*insuccès de l'expédition,* sa fuite était préparée, voulut plonger dans le silence son œuvre sanglante et dérober à l'histoire le nombre des morts.

Un historien allemand qui, en 1872, a su être impartial en comparant l'Allemagne à la France dans leur génie respectif, dit : « Le 4 décembre, lorsque le prince vit la résistance armée se produire, le tigre éclata en lui. Les troupes reçurent l'ordre de réprimer le mouvement avec une impitoyable énergie. En quelques heures, *par centaines*, de simples spectateurs, hommes, femmes, vieillards, enfants, furent massacrés. Il en fut de même dans les départements. Partout où elle se produisit, la résistance fut étouffée avec une effrayante cruauté. On n'a jamais connu le nombre des morts. »

On en avoua d'abord cent (1), puis cent soixante-neuf (2), puis cent soixante-quinze (3), puis encore cent quatre-vingt onze (4) ; et comme la grossièreté de ces mensonges choquait par trop l'évidence, on fit monter le chiffre à trois cent quatre-vingts (5). Il avait été enjoint aux journalistes tolérés de se taire et aux historiens officiels ou officieux de ne pas revenir là-dessus.

Deux historiens indépendants qui, beaucoup plus tard, vers la fin de l'Empire, osèrent en France parler de cela, durent mettre à leur voix une sourdine, sans laquelle on l'eût étouffée. L'un d'eux dit : « Le chiffre de trois cent quatre-vingts nous paraît bien faible en présence des indices graves que nous recueillons de divers côtés (6). » L'autre constate que les exécuteurs du coup d'État, dont la vraie date est *le 4 décembre*, n'ont fourni aucun moyen d'information à l'histoire, que l'accès des dépôts où sont renfermées

---

(1) Rapport du général Magnan.
(2) P. Mayer.
(3) Granier de Cassagnac, qui emprunte ce chiffre à un rapport de M. de Maupas.
(4) Évaluation de M. Trébuchet, chef de bureau de la salubrité.
(5) Le *Moniteur* du 30 août 1852.
(6) Eugène Ténot.

les correspondances officielles est interdit au public (1). Réduits aux conjectures par l'auteur et par les instigateurs du massacre, « qui ont enlevé tout moyen de constater la vérité (2), » nous devons chercher le nombre approximatif de leurs victimes dans un calcul de probabilité appuyé sur les témoignages recueillis.

Un historien, dont la probité sévère repousse tous les faits douteux, dit : « On peut porter à *cinq cents au moins* le nombre des habitants de Paris assassinés, *sans parler des morts des barricades* (3), » ni, bien entendu, de ceux du Champ de Mars, où « il paraît certain, ajoute-t-il, que des exécutions nocturnes ont eu lieu ; » ni de ceux des prisons, « où les massacres qu'on y fit sont de notoriété publique à Paris. »

Auguste Lireux, miraculeusement échappé à la mort dont le menacèrent, tour à tour, des chasseurs de Vincennnes et des gendarmes ivres, en le traînant de chez Caïphe chez Pilate, « *a vu de ses yeux plus de huit cents cadavres* dans toute la longueur des boulevards. » Le *Times* qui, en général, tient ses renseignements de bonne source, assure que « *douze cents personnes inoffensives et sans armes* ont été assassinées par des soldats ivres sur les boulevards et dans les rues de Paris. »

Quant aux citoyens armés qui défendirent la loi sur les barricades on connaît leur nombre ; ils étaient mille à onze cents contre lesquels furent lancés plus de quinze mille soldats, et les deux tiers de ces braves moururent en combattant ou furent égorgés après le combat.

Avec le relevé des morts enterrés, pendant la journée du 5, dans les divers cimetières de Paris, on eût pu dresser, approximativement, la liste funèbre ; mais, les meurtriers prirent des mesures pour anéantir cette base d'une évalua-

(1) Taxile Delord.
(2) W. Kinglake.
(3) V. Schœlcher.

tion redoutée. Néanmoins, on a pu savoir quelle fut, dans la répartition des cadavres entre tous les cimetières, la part de celui de Montmartre. M. A. Vaulabelle (1), qui en était, alors, le conservateur, reçut, le 15 décembre, « PLUS DE TROIS CENT CINQUANTE CADAVRES *avec ordre de les enterrer immédiatement sans même les laisser reconnaître.* » Il enfreignit cet ordre; tous les morts furent reconnus.

S'il eût été possible de reconnaître le nombre de cadavres déposés, le jour, par les familles dans des fosses particulières où jetés, la nuit, par des argousins faisant l'office de croque-morts, dans les fosses communes de tous les cimetières, aurait-on pu savoir aussi le nombre des victimes de toutes *les exécutions inédites?* A cette question un historien a répondu: « Cherchez sous le pavé des rues, sous les talus du Champ de Mars, sous les arbres des jardins publics; cherchez dans le lit de la Seine. Un des malheureux soldats que l'homme du 2 Décembre a transformés en bourreaux raconte, avec horreur, que, dans une seule nuit, le nombre des fusillés au Champ de Mars n'a pas été de moins de huit cents (2). » On demandait à un chef de bataillon de la gendarmerie mobile, « laquelle s'est distinguée dans ces égorgements: Eh ! bien, voyons, le chiffre ? Est-ce quatre cents? Six cents ? Huit cents ? — Mettez *douze cents*, répondit-il, et vous n'y serez pas encore. » Un colonel a déclaré que « son régiment, un de ceux qui s'étaient acharnés à la tuerie, avait tué *deux mille quatre cents hommes* (3). »

De tout cela on infère, sans exagérer, que plus de deux mille personnes furent massacrées à Paris.

L'ivresse à laquelle, après les avoir trompés et irrités, on livrait les soldats pour les rendre inconscients d'eux-mêmes, les poussait jusqu'à détrousser leurs victimes. Les vêtements des trois cent cinquante cadavres envoyés au cimetière Montmartre « furent soigneusement explorés afin

---

(1) Frère de l'historien Achille de Vaulabelle.
(2) Victor Hugo.
(3) William Kinglake.

de mettre de côté les objets qui pourraient servir à les désigner; *ils ne contenaient ni bourse, ni montre, ni bijou; toutes les poches* avaient été retournées par les soldats (1). »

Maudits soient ceux qui, au nom de la discipline militaire, firent couvrir de tant de souillures l'uniforme de l'armée française ! Ils la mèneront à des catastrophes dont la honte égalera l'immensité.

(1) Taxile Delord, *Hist. du second Empire*, t. I, p. 387, Paris, 1869.

CHAPITRE VII

DU 5 AU 31 DÉCEMBRE 1851

Le comité de résistance et les représentants républicains. — Paris le 5 décembre. — Exposition de cadavres; arrestations; exécutions. — Décret et proclamations. — Les dévotieux. — Assimilation de l'honneur à l'infamie. — Scènes de carnage dans les départements. — Arrêtés des commandants militaires. — Calomniateurs démentis. — État de siége. — Confiscations. — Les prisons de Paris. — Le fort de Bicêtre. — Le plébiscite. — Menaces et violences. — La veille du vote. — Le scrutin. — Manœuvres intimidatrices. — Un sophisme d'intérêt. — Dépouillement et recensement suspects. — Le décret du 29 décembre. — L'amitié, la pitié, l'hospitalité sont des crimes. — Sentences horribles. — La commission consultative à l'Élysée. — Ce que ne peut pas la souveraineté du peuple. — Le prince veut aller prier Dieu; un souvenir du 26 août 1572.

Comme tous les membres du Comité de résistance qui, jusqu'au dernier moment, remplirent avec courage leur mission périlleuse, ceux de la montagne et de la gauche républicaine de l'Assemblée dissoute n'avaient rien épargné pour l'accomplissement de leur devoir; l'exemple suivait le conseil: Deflotte, Schœlcher, Victor Hugo, Charamaule, Carlos Forel, Esquiros, Dulac, d'Etchégoyen, Brillier, Madier-Montjau et beaucoup d'autres s'étaient fait remarquer sur divers points où l'on combattait. Dans la soirée du 4, plusieurs d'entre eux furent rencontrés, les mains encore noires de terre et de poudre, l'écharpe en sautoir et ne désespérant pas de voir, le lendemain, « tout Paris sous les armes, » pour venger les victimes et châtier les auteurs de « l'horrible boucherie. »

Hélas ! il trouvèrent, le lendemain, tout Paris dans la stupeur. Afin que l'épouvante, en se prolongeant, glaçât les cœurs, les meurtriers avaient voulu qu'on laissât « des cadavres exposés pendant vingt-quatre heures aux regards d'un public consterné (1). » On en avait rangé trente « au milieu d'une mare de sang, sur les marches du grand dépôt des tapis d'Aubusson ; » soixante-deux, parmi lesquels ceux de trois femmes et de trois enfants, gisaient, côte à côte, dans le passage de la Cité Bergère qui ressemblait à un hypogée. Dans la rue Grange-Batelière, les trois cadavres nus dont j'ai parlé étaient encore étendus. De la rue Mandar à la rue Thévenot, il y en avait d'amoncelés sur toutes les portes, et, autour d'eux, des chandelles brûlaient ; entre les rues du Cadran et Montorgueil, l'un de ces cadavres, disloqué, piétiné, éventré faisait reculer d'horreur les passants mornes et silencieux. A l'angle de la rue Saint-Sauveur on s'arrêtait devant celui d'un jeune homme à barbe et à moustaches noires, revêtu seulement d'une chemise de batiste ; une balle l'avait frappé au cœur.

Les maisons et les magasins étaient fermés sur la ligne des boulevards « qui, de mémoire d'homme, n'eurent jamais un aspect si lugubre (2), » et qu'occupaient militairement les brigades Marulaz et Reybell. Il fallait que la crainte se mêlât à l'épouvante, aussi, voyait-on, « au débouché de toutes les rues et jusqu'à la Bastille, un peloton de cuirassiers ayant, tous, des vedettes ambulantes, le sabre pendant à la dragonne et le pistolet au poing (3). » A chaque croisée des maisons formant les quatre angles des rues du Temple et Rambuteau se tenait « un grenadier ayant le fusil chargé et prêt à faire feu au moindre geste hostile de

(1) H. de Mauduit.
(2) Le *Moniteur parisien.*
(3) H. de Mauduit.

cette population plus comprimée que satisfaite de ce qu'elle voyait ; les figures étaient mornes (1). »

Pour entretenir mieux l'épouvante et la crainte, on multipliait les arrestations ; des files de prisonniers traversaient les rues sous l'escorte de sergents de ville et de soldats. De temps en temps, des coups de feu s'entendaient dans la direction de la préfecture de police où quelque exécution se faisait en attendant celles qui se préparaient pour la nuit prochaine. Un ancien garde de Paris passait, vers deux heures après midi, sur le pont Saint-Michel ; sous le prétexte qu'il a menacé, de la voix ou du geste, les gardes placés en sentinelles, on l'arrête ; et comme il opposait une vive résistance aux gardes qui le conduisaient à la préfecture, le chef de poste le fait fusiller par deux de ses soldats dans la rue de Jérusalem (2). » Dans la matinée, un citoyen décoré, refusant de décliner son nom et ses qualités, avait été tué de la même façon dans la cour du Harlay.

Hier, on pénétrait dans les maisons, comme des assassins, en brisant les portes avec le canon et la crosse du fusil, — aujourd'hui, on s'y glisse, comme des voleurs, en crochetant les serrures avec des rossignols. C'est ainsi que, à onze heures du soir, des argousins apparurent, sans avoir fait le moindre bruit, dans la chambre de madame Carnot qui était couchée ; ils furetèrent partout, depuis le cabinet de toilette jusqu'à la chambre des enfants.

A la même heure, le divan de la rue Le Peletier était envahi par une compagnie de chasseurs de Vincennes, ayant à sa tête le commissaire Boudrot. A ses côtés se tenait un ancien écrivain devenu célèbre dans le monde de la police, le mouchard Lucien Delahode. Sur un signe de ce drôle qui avait mangé le pain de ceux qu'il vendait, le commissaire arrêta neuf personnes au nombre desquelles se trouvaient Xavier Durrieu et Kesler du journal *La Révolution*, Edouard

(1) H. de Mauduit.
(2) Le *Moniteur parisien*.

Gorges du *Siècle* et M. Lignères, un négociant de Paris. On emmena les prisonniers à la mairie du faubourg Saint-Martin en longeant les boulevards où campaient des soldats d'infanterie encore avinés et qui criaient aux chasseurs de de l'escorte : « Piquez-les ! Embrochez-les ! » Le lendemain, ils furent acheminés vers la préfecture de police au milieu d'une imposante colonne que le général Canrobert, accaparant toutes les gloires, voulut commander lui-même !

Le matin de ce jour-là, dans un décret publié par le *Moniteur*, M. Bonaparte arrêta que le massacre de la veille serait « *récompensé et compté comme service de campagne.* » Le soir, dans une proclamation, le général Saint-Arnaud félicitait les les massacreurs « d'avoir accompli un grand acte de leur vie militaire, sauvé la République ; de s'être montrés braves, dévoués, infatigables, » et il ajoutait : « La France vous admire et vous remercie. Le président de la République n'oubliera jamais votre dévouement. » La proclamation du ministre de la guerre est aussi injurieuse à l'honneur militaire que le décret du dictateur, au sujet duquel un historien des plus graves s'exprime ainsi : « Quand on voit que le chef d'une nation fière et puissante est capable d'apposer sa signature au bas d'un document de ce genre, le 5 décembre, on peut se former une idée des sensations qu'il éprouvait, la veille, lorsqu'à l'angoisse de la terreur n'avait pas encore succédé l'indécente allégresse d'avoir échappé au péril (1). » — Louis Bonaparte s'empressa d'élever à des grades supérieures les officiers qui s'étaient distingués par leur ardeur au massacre.

Afin que la religion bénisse leurs forfaits comme elle avait béni ceux de Charles IX, les criminels de Décembre se mettent à papelarder et à faire des avances au clergé dont ils réclameront, bientôt, les prières et l'appui. Tandis que,

---

(1) W. Kinglake.

par un décret, M. Louis Bonaparte rend au culte catholique et replace dévotieusement le Panthéon « sous l'invocation de Sainte-Geneviève patronne de Paris, » M. de Morny prêche, dans une circulaire pieuse, « l'observation du repos prescrit par l'Église dans le saint jour du dimanche ! »

Des décrets successifs défèrent à l'autorité militaire « la connaissance de tous les faits militaires se rattachant à *l'insurrection* du 3 décembre et des jours suivants, » c'est-à-dire à la défense des lois violées, — et donnent à l'administration « la faculté de déporter, à Cayenne et en Algérie, les repris de justice en rupture de ban, les individus ayant fait partie d'une société secrète et tous ceux qui contreviendraient à un ordre fixant leur résidence hors de Paris et de la banlieue, » c'est-à-dire tous les citoyens dont il plaira au dictateur de se débarrasser. Assimilant le dévouement et l'honneur au crime et à l'infamie, M. de Morny confondait les hommes politiques, dont il redoutait la probité, avec les *repris de justice en rupture de ban !* Une lettre de M. de Maupas aux commissaires de police ajoutait à ces décrets odieux ce complément logique et significatif : « Il faut supprimer toute cause d'agitation *en pratiquant sur une vaste échelle* un système de perquisitions et d'arrestations. »

Cependant, les scènes de carnage dont Paris avait été le théâtre se reproduisaient dans un grand nombre de départements. M. de Morny avait écrit aux commandants militaires et aux préfets : « *Tout ce qui résiste doit être fusillé.* » Les défenseurs de la loi étaient traqués comme des bêtes fauves. Les généraux et les colonels décembriseurs exaltaient le succès « de leurs battues dans les campagnes et dans les bois, » après avoir ensanglanté les villes et les villages. « Quelques-uns, dans leur aveugle rage, dépassèrent les limites de la politique la plus féroce (1). » Cela est vrai : il y en eut qui, affriandés au meurtre, ne voulaient pas

---

(1) William Kinglake.

qu'une seule victime leur échappât ; on a lu les arrêtés que, dans les excès de leurs fureurs, ils portèrent. Dès le 8 décembre, Carlier, l'un des trois commissaires extraordinaires (1) que M. de Morny avait envoyés dans les départements pour stimuler, par des promesses d'avancement, le zèle des *batteurs*, leur donnait l'exemple en adressant aux maires du Cher, de la Nièvre et de l'Allier l'ordre « de faire connaître que toute personne qui donnerait sciemment asile aux *factieux* serait réputée complice et traitée comme telle. » — Rappelant à tous les chefs militaires « l'ordre déjà donné de faire fusiller sur-le-champ tout individu pris les armes à la main, » le chef de bataillon Bourrely arrête : « Quiconque donnera asile aux *coupables* poursuivis, ou favorisera leur fuite, sera considéré comme complice et traduit devant le conseil de guerre (2). » Dans le Lot, le colonel de gendarmerie Pellagot adresse les mêmes menaces « à toute personne qui *donnera asile ou portera secours* » aux trente fugitifs dont il donne les noms et parmi lesquels se trouve un juge au tribunal de Cahors. Dans le Jura, le lieutenant-colonel Charlier appliquera « la rigueur des lois qui régissent l'état de siége, c'est-à-dire *la peine de mort* à tous ceux qui fourniront aux fugitifs asile, ou moyens de subsistance ou d'évasion. » Dans les Basses-Alpes, non content de frapper de la même peine cet horrible crime de donner un asile ou un morceau de pain à des amis fuyant la mort, le colonel Fririon place des garnisaires chez les fugitifs, à la charge desquels ils mangeront et boiront tout leur soûl ; de plus il séquestre les biens de ces inculpés en fuite. M. Fririon accorde, pourtant, dix jours à ceux que sa cruauté convoite ; il ne confisquera leurs biens qu'à l'expiration de ce délai. Le général Eynard est plus prompt en besogne ; il veut que son arrêté spo-

(1) Les deux autres se nomment Jules Bérard et Maurice Duval.
(2) Dans le Lot-et-Garonne.

liateur s'exécute sur-le-champ. Ils ont donc des biens, ces prétendus « pillards, ces ennemis de la propriété!»

Une meute d'aboyeurs mis en curée hurlait contre les défenseurs de la Constitution les plus révoltantes calomnies ; de toutes parts, elles soulevèrent des démentis. La marquise de Lusignan « que les rebelles de Xaintrailles avaient avertie qu'à leur retour ils fusilleraient tous les gens du château (1), » déclara « hautement que ni elle, ni ses gens n'avaient eu à se plaindre d'un mauvais procédé quelconque. » — M. Paillard, sous-préfet de Digne, « tué à coups de crosse de fusil et dont *on a vu le cadavre* gisant sur la route (2), » jouissait d'une santé parfaite. — MM. de Daleyrac, de Larcy, de Lamartine dont « les châteaux avaient été pillés, saccagés ou incendiés par les bandits (3) » protestèrent contre ces mensonges : « Nos châteaux, écrivirent-ils, n'ont été l'objet d'aucune menace. » Le sous-préfet de Clamecy, dont « on avait violé la femme, » n'était pas marié. — Le curé de Poligny « dont le presbytère avait été le théâtre d'orgies bachiques (4), » écrivit que « ni la moindre manifestation, ni la moindre insulte n'ont été faites ni contre la cure, ni contre aucun des membres du clergé. » — Le sous-préfet de Joigny qui, d'après *la Patrie*, « a été lâchement massacré avec le maire et le curé, sans qu'il se soit trouvé une poignée d'hommes assez énergiques pour empêcher *ces assassinats*, » écrit que « pas une goutte de sang n'a été répandue, et que la vie de personne n'a été menacée. » Enfin, *la Patrie* fut contrainte d'avouer que, « dans son long récit de meurtres, pillages et viols commis à Campestang, TOUT ÉTAIT FAUX (5). »

On sut, plus tard, que là où les défenseurs de la Consti-

---

(1) Le *Journal de Lot-et-Garonne*, n° du 11 décembre.
(2) Idem, n° du 12 décembre.
(3) *L'Assemblée nationale, l'Opinion publique.*
(4) *La Sentinelle du Jura, l'Union franc-comtoise.*
(5) Numéro du 13 décembre.

tution avaient, un instant, triomphé, les chefs de ces *pillards* publiaient des ordres comme celui-ci émanant du comité démocratique de Clamecy : « La probité est une vertu républicaine. Tout voleur ou pillard sera fusillé. Tout citoyen ivre sera arrêté et emprisonné. »

Une fois pour toutes, entendons-nous bien : *Les factieux* ne sont-ils plus ceux qui excitent dans un État des troubles dont ils espèrent tirer un profit personnel, — les *rebelles*, ceux qui se soulèvent contre l'un des pouvoirs qu'une Constitution a établis, — les *bandits*, ceux qui attaquent les gens et bravent les lois? — *L'assassin* serait-il, maintenant, le citoyen qu'on égorge, — et le *voleur* le propriétaire qu'on dépouille? Je le demande à tout homme de bonne foi : quels furent, en décembre 1851, *les factieux, les rebelles, les bandits, les assassins et les rebelles?* Ce ne sont pas, assurément, les patriotes qui poussèrent jusqu'au sacrifice de leur fortune, de leur vie, le respect dû à la majesté des lois.

Trente-deux départements ont été mis en état de siège ; la terreur y règne ; des détachements de gendarmes, de policiers et de soldats les parcourent, cernent les villages, fouillent les maisons, enchaînent leurs prisonniers et les conduisent, fusils chargés et musique en tête, dans les prisons de toutes nos villes, dans les maisons centrales de tous nos départements, dans les forts de toutes nos cités maritimes. Il suffit d'être suspect de républicanisme pour être arrêté. Les femmes ne sont pas plus épargnées que les vieillards.

En même temps, les confiscations se multiplient ; on ravit à des imprimeurs et à des maîtres de poste leurs brevets, — à des avoués, à des notaires, à des greffiers, à des huissiers et à des commissaires-priseurs leurs offices ou leurs charges. Un décret plaçant l'industrie de maître d'hôtel, cabaretier ou cafetier sous le régime de l'autorisation préalable, viendra donner aux spoliateurs un droit terrible et nouveau. La fermeture de plus de six mille hôtelleries, cabarets ou cafés, la dissolution des associations industrielles livreront des milliers de familles à la misère et à la faim.

A Paris, le 13 décembre, dans les prisons, dans les salles de dépôt et dans les souterrains de la Conciergerie, l'entassement des prisonniers était tel qu'il devint impossible d'en augmenter le nombre. On dut recourir aux casemates des Forts. On commença par vider les cellules de Mazas qui, le lendemain, étaient repeuplées. Je fus compris dans la première fournée dont, vers midi, au moyen de voitures cellulaires, on opéra le transfèrement au Fort de Bicêtre. Le soir, nous étions cent-dix dans une casemate ; les gardiens apportèrent quarante bottes de paille et autant de couvertures dont quatre-vingts seulement d'entre nous profitèrent en se serrant les uns contre les autres ; il y eut, bientôt, plus de quinze cents prisonniers dans les casemates de Bicêtre. Le 16, quinze magistrats s'y rendirent ; ils avaient accepté du violateur des lois la mission d'interroger ceux qui les avaient défendues. Après chaque interrogatoire, ces profanateurs de la Justice, dont ils offraient un vain simulacre, dressaient un procès-verbal d'après lequel des commissions militaires décidaient sommairement du sort des prisonniers.

La France étant ainsi terrorisée, le scrutin pour le plébiscite va s'ouvrir ; on ne lui demande pas ce qu'elle préfère ; Louis Bonaparte, qui lui a mis le sabre sous la gorge, ne lui laisse pas le choix ; il lui pose brutalement cette question : Veux-tu de moi ? Réponds par un *oui* ou par un *non*, mais, malheur à toi si tu ne dis pas : *Oui*...

Presque tous les journaux indépendants ont été supprimés. Si à quelques-uns d'entre eux on a fait grâce, c'est à une condition : Simples échos, ils répéteront les mots que, par la voix du *Moniteur*, il aura plu aux conjurés triomphants de prononcer ; rien de plus. Quant au plébiscite, ils doivent l'approuver ou se taire. Le *Siècle* voulait inscrire, sans le moindre commentaire, en tête de ses colonnes : « *Nous votons* NON ; » on le lui défendit. En revanche, les journaux du dictateur excitaient, librement et par tous les moyens, les électeurs à voter oui : « Votons pour Louis-Napoléon, disaient-ils, si nous tenons à sauver la France de la barbarie et de l'invasion des rois de l'Europe coalisée (1). »

Craignant de perdre leur brevet, les imprimeurs ne mettaient sous presse que des bulletins affirmatifs. Sous peine de poursuites sévères, les préfets interdisaient la distribution de bulletins négatifs, et menaçaient d'arrestation tout individu qui conseillerait aux électeurs de s'abstenir ; le coup suivait la menace. Plusieurs citoyens furent incarcérés, les uns pour avoir dit qu'ils s'abstiendraient, les autres pour avoir distribué des bulletins *négatifs*. S'il s'agissait de bulletins *affirmatifs*, c'était bien différent. Après en avoir plié dans toutes les cartes d'électeurs, les maires les répandaient avec profusion ; ils appelaient l'intimidation au secours de leur propagande : *Voter non*, disaient-ils, c'est déclarer son affiliation aux sociétés secrètes et se désigner soi-même pour la transportation ; *s'abstenir*, c'est donner à croire qu'on a passé les deux jours du vote à la société secrète de l'endroit.

Dans le Bas-Rhin, les brigadiers de gendarmerie réunissaient à son de caisse, les habitants des villages devant l'église, et, à haute voix, ils enjoignaient aux gardes forestiers d'arrêter tout individu porteur de bulletins *non* ; et, en cas de résistance, ils les autorisaient à *lui loger une balle dans le corps*.

Il y eut un préfet, celui de l'Hérault, qui ajourna le vote dans dix-neuf communes que, sans doute, les fusillades et les razzias avaient dépeuplées ; un pareil arrêté s'expliquerait-il autrement ? Le préfet des Deux-Sèvres terminait une proclamation ainsi : « oui, *c'est la vie* ; non, *c'est la mort par le suicide*. Voilà l'alternative. Choisissez ! » — Dans le Cher, le général d'Alphonse déclarait ceci : « Tout individu qui

---

(1) L. Véron, *le Constitutionnel*, n° du 16 décembre.

critiquerait le résultat du vote serait traduit devant le conseil de guerre.

Avant de bénir Louis Bonaparte, des évêques se faisaient ses courtiers électoraux. Celui de Chartres écrivait aux curés de son diocèse : « Vous signerez oui, nous n'en doutons pas. La *Providence* ne nous donne en ce moment, que ce moyen de salut (1). » Mgr de Châlons, dépassant le zèle de son collègue, se hâtait d'écrire à son clergé : « Mgr de Chartres n'a fait qu'exprimer la pensée de *tous les évêques*: Dieu est avec m. le Président. Cette raison suffit pour que nous soyons tous à lui (2). » Dieu est avec les parjures et les meurtriers ! Quel sacrilége, et que de fois il a été commis !

La veille du vote, on se débarrassa de tous les électeurs dont on redoutait l'influence hostile, en les arrêtant. Ainsi fit-on dans plusieurs départements comme dans celui du Lot « où, dit un membre des commissions mixtes qu'il essaye d'excuser, des arrestations furent opérées soit par ordre de l'autorité judiciaire, soit par ordre de l'autorité militaire; elles eurent lieu le 19 décembre.... Après le vote du 21, les prisons du département du Lot regorgeaient de détenus sur le sort desquels il fallait absolument statuer (3). »

A ce système général de terrorisme et d'intimidation se liait, pour le compléter, l'antériorité donnée au vote de l'armée. Et quel vote ! Le 7 décembre, à l'appel du tambour, officiers, sous-officiers et soldats étaient allés, sous l'œil de leurs supérieurs, signer leur *oui* ou leur *non* sur un registre public (4). Le résultat d'une votation aussi peu libre, après avoir été bruyamment annoncé à la France, lui était sans

---

(1) Monseigneur Regnault, 12 décembre.
(2) Monseigneur Rilly, 14 décembre.
(3) Lesueur de Pérès, les *Commissions mixtes et la magistrature en* 1851.
(4) Résultat du vote : 303,290 *oui*, 37,359 *non* ; abstentions, 3,626. Armée de mer, 15,979 *oui*, 5,128 *non*; abstentions, 486.

cesse rappelé comme pour lui dire : N'oublie pas que la loi martiale te régit ; or, ne pas vouloir ce que veut l'armée exécutrice des hautes-œuvres dont tu es le témoin, c'est engager avec elle une lutte qui achèverait ton écrasement.

Le scrutin est ouvert. Les bureaux se composent de scrutateurs que les maires ont désignés. Dans les salles de vote des agents de police, l'œil au guet et l'oreille aux écoutes, circulent aux abords des sections ; des gendarmes se promènent; les employés des mairies, les gardes champêtres et les cantonniers distribuent à tout venant des bulletins affirmatifs ; çà et là, des fonctionnaires grands et petits donnent amicalement des conseils *salutaires* aux électeurs qui vont déposer leur bulletin dans l'urne. Parfois, on voit passer, entre deux gendarmes, un citoyen avec des menottes, — apparitions intimidatrices qui produisent leur effet. C'est ainsi que furent conduits dans les prisons de Valenciennes, de Douai, de Saint-Dizier, M. Parent, un suppléant de juge de paix, — M. Guillaumin, un propriétaire, — M. Saupique, un avocat ; ils étaient accusés, l'un d'avoir engagé des électeurs à voter contre Louis Bonaparte, les deux autres d'avoir offert des bulletins *négatifs*. A Paris et ailleurs, de nombreux citoyens, *soupçonnés* du même fait ou seulement d'avoir conseillé l'abstention subirent un pareil traitement. « Celui qui votera *non* sera renvoyé, » avait-on dit aux ouvriers et aux employés de la douane du Havre. Puis, quand ils se furent rangés sur deux lignes, on remit à chacun d'eux le bulletin affirmatif que recueillait dans une boîte un scrutateur suivi du chef de l'établissement.

Le second jour du vote, les maires envoyaient aux retardataires une lettre qui les *invitait*, dans les termes les plus significatifs, à remplir leur devoir de bons citoyens. Un des membres de la Haute-Cour avait ses propriétés dans une petite ville des environs de Paris ; il s'y rendit pour engager les électeurs à voter *oui*. Voici les explications qu'il en donnait à M. Jules Simon : « Comme juge, je l'au-

rais infailliblement condamné; comme citoyen, je l'ai absous parce que, dans l'état où il nous a mis par *son crime*, il n'y a plus que lui de possible et qu'il vaut mieux être gouverné par un *criminel* que de tomber dans la guerre civile (1).»
Ah! l'étrange morale! Mais, ce juge savait bien qu'un vote n'a pas le pouvoir d'absoudre un crime ! Que d'aberrations de jugement semblables et volontaires causa le même sophisme suggéré par l'intérêt personnel !

Quand les urnes furent fermées, la fraude succédant à l'intimidation et à la violence voulut avoir ses coudées franches pour le dépouillement du scrutin. En conséquence, la circulation autour des scrutateurs fut interdite, et une barrière tenait l'indiscrétion à distance. On savait, d'ailleurs, que la plus timide critique ou le moindre signe de méfiance était un motif d'arrestation.

Pendant la nuit du 21 décembre, de nouveaux prisonniers arrivèrent au Fort de Bicêtre ; ils avaient commis le *crime* de signaler de frauduleuses manœuvres dans le dépouillement des scrutins. L'un d'eux s'était étonné, tout haut, dans une mairie de la banlieue, qu'une liste sur laquelle 1,500 électeurs étaient inscrits eût pu, malgré de nombreuses arrestations, produire 1,600 bulletins. Criminelle inintelligence ! Dans une commune voisine de Paris, trente-un électeurs s'étaient comptés et avaient déposé dans l'urne des bulletins négatifs ; comment ne s'y en trouva-t-il que neuf? On voulut protester ; le maire conseilla le silence. On envoya coucher dans la casemate où j'étais un électeur qui n'avait pas suivi ce conseil. Un des négociants les plus notables du Palais-Royal disait à un Anglais son client : « Voulez-vous un exemple des fraudes qui se sont produites? J'ai dans une section quarante amis; nous avons, tous, voté *non*; j'en ai la certitude absolue ; eh ! bien, les scrutateurs déclarèrent que, dans toute la section,

---

(1) Jules Simon, *Origine et chute du second Empire*.

il n'avait été émis que deux bulletins négatifs (1). »

Le recensement général fut opéré par cette commission consultative que M. Louis Bonaparte était, enfin, parvenu à constituer définitivement, le 16 décembre ; jusque là, il n'avait pu trouver assez de gens qui n'hésitassent pas à se mettre en pareille compagnie. L'*Indépendant de Genève* « affirmait, sur l'honneur, comme le tenant d'un membre de la Commission consultative, que le chiffre des *oui* n'a pas été tout à fait de *trois millions*. » Cette assertion concordait avec celle du meilleur correspondant de la *Gazette d'Augsbourg*.

C'est le 29 décembre qu'un décret investit l'administration du droit d'autoriser l'ouverture et de prononcer la fermeture des cafés, cabarets et autres débits de boissons à consommer sur place. Les préfets avaient, de leur propre autorité, ruiné, déjà, plusieurs établissements de ce genre ; ils abusèrent impitoyablement du terrible droit qui leur était conféré.

Nous avons vu des chefs militaires exhumant le code atroce de l'Inquisition fille de la Papauté, édicter des peines barbares contre l'Amitié que le paganisme appelait *vénérable et sainte*, contre la Pitié à laquelle il élevait des autels, contre l'Hospitalité qu'entouraient tous les respects et dont Jupiter, alors le roi du Ciel, était le protecteur et le dieu. Dans tous les âges du monde, les peuples et les religions — bouddhiste, païenne, juive, mahométane ou chrétienne — regardèrent l'hospitalité comme une loi naturelle et bienfaisante ; seul l'Ultramontanisme la méconnut et la profana, et la Royauté absolue le laissait faire quand elle ne l'aidait pas dans cette profanation que le Bonapartisme a renouvellée. De par les officiers généraux du dictateur Louis Bonaparte, qui ont repris les maximes des moines-inquisiteurs du pape Grégoire IX, l'amitié, la pitié, l'hospitalité, les plus

(1) Le *Times*, n° du 2 janvier 1852.

douces affections de l'âme sont des crimes : ouvrir au fugitif que leur rage poursuit une demeure hospitalière, panser les blessures d'un vaincu, donner à un infortuné mourant de fatigue et de faim un peu de nourriture et de repos, c'est se rendre criminel. Tout cela est monstrueux. Eh bien, qu'on lise ceci : Le trentième jour du mois, à jamais néfaste, de décembre 1851, le colonel Ambert condamna M. Brun, propriétaire, et M. Astier, garde champêtre, le premier à *dix ans de réclusion*, et le second à *vingt ans de travaux forcés pour avoir donné l'hospitalité* à des citoyens vaincus dans leur résistance légitime à une violation flagrante de la loi. A la place de ces deux condamnés glorieux qui honorèrent la casaque des galériens, n'est-ce pas *un autre* qui aurait dû l'endosser ?

Dans la même séance, le colonel Ambert prononça *la peine de mort* contre quatre propriétaires, deux cultivateurs et un journalier « pour rébellion suivie d'effusion de sang et de blessures, » c'est-à-dire pour avoir eu le courage d'exposer leur vie en défendant la loi.

Le 31 décembre, les membres de la Commission consultative apportaient à l'Élysée le résultat du plébiscite (1) ; M. Baroche, qui était leur président, osa dire à Louis Bonaparte : « Jamais, dans aucun pays, la *volonté nationale* s'est-elle aussi solennellement manifestée? Jamais gouvernement obtint-il un *assentiment pareil*, eût-il une base plus large, une *origine plus légitime* et plus digne du respect des Peuples ? Prenez possession, Prince, de ce pouvoir qui vous est *glorieusement* déféré. » Le Prince répliqua : « La France a répondu à l'appel *loyal* que je lui avais fait. Elle a compris que *j'étais sorti de la légalité* pour rentrer dans le droit.

(1) Ce relevé officiel donnait 7,439,216 *oui*, 640,737 *non* et 36,280 bulletins nuls. Le nombre des abstentions était passé sous silence. Le résultat du scrutin à Paris était le suivant : 132,981 *oui*, 80,691 *non*, 3,021 bulletins nuls ; il y avait eu 75,102 abstentions. Le nombre des *oui* fut loin d'atteindre la moitié du chiffre des électeurs inscrits.

Plus de sept millions de suffrages viennent de m'absoudre. Je vous remercie d'avoir constaté officiellement combien cette manifestation *était loyale et spontanée.* »

Qualifier de « manifestation loyale et spontanée de la volonté nationale » cette profanation du suffrage universel qui n'avait pu ni s'éclairer, ni s'exercer librement, — dans ce recensement ténébreux de votes extorqués par la force, la menace et la peur . voir l'absolution du crime le plus horrible comme d'autres y voyaient l'excuse de leur adhésion au pouvoir usurpé par le criminel qui avait *réussi*, n'est-ce pas donner raison à ces paroles d'un de nos écrivains les plus regrettés ? « Cette hypocrisie du droit qui se lave dans le suffrage de la terreur, dans la piscine du sang et des larmes, cette hypocrisie du lendemain est plus lâche et plus triste à nos yeux que toutes les violences de la veille (1). »

D'ailleurs, la souveraineté que nous lui reconnaissons ne donne pas au Peuple le droit de subvertir la notion du bien et du mal, d'absoudre le parjure et le meurtre, son vote fût-il sincère, libre et non pas, comme celui du 20 décembre, une indéniable extorsion.

Voulant associer la Religion aux forfaits dont il venait de se déclarer *amnistié*, M. Louis Bonaparte, avec une tartuferie parfaite, ajouta : *Demain, je prierai solennellement le ciel de m'accorder encore sa protection.* Sans doute, il s'était souvenu que, le 26 août 1572, Charles IX, entouré de ses complices, de ses fonctionnaires et de ses courtisans, alla entendre, à Notre-Dame, une messe solennelle et « prier le Ciel de lui accorder encore sa protection, » car il voulait commettre de nouveaux crimes. Cet exemple avait séduit Louis Bonaparte qui ne voulait pas, non plus, en rester là.

(1) Charles Ribeyrolles.

8

CHAPITRE VIII

DU 1ᵉʳ JANVIER AU 26 MARS 1852

Notre-Dame de Paris le 1ᵉʳ janvier 1852. — Messe, *Te Deum* et prières étranges. — Un groupe céleste. — L'Aigle et le symbole de la République. — Décrets d'exil. — Les listes de Bicêtre. — La nuit du 9 janvier. — Un convoi de forçats. — *Le Canada.* — Tempête; elle préserve de Cayenne 467 républicains. — La nouvelle Constitution. — Décrets du 22 janvier. — *Le premier vol de l'Aigle.* — Louis Bonaparte et la famille d'Orléans. — Le clergé et le septième commandement de Dieu. — Comédie de fausse pudeur. — Les commissions mixtes et la justice vehmique. — L'inamovibilité de la magistrature. — L'espionnage et la délation. — Décret du 17 février. — Piétinement de la nouvelle Constitution par son auteur. — Élections législatives. — *Le Duguesclin*; souffrances intolérables; ce qu'on fit des détenus. — Le chiffre des transportés en Algérie au 26 mars 1852.

Le 1ᵉʳ janvier 1852, le bourdon de Notre-Dame, dont le battant, masse énorme, n'est mis en mouvement que dans les grandes fêtes, annonçait aux Parisiens, de sa voix grave et profonde, une solennité extraordinaire. La vieille cathédrale est parée de tentures et resplendissante de lumières; on a allumé les lampes de tous les autels, les bougies de tous les candélabres. Dans la galerie qui règne autour de la nef et du chœur, de hauts fonctionnaires en habits brodés et leurs femmes richement vêtues se pressent; la tourbe des parasites du budget et celle des courtisans de tout pouvoir qui naît, mêlés à des officiers de tout grade remplissent l'église. Dans le chœur, sur une estrade, un dais s'élève et des fauteuils sont rangés. Sous le dais, le dictateur trône; ses ministres, ses favoris et les membres de sa famille occupent les fauteuils, et des spectateurs naïfs s'ébahissent de voir le Prince Napoléon, fils de Jérôme, se prélasser dans l'un de ces fauteuils, celui qui est le plus proche du dais. Tous les complices sont là; pas un de ceux qui vont le devenir en prêtant serment au parjure n'y manque.

Entouré de ses chanoines capitulaires, l'archevêque Sibour avait reçu, au seuil du temple, et conduit jusqu'au dais l'homme du guet-apens; après s'être courbé devant cet homme auprès duquel il s'était rendu, la veille, pour lui dire : *Nous prierons Dieu avec ferveur pour le succès de la* HAUTE MISSION *qui vous est confiée*; le prélat va commencer l'office divin.

Le jour a été bien choisi pour faire ces prières étranges, car, à la *post-communion*, ce jour-là, l'officiant dit : « que la vertu de ce mystère fasse mourir en nous *toute convoitise déréglée !* »

Près de monter à l'autel, l'archevêque Sibour dut tressaillir, malgré lui, quand il dit : « Seigneur, préservez-moi de *l'homme inique et trompeur* (1), » et tressaillir encore au moment où il lave ses mains en disant : « Oh! ne me faites point finir mes jours *parmi ceux qui aiment le sang*; dont la main droite *est pleine de présents* et la gauche *pleine d'iniquités !* » Au *memento*, le prélat put-il, sans sourire, prononcer ces paroles : « Seigneur, souvenez-vous de tous ceux qui sont ici présents, *et dont vous connaissez la foi et la piété* ? » Enfin, dans le *Te Deum* qu'il entonna, ce verset fut chanté : « *Admettez-les parmi les saints*, dans la gloire éternelle! »

Se figure-t-on MM. Louis Bonaparte, Morny, Magnan, Saint-Arnaud, Persigny, Vieyra, Espinasse, et tous les autres formant un groupe céleste, ayant leur tête nimbée, ra-

---

(1) Psaume 40, dialogue au pied de l'autel.

vis en extase, et invoqués par *les fidèles* qui chantent les litanies des saints ?

Les catholiques sincères doivent, me semble-t-il, gémir devant les autels quand on prostitue ainsi le nom du Dieu qu'ils adorent et la prière qui adoucit leurs afflictions.

En sortant de Notre-Dame, M. Louis Bonaparte substitua l'aigle au coq sur le drapeau français, annonça au monde que « le palais des Tuileries allait redevenir la résidence du chef de l'Etat, » et fit effacer, sur les édifices publics, ces trois mots : *Liberté, égalité, fraternité*. Ce symbole de la République est l'épouvantail de la tyrannie.

Le 9 janvier, on lisait dans *le Moniteur* : « Le Gouvernement a dû prendre des mesures contre certaines personnes dont la présence en France pourrait empêcher le calme de se rétablir. » Les généraux Lamoricière, Changarnier, Leflô et Bedeau, le colonel Charras et M. Baze avaient été, la nuit précédente, enlevés de Ham et conduits hors de France. A quelles réflexions amères durent se livrer ces généraux en voyant le dictateur tourner contre eux la pointe de l'arme exécrable qu'ils avaient forgée en 1848, et dont, alors, ils frappèrent si terriblement les vaincus ! La transportation sans jugement ! Depuis le 19 novembre, le général Cavaignac était libre.

Dans le décret qui « éloignait provisoirement de France » les prisonniers de Ham (1), étaient compris les représentants Pascal Duprat, V. Chauffour, E. Quinet, Versigny, A. Thouret et Emile de Girardin et le général Leydet.

Soixante-dix autres représentants du Peuple, tous républicains, furent exilés. Parmi eux se trouvaient, naturellement, Charras, Schœlcher, Victor Hugo, de Flotte, Valentin, Greppo, Nadaud, Malardier, Bancel, Madier-Montjau, Richardet, Testelin, Joigneaux, Noël Parfait, Raspail, Dulac, Gambon, Gaston Dussoubs, Mathé, Saint-Ferréol, Cholat,

---

(1) Seul parmi les prisonniers de Ham, le colonel Charras fut exilé.

Bertholon, Baune, Bandsept, Michel Renaud, Latrade, Pierre Lefranc, Emile Péan, Lafon, Brives, Lamarque, Bourzat, Dupont de Bussac, Guiter, Bélin, Bruys, Cassal, Benoît et Faure (du Rhône), Terrier, Savoye, Esquiros, Francisque Maigne, Roselly-Mollet, Racouchot, Boysset, Lagrange, Marc-Dufraisse, Chavoix, Millotte, Signard, Jules Leroux et Charrassin. Un seul représentant du Peuple, Jules Miot, fut déporté en Algérie où les geôliers napoléoniens le torturèrent.

Dès la veille de Noël, on voyait, chaque soir, à Bicêtre, apparaître sur le seuil des casemates le directeur du Fort; il avait une escorte de soldats; à la lueur de torches que des geôliers portaient, il faisait l'appel des noms inscrits sur l'une des deux listes qui, chaque matin, lui étaient envoyées par les commissions militaires. Les détenus appelés par lui le suivaient et étaient rendus à la liberté. Un greffier déployait la deuxième liste, et ceux dont il lisait les noms étaient conduits par les soldats dans des casemates réservées; le lendemain, on les transférait au fort d'Ivry. C'est là que, le 9 janvier, à onze heures du soir, nous fûmes réveillés par les geôliers criant : « Prenez vos paquets, il faut partir ! »

Dans la journée, des bruits de transportation à Cayenne avaient couru au milieu de nous; ils étaient vrais. Pendant que se faisait l'appel nominal des condamnés sans jugement cinq jeunes hommes enchaînés arrivèrent; des gendarmes les amenaient de Chartres; ils avaient *blâmé* l'acte du Deux-Décembre; on les joignit à nous. Quand on eut emmenotté les premiers appelés et ficelé les mains des autres, car les menottes manquèrent, on nous accoupla deux à deux; nous étions quatre cent quatorze. Trois mille soldats chargèrent leurs armes; on nous fit placer au centre de cette escorte dont le commandant s'était écrié : « Les fusils, vous l'avez vu, ne sont pas chargés à blanc. Tenez-vous donc pour avertis qu'une tentative d'évasion ne réussirait pas. »

On se met en marche au pas militaire. Une voiture cellulaire emporte les malades dont le départ a été disputé vainement à nos bourreaux par les médecins du Fort. Entrés dans Paris par le pont d'Austerlitz, nous suivons la ligne des boulevards. Çà et là, de salons brillamment éclairés s'échappent les sons d'une musique joyeuse; on danse. Les fenêtres des cabinets de nos restaurants en vogue s'ouvrent. Au milieu des éclats d'un rire bruyant, les soupeurs nous regardent passer; ils se disent sans doute : *C'est un convoi de forçats.* Non-seulement les journaux du dictateur avaient annoncé l'envoi à Cayenne des galériens qui peuplaient nos bagnes, mais encore, — nous ne tardâmes pas à l'apprendre, — les commandants des navires qui nous attendaient croyaient recevoir à leur bord des repris de justice et des forçats. Comme son oncle, Louis Bonaparte calomniait ses victimes et cherchait à les déshonorer.

Dix pauvres enfants de douze à quatorze ans, fatigués par la longueur et la rapidité d'une marche que rendaient plus difficile une pluie fine et un pavé boueux, arrivèrent dans un état d'exténuation extrême à la gare de la place du Havre. Là, nous trouvions cinquante-deux Orléanais liés comme nous. Parmi eux, je reconnus M. Péreira, riche propriétaire et ancien préfet d'Orléans, le journaliste Tavernier et les représentants du Peuple Martin (du Loiret) et Michot-Boutet. Les autres étaient des négociants, des bourgeois, des officiers municipaux, mêlés à quelques ouvriers ou paysans. Leur adjonction a élevé notre nombre à quatre cent soixante-sept. Nous montons dans des wagons dont chaque compartiment a déjà reçu deux gendarmes pour nous garder. Le convoi part. Il est trois heures du matin. L'effarement des gendarmes qui occupent les deux côtés opposés du compartiment dans lequel je suis est curieux à voir. Ils sont armés de pied en cap; leurs yeux défiants s'attachent, tour à tour, sur chacun de nous; l'une de leurs mains ne quitte le mousqueton que pour caresser la crosse du grand pistolet pendu à leur ceinturon. En nous entendant causer, ils échangent des regards étonnés; enfin, l'un d'eux, n'y tenant plus, s'écrie : « Vous n'êtes donc pas des forçats ? » Je n'oublierai jamais leur ébahissement quand on leur eut nommé les douze *coquins* dont la surveillance leur avait été confiée. Ces coquins étaient des négociants connus, des hommes de lettres, des journalistes et un médecin en grand renom. « Ainsi, demanda-t-on à ces agents de la force publique, vous nous preniez pour des forçats ? » — « On nous l'avait dit, répondirent-ils ; mais nous trouvions bien que vous n'y ressembliez pas. »

Le lendemain, à midi, nous entrions en gare du Havre. Dirigés vers le bassin de la Floride, nous montâmes à bord du *Canada* qui chauffait. Quatre cent soixante-sept républicains furent entassés dans les flancs de la vieille frégate à vapeur. Dans l'un des compartiments du faux-pont, mesurant un espace de douze mètres de long sur un mètre quatre-vingts centimètres de haut, nous étions cent quatre obligés de nous tenir accroupis sur le plancher imbibé d'eau.

Pendant que s'opérait notre entassement, la frégate avait levé ses ancres. Bientôt elle courait de rapides bordées. Le soir, durement secouée par les vents d'ouest, elle chercha un refuge dans le port de Cherbourg. Les hublots au-dessus duquel les vagues s'élèvent sont fermés. Le manque d'air, l'infection que le baquet répand, les secousses du navire nous causent d'intolérables souffrances. Parmi les camarades qui les partagent, outre les Orléanais que j'ai nommés, se trouvent Deville, l'éminent professeur d'anatomie, le statuaire Garraud, ancien directeur des Beaux-Arts, le chimiste Guérin, le fabuliste Lachambeaudie, les journalistes Xavier Durrieu, Hennet de Kesler, Cahaigne, Sainguerlet, Amable Lemaître et Vasbenter, les instituteurs Lassère, Lejeune et Massard, le capitaine Lecomte, le colonel Caillaud, le commandant Beaumont, Polino, ancien officier, décoré de la Légion d'honneur, Thouard, un ancien consul, Victor Gué, Erasme Mercier, Minor Lecomte, Foucault,

Eugène Chevalier et Laviolette, négociants ; Paulus, fabricant de chapellerie ; Abazaër, l'habile tailleur de cristaux, Cadenet, maire d'Essonnes, le riche cultivateur Girard, adjoint de Loury. A cet assemblage de « *forçats* » manquaient, pour le compléter, deux hommes de cœur, proie que les décembriseurs avaient ardemment convoitée : Deluc, chef de l'une des meilleures institutions de Paris, porté sur la première liste des arrestations nocturnes, et Camille Berru, journaliste distingué ; ils étaient, ainsi que nous, destinés à Cayenne. Après avoir fait bravement leur devoir pendant la lutte, ils avaient pu se soustraire, en s'exilant, aux recherches dont ils étaient l'objet.

A travers le barrage qui clôturait l'endroit où on nous avait parqués, un matelot reconnut l'un de nous et l'appela : « Vous ici, lui dit-il, dans cette cohue de repris de justice ! » Le matelot lâcha un juron en apprenant qui nous étions, et il courut en aviser l'équipage. Dès ce moment, les braves marins du *Canada* nous prodiguèrent les témoignages de leur sympathie. Une lettre signée par Deville, Péreira, Xavier Durrieu et quelques autres dont le nom avait une notoriété fut envoyée au capitaine Bouet. Il manda auprès de lui trois des signataires. Dès qu'il connut la vraie nature de sa *cargaison,* il y eut dans son attitude un visible embarras et dans sa voix l'émotion d'une âme indignée qui fait des efforts pour se contenir : « Messieurs, dit-il, je prends sur moi d'adresser directement vos lettres à vos familles et à vos amis. Que tous vos camarades d'infortune sachent cela ! »

Nous eûmes l'explication de l'embarras du capitaine Bouet en notre présence et de son indignation mal contenue. Un officier d'ordonnance était venu lui dire : « Le 10 janvier, à midi, vous recevrez à votre bord quatre cents repris de justice environ; le lendemain, vous les remettrez au commandant du *Duguesclin*, qui les attend à Brest pour les transporter à Cayenne. »

Il s'en fallut de peu que l'Océan ne réalisât l'espérance homicide de ceux qui comptaient sur les atteintes mortelles d'un climat dévorant pour les débarrasser d'adversaires dont la probité les gênait. Le 15 janvier, à midi, la mer s'étant calmée, la frégate démarra par un temps qui semblait beau. Vers le soir, le vent se déchaîne encore. La nuit est venue. L'impétuosité de la tempête fait flotter, au gré d'une mer en furie, le navire qui n'est plus gouverné. Baquets et prisonniers roulent pêle-mêle; on se blesse jusqu'au sang; l'air nous manque; la soif nous dévore; la souffrance de plusieurs d'entre nous va jusqu'à l'anéantissement; l'instituteur Lassère et moi, nous en sommes réduits à prier un ami de se traîner vers le charnier, d'y aspirer quelques gouttes d'eau et de nous les apporter dans sa bouche. Le craquement des portes brisées par des camarades qui craignent de nous voir mourir se confond avec les craquements du navire. Les gendarmes ne nous gardent plus, ils roulent à côté de leurs mousquetons abandonnés. Sous une secousse terrible, la frégate s'ébranle violemment comme si elle s'entr'ouvrait. On crie qu'elle a touché sur un banc. Vaisselle du bord, ustensiles de cuisine, tout se brise. Enlevés par un coup de vent, le petit foc et la misaine s'étaient engagés dans l'une des pagaies dont le mouvement s'arrête. Les marins courent aux haches et dégagent la roue en coupant les amarres. Un cri sinistre: « Le feu dans la chambre de la machine. » On dirige le jeu des pompes sur un énorme coussinet qu'un frottement trop dur avait porté au degré d'incandescence d'une gueuse rougie à la forge.

En même temps, l'eau montait dans la cale! « Vite à la grande pompe! » La grande pompe se casse. La situation devient désespérée; moins de cinquante mètres nous séparent des Roches-Noires vers lesquelles nous sommes poussés. Le capitaine s'est fait attacher sur le pont; il commande énergiquement une manœuvre du succès de laquelle notre salut dépend; elle est exécutée avec bonheur par l'équipage dont l'ardeur vaillante était à la hauteur du danger couru; il s'agissait de remettre la machine en mouvement et de replacer le navire dans la haute-mer. Quand cela fut fait, le *Canada* se mit à la cape. Jusqu'au jour, les flots irrités le ballottèrent. Alors, le vent ayant baissé, la mer insensiblement s'apaisa, et, tant bien que mal, la frégate put manœuvrer; elle entra, vers trois heures de l'après-midi, dans la rade de Brest. Le capitaine Bouet se fit conduire à bord du *Duguesclin* où il eut, avec M. Mallet commandant de ce vaisseau de ligne, un entretien long et vif, à la suite duquel ils se rendirent, tous les deux, à la préfecture maritime.

Le lendemain, eut lieu notre transbordement; on nous établit dans la batterie basse. L'équipage et l'état-major savaient, depuis la veille, que nous n'étions pas des *repris de justice*. La nouvelle de l'attentat qu'on n'avait pu consommer s'était répandue et l'opinion publique s'en émouvait fortement. Le *Duguesclin* qui, six heures après nous avoir reçus à son bord, devait désancrer et tourner sa proue vers la Guyane, resta sur ses ancres dans la rade. La tempête, qui leur montra de si près la mort, avait préservé de la transportation à Cayenne les quatre cent soixante-sept républicains du « *Canada.* »

Le 11 janvier, Louis Bonaparte avait décrété l'organisation d'une garde nationale « *composée avec discernement;* » le 14, il promulguait la nouvelle Constitution dont cette phrase du décret indique l'esprit: « Puisque nous reprenons les symboles de l'empire, pourquoi n'adopterions-nous pas aussi les institutions politiques de cette époque? » En effet, il y aura un Corps législatif privé des droits d'initiative et d'interpellation, — un Sénat et un conseil d'État dont tous les membres seront nommés par le dictateur qui est le *chef de l'État* et s'arroge des droits que la Constitution de l'an VIII n'accordait pas au Premier Consul: Droit de grâce, nomination des juges de cassation et de paix, révocation des magistrats civils et criminels, mise en état de siége d'une partie du territoire, dissolution et prorogation du Corps législatif; en un mot, la Constitution de 1852 donnait au futur Empereur un pouvoir absolu : il commande toutes les armées, il fait la paix et la guerre, il nomme à tous les emplois, il a l'initiative de toutes les lois, et la justice se rend en son nom. Tout doit obéir à sa volonté souveraine.

Le 22 janvier, en même temps qu'il ressuscitait le ministère de police et le ministère d'État dont MM. de Maupas et Casabianca deviennent les titulaires, il décrétait la confiscation des biens que la famille d'Orléans possédait en France. De toutes parts retentissent des cris réprobateurs; M. Dupin aîné qui était monté sur le siège de procureur général à la Cour de cassation en descend; M. Vuitry se démet de ses fonctions de conseiller d'État; MM. Magne, Fould, Rouher et de Morny abandonnent leurs portefeuilles ministériels. M. Dupin lança ce mot qui fit fortune: *C'est le premier vol de l'aigle.* Qu'est-ce-à-dire, et pourquoi toutes ces clameurs? Il y avait eu bien d'autres *vols de l'aigle* avant celui-là, et aucun des personnages qui se sont mis à crier si fort ne s'en était ému. 58 avoués, 67 notaires, 32 huissiers, 9 greffiers et des milliers d'industriels ont été successivement spoliés, — et un silence général a sanctionné tous ces attentats à la propriété. Serait-ce que l'aisance acquise par le travail est moins sacrée que la fortune donnée par la naissance? Des milliers de familles laborieuses réduites à une misère absolue sont-elles moins intéressantes qu'une famille princière dont l'opulence est à peine écornée?

Si l'indifférence qui laissa tant d'actes spoliateurs s'accomplir m'arrache cette protestation, je n'en blâme pas moins le décret du 22 janvier; il emprunte, d'ailleurs, à la situation dans laquelle se trouvait M. Louis Bonaparte vis-à-vis de la famille d'Orléans un caractère doublement odieux; l'ingratitude, ce vice qui est naturel aux âmes basses, l'avait inspiré. Généralement, on se venge de ses ennemis; M. Louis Bonaparte se vengeait de ses bienfaiteurs. Et pourtant, dit-on, il n'était pas ingrat; il a comblé des témoignages de *sa reconnaissance tout ceux qui l'ont suivi ou servi.* Erreur grossière! Ceux qui servirent l'homme d'aventure *errant* n'avaient, comme l'a déclaré le principal d'entre eux (1) « rien à perdre et des châteaux à gagner ; » Ceux qui servirent l'aventurier *parvenu* voulaient parvenir à leur tour; l'ambition et la cupidité poussaient vers lui les uns et les autres. Il le savait et il paya, soit avec de l'argent soit avec des emplois, les complices de tout ordre et de tout rang qui l'aidèrent ou à commettre ses crimes, ou à raffermir sa domination, ou à préparer ses plaisirs. Il leur jetait, à pleines mains, un or qui ne lui coûtait rien, pour les salarier, les corrompre davantage et les rendre propres à toutes les besognes. C'est ainsi qu'il amena de hauts dignitaires de son empire à la dernière des bassesses, à se faire pour lui messagers d'amour. Aussi méprisait-il son entourage autant qu'il devait en être méprisé. Un jour, devant ses familiers, il questionnait un personnage qui avait vu, en Allemagne, le comte de Chambord : « Eh! bien que dit le prince? » — « Sire, il dit que si la Providence lui rendait le trône de ses pères, il appellerait auprès de lui tout les hommes capables, sans distinction d'opinion pourvu qu'ils fussent honnêtes. » — Alors, répliqua Louis Bonaparte en jetant sur la haute valetaille qui l'entourait un regard dédaigneux, je lui conseillerais de les amener avec lui. » Évidemment, Louis Bonaparte, jugeait tous les hommes d'après ceux qui l'avaient *suivi ou servi.* Or, comme on ne doit des témoignages de *gratitude* qu'aux services désintéressés, et que ses complices eussent, d'ailleurs, fait peu de cas d'une pareille monnaie, il leur donna, — généreusement j'en conviens, — celle qu'ils préféraient et qu'on donne à la servilité mendiante.

(1) Fialin, *dit* Persigny.

C'est envers la famille d'Orléans que Louis Bonaparte aurait dû se montrer reconnaissant, et il lui fut ingrat jusqu'à la haine. Sa mère, l'ex-reine Hortense, duchesse de Saint-Leu, fit savoir aux Tuileries « qu'elle était réduite à la plus profonde détresse et n'avait d'autre ressource qu'un collier. » Elle l'offrit en suppliant qu'on l'achetât. On la laissa libre d'en fixer le prix ; « elle usa amplement de la liberté, et réclama 400,000 francs. » Marie-Amélie, dont l'âme charitable était au-dessus des calculs auxquels une économie trop parcimonieuse et devenue héréditaire dans sa famille livrait son royal époux, envoya 700,000 francs à la duchesse de Saint-Leu.

Louis-Philippe, nous le savons, avait fait, deux fois, grâce et ouvert sa bourse à Louis-Napoléon ; aussi, le récidiviste gracié et pécuniairement secouru s'empressa-t-il, dès que le crime lui eut donné la dictature, d'enlever aux fils de son bienfaiteur la fortune provenant de leur père en attribuant à cette fortune « des vices originaires » sur lesquels se fondait l'acte spoliateur.

« Opposant le dédain à ce que les considérants du décret avaient d'injurieux pour la mémoire de leur père, » les princes d'Orléans traitèrent Napoléon le Petit avec un mépris offensant qu'il endura : « Nous ne nous abaisserons pas, disaient-ils, à relever ce que ces calomnies ont de plus particulièrement odieux à être reproduites par celui qui a pu, *deux fois*, apprécier la magnanimité du roi Louis-Philippe et dont la famille n'a reçu de lui que des bienfaits. »

Pour en faire les complices de sa spoliation, Louis Bonaparte offrit aux prêtres une part des dépouilles, — cinq millions « qui formeront une caisse de retraite au profit des desservants pauvres. » Beaucoup de gens attendaient une protestation du clergé repoussant, comme un outrage, cette offre d'un bien volé ; leur attente fut trompée. Le clergé accepta les cinq millions, et il n'en continue pas moins à tonner, du haut de ses chaires de vérité, contre la moindre infraction au septième commandement de Dieu : « Le bien d'autrui tu ne prendras ni retiendras à ton escient. »

MM. de Persigny, Bineau et Abatucci avaient remplacé MM. de Morny, Fould et Rouher aux ministères de l'intérieur, des finances et de la justice. D'ailleurs, tous ces démissionnaires qui, avec leur comédie de fausse pudeur ne purent tromper personne, se lasseront vite d'affecter des sentiments qu'ils n'ont pas, et rentreront, par d'autres portes, dans un gouvernement si bien fait pour eux.

Cependant, les commissions mixtes s'organisaient. M. de Morny avait réclamé aux préfets « un état nominal de tous les hommes qui, signalés comme hostiles au gouvernement, paraîtront devoir être soumis à des mesures *de sûreté générale* catégoriquement définies (1). » M. Rouher avait recommandé aux procureurs généraux de lui fournir « des renseignements complets sur tous les individus impliqués dans les procédures avant d'en laisser prononcer le renvoi *en justice réglée* et de lui faire connaître leur avis sur l'application, à chacun, *d'une mesure de sûreté générale* (2). » En même temps, M. de Saint-Arnaud invitait les chefs militaires à dresser des listes séparées des individus *devant être transportés soit à la Guyane soit en Afrique* et de ceux qui devaient être mis en liberté. » Ces trois ministres, dans une circulaire *très-confidentielle* adressée à leurs subordonnés respectifs, enjoignirent, ensuite, « aux autorités judiciaire, militaire et administrative de se concerter pour soumettre au gouvernement des propositions sur la détermination desquelles il lui appartiendra de s'arrêter pour chacun des individus qui auront été signalés (3). »

Telle fut l'origine des commissions mixtes que M. Saint-

(1) 11 janvier 1852.
(2) 29 décembre 1851.
(3) 18 janvier 1852.

Arnaud et ses deux nouveaux collègues Abatucci et Persigny constituèrent définitivement, le 3 février, en leur traçant les instructions qu'elles avaient à suivre et en mentionnant les mesures de sûreté générale qui pourront être appliquées. Ces mesures dont la durée n'était pas fixée mais pour la graduation desquelles les mots : *plus*, *moins*, étaient créés, sont les suivantes : le renvoi devant les conseils de guerre ; la tranportation à Cayenne ; la transportation en Algérie; l'expulsion de France; l'éloignement momentané du territoire; l'internement dans une localité ; le renvoi en police correctionnelle ; la mise sous la surveillance de la police générale.

Aussitôt, ces tribunaux secrets, dont les membres exerçaient ténébreusement une justice vehmique, fonctionnèrent. Les juges prévôtaux permettaient, du moins, à l'accusé de se défendre; et, si le jugement était sommaire, un débat contradictoire et public lui donnait une apparence de légalité. Mais, là, dans cette Vehme établie par MM. Saint-Arnaud, Morny, Rouher, Persigny et Abatucci, siègent trois hommes, un magistrat, un chef militaire et un préfet. Ils couvrent des ombres du mystère leurs conciabules où ils décident arbitrairement de la fortune et de la vie de milliers de familles. Sans procédure, sans audition de témoins, en l'absence du prévenu, ils rendent leurs sentences. A-t-on à s'inquiéter des formes légales quand on condamne des citoyens incriminés pour avoir défendu *la loi* et qu'on leur applique des peines ignorées de nos codes? Vingt-cinq procureurs de la République et huit procureurs généraux détruisirent ainsi les formes protectrices de la justice; un rapide avancement les en récompensa. Lorsqu'un décret rendu par un nouveau gouvernement les frappera, ils protesteront contre « une aussi monstrueuse illégalité; » ils crieront que « un pareil décret porte atteinte, en leur personne, au principe de l'inamovibilité. » Et on les laissera vieillir tranquillement dans la haute magistrature. Leur gouvernement, qui ne respectait rien, ne foula-t-il pas aux pieds « ce *drapeau sacré de l'inamovibilité,* » comme ils l'appellent, et sous lequel ils cherchent à s'abriter, aujourd'hui? Il déclara déchus de leur siége et exclus de la magistrature M. Colomo président du tribunal civil de Barcelonnette, M. Fabre président du tribunal de Rhodez, M. Latil vice-président du tribunal de Digne, M. Clerc-Lassalle vice-président d'un tribunal civil dans les Deux-Sèvres, et plusieurs juges aussi : MM. Amédée Martin, Corenson, Delor et Belot-des-Minières; il invita M. Castelnau, conseiller à la Cour d'appel de Nîmes, à donner sa démission ou à sortir de France. Pour être demeurés fidèles à la loi, ces magistrats *inamovibles* furent non-seulement *destitués* mais encore *expatriés*. La magistrature fit-elle entendre, alors, une protestation contre « *une aussi monstrueuse illégalité?* »

Le cabinet noir était rétabli. L'espionnage se glissait partout; la délation faisait rage. Il n'y avait de sécurité nulle part. Il suffisait d'un mot, d'un geste mal interprétés pour qu'une prison s'ouvrit. Blâmer un acte du dictateur, désapprouver un de ses décrets, ne pas adjoindre à son nom le titre de *Prince*, étaient des crimes que la transportation punissait. Quand il plaisait à *Monseigneur* de faire une promenade sur le boulevard, les limiers de la police fouillaient les maisons devant lesquelles il devait passer.

Un décret du 17 février livrait le journalisme à l'arbitraire administratif : autorisation préalable, — avertissements dont le troisième entraîne la suppression du journal qui peut, en outre, être supprimé par mesure de sûreté générale, même dans le cas où *les tribunaux correctionnels* l'auraient absous, car la connaissance de tous les délits de presse était enlevée au jury, — création de délits nouveaux et de pénalités énormes. Tout ce qui pouvait le mieux étouffer la pensée française avait été réuni dans ce décret pour rassurer une tyrannie peureuse et pour lui permettre de tailler en plein drap, de disposer, à son gré, des finances de l'État sans qu'elle ait à redouter les murmures de la probité publique réduite au silence.

Afin de démontrer que son omnipotence ne se laissera gêner par rien, l'homme de Décembre piétine la Constitution qu'il vient d'octroyer ; elle attribue au Corps législatif le vote du budget, — mais Louis Bonaparte décrète que celui de 1852 est fixé à *un milliard cinq cent trois millions trois cent quatre-vingt dix-huit mille quatre cent quatre-vingt-six francs*. Ne fallait-il pas soustraire à toute vérification les frais de *l'entreprise* de Décembre et les dilapidations que, peut-être, elle entraînait après elle ?

Les élections législatives eurent lieu le 28 et le 29 février. M. Persigny avait ordonné aux préfets « de faire connaître aux électeurs de chaque circonscription celui des candidats que le gouvernement de Louis Bonaparte juge le plus propre à l'aider dans son œuvre réparatrice. » M. Romieu, l'évocateur du spectre rouge dirige les *manipulations de la matière électorale*. On a autorisé les professions de foi, mais on frappe du timbre celles des candidats indépendants ; il y eut des départements où ils ne purent faire imprimer ni leur circulaire ni des bulletins de vote, et d'autres où on les emprisonnait sous le prétexte que « leur profession de foi était exaltée et anarchique (1). » Ailleurs, on les internait dans un autre département (2), ou bien on les expulsait du territoire français (3). Les distributeurs des bulletins d'opposition étaient arrêtés ; des maires imposaient aux électeurs le serment avant le vote et les engageaient à ne point s'exposer, en *votant mal*, aux rigueurs des commissions mixtes qui fonctionnaient avec zèle. Le clergé se livrait à une propagande active en faveur des candidats

(1) Dans la Dordogne, par exemple, où M. Ducluzeau, fils de l'ancien représentant, fut incarcéré pour ce motif.

(2) M. de Gasté fut chassé de Brest et interné à Boulogne ou à Lorient.

(3) M. Crocé-Spinelli, candidat à Paris, reçut l'ordre de quitter la France.

officiels. Les partis royalistes se désintéressèrent de la lutte. L'abstention des électeurs républicains fut à peu près générale ; néanmoins, à Paris et à Lyon, un assez grand nombre d'entre eux votèrent ; le général Cavaignac et M. Carnot furent élus dans la première de ces deux villes, M. Hénon le fut dans la seconde.

Le premier jour du vote, un décret autorisa l'institution du Crédit foncier, dont le projet élaboré par l'Assemblée législative allait se traduire en loi quand le coup d'État du 2 Décembre éclata.

Mal abréyé dans la vaste rade qu'il ne quittait pas, le *Duguesclin* tournait sur ses ancres au moindre vent et angoissait les nerfs des prisonniers que de nombreuses maladies mettaient aux prises avec la mort. Un chirurgien hostile aux détenus avouait, dans un document officiel, « qu'ils vivaient dans un milieu humide et froid, et qu'ils étaient soumis à un régime alimentaire insuffisant. » Le biscuit distribué chaque jour était la proie des vers ; on s'en plaignit au commandant Mallet qui adressa des reproches au commandant en second chargé des détails ; il répondit: « J'exécute les prescriptions du ministre, en donnant aux détenus *la nourriture avariée des forçats.* » Les féveroles, les haricots et les pois qui composaient notre nourriture habituelle étaient cuits dans une eau potassée. La digestion de ces légumes était si pénible que les hommes les plus robustes suffoquaient. La peau se couvrait d'éruptions papuleuses. L'entassement, le manque de linge et la privation d'air avaient produit une vermine qui s'attachait aux papules qu'une intolérable démangeaison nous poussait à déchirer. Le prurigo engendra la gale. Chaque matin, une embarcation transportait du bord à l'hôpital militaire de Brest de nouveaux malades ; tous les lits de la grande salle *dite des consignés*, à la porte de laquelle, nuit et jour, se tenait un soldat factionnaire, furent bientôt occupés. L'infirmerie du bord ne cessait pas d'être encombrée. Les médecins exigèrent qu'on distribuât aux plus malades une ration de vin ; le commandant écrivit au ministre qu'il devenait urgent d'étendre cette distribution à tous les détenus pour soutenir la défaillance de leur corps affaibli par les privations dans un milieu où l'air se renouvelait mal. Le ministre Ducos répondit par « *la défense absolue de donner du vin aux malades eux-mêmes,* » et il refusa d'ordonnancer celui qu'on avait distribué sans son ordre. Les docteurs Lasalle et Leroy, à qui on ôtait les moyens de soulager les malades, se retirèrent en protestant contre une telle inhumanité.

Du 28 janvier au 8 février, quatre-vingt-douze détenus furent élargis. Le 9 mars, d'autres, destinés à la police correctionnelle, partirent ; ceux qu'on avait condamnés à l'internement les suivirent de près. Puis, ce fut le tour des bannis. Une voiture cellulaire emporta dans la maison correctionnelle de Fontevraud neuf des pauvres enfants qu'on avait si barbarement torturés ; le dixième, Auguste Olivier, se débattait à l'hôpital contre la mort. Le 11, le *Christophe-Colomb* prenait à son bord où Miot se trouvait ceux des prisonniers du *Duguesclin* auxquels fut appliquée la peine de la transportation en Algérie.

Du 1er au 26 mars, le *Labrador*, le *Christophe-Colomb*, le *Mogador*, le *Berthollet*, l'*Éclaireur*, l'*Asmodée*, le *Requin* et le *Grondeur* débarquèrent dans le port d'Alger deux mille cinq cent quatre-vingt-treize victimes des commissions mixtes ; il y avait parmi ces déportés, CINQUANTE-SEPT FEMMES !

CHAPITRE IX

DU 26 MARS AU 2 DÉCEMBRE 1852

Une comédie de clémence. — Installation des trois grands corps de l'État. — Le Parjure impose le serment. — Protestations des généraux exilés. — Trois députés refusent le serment. — M. Billault et l'ex-roi Jérôme. — Composition du Sénat. — La commission du budget. — Clôture de la session de 1852. — Élections municipales et départementales. — Transportations à Cayenne. — Rétablissement de l'échafaud politique. — Une machine infernale surveillée par la police. — Voyages et ovations. — Retour du triomphateur. — Le tour est joué. — Sénatus-consulte et plébiscite. — Les préfets et les évêques. — Le scrutin. — Les grands corps de l'État à Saint-Cloud. — Proclamation de l'Empire. — Napoléon III aux Tuileries. — Et la machine infernale? Chaque chose avait repris sa place.

Louis Bonaparte eut en fantaisie de faire jouer une comédie de clémence par deux des principaux acteurs du drame de Décembre : les généraux Espinasse et Canrobert. Choix intelligent, car, pour atténuer l'horreur des crimes au succès desquels ils ont si puissamment concouru, ces deux personnages trouveront dans leur nouveau rôle l'occasion de soutenir, par une démonstration que nul ne pourra contredire, tout le monde étant bâillonné, cette thèse imaginée par les décembriseurs : « Notre attentat a été le sauveur du pays. »

Voyons à l'œuvre ces missionnaires de la clémence. Le général Canrobert examine 4,655 dossiers et remet ou commue des peines à 779 victimes des commissions mixtes; il est vrai qu'il a pris soin, « *de consulter les autorités ecclésiastiques* ainsi que bon nombre *de gens de bien.* » Dans l'arrondissement de Clamecy, « il lui a été impossible, en faisant *une large part* à la clémence de l'étendre à plus de 52 individus sur 579; » encore fait-il observer que « le plus grand nombre *des cinquante-deux* sont simplement l'objet d'un adoucissement de peine. » Le général n'oublie pas le point capital de la mission que Louis Bonaparte, singeant Titus, avait donnée à ses deux émissaires : « Tout ce que j'ai lu, écrit-il dans son rapport, tout ce que j'ai entendu dire sur les ravages du socialisme ici est bien au-dessous de la vérité... Que les incrédules viennent dans la Nièvre et ils seront contraints de convenir que *le grand acte du Deux-Décembre a sauvé la société.* » Nous y voilà; le général a bien placé *le mot de la fin.* Mais il n'a converti aucun incrédule, et ils sont nombreux; ils persistent et persisteront à croire que le *grand crime de Décembre a confisqué la société* au profit de ceux qui l'ont commis.

Le colonel Espinasse, qui a gagné, on sait comment, les épaulettes de général, n'a remis ou commué des peines « qu'à 300 individus sur 4,000. » Il écrit au Prince que « les grâces individuelles accordées *ont produit un mauvais effet* dans le pays et que les commissions mixtes *n'ont péché que par excès d'indulgence.* »

Un troisième commissaire fut mis en tournée; celui-là n'avait point participé *au grand acte sauveur* ; le 2 Décembre, au contraire, à la mairie du X⁰ arrondissement, il demandait qu'on publiât, par tous les moyens, le décret de déchéance. » Il se nomme Quentin-Bauchart. Le crime qu'il flétrissait ayant réussi, il se rallia au criminel qu'il avait condamné. Alors, il reconnut « la nécessité de frapper un grand nombre d'hommes égarés par de fatales influences; » mais, du moins, il remit ou commua les peines de 1,377 condamnés sur 3,020; et s'il con-

9.

signa, dans son rapport, « qu'il n'avait épargné aucun chef, » il y démentit les cruelles affirmations d'Espinasse en avouant que « l'opinion, dans tous les départements, *était manifestement à la clémence.* » « Louis Bonaparte avait nommé son oncle Jérôme président du Sénat, M. Billault, président du Corps législatif et M. Baroche vice-président du conseil d'État. Le 29 mars, les membres de ces trois corps, réunis dans la grande salle des maréchaux, saluaient de leurs acclamations l'entrée du maître qui venait procéder à leur installation. La veille, il avait levé l'état de siége partout ; il lut un discours où se trouvaient ces mots : « Conservons LA RÉPUBLIQUE ; elle ne menace personne ; elle peut rassurer tout le monde. Sous SA BANNIÈRE je veux inaugurer une ère d'oubli et de conciliation. » Encore un solennel mensonge qui, cette fois, ne fit aucune dupe. Louis Bonaparte ayant eu l'impudeur de rétablir le serment politique, les sénateurs, les députés, les conseillers d'État *jurèrent*, l'un après l'autre, « obéissance à la Constitution et fidélité au Président. » Parmi les conseillers d'État qui se levèrent pour *jurer*, on distingua M. Rouher ; quinze jours après sa démission de ministre motivée par le décret du 22 janvier, il entrait au conseil d'État en qualité de directeur de la section de législation, justice et affaires intérieures. La bouderie des autres démissionnaires du 22 janvier dura quelques jours de plus que la sienne.

Le 5 avril, M. Louis Bonaparte donna l'ordre à tous les hauts fonctionnaires de la magistrature, de l'administration et de l'armée de se rendre à l'Élysée. Adossé contre la cheminée du grand salon, le parjure taciturne les regardait narquoisement défiler un à un, s'arrêter devant lui en quêtant un de ses regards, puis se courber très-bas en jurant très-haut de lui être fidèles. Combien de ces vieux magistrats revêtus des mêmes robes et des mêmes hermines avaient prêté, avec la même courtisanerie, le même serment à plusieurs maîtres !

Le violateur de la foi jurée osa, sous la menace de les rayer des contrôles de l'armée, exiger, dans un certain délai, le serment des généraux qu'il avait exilés : « Ce serment exigé par le parjure qui n'a pu me corrompre, répondit le général Changarnier, ce serment, moi, je le refuse. » — « L'injustice et la persécution, écrivit le général Bedeau, ne changent pas les convictions honnêtes. Je refuse le serment. » — S'adressant au ministre de la guerre, le général Lamoricière disait : « J'avais cru que vous n'en seriez pas venu jusqu'à me demander un serment de fidélité à l'homme dont le pouvoir usurpé par la violence ne se maintient que par la force. Le délai, je n'en ai pas besoin ; le serment je le refuse. » — Après avoir rappelé les crimes de Louis Bonaparte, le colonel Charras, cédant à l'indignation de son âme loyale, s'écriait : « A un gouvernement sans foi, sans honneur, sans probité, les hommes de cœur ne doivent que du mépris et de la haine. Je refuse le serment. »

M. Billault qui, moyennant la présidence du Corps législatif rapportant 80,000 francs par an, venait de se livrer à M. Louis Bonaparte, lui donna des gages en reniant son passé ; il inaugura la session en exaltant les institutions consulaires et en critiquant le régime parlementaire dont il s'était montré si jaloux. Dans cette séance, le général Cavaignac, MM. Carnot et Hénon furent déclarés démissionnaires ; ils avaient adressé au Président cette lettre collective : « Les électeurs de Paris et de Lyon sont venus nous chercher dans notre retraite ou dans notre exil ; nous les remercions d'avoir pensé que nos noms protesteraient contre la destruction des libertés publiques et les rigueurs de l'arbitraire ; mais ils n'ont pas voulu nous envoyer siéger dans un Corps législatif dont les pouvoirs ne vont pas jusqu'à réparer les violations du droit. Nous repoussons la théorie immorale des réticences et des arrière-pensées. »

La session du Sénat s'était ouverte, le 29 mars 1852, en même temps que celle du Corps législatif. Le vieux Jérôme réédita, dans une allocution pâteuse, les rabâchages de son neveu sur les institutions napoléoniennes. Les princes de la famille, les cardinaux, les maréchaux et les amiraux étaient, de droit, membres du Sénat. Louis Bonaparte qui, pour le choix des autres sénateurs, s'était réservé une liberté illimitée, avait donné le tiers des sièges à l'armée et les autres à d'anciens ministres, à des administrateurs et à des magistrats ; c'était, à de rares exceptions près, la fine fleur de ces caméléons politiques, goûtant fort ce mot de Larochefoucauld : « *L'ingratitude est l'indépendance du cœur,* » indépendants, à ce compte-là, comme personne, car ils font la même cour à tous les régimes qui se succèdent. On y voyait des *illustrations* qui occupèrent les mêmes sièges sous les règnes de Napoléon 1er, de Louis XVIII, de Charles X et de Louis-Philippe ; — d'autres, en plus grand nombre, n'avaient servi et trahi que les deux derniers rois ; plusieurs d'entre eux, pairs en 1840, avaient traité comme un aventurier qu'il était et condamné à la détention perpétuelle, pour attaque à main armée contre le gouvernement de Juillet, celui aux pieds duquel ils se prosternent maintenant. Quelques uns de ses complices d'alors et de ses complices de Décembre faisaient naturellement partie de la Chambre haute. Quand ce régime odieux tombera, nous apprendrons, une fois encore, qu'on verrait plutôt la peau d'un nègre blanchir que la fidélité d'un courtisan survivre à la fortune politique de son maître,

Louis Bonaparte alloua aux sénateurs qu'il venait de créer des dotations de 15,000, de 20,000 et de 30,000 francs. En revanche, ils lui octroyèrent 33,000 francs par jour, sans compter la jouissance des châteaux, palais et forêts de chasse dont l'entretien est payé par l'État; ceci, d'ailleurs, n'est qu'un maigre à compte sur la grosse liste civile qu'ils lui voteront bientôt.

Le 10 mai, eut lieu, au Champs de Mars, la cérémonie qui fut si bien nommée : *la fête des oiseaux de proie*. Entouré de son état-major, Louis Bonaparte passa devant le front des troupes et monta sur une estrade. L'archevêque Sibour, au milieu de huit cents prêtres qui chantaient, donna aux aigles napoléoniennes les bénédictions qu'avaient successivement reçues les lis, les coqs gaulois et les arbres de la Liberté! Le Prince-Président descendit, avec son oncle, quelques marches de l'estrade dont s'étaient rapprochés les chefs de l'armée, et il prononça une harangue qui se terminait ainsi : « Reprenez ces aigles qui ont si souvent conduit nos pères à la victoire, et JUREZ de mourir pour les défendre. » Il mettait le serment à toutes sauces comme s'il eût pris plaisir à rappeler son parjure ; il distribua les aigles; l'archevêque donna *le baiser d'amour et de paix* à un porte-drapeau, et les prétoriens saluèrent de leurs vivats le départ du prince et de son cortége.

La commission du budget avait proposé une diminution de dix-huit millions sur les gros traitements et sur l'armée ; le conseil d'État n'ayant accepté que la moitié de cette réduction, quelques députés voulurent se donner un air d'indépendance ; ils se plaignirent qu'on ne leur donnât pas le temps d'étudier le budget soumis à leur examen; on leur dit à l'oreille que le gouvernement ne les avait pas fait élire pour recevoir des leçons d'eux, et que, s'ils voulaient être réélus, ils devaient être sages. Puis, le ministre d'État les rappela publiquement « à cette sagesse dont ils avaient déjà donné tant de preuves. » Et le budget, à la discussion générale duquel une séance avait suffi, fut voté à l'unanimité moins une voix, celle de M. de Montalembert qui, après avoir parlé « d'institutions faussées et de tyrannie, » refusa de sanctionner par son vote les décrets relatifs aux propriétés de la famille d'Orléans. Le 28 juin, le Prince-Président clôtura, par un message, la session de 1852.

Les élections municipales et départementales, qui se firent en juillet, subirent la même pression que les élections législatives. Les préfets déclaraient « qu'ils avaient reçu du gouvernement *la mission formelle* de prémunir les électeurs contre un choix qui ne serait pas d'accord *avec leurs véritables sentiments.* » Ils disaient aussi : « Le gouvernement laisse se produire librement toutes les candidatures *des hommes d'ordre, et ne veut voir repousser que ses ennemis parce qu'ils sont les vôtres.* » Beaucoup d'électeurs, pensant que nul ne connaissait mieux qu'eux-mêmes leurs propres sentiments, élurent des candidats indépendants. Les conseils municipaux qui ne se composaient pas de créatures de l'administration furent dissous ; des commissions préfectorales remplacèrent un grand nombre de municipalités élues.

Dans un rapport que le *Moniteur* du 6 juillet publia, M. Ducos, ministre de la marine, disait que la frégate *la Forte* et *l'Erigone* avaient emporté à Cayenne 621 forçats ou repris de justice et 157 condamnés politiques ; il ajoutait que le *Duguesclin* allait prendre la mer avec 500 déportés : « Ce convoi se compose, dans la même proportion que les précédents, de forçats, de repris de justice et de condamnés par les conseils de guerre. » M. Souesme, l'un des plus riches propriétaires du Loiret, avait fait partie d'un convoi pareil. Un mois plus tard, Edouard Millet, de Bony, était dirigé sur le bagne de Brest, avec d'autres condamnés, « revêtu du costumes des bagnes après ferrement. »

Non contents d'accoupler des hommes politiques à des forçats, Louis Bonaparte en guillotina quelques-uns. Lui qui disait à la Cour des pairs : « Je ne puis accepter comme juge de mes volontés et de mes actes une juridiction politique ; vos formes n'abusent personne ; dans la lutte, il n'y a qu'un vainqueur et un vaincu ; vous êtes les hommes du vainqueur, je n'ai pas de justice à attendre de vous, » — lui, devenu le vainqueur on sait comment, il livre les vaincus à des tribunaux exceptionnels, à des Conseils de guerre composés par lui, comme son oncle composait les siens, de Hullins, de Barrois, de Bazancourts et autres exécuteurs d'assassinats juridiques, auxquels on disait : « Il me faut la tête de Louis de Frotté, celle du duc d'Enghien, celle du libraire Palm, — et qui les donnaient après avoir, suivant la consigne reçue, légalisé le meurtre de ces condamnés innocents.

La première tête que M. Louis Bonaparte demande et fait couper est celle de Charlet. A la nouvelle de l'attentat du Deux-Décembre, des Français réfugiés en Suisse essayèrent de passer la frontière ; entre les douaniers et les républicains une lutte s'engage ; un des douaniers tombe et un des républicains est pris : c'est Charlet. On ignore de quel fusil est partie la balle qui a frappé le douanier ; qu'importe ! L'homme qui, dans sa deuxième rébellion à main armée, aggrava sa récidive en déchargeant sur un capitaine son pistolet dont la balle atteignit un grenadier, et qui avait mérité, deux fois, la mort, cet homme, deux fois gracié, veut la tête de Charlet ; c'est un de ses caprices : Tibère n'avait-il pas les siens? Donc, Charlet, brave et loyal paysan, aimé de tous ceux qui le connaissent et âgé de vingt-quatre ans à peine devait mourir. Il marcha, d'un pas ferme, vers l'échafaud dressé sur la place de Belley. Sur son passage, une foule attristée le saluait ; des larmes mouillaient tous les yeux. Protégé par des soldats, le bourreau décapita un innocent pour satisfaire à un caprice de l'assassin du capitaine Col-Puygellier.

Le restaurateur de l'échafaud politique (1) le dressa encore, le 30 juillet, à Clamecy, pour Cirasse et pour Cuisinier, et, le 13 août, à Béziers, pour Laurent et pour Cade-

---

(1) On sait que la peine de mort en matière politique fut abolie par le gouvernement provisoire, le lendemain de la révolution de Février.

lard. Suivant leur coutume, les tueurs napoléoniens calomnièrent ceux qu'ils avaient guillotinés. Les Conseils de guerre offrirent cinquante-neuf têtes de défenseurs de la loi à l'homme qui l'avait violée ; il n'osa en faire abattre que cinq.

On n'a pas oublié les complots que le premier Bonaparte fit ourdir par ses agents afin de profiter, comme je le disais en les racontant (1), de l'épouvante des uns et de l'avilissement des autres pour franchir le dernier pas qui le séparait du trône. Puis, ses préfets, ses juges, ses maires, ses généraux excitèrent les populations à demander l'établissement d'une dynastie napoléonienne, « seul moyen, disaient-ils, d'ôter l'espoir aux conspirateurs et d'assurer la stabilité de l'État. »

Or, le 23 septembre 1851, la découverte d'une machine infernale à Marseille où Louis Bonaparte allait se rendre fut annoncée avec grand fracas. On lisait dans *le Moniteur* : « Depuis quelque temps, le ministre de la police générale *était prévenu* qu'un complot se tramait contre la vie du Président, et *il en suivait la marche avec vigilance.* » Aussitôt, les journaux officiels et officieux remercient la Providence « de n'avoir pas permis à l'éxécrable attentat de s'accomplir, » et ils font, en poussant des cris de terreur, la description » *de cet instrument de vengeance et de destruction,* » qui se composait « de quatre tromblons et de deux cent cinquante canons. » — Louis Bonaparte continue son voyage dans le Midi terrifié par « l'énormité du péril auquel viennent d'échapper *miraculeusement* le Prince-Président et le pays. » Lorsqu'il s'approche d'une ville, on arrête les *suspects* ; dès qu'il y arrive, il se dirige vers la principale église où l'évêque et son clergé l'attendent. On se complimente et on chante le *Domine salvum fac Ludovicum Napoléonem*. Au dedans et au dehors du temple, des cris de : *Vive*

---

(1) *Histoire populaire du Consulat, de l'Empire et des Cent-Jours.*

l'Empereur ! retentissent ; ils sont répétés dans toutes les rues que le cortège suit. Pour réchauffer l'enthousiasme que ses agents ont préparé, le Prince jette les millions à pleines mains : un et demi à Moulins pour l'agrandissement de la cathédrale, deux à Toulon pour l'embellissement du port, — à Marseille deux et demi pour la construction d'une église. Des troupes de vierges vêtues de blanc lui offrent des fleurs ; il ouvre un des nombreux caissons dont sa voiture est encombrée, il y prend des bijoux et les donne aux jeunes filles qui lui plaisent le mieux. Partout les bénédictions épiscopales pleuvent sur Son *Altesse*. Les ovations se succèdent, les harangues se multiplient.

C'est Bordeaux que Louis Bonaparte avait choisi pour achever l'œuvre de la fondation du second empire. Le 10 octobre, au palais de la Bourse, dans un banquet, il exposa son programme gouvernemental et prononça la fameuse phrase : « Par esprit de défiance, certaines personnes se disent : l'empire c'est la guerre ; moi, je dis : L'EMPIRE, C'EST LA PAIX. »

A son retour, le 16 octobre, il trouva réunis dans la gare du chemin de fer d'Orléans les trois grands Corps de l'État, l'archevêque Sibour et son clergé, les ministres et les anciens du consistoire protestant, les membres du consistoire israélite ayant à leur tête le grand rabbin, en un mot tous les figurants des grandes parades officielles depuis les juges des cours et des tribunaux jusqu'aux élèves des écoles qui sont dépendantes de l'État. Le canon tonne, les cloches sonnent, les musiques militaires jouent, les chœurs du Conservatoire chantent, le vieux Jérôme se jette dans les bras du triomphateur qui se précipite dans ceux de M. Morny. Puis, au milieu des cris de : Vive l'Empereur ! mille fois répétés, Louis Bonaparte se met en marche et s'arrête, bientôt, sous un arc de triomphe où l'attendent le président de la commission municipale, le doyen des maires de Paris et le préfet de la Seine. Reprenant le rôle rempli par Fouché dans la même comédie que joua l'oncle, M. Berger s'incline devant le neveu et lui adresse humblement cette prière : « Monseigneur, cédez au vœu d'un peuple tout entier ; la Providence emprunte sa voix pour vous dire de terminer la mission qu'elle vous a confiée, en reprenant la couronne de l'immortel fondateur de votre dynastie. »

Sous des arcs de triomphe sans nombre et entre deux haies de soldats et d'individus mieux connus à la préfecture de police que dans les corporations ouvrières dont ils se disaient les délégués, le héros de Décembre suit les boulevards et rentre à l'Élysée, après avoir fait une halte dans l'église de la Madeleine pleine de lumières doucement voilées par les nuages odorants qui s'échappent des encensoirs que balancent des lévites endimanchés.

Le soir, Louis Bonaparte se rendit à l'Opéra où lui avait été préparée une ovation bruyante ; il fit aux chanteurs et aux danseuses une distribution princière de rubis, de perles et de diamants.

Le *Moniteur* du lendemain disait : « La manifestation éclatante qui se produit dans toute la France en faveur du rétablissement de l'empire *impose le devoir au Président de consulter à ce sujet le Sénat.* »

Le 4 novembre, cette Assemblée se réunit ; trois jours après, avec l'enthousiasme qu'on était en droit d'attendre de sa courtisanerie et de sa docilité, elle adopta un sénatus-consulte dont l'article 8 était ainsi conçu : « La proposition suivante sera soumise au Peuple : Le Peuple veut le rétablissement de la dignité impériale dans la personne de Louis-Napoléon Bonaparte avec hérédité dans sa descendance directe, légitime ou adoptive, et lui donne le droit de régler l'ordre de succession dans la famille Bonaparte. »

La date du vote sur ce plébiscite fut fixée au 21 novembre. On ne se gênait guère pour annoncer que le chiffre des *oui* donné par le scrutin du 20 décembre 1851 serait dépassé ; c'était facile à prévoir : Louis Bonaparte le désirait. M. Persigny mit aux préfets la bride sur le cou en leur disant *d'employer les mesures propres à l'esprit de chaque localité*. Dans ce vaste champ ouvert à leur ingéniosité, ils firent des prodiges. Jamais, le suffrage universel ne se vit mieux protégé contre ses *égarements*, ni la liberté du vote... *affirmatif* entourée d'un plus grand luxe d'attentions et de sûretés. Le zèle des évêques rivalisait avec celui des préfets. Pour ne pas entendre la protestation que leur Roy élevait contre le rétablissement de l'empire, ces bons prélats se mirent à faire avec leurs crosses épiscopales un bruit d'enfer. C'est que, tout en prêchant que leur royaume n'est pas de ce monde, ils ont pour les bien d'ici-bas un faible par lequel Louis Bonaparte avait su les prendre. Non-seulement il avait augmenté leurs traitements et doté de 30,000 francs annuels les cardinaux-sénateurs, mais encore d'un grand nombre d'entre eux il venait de faire des chevaliers de la Légion d'honneur et d'ouvrir par décret (1), au ministère des cultes un crédit extraordinaire de 220,000 fr. pour payer les dettes de l'ex-évêque d'Alger. S'ils ont beaucoup reçu, ils espèrent recevoir davantage ; aussi mêlent-ils à l'ardeur de leurs adulations l'aveu de leurs convoitises ; écoutons-les : « *Dieu a montré du doigt Louis-Napoléon ; il l'avait nommé d'avance Empereur ; il l'a sacré par la bénédiction de ses pontifes et de ses prêtres ; il l'a salué et acclamé lui-même. Pourrait-on ne pas reconnaître l'élu de Dieu* (2). » — « Il est juste de faire comprendre à *Monseigneur* combien nous sommes reconnaissants de ce qu'il a fait POUR NOUS. *Il a tout osé.* Qu'il soit béni *cet homme de Dieu*, ce grand homme, *car c'est Dieu qui l'a suscité.* Nous prierons pour lui. C'est le tribut qu'il est en droit d'exiger de nous pour les éminents services qu'il NOUS a rendus et *pour ceux qu'il veut* NOUS *rendre encore.* Les paroles du Prince sont les plus belles qui soient jamais sorties de la bouche

---

(1) Décret du 1ᵉʳ novembre.
(2) L'évêque de Saint-Flour.

d'un prince chrétien (1). » Voilà Saint Louis surpassé ! — « La France cherchait, elle a trouvé un homme qui a protégé son existence, et elle s'est donnée à lui (2). » — « l'Éternel l'a donné au monde pour le sauver (3). » — « O mon Dieu, je vous prie de bénir ce Prince magnanime (4) ! » — Je salue dans Son Altesse *l'instrument visible de la Providence* (5). » — « Je lui promets l'aide de Dieu (6). » « Les acclamations du Peuple sauvé et reconnaissant appelent *une couronne* sur le front de Son Altesse (7). » — « Je continuerai à faire monter au ciel les vœux les plus ardents pour *le Prince auguste qui est l'appui, l'espérance et la gloire de la Patrie* (8). »

Conservons dans notre souvenir cette glorification de l'homme de Décembre par les princes de l'Église. Pour démontrer ce que valent leurs louanges et leurs prières, il me suffira de dire comment a fini « *l'élu de Dieu* » et ce que « *l'instrument visible de la Providence* » a fait *de la Patrie* dont les évêques le proclamaient « *l'appui, l'espérance et la gloire !* »

Dans deux manifestes datés, l'un de Londres et l'autre de Jersey, des proscrits conseillaient aux électeurs républicains l'abstention vers laquelle, d'ailleurs, inclinaient bien des gens peu soucieux de concourir par leur vote à des élections dont le tripotage était si scandaleux. Pour combattre ces conseils et ces tendances, les préfets appelèrent les évêques à leur aide. Et l'évêque de Rennes d'écrire aussitôt à ses curés : « Stimulez l'indifférence, guidez l'inexpérience et dirigez les votes de vos obéissants troupeaux. » Les maires étaient « invités et autorisés à faire transporter

(1) L'évêque de Nancy.
(2) L'évêque d'Amiens.
(3) L'évêque de Fréjus.
(4) L'évêque de Strasbourg.
(5) L'évêque de Nevers.
(6) L'évêque de Viviers.
(7) L'évêque de Valence.
(8) L'évêque de Grenoble.

l'urne électorale dans les hôpitaux et même à domicile chez les vieillards et les malades (1) » Les muets du Corps législatif auxquels un sénatus-consulte attribuera bientôt (2) une indemnité annuelle de 10,000 francs dépouillèrent le scrutin (3).

Dans la soirée du 1er décembre, les sénateurs furent menés au palais de Saint-Cloud par leurs vice-présidents Troplong, Mesnard, Baraguay-d'Hilliers et par M. d'Hautpoul leur grand référendaire ; ils apportaient à Louis Bonaparte le sénatus-consulté qui rétablissait la dignité impériale en sa faveur. M. Mesnard le lui remit dans la même salle où, quarante ans auparavant, Cambacérès avait remis à Napoléon Ier le sénatus-consulte qui instituait l'Empire. MM. Mesnard et Billault évoquèrent l'ombre du chef de la dynastie ; le nouvel Empereur dit que « cette ombre le protégeait ; » puis, les trois grand Corps de l'État se retirèrent en acclamant Napoléon III assis sur un trône où le Crime l'avait fait monter. Comme son oncle, il égorgea la République en la caressant et en jurant de lui rester fidèle. Rappelons, ici, les mensonges et les serments de ce Parjure que l'on couronne: « J'arrive de l'exil pour me ranger sous le drapeau de la République (4). » — « Le devoir de tout bon citoyen est de se réunir autour du gouvernement provisoire de la République et je tiens à être des premiers à le faire (5). » — « Je suis résolu de ne retourner en France que lorsque la République sera affermie. Si on réclamait mes services, je me dévouerais à la défense de l'Assemblée (6). » — « Rallions-nous autour de la patrie sous le drapeau de la

---

(1) Arrêté du sous-préfet de Pont-l'Evêque.
(2) Sénatus-consulte du 30 décembre 1852.
(3) Voici le résultat de ce scrutin : 7,824,189 *oui* ; 253,115 *non* ; 63,329 bulletins blancs ou nuls ; 2,062,798 abstentions.
(4) Lettre aux membres du gouvernement provisoire, 25 février 1848.
(5) Lettre aux membres du gouvernement provisoire, 26 février 1848.
(6) Lettre à M. Bonjean, Londres, 23 mai 1848.

République (1). » — « Je désire le maintien d'une République grande, sage et intelligente (2). » — « Après trente-trois années de proscription et d'exil, je retrouve enfin ma patrie. La République m'a fait ce bonheur. Que la République reçoive mon serment de reconnaissance, mon serment de dévouement ! Nul, ici, plus que moi n'est résolu à se dévouer à l'affermissement de la République (3). » — « Je verrai des ennemis de la patrie dans tous ceux qui tenteraient de changer par des voies illégales ce que la France entière a établi (4). » — « Si j'étais nommé président, je me dévouerais, tout entier, sans arrière-pensée, à l'affermissement d'une République sage par ses lois, honnête par ses intentions, grande et forte par ses actes. Je mettrais mon honneur à laisser, au bout de quatre ans, à mon successeur le pouvoir affermi, la liberté intacte... La République doit avoir foi dans son avenir (5). » — « En présence de Dieu et devant le peuple français, je jure de rester fidèle à la République démocratique, une et indivisible, et de remplir tous les devoirs que m'impose la Constitution (6). » — « Mon devoir est tracé par mon serment et je le remplirai en homme d'honneur... J'ai appelé autour de moi des hommes honnêtes qui sont d'accord pour concourir avec vous à la gloire de la République. Nous avons, citoyens représentants, une grande mission à remplir, c'est de fonder la République dans l'intérêt de tous (7). » — « J'appelle sous le drapeau de la République et sur le terrain de la Constitution tous les hommes dévoués au pays (8). » — « Les coups d'État n'ont aucun prétexte. Lorsque, partout, la prospérité

---

(1) Déclaration datée de Londres, 11 juin 1848.
(2) Lettre au président de l'Assemblée, 15 juin 1848.
(3) Déclaration à l'Assemblée, 28 septembre 1848.
(4) Déclaration à l'Assemblée, 28 octobre 1848.
(5) Profession de foi, 29 novembre 1848.
(6) Serment du 20 décembre 1848.
(7) Déclaration après le serment, 20 décembre 1848.
(8) Déclaration du 9 juin 1847.

semblent renaître, il serait bien coupable celui qui tenterait d'en arrêter l'essor par le changement, l'astuce et la perfidie (1). » — « Je veux être digne de la confiance de la nation en maintenant la Constitution que j'ai jurée (2). » — « Des bruits de coup d'État sont, peut-être, venus jusqu'à vous, mais vous n'y aurez pas ajouté foi ; je vous en remercie. Les surprises et les usurpations sont le rêve des partis sans appui dans la nation (3). » — « Le titre que j'ambitionne le plus est celui d'honnête homme, je ne connais rien au-dessus de mon devoir (4). » — « La règle invariable de ma vie politique sera, dans toutes les circonstances, de faire mon devoir, rien que mon devoir. Lié par mon serment, je me renferme dans les strictes limites que notre loi fondamentale m'a tracées (5). » — « Je respecterai toujours les droits de l'Assemblée (6). » — « Je ne vous demanderai rien qui ne soit d'accord avec mon droit reconnu par la Constitution (7). » — « Comme elle pourrait être grande la République française, s'il lui était possible de vaquer à ses affaires (8) ! » — « Les hommes qui ont déjà perdu deux monarchies veulent me lier les mains afin de renverser la République. Mon devoir est de déjouer leurs perfides projets, de maintenir la République (9). » — « Bientôt, le pays pourra accomplir, dans le calme, l'acte solennel qui doit inaugurer une ère nouvelle pour la République (10). » — « Conservons la République ; elle ne menace personne, elle peut rassurer tout le monde (11). »

(1) Discours à Tours, 30 juillet 1847.
(2) Message du 31 octobre 1849.
(3) Lettre au président de l'Assemblée, 19 janvier 1851.
(4) Au maire de Lyon. 12 août 1850.
(5) Au maire de Strasbourg, août 1850.
(6) Message du 12 novembre 1850.
(7) Allocution aux officiers, 9 novembre 1851.
(8) Allocution aux exposants français, 26 novembre 1851.
(9) Proclamation du 2 décembre 1851.
(10) Proclamation du 6 décembre 1851.
(11) Discours d'ouverture de la session législative 29 mars 1851.

Voilà bien l'homme dont lord Cowley 1) disait : « il parle peu, mais il ment toujours ! » Il avait, suivant les conseils de sa mère, trompé tous les partis, étudié et imité le machinations *du plus grand acte politique* de son oncle, surveillé les occasions propices, *amené de loin* son usurpation criminelle. Ainsi que le lui avait prédit cette créole immorale, ardente et rusée, la couronne impériale était le prix de sa docilité aux leçons maternelles. Devenu, grâce à ces leçons, « le maître de pourvoir à l'organisation du pays, » il se garda d'oublier celles que, dans cette hypothèse, sa prévoyante mère lui avait aussi données : « Ne souffrez pas qu'on parle quelque part sans votre autorisation expresse... il n'y a presque pas de gouvernement qui puisse résister à l'examen de son origine et à la discussion des actes personnels du maître. » Louis Bonaparte savait, comme tout le monde, que ses actes personnels n'auraient pu résister, un seul instant, à la moindre discussion, ni les origines de son pouvoir brigandé au moindre examen ; aussi, réduisit-il au silence le plus absolu la France dont il aurait voulu étouffer la mémoire comme il en étouffait la voix et qui se fût bien vite désasservie s'il ne lui eût pas mis le bâillon recommandé par la reine Hortense.

Le 2 décembre 1852, premier anniversaire de son grand crime, Louis Bonaparte donna le bâton de maréchal de France à ses deux complices Saint-Arnaud et Magnan. Par où purent-ils le prendre sans ensanglanter leurs mains ? Le général Castellane fut élevé aussi au maréchalat.

A la tête d'un cortége brillant, le nouvel empereur quitta le palais de Saint-Cloud et se rendit aux Tuileries où sa famille et ses courtisans l'attendaient ; il parut au balcon donnant sur la cour où se massaient dix mille soldats qui lui présentèrent les armes. Les canons, les trompettes, les tambours, les musiques militaires saluaient l'apparition du

---

(1) Ambassadeurs d'Angleterre à Paris.

drapeau tricolore sur le faîte du palais qui sera, désormais, la résidence de Napoléon III, et Paris célébra la fête de la proclamation de l'empire.

Mais, la machine infernale, et « *les monstres qui, n'ayant rien d'humain, rien de français, avaient rêvé une scène de sang et de mort* (1), qu'était devenu tout cela ? L'effet qu'on en attendait ayant été produit, chaque chose avait repris sa place, — « *les monstres* » dans les rangs de la police, « *les engins infernaux* » dans le magasin des accessoires, rue de Jérusalem ; et il n'en fut plus question du tout.

(1) Article publié par M. Arthur de la Guéronière après la *découverte* de cette machine.

FIN DU PROLOGUE DU SECOND EMPIRE

LE SECOND EMPIRE

LE SECOND EMPIRE

CHAPITRE PREMIER

DU 2 DÉCEMBRE 1852 AU 1ᵉʳ MARS 1853

La maison de l'Empereur; les gages. — Le Sénat ne s'oublie pas. — La liste civile. — La famille impériale. — Les prostitutions et l'agiotage. — M. de Morny à l'œuvre. — Corrompre et asservir. — Un maréchal de France et une dette de jeu. — Un vol de 300,000 francs; le maréchal de Saint-Arnaud et le général Cornemuse. — Les maisons de jeu. — Les fêtes de Compiègne. — Mademoiselle Eugénie de Montijo. — Échecs matrimoniaux de l'Empereur; son irritation; il annonce son mariage. — Cantique à l'hymen; maladresse et dépit. — La célébration du mariage. — Défection de trois légitimistes. — Le procès des correspondants; la violation du secret des lettres. — La police et deux enterrements. — Habit habillé, culotte courte et savonnette à vilain. — La question des préséances. — Miss Howard est créée comtesse.

L'Empereur s'occupa, d'abord, à faire sa maison et à fixer les gages de la haute domesticité qui fut modelée sur celle du premier empire. Mgr Menjaud recevait comme grand-aumônier 100,000 francs et 25,000 comme évêque, soit 342 fr. 50 par jour; M. Vaillant, grand-maréchal du palais, sénateur et maréchal de France avait, chaque jour, 468 francs 50 cent. à dépenser; avec ses gages de grand-écuyer, ses traitements de ministre, de maréchal et de sénateur, M. Saint-Arnaud se faisait un revenu quotidien de

10.

822 francs ; — 588 francs qu'il retirait, chaque matin, de la grande vénerie, du maréchalat, de son siége sénatorial et du commandement en chef de l'armée de Paris ne donnaient pas à M. Magnan de quoi vivoter ; il mourra criblé de dettes et sa fille devra solliciter une pension pour vivre. Le duc de Bassano, grand-chambellan et le duc de Cambacérès, grand-maître des cérémonies, étant aussi sénateurs, recevaient, chacun, 383 fr. 50 par jour. M. de Béville, à la la fois colonel de génie, aide de camp de l'Empereur et préfet du palais, touchait 87,000 francs par an, et M. Fleury, 95,000 en sa triple qualité de colonel des guides, d'aide de camp de l'Empereur et de premier écuyer ; M. Edgard Ney, colonel, aide de camp et premier veneur, n'était pas moins bien traité que MM. Béville et Fleury. Puis, venaient les simples chambellans avec de modestes gages : 1.000 francs par mois (1).

Pendant qu'on était à garnir les râteliers, le Sénat ne s'oublia pas. En allouant à chaque député pendant la durée des sessions ordinaires et extraordinaires, une indemnité de 2,500 francs *par mois* (2), il uniformisa celle de tous ses membres qui recevront indistinctement 30,000 francs par an. Ayant élevé la dotation de Napoléon III au chiffre de celle de Napoléon Ier, les sénateurs se rendirent, le 24 décembre, auprès de l'Empereur en villégiature au château de Compiègne où il donnait à ses favoris des fêtes scandaleuses ; là, après la messe de minuit, — car on priait aussi à Compiègne, — ils remirent à Napoléon III le sénatus-consulte qui lui attribuait vingt-cinq millions de liste civile, plus les revenus des forêts de l'État, évalués à trois millions au moins, c'est-à-dire *soixante-seize mille sept cent douze francs*

(1) Le nombre des personnages attachés à la personne de Napoléon III fut, d'abord, de 105, puis de 143, parmi lesquels on comptait *neuf aumôniers, chapelains et sacristains*, 24 médecins et 33 chambellans ordinaires ou honoraires.

(2) Cette indemnité mensuelle fut remplacée plus tard par une indemnité annuelle de 10,000 francs, puis de 12,500.

par jour, ou *trois mille cent quatre-vingt-seize francs soixante-quinze centimes par* heure *soit. de veille, soit de sommeil* ; sans compter ni l'usufruit de tous les meubles, diamants, bijoux, établissements et palais appartenant à la nation, ni 1,500,000 francs annuels qu'il aurait à répartir à sa guise entre les princes impériaux.

L'ex-roi Jérôme, son fils créé général de division et grand-croix de la Légion d'honneur et sa fille séparée d'un très-riche mari qui la pensionnait grassement nous coûteront, à eux seuls, aussi longtemps que durera l'Empire, plus de deux millions chaque année. Tous les membres de cette famille prolifique s'abattirent de nouveau sur la France avec la voracité des oiseaux de proie. Le sénatus-consulte du 22 décembre 1852 les divisait en deux catégories : la première, sous la qualification de *famille impériale*, comprenait dix princes et onze princesses ; la seconde, dite *famille civile*, se composait de quatre Murat des deux sexes et de la princesse Bacciocchi.

Les gros salaires ne suffisaient pas aux dépenses des aventuriers les mieux pourvus, car ils donnaient carrière à leurs vices. Le règne de Napoléon III fut celui de toutes les prostitutions. Suivant l'expression d'un écrivain royaliste, « les freins que M. Bonaparte avait mis à la la liberté, servaient de ressorts au libertinage (1). » Les palais habités par le despote ressemblaient à des maisons d'amour ; les grandes dames qui les hantaient en vinrent à copier la mise et les manières des filles en renom. Celles-ci, dès que le succès eut couronné le crime, firent un grand rôle. Chaque parvenu voulut avoir la sienne ; la concurrence s'en mêlant, elles élevaient leur tarif; et, comme il était de bon ton de surenchérir, les exigences de ces filles de joie et de proie ne connaissaient pas de bornes. Plus elles se faisaient remarquer par le dévergondage de leur esprit, ou par

---

(1) *La veille du sacre.*

l'extravagance de leurs toilettes, ou par leurs excentricités, plus on mettait l'enchère au droit d'épave. Pour subvenir, le plus longtemps possible, aux prodigalités folles de ces créatures en vogue, on se ruinait ; puis on demandait à l'agiotage et au jeu des ressources impures comme les femmes au vampirisme desquelles on sacrifiait, par un sentiment de vanité, le repos et l'honneur des familles.

La soif du gain enfiévrait tous les cerveaux depuis qu'on avait vu l'agiotage enrichir certaines gens ; on ne voyait pas ceux qu'il ruinait. Dans l'espace d'une année, « la création de nouvelles valeurs avait augmenté de *trois milliards* au moins le capital qui se négocie à la Bourse (1). » M. de Morny commercialisait son influence toute-puissante. Pas une affaire n'était lancée avant que M. de Morny n'en eût sa part : « Il mettait la main sur toutes les entreprises pour les aider de ses conseils, de l'autorité de son nom et de son crédit (2). » Chemins de fer, Crédit mobilier, fermes-modèles, haute industrie étaient les tributaires de ce minotaure financier. Institué par un décret (3), le Crédit mobilier avait un côté spéculateur dont les séductions étaient perfides ; la Bourse n'eut jamais une valeur plus fluctueuse.

Déchaîné par M. de Morny, d'accord avec son partenaire impérial qui prenait sa part des profits (4), le démon de la

(1) *L'Assemblée nationale.*
(2) *Mémoires d'un bourgeois de Paris.*
(3) Du 18 novembre 1852. En 1855, cette valeur s'élevait à 1982 fr. 50 ; en 1867, elle descendait à 140 francs.
(4) « Dans les premiers temps, la Bourse joue un grand rôle dans les formidables suppléments aux listes civiles. Tout l'entourage de l'Empereur exploite plus ou moins ce filon jusqu'au jour où des scandales par trop éclatants font déserter *cette forêt de Bondy*. Les plus hauts personnages de l'administration impériale et jusqu'aux membres de la famille Bonaparte étaient compromis par les plus honteux tripotages. » *Le dernier des Napoléons.* L'auteur de ce livre est un diplomate qui a vu la cour impériale de très-près.

spéculation et du jeu possédait des gens de toute classe, de tout sexe et de tout rang. Des ouvriers vendaient jusqu'à leurs meubles, des femmes volaient leurs maris pour jouer. Les joueuses que, sous le règne de Louis-Philippe, on dut chasser des galeries supérieures de la Bourse « stationnent, disait *le Droit* (1), sur l'esplanade du Nord ou sous les portes cochères de la place ; en proie à l'ardente soif de l'or qui s'est emparée de toutes leurs facultés, rien ne peut les émouvoir. Pour agents, elles ont des courtiers marrons qui viennent incessamment leur faire connaître le mouvement de toutes les valeurs et recevoir leurs ordres. » La même plume dépeignait le spectacle offert par les caprices de la fortune. Dans cette peinture, on reconnaît aisément les associés de l'Élysée, si misérables avant le coup d'État : « On voit gantés à la journée un tas de gens qui n'eurent longtemps d'autres gants que leurs poches. Le cuir verni est aux pieds de tous. Les paletots débordent de velours et de satin. On voit des manchettes à des gens qui n'eurent pas toujours de chemise, et bien des cheveux plats se font quotidiennement friser avec une raie dans la nuque... On vend des cachemires brodés d'or à dix mille francs le mètre... des vases de Japon grands comme une guérite à *n'importe qui*, et à ces enrichis de la Bourse, à ces inconnus, hier, *sans ressources et presque nus*, mille objets de prix qu'on est tout surpris de voir en leur logis (2). »

Le Pays, journal de l'empire, applaudissait « à ces miracles de transformation produits par l'agiotage, » à ces enivrements de la folie : « L'esprit industriel, disait-il, s'est étendu jusqu'aux bourgades les plus reculées. On a abandonné *les timides placements immobiliers* pour le champ illimité de la spéculation. *Il faut s'en réjouir.* » Officiellement encouragée, la corruption s'infiltrait dans toutes les veines de la nation. Un peuple dont les mœurs sont corrompues

(1) N° du 15 décembre 1852.
(2) N° du 5 novembre 1852.

s'accoutume à la servitude. Aussi, Louis-Napoléon pratiqua-t-il toujours cette maxime dont le Bas-Empire fit une constante application : CORROMPRE ET ASSERVIR. A quelles destinées mène-t-on un peuple en l'habituant « à n'avoir d'autre dieu que l'argent, d'autre idéal que le ventre ? » Aveuglée par une prospérité factice, la France, un jour, l'apprendra cruellement.

L'Empereur favorisait les efforts du luxe et du jeu qui tiennent en éveil la cupidité mère du vol et de la mauvaise foi. M. Saint-Arnaud, maréchal de France et ministre de la guerre, ayant perdu 800,000 francs en jouant à la hausse, se refusait à payer cette somme ; pour étouffer le scandale qui grandissait, l'Empereur la paya. Un peu plus tard, se produisit un fait bien autrement scandaleux et dont on ne put arrêter l'éclat : 300,000 francs furent volés dans le cabinet de l'Empereur; seuls, le maréchal Saint-Arnaud et le général Cornemuse y étaient entrés. Lequel des deux est le voleur? Ils échangent des dénégations et des injures, se provoquent et se rendent dans le jardin réservé du château. Le général Cornemuse tombe mortellement frappé avant, disait-on, qu'il n'ait eu le temps de se mettre en garde. Napoléon III n'osa pas sévir contre le maréchal dont il redoutait l'indiscrétion au sujet de certain papier signé après le Conseil militaire tenu dans la nuit du 3 au 4 décembre 1851. S'il faut en croire des bruits qui circulaient, il s'agissait d'un ordre de Louis-Napoléon à son ministre de la guerre « d'égorger la population en cas de résistance, et, au besoin, d'incendier Paris. »

Comme si l'agiotage effréné dont je n'ai pu donner, ici, qu'une bien faible idée n'offrait pas assez d'aliments à l'ardente soif des gains illicites, on allait lui en jeter un nouveau dont *La Patrie* fit l'annonce en ces termes pleins de séduction : « Les maisons de jeu vont être décidément rétablies, mais sur d'autres bases. *Les jeux seront splendides.*

Tout le monde n'y entrera pas, et les enjeux ne seront pas inférieurs à 100 francs (1). »

J'ai dit un mot des fêtes de Compiègne ; mon dessein n'est pas de décrire des délassements qui offensaient la pudeur ; cependant, il a été beaucoup parlé de l'un des moins licencieux qui « après boire, succédait *aux jeux innocents* et que l'on nommait : *la curée des dames.* » La description qu'en a faite un chroniqueur royaliste étant fort sobre, je vais le rapporter : « Lorsque les émotions du colin-maillard étaient épuisées, l'auguste amphitryon faisait apporter une grande manne dont le contenu, déposé sur le tapis, était recouvert d'une serge verte. On réunissait les dames comme on réunit les chiens autour de la *nappe* qui couvre les débris du cerf ; on enlevait la serge et des chefs-d'œuvre de bijouterie-colliers, bracelets, broches, boucles d'oreilles ruisselants de diamants et de perles éclataient en mille feux sur le tapis. Les dames invitées à choisir se précipitaient, alors, à genoux et se disputaient ces trésors sous les yeux de leurs admirateurs enthousiasmés des points de vue que leur procurait un pareil spectacle (2). » Pendant que *l'élu de Dieu*, le sauveur de la religion, de la morale et de la famille se livrait à ces jeux folâtres, l'archevêque Sibour, annonçant l'empire à ses prêtres, s'écriait : « Que le secours d'en haut descende en abondance sur celui *qui se montre si digne de la mission qu'il a reçue!* »

L'écrivain que j'ai déjà cité écrivait : « La France devient un tripot où tout se vend, où tout s'achète... On va à Compiègne comme à une foire, et les mères y conduisent leurs filles (3). » La comtesse de Montijo, ex-première camériste de la reine Isabelle, y conduisait la sienne qui, depuis quelques mois, était au premier rang dans les fêtes somptueuses et dans les bals intimes donnés par le Prince à Fon-

---

(1) N° du 17 décembre 1852.
(2) Vicomte de Beaumont-Vassy, *Mémoires du XIXᵉ siècle*, p. 369.
(3) A. Callet. *La veille du sacre.*

tainebleau et à Saint-Cloud. Aux grandes chasses de Compiègne, entre les plus belles chasseresses « fumant et tirant à balle sur les cerfs qui pleurent, » mademoiselle Eugénie de Montijo se distinguait par les grâces qu'avaient ses costumes du dix-huitième siècle, son intrépidité d'écuyère et son visage dont le teint devait sa blancheur étrange aux reflets dorés que lui donnait une opulente chevelure blond ardent. En Espagne, sa bienfaisance et son affabilité la faisaient aimer du Peuple auquel, généralement, les classes nobles sont très antipathiques. Mais, à ce bigotisme d'Espagnole qui sait allier si bien le culte des plaisirs et celui de la foi romaine, elle mêlait une légèreté de caractère et une excentricité de mœurs qu'entretenait une vie nomade à la suite d'une éducation négligée ; la culture de son intelligence aurait pu, seule, combattre la frivolité de ses goûts; malheureusement, à son retour des villes d'eaux où elle passait la belle saison, les exemples que mademoiselle de Montijo trouvait autour d'elle n'étaient pas de nature à épurer son discernement et à lui apprendre la tenue qui est bienséante à une jeune fille.

On savait Louis Bonaparte fort épris de cette Andalouse à laquelle un sang mêlé (1) donnait la singularité d'être blonde; mais on pensait, — et lui-même en avait l'espoir, — qu'il satisferait cette passion sans recourir à une cérémonie nuptiale. On était d'autant mieux fondé à croire cela que, au moment où le désir de la possession était le plus intense, l'Empereur essayait de nouer un mariage avec la fille du prince Wasa qui préféra pour gendre le prince de Saxe. Les diplomates de Sa Majesté ne furent pas plus heureux dans leurs tentatives auprès du prince de Hohenzollern.

Irrité par ce double refus et n'ayant pu triompher de la résistance que mademoiselle de Montijo opposait aux sé-

(1) Sa mère était issue d'une famille écossaise exilée à Grenade, la famille des Kirkpatrik.

ductions dont elle était l'objet, Louis-Napoléon sacrifia la raison à la sensualité. Ses amis les plus intimes essayèrent vainement de le détourner d'un projet que son entourage et sa famille désapprouvaient. M. Persigny qui, dans l'intimité, le tutoyait, « lui dit avec colère : ce n'était vraiment pas la peine que tu fisses le Deux-Décembre pour finir comme cela. » M. de Morny invoquait la raison d'État et redoutait le : *qu'en dira-t-on ?* de l'Europe. Louis Bonaparte demeura inflexible... Le mariage, quel qu'il fut, du reste, était devenu chose utile pour Napoléon III, *ne fut-ce que pour l'arracher aux habitudes de l'orgie intime qui auraient pu facilement produire des scandales publics* (1). » Le *Journal officiel* nous apprit que le mariage de l'Empereur avec mademoiselle Eugénie de Montijo comtesse de Téba serait officiellement annoncé aux grands Corps de l'État, le 22 janvier 1853 et que la célébration aurait lieu le 29.

Dans un manifeste adressé par l'Empereur à la France, la maladresse coudoyait le dépit : « Mademoiselle de Montijo, disait-il, fera revivre *les vertus de Joséphine.* » En vérité, le sens moral lui manquait. N'eût-il pas mieux valu laisser en paix la mémoire de la tendre et bonne créature si dévouée à Napoléon Ier qui la répudia vilainement, que de provoquer, en parlant de « *ses vertus* » le souvenir de faiblesses trop célèbres pour être oubliées et qu'un dystique impitoyable résuma? *Cette phrase malheureuse* amena sur les lèvres d'un vieux diplomate un mot si cruel pour les mères des deux fiancés que je m'abstiens de le reproduire.

Louis-Napoléon, dans son cantique à l'hymen, n'est pas mieux inspiré quand il affecte de se donner le nom de « *Parvenu*, » car il fait penser aux moyens criminels qu'il employa pour parvenir. — « Sous le dernier règne, disait-il encore, l'amour-propre de la France n'eut-il pas à souffrir lorsque l'héritier de la couronne sollicitait infructueuse-

---

(1) Vicomte de Beaumont-Vassy.

ment l'alliance d'une maison souveraine *et obtenait, enfin, une princesse accomplie sans doute mais dans les rangs secondaires ?* » Celui qui tenait ce langage n'avait pu, étant Empereur, obtenir un brin de princesse dans les plus humbles rangs ; et, en évoquant, avec une inconvenance que chacun blâmait, le souvenir de la duchesse Hélène d'Orléans, il exposait fortement sa fiancée à des comparaisons fâcheuses pour elle. C'est que jamais contraste ne parut si frappant. D'un côté, une intelligence éprise du beau et du bien sous leurs formes les plus nobles, un esprit nourri de la lecture des grands écrivains et de la sagesse que l'étude sérieuse donne, des mœurs et un maintien qui attiraient tous les respects, enfin, la tolérance religieuse qu'admet un culte basé sur la liberté de conscience ; — de l'autre, eh bien ! de l'autre... le contraire de tout cela, si les apparences ne sont pas trompeuses, ou si le diadème ne transforme pas la jeune fille de vingt-sept ans, étourdie, futile et bigote en une Impératrice comprenant les difficultés de sa tâche et les délicatesses de son devoir. Les événements nous diront si, comme nombre de gens semblaient le pressentir, Louis-Napoléon « épousa la ruine de sa race et celle de la France, le 29 janvier 1853. » Ce jour-là, dans la soirée, le mariage civil fut célébré aux Tuileries. Le lendemain, les deux époux ayant communié et entendu la petite messe dans la chapelle de l'Élysée, se rendirent, en très-grande pompe, à Notre-Dame où l'évêque de Nancy, grand aumônier du palais, les maria religieusement. Pendant la grand'messe, au moment de l'offrande, on vit se lever le prince Napoléon et sa sœur la princesse Mathilde qui, assurait-on, avaient supplié leur cousin de ne pas contracter une pareille alliance ; ils allèrent, dévotement, présenter les cierges à l'Empereur radieux et à l'Impératrice diamantée de la tête aux pieds.

S. M. Eugénie, débuta heureusement dans son rôle de souveraine; à un acte de courtisanerie elle répondit par un trait de bienfaisance. M. Berger, préfet de la Seine, avait obtenu de la commission municipale de Paris une somme de 600,000 francs destinés à l'achat d'un collier qu'il offrit à la fiancée de l'Empereur. Après l'avoir porté, un instant, le jour de son mariage, l'Impératrice le renvoya au préfet; dans une lettre simple et digne, elle priait M. Berger de le vendre et d'en distribuer la valeur aux pauvres.

MM. de Larochejacquelein et de Pastoret jouissaient d'une grande faveur auprès du comte de Chambord; leur influence était considérable dans le parti légitimiste qui exaltait leur chevaleresque dévouement à la monarchie traditionnelle; nul, d'ailleurs, dans aucun parti, ne doutait de leur loyauté. Aussi, les honnêtes gens virent-ils, avec un étonnement douloureux, les noms de ces hommes figurer sur une liste de sénateurs en compagnie de celui de M. de Mouchy. Ces trois défectionnaires avaient abdiqué, moyennant 30,000 francs par an, leur vieille fidélité au drapeau des lis, et leur apostasie s'abrita sous celui de l'Aigle que leurs pères avaient combattu.

En même temps, on arrêtait, comme auteurs de correspondances adressées à des journaux étrangers, MM. de Saint-Priest, Pagès-Duport, Coëtlogon, René de Rovigo, de la Pierre, Virmaître, de Villemessant et de Mirabeau, légitimistes. Des journalistes appartenant à d'autres partis, MM. Pelloquet, Châtard, Charreau, Venet, Vergniaud et Monselet furent arrêtés aussi pour le même motif. A la suite de lettres saisies, on inculpa de participation à une société secrète MM. de la Pierre, Rovigo, Herbert, les deux frères de Coëtlogon, Virmaître, Aubertin, Flandrin, Planhol et de Chantelauze. L'accusation fut maintenue contre les cinq derniers seulement. Traduits en police correctionnelle, ils protestèrent contre le droit, que s'était arrogé M. de Maupas, de saisir à la poste et d'ouvrir des lettres à leur adresse. Un pareil droit existe-t-il, et la justice admet-elle des preuves émanant d'une telle source ? Le tribunal de première instance avait répondu affirmativement et condamné les cinq accusés. La Cour d'appel restreignait au cas de flagrant délit le droit du ministre de la police à s'emparer de lettres privées, mais non sans en prévenir la justice.

La police avait l'œil à tout. La mère de Ledru-Rollin mourut. Des agents enlevèrent le corps, de grand matin, et ne permirent à personne de l'accompagner. — Quelques amis purent suivre le convoi d'Armand Marrast dont les derniers jours s'étaient éteints dans la pauvreté; mais il leur fut interdit de lui faire, sur sa tombe, les suprêmes adieux.

Depuis le mariage de l'Empereur, le luxe allait croissant. On a banni le frac noir des réunions et des fêtes de la Cour; l'habit habillé y est seul admis. Les maréchaux Magnan et Saint-Arnaud, le général de Lawœstine et M. de Newerkerque s'étaient, les premiers, présentés en culotte courte; et leur exemple est suivi. M. de Maupas avait poudré ses cochers, et chacun l'imite. L'Empereur impose des équipages somptueux aux grands fonctionnaires qui en ont de trop modestes; il adresse des réprimandes aux dames qui se montrent, plusieurs fois, avec la même robe ou le même manteau de Cour; il prodigue autour de lui la savonnette à vilain, et un tas de gens mal décrassés qu'il décore et qu'il crée comtes et ducs forment la noblesse du second empire. On donne, à pleine bouche, de l'Excellence et du Monseigneur à tout ce monde-là qui se querelle à propos des préséances dont une commission, ayant parmi ses membres MM. Troplong président du Sénat et le garde de sceaux Abatucci est chargée de régler les détails. Miss Howard reçoit de Napoléon III une couronne de comtesse et les titres de propriété du château de Beauregard; madame de Montespan, l'une des maîtresses de Louis XIV, l'avait fait bâtir; Napoléon III l'acheta, l'embellit et l'offrit à cette Anglaise du demi-monde qui avait rêvé une couronne d'Impératrice.

CHAPITRE II

DU 1ᵉʳ MARS AU 31 DÉCEMBRE 1853

Le chiffre des transportés et celui des proscrits. — Les amnisties. — Les présides africains ; Jules Miot ; le chiffre des morts. — Le grand bal du Palais-Bourbon et le cimetière de Jersey. — Pauline Roland. — Les proscrits en Belgique, au Piémont, en Suisse, en Espagne, en Angleterre et ailleurs. — Noukahiva. — La justice expéditive de Napoléon III. — Kelch, Rassini et Galli ; Sinibaldi ; Donati. — Le bravo de Napoléon III. — Affaires de la Reine-Blanche, de la Commune révolutionnaire. — Complots de l'Hippodrome et de l'Opéra-Comique. — La session de 1853. — Les Pères capucins ; lugubre rapprochement. — Le ministère de la police et la presse.

Pendant que les puériles questions de cérémonial et d'étiquette occupent les plus fortes têtes de l'empire et que les fêtes se succèdent aux Tuileries, les transportés et les proscrits luttent, les uns contre les mauvais traitements de leurs geôliers, les autres contre les misères de l'exil. Au mois de mars 1853, on compte plus de 6,000 transportés en Afrique ou à Cayenne et plus de 5,000 proscrits éparpillés en Belgique, dans le Piémont, en Suisse, en Espagne, en Angleterre et dans les États-Unis. La prétendue amnistie du 15 août 1852 et celle du 29 janvier 1853 n'étaient que tromperies ; on exigeait des transportés et des proscrits « l'engagement écrit de ne rien faire, désormais, contre le gouvernement *de l'élu du pays.* » La misère, la faiblesse de caractère, les supplications des familles mourant de faim poussèrent douze ou quinze cents victimes seulement à subir les conditions de leur bourreau. Encore, les malheureux *amnistiés* furent-ils soumis à la surveillance de la haute police et à des tracasseries sans nombre.

On ne saurait imaginer les tortures qu'on infligeait aux transportés. L'internement dans les villes algériennes était exclusivement accordé à ceux qui avaient des ressources pécuniaires et à des ouvriers trouvant à y exercer leur industrie. Mais, « les internés sont complétement à la discrétion de la gendarmerie; les commandants de brigade doivent exiger que chaque interné vienne, tous les jours, donner sa signature à la caserne; les internés ne peuvent invoquer aucune loi, ni aucun droit; il est défendu d'avoir aucun rapport avec eux. » C'est le colonel commandant la gendarmerie d'Afrique, M. Vernon, qui édicta ces instructions inqualifiables (1).

Le règlement des pénitenciers militaires était appliqué aux transportés enfermés dans les camps. Sous ce climat énervant, ils n'ont pour boisson que de l'eau dans laquelle ils font tremper des racines de réglisse. Leur nourriture est insuffisante de moitié; ils doivent répondre à trois appels, chaque jour. Si aux insolences des gardes-chiourmes on répond dignement, ou si on émet une opinion républicaine, on est mis au cachot. Beaucoup des transportés étaient contraints à défricher des terres, à déssécher des sols marécageux et à casser des cailloux sur les routes; le prix de leur journée était fixé à un franc que des retenues diverses réduisaient à DEUX SOUS.

« Pour enfler ses listes de grâces, écrivait M. Pascal Duprat, à un journal anglais, le gouvernement y fait entrer un assez grand nombre de morts, » et d'évadés ajouterai-je; c'est ainsi que, sur les dernières, figuraient, à ma connaissance, M. Petit, notaire de l'Allier, décédé à Mustapha depuis sept mois et

---

(1) Circulaire du 3 août 1853.

M. Frond, ancien officier du bataillon des sapeurs-pompiers de Paris, dont l'évasion avait devancé de cinq mois « la générosité princière, » contre laquelle il protesta en l'attribuant « à l'envie de l'amener dans un nouveau guet-apens. »

Jules Miot fut l'un des transportés sur lesquels les geôliers s'acharnèrent ; ils le privaient de toute communication avec sa femme et ses enfants. Du camp de Mers-el-Kébir où il n'avait qu'un lit de paille, on l'envoya dans celui de Seldon, sur l'extrême limite du Maroc, le plus désolé des déserts africains, où l'on est souvent exposé aux attaques des maraudeurs arabes ou marocains et à celles des bêtes féroces, où une fièvre implacable multiplie ses victimes. Son calme irritait ses bourreaux ; sa robuste nature trompa leur espoir : Jules Miot agonisa, mais il ne mourut pas.

La mort décimait les défenseurs de la loi dans les présides africains. Au 3 janvier 1853, dans le camp de l'Oued-el-Haman, on avait déjà creusé trente et une tombes. Au camp de l'Oueb-Boutan, on pouvait établir la moyenne de la mortalité, pour chaque mois, à dix-huit. Plus de 1,400 transportés étaient morts en Afrique au moment où l'auteur de ces lents assassinats se mariait et festoyait ses complices (1).

Les proscrits avaient aussi leurs morts. Le jour où, dans le Palais-Bourbon converti en une seule et vaste salle, le Corps législatif offrait à l'Impératrice un grand bal où allaient danser « quatre mille habits habillés, c'est-à-dire brodés, passementés, dorés, et défiler devant l'Empereur tout ce que la capitale comptait d'habits à la française et d'uniformes de chevaliers (2), »—dans la cimetière de Jersey,

---

(1) A Cayenne, plus du tiers des transportés succomba ; la férocité de leurs geôliers les poussait à tenter des évasions périlleuses ; plusieurs y périrent. Eugène Millelot, de la Nièvre, surpris au milieu d'une tentative de ce genre, fut condamné à recevoir, sous les yeux de son père, de son frère et de ses amis, cent coups de corde ; au vingt-et-unième, il tomba mort.

(2) Taxile Delord. *Histoire du second empire.*

sur une tombe que 120 proscrits entouraient et au fond de laquelle on venait de descendre un de leurs amis (1), Victor Hugo prononçait de belles et touchantes paroles que les journaux de tous les pays répétèrent ; j'en ai retenu quelques-unes : « Aujourd'hui, en France, les apostasies sont en joie. La vieille terre du 14 Juillet et du 10 Août assiste à l'épanouissement des turpitudes et à la marche triomphale des traîtres... Autour de ces hommes tout est fanfares, banquets, danses, harangues, applaudissements, génuflexions. Les servilités viennent saluer les ignominies. Ces hommes ont leurs fêtes. Eh! bien, nous aussi nous avons les nôtres. Quand un de nos compagnons de bannissement, dévoré par la nostalgie, épuisé par la fièvre lente des habitudes rompues et des affections brisées, après avoir bu jusqu'à la lie toutes les agonies de la proscription succombe et meurt, nous suivons sa bière couverte d'un drap noir ; nous venons au bord de sa fosse ; nous nous mettons à genoux, nous aussi, non devant le succès mais devant le tombeau ; nous nous penchons sur notre frère enseveli, et nous lui disons : Ami, nous te félicitons d'avoir été vaillant, nous te félicitons d'avoir été généreux et fidèle, nous te félicitons d'avoir donné ta foi jusqu'au dernier battement de ton cœur ; puis nous relevons la tête, et nous nous en allons, le cœur plein d'une sombre joie. Ce sont-là les fêtes de l'exil! »

Madame Pauline Rolland, dont le talent littéraire et philosophique était à la hauteur de son caractère noble et ferme, avait été arrachée par les sbires de M. de Maupas à ses trois enfants qu'on ne lui donna pas le temps d'embrasser. De Saint-Lazare où elle fut mêlée aux prostituées et aux voleuses, on la transporta en Algérie. On la traîna d'Alger à Sétif, puis dans la Casbah de Bone où « il était formellement défendu de la laisser communiquer *avec âme*

---

(1) Bousquet, de Tarn-et-Garonne. Bientôt après mourut, à Jersey, Louise Julien, si aimée dans les faubourgs de Paris.

qui vive, ses gardiens exceptés (1). » On voulait la tuer : on y réussit. Quand il ne lui resta plus qu'un souffle de vie, on lui rendit une liberté dont elle ne devait pas jouir longtemps ; elle expira sur la route de Paris sans avoir pu revoir ses enfants.

Les républicains réfugiés en Belgique depuis les journées de juin 1848 et du 13 juin 1849 accueillirent avec une fraternelle cordialité les proscrits du Deux-Décembre. A beaucoup d'entre eux le gouvernement belge refusait asile. Les ouvriers et tout ceux qui « ne justifiaient pas de leurs moyens d'existence, » étaient expulsés. Etienne Arago avait acquis, là, par son caractère aimable et loyal, des amitiés puissantes ; il ne cessait de les invoquer en faveur des malheureux atteints par les rigoureuses mesures d'une administration que d'étroits calculs et la peur rendaient inhospitalière. Aussi longtemps que les misères de l'exil durèrent Etienne Arago s'efforça de les adoucir. Il fonda une caisse de secours alimentée par des cotisations dont M. Goudchaux entretenait, à Paris, la source principale. J'aurai à revenir sur ce sujet, car la bienfaisance sera, comme toutes les autres vertus, persécutée par le gouvernement impérial.

Redoutait-on l'ombrageuse susceptibilité du voisin ou une dangereuse concurrence pour les professions libérales et pour les industries du pays? Quoi qu'il en soit, les avocats ne pouvaient se faire inscrire sur aucun tableau, ni les médecins exercer leur art, ni les professeurs ouvrir des cours, ni les ouvriers créer des ateliers. Pourtant, après de longs efforts et grâce à de hautes protections, il fut permis à MM. Emile Deschanel, Bancel, Madier-Montjau, Laussedat et Versigny d'ouvrir des conférences à Bruxelles ; M. Challemel-Lacour obtint, à Anvers, la même autorisation ; leur éloquence, de plus en plus goûtée, attirait autour d'eux et captivait la fleur de la société belge. MM. Baune, Deluc,

(1) Lettre de madame Pauline Roland, 14 octobre 1852.

Amable Lemaître, Laboulaye, Ennery, Morel, Génillier et bien d'autres donnaient des leçons particulières ou entraient, en qualités de professeurs ou de répétiteurs, dans des institutions privées. L'architecte Radoux et l'avocat Tapon se firent photographes; Camille Berru, aujourd'hui secrétaire de la rédaction de l'*Indépendance belge*, professait la natation; Labrousse, Carion, Fleury et d'autres ex-représentants du Peuple cherchèrent dans le commerce les moyens de vivre. Un tailleur de Bruxelles, M. Collard, venait puissamment en aide à l'obligeant caissier de la proscription, en facilitant aux proscrits les commerces qu'ils tentaient, en vêtissant ceux qui manquaient de vêtements et de ressources. Nul ne fit jamais un plus noble usage d'une fortune honorablement acquise par le travail.

Il faut le dire bien haut, les proscrits républicains gardaient, partout, dans leur conduite et dans leur tenue, une dignité à laquelle on rendait hommage. Nous verrons M. Vilain XIIII, un clérical belge, en porter témoignage dans une occasion solennelle. Déjà, cet honnête homme, ayant appris que Raspail à peine arrivé à Bruxelles recevait l'ordre de quitter la Belgique, avait pris immédiatement sous sa protection le vieil apôtre de la démocratie; il lui donna asile dans sa maison et fit savoir au gouvernement « qu'on ne lui arracherait son hôte que par la force. » C'est ainsi que l'ami, le bienfaiteur des classes populaires put fixer sa résidence près de Bruxelles, à Boisfort où j'eus l'honneur d'être reçu par lui ; il s'y adonnait paisiblement à l'étude des sciences dont ses recherches et ses découvertes ont hâté le progrès.

La mort était impitoyable, aussi, pour les défenseurs de la loi française réfugiés en Belgique ; déjà, ils avaient conduit au champ du repos l'instituteur Tessier, Dubieff, la fille d'Hetzel, Verdun-Lagarde et Louis Darles, le dernier enfant d'une vieille mère. Près de la tombe de ce jeune patriote, Bancel exprima tous nos sentiments avec ce talent qu'on applaudissait, moins de deux ans auparavant, quand il plaidait si brillamment, à la tribune, la cause de l'avenir: « Sur cette fosse, dit-il, reprenons courage ! Autour de nous, au-dessous de nous, dans l'air et sous les tombes, la vie germe obscurément. L'idée aussi, invisible et féconde, germe sous le repos apparent de la France. Notre chère patrie sentira, un jour, ses entrailles tressaillir, en enfantant au monde la liberté. » Nous nous associâmes, tous, à ces prophétiques paroles qui résumaient nos pensées et nos espérances.

Le Piémont obligeait les proscrits « à renouveler fréquemment leur permis de séjour, à dénoncer tout changement de domicile dans les vingt-quatre heures, à ne pas s'éloigner, sans autorisation, du lieu de leur résidence, sous peine d'arrestation ou d'expulsion du territoire de l'État (1). » C'est à Annecy qu'Eugène Sue écrivit son livre intitulé : *Jeanne ou la famille d'un proscrit*.

Le nombre des exilés était considérable dans les divers cantons suisses où on les accueillait avec une cordiale sympathie. Le Conseil fédéral avait eu, d'abord, des rigueurs qui ne tinrent pas contre la probité des bannis. Quinet composa son bel ouvrage : *La Révolution* à Veyteaux, et Marc-Dufraisse fit paraître, à Genève, *Le Droit de paix et de guerre*; Zurich offrit un asile au colonel Charras quand on expulsa de Bruxelles l'auteur de « *La campagne de 1813 et Waterloo.* »

On peut évaluer à douze cents le nombre des bannis qui gagnèrent l'Espagne. Parmi eux se trouvait une femme d'un grand cœur, madame Armstrong, riche anglaise qui, depuis quelques années, habitait Agen ; elle était républicaine, et on l'arrêta. Conduite à Bordeaux, elle y fut interrogée par les membres du Conseil de guerre ; elle refusa de leur répondre ; ils la condamnèrent *à la transportation à*

---

(1) Ordre du ministre de l'intérieur.

Cayenne. On n'osa pas exécuter cette sentence qui fut commuée en un décret d'expulsion. Le préfet Preissac alla visiter le linge et les papiers de madame Armstrong au moment où elle partait. C'est en Espagne que s'étaient rendus, les uns en exécution de décrets d'exil, les autres pour échapper à des sentences de transportation, MM. Marcou, Louis Vivent, Delpech, Eugène Terrail, avocats, — Duputz et Raynal, anciens représentants, — Auguste Laborde et Taudonnet, négociants. Xavier Durrieu, Peyre, instituteur de l'Hérault, Delsol (du Gers) et Fulbert Martin, l'ami de Georges Sand, sont de ceux que la mort y frappa. M. Eugène Duclerc, ex-constituant, ministre des finances en 1848, alla fonder, à Madrid, une grande administration financière. Si, dans cette haute position, il sut sacrifier ses intérêts personnels aux louables exagérations d'une délicatesse pleine de susceptibilités, il y acquit une influence dont il usa souvent en faveur des exilés que les gouverneurs de certaines provinces ordonnaient d'expulser. Dans les vastes entreprises se rattachant à la Société de crédit qu'il dirigeait, M. Duclerc plaça beaucoup de proscrits; quelques-uns y sont restés, Heitzman, entre autres, l'ouvrier mécanicien du Creuzot, que les électeurs de Saône-et-Loire avaient envoyé à l'Assemblée législative, et que la Haute-Cour de Versailles, après l'affaire du 13 juin 1849, condamna, par contumace, à la déportation.

La Grande-Bretagne donna, seule, aux exilés français comme à ceux de toutes les nations, une hospitalité généreuse et complète. Les ouvriers y trouvaient aisément du travail; les médecins y pratiquaient leur art librement; les établissements d'instruction publique offraient des chaires aux professeurs et aux avocats. C'est de ce refuge protecteur que partaient les manifestes de Ledru-Rollin, *le Monde nouveau* de Louis Blanc, *les Lettres* de Félix Pyat; c'est à Londres que l'illustre tribun écrivit *la Décadence de l'Angleterre*, — Xavier Durrieu, *le Coup d'État*, — Schœlcher, *l'Histoire des crimes du Deux-Décembre* et *le Gouvernement du Deux-Décembre*, — Pascal Duprat [*les Tables de proscription*.

Jersey fut le seul coin de la Grande-Bretagne où les lois de l'hospitalité furent, un jour, méconnues. Après sa publication de *Napoléon le Petit*, Victor Hugo dut quitter la Belgique et se retira dans cette île où il termina *les Châtiments*, ce livre terrible et immortel. C'est à Jersey que notre ami regretté Charles Ribeyrolles fit imprimer *les bagnes d'Afrique*, et créa le journal *l'Homme* auquel de nombreux proscrits collaboraient. J'apportai mon humble tribut à la cause si vaillamment défendue par les écrivains dont je cite le nom dans ce livre. *L'Homme* publia une lettre de Félix Pyat; il y était dit que « la reine d'Angleterre, en allant, à Paris, accepter l'hospitalité de la famille impériale, avait abjuré sa pudeur de femme. » Des habitants de l'île s'ameutèrent autour des bureaux du journal dont ils demandaient, à grands cris, la suppression. Victor Hugo, à cette occasion, résuma les crimes de Louis Bonaparte dans une protestation vigoureuse; ses deux fils et vingt-sept autres proscrits la signèrent avec lui. Le gouverneur prononça contre les trente signataires une sentence d'expulsion; le ministre de l'intérieur la confirma. Un meeting immense eut lieu à Londres; un membre du Parlement le présidait. Malgré les résolutions prises par cette assemblée, résolutions qui flétrissaient la conduite du ministre Georges Grey, la sentence fut maintenue et exécutée. Les expulsés de Jersey se dispersèrent; Victor Hugo établit sa résidence à Guernesey.

Soixante proscrits, dans l'espoir de tirer en Amérique meilleur parti qu'en Angleterre de leur art ou de leur industrie, s'adressèrent à lord Granville qui paya leur passage et chargea l'ambassadeur anglais auquel il les recommanda de remettre à chacun d'eux cent francs dès leur arrivée. Déjà, MM. Caylus, Cantagrel, Vasbenter, les représentants Lafon, Bruckner, Hochstuld et Victor Considérant s'étaient rendus à New-York. Quelques proscrits s'embarquèrent pour l'Espagne, et d'autres, parmi lesquels était Salabelle (de la Drôme), pour la Chine. Deux seulement, Hibruit et Seinguerlet se réfugièrent en Allemagne.

Charles Ribeyrolles alla mourir à Rio-Janeiro, tandis que, à Buenos-Ayres, on ensevelissait Amédée Jacques, le fondateur et le directeur de la revue démocratique « *la Liberté de penser* » étouffée par la réaction cléricale. Avant d'expatrier Amédée Jacques, Louis Bonaparte l'avait arraché de la chaire de philosophie à l'Ecole normale, comme il arracha Emile Deschanel de la chaire de rhétorique au collége Louis le Grand. Après avoir brillamment rempli ses fonctions universitaires à Montevideo où MM. Charles Quentin et Antide Martin avaient, comme lui, cherché un refuge, le modeste et savant ami de Humbolt fut prié de régénérer l'instruction publique dans un pays si longtemps abruti par la domination espagnole ; quand la Mort interrompit l'œuvre régénératrice, Amédée Jacques dirigeait, à Buenos-Ayres, le collége national.

N'oublions pas ceux qu'on avait déportés à Noukahiva. M. A. Gent s'était marié dans la prison de Lyon ; sa jeune femme, une enfant de dix-sept ans, voulut le suivre dans l'île désolée ; M. Lacrosse lui en fit obtenir l'autorisation qui s'étendit à madame Ode et à la femme du troisième déporté ; il reconnut de cette façon le service que M. Gent lui avait rendu, le 13 juin 1849. Contrairement à la loi en vertu de laquelle ils avaient été condamnés *à la déportation simple,* c'està-dire à la liberté dans l'île, MM. Ode et Gent furent séquestrés, avec leurs familles, dans une sorte de prison palissadée sur un rocher que le soleil brûle ; là, on les gardait à vue, nuit et jour. « Toute communication, disait le règlement, est interdite entre les condamnés et le personnel militaire ou civil de l'établissement ; il ne faut pas laisser oublier aux condamnés quelle distance sépare des hommes que la loi du pays châtie et *flétrit* de ceux que cette loi arme pour en assurer l'exécution. » MM. Gent et Ode protestèrent contre la violation de cette loi. Les ministres Ducos et Abatucci répondirent : « Il résulte clairement de la loi du 14 juin 1850, que les condamnés à la déportation simple doivent être s libres au lieu de la déportation. Mais les nécessités de leur garde, la responsabilité de ceux qui en sont chargés ne permettent pas de donner suite à la réclamation de MM. Ode et Gent. » Les ministres de Napoléon III continuant, comme leur maître, à se rire des lois, aggravaient, de leur propre autorité, les peines les plus dures. Jusqu'au mois de novembre 1854, MM. Ode et Gent supportèrent, avec fermeté, d'inexprimables souffrances ; leur peine fut commuée en vingt années de bannissement (1); ils allèrent à Valparaiso où Ode est mort; Gent gagna l'Espagne où, fortifié par l'énergie de ses convictions républicaines, il demandait à l'espérance et au travail un adoucissement aux amertumes de l'exil (2).

Peu de temps après la proclamation de l'empire, le ministre des affaires étrangères fut avisé qu'un ex-officier nommé Kelch, évadé de Lambessa, était parti de Londres pour Paris avec deux Italiens nommés Rassini et Galli, dans le but d'assassiner l'empereur. Un matin, le *Moniteur* nous apprit que « dans un cabaret de Montrouge, une lutte terrible s'étant engagée entre « des forçats en rupture de ban et des agents du service de sûreté, ceux-ci avaient dû faire usage de leurs armes, et que force était restée à la loi. » Le *Moniteur* mentait. Ces prétendus forçats, dont tous les pas avaient été suivis, n'étaient autres que Kelch et les deux proscrits italiens. M. Piétri donna aux agents Griscelli, Hébert et Letourneur l'ordre de lui apporter Kelch mort ou vif.

---

(1) Après le départ des déportés, l'île de Noukahiva fut abandonnée par les Français.

(2) Le troisième déporté fut pleinement gracié par les décembriseurs qui, en outre, lui fournirent les moyens d'établir à Papaéte (Tahiti) un atelier de mécanicien pour lui et un commerce d'étoffes pour sa femme. Est-il besoin de dire quel genre de services on rémunérait si largement ?

A huit heures du matin, au moment où l'ex-officier et les deux Italiens s'attablaient dans un cabinet du marchand de vin Desmaret, la porte s'ouvrit et Griscelli se précipita sur Kelch qui lui opposa une vive résistance. Le revolver de l'agent partit deux fois et les deux proscrits tombèrent. Une balle avait frappé Kelch entre le nez et le front, l'autre avait fracassé l'épaule de l'Italien (1). Les deux blessés guérirent et furent transportés à Cayenne en même temps que Galli.

Vers le milieu de juin 1853, Griscelli reçut l'ordre de partir pour Calais et d'agir suivant les instructions qu'il y recevrait du sous-préfet M. D..... Le fonctionnaire et l'agent se rendirent sur la jetée : un bateau pêcheur y débarqua deux hommes. M. D..... en désigna un à Griscelli; c'était un Italien nommé Sinibaldi. L'agent le suit et monte dans le même wagon que lui; en arrivant à Paris, il s'en empare et le mène à Saint-Cloud. Là, Sinibaldi fut, dit-on, poignardé.

Un peu plus tard, le général F..... alla chercher, à la préfecture de police, cet agent Corse qui, jusqu'en 1857, fut le bravo de l'Empereur (2) et l'introduisit dans le cabinet de

(1) Dans les *Mémoires* de Griscelli publiés à Bruxelles, on a voulu amoindrir l'horreur de cette scène qui est transformée en une espèce de duel. Mais, cet agent a écrit et signé ceci : Kelch n'a pas été blessé, il a été assassiné.

(2) Ce Griscelli avait été condamné pour crime de bigamie; il se mit, en 1859, aux gages du cardinal Antonelli et de M. F. de Mérode qui le créèrent baron de Rimini. Sous ce titre, il eût ses grandes entrées au Vatican, reçut la bénédiction du pape, s'assit à la table de plusieurs souverains, négocia un emprunt pour François II, et était accueilli, à bras ouverts, chez des cardinaux, des archevêques et des évêques avec lesquels il correspondait. Une attestation signée *F. de Mérode, pro-ministre de l'armée pontificale* rend hommage « au catholicisme fervent du baron Arthur de Rimini; » Elle exalte « les services incontestables et incontestés rendus par le dit baron aux gouvernements du Saint-Père et du roi des Deux-Siciles; » elle ajoute que le bigame anobli, le sbire de Napoléon III « a rempli, en outre, des missions difficiles et délicates en Italie et à l'étranger,

Napoléon III qui lui dit flegmatiquement : « Tenez, Griscelli, lisez cette dépêche, prenez ces mille francs et agissez. Vous rendrez compte de votre mission à Piétri. » La dépêche annonçait la prochaine arrivée à Paris de l'Italien Donati dont le dessein était d'assassiner l'Empereur. Descendu à l'hôtel Mirabeau, rue de la Paix, Donati guettait une occasion propice. Griscelli l'arrêta et le conduisit à M. Piétri qui l'interrogea et le fit écrouer à Mazas. Le lendemain, on trouva l'Italien pendu dans sa cellule.

On avait surpris, dans une maison de la rue de la Reine-Blanche, une quinzaine de conspirateurs fabricant des tubes en fonte revêtus d'une toile goudronnée ; on les condamna, le 18 septembre 1852, à des peines dont la durée variait de trois ans à quinze mois d'emprisonnement.

Le comité connu sous la dénomination de *Commune révolutionnaire* avait émis, à Londres, des bons à un franc, et imprimé des brochures de Félix Pyat ; le produit de cette émission et de ces publications était destiné à venir en aide aux proscrits pauvres. Les personnes qui s'étaient chargées, à Paris, du placement des brochures et des bons furent arrêtées ; on trouva le moyen de relever contre elles onze chefs d'accusation ; il y eut vingt et un inculpés ; quatorze comparurent devant le tribunal de police correctionnelle, les autres étaient absents. Le président interdit la publication du compte rendu des débats. Jules Favre qui défendait M. Raoul Bravard fit entendre un courageux langage en faveur des proscrits. Le 24 juillet 1853, tous les accusés furent, pour un temps plus ou moins long, condamnés à la surveillance de la haute police.

Le 7 juin, aux alentours de l'Hippodrome où l'Empereur

---

et qu'il en a rapporté loyalement tous les avantages à *la religion et à la légitimité.* » Ce curieux document, revêtu de trois timbres aux armes pontificales et portant la date du 15 juillet 1864, se termine ainsi : « en foi de quoi — le pro-ministre de Sa Sainteté prie tous ceux qui professent *notre sainte religion et nos principes* de lui donner aide et assistance. »

devait se rendre, les agents de police remarquèrent des groupes inaccoutumés et correspondant entre eux au moyen de signaux qui parurent suspects. Des mesures de précaution firent avorter un complot formé par les membres des sociétés secrètes dont les dénominations étaient *les Consuls du Peuple, le Cordon sanitaire* et *les Deux-Cents* ; cette dernière composée d'étudiants avait pour chefs Arthur Ranc, Laflize et Ribaud de Laugardière. La police surveillait MM. Ribaud et Lux, fondateurs de la société *des Consuls du Peuple;* elle les arrêta. Un Belge, M. de Meren, prit leur place et une nouvelle tentative contre la vie de l'Empereur fut préparée. On savait que Napoléon III irait à l'Opéra-Comique, le 6 juillet. Ce jour-là, vers neuf heures du soir, l'attention de la police fut attirée par la présence de trois individus, dans la rue Marivaux, près de la porte qui donne entrée à la loge impériale. On les arrêta; des complices accourus pour les délivrer furent arrêtés aussi. On les conduisit à la préfecture de police; sur eux on trouva des armes. Il paraît certain qu'un prêtre ayant reçu en confession la confidence du complot l'avait révélé au chef de la police. M. Zangiacomi présida les débats de la cour d'assises en accusateur public; il intimidait les témoins, brutalisait les accusés, interrompait les avocats et ne laissait à la défense aucune liberté. Sept des inculpés furent condamnés à la déportation, trois à huit ans de bannissement, un à dix ans de détention, neuf à sept et à cinq ans de la même peine, deux à cinq et à trois ans de prison; six furent acquittés mais retenus sous prévention de société secrète; M. Ranc était un de ceux-là. Les acquittés et les condamnés comparurent devant la sixième chambre présidée par M. D'Herbelot; le tribunal en condamna quarante-deux à diverses peines et en acquitta quatre. Aucun d'eux n'avait voulu répondre ni se défendre.

M. Hubbard, défenseur de Bratiano devant la cour d'assises, avait été arrêté on l'accusait de faire partie de la même société secrète que son client. Tombé malade à Mazas, il ne fut jugé que deux mois après ses coaccusés; malgré une éloquente plaidoirie de M. Berryer, on le condamna à trois ans de prison, 10,000 francs d'amende et à cinq ans de privation de ses droits civiques.

La session de 1853 passa inaperçue. On ne s'occupait guères ni du Sénat, ni du Corps législatif. A quoi bon? Comme l'année précédente, une séance avait suffi à la discussion générale du budget; M. Schneider, qui en était le rapporteur, ne put s'empêcher de dire : « L'esprit d'entreprise touche à la spéculation et la spéculation touche au jeu; n'est-il pas à craindre que la hausse rapide de toutes les valeurs, l'exemple des fortunes subites n'excitent, outre mesure, les imaginations et n'occasionnent des entraînements et des excès regrettables? »

Et sous la vigoureuse impulsion de M. de Morny, « cet esprit d'entreprise touchant à la spéculation qui touche au jeu » se répandait, de plus en plus, au sein de toutes les couches sociales, — tandis que, établissant dans le palais des Tuileries un atelier où, du matin au soir, un groupe formé des tailleuses les plus habiles de Paris s'ingéniait à créer pour elle des modes exagérées, l'Impératrice donnait au luxe des encouragements effrénés.

En même temps, sous le patronage de S. M. Eugénie, les corporations religieuses croissaient en nombre et, de tous les côtés, se développaient. Les capucins eux-mêmes avaient reparu, et le père Ambroise, supérieur de l'ordre, les réunissait en communauté dans une vaste maison de la rue du Mont-Parnasse, derrière les jardins du Luxembourg. Lugubre rapprochement! Dix-huit mois après les massacres du 24 août 1572, le roi Charles IX et la reine Catherine de Médicis, se conformant au désir du pape Grégoire XIII, favorisèrent l'établissement, en France, des Pères Capucins (1).

(1) Catherine de Médicis leur donna un emplacement au faubourg Saint-Honoré.

Dix-huit mois après les massacres du 4 décembre 1851, ces moines au capuchon pointu, dont l'ordre supprimé en 1790 n'avait pu se reconstituer en France, s'y établissaient de nouveau sous la protection de l'Empereur Napoléon III et de l'Impératrice Eugénie donnant ainsi contentement au désir du pape Pie IX qui, par la bouche du cardinal Antonelli, « avait déclaré urgent de seconder le rétablissement des anciens ordres religieux. »

Le ministère de la police auquel était attribuée la surveillance des journaux avait, pendant sa durée de quatorze mois (1), infligé trois suppressions et quatre-vingt-treize avertissements à la presse bien timide, pourtant, dans son langage dont elle ménageait les termes avec une rigoureuse circonspection.

(1) Rétabli le 22 janvier 1852, ce ministère fut supprimé le le 10 juin 1853.

CHAPITRE III

Mort de Lamennais. — Les lieux saints ; les trois Papes ; mobiles qui poussèrent Louis-Napoléon à troubler la paix; lord Stratford met les moines d'accord ; Louis Bonaparte trouve un nouveau moyen d'agression ; colère du Czar ; Sinope ; de provocateur, pacificateur. — Discours de Napoléon III; encore un mensonge ; — La Caisse de la boulangerie ; l'emprunt ; l'élévation du contingent. — Traité d'alliance. — Lord Raglan et Saint-Arnaud aux Tuileries et à Constantinople; l'alliance en péril. — Silistrie. — Les prétentions de l'Angleterre. — La Dobrutja. — Le choléra. — La bataille de l'Alma. — Mort de Saint-Arnaud ; Canrobert lui succède. — Le Tartare. — M. Haussmann préfet malgré l'Impératrice. — M. Billaut au ministère de l'intérieur. — Arrestations et procès. — Le crime de bienfaisance. — Inaction des alliés après la bataille de l'Alma ; les assiégés en profitent. — Un bombardement stérile. — Balaclava. — Inkermann. — L'hiver, la misère et les maladies. — Les jésuites et l'Immaculée-Conception. — Libéralités de Napoléon III.

Le 27 février 1854, Lamennais mourut. Les dépouilles mortelles du grand penseur ne seront accompagnées que par les parents et par les exécuteurs testamentaires; ainsi l'avait décidé la police qui, en même temps, donnait aux journaux l'ordre de ne point indiquer le jour où se ferait l'enterrement civil de l'auteur des *Paroles d'un croyant*, livre immense et profond dans lequel, suivant la juste expression d'un écrivain, Lamennais « chanta les hymnes du Peuple. » Il était prêtre, et il refusa les prières de l'Église; il ne voulut même pas qu'on mît sur sa fosse ouverte dans la tranchée où les pauvres sont ensevelis la croix devenue l'étendard que les jésuites portent au nom d'une religion dont ils se sont emparés et dont ils ont détruit les bases en substituant à la doctrine miséricordieuse de son fondateur la haineuse intolérance d'un fanatisme brutal, et à la simplicité de son culte primitif une fastueuse dévotion établie sur des superstitions grossières. — Le 28, à huit heures du matin, le préfet de police alla inspecter la chambre mortuaire ; puis, au milieu d'un brouillard épais, le convoi se mit en marche; il se composait du corbillard des pauvres sur lequel, conformément aux volontés de l'illustre mort, la modeste bière était placée, et de deux voitures de deuil; MM. Carnot, Henri Martin, Montanelli, Forgues et Henri Barbet les occupaient. Des citoyens, dont le nombre grossissait à chaque instant, se mettaient à la suite du convoi. Dans le faubourg Saint-Antoine, les ouvriers se joignaent en foule au cortège; trois fois, les sergents de ville *coupèrent la queue* qui toujours se reformait. Entre les citoyens et les agents une lutte s'engagea non loin du cimetière dans lequel entrèrent seulement les cinq personnes que j'ai nommées. Béranger ne put obtenir que les portes s'ouvrissent pour lui. Sur les hauteurs du Père-Lachaise, on apercevait deux régiments; des soldats gardaient les abords de la tranchée funéraire au fond de laquelle on fit glisser le cercueil du philosophe, du dialecticien incomparable qui, dans un langage sobre, harmonieux et puissant, enseignait au Peuple ses devoirs et ses droits et qui lui disait : « Peuple, réveille-toi, enfin! Esclaves, levez-vous, rompez vos fers, ne souffrez pas que l'on dégrade plus longtemps en vous le nom d'hommes! » Au moment où les premières pelletées de terre étaient jetées par le fossoyeur, des ouvriers et des étudiants apparurent près de la longue fosse commune. — « Que venez-vous faire ici? leur cria un officier de paix. — Pleurer nos morts, répondit un étudiant; sommes-nous aussi privés de ce droit? — D'un ton menaçant l'homme de police répliqua : « Au nom de la loi, retirez-vous ! » Les agents poursuivirent, à travers les tombes, les jeunes gens qui leur échappèrent. Sortis du cimetière par une issue qui leur avait été indiquée, les étudiants et les ouvriers se répandirent dans les rues voisines en chantant la *Marseillaise* et en criant : « Respect aux morts ! » Le silence le plus absolu sur l'enterrement de Lamennais fut imposé à tous les journaux indistinctement.

Ce qu'on nomme *les lieux saints* se compose, principalement, d'un creux dans une roche à Bethléem, d'une grotte à Gethsémani et d'un caveau près du Golgotha hors des murs de Jérusalem. Le creux dans la roche serait la crèche de Jésus, — le caveau, son sépulcre, — et c'est dans la grotte que les apôtres auraient apporté le corps de la sainte Vierge *miraculeusement*. Sur chacun de ces trois lieux saints, des églises ont été bâties ou creusées, car celle de Gethsémani est souterraine et celle de Bethléem qui s'élève au-dessus du sol a le chœur posé sur une autre qu'on a souterrainement taillée dans le roc ; celle-ci est l'étable légendaire où se trouvait la crèche et au fond de laquelle un marbre blanc cerclé d'argent marque la place où Marie enfanta Jésus ; on descend, par deux escaliers tournants, dans cette église que trente-deux lampes éclairent et qui a deux portes. Or, depuis je ne sais combien de siècles, les moines latins et les moines grecs se querellent au sujet des clefs de l'église supérieure et de l'église souterraine. Cependant, par une sorte de trêve tacite, les hostilités étaient suspendues. En 1851, à l'instigation de M. Lavalette ambassadeur de France à Constantinople, les moines latins qui se nomment les *Pères de la Terre-Sainte* remirent leurs prétentions sur le tapis ; ils exigèrent la clef de la porte principale de l'église supérieure de Bethléem et une des clefs de chacune des deux portes de l'église souterraine dite *de la Sainte-Crèche*, — le droit de placer dans ce sanctuaire une étoile d'argent ornée des armes de France et dans celui de Gethsémani une lampe et une armoire.

Les moines grecs soutenus par leur pape qui règne à Saint-Pétersbourg, — car le Czar de Russie est le pape des catholiques grecs, — ne se refusaient pas à ouvrir les portes aux moines latins dont le pape est à Rome, mais ils ne voulaient pas se dessaisir des clefs dont ils avaient toujours eu la garde.

Le Sultan, dans l'empire duquel sont compris les lieux saints depuis l'an 1291, époque où les chrétiens perdirent la Palestine, rendit, d'abord, un firman favorable aux moines grecs; puis, sous la pression que Louis Bonaparte fit exercer plus violemment sur Abd-ul-Medjid après le Deux-Décembre (1), les trois clefs furent remises aux moines latins, et leur patriarche plaçait triomphalement une étoile resplendissante dans le sanctuaire de Bethléem au moment où, en France, leur protecteur posait sur sa tête une couronne usurpée.

Le triomphe de l'église rivale de la sienne exaspéra le Czar plus jaloux encore de son autorité spirituelle que de l'autre; il protesta contre un fait « qui lèse, disait-il, les immunités *de l'Église orthodoxe.* » Le pape grec et le pape latin prétendent, chacun de son côté, que l'orthodoxie, c'est-à-dire la conformité aux saines doctrines en matière de religion appartient à l'Église dont il est le chef. Devant cette mutuelle prétention des deux papes rivaux à posséder, seul, la vérité religieuse, le Mufti, souverain pontife des musulmans, hausse les épaules de pitié, car il soutient, lui, que « l'islamisme est la seule vraie religion. »

Dans sa protestation, le Czar ajoutait : « Le canon a été

(1) Avant le Deux-Décembre, lorsque cette question des lieux saints fut soulevée, la majorité réactionnaire de l'Assemblée législative, dont la courte vue n'alla pas au delà du contentement que donnait à son esprit clérical la réclamation des Pères de la Terre-Sainte, approuva hautement l'appui que Louis Bonaparte leur prêtait.

appelé le dernier argument des rois ; le gouvernement français en a fait le premier ; nous adopterons une conduite moins sommaire. » En effet, et sur ce point je ne saurais trop insister, quand Louis Bonaparte disait, à Bordeaux : « *L'empire c'est la paix*, » ce dissimulateur préparait déjà la guerre. Dans quel but? Nous le verrons bientôt. Voici avant tout, un fait indéniable : « C'est l'ambassadeur de France à Constantinople qui fût le premier à troubler le *statu quo* de la question des lieux saints; et sans l'action politique de la France, les disputes des Églises n'auraient jamais dérangé les relations entre les puissances amies (1). »

En 1740, le vieux cardinal Fleury qui, pour garder la direction des affaires de l'État, allait, bientôt, détacher Louis XV de la fidélité conjugale et le lancer dans le libertinage, obtint du sultan Mahmoud Ier uniquement occupé de ses plaisirs un traité concédant certains droits à l'Église latine. Mais, entre ce traité et plusieurs firmans postérieurement accordés à l'Église grecque il y avait incompatibilité absolue. Or, en demandant « la stricte exécution » des capitulations de 1740 tombées à peu près en désuétude et, conséquemment, l'annulation des firmans laissés depuis longtemps en vigueur par la France elle-même, Louis-Napoléon ravivait la querelle des moines, jetait le Sultan dans l'embarras et le Czar dans l'irritation ; en un mot, il troublait la tranquillité dont jouissait l'Europe.

Les mobiles qui le poussaient étaient divers. D'abord, il voulut plaire au parti clérical dont l'appui était nécessaire au succès de son usurpation ; puis, désirant être sacré, à Paris, comme l'avait été son oncle, il espérait que le cadeau des clefs triompherait de l'opposition que son désir avait rencontré dans l'entourage de Pie IX. D'un autre côté, Nicolas Ier s'était montré fort rebelle à la reconnais-

(1) Déclaration de lord Clarendon, ministre des affaires étrangères d'Angleterre. « *ubi antés.*

sance de Napoléon III par les puissances ; et, lorsqu'il se fut décidé à le reconnaître, au lieu du titre de « *frère et cousin,* » que les souverains, ordinairement, se donnent entre eux, il lui donna seulement celui de « *bon ami.* » Louis Napoléon gardait rancune de la double blessure faite à son orgueil. Pour s'en venger, il manœuvra de façon à former une alliance distincte avec l'Angleterre ; il caressait la politique poursuivie par cette puissance en Orient où elle croyait ses possessions de l'Inde menacées et où la Russie l'avait frappée à la fois, dans ses fiertés et dans sa cupidité « en fermant à ses flottes les Dardanelles, à son commerce les bouches du Danube et les côtes de la mer Noire. » Préserver l'intégrité de l'empire ottoman objet des convoitises de la Russie, offrir aux ressentiments de la fière Albion une occasion d'éclater et à son orgueil humilié celle de prendre une revanche, tels furent les appâts tendus par Louis-Napoléon à l'Angleterre pour l'attirer dans une alliance avec lui. Favorisée par l'influence de lord Clarendon qui portait à la fille de sa vieille amie la comtesse de Montijo une affection toute paternelle, cette alliance amènerait des relations cordiales entre les deux cours ; l'homme du Deux-Décembre pourrait, ainsi, échanger avec la Reine des visites, qui, — s'imaginait-il, — seraient comme une consécration de son criminel avénement au Pouvoir. Enfin, il pensait qu'une guerre heureuse, en affaiblissant le souvenir de ses crimes, écarterait les périls intérieurs, et que les lauriers d'une victoire remportée, au dehors, par les généraux décembriseurs déroberaient à la vue de la nation la flétrissure qui les a marqués.

« Préserver l'intégrité de l'empire ottoman, » est la grande préoccupation de l'Angleterre ; mais, par qui donc cette intégrité était-elle menacée quand, au milieu de l'Orient tranquille, Louis Bonaparte fit, avec les fameuses clefs, un tapage que les Anglais eux-mêmes blâmaient ? Après avoir déploré la prédominance que les deux Églises rivales se disputaient dans l'endroit même ou le Christ mourut, lord Clarendon disait : « Un tel spectacle nous inspire de tristes pensées. (1) »

La diplomatie européenne, à l'arbitrage de laquelle on proposa de recourir, comprenait si peu cette question sotte qu'elle demanda « si, dans ce cas, on entendait par clef un instrument servant à ouvrir une porte, ou si la clef n'était pas un emblème (2) » Dans tout cela Louis Bonaparte ne trouvait pas son affaire, c'est-à-dire la guerre et le traité. Le 22 avril 1853, lord Stratfort Canning avait anéanti les espérances napoléoniennes en mettant tout les moines d'accord; M. de la Tour, successeur de M. Lavalette essaya de raviver la querelle sur un autre point, celui de la préséance au sujet des célébrations de l'office divin : « *Il jetait feu et flamme* à la pensée que, sur la tombe de la Vierge, les prêtres grecs diraient la messe avant les prêtres latins (3). Le bon sens et le calme de lord Stratford eurent raison de ces chicanes et de ces emportements.

Mais, à la tournure que prenait l'affaire des clefs, Louis Bonaparte prévit l'avortement de ses desseins ; aussi, quelques jours avant qu'elle ne fut réglée, avait-il, sans en aviser l'Angleterre, envoyé dans le Levant une flotte française avec ordre de s'avancer jusqu'à Salamine. C'était un acte agressif dont le but était « de rallumer à Saint-Pétersbourg la querelle mourante (4) » et de pousser le Czar à envoyer, sous l'inspiration de sa colère, au prince Mentschikoff des instructions violentes d'où naîtrait, sans doute, un conflit plus sérieux que celui dont une question de ferraille et de froc avait été le prétexte bouffon. En effet, des dépêches irritées enjoignirent au prince de terminer sa mission, en réclamant de la Sublime Porte la conclusion d'un traité secret

---

(1) *Eastern Papers*, 1ʳᵉ partie, p. 67.
(2) *Eastern Papers*, 1ʳᵉ partie, p. 79.
(3) *Eastern Papers* 1ʳᵉ partie, p. 157.
(4) William Kinglake.

conférant à l'empereur de Russie un protectorat absolu sur l'Église grecque en Turquie et promettant au Sultan le secours d'une flotte russe et d'une armée de 400,000 hommes en cas de besoin. Cette fois, l'Angleterre entra personnellement en jeu, et lord Stratford Canning fit rejeter par le Divan la demande d'une suprématie qui amoindrirait la souveraineté du Sultan.

Le 25 mai 1853, le prince Menstchikoff s'éloignait de Constantinople et l'hôtel de l'ambassade russe n'avait plus sur sa façade les armes de Russie. Le 2 juillet suivant, des troupes de l'empereur Nicolas passaient le Pruth et occupaient les Principautés danubiennes.

Napoléon III mit à profit le mécontentement général que cette occupation produisit pour décider l'Angleterre à former l'alliance qu'il désirait si ardemment; impatient d'entraîner sa future alliée dans un acte de violence, il lui arracha le consentement à l'entrée simultanée des deux escadres anglaise et française dans les Dardanelles. Le Czar répondit à cette violation du traité de 1841 en envoyant une flotte russe à Sinope où elle détruisit (1) l'escadre turque mouillée dans le port, incendia la ville et tua plus de quatre mille Turcs.

Cependant, un arrangement pacifique ménagé par les représentants des quatre puissances à Constantinople était près d'aboutir lorsque Napoléon III qui, à tout prix, voulait la guerre, excita le gouvernement anglais à s'associer au gouvernement français pour signifier au Czar que « désormais, tout navire russe rencontré dans la mer Noire serait requis et, au besoin, forcé de rentrer à Sébastopol. » Cette sommation fut faite le 12 janvier 1854. Aussitôt, l'empereur de Russie rappela de Londres et de Paris ses ambassadeurs; l'Angleterre et la France l'imitèrent.

Cet homme d'aventure qui, à son gré, disposait de la na-

---

(1) Le 30 novembre 1853.

tion française, cachait sous une apparence de fermeté un esprit faible et irrésolu. Dirigée par la crainte ou par la vanité sa conduite présentera, souvent, les plus bizarres contradictions; il reculera devant les œuvres qu'il aura conçues au milieu de ses hallucinations ou sous l'influence de quelques menaces ou de quelques appréhensions et dont il redoutera les conséquences en les envisageant, tout à coup, comme pouvant être funestes à son pouvoir théâtralement exercé. Du rôle de provocateur, il passera brusquement à celui de pacificateur. C'est ainsi que, le 29 janvier 1854, après avoir, depuis trois ans, soufflé la guerre contre le Czar il écrivit à ce monarque pour lui suggérer un projet de pacification. Sa vanité, il est vrai, trouvait là une occasion d'être flattée, car, dans une lettre autographe, il disait à *son bon ami* : « Que Votre Majesté adopte ce plan dont nous sommes convenus la REINE D'ANGLETERRE ET MOI, et la tranquillité sera rétablie. » Le Czar repoussa les avances du *bon ami* en faisant, par quelques paroles fières, allusion à la désastreuse campagne de 1812.

Le 2 mars 1854, en ouvrant la session du Corps législatif, Napoléon III annonça que la guerre allait commencer; mais, comme il ne parlait de rien sans mentir, il ajouta, pour atténuer le mauvais effet que cette nouvelle produisait sur le pays : « La France va à Constantinople avec l'Angleterre son ancienne rivale et *avec l'Allemagne renonçant à ses vieilles méfiances contre nous* » Or, la Prusse et l'Autriche se borneront à contracter ensemble une alliance offensive et défensive pour garantir leurs possessions respectives (1), et elles obtiendront pacifiquement du Czar une satisfaction qui rendra cette alliance inutile.

L'Empereur, dans son discours, parla aussi de la disette qui affligeait le pays, et il loua, outre mesure, les prétendus services que la *Caisse de la Boulangerie* créée à Paris était

---

(1) Le 20 avril.

appelée à rendre en mettant le prix du pain au-dessous du taux de la mercuriale dans les années mauvaises, sauf à prendre une compensation dans les années fertiles.

Le lendemain, le projet d'un emprunt de 250 millions fut voté. Une souscription publique, ouverte le 14 mars et close le 25, dépassa de près du double le chiffre de l'emprunt. Le 5 avril, le Corps législatif éleva de 80,000 hommes à 140,000 le contingent de la classe de 1853.

Le 27, un message de la reine Victoria au Parlement et un message de l'Empereur au Corps législatif et au Sénat apprirent à l'Angleterre et à la France que toutes les négociations avec le Czar étaient rompues et que les deux puissances alliées allaient protéger la Turquie contre les *dangereux empiétements* de la Russie.

Le 10 avril, le traité d'alliance fut signé. Quelques jours plus tard, un traité se concluait avec le Sultan; — le Czar qui, le 11, avait publié sa déclaration de guerre, fit passer le Danube à une armée sous les ordres du prince Gortschakoff.

Le commandement en chef de l'armée française fut donné au maréchal Saint-Arnaud, et celui de l'armée anglaise à lord Raglan. Autant le premier de ces généraux était mésestimable, autant le second méritait l'estime générale qui l'entourait; aussi répugnait-il à ce vieux soldat sans tache, type de l'honneur et de la loyauté militaires, d'associer son commandement à celui de l'aventurier que nous connaissons. Quand, le 10 avril, l'Empereur présenta son complice de Décembre à lord Raglan, celui-ci dut faire appel à toute l'énergie de sa fidélité à la reine qui lui avait donné une mission à remplir et de son dévouement à l'Angleterre dont il croyait servir les intérêts dans cette guerre, pour vaincre le dégoût qu'il éprouvait en imposant à sa main loyale le contact de celle du maréchal Saint-Arnaud.

Le 11 mai, les deux généraux en chef se retrouvèrent à

Constantinople. Saint-Arnaud y signala son arrivée par une sottise : devant les ministres du Sultan, il éleva la prétention d'ôter à Omer Pacha et de prendre le commandement en chef de l'armée ottomane. Lord Stratford et lord Raglan rabattirent son outrecuidance. Bientôt, oubliant sa déconvenue, il prit visée plus haut mais obliquement : « il proposa, chaque fois que des forces anglaises et françaises agiraient de concert, de conférer le commandement des troupes à l'officier supérieur en grade. » Sous cette proposition généralisée perçait visiblement l'ambitieuse pensée de Saint-Arnaud : ayant un grade plus élevé que celui de lord Raglan, il commanderait en chef l'armée britannique. Un mot sévère du général anglais déjoua ce projet orgueilleux. Semoncé, dit-on, par son complice et ami Napoléon III qui « lui défendit de renouveler des tentatives de ce genre *pouvant mettre l'alliance en danger*, » ce triste maréchal de France allait faire une troisième faute plus lourde que les deux premières, car celle-ci était de nature à mettre en péril non-seulement l'alliance mais encore l'armée dont il était le chef.

Depuis le 19 mai, le prince Paskewitch, avec une armée de 32,000 Russes assiégeait Silistrie qui est l'une des trois plus fortes places turques et la clef du Danube inférieur. La garnison se défendait héroiquement. Dans une conférence entre lord Raglan, Saint-Arnaud et Omer Pacha, il avait été convenu que les deux armées alliées se rendraient de Gallipoli à Varna où leur présence dans le voisinage de la lutte intimiderait les mouvements de l'armée russe. Omer Pacha alla donc baser sur cet appui moral ses opérations militaires.

Le 24 juin, Saint-Arnaud, sans nul souci de l'engagement pris, annonça, tout à coup, à lord Raglan qu'il avait résolu d'envoyer à Varna une seule de ses divisions et de faire prendre au reste de son armée une position défensive derrière la chaîne des Balkans ; il invitait le général anglais à suivre ce plan dont, — chose plus grave, — il avait donné à la division Bosquet l'ordre de commencer l'exécution. Ce projet insensé de mettre « plusieurs centaines de milles entre les armées des deux puissances occidentales et le théâtre de la guerre » stupéfia lord Raglan ; il répondit froidement « qu'aucune partie de son armée ne se porterait derrière les Balkans, mais que, à la première alerte, elle s'embarquerait pour Varna. » Saint-Arnaud dut reconnaître l'insanité de son plan auquel il renonça ; pour dissimuler à ses soldats sa nouvelle bévue, il laissa la division Bosquet continuer sa marche vers la Bulgarie.

Le 10 juin, commença le mouvement des deux armées sur Varna, et, le 22, après avoir vu tous leurs assauts repoussés et subi d'énormes pertes les Russes levèrent le siège de Silistrie. A Giurgevo, l'armée turque leur infligea un nouvel échec à la suite duquel ils abandonnèrent tout projet de domination sur le Danube inférieur.

Le maréchal Saint-Arnaud avait tracé le rôle des deux armées alliées dans ces termes très-nets : « Nous sommes venus ici pour aider les Turcs, les secourir, les sauver, mais non pas en suivant leurs plans et leurs idées. » Les Turcs n'ont plus besoin ni d'aide ni de secours puisque, seuls, ils ont obligé leurs envahisseurs à regagner le territoire du Czar. Nicolas, on le sait, est tombé dans un abattement profond en apprenant la défaite de son armée à Silistrie et à Giurgevo ; il vient d'évacuer les Principautés danubiennes que les Autrichiens occupent maintenant ; les causes de la guerre ont disparu ; il n'y a plus, semble-t-il, qu'à assurer la paix en obtenant du Czar découragé sa renonciation aux exigences qui la troublèrent.

Mais l'Angleterre ne l'entendait pas ainsi ; le but occulte de ses condescendances pour Napoléon III se démasque enfin : ce qu'elle voulait et ce qu'elle veut c'est *la destruction de Sébastopol et de la flotte russe*, c'est *l'occupation de la Crimée*. « Voilà ce qui payera les frais d'une guerre dont le but politique et militaire ne peut être obtenu tant que Sébastopol et la flotte russe existeront (1). » La France va, sans aucun profit pour elle, payer cher la satisfaction que l'Angleterre réclame en échange de son consentement à une alliance avec l'homme de Décembre et de la poignée de main donnée par lord Raglan à Saint-Arnaud. Le 28 juillet, une conférence eut lieu à Varna ; les généraux français qui y assistaient déclarèrent que leurs instructions se bornaient « à assurer la sécurité du territoire ottoman et ne les autorisaient pas à tenter l'invasion d'une province russe. » Lord Raglan tint bon et fit décider que les préparatifs de l'invasion se feraient activement.

Le maréchal Saint-Arnaud brûlait d'illustrer son commandement par une action d'éclat. La Dobrutja est une contrée déserte et marécageuse au sein de laquelle le Danube, par ses crues hivernales, entretient perpétuellement des fièvres pestilentielles ; et c'est là que, en plein été, Saint-Arnaud envoya trois divisions françaises ! Il s'imaginait y trouver des Russes et remporter sur eux une victoire que, le 15 août, il offrirait pour bouquet à l'Empereur. Il chargea le général Canrobert d'organiser la victoire rêvée en lui désignant « *comme étant le plus propre à ce coup de main* » le colonel qui s'empara du Palais législatif et auquel cet exploit valut les épaulettes de général. Le 21 juillet, sous la direction du général Espinasse, le corps expéditionnaire se mit en marche ; la division du général Canrobert partit la première ; les deux autres se mirent en marche, le lendemain. Aux premières étapes, le choléra prend son tribut de victimes ; plus on s'avance dans ces steppes infectes, plus la mort fauche les bataillons ; les soldats tombent par centaines pour ne plus se relever ; partout, des cadavres sur lesquels des vautours s'abattent ; partout, des malades qu'on ne peut soulager car les médicaments

(1) Le *Times*, n° du 15 juin 1854.

font défaut; on en abandonne un grand nombre, car les moyens de transports manquent; tous les chevaux en sont chargés. Les infirmiers et leurs auxiliaires sont morts à la peine. La soif dévore nos malheureux soldats, et pas une goutte d'eau pour l'apaiser! Si un orage éclate « et verse sur eux la pluie après laquelle ils soupirent, cette pluie qu'ils croient bienfaisante, c'est la mort; plus d'un qui s'endort, ce soir-là, dans sa capote roidie ne se relèvera plus le lendemain (1). » Les officiers, que le fléau avait d'abord épargnés, sont frappés à leur tour : « Tel qui creuse la fosse d'un camarade y tombe une heure après (2). » Le 10 août, quand, après avoir semé de cadavres les routes infectées, le reste de l'armée expéditionnaire revint à Varna, « un officier d'état-major calcula que des trois divisions françaises qui marchèrent dans la Dobrutja, dix mille hommes étaient décédés ou malades (3). »

Les résultats de cette lugubre campagne ne s'arrêtèrent pas au désastre qui faillit anéantir le corps expéditionnaire tout entier. Les malades venus de la Dobrutja apportèrent un nouvel aliment au choléra qui de Gallipoli avait suivi notre armée à Varna; le fléau redoubla d'intensité; il attaqua l'armée anglaise et atteignit les flottes; espérant lui échapper, elles quittèrent leurs mouillages; dans plusieurs vaisseaux il se déchaîna si violemment que « la manœuvre usuelle ne put plus être exécutée; les morts étaient sans cesse jetés par dessus bord. » Saint-Arnaud, contre lequel chefs et soldats se répandaient en invectives mordantes, luttait mal contre le trouble de son esprit assiégé sans doute par d'effroyables visions et contre les souffrances de son corps exténué par la maladie. Enfin, l'épidémie qui rava-

---

(1) *Souvenirs historiques, militaires et médicaux de l'armée d'Orient* par M. F. Quesnoy, médecin major au 4ᵐᵉ régiment des voltigeurs de la garde.
(2) F. Quesnoy,
(3) W. Kinglake.

geait les camps des alliés s'affaiblit, et l'embarquement des troupes commença le 24 août. Le 14 septembre, les premières chaloupes touchaient au point du rivage choisi pour le débarquement ; bientôt, sur la côte de Crimée, près de l'embouchure de l'Alma, bivouaquaient 30,200 Francais (1), 7,000 Turcs et 27,000 Anglais ayant ensemble 128 canons.

La rive gauche de l'Alma est dominée par des hauteurs, dont les pentes ravinées et les courbes inégales dans leur roideur offrent à la défense des retranchements naturels ; en s'y établissant, le prince Mentschikoff y avait fait ajouter différents ouvrages ; ne disposant que de 39,000 hommes et de 106 canons, il ne put donner à son front de bataille qu'une lieue d'étendue sur une position qui s'étendait à plus de huit kilomètres. Le 20 septembre, des batteries et des soldats occupaient tous les défilés et toutes les routes, une seule exceptée, car le général en chef de l'armée russe la croyait inaccessible ; en l'explorant, il eût vu qu'elle menait à un gué dont le passage devait lui être funeste. Les deux armées alliées s'étaient mises en mouvement dans l'ordre assigné à chacune d'elles ; vers une heure et demie, un canon russe ouvrit la bataille du côté des Anglais. De notre côté, la division Bosquet s'était mise en marche la première. Ce général, dont l'intelligence égalait la bravoure, pressentit la faute que Mentschikoff avait commise ; il découvrit le gué, fit passer la rivière à ses troupes, se mit à la tête d'une brigade, gravit la route montante dont le général russe n'avait pris aucun souci et arriva, sans être inquiété, sur un plateau que les zouaves avaient déjà escaladé en grimpant sur ses flancs escarpés et rocailleux. Cette apparition imprévue dérangea les plans de Mentschikoff ; quarante pièces d'artillerie se tournèrent vers le plateau conquis et tentèrent inutilement d'éteindre le feu des douze canons de Bosquet dont l'isolement devenait périlleux ; Can-

---

(1) De nombreux renforts n'avaient pu remplir les vides faits par le choléra dans les rangs de l'armée française.

robert qui devait le secourir ne le fit pas ; ce général, n'ayant pas son artillerie, attendit et se trouva lui-même, exposé à un danger qui eût été funeste à sa division si Mentschikoff eût su profiter d'une position devenue mauvaise pour les alliés. Pendant cette journée, les fautes se multiplièrent de part et d'autre. La brigade Lourmel fut dirigée par le général Forey à la division duquel elle appartenait ; il se comporta de telle façon qu'un historien de cette bataille a pu dire : « Si cet homme, qui s'était fait publiquement, avec les commissaires de Maupas, l'agresseur et le geôlier des représentants désarmés de la France, est, un jour, appelé à rendre compte de son passé, il ne lui sera pas possible de détourner le châtiment en s'en rapportant aux souvenirs de l'Alma (1), » La division du prince Napoléon de laquelle s'étaient détachés les zouaves pour aller combattre fut inutilisée ; « elle demeura dans la vallée pendant la période critique de la bataille, et Saint-Arnaud qui s'était placé au milieu d'elle ne put avoir qu'une vue imparfaite de ce qui se passait (2). » A un certain moment, Canrobert pouvait détruire une forte colonne russe ; au grand étonnement de celui qui la commandait, il ne le poursuivit pas. L'indécision qui paralyse habituellement les qualités militaires de ce général dont la bravoure est pourtant incontestable se trahissait dans tous ses mouvements sur les rives de l'Alma ; on attribuait son trouble à la douleur que lui avait causée l'issue néfaste de la campagne de la Dobrutja ; plus de la moitié de sa division y avait péri. Les Anglais enlevèrent les principaux ouvrages de l'ennemi. Après des alternatives de crainte et d'espérance, les alliés restèrent maîtres du champ de bataille. Le général Bosquet avait conservé sa position. L'armée russe, qui s'était vaillamment défendue contre des ennemis supérieurs en nombre et non moins vaillants

---

(1) W. Kinglake.
(2) W. Kinglake.

qu'elle, effectua sa retraite dans la direction de Sébastopol. Cette bataille, qui avait duré moins de cinq heures, coûta en tués ou blessés, 1,343 hommes à l'armée franco-turque, et 2,002, parmi lesquels 106 officiers et 111 sergents à l'armée anglaise qui s'était plus généralement engagée que la nôtre et qui avait eu à combattre un plus grand nombre d'ennemis (1). » Le chiffre des Russes tués ou blessés s'élevait à 5,709 ; ils ne perdirent que deux canons pris par les Anglais et laissèrent fort peu de prisonniers à leurs vainqueurs.

Le maréchal Saint-Arnaud, dans son rapport qui enflait démesurément les choses, outragea la vérité jusqu'à dire : « Le général Canrobert a eu les honneurs de la journée. » Et, comme ce général avait reçu, paraît-il, une blessure légère, si légère que nul ne s'en aperçut, les journaux impérialistes, dans l'intention de flatter les manies dévotes de l'Impératrice, déclarèrent qu'une médaille donnée par la *pieuse souveraine au glorieux blessé* l'avait miraculeusement sauvé de la mort. Ce fut, dans les camps des alliés, une grande risée, quand on y connut les hâbleries du rapport officiel et les drôleries des journaux officieux.

Mais la publication de la dépêche adressée par Saint-Arnaud à l'Empereur fit éclater en Angleterre, au sein de la colonie anglaise, à Paris, et dans le camp de nos alliés une vive indignation. Le maréchal s'arrogeait le mérite d'avoir dirigé la bataille et déterminé la victoire en sa faveur ; il blâmait les troupes anglaises d'avoir tardivement exécuté un conseil qu'*il* leur avait donné, en ajoutant « qu'elles avaient bravement *réparé* ce retard. » M. Drouyn de Lhuys

(1) Saint-Arnaud, avec 37,000 hommes, 68 canons et l'appui de neuf vapeurs de guerre n'eut à affronter que 13,000 Russes et 36 canons ; ses soldats étaient donc 37 contre 13 ; mais la position assaillie par eux opposait des obstacles physiques au mouvement des troupes. — Les Anglais, avec 26,000 hommes et 60 canons, eurent à lutter contre un nombre égal de Russes et 86 canons W. K.

13

promit à lord Cowley « d'empêcher le retour d'erreurs et de dépêches de ce genre » et reconnut la nécessité « d'être mieux sur ses gardes à l'avenir. » Le gouvernement, d'ailleurs, n'ignorait pas la triste opinion que l'armée française avait de l'homme qui la commandait, car les lettres venant de Crimée, même celles écrites par le maréchal à sa famille et à ses amis, étaient ouvertes, lues et souvent copiées; puis, celles qu'on ne supprimait pas allaient à leur destination.

Le lendemain de la bataille de l'Alma, lord Raglan voulait profiter de la victoire en attaquant les forts du nord de Sébastopol dont la défense était, alors, très-incomplète; alléguant la fatigue de ses troupes, Saint-Arnaud s'y refusa; ce qui, le 22 septembre, ne l'empêcha pas d'écrire à son frère: « La lenteur des Anglais me retient sur les rives de l'Alma. J'enrage. » — Le 23, les alliés traversant la vallée de la Katchka pénétrèrent dans celle du Belbec, d'où ils pouvaient aisément diriger sur le fort de l'Étoile une attaque dont le succès n'était pas douteux. Totleben, qui mena si habilement les travaux de défense de Sébastopol, a déclaré que « alors, le plateau et le fort ne pouvaient pas être défendus. » Un deuxième refus de Saint-Arnaud empêcha cette attaque proposée par lord Raglan.

Le 25, par une marche de flanc, on atteignit Balaclava dont le fort se rendit et que les Anglais occupèrent.

Le 27, Achille Leroy Saint-Arnaud rendait l'âme à bord du *Berthollet* qui le ramenait en France; il était âgé de cinquante-six ans. Une maladie devenue mortelle, — disait-on, — à la suite de remèdes tentés contre elle par un toxicologue célèbre, mit fin à la terrible vie qu'il avait faite [1] et que déchirait, sans doute aussi, le remords aux rongements duquel ne peut se soustraire le criminel le plus endurci. Avant de s'embarquer, il avait résigné son com-

---

(1) Sa mort fut mise sur le compte du choléra.

mandement entre les mains du général Canrobert, l'un de ses plus utiles coopérateurs dans les massacres de décembre 1851 et *le successeur qui, à l'avance, lui avait été donné* (1).

Pendant que la mort le débarrassait de son complice le plus gênant, Napoléon III passait en revue les troupes réunies au camp de Boulogne, et leur disait : « On plante, peut-être, aujourd'hui même, nos aigles sur les murs de Sébastopol. » Une dépêche venait de lui annoncer la chute de cette ville. A Paris, à Londres, à Vienne, ce bruit s'était répandu : les forts détruits ou pris avec 2,000 canons, six vaisseaux brûlés, 40,000 Russes tués ou faits prisonniers, révolte de la garnison, rien ne manquait à la grande nouvelle apportée à Silistrie par un Tartare ; le *Moniteur* la publia non, pourtant, sans faire des réserves que la presse napoléonienne n'admettait pas et attribuait, dans un langage adulateur, à la prudence excessive de l'Empereur. Constantinople s'illumina ; Londres et Paris se préparaient à célébrer la grande victoire dont on attendait fiévreusement la confirmation qui ne vint pas. L'histoire du Tartare était une fable, une mystification à l'origine de laquelle on ne put remonter. La désillusion consterna ceux que la fausse nouvelle avait réjouis.

Napoléon III avait fait voter par le Corps législatif une loi « imposant le livret aux ouvriers de tous les états et des deux sexes, — rétabli la garde impériale, — et remplacé, à la préfecture de la Seine, M. Berger par M. Haussmann, malgré l'Impératrice ; le nouveau préfet était protestant, et la ferveur ultramontaine de S. M. Eugénie s'en offusquait ; néanmoins, on passa outre dans la nomination

(1) L'Empereur, prévoyant la fin prochaine de Saint-Arnaud dont, *mieux que personne*, il connaissait l'état de santé, avait remis secrètement à Canrobert le brevet de commandant en chef ; le maréchal, en apprenant, le 13 septembre, cette précaution de Napoléon III, eut un sourire amer et lutta plus nerveusement contre le mal qui le consumait.

de cet *hérétique*. Dès le premier jour de son installation, M. Haussmann préluda aux vastes projets qui allaient bouleverser Paris ; il renversa de fond en comble le budget que son prédécesseur avait dressé ; s'alarmant pour les intérêts de la ville, les membres de la commission municipale élevèrent contre ce procédé sommaire une protestation dont on ne fit nul cas.

M. Billault marqua par un zèle vif sa prise de possession du ministère de l'intérieur que, le 23 juillet, M. de Morny quitta. Charles Delescluze et Boichot furent arrêtés à Paris ; des visites domiciliaires et des arrestations jetèrent, à Tours, à Nantes et à Lyon, le trouble dans plusieurs familles. C'était un moyen d'entretenir la terreur partout.

Le 24 août, Boichot, une femme Coingt et un jeune mécanicien nommé Poirier furent traduits devant le tribunal de police correctionnelle ; on les accusait d'appartenir à *la Commune révolutionnaire* et d'avoir distribué des brochures de Félix Pyat ; dans cette accusation six absents étaient compris : Félix Pyat, Alavoine, Bianchi, Vallière, Colfavru et Rougée. On condamna les contumaces et Boichot à cinq ans de prison, 10,000 francs d'amende et dix ans d'interdiction des droits civiques, — la femme Coingt à deux ans de prison, 500 francs d'amende, et Poirier à un an de prison, 500 francs d'amende et cinq ans d'interdiction des droits civiques.

Le 4 octobre, à quatre heures du matin, un commissaire de police s'introduisit chez M. Goudchaux en déguisant son nom et en prétextant d'une confidence très-importante qu'il avait à lui faire. Après une longue perquisition, le commissaire emporta plusieurs liasses de papiers, et conduisit au dépôt de la Préfecture l'ancien ministre des finances qui passa la journée au milieu des rôdeurs de barrières et des voleurs. Cet honnête homme quêtait, du matin au soir, pour les proscrits pauvres et pour leurs familles ; on lui imputait sa charité à crime ; son arrestation, dont le motif était connu, produisit dans Paris un effet tel que le gouvernement n'osa pas la maintenir. Rendu à la liberté, M. Goudchaux reprit, avec plus d'ardeur, son œuvre de bienfaisance.

Le maréchal Saint-Arnaud avait joué un déplorable rôle en Orient ; le général Canrobert y fit une pauvre figure. Le 26 septembre, la reconnaissance du côté méridional de Sébastopol amena lord Raglan à proposer un assaut. Canrobert, qui, la veille, avait pris le commandement en chef de l'armée française, s'y refusa : « Point d'assaut, disait-il, avant que le feu de nos pièces n'ait réduit celui de la place. » En conséquence, les travaux du siége commencèrent, à la grande joie des assiégés, qui, nuit et jour, fortifiaient et multipliaient leurs défenses.

Le 22 septembre, les Russes avaient coulé cinq navires et deux frégates à l'entrée de la rade de Sébastopol, dans laquelle s'ancrait la grande flotte impériale de la mer Noire. Les dix-huit mille marins dont elle était montée apportèrent leur concours aux défenseurs de la place, qui, par le nord, communiquaient avec l'intérieur de la Russie, d'où, sans obstacle, ils recevaient des approvisionnements et des renforts. Les assiégeants, établis au sud, dans la Chersonèse, qui a pour bornes d'un côté la mer, et de l'autre une chaîne de hauteurs, tiraient les leurs des ports de Kamiech, de Kazath et de Balaclava dans lesquels les vaisseaux français et anglais entraient librement.

Le 17 octobre, aux premières lueurs du matin, le feu s'ouvrit contre la ville qui, pendant les vingt-trois jours d'un répit inespéré, avait élevé de cent soixante-douze à trois cent quarante et une les bouches à feu de ses batteries. Un obus russe fit sauter l'un des plus grands magasins à poudre de l'armée française ; quand l'épaisse fumée se dissipa, on releva une cinquantaine de nos soldats morts ou mutilés horriblement. Bientôt, l'explosion d'un de nos caissons ajouta quelques victimes à celles qu'avait faites le premier désastre ; aussitôt, par ordre de Canrobert, nos batteries se turent ; il était onze heures du matin. Les canons anglais tonnèrent seuls, pendant le reste de la journée. Vers deux heures de l'après-midi, les flottes alliées avaient ouvert le feu de onze cents canons contre deux forts qui n'en souffrirent guère. L'amiral français Hamelin avait mal calculé la portée de ses pièces, et l'amiral anglais Dundas eut la faiblesse de s'associer à cette erreur qu'il ne partageait pas (1); les alliés la payèrent chèrement. Sans parler de fortes avaries que plusieurs de leurs navires reçurent et sans compter les pertes que les Turcs éprouvèrent, il y eut dans la flotte française 203 marins tués ou blessés, et dans la flotte anglaise 317. Une bombe ayant éclaté sous la dunette du vaisseau-amiral français *La Ville-de-Paris*, « neuf officiers de l'état-major groupés autour de l'amiral Hamelin et du contre-amiral Bouët-Willaumez qui, seuls, restèrent intacts, tombèrent morts ou blessés (2). » 138 Russes seulement furent tués, blessés ou meurtris (3). Les batteries de terre avaient mis un millier de Russes hors de combat ; les Français perdirent 96 hommes et les Anglais 144.

Le lendemain, la canonnade anglaise recommença et se prolongea stérilement jusqu'au soir. Du 19 au 25, les alliés continuèrent le bombardement, « mais, Totleben y répondit avec une infatigable énergie (4). »

A un kilomètre de Balaclava se trouve un terrain vaste et que hérissent de nombreux coteaux ; dans sa longueur il est divisé par une ligne de hauteurs en deux vallées; un monticule très-élevé et se reliant à une série de collines sur-

---

(1) L'amiral Dundas désapprouvait ce plan d'attaque, il essaye de se justifier d'avoir concouru à son exécution en disant, — ce qui d'ailleurs est vrai, — qu'il fut imposé par l'amiral Hamelin obéissant aux ordres de Canrobert et par lord Raglan agissant sous l'inspiration de lord Lyons.
(2) Récit du contre-amiral Bouët-Willaumez.
(3) Totleben.
(4) W. Kinglake.

plombe la vallée du nord; cette position importante protége Balaclava et ses abords; on la nomma « Colline Canrobert; » les Turcs y élevèrent six redoutes dont la défense leur fut confiée. Le 25 octobre, à cinq heures du matin, les Russes commandés par Liprandi montèrent à l'assaut de ces redoutes, firent des Turcs un grand carnage et plantèrent leur drapeau sur la colline Canrobert. Il fallut trois heures aux troupes alliées pour se préparer et se rendre sur le théâtre de la lutte. Plusieurs combats s'engagèrent au hasard. C'est dans cette journée que lord Cardigan, à la tête d'une brigade de cavalerie légère s'engagea dans une vallée que les canons ennemis balayaient et exécuta contre une batterie russe que des forces considérables protégeaient cette charge célèbre dont un général français dit : « C'est magnifique, mais ce n'est pas la guerre. » Lord Cardigan, lui-même, quand les débris de sa brigade se furent alignés s'écria : « *Soldats! c'est un tour insensé, mais ce n'est pas ma faute.* » Pour se disculper de cette extravagance homicide, il prétendit avoir obéi à des ordres supérieurs. Quoi qu'il en soit, le chef militaire qui envoya ou mena ainsi à la destruction quatre escadrons mis sous son commandement, sans que d'une pareille immolation dépendît ou le gain d'une bataille ou le salut d'une armée, mérita les plus sévères traitements.

En résumé, les Russes gardèrent les positions qu'ils avaient conquises, prirent un drapeau turc et sept canons, et eurent 627 hommes hors de combat; les alliés perdirent 600 officiers ou soldats et une ligne de défense « dont la perte rétrécissait beaucoup leur occupation et allait bientôt devenir une source de souffrances cruelles pour l'armée anglaise (1).»

A l'angle nord-est de la Chersonèse une pente descend dans la vallée d'Inkermann, la ville des Cavernes, ainsi

---

(1) W. Kinglake.

nommée à cause des grottes que les habitants de Cherson, au IVᵉ siècle de l'ère chrétienne, autorisèrent les Ariens (1) à creuser dans les déclivités de la montagne. Dans la nuit du 4 au 5 novembre, à la faveur d'une obscurité noire, les Russes, sous les ordres du général Dannenberg, occupèrent les hauteurs qui dominent la vallée, tandis que Liprandi conduisait un autre corps d'armée vers Balaclava; cette marche avait pour but de tenir les alliés dans une incertitude qui diviserait leurs forces, le vrai point de l'attaque projetée étant ainsi ignoré d'eux. Tout à coup, un feu de mousqueterie éclate sur les avant-postes anglais, et, de toutes parts, nos alliés sont attaqués dans leur position d'Inkermann par des forces qui les écrasent; ils opposent une héroïque résistance à leurs ennemis dont, à chaque instant, les colonnes grossissent. Dès qu'il a entendu le bruit du canon, le général Bosquet, dont le campement est le plus rapproché d'Inkermann, s'est mis à la tête de la 2ᵒ division qu'il commande et s'est élancé vers le champ de bataille. Nos soldats se jettent, la baïonnette en avant, sur les Russes qui reculent, mais qui, à leur tour, font reculer nos bataillons inférieurs en nombre. Les cent canons qui couronnent les hauteurs tonnent à la fois ; les alliés n'en ont que vingt-deux, mais leurs coups portent le ravage au milieu des Russes dont les masses compactes couvrent les flancs de la colline. Bosquet a lancé de nouveaux bataillons dans la mêlée. Cependant, de nombreuses colonnes d'ennemis ont gravi et occupent le plateau d'Inkermann ; si elles marchent en avant, le succès couronnera leur audace ; mais, elles hésitent, tandis que des officiers, comprenant mal

---

(1) Les Ariens ou sectateurs d'Arius soutenaient que le Christ n'avait rien de la substance de Dieu le Père qui l'adopta quand il eut été créé comme tous les autres êtres. Les Ariens furent persécutés par les empereurs de Bysance et une de leurs colonies se réfugia dans la Chersonèse, où il leur fut défendu de bâtir une ville; mais où on leur permit de se creuser des abris dans la montagne.

les ordres de Dannenberg conduisent leurs troupes dans des défilés où elles s'emprisonnent ; cette hésitation des uns et cette inintelligence des ordres changeront en une effroyable défaite la victoire qui s'offrait à eux et qu'ils n'ont point vue. Le général Canrobert et lord Raglan sont venus ; leur présence excite l'indomptable courage de leurs soldats. La stratégie n'a rien à voir dans les confusions de ces mêlées mortelles, dans ces charges furieuses, dans ces assauts terribles et multipliés. Le beau régiment anglais des gardes est presque anéanti. Le général Bosquet harangue à sa façon qui les électrise les zouaves et les tirailleurs algériens. Ils prennent leur course vers le plateau ; tantôt grimpant comme des chèvres affolées, tantôt sautant au-dessus des ondulations du terrain avec des bondissements de panthères qu'attire l'odeur de chairs sanglantes, ils tombent au milieu des Russes ; on se bat corps à corps, on se déchire, on se mutile, on se tue avec une furie qui déchaîne toutes ses rages ; le massacre devient horrible, — les cadavres s'entassent. Enfin, les Russes plient ; aveuglés par la terreur, quelques-uns de leurs bataillons rompus vont, dans leur fuite inconsciente, s'acculer aux bords escarpés du plateau ; ils sont précipités dans la vallée au fond de laquelle morts et blessés s'amoncellent en se broyant. Le 5 novembre 1854, cet endroit sinistre prit et a gardé le nom d' « abattoir. »

Ce hideux spectacle d'hommes ne se connaissant pas et, sans aucun motif de se haïr, s'entr'égorgeant les uns les autres parce qu'il a plu à quatre têtes couronnées de se quereller pour des raisons futiles, ne fait-il pas horreur ? Maudit soit-il, une fois encore, celui dont la perversité alluma cette guerre sur les causes de laquelle nous reviendrons en considérant ses résultats et en comptant ses victimes.

Après la bataille, lord Raglan se dirigea vers Bosquet, et, lui tendant la main : « Général, dit-il, au nom de l'Angleterre, je vous remercie. » La victoire des alliés à Inkermann ressemble à celle que Pyrrhus, roi d'Épire, remporta sur les Romains à Asculum : « Si nous en remportons encore une pareille, répondit-il à ceux qui le félicitaient, nous sommes perdus sans ressources. » On sait que l'armée russe, en tués ou blessés, perdit 9,000 hommes; les alliés, en auraient perdu 4,000 seulement, d'après leurs rapports officiels qui, on le disait tout haut en Angleterre, dissimulaient une partie de la vérité.

Les travaux de siége furent repris. Les Russes ne semblaient pas abattus par leur défaite; ils recevaient, chaque jour, des renforts; et puis, dans l'hiver si rigoureux en Tauride, ne trouvaient-ils pas un puissant allié? Bien abrités dans Sébastopol dont les ouvrages devenaient formidables, ils bravaient les morsures du froid, l'impétuosité des pluies torrentielles, tandis que nos pauvres soldats, sous leurs tentes de campagne souvent enlevées par la violence des ouragans, souffraient cruellement du froid et de l'humidité contre lesquels ils n'avaient d'autre protection qu' « une demi-couverture en lambeaux. » Les vêtements d'hiver, les chaussons de laine et les sabots attendus n'arrivaient pas.

Au milieu des dyssenteries, des fièvres de toute nature et des affections de poitrine, le choléra sévit avec plus de force; le scorbut fait son apparition; les soldats sont abattus par centaines; ils ne se sentent plus marcher; la gangrène attaque leurs pieds que compriment des chaussures durcies par l'humidité. Les malades s'entassent « dans un milieu infect où la suppuration des gangrénés se mêle à la fétidité des haleines. » Chaque jour, de nouveaux malades remplacent ceux qui, chaque jour, sont évacués sur Constantinople, souvent par convois de six mille. Bientôt, le typhus rend plus grande encore la mortalité qui moissonne les deux armées et qui atteint les infirmiers et les médecins. J'adoucis les couleurs du tableau qu'a fait de la triste situation de nos soldats l'un des médecins (1) qui se dévouèrent au soulagement de tant de souffrances auxquelles s'ajoutait une misère affreuse ; il parle des travaux faits dans les tranchées par des hommes légèrement vêtus et dont les pieds mal couverts par des chaussures usées (2) étaient, tout le jour, plongés dans la neige fondue ; et il ajoute que l'épidémie typhoïque répandue dans les camps ne quitta plus l'armée qu'en France.

Ainsi mouraient des milliers d'hommes arrachés aux champs et aux ateliers pour soutenir une dispute qui fut, à son origine, exclusivement religieuse et engendrée par Louis Bonaparte dans l'intérêt de quelques moines « convertissant le mystère attrayant des lieux saints en une source de revenus. » Car, ne l'oublions pas, ce fut une semaine ou deux après son attentat que le dictateur, pour les diverses causes dont j'ai parlé, « poursuivit avec fermeté, le plan de pousser la Porte à se quereller avec le Czar jusqu'à ce qu'il réussît, enfin, à amener la remise des clefs et de l'étoile aux moines catholiques, événement qui fut suivi de la marche des armées russes (3). » Louis-Napoléon mit dans cette revendication du parti clérical une violence telle que la Russie « crut y voir une preuve de l'esprit envahissant de cette Église qui se dit universelle, et il en cherchait la preuve réelle dans le désir incessant de cette Église d'étendre la sphère de son action (4). »

En effet, l'Église romaine, sous l'action prépondérante des jésuites qu'elle appelle « *ses grenadiers* » et « les *meilleurs rameurs de la barque de saint Pierre*, » devenait de plus en plus exigeante et hardie ; en échange de ses bénédictions au

---

(1) F. Quesnoy. Médecin-major du 4ᵐᵉ régiment des voltigeurs de la garde.
(2) Les grandes tentes, les vêtements chauds, les chaussons et les sabots n'arrivèrent que vers la fin de l'hiver.
(3) W. Kinglake.
(4) *Eastern Papers*. 1ʳᵉ partie, p. 139.

coup d'État, elle réclamait de Louis Bonaparte un appui pour toutes ses prétentions que favorisait, d'ailleurs, le zèle dévot de l'Impératrice. Les jésuites avaient besoin d'un nouveau dogme. Le dogme est la mise d'un point de doctrine religieuse hors de toute discussion. Plus un dogme révolte le bon sens et la raison, plus on doit y ajouter foi : « Je crois cela, disait saint Augustin, parce que c'est absurde. » L'absurdité d'un dogme démontre son origine divine ; les jésuites l'ont proclamé en ces termes dans un de. leurs livres publiés sous le patronage du clergé (1) : « *Cela* » *est incroyable, donc c'est divin; c'est très-incroyable, donc* » *c'est très-divin.* » L'Église romaine enseigne que le père Adam, en croquant une pomme, commit un péché transmissible à toutes les créatures humaines ; cette souillure, infligée à tout enfant qui naît, se nomme le *péché originel* dont les papes ont fait un dogme. Les théologiens ont agité longtemps la question que voici : « La vierge Marie a-t-elle été exempte du péché originel ? » — « Non », répondaient les uns entre lesquels se distinguaient les moines dominicains par la vivacité de leurs négatives. — « Oui », répondaient les autres à la tête desquels s'étaient mis les moines franciscains. On appelait ceux-ci les *conceptionnaires*; dans leurs litanies, ils invoquaient « *Marie conçue sans péché.*» Or, les jésuites, dans le système desquels entre le développement le plus excessif du culte de Marie, voulurent couper court à toute controverse sur ce point, et, le 8 décembre, à la suite d'un Concile, ils firent proclamer par Pie IX le dogme de « l'Immaculée-Conception de la vierge Marie. » La mère de Jésus est donc la seule des enfants des hommes que le péché de gourmandise du père Adam n'ait point souillée. « *Tout cela est très-incroyable, donc c'est très-divin.* »

En conséquence, le 8 décembre 1854, dans tous nos diocèses, les évêques proclamèrent, avec une éclatante solen-

---

(1) *Onguent contre la morsure noire.* — Paris. — Gaume, éditeur.

nité, le nouveau dogme, — et, dans toutes nos villes, dans tous nos villages, après de pompeuses fêtes célébrées dans les églises, il y eut, contrairement à la loi, des démonstrations religieuses au dehors, — de longues processions où, à côté des moines reparus, figuraient les autorités civiles et militaires de tout ordre et de tout rang ; il y eut des exhibitions de colossales statues de la Vierge Immaculée, des illuminations générales auxquelles participèrent nos monuments publics. L'Impératrice et l'Empereur encourageaient ces dévotions et ces fêtes par leur exemple et avec notre argent.

Mais les plus grandes libéralités de Napoléon III allaient à des créatures qui n'étaient pas immaculées. « Ce que lui ont coûté les femmes est prodigieux (1). » Du 4 mars 1853 au 1er janvier 1855, il donna *cinq millions quatre cent quarante-neuf mille francs* (2) à cette miss Elise Howard qu'il avait, comme je l'ai dit, dotée du château de Beauregard et titrée de comtesse, de même que Louis XV avait donné le château de Bellevue à Jeanne Poisson et fait d'elle une marquise de Pompadour. Ces deux favorites eurent une fin bien différente : la marquise de Pompadour mourut à Versailles, dans le palais des rois. L'étrange mort de la comtesse de Beauregard fut entourée d'un mystère qui prêtait aux plus fâcheuses suppositions (3).

(1) Vicomte de Beaumont-Vassy. Mém. du XIXe siècle.
(2) *Lettre-quittance* de Miss-Howard. *Papiers et correspondances.*
(3) « Miss Howard avait contribué à élever les deux enfants que Louis Bonaparte avait eus de sa blanchisseuse de Ham. Elle se montra profondément froissée du mariage de Napoléon III. Elle alla d'abord à Florence, où elle épousa un homme qui la rendit très-malheureuse. En 1865, elle voulut revoir Paris. Tous les jours, au moment où Napoléon III et l'Impératrice sortaient des Tuileries, elle se montrait en toilette splendide, conduisant elle-même un superbe attelage et se plaisant à côtoyer les équipages impériaux. Peu de jours après une représentation aux Italiens, durant laquelle miss Howard, couverte de diamants, s'était amusée à lorgner l'Impératrice, elle disparut subitement, et cette disparition ne fut pas le fait de la police. La légende veut qu'elle ait été étranglée. Dans tous les cas, elle est morte à cette époque. » (Vicomte de Beaumont-Vassy. Mémoires du XIXe siècle. p. 332, 333, 370.)

CHAPITRE IV

1855-56-57

Mort de Nicolas Ier; conditions de paix repoussées par Alexandre II. — Mort de Dupont de l'Eure. — Session de 1855. — Voyage de l'Empereur et de l'Impératrice en Angleterre. — Affaire Pianori; scandale donné par un avocat; exécution. — Affaire Bellamare. — Démolitions à Paris. — Arrestations. — L'échauffourée d'Angers. — La machine de Pérenchies. — Arrivée de la reine d'Angleterre à Paris; le banquet de Saint-Cloud. — Le général Pélissier prend le commandement en chef de l'armée de Crimée. — L'armée sarde. — Combats sanglants; attaque du Mamelon-Vert; prise de Sébastopol; résultats de la guerre de Crimée. — Retour des troupes. — Le congrès et la paix. — Mort de David d'Angers. — Semonce au sénat. — Naissance et baptême du prince impérial. — Ce que deviennent les « *enfants de France*. » — Déchaînement général de la spéculation et de l'agiotage. — Les inondations et un complot ignoré. — Un drame à l'hôtel Beauveau. — La statue de Notre-Dame du Puy. — La régence. — Assassinat de l'archevêque Sibour; exécution du prêtre Verger. — Session de 1857. — Dissolution du Corps législatif. — Élections. — Mort d'Eugène Sue. — Mort et obsèques de Béranger. — Affaire Tibaldi. — L'Empereur et l'Impératrice à Osborne. — Réunion du nouveau Corps législatif. — Mort de M. Viellard. — Exigence de l'Impératrice. — Loteries cléricales.

Le czar Nicolas Ier mourut le 2 mars 1855 ; son fils, le tsarowitz lui succéda et prit le nom d'Alexandre II. La guerre allait-elle cesser comme l'espéraient toutes les bourses de l'Europe où, excepté à celle de Berlin, les fonds montèrent? Des conférences s'ouvrirent. Le nouveau czar repoussa les conditions qu'on voulait lui imposer. Lord Russel et

M. Drouyn de Lhuys, ministres des affaires étrangères d'Angleterre et de France, dont la conduite pendant les négociations fut désapprouvée par leurs gouvernements respectifs, se retirèrent. M. Walewski reçut le portefeuille de M. Drouyn de Lhuys.

Le 3 mars, Dupont de l'Eure termina sa longue et belle carrière à Neubourg (Eure) où il était né en 1767. Pendant une durée de soixante-deux ans, il mit au service de la France un dévouement qui jamais ne faiblit, un caractère dont la fermeté protestait contre toutes les tyrannies, une parole lucide et substantielle, une âme droite et loyale, une haute sagesse et une vertu si intègre qu'il put, un jour, étant garde des sceaux, répondre à Louis-Philippe, sans que ses adversaires y trouvassent à redire : « Quand le roi aura dit : oui, et que Dupont de l'Eure aura dit : non, je ne sais pas qui la France croira. » Sous la Restauration, on le surnomma l'Aristide de la tribune française. Tour à tour, avocat au parlement de Normandie, membre de la magistrature debout et de la magistrature assise à tous les degrés, de toutes nos Assemblées législatives depuis le Conseil des Cinq-Cents jusqu'à la Constituante de 1848, garde des sceaux après la révolution de Juillet, président du Gouvernement provisoire après la révolution de Février, ce patriote vertueux ne cessa, un seul instant, de mériter cette estime glorieuse et cette admiration que les peuples conservent à la mémoire des grands citoyens dont la vie se consacra au culte de l'honneur et à la défense de toutes les libertés.

Dans sa session de 1855, le Corps législatif vota une loi substituant aux marchands d'hommes l'État qui se faisait racoleur ; il donnera aux militaires qui se rengageront des primes et des hautes-payes graduées d'après la durée des engagements, — et, chaque année, il fixera le taux de l'exonération du service personnel. C'était une loi détestable, car elle attirait de mauvais soldats par l'appât d'une prime qui, payée à diverses échéances, leur permettait de satisfaire, avec intempérance, leur goût des liqueurs fortes dont l'abus devait être fatal à la constitution de notre armée. — Une loi municipale fut aussi votée; elle conférait la nomination des maires et des adjoints à l'Empereur dans les communes ayant 3,000 habitants et plus, aux préfets dans les autres communes. Cette loi détruisait la liberté municipale en autorisant l'Empereur et les préfets à prendre en dehors des conseils élus les maires et les adjoints pouvant, d'ailleurs, être suspendus par un arrêté préfectoral et révoqués par un décret impérial; ce qui rendait illusoire la durée de cinq ans fixée à leur mandat. — Le vote d'un impôt sur les chiens eut lieu à une faible majorité. La dette flottante allait croissant, et le rapporteur du budget se crut obligé de dire, tant était gros le chiffre des découverts (1), que le gouvernement « comprenait la nécessité de la réduire; » M. Baroche l'avait affirmé !

Le 17 avril, l'Empereur et l'Impératrice se mirent en route pour Windsor. De nombreux agents de la police secrète, habillés par Dussautoy, précédaient, escortaient et suivaient leurs Majestés qui allaient faire à la reine Victoria la visite dont on négociait l'autorisation depuis longtemps. Le monde officiel les fêta; la reine décora de l'ordre de la Jarretière le genou gauche de Napoléon III; le lord-maire, au milieu d'un banquet, à Guildhall, le proclama bourgeois de la Cité de Londres; le prince Albert complimenta l'Impératrice sur l'élégance de ses toilettes dont la richesse et les diversités émerveillaient les dames de l'aristocratie anglaise : rien ne pouvait, mieux que ces compliments et cet émerveillement, plaire à une souveraine jalouse de tenir en France le sceptre de la mode et sans cesse occupant sa charmante tête de linotte à imaginer des ajustements nouveaux.

A son retour d'Angleterre, le 28 avril, vers six heures du

(1) Après la liquidation de 1854, le découvert s'élevait à 839,347,623 francs.

soir, aux Champs-Élysées, un coup de pistolet fut tiré sur l'Empereur qui chevauchait entre deux de ses aides de camp. Alessandri, chef de la brigade corse, se précipite, un poignard à la main, sur un homme qui allait décharger, une deuxième fois, son revolver, et le blesse. Déjà, l'inconnu est entouré d'agents en blouse, en redingote et en habit ; c'était un Italien nommé Pianori. Traduit, le 1er mai, devant la cour d'assises de la Seine, il déclara qu'il avait voulu frapper le destructeur de la République romaine, l'oppresseur de Rome, que des soldats français tenaient sous le joug du pape. On avait donné à Pianori, pour défenseur d'office, M. Benoît-Champy, membre du Conseil de l'ordre des avocats. Républicain sous Louis-Philippe et, après la révolution de Février, ministre de la République française en Toscane, où il manifestait pour la cause italienne une sympathie ardente, M. Benoît-Champy trahit scandaleusement les devoirs de sa profession : sans même donner à l'acte de Pianori une explication attendue par tout le monde tant elle était naturelle, car elle était fournie par le mobile qui avait armé le bras de l'Italien et devait être présentée comme une circonstance atténuante, M. Benoît-Champy se fit l'accusateur de son client et rendit inutile le réquisitoire du ministère public. On avait imputé à Pianori des crimes qui lui étaient étrangers ; il protesta contre ces calomnies et dit qu'il avait offert sa vie pour la liberté de son pays. Le 14 mai, à cinq heures du matin, Pianori subit courageusement la mort après avoir crié, deux fois : « *Vive la République !* » Il voulait, avant de mourir, adresser quelques paroles au Peuple ; le bourreau l'en empêcha en serrant sous le menton du patient le voile noir dont on avait couvert sa tête. M. Benoît-Champy fut exclu du conseil de l'ordre des avocats ; Napoléon III le nomma président du tribunal de la Seine et lui donna la croix de la Légion d'honneur.

Peu de jours après l'exécution de Pianori, l'Empereur se rendait au théâtre Ventadour ; quand les voitures de la Cour débouchèrent dans la rue Marsolier, un coup de feu éclata et une balle brisa la glace d'une berline que des dames d'honneur occupaient. Les agents de police s'emparèrent d'un individu qui tenait dans sa main un pistolet dit *coup de poing* et qui se nommait Bellamare; il était cordonnier, âgé de vingt ans, et venait de sortir de Bicêtre; reconnu atteint d'aliénation mentale, il y fut réintégré (1). Sous le prétexte qu'ils avaient connu Bellamare à Sainte-Pélagie, M. Arthur Ranc et un cordonnier nommé Lange furent arrêtés. On les rasa, on les tondit, on les revêtit du costume des voleurs condamnés, et, sans autre forme de procès, en vertu du décret du 8 décembre 1851, on envoya M. Ranc à Lambessa et M. Lange à Cayenne. A Marseille, on accoupla chacun d'eux à un forçat; sur le bateau, où ils mangeaient tous les quatre à la même gamelle, on les enchaîna par les pieds à la même barre.

Cependant, Napoléon III avait inauguré l'ouverture de l'Exposition en prononçant un discours dans lequel il ne dit pas un seul mot de la Crimée où nous irons bientôt retrouver nos soldats. Le gouvernement dérobait au pays la connaissance des désastres qui frappaient les armées expéditionnaires.

Les démolitions commencées, en avril, par M. Haussmann, se poursuivaient, partout, avec une grande activité. Le pic et la pioche attaquaient les Tuileries et le Louvre; la rue de Rivoli se couvrait de décombres; on perçait le boulevard de Strasbourg; le bois de Boulogne et les Champs-Elysées se transformaient. L'argent des contribuables, arbitrairement répandu à pleines mains, stimulait ces travaux gigantesques.

Le mois d'août fut signalé par de nombreuses arrestations. On parlait beaucoup de celles d'un frère de Pianori et d'un autre Italien, opérées à Biarritz, où se trouvait l'Em-

(1) On n'a plus entendu parler de lui.

pereur. Dans la nuit du 25 au 26, six cents ouvriers des ardoisières voisines d'Angers entrèrent dans cette ville après avoir saccagé la gendarmerie de Trélazé; les soldats de la garnison et les gendarmes en eurent facilement raison; ceux qu'on arrêta furent emprisonnés au château où le gouvernement, auquel donna peur cette ridicule échauffourée, fit déposer toutes les armes que possédaient les armuriers d'Angers. La cour d'assises de Maine-et-Loire jugea ces insurgés peu redoutables; ils s'étaient affiliés à la *Marianne*, et le plus grand nombre d'entre eux ignorait pourquoi.

Près du village de Pérenchies, à quelques kilomètres de Lille, on découvrit, sous l'un des rails du chemin de fer, un caisson en acier damassé; il contenait deux ou trois kilogrammes de fulminate de mercure qu'un fil électrique devait faire éclater, disait-on, sous le convoi qui allait transporter l'Empereur à Lille. Le voyage projeté ne se fit pas. On soupçonna les frères Jacquin, mécaniciens, d'être les organisateurs de ce complot; ils s'étaient réfugiés à Bruxelles; leur extradition fut demandée au gouvernement belge qui la refusa. La cour d'assises de Douai condamna, par contumace, les frères Jacquin et Louis Deron à la peine de mort; sur huit accusés qui comparurent devant le jury, deux seulement furent condamnés à quelques mois de prison.

Le 18, la reine d'Angleterre et son époux le prince Albert arrivèrent à Paris; ils venaient rendre leur visite à l'Empereur et à l'Impératrice. Le cortége défila sur les boulevards enguirlandés; la reine paraissait triste; on attribuait sa tristesse aux deuils que la guerre de Crimée répandait au milieu de tant de familles. A Saint-Cloud, après un grand banquet donné en son honneur, elle accueillit, en pleurant, une députation d'élèves de l'École polytechnique portant le deuil de parents tués sous les murs de Sébastopol. « Les yeux des reines et des rois, a dit un écrivain, contiennent beaucoup de larmes; » il leur est donc facile de pleurer sur les milliers de victimes que leur politique jette prodiguement à la mort. Au banquet de Saint-Cloud, le général Canrobert qui avait dû résigner à un chef plus résolu le commandement de l'armée de Crimée était assis à côté de la reine; il occupait cette place d'honneur, disaient les journaux impérialistes, à cause de ses sentiments d'*humanité* pour les soldats ; il pouvait donc mêler quelques pleurs à ceux de Sa Majesté Victoria. L'*humanité* aurait bien dû parler un peu au cœur du général, le 4 décembre 1851, en faveur des femmes, des vieillards et des enfants mitraillés sur les boulevards, et des défenseurs de la loi égorgés aux pieds des barricades.

Nous avons laissé nos soldats en proie à des maladies et à des misères qu'un rude hiver aggravait sans cesse. La Mort redoublait ses coups vers la fin de janvier quand le général de génie Niel arriva sous les murs de Sébastopol. Contrairement à ce qui avait été fait, il dirigea les travaux de siége du côté de la tour Malakoff. Les Russes, pendant la nuit, faisaient des sorties fréquentes et meurtrières; l'une d'elles mit, de part et d'autre, 2,000 hommes hors de combat. Le 9 avril, cinq cents pièces de canon recommencèrent le bombardement de la place; il dura quinze jours et on l'arrêta. Les assiégés relevaient incessamment les ouvrages détruits et en exécutaient de nouveaux. En France, l'opinion publique murmurait; on savait que le système suivi par Canrobert avait été déclaré mauvais par le général Niel; on se sentait humilié par ces inexplicables lenteurs qui éternisaient le siège d'une place devant laquelle on était depuis huit mois ; on approuvait cette opinion émise par sir Edmund Lyons qui dirigeait avec lord Raglan les opérations de l'armée anglaise : « Canrobert est un triste commandant en chef, personnellement brave comme l'acier, mais n'osant encourir de responsabilité; *à quatre fois différentes*, il s'excusa quand le moment d'agir fut venu. » Il fallut, enfin, que Napoléon III rappelât en France son général favori dont la complaisance s'était prêtée au ridicule essai d'une invention issue du « somnambulisme intellectuel » de Sa Majesté Impériale (1). Le *Moniteur* annonça le remplacement de Canrobert, « *qui se retirait pour motif de santé* », par le général Pélissier gouverneur de l'Algérie. Le général Forey, qui commandait le corps de siège (2), fut envoyé en Afrique. Ainsi disparurent, successivement, de Crimée, où l'Empereur les avait mis aux premiers rangs pour qu'ils s'y couvrissent de lauriers, Saint-Arnaud, Canrobert et Forey, ces trois héros de « *la campagne de Paris.* »

Docile aux conseils de M. de Cavour et malgré l'opposition de ses autres ministres, Victor-Emmanuel, roi de Sardaigne, avait envoyé en Crimée vingt mille soldats piémontais; sous les ordres du général La Marmora, ils combattirent vaillamment à côté de notre armée dont le général Pélissier prit le commandement en chef, le 21 mai. Après deux combats sanglants livrés le 22 et le 23, et dans lesquels les pertes des Russes s'élevèrent à 2,500 hommes et les nôtres à 3,500, Pélissier s'empara des lignes de la Tchernaïa dont l'occupation par les alliés enlevait à l'ennemi l'une des deux routes qui le ravitaillaient. Le 7 juin, une attaque très-bien dirigée par le général Bosquet mit les assiégeants en possession du *Mamelon-Vert* et de nombreuses redoutes reliées à cet ouvrage qui servait de rempart à Malakoff. Le 18, un assaut, qui nous coûta 2,000 hommes, échoua. Les travaux d'approche se poursuivaient avec ardeur. Le 16 août, à quatre heures du matin, le général Gortschakoff attaqua les positions occupées sur la rive

(1) « Napoléon III avait rêvé un mortier dont l'effet devait être foudroyant sur les défenses ennemies. Un beau jour, *le formidable engin* arrive devant Sébastopol... et rata piteusement sa haute destinée. Les généraux s'en amusèrent longtemps. » (*Le dernier des Napoléons*).

(2) Canrobert avait divisé l'armée française en deux corps : corps de siège commandé par le général Forey, et corps d'observation placé sous le commandement du général Bosquet.

gauche de la Tchernaïa par l'armée sarde et par deux divisions françaises. Le terrain que l'ennemi avait conquis lui fut repris. Les blessés s'accumulaient, et les malades continuaient à être évacués sur Constantinople dont les ambulances étaient infectées par la gangrène traumatique et par la pourriture d'hôpital.

Le 8 septembre, après trois jours de bombardement, le grand assaut fut dirigé par le général Bosquet, ayant sous ses ordres trois colonnes, à la tête desquelles se mirent les généraux Mac-Mahon, Lamotte-Rouge et Dulac. A midi, heure signalée aux trois généraux pour attaquer, simultanément et sans aucun signal, les trois points qui leur avaient été indiqués, les colonnes s'élancent vers les parapets; leurs chefs y montent les premiers; Mac-Mahon s'est jeté sur Malakoff, Lamotte-Rouge sur la grande courtine qui relie le formidable bastion au petit Redan, et Dulac sur ce dernier ouvrage, tandis que les Anglais dirigent leurs efforts vers le grand Redan. Surpris par l'impétuosité de ces chocs imprévus, les Russes se sont ralliés à la hâte; bientôt, assiégeants et assiégés se confondent dans une mêlée sanglante, brisent leurs fusils en se frappant avec les crosses, remplacent par des pierres, des pioches, des morceaux de fer arrachés aux blindages, leurs armes brisées. Les divisions Lamotte-Rouge et Dulac reculent sous la mitraille qui les broie; debout sur l'observatoire d'où il suit tous les mouvements de la bataille, le général Bosquet donne des ordres pour secourir les deux divisions en péril; un éclat d'obus le frappe au flanc droit; on l'emporte dans une batterie. Les Anglais qu'un ouragan de fer décime autour du grand Redan plient à leur tour. Les Russes épuisent vainement tous leurs efforts pour reprendre Malakoff à la division Mac-Mahon qui le garde après une longue lutte dont l'acharnement est indescriptible. Désormais, Sébastopol ne peut plus être défendu. Tout à coup, une lueur immense embrase le ciel et une formidable explosion fait trembler le sol; pendant toute la nuit, les mêmes lueurs se succèdent au milieu des mêmes fracas; de tous les côtés des incendies s'allument dans la ville que les Russes détruisent avant d'opérer leur retraite. Quand le jour revint, on n'apercevait que des ruines amoncelées et fumantes; dans la rade, on ne voyait aucun vaisseau; coulée par les marins russes, la flotte de la mer Noire avait disparu sous les eaux. Le siége de Sébastopol avait duré plus de onze mois.

Cette épouvantable guerre anéantit SEPT CENT CINQUANTE MILLE HOMMES (1) et dévora HUIT MILLIARDS CINQ CENTS MILLIONS DE FRANCS. Que d'utiles travaux, que de bienfaisantes et grandes choses on eût pu faire avec tant de bras prématurément abattus par la mort, avec tant d'argent employé en instruments de carnage et de destruction! Le choléra, le scorbut, la gangrène et le typhus avaient tué 75,000 Français (2); 16,000 étaient tombés sous le fer ou le feu de l'ennemi; le chiffre des officiers, sous-officiers ou soldats amputés, ou estropiés ou atteints de maladies qui amenèrent la mort est évalué à près de 60,000. Notre armée perdit cinq vaisseaux de ligne et une frégate dans cette expédition où s'engloutirent près de deux milliards pris à la France par Napoléon III. Et qu'a retiré notre malheureux pays de ces hécatombes et de ces frais immenses? Rien, si ce n'est une satisfaction donnée au parti clérical et une source d'inimitiés qui, à l'heure des périls accumulés sur lui par une politique détestable, devaient le laisser dans un isolement dont nous éprouvons les dures conséquences. La France expie, aujourd'hui, les insanités de l'homme fatal auquel elle abandonna ses destinées. L'empire des Czars dont on voulait abattre la prépondérance en Orient,

---

(1) Morts sur le champ de bataille ou des suites de leurs blessures et de maladies contractées pendant la campagne.

(2) Les médecins de l'armée d'Orient sont unanimes à déclarer que si les premiers secours n'eussent point fait défaut, on aurait pu sauver la moitié de ces 75,000 malades qui succombèrent.

y est devenu plus puissant ; stimulé par ses revers en Crimée, il cherche dans la transformation de son système économique et politique des forces nouvelles. La rancune que la Russie nous garde n'est que trop justifiée par la guerre d'Orient, dont Napoléon III fut l'instigateur. D'un autre côté, l'Angleterre n'a point pardonné à son allié de 1855 de lui avoir refusé son concours pour aller, après la chute de Sébastopol, qui ne tarda pas à se relever de ses ruines, détruire Cronstadt et attaquer Saint-Pétersbourg. Nous verrons, dans le cours de cette histoire, Napoléon III s'aliéner toutes les puissances de l'Europe, et, soumis aux influences cléricales qui devaient le perdre, rendre impossibles pour être agréable à l'Impératrice et au Pape, les deux alliances qui auraient pu le sauver.

Le 2 décembre 1855, les survivants de l'armée de Crimée, au-devant desquels étaient allés jusqu'à la place de la Bastille l'Empereur et un brillant état-major, défilèrent sur les boulevards ; on acclamait ces braves soldats au milieu desquels flottaient leurs drapeaux déchirés et troués ; on saluait, avec une émotion profonde, ceux qui avaient laissé un de leurs membres sur les champs de bataille. Le général Pélissier fut élevé au maréchalat.

Tandis que, dans les premiers jours de 1856, l'Angleterre, fanfarant des victoires rêvées, annonçait, par la voix du *Times*, que « l'année nouvelle serait plus fertile en succès et que les armées alliées auraient des généraux plus entreprenants, » les grandes puissances négociaient la paix. Un congrès de plénipotentiaires se réunit à Paris, le 21 février 1856 ; la question Italienne, dont nous aurons à nous occuper, y fut posée par M. de Cavour ; le 30 mars, on signa la paix avec une plume qui, — puérilité bien digne du bateleur des Tuileries, — avait été arrachée à la queue d'un grand aigle encagé au Jardin des Plantes.

Le premier événement qui marqua l'année 1856 fut l'enterrement civil de David d'Angers. Le 7 janvier, une foule énorme suivait le cercueil du grand sculpteur dont la mort attrista le parti républicain auquel il avait toujours appartenu. Béranger s'était joint au cortége ; des étudiants le reconnurent et le saluèrent en criant : Vive la liberté ! On arrêta plusieurs de ces jeunes gens qui avaient eu le courage de faire entendre à Paris ce cri oublié depuis cinq ans.

Quatre jours plus tard, le *Moniteur* publiait une semonce du gouvernement au Sénat qui s'émancipait au point d'invoquer la vieille jurisprudence parlementaire autorisant un sénateur à répondre au discours d'un ministre. Les membres du Pouvoir pondérateur reçurent, comme de très-dociles écoliers, le coup de férule et ne renouvelèrent pas leur espièglerie.

Le 15 mars, pendant que les plénipotentiaires du congrès délibéraient, M. de Morny apprit au Corps législatif, dont il était devenu le président, que l'accouchement de l'Impératrice était fort laborieux ; le 16, à huit heures du matin, il annonça aux députés qui s'étaient déclarés en permanence la naissance d'un prince impérial, « *d'un enfant de France.* » Le 18, les grands Corps de l'État se rendirent aux Tuileries où, après avoir félicité Napoléon III, il leur fut permis de défiler et de s'incliner devant un berceau bleu et décoré du ruban de la Légion d'honneur, d'où s'échappaient des vagissements dans l'inflexion desquels de plats adulateurs reconnaissaient, en feignant de se pâmer de joie, le caractère distinctif d'une intelligence précoce. Il y eut, à cette occasion, une averse de dragées et de croix de la Légion d'honneur. Napoléon III donna deux bâtons de maréchaux, l'un au général Bosquet et c'était justice, — l'autre au général Canrobert qui l'avait tant convoité et si mal gagné.

Le 14 juin, dans l'église de Notre-Dame que sa voûte colorée de bleu et constellée d'or, ses murs chargés d'ornements, ses piliers recouverts de velours cramoisi relevé par des galons d'or, et ses chapiteaux dorés faisaient ressembler

14

à un décor d'opéra, le prince impérial fut baptisé. Pie IX, le parrain, était représenté par le cardinal Patrizzi, et la reine de Suède, la marraine, avait chargé la grande duchesse de Bade de la remplacer dans cette cérémonie pompeuse, après laquelle un banquet réunit quatre-vingt-six archevêques ou évêques aux nombreux invités que le père et la mère du nouveau-né avaient choisis. On prédit à l'héritier du trône les plus hautes destinées; il devait perpétuer à jamais la race napoléonienne. Les évêques et les courtisans avaient fait les mêmes prédictions au roi de Rome, au duc de Bordeaux, au comte de Paris; on sait comment elles se sont réalisées; pas un de ces quatre enfants qu'entouraient, à leur naissance, tant de serviles adulations n'a trouvé un bras pour le protéger quand, tout petits encore, ils ont dû, l'un après l'autre, suivre en exil leurs familles détrônées.

Le déchaînement général de la spéculation et de l'agiotage inquiétait le gouvernement lui-même. Invité par M. Billault à mettre un frein « à l'exploitation de la cupidité et de la crédulité publiques, » le préfet de police enjoignit aux commissaires de police de surveiller « certains individus faisant un commerce d'une influence qu'ils s'attribuent et qu'ils n'ont pas. » Le *Moniteur* déclara que, dans le courant de l'année, aucune entreprise donnant lieu à une émission de valeurs nouvelles ne serait autorisée. Le 15 juin, l'Empereur écrivit à M. Ponsard qu'il « *l'avait entendu, avec bonheur,* » dans une comédie intitulée : *La Bourse*, « flétrir le *funeste entraînement du jeu.* » Et qui donc l'avait produit, cet entraînement funeste, si ce n'est MM. Louis Bonaparte, de Morny et la tourbe sur laquelle ils s'appuyaient? Ils s'effrayaient de leur œuvre après en avoir retiré un profit répondant à leurs convoitises! La Banque s'alarmait de la prodigieuse diminution de sa réserve métallique et des gros chiffres qu'atteignait l'exportation du numéraire. La hausse des denrées alimentaires et celle du prix des loyers frappaient cruellement la classe ouvrière et la classe moyenne que la démolition des quartiers où elles se logeaient mettait dans la nécessité de chercher de nouveaux gîtes dont la cherté imposait à un grand nombre de familles une gêne dure.

A des inondations désastreuses qui ravageaient plusieurs départements, Napoléon III dut, — cela, du moins, est fort probable, — la conservation de sa vie. Outre les polices de la rue de Jérusalem et du ministère de l'intérieur, il y avait celles du Château des Tuileries, de M. de Morny au Palais législatif, du prince Napoléon au Palais-Royal, la police militaire à la place Vendôme, et celle de M. Fleury dont le siège était rue Montaigne; l'Impératrice avait aussi la sienne. Les agents de ces polices si diverses ne se connaissaient pas entre eux. Deux proscrits italiens, M... et D... étaient venus à Paris dans l'intention de poignarder l'Empereur. Ils prirent l'habitude de se montrer dans le jardin des Tuileries, non loin du palais. Un jour, des agents habitués de cet endroit et appartenant à la brigade corse les accostèrent : « Que faites-vous ici ? » demandèrent-ils. — « Notre devoir, comme vous le vôtre, » répondit l'un des proscrits; et il alluma tranquillement un cigare à celui de l'un de ces agents qui fumaient et qui ne s'étonnèrent plus de rencontrer là nos deux Italiens. L'occasion que ceux-ci guettaient sembla s'offrir: Un matin, l'Empereur descendit de ses appartements où l'avait retenu, pendant plusieurs jours, un accès de rhumatisme ou de goutte; il se dirigeait en fumant, vers le jardin où, peut-être, il eût trouvé la mort, lorsqu'un de ses aides de camp courut vers lui, une dépêche à la main; ils échangèrent quelques mots et regagnèrent ensemble le palais; l'Empereur entreprit, le lendemain, son voyage dans les départements envahis par les eaux; son absence se prolongeant, les deux Italiens quittèrent Paris.

A son retour de Plombières, où il s'était rendu après

avoir visité les vallées du Rhône et de la Loire et distribué des secours aux victimes de l'inondation, l'Empereur échappa, une fois encore, à un grand péril. Une duchesse milanaise était venue à Paris ; sa beauté l'eut bientôt mise en vogue ; Napoléon III s'en éprit ; elle habitait l'hôtel Beauveau. Un soir, l'Empereur et le général F... sortirent, bras dessus bras dessous, du jardin des Tuileries par le Pont Tournant, et se dirigèrent vers cet hôtel. A une courte distance, les suivait, par ordre, le sbire Griscelli. Une jeune fille avait ouvert la porte du salon où les deux amis entrèrent ; sans s'apercevoir que l'agent était resté dans l'antichambre, elle alla vers un cabinet d'où sortit un homme serrant un stylet dans sa main ; le bravo de l'Empereur s'élance sur cet homme qui tombe sans pousser un cri ; la lame d'un poignard lui avait percé le cœur. C'était un Italien nommé Capellani. Au bruit que fait la jeune fille en essayant de fuir, le général F... a quitté le salon. La jeune fille est bâillonnée et enfermée avec le cadavre dans le cabinet où elle perd connaissance. Puis, le général traverse le salon et va frapper à la porte du boudoir ; son maître était là et n'avait rien entendu. Il lui apprend ce qui vient de se passer. Ils sortent, mettent la duchesse sous clef, recommandent à Griscelli de faire bonne garde et s'en retournent aux Tuileries. Bientôt, le général F... reparaît ; deux voitures sont dans la cour ; l'une reçoit la jeune fille et le cadavre qui a été mis dans un sac ; on confie tout cela à un agent nommé Z... et dressé, comme Griscelli, à ces besognes lugubres ; nul n'a su ce qu'il fit de la jeune fille et du cadavre. La duchesse fut expulsée de France où, plus tard, elle revint, grâce à l'intervention du comte Arese, ami d'enfance de Napoléon III.

Vers cette époque, l'Empereur fit, avec le métal d'une partie des canons pris à Sébastopol, jeter en fonte une colossale statue de Notre-Dame-du-Puy. « Érigée sur le rocher de Corneille, elle devait porter jusqu'aux nues le témoignage éclatant de l'alliance entre l'Empire et l'Église (1). »

Un sénatus-consulte organique sur la régence avait été présenté au Sénat. — L'Impératrice-Mère devait être régente pendant la minorité de son fils. L'article relatif à la formule du serment conféré à la régente souleva une discussion très-vive; beaucoup de sénateurs, grands partisans de la dynastie impériale, voulaient qu'on mentionnât dans cette formule le respect dû au Concordat et à la liberté des cultes; ils se méfiaient d'une dévote mondaine, sans instruction, soumise à des préjugés étroits comme son esprit et dominée par le parti clérical dont elle servait, avec un entêtement tracassier, les passions intolérantes et haineuses. Un amendement de M. Lavalette, dans ce sens, ne fut repoussé que par une majorité de douze voix; naturellement, les cardinaux-sénateurs le combattirent; ils y trouvaient, non sans raison, « quelque chose qui ressemblait à de la défiance. »

Le 3 janvier 1857, l'archevêque Sibour, après la célébration de la fête de Sainte-Geneviève, à Saint-Étienne-du-Mont, se dirigeait vers la sacristie de cette église, lorsqu'un homme l'arrête, et, en criant : *A bas les déesses!* lui plante dans le cœur la lame d'un couteau catalan. Le grand vicaire Surat reçut dans ses bras l'archevêque agonisant. L'assassin était un prêtre interdit: il se nommait Verger : « Je me suis vengé, disait-il, de l'interdiction qui m'avait frappé; mon cri de: *A bas les déesses !* s'adressait à l'Immaculée-Conception contre laquelle j'ai prêché et à la confrérie des génovéfains (2). » Traduit devant la cour d'assises, le 17 janvier, ce prêtre, dont la malingrerie faisait mal à voir, se démenait l'écume à la bouche, comme un insensé. L'incohérence de ses plaintes, le rugissement de ses menaces, le trouble de ses idées obligèrent les gendarmes à l'emporter hors de la salle, par ordre du président Delangle. Mᵉ Nogent-Saint-

(1) Taxile Delord. *Histoire du second Empire.*
(2) Adorateurs de Sainte-Geneviève.

Laurent plaida la circonstance atténuante de la folie. Condamné à la peine de mort, le curé Verger se débattit contre les gardiens qui, le jour de l'exécution, employèrent la force pour le vêtir. Devenu plus calme, il baisa un crucifix sur l'échafaud et cria : « Vive le Dieu d'amour! Vive Notre-Seigneur Jésus-Christ! » Puis, le bourreau le saisit et sa tête tomba. L'archevêque était mort au presbytère de Saint-Etienne-du-Mont; les ultramontains, dont on reconnaît là le fanatisme impie et farouche, insinuèrent que Dieu s'était servi du bras de Verger pour punir Mgr Sibour de l'opposition qu'il avait faite au dogme de l'Immaculée-Conception. L'Empereur appela Mgr Morlot, évêque de Tours, à l'archevêché de Paris. Des journaux bonapartistes ne reculèrent pas devant une accusation dont l'infamie égalait l'absurdité ; Verger était, disaient-ils, l'agent des sociétés secrètes belges et des proscrits réfugiés en Belgique; en conséquence, ils demandaient l'extradition des prétendus complices du prêtre guillotiné (1). M. Vilain XIV, alors ministre des affaires étrangères, répondit, en pleine Chambre, à des députés qui l'interrogeaient sur ce point : « Je ne connais pas de sociétés secrètes en Belgique, et les proscrits français sont, tous, dignes de l'hospitalité que nous leur donnons. »

La session du Corps législatif s'ouvrit, le 18 février. Conformément aux désirs de l'Empereur, les députés votèrent une dotation annuelle de 100,000 francs au maréchal Pélissier, duc de Malakoff, — la prorogation du privilége de la Banque de France expirant le 1ᵉʳ janvier 1867 au 31 décembre 1897, — un impôt sur la transmission des titres et valeurs de toutes les sociétés ou entreprises industrielles, — et la concession à M. de Morny de 600 kilomètres de

(1) Lorsque, en 1852, une dépêche annonça qu'un assassin avait frappé la reine d'Espagne, la *Patrie*, le *Constitutionnel* et les autres journaux bonapartistes accusèrent « *de ce forfait odieux* » le parti républicain. On apprit, bientôt, que l'assassin était un prêtre, et les *honnêtes* feuilles se turent.

chemins de fer, d'où naquit le Grand Central dont M. de Morny mania les actions avec son habileté accoutumée; « elles firent, à la Bourse, une prime de 80 francs avant qu'un coup de pioche ne fût donné. » Et il y avait moins d'un an que Napoléon III *avait entendu, avec bonheur,* M. Ponsard *flétrir le funeste entraînement du jeu!* » Les deux fils de la reine Hortense s'entendaient, toujours, à demi-mot; M. de Morny ne pouvait décemment pas occuper le fauteuil présidentiel pendant qu'on lui votait un aussi riche cadeau; aussi, l'Empereur avait-il chargé son frère utérin d'une mission en Russie; c'est pourquoi M. Schneider présida la session de 1857.

Le *Moniteur* du 21 mai publia les décrets de dissolution du Corps législatif et de convocation des colléges électoraux pour le 21 juin. M. Billault, ministre de l'intérieur, confisqua, aussi audacieusement que l'avaient fait ses prédécesseurs, la liberté du suffrage universel. Afin d'assurer l'élection des candidats choisis par le gouvernement, les préfets se conformant aux instructions ministérielles, exercèrent sur les électeurs une pression allant jusqu'à la menace.

« Imposez silence aux adversaires s'il s'en présente, disaient-ils; aucun comité électoral, aucune réunion spéciale ne doivent être tolérés. » Des journaux subventionnés dans les départements prodiguaient les louanges aux candidats officiels et les insultes à ceux de l'opposition. On intimidait par tous les moyens les électeurs et la presse indépendante, même à Paris : l'avant-veille des élections, le *Siècle* fut frappé d'un avertissement dans lequel il était dit que la suspension aurait pu être prononcée contre ce journal deux fois averti déjà. Au moment où le scrutin s'ouvrait, M. Garnier-Pagès, candidat, fut arrêté dans la rue; on lui prit son portefeuille et on le conduisit chez lui; après une longue et infructueuse perquisition dans ses appartements, les agents de M. Pietri lui rendirent la liberté. MM. Carnot et Goudchaux furent élus dans les 5e et 6e circonscriptions; les candidats officiels l'emportèrent dans la 1re, la 2e, la 7e, la 9e et la 10e. Un scrutin de ballotage dans la 3e, la 4e et la 8e, fit triompher les candidatures de MM. Cavaignac, Emile Ollivier et Darimon. — MM. Hénon et Curé, soutenus à Lyon et à Bordeaux par l'opposition démocratique, battirent leurs adversaires. Un grand nombre de républicains s'étaient abstenus de voter.

Eugène Sue mourut et fut enterré civilement à Annecy, le 3 juillet; l'affluence des populations qui voulurent accompagner à sa dernière demeure le célèbre auteur des *Mystères du Peuple* et du *Juif Errant* était considérable. Le 16, Béranger s'éteignit doucement, après avoir dit à un curé qui était allé le voir, *en voisin*: « Nous avons pris une route différente pour arriver au même but, voilà tout. » Le gouvernement, qui prévoyait la mort prochaine du chansonnier, résolut de détourner *au profit de la race napoléonienne* la popularité de l'auteur du *Dieu des bonnes gens*. L'Impératrice visita le malade dont l'agonie fut courte. Aussitôt, parut dans les journaux bonapartistes une note dans laquelle on disait que la France venait de perdre le poëte national dont les œuvres avaient popularisé la gloire de l'Empire et que, d'après la volonté de Napoléon III, les frais des funérailles seraient à la charge de la liste civile impériale. » En même temps, le préfet de police Pietri annonçait aux Parisiens que l'Empereur voulait rendre des honneurs publics au poëte dont les chants ont aidé à perpétuer dans le cœur du peuple le souvenir des gloires impériales, mais que le cortége se composerait exclusivement des députations officielles et des personnes munies de lettres de convocation. » Entraîné, il est vrai, par l'ardeur d'un patriotisme qui se fourvoyait, Béranger glorifia dans ses chansons le premier Empire alors si mal connu et propagea cette légende napoléonienne, aujourd'hui détruite, mais qui facilita le rétablissement d'un régime abhorré. En même temps, ne l'oublions pas, il poussait la sape sous l'autel et sous le trône du haut desquels les jésuites et les Bourbons donnaient l'assaut à la société moderne. En outre, Béranger avait en horreur Napoléon III que, toujours, il refusa de voir. Des troupes, en grand nombre, occupaient les boulevards et les rues adjacentes afin de tenir le peuple éloigné du corbillard qu'il aurait voulu suivre et derrière lequel se prélassait, dans une voiture de la cour, un aide de camp de l'Empereur. Les obsèques de Béranger, — est-il besoin de le dire? — se firent sans l'assistance des prêtres; le flagellateur des *hommes noirs* disait souvent à ses amis : « Si je perds mes facultés par la maladie ou par l'âge, vous connaissez les idées que j'ai professées toute ma vie, c'est à vous à veiller sur moi. »

La police, ayant saisi des lettres faussement attribuées à Mazzini qui, jamais, n'écrivit rien de compromettant à personne, avait arrêté, le 13 juin, trois Italiens : Tibaldi, Grilli et Bertolotti. Chez une voisine de Tibaldi on trouva des poignards et des pistolets. Bertolotti qui, sans aucun doute, avait préparé ce complot, d'accord avec des agents de M. Pietri, fit tous les aveux que sollicitait de lui le juge instructeur; il dénonça comme étant les instigateurs de cette affaire un homme *maigre* chez lequel il avait été conduit et un homme *gros* qui conférenciait avec l'homme *maigre*; ce dernier appelait son prétendu complice *Drourolin*; de cette dénonciation mal récitée par le misérable auquel on l'avait apprise, le juge d'instruction induisit la complicité de Mazzini et celle de Ledru-Rollin dans cette affaire ignorée d'eux. En conséquence, on les engloba dans « une accusation de complot contre la vie de l'Empereur. » Afin de corroborer l'assertion mensongère de Bertolotti, l'accusateur public appela aux débats un nommé Adolphe Géraux; cet individu, condamné pour société secrète et qui, peut-être, moutonnait ses co-détenus, déclara sur un ton faux de pécheur repenti, que, *cinq années auparavant*, Ledru-Rollin l'avait chargé, à Londres, d'une commission mystérieuse; il s'agissait de remettre cinq cents francs à un homme qui, sur la place de la Madeleine, dirait: « *Je suis Beaumont.* » Quel rapport, d'ailleurs, y aurait-il eu de cette énonciation burlesque d'un fait qui se serait passé en 1852 au prétendu complot de 1857? Pas le moindre assurément; eh bien ! en la rapprochant, par un grand effort de bonne volonté, de la désignation faite par Bertolotti d'un homme *gros* causant avec un homme *maigre*, les magistrats de la cour d'assises, jugeant sans jury, y trouvèrent des preuves de culpabilité suffisantes pour leur conscience; ils condamnèrent le tribun si redoutable aux ennemis de la république, puis Mazzini et deux autres italiens contumaces à la déportation. Le Jury condamna Tibaldi à la même peine, et Bertolotti et Grilli à quinze ans de réclusion; ces deux derniers recouvrèrent presque immédiatement leur liberté; la police eut l'aimable attention de leur donner quelque argent de poche afin qu'ils fissent route plus commodément. Tibaldi ayant opposé à toutes les interrogations des juges un silence dédaigneux fut envoyé à Cayenne. Ledru-Rollin, dans une protestation éloquente et indignée, s'éleva contre l'inexplicable ou plutôt la trop explicable condamnation qui l'avait si étrangement frappé.

Quelques jours après l'inauguration du Louvre, qui eut lieu le 14 août, les kiosques remplacèrent les baraques dans lesquelles se vendaient les journaux. Le 27, l'Empereur et l'Impératrice allèrent passer une semaine à Osborne auprès de la reine Victoria. Griscelli, bien armé, veillait à ce que nul n'approchât du pavillon affecté au logement de leurs Majestés Impériales et à la porte duquel deux soldats anglais se tenaient en faction.

Eugène Cavaignac, qui, depuis longtemps, souffrait d'une maladie de cœur, mourut subitement dans sa propriété d'Ourne; le cadavre, que sa femme et son fils allèrent chercher, fut placé à côté de celui de son frère Godefroy dans le cimetière Montmartre. Le gouvernement avait pris des mesures pour que, sur la tombe du général républicain, aucun discours ne fut prononcé.

Le nouveau Corps législatif se réunit, le 28 novembre; M. de Morny, revenu de Saint-Pétersbourg, reprit le fauteuil présidentiel. MM. Goudchaux et Carnot refusèrent le serment et on les déclara démissionnaires. Après la vérification des pouvoirs, l'Assemblée se prorogea au 18 janvier 1857.

M. Vieillard, sénateur, cessa de vivre quand l'année 1856 finissait. Les dernières volontés de l'ex-précepteur de Louis Bonaparte furent conséquentes à son incroyance : une clause de son testament défendait de porter son corps à l'église. L'Impératrice, qui, afin d'assurer le succès de la comédie jouée aux obsèques de Béranger enterré civilement comme M. Vieillard, avait refoulé ses scrupules au fond de sa conscience, exigea de son époux que l'aide de camp désigné pour assister aux funérailles se retirât de la maison mortuaire après avoir déclaré qu'il n'accompagnerait pas le mort au cimetière. Napoléon III, dont M. Vieillard était l'ami particulier, eut la faiblesse de céder aux exigences de sa femme sous le patronage de laquelle le parti clérical se livrait aux plus étranges abus; il mettait en loterie des pendules et des messes dans le but de réparer ou de bâtir des églises; les billets de ces loteries sacerdotales s'étalaient à toutes les vitrines « à côté des billets du bal Mabille; les curés traitaient avec les fermiers d'annonces; les billets se plaçaient, la passion du jeu se mêlant aux sentiments les plus respectables de l'âme (1) ». L'une des premières et des plus curieuses loteries de ce genre fut celle qu'imagina le curé B*** pour la restauration de l'église Notre-Dame des Perthes; son prospectus, visé par le maire de la commune, était ainsi conçu : « Quiconque prendra un billet de un franc aura droit à une messe à perpétuité. Cinq billets don-

(1) Taxile Delord. *Histoire du second Empire.*

neront droit *à douze messes par an à perpétuité.* » Ainsi, dix mille fidèles se partageant cinquante mille billets, le curé B.... se trouvait chargé de cent vingt mille messes annuelles occupant *perpétuellement* trois cent trente-trois prêtres en chiffre rond. Ce curé avait-il la promesse d'un aussi grand nombre de ses confrères assez désintéressés pour dire *gratuitement* jusqu'à leur mort toutes leurs messes? En outre, par un miracle dû à l'intercession de Notre-Dame des Perthes, avait-il donc engagé à son œuvre trois cent trente-trois curés ou vicaires appartenant à chacune des générations à venir? Du néant où ils sont encore, ces futurs lévites avaient-ils envoyé au curé B... leur miraculeuse adhésion à son œuvre perpétuelle? Les Pères jésuites ont, il est vrai, fourni à ce vénérable desservant, le moyen de réduire de moitié le nombre des prêtres nécessaires à l'accomplissement de sa lourde promesse : « Un prêtre, disent-ils, qui a reçu de l'argent pour dire une messe peut recevoir d'autre argent pour la même messe en appliquant la partie du sacrifice qui le regarde comme prêtre à celui qui le paie de nouveau (1) »

Voici qui est mieux : à Paris, en 1857 un jésuite se mit en loterie. « Un très-révérend Père fut, lui-même, en corps et en âme, le lot qui devait appartenir au numéro gagnant(2). » Le prospectus du jésuite en loterie disait : « Les dames seules peuvent prendre un billet. Chaque billet est de cent francs. Le révérend père L...., qui prêche, en ce moment, le carême à l'église des Missions étrangères est le lot gagnant. La condition du don de sa personne à la dame gagnante est que, pendant trois jours, il lui appartiendra pour toute œuvre, prédication, pèlerinage, méditation, quêtes etc., etc., le tout à la volonté de ladite dame. » La circulaire suivante, signée du père L..., accompagnait

---

(1) *Filutius*, Tract. 1 ex : 11, n° 93.
(2) *Correspondance de l'Indépendance belge*, nos des 9 et 11 avril 1857.

chaque billet : « Madame, les moyens nous manquant pour la construction de l'église que la Compagnie fait bâtir rue de Sèvres, nous avons cru devoir recourir à une loterie. Mais, la Compagnie étant pauvre, etc., etc., j'ai pensé à me mettre en loterie moi-même. La dame qui me gagnera m'aura à sa disposition pendant trois jours, etc., etc. » Le reste comme au prospectus.

La production de pareils faits ne suffit-elle pas à caractériser une époque ?

CHAPITRE V

1858

L'Italie en 1858. — Napoléon III et le carbonarisme italien. — Felice Orsini; les bombes du 14 janvier; les abords de la salle de l'Opéra; le retour aux Tuileries. — Arrestations. — Bouc émissaire du bonapartisme. — Espinasse ministre de l'intérieur. — La loi de sûreté générale; la France est de nouveau terrorisée. Menaces à l'Angleterre; irritation des Anglais; chute de lord Palmerston. — Deux agents provocateurs à Londres. — Jugement et condamnation d'Orsini et de ses complices; ses lettres à l'Empereur; la question de grâce est agitée; exécution d'Orsini et de Pietri. — Trois élections à Paris; le groupe des Cinq est formé. — Loi sur la noblesse. — Mort de la duchesse Hélène d'Orléans. — Espinasse est renvoyé du ministère. — Le petit Mortara; les voleurs d'enfants. — Un rapport de M. Pietri; M. de Cavour à Plombières; traité entre la France et le Piémont.

On saisira mieux les événements qui se succèderont dans ce chapitre lorsque j'aurai fait connaître la situation de l'Italie en 1858.

Le joug autrichien écrasait la Lombardie et la Vénétie dont les frémissements rendaient François-Joseph plus implacable dans son oppression; cet empereur, entrant dans la ligue formée par tous les tyrans et tyranneaux de l'Italie contre la liberté des peuples soumis à leur domination, signait avec Rome un concordat qui livrait aux jésuites une grande part de l'autorité civile; aussi le haut clergé français avait-il délégué deux évêques et le cardinal Donnet, à François-Joseph « pour le remercier, au nom de leur confrères en épiscopat, de la conclusion de ce concordat et des libertés accordées à l'Église dans l'empire autrichien. » Dans les États napolitains que décimaient les bourreaux du monstre couronné sous le nom de François II, les hommes noirs venaient d'obtenir la puissance législative et la redoutable inviolabilité réclamée par la bulle *in cœna Domini* (1). — Dans le duché de Modène, gouverné par un major autrichien, régnait un individu nommé François V dont la féroce bestialité avait mis « la bastonnade en permanence. » — La duchesse régente de Parme, sœur du comte de Chambord, s'absorbait dans la douleur du veuvage et dans la prière sous la tutelle des Autrichiens auxquels elle avait livré son duché. — Les États pontificaux, depuis la restauration de Pie IX par une armée française, gémissaient dans une horrible servitude; souvent, des cris d'horreur traversaient l'Italie quand se renouvelaient des décapitations de martyrs de la liberté comme celles qui épouvantèrent Sinigaglia patrie du souverain pontife; les prisons de Rome regorgeaient de patriotes arrêtés sous le moindre prétexte afin de donner raison à ces paroles que le cardinal Antonelli adressa, un jour, à un officier supérieur de notre armée : « Il faut que, partout comme ici, les ouvriers de la vigne du Seigneur puissent tout oser; *si le zèle les égare*, il faut qu'ils n'aient pas à craindre le rire du libéralisme et les satiriques récits de la liberté de la presse (2). » Depuis le retour du pape, l'exil, la prison, les assassinats commis au nom du Christ et de l'ordre avaient déjà, en 1855, réduit de plus de 60,000 âmes le chiffre de la

---

(1) Publiée en 1568 par Pie V, qui, en parlant des jésuites, disait : « Oui, avec de tels hommes, je triompherai des Rois et j'exterminerai les Peuples rebelles si Dieu m'accorde quelques années de vie. »

(2) Le cardinal Antonelli ne faisait que répéter la phrase prononcée, en 1829, par monseigneur Capelletti gouverneur de Rome et directeur de la police papale à cette époque-là.

population romaine : « Pendant mon séjour à Rome, écrivait un Anglais, les arrestations n'allaient jamais au-dessous de douze à vingt par nuit; j'ai vu même de ces pauvres jeunes gens appartenant presque tous à l'élite de la popution romaine passer à la fois, de bon matin, devant ma fenêtre, la plupart conduits dans des chariots et enchaînés deux à deux. » Malgré cette énorme dépopulation de la ville éternelle, il fallait au pape des soldats étrangers pour contenir ce qui restait d'habitants à Rome en dehors de ses quarante mille prélats, prêtres, moines, porte-croix, gardes-nobles, marguilliers, sacristains ou bedeaux. Les mercenaires suisses enrôlés par le Vatican ne suffisant pas à étouffer le patriotisme des Romains, Napoléon III couvrait du drapeau français la tyrannie sacerdotale. En échange de l'appui que lui donna le clergé pour ressusciter l'empire, il promit de protéger le pape.

Mais il avait fait, antérieurement, une autre promesse à des hommes qui ne l'oubliaient pas; le comte Arese venait, de temps en temps, la rappeler au carbonaro oublieux qui, en 1831, avait juré de se dévouer à l'indépendance de l'Italie dont, en 1849, il fit bombarder la capitale. J'ignore si, comme on l'a prétendu, le sort, dans une loge dite des *vengeurs*, avait désigné quarante patriotes pour frapper le traître couronné qui, au lieu de seconder la délivrance de l'Italie, concourait à son asservissement; mais, je sais que, à l'exemple de Pianori et de tant d'autres dont les tentatives échouèrent, beaucoup d'Italiens étaient résolus à tuer celui qui employait une partie de ses soldats à tenir Rome et les provinces avoisinantes sous le joug abhorré du gouvernement des prêtres. N'est-il pas odieux, disaient les Italiens, que des étrangers envahissent un pays ami sans en avoir reçu la moindre provocation, y détruisent un pouvoir issu de la souveraineté nationale, lui substituent, de leur propre autorité, et maintiennent par la force une tyrannie renversée par le Droit?

Entre ces Italiens brûlant de rendre son indépendance à leur malheureuse patrie, Felice Orsini se distinguait par un dévouement désintéressé, incessant, infini à la sainte cause que, dès son adolescence, il avait embrassée. Son père était tombé, à Forli, sur le champ de bataille où il combattait pour l'affranchissemet de l'Italie à côté des deux fils de la reine Hortense; l'aîné mourut après la défaite ; l'autre, devenu empereur des Français, rivait, depuis 1849, les chaînes de la nation pour la délivrance de laquelle il avait pris les armes dix-huit ans auparavant. Felice Orsini entrait dans sa trente-neuvième année; affilié au carbonisme comme Louis Bonaparte, conspirant sans cesse avec ses compatriotes opprimés contre les oppresseurs de son pays, il avait été, à l'âge de dix-neuf ans, condamné par les Autrichiens aux galères à perpétuité. Élu membre de la Constituante romaine en 1848, puis nommé commissaire extraordinaire à Ancône, il souleva les populations des Marches, se mit à leur tête et attaqua les Autrichiens qui le firent prisonnier. Son évasion de la citadelle de Mantoue fut un prodige de bravoure, d'audace et de sang-froid ; à Londres où il se réfugia, il en écrivit le récit qu'il aurait voulu publier, à Paris, dans le *Siècle* ; je n'ai rien lu de plus émouvant. Avec sa belle tête bien portée, son regard à la fois vif et doux, son geste expressif et son agréable humeur, Felice Orsini se conciliait la sympathie de tous. Il quitta Londres pour aller à Liverpool, à Birmingham et dans quelques autres villes où il faisait connaître par des conférences publiques la situation de l'Italie. Bientôt, on n'entendit plus parler de lui; on le croyait parti pour New-York où il avait projeté de se rendre.

Le 14 janvier 1858, vers huit heures du soir, il y avait foule aux abords de l'Opéra où Napoléon III était attendu. La voiture impériale et son escorte se sont engagées dans la rue Le Pelletier et s'approchent du théâtre. Tout à coup, l'air est ébranlé par trois détonations successives ; la lumière du gaz s'éteint; des cris d'épouvante s'élèvent de toutes parts; des hommes et des chevaux tombent morts ou blessés; des voitures se brisent; des éclats de fer ont atteint 141 personnes dont le plus grand nombre appartient à la police (1); l'un de ces éclats a traversé le chapeau de l'Empereur. Dans la salle de l'Opéra où les fonctionnaires font la majorité, les retentissements de la triple explosion ont répandu une terreur que dissipe l'apparition de l'Empereur dans sa loge; retiré de sa voiture, pâle et tremblant, il avait suivi l'Impératrice qui, après avoir manifesté ses impressions par un cri bien naturel de colère et de peur, s'était rassurée la première en se voyant entourée d'agents et d'officiers affirmant que le danger couru par Leurs Majestés n'existait plus. Vers minuit, les boulevards étant illuminés et bien gardés, une voiture escortée de troupes nombreuses ramenait le couple impérial aux Tuileries où se pressaient les parents et les amis éplorés. La fureur des deux époux éclata avec d'autant plus de violence qu'elle avait dû plus longtemps se contenir devant les deux mille spectateurs qui, à l'Opéra, ne les quittaient pas des yeux.

Quelques minutes avant l'arrivée de l'Empereur dans la rue Le Pelletier, un inspecteur de police avait reconnu et fait arrêter, sur le trottoir de cette rue, un Italien nommé Pietri. On trouva dans ses poches un poignard, un revolver et une bombe, d'un genre nouveau, chargée avec du fulminate de mercure. Lorsque trois bombes semblables eurent éclaté autour de la voiture impériale, on arrêta, dans la salle d'un restaurant situé presque en face de l'Opéra, un autre Italien du nom de Gomez, dont les lamentations exagérées avaient attiré l'attention sur lui; interrogé, il se dit le domestique de l'Italien Orsini demeurant rue du Mont-

(1) Ce qui s'explique par le nombre des agents placés devant la foule quand l'Empereur se rendait au théâtre; aux abords de l'endroit où s'arrêtait la voiture impériale, il y avait la brigade de sûreté, celles des garnis et les quatre brigades des agents de la police politique.

Thabor. Blessé à la figure par un éclat de bombe, Orsini fut pris dans son lit ; l'arrestation d'un quatrième Italien nommé Rudio se fit en même temps ; on soupçonna Gomez de trahison. Orsini était le chef de cette conspiration préparée par lui seul; ayant vu des bombes d'une forme particulière, à Bruxelles, dans le musée militaire, où, en 1854, elles furent exposées à la suite d'un procès intenté pour fabrication d'armes prohibées, Orsini en avait fait fabriquer de pareilles à Birmingham.

Ce complot était exclusivement italien, de même que, sous le premier empire, celui de la rue Saint-Nicaise fut exclusivement royaliste; Napoléon III, à l'exemple de son oncle, tourna son emportement et sa vengeance contre le parti républicain bouc émissaire du bonapartisme : en 1858, on le chargea, comme en 1800, d'imputations imméritées, et il fut la victime expiatoire. On supprima *le Spectateur et la Revue de Paris* dirigés par MM. Laurent Pichat et Maxime du Camp ; l'existence de tous les journaux indépendants fut menacée. S'affolant de colère et de terreur, Napoléon III prit à M. Billault le portefeuille de l'intérieur et le donna au violateur du palais de l'Assemblée nationale, au missionnaire de clémence dont l'avis était que les commissions mixtes avaient péché par excès d'indulgence, au sinistre chef de l'expédition de la Dobrutja, à ce général Espinasse pour le nom duquel l'Histoire, vengeresse de l'iniquité, n'a pas assez de flétrissures.

Le Corps législatif, par 217 voix contre 24 (1), vota cette *loi des suspects*, présentée sous le nom de *loi de sûreté générale*, qui, non-seulement livrait, par ses effets rétroactifs, tous les citoyens frappés en décembre 1851 aux violences arbitraires du ministre de l'intérieur, des préfets, des géné-

(1) Voici les noms de ces vingt-quatre députés : Ancel, d'Andelarre, Brame, Darimon, de Flavigny, Gareau, Gouin, Halligon, Hénon, Javal, de Jouvencel, de Kersaint, Kœnigswarter, Legrand, Anatole Lemercier, Lespérut, de Mortemart, Ollivier, Ouvrard, de Pierres, Plichon, de Rambourgt, de Talhouët.

raux, et des procureurs généraux mais encore mettait à la merci du gouvernement les hommes de tous les partis qui inspireraient de la défiance à sa politique ombrageuse, et, suivant l'expression des orateurs qui la combattirent, « étendait ses menaces jusqu'aux propos échangés autour du foyer, en créant un nouveau délit, *le délit de la conversation*. » Au Sénat, le général Maurice de Mac-Mahon s'opposa, seul, à la promulgation de cette abominable loi.

Ministre de l'intérieur et de la sûreté générale, Espinasse met sa brutale inintelligence au service des haines qui l'ont choisi pour qu'il les satisfasse; il mande tous les préfets; à chacun d'eux il fixe un nombre d'arrestations à opérer. — « Qui arrêterons-nous ? » lui demandent plusieurs de ces fonctionnaires. — « Eh! que m'importe! répond-il; ne vous ai-je pas donné le nombre? le reste vous regarde. » La France est de nouveau terrorisée; les horreurs de 1851 se reproduisent; il suffit d'avoir défendu la loi en Décembre pour être jeté dans les prisons qui se repeuplent; les transportés et les exilés d'alors qui avaient donné dans le piége des amnisties sont repris; beaucoup de ceux qui avaient renoncé aux sécurités de l'exil sont traînés à Lambessa, les menottes aux mains; sur quelques navires il furent *mis à la broche* (1) par ordre du contre-amiral Fourichon. Les agents napoléoniens réclamaient aux familles épouvantées un fils, un mari, un frère qui étaient, les uns morts, les autres encore à Cayenne ou en Afrique; on prenait le père quand on ne trouvait pas le fils, la femme à la place du mari. L'un de ces préfets de hideuse mémoire est Pougeard-Dulimbert; en 1851, il dépeupla et désola le département des Pyrénées-Orientales; en 1858, dans celui du Gard, ses inhumanités furent monstrueuses : une femme refusa aux

---

(1) *Mettre à la broche* signifie maintenir les prisonniers par une tringle de fer qu'on passe dans les anneaux de la chaîne à laquelle ils sont attachés à la file l'un de l'autre.

agents préfectoraux d'indiquer l'asile de son mari ; elle était accouchée depuis huit jours ; elle fut arrachée à son enfant qu'elle nourissait et emprisonnée ; « la fièvre de lait la prit ; un citoyen espérant exciter la pitié du préfet pour cette malheureuse lui dit qu'elle se mourait et que ses seins allaient éclater : C'EST CE QU'IL FAUT, répondit-il ; SON SECRET SORTIRA PAR LA (1). » La conduite de ce préfet à poigne nous apprend à connaître celle de ses confrères ; ils mirent en deuil d'innombrables familles ; Espinasse fut content d'eux : c'est tout dire.

Pendant que les députés et les sénateurs donnaient à Napoléon III la loi draconnienne qu'il leur avait demandée, l'Angleterre était dans une grande émotion. Une dépêche menaçante avait été adressée par M. Walewski à lord Palmerston dans le but d'obtenir du gouvernement britannique un bill contre les proscrits italiens et français ; puis, une adresse des colonels à l'Empereur jeta comme un défi à la nation anglaise ; ces officiers s'offraient pour aller mettre les Anglais à la raison. Partout se formèrent des meetings d'où s'élevaient les plus énergiques protestations contre ces menaces provoquantes ; le droit d'asile toujours accordé par l'Angleterre aux proscrits de toutes les nations et de tous les partis indistinctement et dont Louis Bonaparte avait tant abusé ne trouvait que d'ardents défenseurs. Lord Palmerston eut la faiblesse de présenter à la Chambre des communes le bill sollicité par l'aventurier de Boulogne et dont le rejet entraîna la chute du cabinet anglais. L'adresse des colonels avait inspiré au *Times* ce fameux article : « *the mischief is done*, le mal est fait, » qui souffla l'esprit belliqueux dans la Grande-Bretagne colérée ; de toutes parts, on s'armait pour repousser l'attaque de l'ex-allié qui, en fin de compte, rengaîna, sans avoir rien obtenu, ses paroles comminatoires et ses démons-

---

(1) Taxile Delord, *Hist. du second Empire*, t. II, p. 389.

trations hostiles. Bientôt, il ne fut plus question de *descente* en Angleterre ; imitant la prudence de l'oncle qui, lui, en était venu jusqu'aux derniers préparatifs, le neveu n'osa pas courir les risques d'une aussi grosse aventure. N'hésitant jamais à attaquer les faibles, Napoléon III, quand il n'avait pas, comme en Crimée, des alliés puissants, reculait devants les forts. Un jour, cédant à de funestes conseils et sacrifiant les intérets de la France à des intérêts dynastiques, il s'est écarté de cette ligne prudente et il a honteusement succombé. Ce qu'il voulait surtout, en 1858, c'était la déportation de Ledru-Rollin et de Mazzini en Amérique. Aussi, invoquait-on, dans la dépêche Walewski, cette affaire Tibaldi montée par la police française avec l'aide de Bertolotti. Tandis que le bill se discutait, la rue de Jérusalem dépêcha deux agents provocateurs à Londres pour tendre aux deux illustres proscrits des piéges nouveaux.

L'un de ces drôles se nommaient Maub... ; sa photographie l'avait devancé ; cela était arrivé déjà pour d'autres gredins de pareille espèce ; c'est à des Italiens amis de Mazzini qu'il devait proposer et qu'il proposa son complot ; il ne débutait pas dans le mouchardage ; il avait fait quelques victimes ; la langue italienne lui était familière. Une nuit, des policemen ramassèrent sur le Pont de Londres un cadavre : c'était celui de Maub... — On attribua sa mort à une attaque d'apoplexie causée par une imprudence ; après un repas copieux et d'amples libations, ce malheureux, ivre sans doute, avait dû faire à sa cravate le nœud serré qui étreignait son cou bleu.

L'autre, un soir, se présenta chez Ledru-Rollin ; il se disait fabricant de parapluies ; il avait trouvé un moyen d'en finir avec l'Empereur ; dans la galerie du Palais-Royal contiguë au Théâtre-Français il louerait une boutique alors inoccupée et peu distante de l'endroit où se trouve la loge impériale ; par le sous-sol, il pratiquerait une cavité souterraine jusqu'au dessous de cette loge ; là, il placerait une boîte de fer contenant cinq ou six kilogrammes de fulminate de mercure, et, le moment venu, au moyen d'un fil électrique il y mettrait le feu. Il était absolument sûr du succès de son entreprise si Ledru-Rollin lui fournissait les moyens de l'exécuter. Le salon dans lequel avait été reçu l'agent provocateur que notre ami chassa et le cabinet de travail où se trouvait l'un des rédacteurs principaux du *Daily News* communiquaient par une ouverture qu'une portière fermait. Indigné de ce qu'il venait d'entendre, le journaliste alla le raconter à lord Palmerston. L'ordre de quitter immédiatement l'Angleterre fut donné par le chef de la police anglaise au mouchard dont je retrouverais le nom si je le cherchais un peu.

Le 25 février, Orsini, Pietri et Rudio comparurent devant la Cour d'assises ; M. Delangle la présidait. « Orsini, dit un historien, fut celui qui dirigea réellement les débats ; il s'insinuait dans les cœurs de ses juges par sa grâce italienne, par l'aisance et la douceur de ses manières, et il les dominait par sa fermeté sans forfanterie et par sa présence d'esprit exempte de finesse (1). » M. Chaix-d'Est-Ange prononça un réquisitoire plein de vulgarités et de boursouflage ; l'emphase du ton essayait de couvrir la faiblesse de la pensée. A la véritable éloquence qui est « l'art de bien dire et l'art d'émouvoir, » Jules Favre donna une hauteur qui ne sera jamais dépassée ; il avait deviné la cause d'un pareil attentat : — « Elle devait se trouver dans l'égarement d'un patriotisme ardent, dans la fiévreuse aspiration à l'indépendance de la patrie qui est le rêve de toutes les nobles âmes. » Le défenseur d'Orsini raconta la vie entière de cet Italien, « vie si inflexiblement logique, usée sans partage dans une lutte incessante contre les étrangers qui foulent l'Italie. » Puis, s'adressant aux jurés : « Ne seriez-

(1) Taxile Delord.

vous pas, dès à présent, persuadés qu'Orsini n'a eu en vue qu'une seule chose : la délivrance, l'affranchissement de sa noble et chère patrie? Cette pensée, ce désir ne peuvent pas excuser la mort de ces tristes victimes auxquelles Orsini, — il vous le disait hier, — voudrait pouvoir rendre la vie, mais ils l'expliquent : des sentiments impérieux, dominateurs ont armé son bras. » Après avoir rappelé que, dans les cabinets des rois, on essaye de disposer de la vie et de la puissance des nations, et que la nôtre fut, en 1815, l'objet d'une de ces tentatives, le défenseur d'Orsini, entraîné par les élans d'un patriotisme dont l'écho vibrait dans tous les cœurs, s'écria : « Le gouvernement qui a remplacé celui de Napoléon Ier n'est-il pas resté impopulaire parce qu'il était imposé? Les conspirateurs ne lui ont-ils pas fait une guerre incessante, acharnée, — et le pays n'a-t-il pas, sinon glorifié du moins plaint les victimes tombées dans cette lutte patriotique? Eh bien, messieurs, vous avez devant vous un Italien qui a voulu faire pour l'Italie ce qu'elles ont fait pour la France. »

Le 26 février, Orsini, Pietri et Rudio furent condamnés à la peine des régicides et conduits à la Roquette. Dans une lettre à Napoléon III datée de Mazas, le 11 février, Orsini disait : « Je subirai la mort sans demander grâce parce que je ne m'humilierai jamais devant celui qui a tué la liberté naissante de ma malheureuse patrie. » Puis, il priait l'Empereur « de ne pas intervenir contre l'Italie et de ne point permettre à l'Allemagne d'appuyer l'Autriche dans les luttes prochaines. » Une deuxième lettre était datée de la Roquette, le 9 mars ; Orsini demandait grâce pour ceux de ses complices condamnés à mort.

Le 1er février, par lettres patentes, l'Empereur avait conféré la régence à l'Impératrice et « à défaut de celle-ci, aux princes français suivant l'ordre de l'hérédité de la couronne. » Un décret impérial constituait, en même temps, un Conseil privé qui deviendrait, au besoin, Conseil de régence; il se composait des princes français, de Mgr Morlot, du maréchal Pélissier, de MM. de Morny, Persigny, Troplong, Baroche et Fould. Le 12 mars, les membres de ce Conseil et de celui des ministres furent réunis par l'Empereur que les lettres d'Orsini avaient ému profondément : « Y a-t-il lieu de commuer la peine des trois condamnés? » Telle fut la question posée à ces dignitaires de l'empire. M. Pietri se prononça pour l'affirmative; l'archevêque Morlot, représentant d'un Dieu miséricordieux, fut un de ceux qui combattirent le plus ardemment toute idée de miséricorde. On ne fit grâce de la vie qu'à Rudio.

Le lendemain matin, l'échafaud se dressait sur la place de la Roquette où plus de cinquante mille personnes s'étaient rendues et à une grande distance de laquelle des troupes nombreuses retenaient la foule. « Pendant les apprêts du supplice, Orsini conserva sa fierté, son calme, son teint rosé, son sourire gracieux; on eut dit un homme du monde au milieu d'un salon (1). » A sept heures, les deux condamnés sortirent de la prison : Pietri chantait, d'une voix forte, ce refrain : *Mourir pour la patrie*, etc., etc. Orsini « la tête haute sous son voile noir, » lui recommandait le calme. — Vive la République! vive l'Italie! cria Piétri dont la tête fut abattue la première. « Orsini en se livrant à l'exécuteur, cria, vive la France! — Au moment où le couteau tomba, toutes les têtes se découvrirent et saluèrent celui qui savait mourir. Les journaux reçurent l'ordre de garder le silence sur cette exécution (2). »

Le 27 avril, les électeurs de Paris eurent à élire trois députés; pour remplacer le général Cavaignac, ils choisirent le défenseur d'Orsini; Jules Favre fut élu. Le général bonapartiste Perrot l'emporta de quelques voix seulement sur M. Liouville. Le 10 mai, à un second tour de scrutin, la

---

(1) Taxile Delord, *Hist. du second Empire*, t. II, p. 367.
(2) Id., p. 368.

candidature de M. Ernest Picard triompha. Le groupe des cinq était formé.

Le Corps législatif vota, par 211 suffrages contre 23, une loi protectrice de la noblesse. Quelques voix protestèrent contre cette résurrection des institutions du passé. M. du Miral prononça des paroles qu'il ne faut pas oublier : « L'empire actuel, s'écria-t-il, *ce n'est pas la démocratie, c'est la monarchie ; l'empire, d'ailleurs, n'est pas un gouvernement démocratique.* » Nous le savions bien, mais il était bon qu'un bonapartiste l'affirmât. Cette affirmation à laquelle donnèrent leur assentiment les ministres et les députés impérialistes démontre que les Napoléons mentent quand, pour exploiter la crédulité du Peuple enclin à se payer de grimaces et de mots, ils disent que leur gouvernement est démocratique. La démocratie n'a et ne peut avoir qu'une seule forme de gouvernement : la République.

La duchesse Hélène d'Orléans mourut en Angleterre, le 10 mai. Cette femme vertueuse était un caractère. Fidèle aux recommandations testamentaires et à la mémoire de son époux, elle résista dignement à l'obsession de deux de ses beaux-frères, les ducs de Nemours et de Montpensier, qui allèrent, l'un en 1854 et l'autre en 1855, se soumettre au comte de Chambord, c'est-à-dire « *lui demander pardon du règne de leur père.* » — « Le passage d'une vie à l'autre avait été si doux que les deux femmes restées près de son lit, les yeux fixés sur elle, n'avaient pas aperçu une altération dans ses traits, un changement de physionomie (1). » Ainsi meurent ceux dont l'âme est rassérénée par le témoignage de leur conscience.

Après avoir, sous la pression d'une terreur qui désolait tant de familles, dirigé, au gré de Napoléon III, les élections départementales, le général Espinasse s'attaqua aux établissements de bienfaisance ; il voulait que les biens fonds

---

(1) *Madame la duchesse d'Orléans*, 1 vol. Michel Lévy.

des hospices fussent vendus et que le produit de cette vente fût appliqué à des achats de rentes sur l'État. Cette conversion d'une valeur immobilière et immuable en une valeur que les événements politiques soumettent à des fluctuations fréquentes fit pousser les hauts cris aux membres des administrations charitables et du clergé. « Où donc s'arrêtera, disait-on, l'audace de ce gouvernement tyrannique s'il ne respecte même pas les biens des pauvres ? » L'Empereur se vit contraint de désavouer le soudard brutal et grossier dont il avait fait, dans un double accès de folie et de peur, un ministre de l'intérieur et de la sûreté générale, et dont le renvoi sur les bancs des aides de camp attachés au service des Tuileries fut un soulagement pour la France qui gémissait dans l'oppression.

En ce moment-là, un crime s'accomplissait, à Bologne, sous la protection du drapeau français. Le 24 juin 1858, des soldats pontificaux volaient un enfant à une famille juive nommée Mortara. Sous le prétexte qu'une fille catholique au service de cette famille avait, subrepticement et suivant les conseils du Saint-Office, administré le baptême au petit Mortara dont les jours étaient mis en danger par un accès de fièvre vermiculaire, les hommes noirs s'emparèrent de l'enfant, malgré les supplications du père affolé de douleur. Bravant les cris de la conscience publique révoltée par ce forfait monstrueux, ils emportèrent dans un couvent d'Alatri leur proie qu'ils avaient, d'abord, cachée dans un séminaire; ils répondaient au malheureux père : « Comme juif, vous êtes hors la loi; nous agissons pour le salut de l'âme de votre fils. » Ce rapt odieux se consomma au nom de la religion catholique ; il indigna la presse de tous les pays : En France, le *Siècle*, le *Journal des Débats*, le *Courrier de Paris*, la *Presse*, la *Gironde*, le *Phare de la Loire* demandaient énergiquement que le Pape rendît aux parents l'enfant volé. *L'Union* et la *Gazette de France* subtilisaient sur cet acte abominable; l'*Univers* l'approuvait et injuriait le judaïsme ; les journaux bonapartistes se taisaient. La franc-maçonnerie envoya au grand-maître Lucien Murat une protestation contre l'enlèvement du jeune Mortara. Les rabbins adressèrent d'inutiles prière à Pie IX qui gorgeait de friandises l'enfant dont la mère faisait mal à voir. En Angleterre, les meetings se succédaient et déclaraient « voir dans cet acte d'agression papale contre une famille juive inoffensive une raison de plus pour protester contre le caractère antichrétien de la papauté et la révoltante tyrannie qu'elle exerce, partout où elle domine, sur les intérêts temporels et spirituels du genre humain. » Les violateurs des droits sacrés et inviolables des pères et des mères refusèrent de rendre à sa famille le petit Mortara, et Napoléon III continuait à abriter sous les plis du drapeau de la France ces ravisseurs « moitié renards, moitié loups. »

Dans son allocution aux jurés, Orsini expliquait en ces termes comment il avait résolu de frapper l'Empereur : « Une idée fixe me possédait : rendre l'indépendance à ma patrie ou mourir. Longtemps, je crus Napoléon III capable de délivrer l'Italie ; en le voyant resserrer de plus en plus son alliance avec le parti absolutiste, je perdis cette espérance et je me dis : *il faut supprimer cet obstacle.* » Ces dernières paroles qui avaient impressionné l'Empereur et que le *Journal officiel* retrancha, beaucoup d'Italiens se les étaient dites ; après la mort d'Orsini, ils se les répétèrent ; M. Pietri, remplacé par M. Boitelle à la Préfecture de police en acquit la preuve : « Napoléon III, étonné du nombre des assassins que l'Italie lui envoyait, se décida à faire quelque chose pour elle sur le rapport de l'ancien préfet de police Pietri expédié par lui en mission auprès des sociétés italiennes (1). » Ce rapport n'était qu'une paraphrase de ces mots contenus dans la lettre écrite par Orsini à l'Empereur, le 11 février : « Tant que l'Italie ne sera pas indépendante, la

---

(1) *Chroniques du dix-neuvième siècle,* p. 372.

tranquillité de Votre Majesté ne sera qu'une chimère. »

Le 9 juillet, M. de Cavour, sous un autre nom que le sien, se rendit à Plombières où l'avait appelé une lettre de Napoléon III. Là se conclut, entre la France et le Piémont, un traité offensif et défensif dont l'*Indépendance belge* fit, la première, connaître les clauses et que le gouvernement français niait pendant que les deux contractants en préparaient l'exécution.

CHAPITRE VI

1859

Paroles alarmantes. — Mariage du prince Napoléon. — Irrésolutions de l'Empereur. — Déclaration de guerre. — Départ de Napoléon III pour l'Italie; l'Impératrice et les médailles. — Composition et force des armées française, sarde et autrichienne. — La campagne d'Italie. — Premiers combats. — Garibaldi et les chasseurs des Alpes. — Palestro. — Magenta. — Malegnano. — Solférino. — Le traité de Villafranca. — Indignation des Italiens. — Le retour de l'Empereur; ses explications embarrassées et mensongères. — Retour de l'armée d'Italie. — Flatterie grotesque. — L'amnistie du 16 août; protestations et déclarations des proscrits. — Le traité de Zurich. — Soulèvement des Romagnes et annexions. — Conseil de Napoléon III à Pie IX.

Le 1er janvier 1859, à la réception du Corps diplomatique aux Tuileries, l'Empereur dit à M. de Hubner ambassadeur d'Autriche à Paris : « Je regrette que nos relations avec votre gouvernement ne soient pas aussi bonnes que par le passé! » L'effet de ces paroles ayant été alarmant, le *Moniteur* déclara que rien, dans nos relations diplomatiques, n'autorisait de pareilles alarmes. Le 13, on apprit que le prince Napoléon venait de partir pour Turin où il allait épouser la fille de Victor-Emmanuel. En annonçant à des députations des deux Chambres ce mariage qui se célébra le 30, le roi de Sardaigne dit : « L'année commence bien, elle se terminera mieux encore, *je l'espère*. Cette alliance pourra devenir une source d'avantages pour les éventualités futures. » Et, le 7 février, l'Empereur ouvrant la session législative s'exprimait en ces termes : « La paix, je l'espère, ne sera pas troublée. » Le 5 mars, le *Moniteur* donna un démenti aux auteurs de bruits de guerre égarant outrageusement les esprits, alarmant gratuitement les intérêts, jetant du doute sur les pensées les plus loyales et des nuages sur les situations les plus claires.

Tiraillé à droite par les cléricaux que l'Impératrice appuyait, à gauche par le prince Napoléon que vint renforcer M. de Cavour, l'Empereur ne savait à quoi se résoudre ; il flottait incessamment de la paix à la guerre ; dans une dernière entrevue avec le premier ministre de Victor-Emmanuel, ses irrésolutions se fixèrent ; les instances du prince Napoléon triomphèrent, cette fois, du fatal ascendant que l'Impératrice prendra bientôt sur le caractère indécis et faible de son triste époux. A la fin de mars, les indécisions de Napoléon III penchaient tellement vers la paix que M. de Hubner le crut, un jour, décidé à l'abandon de la Sardaigne et conseilla au chef du cabinet autrichien, M. de Buol, de garder une attitude hautaine vis-à-vis du cabinet de Turin. Le lendemain, M. de Cavour quittait Paris ; il apportait à son roi la certitude que la France déclarerait prochainement la guerre à l'Autriche.

Des propositions faites par l'Angleterre, en qualité de médiatrice amiable, et auxquelles adhérèrent la France, la Prusse et la Russie furent repoussées par l'Autriche qui, le 19 avril, somma le roi de Sardaigne « d'avoir à mettre sans délai, son armée sur pied de paix et à licencier les volontaires italiens. » Trois jours étaient accordés à Victor Emmanuel pour répondre, par un *oui* ou par un *non*, à cet ultimatum inacceptable et équivalent à une déclaration de guerre.

Les événements vont se précipiter. Le 22 avril, le *Moniteur* déclare que, en présence de l'attitude de l'Autriche, Napoléon III a ordonné la concentration de plusieurs divisions sur la frontière du Piémont. Le 29, un emprunt de 500 millions, la levée de 140,000 hommes par anticipation sur le contingent de 1859 et l'ouverture d'un crédit de 90 millions pour dépenses urgentes sont votés par le Corps législatif. Le 3 mai, l'Empereur annonce aux Français la déclaration de guerre à l'Autriche « qui a amené les choses à cette extrémité qu'il faut qu'elle domine jusqu'aux Alpes, ou *que l'Italie soit libre jusqu'à l'Adriatique*; » il avoue hautement sa sympathie « pour un peuple qui gémit sous l'oppression étrangère; la France va le rendre à lui-même. » Napoléon III terminait sa proclamation ainsi : « La Providence bénira nos efforts, car elle est sainte aux yeux de Dieu la cause qui s'appuie sur la justice, l'humanité, l'amour de la patrie et de l'indépendance. »

C'était une noble cause, en effet, que l'Empereur venait enfin d'embrasser. Aussi, n'eut-il besoin d'aucune escorte, le 10 mai, lorsqu'il quitta les Tuileries pour aller se mettre à la tête de l'armée. La population entière l'acclamait; à toutes les fenêtres, des mouchoirs s'agitaient; les toits étaient couverts d'une foule mêlant ses acclamations à celle des ouvriers qui se pressaient autour de la calèche impériale dont les chevaux avaient peine à marcher. L'Impératrice assise à côté de son époux comprit-elle que cet enthousiasme inspiré à tout un peuple par un sentiment de patriotisme dans lequel toutes les nuances d'opinions se confondaient est préférable au contentement qu'elle eût voulu donner à la secte ultramontaine en s'opposant à une guerre qui occasionnait cette manifestation nationale? En tout cas, à Montereau où les deux époux se firent leurs adieux, elle donna au parti clérical un nouveau témoignage de sa dévotion superstitieuse en remettant une médaille de l'*Immaculée* à chacun des vingt-six aides de camp ou officiers d'ordonnance qui accompagnaient l'Empereur.

Napoléon III débarqua, le 12 mai, à Gênes; la population lui jetait des fleurs en criant : Vive l'Empereur! Vive l'Italie ! Le 14, il arrivait à Alexandrie où il établit son quartier général. L'armée d'Italie, forte de 120,000 hommes se composait de la garde impériale sous les ordres du général Regnaud de Saint-Jean-d'Angely et de cinq corps commandés par le maréchal Baraguey-d'Hilliers, le général de Mac-Mahon, le maréchal Canrobert, le général Niel et le prince Napoléon. Les trois divisions de la garde impériale avaient pour chefs les généraux Mellinet, Camou et Morris. Les généraux divisionnaires du 1er corps étaient Forey, de Ladmirault, Bazaine et Desvaux, — ceux du 2e corps, de La Motterouge et Espinasse, — ceux du 3e, Renault, Trochu, Bourbaki et Partouneaux, — ceux du 4e, Vinoy, de Failly et Luzy de Pélissac et ceux du 5e d'Autemarre et Uhrich.

L'Empereur qui avait, seul, le contrôle de l'administration, fit retomber sur elle la responsabilité d'une insouciance, d'un désordre et d'une impéritie dont il était coupable et dont nos armées ont tant souffert dans toutes les guerres entreprises par le second Empire. Le 15, il écrivait d'Alexandrie au ministre de la guerre : « Nous avons réuni en Italie une armée de 120,000 hommes *avant d'y avoir envoyé des approvisionnements*.... Ici, les administrations n'aboutissent qu'à peine à faire vivre l'armée au jour le jour. Je vous conjure de faire des efforts inouïs pour cuire du biscuit dans toute la France, pour rassembler du foin et envoyer tout cela à Gênes par des bateaux à vapeur. Il faut doubler le nombre des officiers d'administration, il faut envoyer au moins mille infirmiers de plus. *L'administration de la guerre est bien coupable*. Il y a des corps qui n'ont pas encore des marmites pour faire la soupe. » Nous verrons bien pis que cela.

L'armée sarde dont avait pris le commandement en chef le roi Victor-Emmanuel ayant le général de la Rocca pour chef d'état-major et le général de la Marmora pour lieutenant, comprenait cinq divisions d'infanterie et seize escadrons de cavalerie donnant ensemble un total de soixante mille hommes environ. L'infanterie était commandée par les généraux Cialdini, Fanti, Mollard, Durando et Cucchiari, — et la cavalerie par le général Sambuy. Répondant à l'appel aux armes de Victor-Emmanuel, de nombreux volontaires accouraient ; Garibaldi formait sa légion des *chasseurs des Alpes* dont le commandement lui fut donné avec le titre de général.

Les forces opposées par François-Joseph à l'armée franco-sarde et placées sous le commandement en chef du général Giulay atteignaient le chiffre de 200,000 hommes. Le 29 avril, deux divisions autrichiennes avaient franchi le Tessin et envahi le territoire piémontais.

Le 20 mai, il y eut un premier combat. La division autrichienne Baumgarter, trois bataillons du 6ᵉ corps et une brigade, sous le commandement du feld-maréchal Stadion, commencent, vers midi, leur mouvement offensif. Les Autrichiens s'emparent de Casteggio, marchent rapidement sur Montebello et emportent Guestrello. Le général Forey à la tête de sa division qui, n'étant pas complétée, ne compte que 6,000 hommes, marche vers les colonnes autrichiennes ; à ses ordres est venue se mettre la cavalerie piémontaise commandée par le général de Sonnaz. Guestrello est enlevé à l'ennemi qui va se retrancher dans le village de Montebello où on lutte corps à corps ; chassé de cette position, il se réfugie dans le cimetière ; après une résistance opiniâtre, il l'abandonne et opère une retraite précipitée. 671 Français ou Piémontais avaient ét émis hors de combat. Les pertes des Autrichiens trois fois supérieurs en nombre à nos combattants durent être considérables ; partout où l'on s'était battu leurs morts et leurs blessés jonchaient le sol. La valeur des Piémontais égala celle de nos soldats.

A la tête de sa légion composée de vétérans qui, en 1849, défendirent Rome avec lui et de jeunes volontaires que son irrésistible patriotisme entraînait à sa suite, Garibaldi avait quitté les rives de la Doire, le 10 mai, et poursuivait sa marche triomphale vers la Lombardie. A Gattinara, à Romagnano, à Borgo Manero, à Castelleto où il entre, le 23, on l'a accueilli aux cris mille fois répétés de : Vive l'indépendance de l'Italie ! Il passe le Tessin, et le voilà sur le sol lombard. Le même jour, il arrive à Varese ; les chasseurs des Alpes sont au nombre de 4,000 ; ils ont 500 chevaux. Les habitants de Varese s'arment à la hâte et se mettent aux ordres du général qui, prévoyant une attaque prochaine, fait barricader les rues et créneler les maisons. Le 25, à quatre heures du matin, les Autrichiens se présentent, engagent la lutte et sont repoussés ; à deux heures, des renforts ayant été amenés au général Urban par le général Melzer, l'attaque se renouvelle, appuyée, cette fois, par le feu d'une demi-batterie. Avec une partie de ses chasseurs, Garibaldi est sorti de la ville, s'est glissé derrière un rideau de collines et tombe sur le flanc des Autrichiens qui, mis en désordre et en fuite, abandonnent trois canons ; Garibaldi s'en empare ; il n'en avait pas un seul. Il rentre à Varese au milieu des cris de triomphe poussés par les habitants. Voulant profiter de sa victoire et ne pas donner aux Autrichiens le temps de concentrer sur Côme des forces considérables, Garibaldi divise son petit corps d'armée en deux colonnes ; l'une se dirige vers Camerlata, l'autre prend un étroit sentier qui va de Bielle à Chiasso bourg suisse. Le 28, pendant que les Autrichiens s'inquiétant de la marche des chasseurs des Alpes sur Camerlata s'apprêtent à les combattre, Garibaldi les attaque à San Fermo où des feux de peloton abattent les premiers rangs de ses chasseurs. Après une lutte vaillamment soutenue des deux parts, les Autrichiens plient et sont poursuivis jusqu'aux faubourgs de Côme. Là, un combat acharné se livre, et dure autant que le jour. A dix heures du soir, l'ennemi était en déroute et les chasseurs des Alpes entraient dans Côme « au milieu des illuminations et des hourras de la population accourue sur son passage (1). » Cette position permettait à Garibaldi « de menacer à la fois toute la Brianza, le centre de la Lombardie, la Valteline, Bergame et Brescia. »

Cependant, un mouvement qui tendait à tourner la droite de l'ennemi et à porter rapidement l'armée alliée à quelques lieues de Milan avait été résolu; pour en assurer le succès, il fallait, d'abord, passer la Sesia sous le feu des Autrichiens, puis, les déloger du village de Palestro où ils s'étaient solidement établis et autour duquel tous les moyens de défense imaginables avaient été employés. L'armée sarde doit exécuter cette opération militaire. Le 30 mai, à midi, elle avait passé le fleuve; le soir, à la suite de plusieurs combats, nos alliés occupaient Palestro que les Autrichiens leur avaient disputé pied à pied. Victor-Emmanuel et le général Cialdini excitaient par leur courage celui de leurs soldats. Le lendemain, à dix heures du matin, trois colonnes autrichiennes marchaient sur Palestro qu'elles voulaient reprendre. La vigueur de la résistance est égale à celle de l'attaque. Un moment, les Piémontais sont menacés d'être pris à revers; le 3° de zouaves que masquait un rideau de saules et de peupliers étendus sur la berge du canal, court, guidé par le colonel Chabron, vers le champ de bataille; dès que ces hardis soldats se découvrent pour franchir le canal, une batterie les foudroie mais n'arrête pas leur élan; ils se sont jetés à l'eau, ils gravissent la berge opposée, arrivent près des canons aux pieds desquels ils clouent les artilleurs, traversent des rivières boueuses en tuant tout ce qui s'oppose à leur course endiablée et fondent sur les bataillons autrichiens qui, sous l'impétuosité de ce choc, reculent. Le sabre à la main, Victor-Emmanuel est venu se mêler aux combattants. Les Autrichiens ont reformé leurs bataillons qui sont rompus encore; ils se retranchent dans les vastes bâtiments d'une ferme, au delà

---

(1) De Bazancourt, la Campagne d'Italie, t. II.

d'un pont que deux pièces de canon balayent, dans un bois d'acacias et dans un moulin crénelé ; chassés de la ferme, du bois et du moulin, ils se précipitent vers le pont où a lieu une affreuse mêlée. Beaucoup d'hommes trouvèrent la mort en roulant ou en se jetant à droite dans la Sesia, à gauche dans le canal. Une quatrième colonne autrichienne tenue en réserve permit aux bataillons qui fuyaient de se rallier au delà du pont couvert de cadavres d'hommes et de chevaux. Tandis que les zouaves et les bersagliers franchissaient le pont et poursuivaient les Autrichiens sur le chemin de Robbio, le général Cialdini achevait la défaite des deux colonnes qui avaient attaqué Palestro. Grâce au succès de cette journée, l'armée française passa la Sesia sans coup férir, et les alliés purent opérer leur mouvement de concentration entre Alexandrie et Voghera.

Le 3 juin, après un combat d'avant-garde qui nous coûta huit morts et trente-deux blessés, l'armée franco-sarde passa le Tessin à Turbigo. Le lendemain se donna cette fameuse bataille de Magenta, que l'incapacité militaire de Napoléon III et les lenteurs du général Canrobert avaient compromise et que le général de Mac-Mahon gagna ; je ne la décrirai pas en détail ; les descriptions de toutes les batailles se ressemblent un peu. Celle-ci fut terrible et féconde en péripéties qui, plusieurs fois, en changèrent la face et en rendirent les résultats incertains. Les Autrichiens, sous les ordres supérieurs du général Giulay, avaient déployé des forces considérables ; ils savaient que, s'ils étaient vaincus, Milan serait perdu pour eux. Les généraux et les soldats des deux armées rivalisèrent d'héroïsme ; il y eut un moment de cruelle angoisse : nos combattants fléchissaient sous le nombre écrasant des forces ennemies, et les renforts attendus ne venaient pas. On se battait depuis quatre longues heures et on ne voyait pas arriver le maréchal Canrobert avec son 3ᵉ corps. Anxieux au poste qui lui avait été assigné et pressentant le danger couru par les troupes

16

engagées, le général Mac-Mahon obéit aux inspirations de sa valeur clairvoyante ; il va agir sans instructions, que lui importe ! Il entend le canon et il y s'y rallie. Il était grand temps : l'Empereur et sa garde épuisée allaient être enveloppés et pris ; la hardiesse et la rapidité de la marche convergente heureusement exécutée par Mac-Mahon sur Magenta les sauva et décida du sort de la bataille. Admirablement secondé par ses généraux divisionnaires, le vainqueur de Malakoff va, de combats en combats et de succès en succès, jusqu'à Magenta où il a rejeté l'ennemi. L'entrée du village est forcée ; chaque maison est une forteresse qu'il faut prendre, et on la prend ; le général Espinasse est mortellement frappé au moment où, avec le pommeau de son épée, il essaye de briser la persienne d'une fenêtre derrière laquelle des Tyroliens se sont retranchés. La division Lamotte-Rouge à laquelle se sont réunis deux bataillons du 52ᵉ de ligne commandés par le général de Martimprey ont chassé de l'église les Autrichiens qui, refoulés de toutes parts, opèrent leur retraite en tirant des coups de fusil et en lançant des fusées. L'armée française avait eu 4,444 hommes tués, blessés ou disparus, et l'armée ennemie 7,713. La division Mac-Mahon avait fait plus de 5,000 prisonniers sur les 7,000 que les Autrichiens nous laissèrent. Le surlendemain, Napoléon III donnait à Mac-Mahon le bâton de maréchal de France et le titre de duc de Magenta ; il élevait aussi Regnauld de Saint-Jean-d'Angely au maréchalat et nommait général de division le général de brigade Wimpffen qui avait pris à cette bataille mémorable une part glorieuse. Le 7 juin, au milieu de démonstrations enthousiastes, le maréchal de Mac-Mahon, duc de Magenta, entrait, à la tête du 2ᵉ corps, dans la ville de Milan que les Autrichiens avaient abandonnée.

Le 8, après un combat des plus meurtriers, l'ennemi fut délogé du bourg de Melegnano où il se fortifiait. Les pertes des troupes qui se combattirent furent énormes : « en certains endroits, les morts des deux nations étaient tellement serrés les uns contre les autres qu'on eût dit des bataillons couchés à terre pour prendre un peu de repos (1). »

L'armée autrichienne effectua sa retraite vers le Mincio derrière lequel elle se concentra et où toutes ses réserves allèrent la grossir. Depuis un mois, le duc de Toscane avait prudemment abandonné son duché. Le 9 juin, la duchesse de Parme quittait le sien. L'ennemi évacuait, successivement, Plaisance après l'avoir démantelée, Pizzighetone en brûlant le pont de l'Adda et Pavie dont l'occupation était devenue sans importance pour lui. Le 18, l'armée alliée bivouaquait aux alentours de Brescia où Garibaldi était entré, le 12; l'Empereur y établit son quartier général au moment où François-Joseph prenait le commandement en chef de son armée et quittait Vérone pour aller la passer en revue. Le 23, les alliés occupent les deux rives de la Chiese que ne leur a pas disputées l'ennemi dont on ignore les intentions et qui ignore les nôtres. Quelles positions a-t-il prises ? La veille, il avait abandonné les hauteurs qui de Lonato s'étendent jusqu'à Volta ; il les réoccupe tandis que l'Empereur décide qu'il faut s'en emparer. « Les deux armées se trouvèrent donc, sans le savoir, marcher à la rencontre l'une de l'autre ; cette rencontre amena la célèbre bataille de Solférino (2). »

160,000 Autrichiens et 151,000 Franco-Sardes allaient se livrer une bataille désisive. Le 24, à trois heures du matin, l'armée alliée se mit en mouvement ; à chacune de ses divisions a été assignée la part qu'elle doit prendre à l'attaque des hauteurs « qui s'étagent et se succèdent jusqu'à Solférino en une série de petits mamelons sur lesquels reluisent les baïonnettes autrichiennes (3). » La division Forey ouvre le feu qui ne tarde pas à éclater sur

---

(1) De Bazancourt. *La guerre d'Italie*, t. II.
(2) De Bazancourt, t. II.
(3) De Bazancourt, t. II.

tous les points de l'immense ligne de bataille. Nos canons battent les contre-forts de Solférino. Pendant quinze heures, la mitraille, la mousquetterie, la baïonnette font ruisseler le sang à flots; autour de chaque mamelon, des combats acharnés se livrent; ici, la victoire couronne les efforts de nos soldats; là, elle semble pencher du côté de l'ennemi. Un instant, le général Niel est en grand péril; deux fois, il a vainement demandé des secours au maréchal Canrobert: « Il fut sauvé grâce à l'héroïsme de ses soldats, mais au prix de 5,000 morts ou blessés (1). » L'intrépidité des Autrichiens exalte celle de nos combattants; les chefs donnent aux soldats l'exemple d'un courage surhumain; le général Ladmirault dont l'épaule a été fracturée par une balle ne peut se tenir sur son cheval; il s'avance, à pied, en donnant des ordres, à travers un feu violent; frappé à l'aine par une deuxième balle qui traverse le bas-ventre et pénètre dans la cuisse gauche, il continue sa marche en avant jusqu'à ce que l'épuisement de ses forces amené par la perte du sang qui coule abondamment de ses blessures l'oblige à remettre son commandement au général Négrier. On voit des grenadiers s'atteler à des canons et gravir les collines au sommet desquelles ils arrivent péniblement. Un orage d'une extrême violence éclate; sous un ciel noir, aux grondements du canon se mêlent ceux du tonnerre, et aux étincellements des fusées l'éblouissante luminosité des éclairs. Une grêle drue et bientôt une pluie torrentielle tombent sur les combattants et ne les arrête pas. Enfin, la formidable bataille s'achève; la victoire reste aux alliés; les Autrichiens, dont la vaillance avait été à la hauteur de celle des braves qui les avaient combattus, se retiraient vers le Mincio. Les pertes de l'armée française étaient cruelles : 12,000 soldats tués ou blessés et 720 officiers mis hors de combat; — l'armée sarde avait perdu 5,521 hommes

(1) Taxile Delord, t. II.

et l'armée autrichienne plus de 20,000. Il fallut trois jours et trois nuits pour ensevelir les morts. Entre les maréchaux Niel et Canrobert des discussions s'élevèrent et s'aigrirent au point que l'Empereur dût intervenir pour empêcher un duel devenu inévitable : « Canrobert, en aidant Niel, aurait pu couper l'aile gauche des Autrichiens et changer leur défaite en une déroute complète ; son inaction fut fatale à l'Italie comme elle l'avait été à la France en Crimée (1), » car la déroute complète de l'armée autrichienne eût rendu impossible le traité qui termina déplorablement une campagne si bien commencée.

La Lombardie était arrachée à la domination étrangère ; on allait, maintenant, affranchir la Vénétie, afin que, suivant la solennelle promesse de Napoléon III, l'Italie fut libre jusqu'à l'Adriatique. La pensée de leur délivrance entière faisait tressaillir de joie les Italiens si longtemps opprimés. A Gênes où s'étaient réunis Turk, Klapka et l'élite des généraux appartenant à l'émigration hongroise, Kossuth, d'accord avec l'Empereur et Victor-Emmanuel, avait organisé une expédition qui devait soulever la Hongrie et qui n'attendait plus que le signal du départ. Le 6 juillet, l'armée franco-sarde se préparait aux combats prochains lorsqu'on apprit que Napoléon III avait proposé un armistice à François-Joseph. Nul n'y voulait croire. Cela était vrai pourtant, et, le 11, les deux empereurs signaient, à Villafranca, les préliminaires de la paix. Que s'était-il donc passé ? L'Allemagne que cette guerre avait émue devenait frémissante ; la défaite des Autrichiens à Solférino l'avait rendue menaçante, et le roi de Prusse, craignant de ne pouvoir contenir l'exaltation croissante du peuple allemand, informa Napoléon III que « *il était urgent de faire la paix à tout prix ;* » celui-ci eut peur et fit la paix. La cession de la Lombardie, moins les forteresses de Mantoue et de Peschiera, au roi de

---

(1) Taxile Delord, *Histoire du second Empire*, t. II, p. 545.

16.

Sardaigne, — la création d'une confédération italienne sous la présidence honoraire du pape, — la participation de la Vénétie à cette confédération tout en restant sous le pouvoir de l'Autriche, — la rentrée des ducs de Toscane et de Modène dans leurs États en donnant une amnistie générale, telles étaient les conditions posées dans les préliminaires de Villefranca. Le désappointement et l'irritation que cette nouvelle produisit en Italie sont indescriptibles; Victor-Emmanuel ne pouvait dissimuler sa tristesse; M. de Cavour ne contenait pas son indignation; Kossuth, dont les yeux se remplirent de larmes, s'écria d'une voix brisée: « Cet homme a déshonoré mes cheveux blancs. » Les officiers et les soldats de l'armée sarde étaient atterrés; Garibaldi, maîtrisant son émotion, dit à ses volontaires, d'une voix calme: « Ne nous séparons pas ! »

Le 12 juillet, dans un ordre du jour à l'armée, l'Empereur, avec un grand embarras, expliquait la cessation « d'une lutte qui aurait pris des proportions n'étant plus en rapport avec les intérêts que la France avait dans cette guerre formidable. » Le même jour, il partit. A Milan, « le fugitif de Solférino » trouva sur son passage une foule morne et silencieuse.

« A Turin, l'animosité populaire fut telle que Victor-Emmanuel, craignant pour la vie de l'Empereur, le prit, au milieu de la nuit, dans sa voiture et le conduisit hors de la ville (1) . »

Napoléon III « arriva incognito à la grille du palais de Saint-Cloud où l'attendait l'Impératrice entourée des principaux personnages de son gouvernement (2). » Le lendemain, aux Tuileries, il adressa aux grands corps de l'État un discours paraphrasant son ordre du jour à l'armée; il leur disait : « Croyez-vous qu'il ne m'en a pas coûté de mettre un frein à l'ardeur de ces soldats qui ne deman-

(1) *Le dernier des Napoléons*, p. 147.
(2) Id. Id. p. 148.

daient qu'à marcher en avant, — de retrancher, ouvertement, devant l'Europe, de mon programme le territoire qui s'étend du Mincio à l'Adriatique, — de voir de nobles illusions se détruire, de patriotiques espérances s'évanouir ? Pour servir l'indépendance italienne, *j'ai fait la guerre* contre le gré de l'Europe; dès que les destinées de mon pays ont pu être en péril, « *j'ai fait la paix.* » Il aurait dû dire : *j'ai fait la guerre* parce que j'avais peur des Italiens qui menaçaient ma vie ; *j'ai fait la paix* parce que j'avais peur de l'Allemagne qui me l'a imposée.

Le 14 août, l'armée d'Italie défilait sur nos boulevards au bruit des acclamations publiques. Il y eut, aux Tuileries, un grand banquet; M. Billault y porta ce toast qui est un modèle achevé de platitude comique : « A Sa Majesté Napoléon III le victorieux et le pacifique! *Lorsque la France est satisfaite le monde est tranquille.* La guerre de Crimée et la guerre d'Italie ont prouvé notre amour de la paix. » Un préfet, celui de Toulouse, je crois, disait dans une proclamation : « Dieu fit Napoléon iii, et se reposa. » Ce bouffon n'était qu'un plagiaire; il avait dérobé sa flatterie grotesque à un discours adressé, en l'an XI, au Premier Consul par le général Lachaise alors préfet du Pas-de-Calais : « Nous savons tous, disait ce fonctionnaire militaire et civil, que, pour assurer le bonheur et la gloire de la France *et fixer la paix sur le terre*, Dieu créa Bonaparte et se reposa (1). » Sous tous les régimes, les courtisans tombent dans la même bassesse de langage et de sentiments.

Le lendemain, un décret impérial accordait « amnistie pleine et entière à tous les individus condamnés pour crimes et délits politiques ou qui ont été l'objet de mesures de sûreté générale. » Aussitôt, il fut en question, entre les républicains proscrits, de savoir si cette amnistie devait être acceptée ou refusée. Schœlcher disait : « Depuis quand les

---

(1) *Moniteur* du 17 messidor, an XI.

violateurs de la loi sont-ils autorisés à pardonner à ses défenseurs? Le décret de Bonaparte est un tissu d'immoralités. » — Madier-Montjau croyait que « rentrer en France ce serait amnistier le 2 Décembre, consacrer et excuser l'oubli de ce grand attentat. » Charras considérait l'amnistie « comme un outrage à ceux qu'elle atteignait. » Clément Thomas répondait : « Jamais » ! à ceux qui lui demandaient « s'il rentrerait en France par une porte ouverte par l'homme du 2 Décembre. » Edgar Quinet écrivait : « On n'amnistie pas le droit et la justice. » Louis Blanc et Félix Pyat repoussaient personnellement l'amnistie mais pensaient que les hommes d'action dont l'influence pourrait se mieux exercer de près que de loin, « en rentrant dans la patrie commune, continueraient, suivant l'expression de l'ancien membre du gouvernement provisoire, la lutte du parti républicain contre l'empire, tandis que les autres resteraient, comme une revendication vivante, à la frontière. » Ledru-Rollin qui, seul, n'était pas compris dans cette amnistie, terminait ainsi une lettre adressé au *Daily News* : « Tout républicain qui revient en France sans s'être dégradé est, en dépit de tout, un foyer rayonnant de lumière et un soldat prêt pour le jour prochain. » La résolution de Victor Hugo s'était, depuis longtemps, produite dans un vers célèbre (1) ; néanmoins, l'auteur des *Châtiments* fit une déclaration contre l'amnistie. Voici ses fières paroles : « Dans la situation où est la France, protestation absolue, inflexible, éternelle, voilà pour moi le devoir. Fidèle à l'engagement que j'ai pris vis-à-vis de ma conscience, je partagerai jusqu'au bout l'exil de la liberté. Quand la liberté rentrera, je rentrerai. » Tous les proscrits, d'ailleurs, qui protestaient le plus énergiquement contre l'amnistie se réservaient la faculté d'en profiter le jour où, en vertu de leur droit de citoyen, ils jugeraient à propos de

---

(1) « Et s'il n'en restait qu'un, je serais celui-là. »

rentrer en France pour faire leur devoir. Les avertissements donnés aux journaux furent annulés par un deuxième décret.

Pendant que les préliminaires de Villafranca se discutaient à Zurich où, le 10 novembre, ils furent convertis en traité, les Romagnes se soulevaient et s'unissaient au gouvernement provisoire des Duchés que le Piémont s'annexa. Les deux tiers des États pontificaux passèrent des mains de Pie IX à celles de Victor-Emmanuel, et, le 31 décembre, Napoléon III écrivit au pape que « ce qui lui paraîtrait le plus conforme aux véritables intérêts du Saint-Siége, ce serait de faire le sacrifice des provinces révoltées. »

L'écroulement du pouvoir temporel dont les papes firent un abus si énorme commençait.

CHAPITRE VII

1860-1861

Agitation du parti clérical; Encyclique. — Les Sociétés de bienfaisance. — Les traités de commerce. — Le général Lamoricière commandant en chef de l'armée du pape. — Garibaldi en Sicile; l'armée italienne dans les États pontificaux; bataille de Castelfidardo; Lamoricière se rend à l'amiral Persano. — Victor-Emmanuel à Naples; Garibaldi à Caprera. — Expédition de Chine et ses causes; le comte de Pa-li-kao; pillage et incendie du Palais d'été. — Expédition de Cochinchine. — Expédition de Syrie. — Suppression de l'*Univers*. — Mort du prince Jérôme. — Restitution du droit d'adresse. — Mort du roi de Prusse. — Session législative. — Arrestation de M. Jules Mirès. — Le prince Napoléon et le duc d'Aumale. — Le royaume d'Italie reconnu par les puissances ; protestation et allocution du pape; déchaînement des colères saintes. — Expulsion de M. Ganesco. — Un chanoine qui détourne des filles mineures. — Répression des abus du clergé ; les fougues d'un évêque. — La Société de Saint-Vincent-de-Paul. — Encore un détournement de mineure. — L'amnistie cachait un guet-apens. — Un sénatus-consulte et un décret. — Une destitution et un avertissement. — Mgr Pie et le zouave Gicquel.

Le parti clérical, au sein duquel les mandements des évêques soufflaient le feu, s'irritait de ce que l'Empereur demandât au Pape l'abdication de sa souveraineté temporelle, et menaçait d'une rupture éclatante le gouvernement impérial. Le 1er janvier 1860, Pie IX, répondant au général de Goyon qui commandait la division française protectrice de Sa Sainteté, qualifiait ainsi une brochure, — *le*

Pape et le Congrès, — inspirée à M. de la Guéronière par Napoléon III : « C'est un monument insigne d'hypocrisie et et un tissu ignoble de contradictions. » La Société de Saint-Vincent-de-Paul comptait dans nos départements neuf cents succursales ; ayant reçu du comité directeur de Paris une impulsion séditieuse et prenant dans les sacristies leur mot d'ordre, ces associations « abandonnèrent leur terrain charitable pour s'immiscer dans les querelles des partis politiques. » Le gouvernement avertit ces sociétés religieuses que « leur illégalité pourrait lui être signalée et qu'il pourrait être mis en mesure de faire respecter la loi. » La presse cléricale, par sa violence, attirait sur elle une pluie d'avertissements, tandis que les journaux anticléricaux signalaient le danger de ces sociétés dont l'organisation puissante et savante constituait « un second État dans l'État. » Le 19 janvier, le pape publia une encyclique dans laquelle il se posait en martyr et se déclarait prêt à perdre même la vie, avant que d'abandonner la cause de Dieu, de l'Église et de la justice, » c'est-à dire, le pouvoir temporel si contraire à la doctrine du Christ. Cette encyclique redoubla l'audace du haut et du bas clergé à un tel point que « tous les fonctionnaires furent prévenus d'avoir à se tenir sur leurs gardes contre les conspirations cléricales. »

Le traité de cession de la Savoie et de Nice à la France fut signé le 24 mars.

Le 2 mai, après une discussion qui avait duré cinq jours, le Corps législatif sanctionna le traité de commerce que l'Empereur avait conclu, le 23 janvier, avec l'Angleterre. La Prohibition était vaincue par le Libre-échange ; la liberté commerciale était proclamée. Partisan de toutes les libertés, j'eusse applaudi au triomphe de celle-ci sans réserve si, avant de la proclamer, on eût préparé les producteurs français à soutenir, avec des armes égales, la concurrence de la production anglaise. Notre rivale était depuis longtemps prête à lutter, et nous avions, nous, à pourvoir notre industrie et notre commerce « des éléments matériels et moraux qui équilibrassent les chances. » Suivant une juste comparaison, « la France était brusquement jetée, avec un vieux fusil à pierre, dans l'arène où l'Angleterre l'attendait avec des armes perfectionnées.»

Depuis le 19 mars, tout le parti clérical était en liesse; le général Lamoricière, abigoti, avait, ce jour-là, quitté son château de Bretagne pour aller à Rome où il arriva le 1ᵉʳ avril prendre le commandement en chef de l'armée pontificale; le 7, dans une proclamation très-pieuse, il disait à ses soldats : « La cause du pape est celle de la civilisation et *de la liberté dans le monde*; Dieu soutiendra votre courage à la hauteur de cette cause dont il vous confie la défense. » Pendant que Lamoricière organisait l'armée dont la presse légitimiste et cléricale célébrait déjà les victoires prochaines et dont les chefs portaient une cocarde blanche, Garibaldi faisait voile vers la Sicile; le 7 mai, du port de Talamone situé sur la côte Toscane il adressa aux sujets du Pape une proclamation qui les appelait sous le drapeau de Victor-Emmanuel. Le lendemain, les garibaldiens, malgré la chasse que leur donnaient deux frégates napolitaines, débarquèrent à Marsala. Le 15, ils se dirigèrent, en recrutant de nombreux volontaires, vers Palerme où ils entrèrent, le 27, après avoir battu les troupes napolitaines. Dans la nuit du 8 au 9 août, Garibaldi opéra son débarquement dans les Calabres; c'est-là que de Flotte, l'ex-représentant du peuple, mourut en combattant. Le 7 septembre, Garibaldi était maître de Naples que François II avait abandonnée, le 20 août.

Cependant, Victor-Emmanuel avait chargé M. Farini et le général Cialdini de se rendre auprès de Napoléon III qui se trouvait à Chambéry et de lui exposer l'impossibilité où il était de contenir les Italiens plus longtemps. L'Empereur répondit aux envoyés du roi: Faites, mais faites vite. » Aussitôt, l'armée italienne se concentra dans les environs d'Arezzo et la garde nationale fut mobilisée. A Forli, où Cialdini transféra son quartier général, un corps d'armée de 30,000 hommes se forma. Le 12 septembre, la frontière pontificale était franchie par les troupes piémontaises qui, suivant une note de M. de Cavour au cardinal Antonelli, « allaient donner aux populations la liberté d'exprimer leurs vœux et délivrer les provinces italiennes de bandes d'aventuriers étrangers. »

Le 18, le général Lamoricière, à la tête de ces bandes composées de cléricaux français, belges, suisses et allemands, marcha, vers dix heures du matin, à la rencontre des Piémontais qui se replièrent sur la colline de Castelfidardo. Les Italiens incorporés, malgré eux, dans l'armée pontificale se débandèrent, et cette armée, après avoir intrépidement combattu, fut mise en pleine déroute. Lamoricière se retira dans Ancône dont le bombardement commença le 19 et qui, le 22, fut déclarée en état de blocus. Le 29, l'ancien ministre de la guerre du général Cavaignac termina tristement sa carrière militaire en se rendant à l'amiral Persano.

Les troupes garibaldiennes assiégeaient Capoue qui résistait énergiquement ; le 1er octobre, elles livrèrent à celles de François II une bataille acharnée mais infructueuse. 4,000 Piémontais renforcèrent les garibaldiens, et Capoue fit sa capitulation le 1er novembre. Le 7, Victor-Emmanuel, ayant Garibaldi à son côté, entra dans Naples. Le héros de l'indépendance italienne désirait que la lieutenance générale du royaume des Deux-Siciles qu'il venait de conquérir lui fût donnée, pendant un an, afin qu'il pût affermir cette conquête. Cédant aux conseils de son entourage, Victor-Emmanuel s'y refusa ; méconnaissant le caractère désintéressé de Garibaldi, il offrit au conquérant des Deux-Siciles de brillantes dotations pour ses fils, un château royal et le grade de général d'armée. Le patriote méconnu dédaigna ces richesses et ces honneurs ; il se retira, n'ayant que cinquante francs dans sa bourse, à Caprera. Dans cette île, il attendra le moment où, pour compléter l'œuvre de leur indépendance, les Italiens auront encore besoin du prestige de son nom et des audaces de son patriotisme.

« L'*Empire qui est la Paix* » ne cessait d'être la guerre. En 1839, l'empereur de la Chine voulant mettre un terme aux ravages que l'opium exerçait « dans toute l'étendue de l'empire sur les classes populaires, » s'opposa au trafic que les Anglais faisaient de cette substance vénéneuse malgré la prohibition qui la frappait. Vingt mille caisses de ce poison furent jetées à la mer ; l'Angleterre s'en vengea en déclarant la guerre à la Chine ; après trois campagnes désastreuses pour les les Chinois, elle leur imposa le traité de Nan-King qui ouvrait six ports au commerce britannique, et, un an plus tard, à tout le commerce européen. En 1856, sous un prétexte des plus futiles, la Grande-Bretagne qui rêvait d'établir sa domination absolue sur le Céleste Empire bombarda Canton et détruisit les jonques chinoises ; les Chinois, à leur tour, incendièrent les factoreries anglaises. A la suite de ces représailles, les Anglais brulèrent des villages et commirent de telles atrocités que lord Derby les flétrit, dans une séance de la Chambre des lords. L'avidité mercantile des Anglais fit taire la voix de l'humanité. Un corps expéditionnaire fut envoyé en Chine.

Quelque temps auparavant, un missionnaire français avait été arrêté, condamné par les mandarins, et exécuté « comme émissaire des rebelles. » Napoléon III, pour venger la mort de ce prêtre, s'allia aux Anglais, et, le 6 juillet 1857, l'amiral Rigault de Genouilly qui commandait la station navale Indo-Chine arriva sur les côtes du Céleste Empire avec sa division composée de deux frégates, de quatre corvettes, d'un aviso et de quatre canonnières. A la fin de décembre, les alliés bombardèrent et prirent Canton.

Le 20 mai 1858, les forts situés à l'embouchure du Péi-ho

furent enlevés, et, le 26 juin, un traité signé à Tient-sin ouvrait six nouveaux ports au commerce, autorisait les missionnaires à parcourir l'intérieur du Céleste Empire, et donnait droit à tout individu en Chine d'embrasser et de pratiquer le christianisme librement.

Mais, en 1859, les Chinois avaient rétabli tous les ouvrages de défense détruits par les Anglo-Français, et intercepté, au moyen d'estacades, le passage du Péi-ho ; c'était fermer aux ministres de France et d'Angleterre le chemin de Tientsin d'où ils devaient se rendre à Pé-king pour y porter la ratification du traité. Le 25 juin, l'amiral anglais força l'entrée du fleuve ; grièvement blessé, il dut rétrograder après avoir perdu, sous le feu des Chinois, plus de 400 hommes, un bâtiment et quatre canonnières. Le cinquième de notre effectif avait été mis hors de combat. Une nouvelle campagne fut résolue. 10,000 hommes sont mis sous les ordres du général Cousin-Montauban qui, le 12 mars 1860, arrivait à Shang-haï. Le 19 avril, le vice-amiral Charner prenait le commandement des forces navales françaises, et le général Montauban, le titre de commandant en chef de l'expédition de Chine. Les forces anglaises s'élevaient à 12,263 hommes.

Le 23 août, les forts de Péi-ho étaient pris ou rendus ; le lendemain, les alliés entraient dans la ville de Tient-sin ; le 21 septembre, en marchant sur Pé-king, ils rencontrèrent une armée tartare sur le pont de Pa-li-kao et lui livrèrent bataille. Moins de trois heures suffirent pour la mettre en fuite.

Cette victoire dont on fit si grand bruit et qui valut au général Montauban le titre de comte de Pa-li-kao ne fut pas difficile à gagner. Chose à peine croyable et qui, pourtant, est absolument vraie, les Chinois perdirent TROIS MILLE HOMMES; les Français n'eurent que *trois soldats tués et dix-sept blessés*, et les Anglais comptèrent, dans leurs rangs, *deux tués et vingt-neuf blessés*. C'est que les Chinois avaient des armes primitives et s'en servaient mal; les boulets de leurs canons dépassaient la cime des arbres; « ils n'ont pas étudié la guerre et ne savent pas combattre (1). »

Le 6 octobre, les alliés étaient à deux kilomètres de Péking; le lendemain, ils mettaient au pillage le Palais d'été « où les splendeurs les plus merveilleuses frappèrent leurs regards éblouis. Les pierreries les plus précieuses étaient entassées et étincelaient de tous côtés. Chaque pas révélait des richesses nouvelles dont la magnificence est indescriptible (2). »

Les cupidités et les convoitises s'allumant à la vue de ces richesses étouffèrent les sentiments de l'honneur et ceux du devoir : « La tentation était trop forte, elle avait gagné les officiers et les soldats de garde (3). » — « On fit main basse sur les trésors accumulés d'une des plus anciennes civilisations du monde. » Des commissaires appartenant en nombre égal à chacune des deux armées procédèrent « au choix et au partage des objets dignes d'être offerts à LL. MM. l'Empereur des Français et la Reine de la Grande-Bretagne dont les palais allaient se parer des dépouilles d'un souverain auquel ils prétendaient apporter les richesses de la civilisation (4). » Le 18 octobre, les Anglais commirent un méfait de vandalisme que la plus sauvage barbarie pouvait seule concevoir; ils mirent le feu au Palais d'été « dont les constructions nombreuses se succédaient sur *une étendue de quatre lieues*, succession de pagodes renfermant toutes des dieux d'or, d'argent et de bronze d'une dimension gigantesque (5). »

Afin que rien ne restât de ces magnificences au milieu desquelles se trouvaient des monceaux d'écrits précieux,

---

(1) De Bazancourt, *Campagne de Chine*, t. II.
(2) Idem.
(3) Paul Varin, *Expédition de Chine*.
(4) Taxile Delord, t. III.
(5) Rapport du général Montauban.

les soldats anglais avaient reçu l'ordre d'incendier le palais de tous les côtés. Bientôt, de tous ces chefs-d'œuvre de l'architecture chinoise, de ces merveilles de l'industrie orientale, des produits littéraires de générations sans nombre il ne resta que des ruines fouillées par des pillards et des cendres emportées par le vent. La paix fut signée à Pé-king, le 25 octobre. « Le pillage et l'incendie des palais de Pé-king ont laissé une haine ineffaçable en Chine contre les barbares de l'Ouest (1). » Plus tard. Cette haine éclata, à Tient-sin même où nos nationaux furent massacrés.

Au même temps que Napoléon III guerroyait en Chine avec les Anglais pour venger la mort d'un prêtre français, l'exécution, en Cochinchine, d'un moine andaloux de l'ordre de Saint-Dòminique lui faisait prendre la résolution d'aller défendre, avec les Espagnols, dans cette partie de l'extrême Orient « la cause du christianisme. » Dès que le traité de Tient-sin fut signé, l'amiral Rigault de Genouilly se dirigea vers la baie de Tourane où il entra, le 30 août 1858, avec sa petite armée franco-espagnole. Le 17 février 1859, il s'empara de Saïgon. Quand s'ouvrit la campagne d'Italie, il entama des négociations avec le gouvernement annamite; elles se rompirent. Les Cochinchinois repoussaient les clauses relatives à la liberté religieuse : « Ce sont, disaient les mandarins, des conspirations perpétuelles pour le renversement de la dynastie, cachées sous le voile de la religion, et nous ne comprenons pas pourquoi on voudrait obliger les autorités cochinchinoises à protéger une propagande religieuse étrangère au pays (2). »

Qu'eussent dit les évêques et les prêtres, et qu'eût fait Napoléon III si des lamas et des bonzes fussent venus en France pour y prêcher que le catholicisme est un mensonge, et pour y souffler, dans l'intérêt de leur culte religieux, la rébellion contre le gouvernement impérial? Quant à l'Es-

(1) *Le dernier Napoléon.*
(2) Entrevue du commandant Jauréguiberry avec les Mandarins.

pagne, nous savons combien elle est tolérante en matière religieuse. Sous le règne d'Isabelle II à laquelle le Saint-Père offrit, de même qu'à l'impératrice Eugénie, la fameuse rose d'or destinée aux souveraines pudiques et pieuses, il suffisait de lire en famille une bible protestante pour être jeté au bagne prestement.

Le 15 septembre, la longue ligne des défenses cochinchinoises fut attaquée. Les Annamites, après avoir soutenu un combat très-vif, se réfugièrent dans les bois. « Nos soldats harassés de fatigue ne pouvaient les poursuivre. Plusieurs tombaient foudroyés par la chaleur pour ne plus se relever. Le lendemain, les ambulances étaient pleines de fiévreux (1). » Ainsi s'était terminée la première campagne de Cochinchine.

Une garnison franco-espagnole qu'amoindrissaient, chaque jour, les maladies engendrées par un climat meurtrier était restée dans Saïgon. Pour en finir avec l'extrême Orient, anticipons sur quelques faits. Le 21 avril 1861, une deuxième expédition se fit dans le royaume d'Annam, sous le commandement du vice-amiral Charner que remplaça le contre-amiral Bonnard. La paix fut conclue à Saïgon, le 5 juin 1862. Voici les principales clauses du traité : Ouverture, dans le Tonkin, de trois ports à notre commerce, — abandon des provinces de Saïgon, de Bien-Hoa et de My-tho à la France, — promesse que les missionnaires espagnols ou français et les chrétiens habitant l'empire d'Annam seront traités et respectés à l'égal des autres sujets de l'Empereur.

Encore une guerre ! Les concessions faites aux chrétiens par le sultan, à l'instigation de Napoléon III, avaient irrité les populations musulmanes placées sous l'autorité de la Turquie. Depuis cinq ans, le fanatisme religieux attisait cette irritation. Le 27 mai 1860, les Druses se ruèrent sur les

(1) De Bazancourt, *Expéditions de Chine et de Cochinchine*.

chrétiens habitant, comme eux, la Syrie et le Liban. Ce fu un horrible massacre de prêtres, de religieuses, d'hommes, de femmes et d'enfants. Notre drapeau avait tellement perdu son prestige en Orient qu'il servait, a dit un historien, « non à protéger nos nationaux mais à les désigner aux coups des assassins. » Les soldats Turcs assistaient, impassibles, aux scènes de meurtre, de pillage et d'incendie qui se prolongèrent jusqu'au 17 juin. Depuis quelque temps, les évêques, appuyés par l'Impératrice, essayaient de persuader à Napoléon III qu'il serait glorieux pour lui « de constituer un royaume chrétien s'étendant du Liban à Jérusalem et de la Méditerranée au Jourdain. Chose aussi facile, disait un cardinal, que l'avait été la formation d'un royaume de Grèce (1) ».

Le 7 août, l'Empereur envoya en Syrie un corps d'armée sous le commandement du général d'Hautpoul, et, dans une proclamation emphatique, il recommandait aux soldats « de se montrer les dignes enfants de ces héros qui ont porté glorieusement dans ce pays *la bannière du Christ*. Les troupes expéditionnaires débarquèrent, le 16, à Beyrouth. Déjà étaient arrivés 3,000 Turcs sous les ordres de Fuad-Pacha qui fit emprisonner sept cents meurtriers appartenant aux classes les plus humbles de la société ; on laissait libres les coupables de haut rang vainement signalés aux Turcs par le consul de France. Le général d'Hautpoul s'étant montré résolu à poursuivre dans les montagnes du Liban les chefs Druses qui avaient donné le signal et l'exemple des tueries, Fuad Pacha fit fusiller deux gouverneurs et trois officiers supérieurs. Huit hommes du peuple furent exécutés aussi. Il y eut encore vingt condamnations capitales qu'on commua et un certain nombre d'autres à la détention ou à l'exil. La Porte, réclamant le droit de résoudre seule la question de l'indemnité, fit une

---

(1) Discours du cardinal Donnet, Sénat, 14 mai, 1860.

offre que Napoléon III repoussa ; l'Angleterre combattit les prétentions qu'il élevait et réclama la concentration du corps d'occupation française sur le littoral. M. Thouvenel, ministre des affaires étrangères s'y opposant, une conférence décida, le 15 février 1861, que l'occupation française prendrait fin le 5 juin suivant. « La Syrie que Napoléon III voulait rendre presque indépendante sous un gouvernement chrétien retomba sous le joug musulman plus vassale et plus terrorisée que jamais (1). » L'avortement de l'expédition française ne pouvait être plus complet.

Pendant l'année 1860, M. Billault, redevenu ministre de l'intérieur, frappa d'avertissements dix-neuf journaux, en suspendit deux et en supprima quatre du nombre desquels était l'*Univers*. M. Louis Veuillot approuvait-il toujours la législation impériale « calquée, — ce sont là ses expressions, — sur celle de l'Église à laquelle l'avertissement et la suppression étaient empruntés ? » Dans son journal, il avait expliqué sa théorie aux libéraux en ces termes insolents : « Quand je suis le plus faible, je vous demande la liberté parce que tel est votre principe ; quand je suis le plus fort, je vous l'ôte parce que tel est le mien. » Eh bien, son principe *lui fut appliqué.*

Le prince Jérome, ex-roi de Westphalie, était passé de vie à trépas au milieu de l'indifférence publique.

Le 24 novembre, un décret impérial octroya au Corps législatif et au Sénat le droit de discuter et de voter, tous les ans, une adresse au discours de l'Empereur. En outre, les journaux recevront les comptes rendus succincts des séances, et le *Moniteur* du lendemain reproduira in-extenso les débats sténographiés.

Le 29 janvier 1861, les sénateurs auxquels avait été soumis ce décret dont le *libéralisme* les effrayait, ne s'y opposèrent pourtant pas, M. Troplong les ayant rassurés en

---

(1) *Le dernier Napoléon.*

leur affirmant que « la France ne reviendrait *jamais* aux institutions parlementaires dont elle n'avait que trop connu la faiblesse et les dangers. »

Frédéric Guillaume IV, roi de Prusse, était mort, le 27 ; son frère lui succéda et prit le titre de Guillaume Ier. Le jour de son couronnement, il dit aux chefs de son armée qu'il tenait des mains de Dieu sa couronne et qu'il comptait sur eux pour la défendre. Il proclama aussi *son droit divin* dans sa réponse aux discours que les présidents des deux Chambres et les représentants des États provinciaux lui adressèrent.

L'ouverture de la session législative eut lieu le 4 février. Le 27, un projet d'adresse à l'Empereur fut soumis au Corps législatif. Prenant la défense du pouvoir temporel, M. Plichon, dans ses emportements, injuria Victor-Emmanuel. M. Keller renchérit sur son collègue. Les orateurs ultramontains se laissèrent entraîner si loin par leur dévouement à la papauté et par leur haine contre l'Italie que des voix s'écrièrent : « On ne se croirait pas dans une Chambre française. — De pareils discours seraient applaudis en Autriche. » Les cléricaux n'hésitent jamais à sacrifier les intérêts de la patrie à ceux du Pape.

M. Jules Favre développa un amendement des *Cinq* réclamant l'abrogation de la loi de sûreté générale et des autres lois d'exception, la suppression du régime arbitraire auquel la presse était soumise, la restitution des franchises municipales, et la pratique libre et sincère du suffrage universel. M. Emile Ollivier parla aussi ; son discours fit pressentir sa défection que déjà il préparait ; depuis longtemps on se méfiait de lui.

Dans un deuxième amendement, les *Cinq* dénoncèrent « les entreprises immodérées, dépourvues de frein et de contrôle. » M. Ernest Picard dépeignit, avec des traits vifs, la situation de Paris où l'expropriation était en permanence, où M. Haussmann, qui avait déjà emprunté

17.

298 millions et qui tenait dans ses mains l'administration d'une ville immense et le maniement de fonds considérables, démolissait et bâtissait à son gré, vendait et revendait les terrains de l'Opéra, agrandissait le bois de Vincennes et rétrécissait le boulevard de la Madeleine, exerçait « une mystérieuse dictature qui dépèce les quartiers quand elle ne les supprime pas, sans produire l'état des immeubles et des créances, tandis que les aliénations et les adjudications se font contrairement à la loi.» Le pays entendait, enfin, des voix indépendantes qui osaient combattre la tyrannie sous laquelle il vivait.

Le 17 février, on arrêta et on conduisit à Mazas le banquier Jules Mirès qui, dans les journaux le *Pays* et le *Constitutionnel* dont il s'était rendu acquéreur, défendait la politique du gouvernement, en même temps qu'il tripotait dans un grand nombre d'affaires suspectes; on disait que de hauts personnages de l'administration impériale et des membres de la famille Bonaparte s'y étaient compromis et recevaient des pots-de-vin comme rémunération de leur concours; on ajoutait que la justice n'irait pas au fond des choses. Le garde des sceaux déclara que « dans cette triste affaire, la justice agirait résolûment et sans considération personnelle. » Un sénateur, M. Siméon, était le président de « *La caisse des chemins de fer* », l'une des opérations les plus obscures du financier arrêté. Dans une séance du Sénat, M. Dupin aîné somma les hommes publics de refuser leur solidarité aux hommes d'affaires et montra « le patrimoine des familles s'engloutissant dans le gouffre de l'agiotage ». En sa qualité d'orateur du gouvernement, M. Billault apprit au Sénat que « une enquête allait être ouverte sur l'affaire Mirès et que personne n'échapperait à la responsabilité de ses actes. » Au sujet de ce procès j'aurai à signaler des faits sans précédents dans les annales judiciaires.

Au Sénat, le 1er mars, le prince Napoléon prononça, en

faveur de l'unification de l'Italie, un discours qui eut un grand retentissement. L'orateur fit une sortie contre « la famille des Bourbons qui, disait-il, partout et toujours, dans tous les pays où elle a régné, a donné le scandaleux exemple de luttes et de trahisons intérieures. » Dans « *Une Lettre sur l'histoire de France adressée au prince Napoléon,* » le duc d'Aumale, par droit de représailles, rappela tous les bienfaits dont sa famille avait comblé celle des Bonapartes. On saisit la brochure et on condamna l'éditeur. Le bruit courut que le prince Napoléon refusa de se rendre sur le terrain où le duc d'Aumale l'appelait pour vider la querelle les armes à la main. A la suite de cette affaire, M. Persigny enjoignit aux préfets de saisir administrativement « tous les livres, brochures ou journaux publiés par des personnes bannies ou exilées du territoire. » Un commissaire de police pénétra dans la maison du duc Victor de Broglie qui écrivait un ouvrage intitulé : *Vues sur le gouvernement de la France*, et il s'empara du manuscrit.

Le premier parlement italien s'était réuni le 18 février. L'Angleterre, les États-Unis, la Belgique et la Hollande reconnurent successivement le royaume d'Italie ; Napoléon III se décida, en juin, à le reconnaître aussi, mais en protestant « contre toute solidarité avec des entreprises de nature à troubler la paix de l'Europe. » M. de Cavour était mort quelques jours auparavant ; ses dernières paroles furent celles-ci : « *L'Eglise libre dans l'État libre.* » La présidence du conseil des ministres fut donnée par Victor-Emmanuel à M. Ricasoli.

Aux réserves que Napoléon III avait faites en reconnaissant le royaume d'Italie, le gouvernement pontifical répondit en l'accusant, dans une protestation, « d'être venu à Rome pour livrer le trône de Saint-Pierre à ses ennemis.» D'ailleurs, pendant toute l'année 1861, le parti clérical fit des siennes. Vers les derniers jours de 1860, le pape avait adressé aux fidèles une allocution ; il disait : « La perfidie, la trahison règnent partout ; il nous est difficile de savoir si nous sommes protégés par des amis *ou si nous sommes mis en prison par des ennemis*. PETRUS EST IN VINCULIS — PIERRE EST DANS LES LIENS. — » Les évêques lancèrent, aussitôt, des mandements dont la violence dépassait toute mesure. Monseigneur Pie, évêque de Poitiers, compare Napoléon III à Pilate ; le ministre de l'intérieur déclare que « dans ce document épiscopal se révèle, avec une audace inouïe, la pensée d'un parti qui, sous le voile de la religion, n'a d'autre but que de s'attaquer à l'élu du peuple Français. » Et, on se contente de déférer le prélat, comme d'abus, au conseil d'État. Les mandements et les lettres pastorales que les évêques publiaient sous forme de brochures furent soumis au timbre et aux formalités de la déclaration et du dépôt.

Le 29 janvier 1861, un Moldo-Valaque, M. Ganesco, publia dans *le Courrier du dimanche*, dont il était le rédacteur en chef, un article qui déplut au gouvernement impérial ; le journal reçut un avertissement, et M. Ganesco l'ordre de sortir du territoire français.

Le 3 mars, un procès des plus scandaleux se dénouait devant la cour d'assises du Nord. Un chanoine de Cambrai nommé Mallet, l'abbé Ratisbonne juif converti et les religieuses de plusieurs couvents s'étaient concertés pour voler cinq filles d'un instituteur israélite afin de les convertir au catholicisme ; on en tenait trois cachées dans des couvents, et, pour dépister les recherches, l'abbé Ratisbonne faisait mettre à la poste d'Alexandrie des lettres écrites par ces trois pauvres filles ; les deux autres étaient installées chez le chanoine qui fut condamné à six années de réclusion pour détournement de mineures.

Le 10 avril, une circulaire du garde des sceaux avertit les membres du clergé catholique que leurs abus prévus par la loi seraient réprimés. Les préfets suspendirent les traitements de plusieurs prêtres. Le 31 mai, M. Billault répondant aux plaintes du cardinal-sénateur Mathieu démontrait que, « du mois de janvier au mois de mai 1861, les procureurs généraux ont constaté plus de cent faits donnant lieu à des poursuites contre des prêtres. » Le gouvernement invita les fonctionnaires dont les relations intimes avec les évêques factieux faisaient suspecter le dévouement à opter entre ces relations et leur emploi. L'hostilité manifestée par monseigneur Dupanloup était si violente que M. le Prévost de Launay enjoignit aux fonctionnaires du Loiret de rompre avec ce prélat qui « se plaçant sur le terrain politique, offre un drapeau aux ennemis du gouvernement auquel il doit son siége et toutes les prérogatives qui s'y rattachent. » L'évêque batailleur répondit à l'injonction préfectorale par cette fanfaronnade : « Croyez-vous donc que le sang chrétien ait oublié de couler dans nos veines et que nos cœurs ne battent plus dans nos poitrines? Prenez y garde, vous finiriez par nous blesser! » Que nous sommes loin de cette époque où les évêques et les prêtres proclamaient Louis-Napoléon « *l'instrument visible de la Providence, l'élu de Dieu!* »

Le 22 septembre, il y eut une réunion générale des conférences de Saint-Vincent de Paul de l'Ouest. L'évêque d'Angoulême y prit la parole en ces termes : « Nous ne devons pas craindre Judas mais Jésus-Christ. Vaillants soldats de Saint-Vincent de Paul, serrez vos bataillons! » Le curé de Coulommiers ajouta : « C'est vous qui avez reçu la mission de secourir la religion menacée, vaillants soldats de Saint-Vincent de Paul! » — Le 16 octobre, le ministre de l'intérieur écrivit aux préfets : « Il faut que les associations de bienfaisance rentrent dans les conditions de la loi. Le gouvernement ne peut tolérer plus longtemps l'existence, à Paris, d'un comité supérieur s'arrogeant le droit de gouverner les sociétés locales pour en faire une sorte d'association occulte dont il étend les ramifications au delà de nos frontières et qui prélève sur les conférences un budget dont l'emploi reste inconnu. » Il fut arrêté que les conférences françaises n'auraient aucun lien entre elles et qu'elles agiraient isolément et exclusivement dans leur mission de charité. — L'évêque Dupanloup, dont le caractère a des fougues singulières, voulut organiser hiérarchiquement une vaste association *dite* du DENIER DE SAINT-PIERRE; une note du *Moniteur* l'invita sèchement à s'en abstenir et le prélat véhément se tint coi.

Devant la cour d'assises de Riom comparurent de dévots personnages pour avoir, comme le chanoine Mallet, soustrait, par fraude, une jeune israélite à ses parents. L'abbé Ratisbonne avait naturellement joué un rôle dans cette affaire bruyante ; les religieuses de deux couvents prêtèrent leur complicité à ce nouveau crime. Des prêtres déroutaient la justice et la famille en faisant jeter des lettres à la poste dans diverses localités, tandis que les bonnes sœurs imaginaient des déguisements à la faveur desquels la juive enlevée passait de couvent en couvent; celui de Bon-Secours de Riom fut fouillé, et la police ne découvrit pas l'enfant que les religieuses avaient cachée dans un placard habilement dissimulé. Enfin, le garde des sceaux ayant montré les dents, les pieux ravisseurs lâchèrent leur proie et la cour de Riom les condamna à payer 3,000 francs de dommages-intérêts aux parents de la victime si péniblement arrachée aux serres d'un prosélytisme coupable. Le ministre des cultes fit fermer plusieurs maisons religieuses et mit sous la surveillance des préfets les convertisseurs faisant métier de voler, pour la plus grande gloire de Dieu, des enfants mineurs à leur mère.

Blanqui, chez la sœur duquel on trouva des listes indiquant un projet d'affiliation à une société secrète, fut condamné à quatre ans de prison. Quelques jours après, une manœuvre secrète et découverte plus tard donnait raison à ceux qui partageaient l'opinion de Schœlcher et celle du colonel Charras au sujet de la grande amnistie; Schœlcher écrivait : « *C'est un nouveau piége tendu par des hommes experts en coups de jarnac.* » Charras, s'adressant à Louis Bonaparte, disait : « *Votre amnistie cache un guet-apens comme chacune de vos paroles, comme chacun de vos serments.* » Pour en douter, il fallait être naïf. On voulait attirer en France les exilés qu'on redoutait afin de prendre d'un seul coup de filet tous les adversaires de l'empire. N'avions-nous pas vu ce qu'Espinasse fit de ceux qui, avant le 14 janvier 1859, s'étaient mis à la gueule du loup? Donc, le 26 septembre 1861, M. Persigny envoyait dans tous les départements une circulaire et une note « *très-confidentielles pour le préfet seul* » pour compléter les mesures déjà prescrites par le duc de Padoue et à prendre « au cas où un événement imprévu amènerait la transmission du pouvoir au prince impérial ; » le ministre ordonnait : « 1° la formation immédiate d'une liste comprenant tous les hommes dangereux, républicains, orléanistes ou légitimistes, par catégorie d'opinion, quelle que soit leur position sociale ; 2° l'adjonction à cette liste constamment tenue à jour de mandats d'arrêt pour chacune des personnes annotées, afin que, au premier avis, les arrestations s'opèrent, à la même heure et sans perdre une minute, dans tous les arrondissements. » Les préfets, ajoutait la note ministérielle, « conserveront par devers eux ces mandats en les divisant par circonscriptions de commissaire de police, et prévoiront, pour chaque département, les lieux où seraient transférées les personnes arrêtées. » Le gouvernement impérial ne démentait pas son origine : Pour se perpétuer, il songeait à se retremper dans les crimes qui l'avaient produit.

Conformément aux conclusions d'un mémoire présenté à l'Empereur par M. Fould qui, de ministre d'État redevint ministre des finances, un sénatus-consulte admettant le vote du budget par chapitre au lieu de l'être par ministère fut voté le 20 décembre ; un décret du 1er de ce même mois portait que, désormais, « aucune mesure ayant pour effet d'ajouter aux charges budgétaires ne sera soumis à la signature de l'Empereur qu'accompagné de l'avis du ministre des finances. »

Dans les derniers jours de 1861, M. Victor de Laprade, professeur de littérature française à la faculté des lettres de Lyon, publia une pièce de vers ayant pour titre : *les Muses d'État*; le gouvernement y vit « des allusions injurieuses pour le souverain issu du suffrage universel, » et destitua M. de Laprade. En même temps, un avertissement était donné au *Journal des Débats*, à cause d'un article de M. Saint-Marc Girardin, « portant atteinte à la foi dans la force et dans la durée des institutions impériales. »

Je terminerai ce chapitre par le récit d'un fait plaisant : L'évêque de Poitiers avait, en un langage pompeux, prononcé l'oraison funèbre d'un zouave nommé Louis Gicquel *mort à Castelfidardo*. Après avoir dit que les jours du défunt furent tissus d'honneur et de vertu, le prélat donnant à sa voix des inflexions attendrissantes, adressa au trépassé qui devait bien rire dans sa barbe cette apostrophe inoubliable : « Louis Gicquel, Poitiers te donne, en ce moment, des larmes; ma parole les fait couler de tous les yeux; mais ce n'est pas assez; nous voulons que, aux flancs de cette colline de Tibur où tu es couché dans ton linceul de sang, dans ton suaire de martyr, un modeste monument recouvre ta tombe; on y lira : A Louis Gicquel *mort* pour la défense des États de l'Église! »

Pendant que monseigneur Pie recueillait les souscriptions au monument funéraire, Louis Gicquel, jouissant d'une santé prospère, s'asseyait entre deux gendarmes sur le banc de la police correctionnelle de Laval. Convaincu par le ministère public d'être un escroc achevé, le martyr glorifié par l'évêque fut condamné par le tribunal à quinze mois d'emprisonnement : Un de nos amis de la Mayenne m'écrivit : « j'ai assisté au jugement et à la condamnation de Louis Gicquel. La biographie de ce drôle tracée par le procureur impérial ressemblait à une satire poussée contre l'étourderie de l'évêque. Dans nos villages, on rit aux larmes de l'oraison funèbre qui avait fait pleurer tous les yeux catholiques de Poitiers. »

CHAPITRE VIII

1862-1863

Suspension d'un cours. — Expédition du Mexique; situation de la République mexicaine; l'Impératrice et les cléricaux mexicains; Jecker, le duc de Morny et l'Empereur; la Convention de Londres; arrière-pensée de Napoléon III; les alliés à Vera-Cruz; manifeste; un ultimatum; les préliminaires de la Soledad. — Session législative de 1862. — L'alliance rompue; la mauvaise foi de Napoléon III; les Espagnols et les Anglais quittent le Mexique. — Un acte de déloyauté militaire. — Échec de l'armée française à Puebla; remplacement du général Lorencez par le général Forey. — Affaire Mirès. — Garibaldi à Aspromonte. — Pie IX repousse une transaction. — Le martyrologe de la presse. — *Les Misérables.* — Session législative de 1863. — Saisie et confiscation. — Les élections de 1863. — Remaniement ministériel. — Suite de l'entreprise mexicaine; siége et prise de Puebla; l'armée française à Mexico; triumvirat; une singulière Constituante; la couronne impériale offerte à Maximilien; le Deux-Décembre au Mexique; rappel du général Forey et révocation de M. de Saligny; encore un bâton de maréchal mal gagné. — L'Impératrice à Madrid et à Aranjuez. — *La Vie de Jésus,* de M. Renan. — Mort de M. Billaut. — Une idée de Napoléon III. Inquiétudes suscitées par l'Empereur et par M. Fould. — La presse à la fin de 1863.

Le 15 janvier 1862, les ultramontains s'étaient donné rendez-vous au Collége de France où M. Renan ouvrait un cours de linguistique comparée : « C'est *un homme incompable,* » dit le professeur en parlant de Jésus-Christ; à cause de cette expression, les hommes noirs firent tapage, et, le 18, M. Rouland, cédant aux instances de l'Impératrice, suspendit le cours de M. Renan. La presse libérale blâma vivement la condescendance du ministre pour la secte ultramontaine de plus en plus appuyée par S. M. Eugénie.

Nous voici à la sixième guerre entreprise par Napoléon III « *le Pacifique*; » celle-ci sera pleine de hontes, aussi entendrons-nous un ministre de l'Empereur proclamer que « *elle est la plus belle pensée du règne.* » Mais, exposons les faits : Comonfort élu président de la République mexicaine à la fin de 1857 se hâta de violer la Constitution qu'il avait jurée et qui établissait la liberté des cultes. Soutenu par le clergé, il se proclama dictateur, et il dut quitter le Mexique. Benito Juarez, président de la Cour suprême, était le successeur légal de Comonfort. Mais la faction cléricale fit élir Zuloaga par *trente* notables de Mexico, puis le renversa et lui substitua, au moyen d'un vote émis, cette fois, par *dix-sept* notables seulement un certain Miramon qui s'était mis à la tête de quelques bandes de guérillas en prenant le titre de général. Pour se procurer de l'argent, Miramon faisait main basse sur tout ; réduit aux derniers abois, il passa un traité avec un Suisse nommé Jecker ; afin de recevoir de ce banquier un peu moins de quatre millions de francs, il lui remit des bons du Trésor pour une somme considérable. L'archevêque Labastida livra ce que les églises avaient de précieux à ce Miramon dont l'autorité n'était reconnue que par trois États, et qui allait tenter un suprême effort contre Juarez dont le gouvernement s'accordant avec les progrès de l'esprit humain et soutenu par vingt et un États, avait secoué la domination sacerdotale. Miramon fut battu. A la fin de décembre 1860, Juarez n'avait plus d'ennemis à combattre; les chefs de la faction cléricale s'éloignaient du Mexique et se dirigeaient vers les Tuileries où ils se croyaient sûrs de trouver une protection. S. M. Eugénie était une trop bonne Espagnole et une catholique trop fervente pour ne pas s'indigner, avec le père Miranda et l'archevêque Labastida, qu'un gouvernement ait eu l'audace d'ôter au clergé mexicain la tenue des registres de l'état civil, de supprimer la main-morte et les juridictions exceptionnelles, d'établir l'égalité des cultes et le mariage civil. Était-ce tolérable dans un pays rattaché par tant de liens de race et d'intérêts à l'Espagne qui l'avait conquis en 1519, dominé jusqu'en 1821, et où les hommes noirs exerçaient paisiblement une autorité absolue sur tous les actes de l'état civil ? L'Impératrice engageait donc son époux à rétablir le pouvoir de Miramon et les priviléges du clergé mexicain. — L'Empereur hésitait.

Après s'être assuré que la probité de Juarez n'admettrait aucune transaction au sujet du honteux traité consenti par Miramon, Jecker avait suivi en France les clérico-monarchistes ; tandis que l'Impératrice leur ouvrait son salon privé, M. de Morny recevait l'usurier dans son cabinet. Sans phrases préambulaires, ces deux hommes s'entendirent : le total de la créance s'était frauduleusement élevé à 75 millions, — celui du capital versé n'étant que de 750,000 dollars ; il y avait, dans cette affaire, un bénéfice net de *soixante-quinze millions* en chiffres ronds. M. de Morny, moyennant 30 pour cent sur ces bénéfices, prit l'engagement de faire exécuter intégralement le traité Miramon-Jecker ; il alla exposer son cas à l'Empereur qui n'avait rien à lui refuser, et l'expédition du Mexique fut résolue. Mais le gouvernement impérial ne peut protéger que les intérêts nationaux, et Jecker est Suisse ? M. de Morny, qui ne s'embarrasse de rien, le fait naturaliser français. Les deux associés ayant tout réglé, leur protecteur se mit en quête d'alliés ; et, comme Juarez venait d'être réduit à suspendre le payement d'indemnités dues à des Français, à des Espagnols et à des Anglais, Napoléon III entraîna l'Espagne et l'Angleterre dans une alliance *ayant pour but unique* « la demande au gouvernement mexicain de l'exécution des obligations contractées par lui envers les sujets des trois puissances. » En conséquence, le 30 novembre 1861, fut signée, à Londres, une convention limitant, comme je viens de l'indiquer, l'intervention armée à laquelle allaient concourir la France, l'Angleterre et l'Espagne ; l'article 2 de cette convention était ainsi conçu : « *Les hautes parties contractantes s'engagent à n'exercer dans les affaires du Mexique aucune influence de nature à porter atteinte au droit de la nation mexicaine de choisir et de constituer librement la forme de son gouvernement.* »

Napoléon III signa cet engagement avec l'intention de ne le point tenir. La guerre de Sécession qui semblait menacer l'existence de la République des États-Unis avait fait naître dans l'esprit de l'homme du Deux-Décembre le projet de détruire la République mexicaine et de lui substituer une monarchie dont le chef serait l'archiduc Maximilien d'Autriche. Des négociations ténébreuses s'étaient nouées entre la Cour des Tuileries et celle de Vienne.

Le 7 janvier 1862, 6,000 Espagnols, 3,000 Français et 1,000 Anglais débarquèrent à Vera-Cruz. Aussitôt, les commissaires des trois puissances adressèrent à la nation mexicaine un manifeste : « Ils vous trompent, disaient-ils, ceux qui prétendent que, derrière de justes réclamations, les alliés cachent des plans de restauration ou d'intervention dans votre administration. » Le 13, les plénipotentiaires espagnols et anglais apprirent, avec stupéfaction, que, dans son *ultimatum*, le gouvernement français exigeait du Mexique « *l'exécution pleine, loyale et* IMMÉDIATE du contrat passé, au mois de février 1859, entre le gouvernement mexicain et la maison JECKER. » Le plénipotentiaire anglais, sachant combien cette créance Jecker était véreuse, interpella vivement à ce sujet M. Dubois de Saligny ministre du gouvernement impérial au Mexique ; celui-ci balbutia une réponse dérisoire ; les Espagnols et les Anglais refusèrent leur appui à une pareille réclamation.

Juarez ayant consenti « à la réparation des offenses qui

auraient pu être faites aux puissances et au paiement des dommages causés à leurs nationaux, » l'on signa les préliminaires de la paix, à la Soledad, le 19 février ; leur ratification exigeait un délai de deux mois, et les armées alliées ressentaient déjà les influences meurtrières des Terres-Chaudes. Accédant aux désirs des plénipotentiaires et se confiant en leur loyauté, Juarez autorisa l'occupation de cantonnements plus favorables à la santé des soldats ; mais, comme on ne pouvait arriver à ces cantonnements situés dans l'intérieur du pays qu'en franchissant un col dont la défense était formidable, il fut stipulé que « en cas de rupture des négociations, les forces alliées abandonneraient les positions qu'on les autorisait à occuper et retourneraient se placer sur la ligne qui est en avant de ces fortifications. »

Cependant, la session législative de 1862 s'était ouverte. Dans le but de procurer deux cent cinquante millions au Trésor de plus en plus obéré par les pillages et par les folles entreprises du gouvernement impérial, le Corps législatif vota la conversion de la rente 4 $1|_2$ en 3 pour 100, malgré les efforts de MM. Picard et Ollivier qui défendirent les intérêts des petits rentiers « dans l'existence desquels, — disait M. Kœnigswarter, une grande perturbation allait être jetée. »

Non content d'avoir donné au général Cousin-Montauban un siége au Sénat et le titre de comte de Pa-li-kao, l'Empereur demanda aux députés pour ce gagneur d'une bataille qui lui avait coûté *trois hommes* une pension de 50,000 francs à perpétuité et réversible de mâle en mâle. C'était par trop abuser de l'argent des contribuables et de la docilité de leurs représentants qui, cette fois, murmurèrent et nommèrent des commissaires hostiles à la proposition. Au comte de Pa-li-kao qui le pria de retirer le projet, l'Empereur répondit : « Je ne le retirerai pas. Les nations dégénérées marchandent seules la reconnaissance publique. » Dédaignant cette injure, M. de Jouvenel, rapporteur de la commission, conclut au rejet, et l'Empereur céda.

Pendant la discussion de l'adresse, Jules Favre amena M. Billault à reconnaître que « la France, en restant à Rome, méconnaissait chez les Romains le principe de la souveraineté du Peuple qui est la base de notre droit public. » M. Picard protesta contre le cumul scandaleux de certains traitements, contre l'énormité de la dépense des grands Corps de l'État, contre les dotations princières, etc. S'appuyant sur l'inéluctable autorité des chiffres, il démontra que les budgets de l'Empire dépassaient considérablement ceux de la monarchie de Juillet. Dans la séance du 13 mars, Jules Favre demanda s'il était vrai qu'on songeât à relever pour l'archiduc Maximilien le trône du Mexique. M. Billault répondit : « C'est là un simple propos d'officier et la preuve c'est que, lord Cowley s'en étant ému, notre ministre des affaires étrangères lui a textuellement dit : *Cela n'est pas vrai.* » La Chambre applaudit à cette déclaration mensongère.

L'Angleterre et l'Espagne ratifièrent les préliminaires de la Soledad ; seul, Napoléon III leur refusa sa sanction ; il se souciait fort peu des intérêts de nos nationaux ; il avait, d'abord, couvert de ce prétexte qui n'existait plus les motifs qui l'induisaient à faire cette guerre ; il prétendit, ensuite, qu'elle avait pour but « de rendre à la race latine, de l'autre côté de l'Océan, sa force et son prestige en y constituant un gouvernement stable. » Arracher au Mexique la grosse somme que deux escrocs auraient à se partager et lui imposer, comme empereur, Maximilien qui serait de meilleure composition que Juarez pour s'entendre avec Jecker, voilà ce que voulait Napoléon III. — Voilà pourquoi des milliers de soldats français allèrent mourir dans les Terres-Chaudes, et pourquoi des milliers de petits rentiers et d'ouvriers furent ruinés par des emprunts que les ministres, les fonctionnaires et les journalistes du second empire tambourinèrent à qui mieux mieux ; jamais amorces plus séduisantes ne furent jetées à la crédulité publique.

Lord Russel déclara nettement à M. de Thouvenel que la créance Jecker n'était pas digne de protection, et que les plénipotentiaires anglais avaient eu raison *de trouver extravagante* cette réclamation. L'Espagne partageait cet avis de l'Angleterre. Satisfaites de l'offre de Juarez, ces deux puissances restaient fidèles à la foi des traités dont Napoléon III, suivant sa coutume, allait se jouer. Quelques revers essuyés par les troupes de Lincoln partisan, si non de l'émancipation immédiate des esclaves, du moins de la limitation de l'esclavage, enhardirent l'Empereur qui jeta le masque ; il crut que le Nord serait battu par le Sud et que la dissolution des États-Unis serait le résultat de la grande lutte américaine ; aussi, les journaux de l'empire plaidèrent-ils la cause du Sud qui voulait étendre l'esclavage à son gré, obliger le Nord à lui restituer les esclaves fugitifs et à prohiber les prédications des abolitionnistes ; en même temps, ils assignaient à l'expédition du Mexique son vrai but effrontément nié jusqu'alors : l'élévation, pour Maximilien, d'un trône impérial sur les ruines de la République mexicaine.

Le 3 mars, le général Lorencez arrivait au Mexique avec un renfort de 3,500 hommes et deux des principaux agents de l'intrigue clérico-monarchique : le général Almonte et le père Miranda ; quelques émigrés accompagnaient ce soldat et ce moine qui, après avoir attiré sur leur pays l'invasion étrangère, allaient servir de guides aux envahisseurs. Le 9 avril, les commissaires alliés tinrent une dernière conférence pendant laquelle se manifestèrent les projets et la mauvaise foi du gouvernement impérial. On attribuait à M. Dubois de Saligny ce propos qu'il *ne se croyait pas lié par sa signature* ; interpellé par le commodore Dunlop, il répondit qu'il ne *devait compte à personne des motifs qui dirigeaient sa conduite ;* puis, il déclara prendre sous sa protection les émigrés qui avaient pénétré à l'intérieur sous pavillon français et dont le gouvernement de Juarez réclamait l'expulsion. Les plénipotentiaires anglais et espagnols protestèrent contre la conduite des plénipotentiaires français « conduite qu'ils regardèrent comme une violation de la convention de Londres et des préliminaires de la Soledad ; » puis, ils se retirèrent, avec leurs troupes, du territoire mexicain, et le corps expéditionnaire français commença les hostilités.

A aucune époque, chez aucun peuple, ne se commit un acte de déloyauté militaire pareil à celui que je vais raconter, la rougeur au front. Dans l'assouvissement de ses félonies, l'homme du Deux-Décembre ne respectait rien, pas même l'honneur du drapeau français. On a vu qu'avant de franchir librement, avec l'autorisation de Juarez, une ligne hérissée de défenses afin de se cantonner dans une région moins inclémente pour le soldat, les chefs des armées alliées *signèrent l'engagement* de repasser cette ligne dite du Chiquihuite si on en venait aux hostilités ; eh bien, sous le prétexte que, dans une lettre adressée au général Lorencez *et qui n'a jamais été publiée,* le général mexicain Zaragoza, *qui mourut quelques jours plus tard,* « menaçait là sûreté de nos malades restés à Orizaba, » le corps expéditionnaire français, au lieu de repasser la ligne du Chiquihuite, marcha en avant ! Ceux de mes lecteurs qui habitaient alors la France laissée dans la plus profonde ignorance de ce qui se passait et se disait au dehors, ne sauraient imaginer le déplorable effet que produisit partout cette violation sans exemple de la foi militaire : « Un peuple civilisé qui se piquait, dit un historien de l'entreprise mexicaine, d'apporter à une nation presque barbare le respect du droit et des engagements pris commençait ainsi par fouler aux pieds une promesse solennelle. Outre que le prestige de notre force en fut diminué nous ouvrions, les

18

premiers, la porte à la trahison (1). » Cet historien ajoute que les Mexicains disaient : « Les Français ont eu peur de nous rendre la possession du col de Chiquihuite, position formidable qu'ils n'auraient pu franchir si elle avait été défendue par les fils de Cortès. » Les apparences, malheureusement, donnaient une certaine plausibilité à cette patriotique illusion ; les Français vivant à l'étranger dévoraient leur douleur en entendant les Espagnols, les Anglais et les autres peuples répéter ce que les Mexicains disaient.

Revêtu des pleins pouvoirs politiques dont le vice-amiral Jurien de la Gravière avait été dépouillé, le 8 avril, M. de Saligny et les émigrés qui l'entouraient persuadèrent au général Lorencez que sa marche sur Mexico serait triomphale ; le 5 mai, il s'approchait de Puebla où il croyait être accueilli comme un libérateur, lorsque les forts de Guadalupe et de Loreto vomirent des feux roulants qui décimèrent notre armée ; le général Zaragoza, qui défendait les hauteurs, lui infligea un rude échec ; le général Lorencez la préserva d'un désastre complet en opérant sur Orizaba une retraite aussi habile que périlleuse à travers trente lieues d'un pays boisé, raviné, inondé et dominé par des collines que la cavalerie mexicaine couronnait. Le corps expéditionnaire se cantonna entre Orizaba et Vera-Cruz où les maladies et la faim le ravagèrent et où le général Forey arriva, le 20 septembre, avec une armée de 30,000 hommes. Lorencez retourna en France. Le 22 octobre, Forey transféra son quartier général à Cordova où ses troupes hivernèrent. Un fait vint démontrer l'invraisemblance du motif allégué par Lorencez pour se soustraire à l'engagement d'honneur contracté vis-à-vis de Juarez : un grand nombre de nos soldats blessés sous les murs de Puebla avaient été transportés à l'hôpital de cette ville ; les résidents français, dans une lettre remise à leur consul, remercièrent le com-

(1) Le comte E. de Kératry. *L'élévation et la chute de l'empereur Maximilien*, 1867.

mandant mexicain des soins prodigués à ces braves militaires. Bientôt, les prisonniers et les blessés français furent renvoyés au général Forey; en leur faisant remettre les décorations trouvées sur le champ de bataille de Loreto, le ministre de la guerre écrivait: « Ceux qui les avaient méritées par leur bravoure n'ont rien perdu de leurs titres parce que, soumis aux ordres de leurs chefs, ils sont venus porter ici une guerre inique et folle dont seront responsables ceux-là seuls qui l'ont préparée. » Le gouvernement de Juarez paya les frais de voyage de ces prisonniers et de ces blessés.

L'affaire Mirès satisfit ceux qui aiment les péripéties. Le tribunal correctionnel, ayant déclaré coupables d'abus de confiance et d'escroquerie ce financier et son associé Solar, les condamna, le 11 juillet 1861, à cinq années d'emprisonnement et à 3,000 francs d'amende; le comte Siméon, sénateur, fut, comme civilement responsable, condamné aux dépens. M. Solar, se dérobant à la justice, avait quitté la France. Le 29 août, un arrêt de la cour impériale de Paris confirma ce jugement. Le 28 décembre, pour un vice de forme, la cour de cassation annula cet arrêt et renvoya les deux accusés devant la cour impériale de Douai. Celle-ci, le 22 avril 1862, à la stupéfaction générale, renvoya MM. Mirès et Siméon des fins de la poursuite sans dépens. L'émotion fut grande: « De tous les points de l'empire, la magistrature répudie toute solidarité avec les principes posés par cet arrêt qui a pris les proportions d'un danger social et qui porte un coup funeste aux règles de bonne foi et de probité traditionnelles dans le haut commerce. » Ainsi s'exprimait le ministre de la justice en donnant au procureur général Dupin l'ordre de dénoncer à la cour de cassation l'arrêt immoral de la cour de Douai. Le 28 juillet, la cour suprême cassa et annula cet arrêt « sujet d'effroi pour les honnêtes gens et par lequel, disait M. Dupin, la loi est vivement offensée, odieusement violée. » De plus, la cour de cassation ordonna que son arrêt flagellateur serait imprimé et transcrit sur les registres de la cour de Douai, — flétrissure qui, si je ne me trompe, n'avait jamais marqué des magistrats au front. La morale et la loi furent satisfaites, mais la vindicte publique ne le fut pas, car *l'absence du pourvoi en temps utile* ne permit pas d'atteindre les deux inculpés.

M. de Morny, l'associé de Jecker, reçut de Napoléon III le titre de duc au moment où MM. Mirès et Siméon bénéficiaient d'un acquittement aussi étrange que prévu par beaucoup de gens. La fameuse *liste des comptes courants* sur laquelle figuraient tant de hauts personnages n'est-elle pour rien, se demandait-on, dans le dénouement de ce procès? On se souvenait que, devant les premiers juges, M. Léon Duval, l'un des défenseurs, agitant cette liste comme un épouvantail, s'écriait : « *La voici!... mais je ne la lirai pas.* » Et chacun répétait cette phrase d'un chroniqueur judiciaire : « Plus d'un nom de cette liste, innocent devant la loi, coupable devant la morale, signifie CORRUPTION. » M. Mirès, ajoutait-on, ne cessa de croire que toute cette procédure aboutirait à un acquittement, car les personnages intéressés à ce qu'il se tût étaient informés que la publication de la redoutable liste suivrait de près une condamnation définitive.

L'Italie fut le théâtre d'un événement qui causa partout une émotion douloureuse. Possédé du patriotique dessein de délivrer Rome que Napoléon III persistait à retenir sous le joug du pape, Garibaldi s'était remis en campagne au cri de : « *Rome ou la mort!* » Autour de lui se rangèrent 4,000 volontaires. Désavoué par le gouvernement italien et poursuivi par les troupes royales qui l'enveloppèrent en Sicile, il parvint à se dégager et à gagner Catane. Il s'empara d'un bateau à vapeur, y monta avec un millier d'hommes et aborda en Calabre où ne purent le rejoindre que six cents de ses volontaires. Après avoir tenté inutilement de surprendre Reggio, il se jeta dans les montagnes. Le 29 août, il occupait le plateau d'Aspromonte. Des troupes lui coupèrent sa retraite et le colonel Pallaviccini, à la tête de 2,400 bersaglieri et fantassins, gravit les hauteurs. Quand ils se trouvèrent face à face, les patriotes italiens et les soldats du roi hésitèrent à s'attaquer. Garibaldi donna l'ordre de ne pas faire feu ; mais des coups de fusil partirent du côté des fantassins et les garibaldiens ripostèrent. Le combat dura peu; il y eut douze morts et cinquante blessés. Bientôt les bersaglieri et les garibaldiens se mêlaient et s'embrassaient en échangeant de doux reproches. Atteint d'une balle morte à la cuisse et d'une balle vive au pied droit, Garibaldi s'était assis; il fumait un cigare pendant qu'on examinait sa blessure dont le sondage le faisait cruellement souffrir. La balle ne put être extraite que plus tard et non sans peine par le docteur Nélaton, à la Spezzia où Garibaldi fut emprisonné, le 2 septembre. Le 15, Victor-Emmanuel donna une amnistie au grand patriote et à ses compagnons ; leur tentative en faveur de l'émancipation de Rome servit puissamment la cause de la patrie italienne, car, le 8 octobre, dans une note diplomatique, le ministre des affaires étrangères Durando affirma ainsi les droits de l'Italie sur Rome: « La loi l'a emporté, mais le mot d'ordre des volontaires a été, cette fois, plus impérieux que jamais. La nation toute entière réclame sa capitale. »

Napoléon III soumit à Pie IX et à Victor-Emmanuel les bases d'une transaction ; le Pape les repoussa hautainement, et, le 15 octobre, M. Thouvenel qui les avait proposées céda le portefeuille des affaires étrangères à M. Drouyn de Lhuys.

Le martyrologe de la presse s'était ouvert, en 1862, par la suppression de « l'*Orléanais* » coupable d'avoir dit que « l'état de l'industrie des couvertures était déplorable dans le Loiret; » il fut clos par la suppression du « *Propagateur de la Martinique* » qui avait publié des nouvelles du Mexique, mauvaises mais vraies. Entre ces deux suppressions dix-neuf avertissements avaient frappé douze journaux. Le banquier Millaud, ex-associé de Mirès, acheta « *la Presse* » dont Peyrat et ses cinq collaborateurs abandonnèrent la rédaction.

La publication des *Misérables* fut un événement. Je n'ai pas à faire, ici, l'éloge de cette œuvre vaste et puissante; tout le monde a lu ces pages palpitantes d'intérêt et dans lesquelles, avec ce style harmonieux et nerveux que nul n'imite, Victor Hugo traite magistralement les plus hautes questions de philosophie sociale; les classes dirigeantes dont l'égoïsme nous exploite en furent épouvantées; on ne pouvait ébranler plus fortement le vieil édifice au fond duquel s'abritent les tyrannies qui nous oppriment.

Mgr Morlot, sénateur, archevêque de Paris, membre du conseil privé, cardinal et grand officier de la Légion d'honneur, mourut le 29 décembre; il eut pour successeur Mgr Darboy, évêque de Nancy.

La session législative de 1863 s'ouvrit le 12 janvier. A quoi bon parler du Sénat? A de rares exceptions près, il n'y avait là que des têtes séniles et serviles s'inclinant, en signe d'approbation, devant tous les actes et tous les ordres de l'Empereur.

Les Cinq présentèrent au Corps législatif une proposition ainsi formulée : « Qu'on nous rende la liberté ou qu'on cesse de nous en vanter les bienfaits en interdisant toute initiative intellectuelle, toute discussion libre, toute vie municipale indépendante; » M. Ollivier la défendit en gémissant sur les efforts infructueux que le petit groupe auquel il appartenait encore un peu faisait, depuis six ans, pour défendre les principes auxquels bon gré, mal gré, disait l'orateur, la France doit revenir un jour. Affectant un visage sérieux, M. Baroche, ministre sans portefeuille, répondit que la France jouissait *d'une liberté considérable*. Le 6 février, M. Jules Favre prit la parole pour soutenir cet amendement des Cinq à propos du Mexique : « Les forces de la France ne doivent pas être témérairement engagées dans des expéditions mal définies et aventureuses. » L'orateur démontra que « la cause principale de la guerre était une question d'argent. »

Ne sachant que répondre à cette démonstration, M. Billault parla de la Chine et de la Cochinchine. M. Jules Favre voulut le rappeler à la question, mais des interruptions parties de tous les points de la salle étouffèrent sa voix et firent cesser le malaise que, dans son fauteuil présidentiel, l'associé de Jecker éprouvait. — Dans sa réponse aux députés qui lui apportèrent l'adresse contre laquelle les *Cinq* seulement avaient voté, l'Empereur annonça la prochaine dissolution du Corps législatif.

Le 9 février, un livre du duc d'Aumale, — l'*Histoire de la maison de Condé*, — fut saisi chez l'éditeur Lévy et confisqué sans autre forme de procès.

Le 7 mai, un décret impérial convoqua les électeurs pour le 31. Les circonscriptions électorales avaient été remaniées. M. Persigny menaça d'une *répression sévère* les journaux « qui désignaient les candidats de l'opposition par l'expression de *candidats indépendants*. » Comme toujours, on employa les promesses et les menaces en faveur des candidats officiels, la diffamation et la calomnie contre les opposants dont on lacérait les affiches ; on alla jusqu'à saisir leurs correspondances. Dans l'Isère, on s'empara de celle de M. Casimir Périer ; le procureur impérial feint d'y découvrir « le délit d'excitation à la haine et au mépris du gouvernement, » et le préfet traite M. Casimir Périer de *faussaire* dans une affiche placardée au son du tambour. — « Combattre les candidatures administratives, disaient les employés du gouvernement, c'est combattre l'Empereur. » On ne savait qu'imaginer pour intimider les électeurs des villes et pour effrayer ceux des campagnes. Dans un village de la Gironde, un paysan est promené entre deux gendarmes, « et le commissaire de police crie, en le montrant à la foule : *C'est un partisan de M. Decazes ! voilà comment on les traite* (1). » Dans des églises rurales des Côtes-du-Nord, des curés montent en chaire et prêchent les louanges des candidats préfectoraux.

Une lettre de M. Persigny à M. Haussmann fut affichée sur tous les murs ; elle attaquait violemment la candidature que M. Thiers avait acceptée dans le 2ᵉ arrondissement de Paris. A son tour, M. Haussmann publia une proclamation annonçant des émeutes sanglantes, la suspension des affaires et des travaux si les candidats opposants étaient élus. M. Garnier Pagès avait fait d'heureuses tournées départementales pour combattre l'abstention ; des comités de jurisconsultes éclairaient les électeurs sur leurs droits. A Paris, la liste de l'Opposition se composait de MM. Havin, Thiers, Ollivier, Picard, Jules Favre, Pelletan, Guéroult, Darimon et Jules Simon. Le triomphe de cette liste atterra le gouvernement. Lyon élut MM. Hénon et Jules Favre, — Marseille, MM. Marie et Berryer, — Nantes, M. Lanjuinais. M. Magnin triompha dans la Côte-d'Or ; M. Dorian, dans la Loire ; M. Havin, dans la Manche et M. Glais-Bizoin, dans les Côtes-du-Nord. En résumé, les noms de trente-cinq députés non officiels sortirent des urnes.

Le 24 mai, la démission forcée de M. Persigny que M. Boudet remplaça fut suivie d'un remaniement ministériel. M. Delangle céda le portefeuille de la justice à M. Baroche, M. Rouland nommé gouverneur de la Banque celui de l'instruction publique à M. Duruy et M. Walewski le ministère d'État à M. Billault qui, investi des fonctions attribuées aux ministres sans portefeuille, devint l'homme prépondérant du nouveau cabinet. La présidence du Conseil d'État échut à M. Rouher.

L'entreprise mexicaine se poursuivait. Au lieu de mar-

(1) Taxile Delord, *Histoire du second empire*, t. III, p. 464.

cher immédiatement, avec ses 35,000 hommes, sur Puebla dont les défenses étaient alors très-faibles, le général Forey, temporiseur comme son ami Canrobert, laissa, pendant six mois, son armée sous l'action délétère des fièvres qu'engendrent les Terres-Chaudes. Voici quels furent les fruits de cette temporisation qui serait inconcevable si l'incapacité militaire du général Forey ne l'expliquait pas : Les Mexicains fortifièrent Puebla, détruisirent partout les provisions qu'ils n'emportaient pas, dévastèrent et stérilisèrent les régions que les envahisseurs auraient à traverser. A la suite de ces dévastations, l'intendance de l'armée française dut faire venir, à grands frais, de la Havane et des États-Unis, des blés et des avoines dont une partie considérable, — les moyens de transport manquant, — s'avaria sur les quais de Vera-Cruz baignés par l'eau de mer. « Une opération de remonte fut tentée à Tampico et chaque cheval ramené à Vera-Cruz par nos cavaliers d'Afrique revenait au prix moyen de VINGT-CINQ MILLE FRANCS. Il est vrai que l'opération avait coûté une canonnière, *la Lance*, perdue sur la barre du fleuve (1). »

Le général Forey sortit, enfin, d'une inaction qui excitait des murmures. Le 19 mars, l'armée française investissait Puebla ; le 29, elle s'emparait du *Pénitencier* ; mais, après deux assauts infructueusement donnés à la ville, elle abandonna les positions conquises, et on suspendit les hostilités jusqu'au 15 avril. On dut, alors, chaque nuit et chèrement, enlever des pâtés de maisons que les Mexicains reprenaient et qu'il fallait de nouveau leur disputer. Dans l'intervalle de ces attaques nocturnes, l'assiégé auquel ce système « laissait toujours dix-huit heures de répit en profitait pour doubler ses lignes de barricades et pour percer des meurtrières à l'abri desquelles, invisible, il fusillait nos soldats s'avançant dans les ténèbres, la poitrine découverte (2). » Une armée de se-

(1) Le comte de Kératry. *L'élévation et la chute de Maximilien.*
(2) Idem.

cours sous les ordres du général Comonfort ayant été surprise nuitamment et défaite par le général Bazaine, les assiégés, manquant de vivres et de munitions, capitulèrent, le 17 mai, après avoir brisé les armes, encloué les canons et brûlé les drapeaux.

Le 3 juin, la division Bazaine occupa Mexico que Juarez avait tranquillement quitté le 31 mai ; il se retirait devant la force ; mais, sûr de son droit, il emportait à San Luis de Potosi le pouvoir républicain dont il restera le défenseur jusqu'au jour où il le rétablira dans la capitale du Mexique ; c'est là que le *gouvernement français*, — comme l'écrivait, en décembre 1862, le général Ortega au général Forey, — *entrera en arrangement avec celui de Benito Juarez* tant insulté par les ministres, les généraux, les sénateurs, les députés et les jurisconsultes de Napoléon III.

Le général Forey fit son entrée dans la capitale du Mexique au milieu d'un enthousiasme préparé et payé par la faction clérico-monarchique : « Le prix des fleurs qu'on lui jeta figure au budget de l'*ayuntamiento* de Mexico (1). » Il nomma, par décrets, une municipalité et un triumvirat.

Le 10 juillet, *deux cent trente et un notables choisis par les triumvirs Labastida, Salas et Almonte* déclarèrent, sous les yeux de Forey et de Saligny, que la couronne impériale du Mexique était offerte à l'archiduc Maximilien d'Autriche ; puis, ils chargèrent une députation d'aller remettre au nouvel empereur l'*acte solennel* émanant de cette singulière Constituante et un sceptre d'or. Et ce fut une affaire bâclée. « Il faut, dit M. de Kératry, avoir assisté à cet épisode de l'intervention pour pouvoir le juger à sa valeur. *On dut payer les habits de certains notables*. Cette séance mémorable de la Junte restera comme un exemple regrettable d'outrage fait à la vérité. »

Le général Forey était là sur son terrain ; il se montra

(1) Taxile Delord, t. IV, p. 273, note.

digne du choix qu'avait fait de lui, pour cette besogne, l'homme auquel il amena, le premier, sa brigade le 2 décembre 1851 ; il supprima les journaux et décréta la mise sous séquestre de toutes les propriétés appartenant aux citoyens de la République servant soit dans l'armée régulière, soit dans les bandes de guérillas hostiles à l'intervention française. Le 20 juin, un décret mettait hors la loi tous ces citoyens, et déférait ceux qui seraient pris à une cour martiale dont la sentence *sans appel* devra être rendue le même jour et exécutée dans les vingt quatre heures. Le silence absolu de la presse soulevant des murmures contre le triumvirat qui s'était constitué en Conseil de régence, on autorisa les journaux à paraître sous la condition que ni les lois, ni les nouvelles institutions du pays, ni les choses de la religion ne seront controversées. Dès ce moment, les actes de barbarie se succèdent et se multiplient. Chez M. de Saligny, on a créé une contre-guérilla qui ressemble « à une ancienne bande de truands exhumés du fond de la cité (1). » Ces bandits pillent et incendient les villes et les villages, pendent et fusillent des otages. Un colonel Dupin, qui est le chef de cette truandaille, « fait fusiller, séance tenante, un individu chez lequel on a trouvé des lettres constatant des relations avec les Juaristes ; sa femme est obligée d'assister à l'exécution. (2) » Arrestations, transportations sans jugement, flagellations, fusillades secrètes, toutes les horreurs dont la France fut le théâtre en décembre 1851 se reproduisirent au Mexique ; là aussi, un journal emploie l'expression sinistre : *que les honnêtes gens se rassurent !* et il exalte l'effet salutaire des fusillades secrètes et des flagellations. Les férocités atteignirent un tel degré de folie furieuse que Napoléon III dut rappeler en France le général Forey et donner un successeur à M. Dubois Saligny dont l'impopu-

(1) Comte E. de Kératry, *Hist. de la Contre-Guérilla.*
(2) Idem.

larité avait acquis de telles proportions que nos officiers ne le saluaient pas. Le 25 juillet, le général Bazaine prit le commandement ôté au maréchal Forey ; je dis *maréchal*, car, en apprenant l'entrée de nos soldats dans Mexico, l'Empereur avait envoyé à son complice du coup d'État ce bâton que le second empire, seul, a mis quelquefois dans des mains indignes.

La presse espagnole, comme celle de tous les pays, se faisait l'écho des sentiments de réprobation qu'excitait dans l'Europe entière la conduite de ceux qui dirigeaient l'entreprise mexicaine. L'Impératrice Eugénie ne pouvait être plus malavisée qu'elle ne le fut en choisissant un pareil moment pour revoir Madrid où elle arriva le 18 octobre ; S. M. commit une étourderie plus grande encore en se faisant accompagner par une jeune fille dont le nom y est éxécré. Avait-elle donc oublié que, tous les ans, une cérémonie funèbre rappelle à ses compatriotes la sanglante journée du 2 mai 1808, — et que, autrefois, elle se plaçait à l'un des balcons du ministère de la *Gobernacion* devant lequel défilait le long cortége qui allait assister au service commémoratif célébré en l'honneur des martyrs de l'indépendance nationale tombés sous les soldats de Napoléon Ier commandés par Joachim Murat? On savait l'Impératrice fort engagée dans l'intrigue qui tendait à imposer Maximilien au Mexique ; cela expliquait l'accueil froid qu'on lui fit. Mais quand on apprit que sa compagne de voyage se nommait *Anna Murat*, une grande émotion se produisit dans Madrid. Ceux qui avaient connu mademoiselle de Montijo attribuèrent à la légèreté de son caractère son action blessante pour le sentiment national ; les classes populaires ne pouvaient donner une pareille excuse à une inconvenance qui les indignait. La nouvelle que l'Impératrice et sa suite assisteraient à la prochaine course de taureaux se répandit et n'étonna personne, — tout le monde se souvenant que mademoiselle de Montijo raffolait de ce spectacle et n'y manquait jamais. On résolut de mettre à profit cette occurrence pour faire une manifestation antinapoléonienne et antimuratiste. Le jour attendu vint; c'était le 23 octobre; on s'arrachait à des prix fous les billets d'entrée; une foule agitée occupait les avenues et les abords de *la plaza de toros*; son attente fut déçue. Les rapports de police avaient été communiqués, la veille, à l'Impératrice qui, changeant de projet, était partie non pour Tolède, mais pour Aranjuez où, d'après le *Moniteur*, elle ne se serait arrêtée qu'un moment. Là, dans une propriété mise à sa disposition, elle avait convié à une fête intime et dégagée de toute étiquette les amis de sa première jeunesse. Elle voulut se décharger, pendant quelques heures, du poids des honneurs souverains, et elle exigea de ses convives que, oubliant l'Impératrice, ils se souvînssent uniquement de la bonne et joyeuse Eugénie d'autrefois. Ici, l'historien doit se taire; il ne lui est pas permis d'empiéter sur les droits du chroniqueur. — Le lendemain, sans revenir à Madrid, l'Impératrice prit, à Tolède, le train qui la conduisit à Valence où l'attendait pour la ramener en France le yacht l'*Aigle* sur lequel elle était venue de Biarritz en Espagne.

Jamais livre ne fit dans l'Église romaine tant de bruit que la *Vie de Jésus* publiée par M. Renan. Il y eut de formidables ameutements contre cet écrivain; les évêques le foudroyèrent d'anathèmes et d'imprécations; quelques-uns de ces prélats ordonnèrent que, tous les vendredis, en expiation de cette *œuvre infernale*, le glas fût tinté. Au congrès de Malines, on traita M. Renan de « protégé de César, romancier sacrilége, défenseur de Judas. » Dès évêques prirent la plume pour réfuter ce livre qui sapait les bases de leur puissance : Ceci valait mieux que cela, car injurier n'est pas répondre. J'avoue que je comprenais peu ce bruit et ces fureurs; le livre de M. Renan ne les méritait pas. J'ai de vives sympathies pour

19

cet auteur, bien que dans ses précédents ouvrages je n'aie rien trouvé qui ressemblât à une doctrine. J'avais lieu de croire, — et je n'étais pas le seul, — qu'il réservait ses opinions sur le christianisme ou plutôt sur les destinées de l'humanité pour cette *Vie de Jésus* qui, en raison de l'attente générale, excitait, avant la publication, un intérêt si vif; je m'étais mécompté. M. Renan, dans ce livre, qui d'ailleurs est un charme, ne laisse entrevoir la vérité qu'avec un embarras visible et avec des ménagements dont ne lui savent aucun gré ceux qu'elle irrite. L'érudition de cet écrivain, — il en convient lui-même, — n'est autre que celle de Strauss, mais tronquée, mutilée, réduite aux proportions d'une idylle ayant une exquise suavité mais ne donnant pas une idée satisfaisante de la mission que *Jésus, homme et rien qu'homme*, a remplie. Le progrès dont Jésus a été un des initiateurs est-il du seul fait de Jésus? Sans la philosophie grecque, sans la longue et admirable élaboration d'idées et de sentiments qui, par la seule force de l'esprit humain, s'était produite, avant Jésus, dans les grands centres de la civilisation occidentale, y aurait-il au monde un chrétien? Le livre de M. Renan nous incite à ces interrogations et il évite d'y répondre. Voltaire, — et à quelle époque, juste ciel! — a nettement et courageusement nié la divinité de Jésus, et, en même temps que lui, Rousseau, Fréret, Diderot, Montesquieu et tous les encyclopédistes, — et, immédiatement après lui, Condorcet, Robespierre, tous les héros, tous les martyrs de notre grande Révolution française. Après une négation si ferme au point de vue de la spéculation philosophique, si héroïque sur le terrain de l'action, ne faut-il pas s'étonner que des libres penseurs aient acclamé, comme un progrès, les hésitations et les réticences de M. Renan? Le dix-neuvième siècle avait si bien posé la question! Pourquoi l'embrouiller aujourd'hui et l'amoindrir par des prosopopées sentimentales? Autre sujet d'étonnement : ce livre qui déchaîna les colères dévotes fut présenté par les gens d'Église comme une « *scandaleuse nouveauté !* » ils en enrageaient à perdre la mémoire : M. Renan leur faisait oublier même Arius et Socin.

M. Billault mourut avant d'exercer les hautes fonctions auxquelles il venait d'être appelé ; le 18 octobre, M. Rouher fut chargé de ce pesant fardeau.

Le 3 novembre, une statue de Napoléon Ier affublé d'un costume d'empereur romain prit, au sommet de la colonne Vendôme, la place du Napoléon légendaire en redingote et en petit chapeau ; c'est en préparant *sa Vie de César* que Napoléon III eut l'idée de cet accoutrement théâtral qui, d'ailleurs, s'accordait avec ses goûts et avec ceux d'une cour toute de clinquant à l'aspect de laquelle le comte Arese ne put retenir cette exclamation : « *Che Carnavale !* » — QUEL CARNAVAL !

Le 4, l'Empereur proposa aux souverains de l'Europe de régler, dans un congrès, le présent afin d'assurer l'avenir ; le lendemain, en ouvrant la session législative de 1864, il expliquait cette proposition par ces paroles qui agitèrent tous les esprits : « *Les traités de 1815 ont cessé d'exister.* » Le 1er décembre, un rapport de M. Fould annonçant que de nouveaux déficits portaient à 972 millions l'ensemble de nos découverts et proposant l'émission d'un emprunt de 300 millions vint augmenter les inquiétudes suscitées par le discours de l'Empereur. On savait, le 20 décembre, que les puissances n'adhéreraient pas à la proposition de Napoléon III.

Pendant l'année 1863, trente-deux avertissements frappèrent trente journaux ; — le *Phare de la Loire*, le *Progrès de Lyon*, le *Journal de Rennes* et le *Courrier du Dimanche* furent suspendus ; enfin, les tribunaux supprimèrent l'*Echo d'Hyères* et le *Progrès de la Côte-d'Or*.

Pour se mettre hors d'atteinte aux mille coups portés à l'écrivain indépendant par d'impitoyables exécuteurs d'une législation draconienne, à quels efforts de prudence, à quelles ressources de langage ne devaient pas recourir Peyrat, Edmond Texier, Taxile Delord, Louis Jourdan et d'autres journalistes qui, depuis douze ans, soutenaient la cause du droit et de la liberté ! La *Gironde* dont M. A. Lavertujon était le rédacteur en chef, et le *Phare de la Loire* rédigé par les frères Mangin combattaient l'Empire avec autant de prudence et de talent que les meilleurs journaux de Paris.

CHAPITRE IX

1864-65

Les questions en suspens. — Affaires de Pologne. — Affaires du Danemark. — Décret sur la liberté des théâtres. — Session législative de 1865 ; défection de M. Émile Ollivier ; l'emprunt mexicain. — Le procès des *Treize*. — La convention du 15 septembre. — La Société internationale des travailleurs. — L'encyclique *quanta cura* et le *Syllabus*; arrogances épiscopales ; l'*Internationale noire*. — Mort de Proudhon. — Mort du colonel Charras. — Mort du duc de Morny. — Assassinat du président Lincoln ; manifestation des étudiants. — Session législative de 1865 ; le *Syllabus* et l'ultramontanisme devant le Sénat ; discours de M. Rouland ; le maréchal Forey et Dieu ; un mot de M. de Boissy. — Discussions au Corps législatif ; le nouvel emprunt mexicain et M. Rouher. — Affaire Sandon ; *une iniquité épouvantable.* — Voyage de l'Empereur en Algérie. — Une élection dans le Puy-de-Dôme. — Mort du général Lamoricière. — M. de Bismark à Biarritz. — Le congrès de Liége. — Mort de lord Palmerston, de M. Dupin aîné, du roi Léopold. — L'empereur Maximilien et la situation du Mexique en 1864 et en 1865.

On croyait que Napoléon III profiterait de la réception officielle du 1er janvier pour calmer l'émotion qu'avait produite son discours du 3 novembre 1863 ; il se contenta d'exprimer la confiance que l'esprit conciliateur des souverains dissiperait les inquiétudes entretenues par *les questions en suspens*. Mettons-nous au courant de ces questions.

Dans les derniers jours de février 1861, un service commémoratif se célébrait, à Varsovie, en l'honneur des braves tombés, en 1835, sur les champs de bataille, en combattant pour l'indépendance de la Pologne ; le Peuple chantait des hymnes glorifiant ces patriotes ; la police voulut s'y opposer et une lutte s'engagea : il y eut des morts et des blessés. Le jour où on enterra les victimes, une décharge de mousqueterie tua six Polonais qui saluaient le convoi funèbre. — Le 4 octobre suivant, des soldats russes envahirent les églises où l'anniversaire de la mort de Kosciuzko avait attiré une grande foule, et y opérèrent des arrestations. L'archevêque ordonna la fermeture des églises profanées. Elle se rouvrirent, le 13 février 1862 ; malgré les exhortations d'un nouvel archevêque, les fidèles chantèrent les hymnes prohibées ; on jeta des pierres aux agents de police que des troupes secoururent, et la terreur établit son régime.

Le 24 septembre, M. de Bismark, récemment appelé dans les Conseils du roi de Prusse, engagea le gouvernement russe à faire revivre, en Pologne, une loi de recrutement qui n'y était plus appliquée depuis longtemps. Dans la nuit du 14 au 15 janvier 1863, la troupe et la police procédèrent à l'enlèvement de tous les jeunes Polonais. Cinq jours après, le comité national appelait le Peuple aux armes. Le 6 février, les Russes furent battus, la division se mit parmi les vainqueurs, et, le 10 mai, ils perdirent une bataille. Cependant, favorisée par le clergé catholique de tous les pays, l'insurrection grandit ; des prêtres y prennent part ; Mouraview, gouverneur général de la Lithuanie, en fait fusiller deux. Le 10 juin, on pend un abbé devant la citadelle de Varsovie, tandis qu'on fusille le comte Plater qui avait dirigé l'attaque d'un convoi d'armes. L'archevêque Felinski est enlevé et conduit à Saint-Pétersbourg. Les vêtements de deuil sont prohibés.

La nouvelle preuve que donnait la Pologne de sa prodigieuse vitalité ravivait les sympathies de la France pour ce peuple infortuné. Lorsque, en 1863, le Sénat s'en rapportant, selon sa coutume, à la sagesse de l'Empereur, passa à l'ordre du jour sur de nombreuses pétitions en faveur des Polonais « si cruellement opprimés, » le prince Napoléon s'écria : « l'Empereur fera quelque chose, j'en suis sûr. » Voici ce qu'il fit: il proposa la discussion, dans une conférence, d'un programme de réformes à soumettre au Czar, et Gortschakoff déclara que la Russie ne négocierait qu'avec les puissances copartageantes. Alors Napoléon III invita, par lettre autographe, Alexandre II à rétablir un royaume de Pologne sous le sceptre du grand duc Constantin; un refus net accueillit cette invitation. Enfin, il pria le pape d'user de son influence sur François-Joseph pour le décider à une intervention favorable au rétablissement de la nationalité polonaise ; l'empereur d'Autriche lut, dit-on, avec attendrissement, la lettre de Pie IX, — et ce fut tout. La séance tenue par le Corps législatif, le 31 janvier 1864, nous apprit ce que, en définitive, Napoléon III fit pour la Pologne qui continuait à se débattre sous les serres de l'aigle moscovite. Un député demanda qu'on reconnut, au moins, aux Polonais la qualité de belligérants, et M. de Morny répondit à cette demande par l'apologie de l'oppresseur de la Pologne, « *au sort de laquelle*, dit-il, *la paix seule peut donner des adoucissements.* » Agonisante et abandonnée une fois de plus, la Pologne retomba dans sa chaine. Au moyen des transportations en Sibérie, des fusillades et des pendaisons, Mouraview rétablissait, dans les villes dépeuplées, *la paix* souhaitée par M. de Morny qui aurait pu compléter son éloge du Czar et de la Russie en répétant ces sinistres paroles proférées par M. Sébastiani dans la séance législative du 16 septembre 1831 : « L'ORDRE RÈGNE A VARSOVIE. »

Une question plus grave, au point de vue des intérêts immédiats de la France, que la question polonaise s'agitait en Allemagne. Les deux duchés de l'Elbe, le Sleswig et le Holstein dépendaient du Danemark. Une conférence, tenue à Londres en 1852 par les grandes puissances, avait réglé des différends qui s'étaient élevés au sujet de la succession au trône et décidé que les duchés ne cesseraient pas d'appartenir à la monarchie danoise. En 1863, M. de Bismark, qui méditait l'asservissement de l'Allemagne à la Prusse, contesta cette annexion des duchés au Danemark sans tenir compte du règlement de 1852 auquel la monarchie prussienne avait adhéré; il appuyait sa contestation sur cette raison que, le Holstein faisant partie de la Confédération germanique, le règlement de Londres aurait dû être sanctionné par la Diète; cette sanction lui manquant, il n'a aucune validité. Le 7 décembre 1863, la Diète admit les prétentions de M. de Bismark appuyées par l'Autriche qui espérait partager avec la Prusse la proie convoitée. Christian IX, roi de Danemark, protesta contre une décision qui ordonnait l'exécution fédérale non-seulement dans le Holstein mais encore dans le Sleswig qui n'était pas allemand. Des troupes hanovriennes et saxonnes occupèrent le Holstein. Les troupes danoises s'étaient retirées dans le Sleswig. Le 11 janvier 1864, Christian IX déclara aux membres de la représentation du royaume « qu'il défendrait résolûment les libertés de la nation, l'indépendance du pays et les droits de la couronne. » 15,000 Danois prirent position à Duppel; ils disputèrent vaillamment à 80,000 Austro-Prussiens la ligne de défense qui protégeait le Sleswig, et réduits aux deux tiers de leur effectif, ils gagnèrent l'île d'Alsen.

Poursuivant la chimère d'une alliance avec la Prusse, Napoléon III laissa égorger le Danemark ce vieil et fidèle allié de la France. Délaissé par celui qui aurait dû le secourir, Christian IX, quelques mois après la bataille de Duppel, abandonna tous ses droits sur les duchés au roi de Prusse et à l'Empereur d'Autriche; mais, celui-ci ne jouira pas longtemps de cette copropriété d'où l'astuce de M. de Bismark fera sortir, grâce à la stupide neutralité de Napoléon III qui se laissera niaisement duper, une guerre dont les conséquences seront désastreuses pour nous.

Dans les derniers jours de janvier, un décret impérial

proclama la liberté industrielle, littéraire et artistique des théâtres.

Cependant, le Corps législatif discutait l'adresse. A propos d'un emprunt de 300 millions destinés à l'abaissement de la dette flottante et d'une demande de 93 millions de crédits supplémentaires, M. Berryer démontra que les déficits, *dans les douze dernières années*, égalaient ceux des gouvernements antérieurs pendant une durée de *cinquante ans*; et qu'en outre le gouvernement impérial avait dévoré 285 millions versés par les compagnies de chemins de fer et par l'Espagne ou prêtés par la Banque, sans compter les indemnités payées par la Chine. Le 11, M. Thiers ayant réclamé « *les libertés nécessaires*, » M. Rouher l'accusa de déployer le drapeau des révolutions. Dans la séance du 25, le député de la 2ᵉ circonscription de Paris, après avoir dit que l'expédition du Mexique coûte au budget quatorze millions par mois et retient au delà des mers, sans utilité pour la France, 40,000 hommes dont nous pourrions avoir besoin, conclut ainsi : « L'honneur militaire est sauf ; l'archiduc n'est pas parti ; il ne faut pas s'engager davantage ; on doit traiter avec Juarez. » M. Jules Favre appuie cette conclusion. M. Rouher répond que *la pensée de l'entreprise est grande* ; que l'historien appellera celui qui la résolut *un homme de génie*, que cette page sera *glorieuse*, car « l'expédition commencée pour la réparation de notre honneur se terminera par le triomphe de nos intérêts. » Et la majorité applaudissait à outrance ! Douze députés seulement votèrent contre l'adresse.

L'heure était venue pour M. Émile Ollivier de lever le masque de sa trahison. Le jour où M. de Morny attaqua cette conscience faible, on en prévit la capitulation. Lorsque, en flattant la vanité de l'ancien membre du groupe des Cinq, l'habile corrupteur l'eut mis à son point, il le fit nommer rapporteur du projet de loi qui autorisait les grèves sans reconnaître les associations. La conclusion du rapport

19.

était la négation des principes que la gauche, en cette matière, avait toujours professés. M. Ollivier prétendit que ses anciens amis « étaient atteints d'une maladie nommée *Pessimisme* par Mallet du Pan et qui consiste à critiquer tout ce qui vient d'un gouvernement qu'on n'approuve pas, *surtout le bien* parce qu'il profite à ceux qui le font. » En proposant d'ajourner cette loi « équivoque et inconsistante » que M. Jules Simon venait de combattre avec une bien-disance exquise et une rare puissance de raisonnement, M. Jules Favre lança ce trait qui piqua le défectionnaire au vif : « Quoi qu'en dise ce Mallet du Pan cité par le rapporteur et que je n'admire pas, il n'y a que deux écoles en politique, celle des principes et celle des expédients. Je suis pour la première. » M. Ollivier dissimula sa confusion sous une phraséologie à l'usage des renégats ; il parla de « *son honneur* qu'il croyait inutile de défendre, de *sa conscience* avec laquelle il se sentait en paix, *de l'orgueil* qu'il a de n'être effleuré par aucune parole. » — « Pas d'équivoque, répliqua Jules Favre ; il faut qu'*on* nous dise comment *on* a abandonné d'anciennes opinions en proposant, aujourd'hui, ce qui les contredit absolument. » Prenant en pitié l'embarras de l'homme qu'il avait entraîné dans l'apostasie, M. de Morny se hâta de dire : « qu'il était contraire à la liberté et au droit *de demander compte à un membre de cette Chambre* de *ses opinions passées.* » — « C'est le pavé de l'ours, » murmurait-on en souriant. Trente-six députés protestèrent contre cette loi que, à la sollicitation de M. Rouher, le Corps législatif vota. Les journaux bonapartistes comblèrent de louanges et proclamèrent *chef du parti des hommes nouveaux* le transfuge qui, désormais, ne cessera de chanter la palinodie.

M. Havin ayant opté pour la Manche et M. Jules Favre pour le Rhône, les électeurs de la 1re et de la 5e circonscription de la Seine les remplacèrent, le 31 mars, par MM. Carnot et Garnier-Pagès qui obtinrent une majorité considérable sur les candidats du Gouvernement.

La discussion du budget ramena celle des affaires du Mexique. M. Berryer s'étonna de voir figurer comme ressource budgétaire l'indemnité mexicaine de 170 millions sur lesquels un emprunt avait été contracté par une création de 18 millions 600 mille francs de rentes décrétée à Miramar. Les prospectus, dit l'orateur légitimiste, donnent à croire que la France et l'Angleterre garantissent cet emprunt vers lequel le gouvernement impérial attire les souscripteurs par des promesses alléchantes : intérêt de 10 pour cent, émission à 63 francs, et remboursement à 80 francs. M. Rouher entonne, aussitôt, sur la grandeur et sur le succès de l'entreprise un nouveau chant dithyrambique ; *il affirme* que les rentes mexicaines seront réalisées conformément aux prévisions du budget de 1865. Croyant en cette affirmation officielle qui ne tardera pas à se renouveler afin d'entraîner vers un deuxième emprunt le reste de leurs épargnes, les victimes des *bons mexicains* mordaient à l'hameçon tendu par le gouvernement de Napoléon III.

Le 13 mars, une réunion électorale motivée par la prochaine ouverture du scrutin dans les deux circonscriptions qui avaient à remplacer MM. Carnot et Favre s'était tenue chez M. Garnier-Pagès. Après l'avoir dissoute, la police alla fouiller les appartements de ceux qui y assistaient ; elle fractura les meubles de MM. Floquet, Carnot et Clamageran qui étaient absents, et ne respecta rien pas même les lettres de famille. C'est le 16 juin seulement que l'instruction judiciaire commença ; les inculpés étaient au nombre de trente-quatre. L'accusation fut abandonnée à l'égard de vingt et un et maintenue contre MM. Bory, Carnot, Clamageran, Corbon, Dréo, Durier, Ferry, Floquet, Garnier-Pagès, Hérisson, Hérold, Jozon et Melsheim. Le *Procès des Treize* fut jugé le 5 août. M. Jules Favre prit la parole le premier ; sa plaidoirie fut si complète et si brillante que M. Berryer, l'un des défenseurs, déclara que ni lui, ni ses collègues n'avaient rien à y ajouter. Le tribunal présidé par M. Dobignie qui avait dirigé les débats avec une excessive âpreté, condamna *les Treize* « chacun solidairement à 500 francs d'amende. »

Le 15 septembre, la France et l'Italie firent une convention ; elles s'engagèrent, — l'Italie à ne pas attaquer et à préserver de toute attaque le territoire actuel du Saint-Père, — et la France à retirer ses troupes des États pontificaux, dans un délai de deux ans, graduellement et à mesure que s'organiserait l'armée papale pouvant se recruter de catholiques étrangers. Cette convention devait être exécutoire dès que le roi d'Italie aurait déterminé l'endroit où la capitale du royaume serait transférée.

Le 28, les représentants ouvriers de plusieurs nations européennes se réunirent à Londres pour jeter les bases d'une association universelle des travailleurs. Un comité en rédigea les statuts, et, le 25 octobre, la *Société Internationale* des travailleurs était fondée.

Le 8 décembre, Pie IX se vengea de la convention du 15 septembre par la publication de l'encyclique *Quanta cura* suivie du fameux *Syllabus*. Des quatre-vingt-neuf anathèmes dont se compose ce résumé violent des doctrines de la Société de Jésus, il résulte que l'Église catholique dont l'indépendance est absolue et illimitée a le droit d'employer la force, — que toutes les autorités sont soumises à la sienne, — qu'il n'y a d'autre souveraineté que celle *dite* de droit divin, — que le Pape est le Roi des rois, l'arbitre souverain dans les différends qui s'élèvent entre les Rois et les Peuples, — que toutes les libertés doivent être supprimées, — que la philosophie n'existe pas puisqu'elle procède de la liberté de recherche et ne tient aucun compte de la révélation surnaturelle, que toute science ne s'accordant pas avec les miracles et les prophéties est un mensonge, — qu'il faut mettre le bâillon sur toutes les lèvres indépendantes, — qu'on ne peut émettre d'autres opinions que celles approuvées par les évêques auxquels appartient le droit exclusif de diriger l'éducation non-seulement dans leurs séminaires mais encore dans les écoles et dans les universités de l'État, — que tout mariage contracté uniquement devant un officier de l'état civil est nul et que, en dehors du sacrement de mariage, il n'y a que des concubinaires et des bâtards, — que la Société civile doit être abolie, — que la prédominance de l'Église sur l'État est indiscutable comme sa domination universelle sur les corps, les âmes et les esprits. Voici le couronnement donné par les jésuites à ce monument d'extravagance et de délire : « Anathème à ceux qui diront : *Le Pontife romain peut et doit se réconcilier et se mettre d'accord avec le progrès, le libéralisme et la civilisation moderne.* » On ne saurait avouer plus nettement que le catholicisme est la négation de toute liberté, l'ennemi juré du progrès et de la raison. Ce défi indigna la presse démocratique et la presse libérale ; s'il révolta les libres penseurs, les catholiques libéraux s'en attristèrent car il détruisait leur chimérique espoir d'une alliance entre le catholicisme et la liberté que Pie IX déclarait irréconciliables et incompatibles.

M. Baroche adressa aux évêques une circulaire prohibant la publication dans les mandements et l'impression de la première partie de l'encyclique « *parce qu'elle contient des propositions contraires aux principes sur lesquels repose la Constitution de la France.* » Les protestations épiscopales contre la circulaire ministérielle se succédèrent pendant les premiers mois de l'année 1865. — Les évêques de France, un seul excepté — celui de Montpellier, — déclarèrent arrogamment « qu'ils adhéraient, de toute leur âme, aux enseignements contenus dans l'encyclique, et qu'ils voulaient bien rendre à César ce qui est à César, mais après avoir rendu à Dieu ce qui est à Dieu. » Cela voulait dire : Nous ne reconnaissons d'autre autorité que celle du Pape. Les jésuites s'effrayèrent de l'irritation qui se propageait contre leur œuvre. Le vieillard du Vatican, dont ils ont brisé la volonté et dont l'esprit affaibli obéit à leurs ordres, écrivit sous leur dictée « *qu'on avait défiguré le sens de la doctrine syllabique.* » Peu à peu, les ultramontains reprirent courage et restituèrent au *Syllabus* son vrai sens qu'on n'avait *pas défiguré* mais que Mgr Dupanloup avait détorqué en le soumettant à de jésuitiques interprétations. Aujourd'hui, les papistes en sont venus à cet excès d'audace qu'ils disent au *Très-Saint-Père* : « Ah ! béni, mille fois béni soit le pontife qui a donné au monde le *Syllabus* dont le texte est si clair, » et qu'ils crient partout : « Eh ! bien, oui, c'est le *Syllabus*, nous le proclamons bien haut, que nous plaçons à la base de notre œuvre et où nous puisons les idées qui nous dirigent. » Et ils marchent à l'assaut de la société moderne. En même temps, les journaux religieux déclarent que « *le prêtre et le jésuite c'est tout un.* » Tous nos prêtres feraient donc partie de cette *Internationale noire* dont Ignace de Loyola est le fondateur? Le catholicisme jésuitisé est la négation du christianisme que, déjà, on avait dépouillé de son caractère en le dogmatisant.

Le premier nom inscrit sur le nécrologe de 1865 est celui de Proudhon. Cet écrivain populaire avait, comme penseur une grande puissance, comme controversiste une sécheresse hardie, comme critique une touche mâle. Se plaçant au point de vue abstrait, sa logique impitoyable ne ménageait rien ; semblable au scapel, elle disséquait impassiblement les personnes et les institutions ; elle mettait à nu les plaies sociales, crime impardonnable aux yeux de ceux qui ont intérêt à ne pas les guérir ; aussi, traduisaient-ils devant les tribunaux cette personnalité originale et gênante. Chaque condamnation nouvelle grandissait la popularité de Proudhon, ce qui ne lui déplaisait guère, car *son moi* le dominait. Il osa dire à Napoléon III : « Vous ne fonderez ni une dynastie ni rien de stable car votre situation et votre provenance sont contradictoires et s'excluent. Vous vous proclamez Empereur ; vous allez exagérer l'autorité, vous qui l'avez combattue à main armée ; vous allez faire de la compression et de l'arbitraire, vous qui avez tant prôné la liberté. Allez ! La Liberté n'a rien à craindre de vous ; vous ferez plus de mal au principe de l'autorité que tous les conspirateurs ensemble. » En 1858, son livre : *De la justice dans la Révolution et dans l'Église* fut saisi et supprimé. Condamné à trois ans de prison et à 4,000 francs d'amende pour outrage aux mœurs, Proudhon se réfugia en Belgique ; ce genre de délit ayant été exclu de l'amnistie générale, Proudhon écrivit : « *L'outrage aux mœurs* pour lequel j'ai été condamné n'est rien de plus que la publication d'un gros livre dans lequel j'ai cru prouver que l'Église n'entend rien à la morale et que, par son dogme, par sa casuistique et par son culte, elle la corrompt... J'aurais du plaisir, je l'avoue, à aller voir si la France est aussi jésuite et encapuchonnée qu'on le suppose ; oui, j'irais au risque de me voir condamner de nouveau pour *outrage aux mœurs*. » La vie de Proudhon était de la plus haute moralité ; il avait peu de besoins et conséquemment beaucoup d'indépendance. A-t-il comme ses disciples le croient, donné à la Révolution « sa formule définitive » ou bien, comme d'autres le pensent, l'a-t-il seulement soumise « à la discussion rationnelle en la dégageant des nuages du dogme et des mensonges de l'épopée ? » N'eût-il fait que cela, « il lui eût rendu un grand service, » dit un historien (1), et je suis de son avis. Le Gouvernement impérial permit que les funérailles civiles de Proudhon se fissent librement. Le 20 janvier, des écrivains et des ouvriers y assistèrent en grand nombre. MM. Langlois, Massot et Chaudey prononcèrent l'oraison funèbre de cet illustre citoyen.

Trois jours après, la mort frappa le colonel Charras, à Bâle où de nombreux républicains accoururent pour lui adresser

---

(1) Taxile Delord.

l'adieu suprême. Charras fut enterré civilement. C'était un loyal et vaillant soldat, un citoyen profondément dévoué à la cause démocratique, un écrivain d'une haute intelligence. Sa conscience droite s'appuyait sur une volonté ferme. Sa franchise de caractère s'alliait sagement à sa rigidité de principes. Il était de cette race d'hommes tout d'une pièce qui, s'il s'agissait pour eux d'aller, au péril de leur vie, remplir un devoir patriotique, répondraient à des amis qui chercheraient à les dissuader de partir, ce que, dans un cas pareil, répondit je ne sais plus quel grand citoyen de l'ancienne Rome : « Il est nécessaire que je parte ; il n'est pas nécessaire que je vive. » L'homme de Décembre le savait bien, car, sur un carnet-agenda, à la date où il apprit que son redoutable adversaire venait de succomber, le secrétaire de Sa Majesté, M. Conti, « qui tenait registre des paroles du maître, écrivit ceci : *Nouvelle de la mort du colonel Charras.* C'EST UN GRAND DÉBARRAS (1). » Quel plus bel éloge pourrais-je faire du proscrit dont le souvenir nous est si cher !

Le 10 mars, M. de Morny mourut « en rendant le sang par les oreilles et par les narines. » Ainsi rentra dans le néant ce personnage que l'adultère en avait tiré. Aux yeux de cet agioteur cynique, le crime du Deux-Décembre, qu'il fit réussir, « représentait une affaire. » L'égorgement de la loi et de ceux qui la défendaient n'était pour lui qu'un moyen d'arriver à ses fins : s'enrichir à tout prix et boire à grands traits dans la coupe des voluptés humaines. Comme s'il eût voulu proclamer l'inconduite de sa mère l'ex-reine Hortense, M. de Morny portait un *hortensia barré* dans ses armes, au milieu des huit fleurons de la couronne ducale que son frère utérin lui avait donnée. L'État paya ses funérailles, et sur sa tombe, M. Rouher prit la parole. La décence s'opposant à ce qu'il parlât *des vertus* du défunt, le ministre d'État fit l'apologie du guet-apens de Décembre

(1) Papiers des Tuileries.

et célébra le courage déployé, pendant la perpétration de cet attentat, par l'homme qui *s'était mis du côté du manche*. L'année suivante, quand vint l'anniversaire de cette mort, la tombe de l'associé de Jecker ne reçut aucune visite ; pas une fleur n'y fut déposée. Tant il est vrai que les offenses à la morale publique ont des limites devant lesquelles s'arrêtent les plus audacieuses impudeurs. Pour en finir avec cet homme que l'Histoire a traîné aux gémonies, donnons, pour épitaphe, à son tombeau délaissé par ses adulateurs d'autrefois et par ses complices eux-mêmes cet extrait d'une lettre de Jecker à M. Conti, chef du cabinet de Napoléon III : « Je m'adresse à vous de préférence au sujet d'une affaire *qui regarde particulièrement l'Empereur*. J'AVAIS POUR ASSOCIÉ DANS CETTE AFFAIRE M. DE MORNY *qui s'était engagé, moyennant 30 pour cent de bénéfices* à la faire respecter et payer par le gouvernement mexicain. Aussitôt que cet arrangement fut conclu, je fus parfaitement soutenu par le gouvernement français et par sa légation au Mexique. Sous l'empire de Maximilien et *aux instances du gouvernement français* je parvins, *aidé des agents français*, à faire une transaction avec le gouvernement mexicain. A la même époque, M. de Morny vint à mourir, et *la protection éclatante* que le gouvernement français m'avait accordée cessa complétement. »

Les causes primordiales et décisives de l'aventure mexicaine ne sauraient être mieux dévoilées. Sur les sommes reçues par Jecker, M. de Morny avait dû prélever sa part. Il ne restait que 10 millions à payer ; mais, le noble duc étant mort, et ne pouvant, conséquemment, opérer sur ce solde son prélèvement de 3 millions de francs, Napoléon III retira *sa protection éclatante* à l'usurier suisse qu'il avait naturalisé Français pour avoir le droit de s'immiscer dans cette sale affaire dont un *ultimatum* qui scandalisa les plénipotentiaires de la Soledad exigeait le règlement.

Le 15 avril, quelques émissaires des Sudistes vaincus assassinèrent, à Wasinghton, le président Lincoln. Cet assassinat émut profondément l'Europe; à Paris, l'émotion fut très-vive. Quinze cents étudiants rédigèrent une adresse à la nation américaine; ils l'apportaient silencieusement au ministre des États-Unis; arrivés au Pont-neuf, ils trouvèrent des agents de police et des soldats qui s'opposèrent à cette manifestation pacifique. Plusieurs jeunes gens furent arrêtés. Les journaux démocratiques envoyèrent au président Johnson, successeur de Lincoln, une lettre dans laquelle ils exprimaient, — comme les étudiants, le faisaient dans leur adresse, — « leurs sympathies pour la cause de l'Union, pour l'abolition de l'esclavage et pour la victime vénérée de ses convictions politiques et sociales. »

La session législative s'était ouverte le 15 février. Faisons une courte exception à notre oubli volontaire des séances que tient annuellement le Sénat. M. Rouland protesta contre le *Syllabus* : « Il faut, dit-il, défendre les lois fondamentales de la nation et soulever les voiles qui, depuis douze ans, couvrent les desseins du parti ultramontain. » L'orateur montra l'Ultramontanisme s'emparant de l'enseignement, soufflant partout l'esprit de résistance, étendant démesurément les ordres religieux qui s'introduisent dans les familles poussés par un dangereux esprit de prosélytisme et qui existent en violation des lois : « Le moment est venu, s'écria l'ancien ministre des cultes, de mettre un terme aux empiètements du parti ultramontain. Le clergé tourne à l'ultramontanisme, le gouvernement des diocèses est transporté à Rome; le Concordat est violé tous les jours. » Ce discours sembla impressionner le Sénat. Le cardinal Bonnechose y répondit sur un ton arrogant et s'efforça de déguiser le sens du *Syllabus*. Mgr Darboy affirma l'autorité du pouvoir civil. La question du Mexique s'étant agitée, le maréchal Forey vanta *la sagesse et le libéralisme* de Maximilien, — nous verrons ce qu'était ce libéralisme, — et il certifia que « Dieu, ayant inspiré l'Empereur quand il s'arma de l'épée de la France pour rétablir l'ordre au Mexique, n'abandonnerait pas ce beau pays. » Dieu ne tardera pas à démentir le maréchal Forey. Le dernier mot de la session sénatoriale fut prononcé par M. de Boissy. Le baron Dupin réclamait le droit de discuter le budget ; M. Troplong dit que ce serait saper les bases de la Constitution : « Coupez-nous la langue, ou laissez-nous parler, » répondit M. de Boissy. Et les sénateurs se séparèrent en criant : *Vive l'Empereur !*

La majorité du Corps législatif élut, pour secrétaire, M. Darimon défectionnaire comme M. Ollivier. M. Schneider occupait le fauteuil présidentiel. Pendant la discussion de l'adresse, M. d'Havrincourt ayant dit que le Deux-Décembre sauva la France, M. Picard s'écria : « *Le Deux-Décembre est un crime.* » Les vociférations de la majorité ne purent contraindre M. Picard à retirer ces paroles que le *Moniteur* ne reproduisit pas. M. Émile Ollivier émit la prétention de conclure une alliance durable entre la démocratie et la liberté par la *main d'un pouvoir fort et national* : « Mon vote en faveur de l'adresse, ajouta-t-il, sera un *vote d'espérance.* » Quelques jours après cet acte décisif de sa trahison, M. Émile Ollivier recevait le cadeau que lui avait ménagé M. de Morny, — sa nomination de conseiller judiciaire du vice-roi d'Égypte aux appointements de 30,000 francs, et le barreau de Paris le rayait du tableau des avocats.

Le groupe de la gauche réduit à quinze membres par la double défection de MM. Darimon et Ollivier persista dans la revendication des libertés confisquées. MM. Jules Simon, Magnin, Carnot et Jules Favre prennent successivement la parole. M. Corta, qui arrive du Mexique, appuie un nouvel appel au crédit en faveur de Maximilien ; il conte merveilles à la majorité qui l'applaudit. MM. Jules Favre et Picard ôtent à la vérité le fard dont M. Corta l'a couverte. Chauffant, de nouveau, le succès du deuxième emprunt mexicain, M. Rouher s'assouvit de l'hyperbole et termine en ces termes ses réclames laudatives : « J'ai dit et je répète que l'expédition du Mexique est *la plus belle pensée du règne* et qu'elle a conquis à la civilisation un grand pays. Les renseignements fournis par M. Corta ont fixé la Chambre *de la manière la plus précise* sur les ressources du Mexique. *Maximilien offre à ses prêteurs les plus solides garanties. L'armée française ne reviendra sur nos rivages que son œuvre accomplie et triomphante de toutes les résistances.* » Et il proféra ce mensonge impudent : «,Des explications échangées entre le gouvernement français et celui des États-Unis, il n'est résulté *que des choses favorables à l'empire mexicain.* » Or, dès le 7 avril 1864, M. Seward, ministre des affaires étrangères à Wasinghton, faisait remettre au cabinet des Tuileries « copie d'une résolution prise à l'unanimité par la Chambre des représentants *affirmant l'opposition de ce Corps à la reconnaissance d'une monarchie au Mexique*, résolution qui traduit le sentiment unanime du peuple des États-Unis. » Bientôt, le président de la République américaine haussera le ton.

MM. Thiers et Garnier-Pagès blamèrent l'exagération des dépenses et proposèrent sur les budgets de la marine et de la guerre des réductions qu'on opèrerait en rappelant nos troupes du Mexique et de Rome. Les embarras de la situation financière ne font qu'augmenter ; la rentrée des 25 millions de l'annuité mexicaine est douteuse ; le Mexique recourt, une deuxième fois, à un emprunt très-onéreux. Jules Favre dit que « à l'intérêt de neuf et demi pour cent est ajouté l'appât de lots de 500,000 francs, qu'il sent la rougeur lui monter au front en songeant que la France a estampillé la négociation d'un emprunt immoral et s'adressant à l'avidité ignorante des pauvres. » M. Rouher se jette dans des divagations au milieu desquelles il couvre d'inadmissibles excuses l'intervention du gouvernement français qui a transformé en bureaux de vente des bons mexicains les recettes générales, les recettes particulières et les perceptions : « On s'adressait à l'épargne publique et on lui dressait un guet-apens aussi immoral qu'imprudent.

C'est à qui inventerait les promesses les plus exagérées, les perspectives les plus séduisantes pour multiplier les dupes. Les ruines que les bons mexicains semèrent sur toute la surface de la France furent particulièrement sensibles aux petites bourses (1). » Après avoir blâmé les pompeuses déclarations de nos ministres chargés d'entraîner les crédules souscripteurs vers les deux emprunts mexicains, M. de Kératry signale ce fait caractéristique : « Quoique ces emprunts eussent été chaudement recommandés au Mexique, *pas une famille du pays, pas une maison de commerce* ne voulut y souscrire ; en un mot, pas une seule obligation n'a pu être placée même parmi les impérialistes (2). »

Au moment où la session allait se clore, le gouvernement demanda, pour la construction d'un nouvel hôtel des postes, un crédit de six millions qui fut rejeté. Craignant que ses demandes faites à la Chambre d'autoriser la vente d'une partie des forêts de l'État et de contracter un emprunt destiné à des travaux public n'éprouvassent le même échec, le gouvernement les retira.

On ne percera jamais tous les mystères d'iniquité qui, sous le règne de Napoléon III, se renfermèrent dans l'ombre ; en voici un qui y fut demeuré enseveli si un ministre d'État eût vécu quelques mois de plus. Avant de se rallier à l'Empire, M. Billault posa, dans la Haute-Vienne, sa candidature qu'appuyait un avocat de Limoges, ancien magistrat, nommé Léon Sandon. M. Billault lui avait adressé des lettres dans lesquelles il traitait de Turc à More les auteurs et les complices du coup d'État. Après sa défection, il voulut retirer des mains où elle se trouvait cette correspondance dangereuse ; ses tentatives, malgré les offres et les promesses dont il les entourait, échouèrent ; on eut l'idée d'un vol préparé par la ruse : un ami de M. Sandon fut gagné. Cet individu obtint de l'honnête avocat limousin

---

(1) *Le dernier des Napoléons.*
(2) *L'élévation et la chute de Maximilien*, p. 115, note.

qu'il lui confiât ces lettres jusqu'au soir, et il se hâta de les livrer à M. Billault. Tel est le prologue du drame qui va se dérouler. M. Sandon fait assigner le voleur : c'est le volé qu'on emprisonne. On lui offre la liberté s'il retire son assignation ; il y consent. Dès qu'il est libre, il fait une nouvelle démarche judiciaire, et on l'encellule à Mazas. Un juge d'instruction, la menace à la bouche, lui arrache une déclaration démentant son accusation ; le lendemain, des agents de police le conduisent à la gare du Nord, et le chef de la police de sûreté lui annonce « les plus terribles vengeances » si on le revoit à Paris ; seize fois, il y revient et seize fois on l'emprisonne ; il se retire dans son pays d'où il demande au Sénat l'autorisation de poursuivre M. Billault ; il adresse, en même temps, une requête au conseil d'État. Aussitôt, des estafiers partent, et, bientôt, ramènent M. Sandon à Mazas. Un jour, quatre médecins entrent dans sa cellule ; ils l'interrogent pour la forme et, sur leur rapport, — le malheureux avocat est enfermé à Charenton comme atteint « de monomanie raisonneuse. » Le sénateur Tourangin, rapporteur de la pétition de M. Sandon, diffama la victime que M. Billault et les agents du gouvernement impérial torturaient. A la lecture de cet odieux rapport qu'on publia, la vieille mère de M. Sandon fut saisie d'une douleur qui la tua. Pendant dix-huit mois, on soumit cet honnête homme au traitement des fous parmi lesquels il vivait. Quand M. Billault mourut, on le rendit à la liberté. Le 9 mai 1865, il demandait aux quatre médecins complices de l'ex-ministre de Napoléon III réparation des dommages qu'ils lui avaient causés en le déclarant fou ; il prouva qu'il jouissait de toute la plénitude de sa raison, car il raconta, lui-même, aux juges cette lamentable histoire d'une manière si émouvante que l'auditoire en frissonnait ; pour éviter l'immense effet qu'elle aurait produit partout, le président du tribunal interdit la publicité des débats. M. Persigny écrivit au chef du cabinet

de l'Empereur : « *Voici une affaire grave qu'il importe d'étouffer. La conduite de M. Billault a été inouïe ; l'homme qui a été victime à ce point* est près de se laisser entraîner dans les mains des partis. Nous pourrions avoir un scandale affreux. IL Y A LA UNE INIQUITÉ ÉPOUVANTABLE ; il faut la réparer (1). »
Le prince Napoléon appuya verbalement la lettre de M. de Persigny, et le gouvernement impérial qui avait protégé cette *iniquité épouvantable* accorda une indemnité de 10,000 fr. à M. Sandon. Voilà ce qui se passait, sous le second empire !

L'Empereur qui avait quitté Paris, le 29 août, débarqua, le 3 mai, à Alger. Il adressa aux Arabes une proclamation ; il leur promettait « une augmentation de bien-être et une participation plus grande à l'administration du pays. » Se ressouvenant que les évêques l'avaient surnommé *l'élu de Dieu,* et que Napoléon Ier avait cité aux Arabes égyptiens « le saint livre du Coran, dans lequel il leur était annoncé, » Napoléon III disait aux Arabes algériens : « *Reconnaissez avec le Coran que celui que Dieu dirige est bien dirigé.* » Il créa un archevêché à Alger et un évêché dans chacune des provinces de l'Est et de l'Ouest. Cette exagération d'un culte auquel la très-grande majorité des habitants était étrangère ou indifférente produisit un détestable effet et excita la clergé catholique à des tentatives de prosélytisme si hardies qu'elles suscitèrent un conflit entre le maréchal de Mac-Mahon et monseigneur Lavigerie. Au nom de la liberté de conscience et pour éviter que la paix de la colonie fût troublée, le gouverneur général réclama contre le zèle convertisseur de l'évêque.

On avait espéré de ce voyage ce qu'il ne donna pas. Le programme des réformes et des améliorations annoncées par l'Empereur ne satisfit pas l'Algérie aux droits politiques de laquelle aucune garantie n'était ajoutée et dont les insti-

---

(1) *Papiers et correspondances de la famille impériale*, t. I, p. 35 et 37.

tutions civiles ne recevaient aucun développement. L'Empereur rentrait à Paris, le 10 juin.

Le 25, M. Girot-Pouzol, candidat de l'opposition, fut élu dans le Puy-de-Dôme, en remplacement de M. de Morny, malgré les efforts désespérés du gouvernement en faveur de la candidature d'un ancien préfet de ce département; on avait déclaré qu'il s'agissait « de se prononcer pour ou contre l'Empereur; » les électeurs se prononcèrent contre lui.

Le général Lamoricière, saint-simonien en 1840, républicain en 1848, mourut, le 12 septembre, un crucifix à la main, dans son château où, depuis sa défaite à Castelfidardo, il vivait fort retiré. Les évêques prononcèrent, dans leurs cathédrales, des oraisons funèbres en l'honneur de l'ex-général en chef de l'armée pontificale.

M. de Bismark cherchait dans l'affaire des duchés un motif de querelle qui lui permît d'expulser l'Autriche de l'Allemagne. Les hostilités étaient imminentes. Mais, la Prusse voulant s'assurer de la conduite que tiendrait Napoléon III avant de s'engager dans la guerre qu'elle préméditait, une convention qu'elle imagina pour atermoyer régla ainsi, le 14 août, à Gastein, la question en litige : Le Sleswig est *acquis* à la Prusse, et le Holstein est *confié* à l'Autriche. Le 30 septembre, M. de Bismark, prétextant d'un voyage d'agrément, quitte Berlin et va passer quelques semaines à Biarritz auprès du *pauvre Sire* qu'il veut engluer. Il insinue qu'une entente entre la France et la Prusse serait féconde en avantages pour les deux pays. L'astuce mielleuse de M. de Bismark est aux prises avec l'indécision rêveuse de son interlocuteur ; le « méphistophélès prussien » se fait simple, insinuant, flatteur ; son insistance accompagnée de témoignages affectueux, ses obsessions pleines d'amabilité aboutissent au succès espéré. Napoléon III n'a dit ni oui ni non, mais, « jouant au Machiavel » et se promettant de tirer profit d'une guerre entre la Prusse et l'Autriche, de quelque côté que la victoire penche, il a déclaré qu'il ne s'en mêlerait pas. M. de Bismark quitta Biarritz, le 7 novembre ; il avait obtenu ce qu'il voulait : la neutralité de la France.

Invités par leurs collègues de l'Université de Liége à venir discuter avec eux un programme relatif à la liberté de l'enseignement et des diverses méthodes qui lui sont applicables, des étudiants de France, d'Allemagne, de Suisse, de Norvége et de Portugal se réunirent en congrès, le 29 octobre ; leur nombre s'élevait à près de mille. Se laissant entraîner hors du programme tracé, quelques-uns des ces jeunes gens arbordèrent la question politique et la question religieuse. Contre certaines paroles échappées à l'improvisation de ces orateurs inexpérimentés un *tolle* ultramontain s'éleva : les bonapartistes se mirent de la partie ; ils reprochaient surtout à nos étudiants leur entrée dans Liége avec un drapeau noir, « le seul, disaient ces jeunes gens, qui convînt à la France en deuil de ses libertés. » Le Conseil académique exclut à perpétuité de l'académie de Paris MM. Aristide Rey, Lafargue, Jaclard, Casse, Losson, Regnard et Bigourdan. Le conseil impérial de l'instruction publique auquel ils appelèrent de cette décision aggrava la pénalité infligée aux six premiers en les bannissant, pour deux ans, de toutes les académies de l'empire et réduisit à deux ans l'exclusion de M. Bigourdan de l'académie de Paris.

La mort continuait à frapper des hommes célèbres à des titres différents. Après lord Palmerston, ce fut le tour de M. Dupin aîné qui était le prototype du caméléon politique. Peureux comme un lièvre, épineux comme le hérisson, il n'épargnait à pas un le sarcasme qu'affilait avec un art perfide sa langue de serpent. A un bon mot il aurait sacrifié vingt amis s'il les avait eus, mais il était d'un naturel à n'en pas avoir. Timon lui consacra ce coup de pinceau magistral : « Mou, inconstant et presque lâche dans les causes politiques, *mais* dans les causes civiles ferme, progressif, impartial et digne. » Ce *mais* est un éloge que, peut-être, n'ont pas mérité tous les magistrats. Ne s'en est-il jamais vu qui, ayant à se prononcer dans une cause civile où les intérêts d'un adversaire politique se trouvaient en jeu, aient manqué d'impartialité ? M. Dupin avait un autre bon côté : connaissant à fond la société de Jésus, « dont les dangers, disait-il, sont écrits dans l'histoire en caractères ineffaçables, » il la combattait avec toute l'ardeur de son gallicanisme qui ne transigeait pas. En 1845, du haut de la tribune, il la flétrit en ces termes : « La restauration des jésuites est une peste publique ; il y a violation flagrante de la loi. Il faut appliquer la loi. » Si M. Dupin fut un politique inconsistant, rien n'ébranla sa constance dans la juste haine que les jésuites et les loups-cerviers lui inspiraient.

La tombe s'ouvrit, le 10 décembre, pour Léopold Ier roi des Belges. « Oiseau rare sur la terre, » ce monarque se conduisit en honnête homme, ne se joua pas de son serment, respecta une Constitution très-libérale, suivit le courant de l'opinion publique et ne trahit aucun des devoirs incombant à un souverain constitutionnel. Il avait acquis une haute réputation de prévoyance et de sagesse ; ces deux qualités lui défaillirent le jour où, se laissant aveugler par sa tendresse paternelle, il partagea les éblouissantes illusions que donnaient à sa fille Charlotte, épouse de Maximilien, les scintillements d'une couronne impériale. La mort lui épargna la douleur de voir le lugubre dénouement de l'aventure mexicaine dont je vais reprendre le récit où nous l'avons laissé.

Le 28 mai 1864, Maximilien et sa femme débarquèrent à Vera-Cruz. On n'avait pu recueillir que 350,000 adhésions à l'empire ; il y a plus de sept millions d'habitants au Mexique ! Aussi, l'archiduc autrichien, avant d'accepter le *sceptre d'or*, avait-il eu de longues hésitations dont triomphèrent les efforts réunis de sa femme, de Napoléon III et des royalistes mexicains. Les tentateurs eurent deux auxiliaires puissants : l'orgueil et l'ambition de Maximilien qui, depuis douze ans, « songeait combien il devait être agréable de voir les têtes se courber devant la majesté de celui qui laisse tomber son regard sur tous les autres et de se sentir le premier comme le soleil dans le firmament (1). » Une légion belge et une légion autrichienne étaient allées grossir le nombre des envahisseurs. Les deux souverains ne firent que traverser Vera-Cruz où le choléra sévissait et où ils reçurent un froid accueil. Leur entrée à Mexico fut suivie de fêtes officielles. Les beaux songes ne tardèrent pas à s'évanouir devant la réalité. De l'emprunt de 201 millions six cent mille francs, à peine restait-il une trentaine de millions au Trésor que grevaient des charges énormes. Avec sa contre-guerilla, le colonel Dupin commettait des actes de cruauté qui exaspéraient la nation. Il fit pendre cinq prisonniers de guerre aux réverbères de la grande place de Tampico ; il menaça de *réduire en cendres le bourg d'Ozuluama et les fermes environnantes*, si on ne lui apportait pas un certain nombre de fusils et une certaine quantité de munitions dont, suivant ses renseignements des gardes nationaux devaient faire usage contre des soldats français. Le 10 juillet 1864, une de ces proclamations considérait comme un bandit qui serait fusillé sur-le-champ tout individu prenant les armes sans autorisation. Bazaine, de son côté, publiait ce *bando* dans la gazette officielle : « Tout chef pris les armes à la main sera fusillé séance tenante. » Le Trésor étant à sec, Maximilien envoya des agents à Paris afin d'y contracter son deuxième emprunt qui éleva la charge imposée au Mexique par le nouvel empereur à 765 millions.

---

(1) Maximilien. *Souvenirs de ma vie*, 1851.

Les républicains réoccupaient les villes et les villages dès que les envahisseurs en sortaient : « Le pays ne paraissait tranquille que là où l'armée d'intervention se trouvait en force, et pas une seule province n'était entièrement pacifiée (1). » Bazaine, devenu maréchal de France, soumettait tout à l'autorité française. En avril 1865, il traduisait sept journalistes devant un conseil de guerre. On condamnait à la prison les Mexicains refusant les fonctions publiques dont les investissaient des décrets de nos généraux. Les zouaves ayant pillé une ville de l'État de Puebla, un Espagnol se plaint que sa maison, quoique étant protégée par le drapeau de l'Espagne, ait été mise à sac ; Bazaine lui répond : » Les armées agissant au nom d'un gouvernement ne sont pas responsables de leurs faits. Adressez-vous donc au gouvernement. » Le maréchal avait l'esprit trop préoccupé d'un autre objet pour prêter attention à celui-là : il se mariait avec une jolie Mexicaine, et Maximilien, disposant sans façon des propriétés de la nation, *donnait* à la maréchale « le palais de Buenavista y compris les jardins et le mobilier. »

Le 30 *octobre* 1865, — il faut retenir cette date car nous aurons à la rapprocher d'une autre pour justifier des représailles, — l'empereur Maximilien Ier rendit ce décret *qu'il avait écrit de sa propre main* : « Tous les individus faisant partie de bandes ou rassemblements armés sans autorisation légale, qu'elles proclament ou non un prétexte politique, quel que soit d'ailleurs le nombre de ceux qui forment la bande, seront jugés militairement par les cours martiales. S'ils sont déclarés coupables *lors même que ce ne serait que du seul fait d'appartenir à une bande armée, ils seront condamnés à la peine capitale et la sentence sera exécutée dans les vingt-quatre heures.* » Ce décret édicte la même peine contre « les indi-

(1) Lettres du colonel Boissonnet au général Frossard (Papiers des Tuileries).

vidus qui auraient donné des secours aux *guerilleros* ou entretenu des relations avec eux, » *et il refuse le bénéfice du recours en grâce aux condamnés à mort.* » Le maréchal Forey n'avait-il pas raison d'exalter le caractère chevaleresque et le libéralisme de Maximilien?

Aussitôt, Bazaine adressa aux chefs militaires une circulaire pour les aviser que tous ces *bandits* de républicains et leurs chefs étaient hors la loi *de par le décret du 3 octobre* 1865 : « Je vous invite donc, disait-il, à faire savoir aux troupes sous vos ordres *que je n'admets pas qu'on fasse des prisonniers. Tout individu, quel qu'il soit, sera mis à mort. Aucun échange de prisonniers ne sera fait à l'avenir.* » Voulant dérober à l'histoire cette circulaire exécrable, il recommandait de ne pas la copier sur les livres d'ordre et d'en donner simplement connaissance aux officiers.

Les effets du décret et de la circulaire furent prompts. De nombreuses exécutions ensanglantèrent le Mexique. Le gouvernement des États-Unis s'en indigna; le 28 octobre, il chargea son représentant à Paris « d'appeler l'attention sérieuse du gouvernement impérial *sur la sensation pénible que la politique sanguinaire employée* au Mexique cause aux États-Unis. »

La situation du Mexique est belle à la fin de 1865! *La politique sanguinaire* de Maximilien rallume la guerre civile partout; l'épuisement du Trésor public est complet; les rivalités et les jalousies désunissent les officiers autrichiens, belges, mexicains et français; ces derniers accusent Bazaine « de tromper la crédulité de l'Empereur et de faire d'énormes mensonges pour élever sa fortune personnelle (1). »

Le 6 décembre, une note partie de Washington vint exposer au gouvernement de Napoléon III, « *à propos du Mexique, les vues de la politique des États-Unis concernant le*

---

(1) Lettres du général F. C. D. (Papiers des Tuileries).

continent américain. » C'était une première sommation.

Pendant les années 1864 et 1865, l'*Union de l'Ouest* fut suspendue deux fois, trente-six avertissements furent lancés à vingt-sept journaux ; l'*Indépendant de la Charente-Inférieure* en reçut un *pour avoir émis des doutes sur le succès de l'expédition du Mexique !*

CHAPITRE X

1866

Optimisme trompeur. — Session de 1866. — Mot lugubre de M. Troplong; M. de Boissy; le maréchal Forey. — Corps législatif. — Discours de MM. Glais-Bizoin, Garnier-Pagès, Jules Favre, Guéroult; les Quarante-Cinq et M. Ollivier. — Discours de MM. Pelletan, Jules Simon, Thiers et Jules Favre. — L'hégémonie de la Prusse. — Traité d'alliance entre la Prusse et l'Italie; elles déclarent la guerre à l'Autriche. — Forces des armées belligérantes. — Custozza. — Nachob. — Sadowa. — Cession de la Vénétie à l'Italie. — Armistice et préliminaires de paix. — Faute et illusions de Napoléon III. — Traité de Prague. — La dupe de M. de Bismark. — Un sénatus-consulte oppresseur; tapage au Sénat. — Mort de Ferdinand Flocon. — Le Mexique ; sommations du gouvernement de Washington à Napoléon III ; déplorable situation de l'entreprise mexicaine. — L'impératrice Charlotte à Saint-Cloud. — Extravagances de Maximilien; il quitte Mexico pour s'embarquer à Vera-Cruz ; il retourne à Mexico en arborant le drapeau clérical. — Démoralisation de l'armée française; accusations portées contre Bazaine. — L'audace avec laquelle on trompait la France. — Suppression du *Courrier du Dimanche*. — La légion d'Antibes ; l'évacuation de Rome ; colère des évêques. — *La Vie de César* et les adulateurs ; le cheval de Caligula et l'âne de l'Impératrice.

Dans le discours d'ouverture de la session de 1866, Napoléon III prodigua les paillettes d'un optimisme trompeur : « La paix, disait-il, est partout assurée. Au Mexique, le gouvernement *fondé par la volonté du Peuple se consolide;* les dissidents vaincus n'ont plus de chefs; le pays a trouvé des garanties d'ordre et de sécurité *qui ont développé* ses ressources et son commerce. Je m'entends avec l'empereur Maximilien pour fixer l'époque du rappel de nos troupes. » Autant de mots, autant de mensonges.

En prononçant l'oraison funèbre des sénateurs décédés en 1865, M. Troplong constata que la mort avait déjà ravi 116 membres au Sénat : « Aucun de nous, ajouta-t-il, ne peut se flatter qu'il n'ira pas, ce soir, souper chez les morts. »

Sur tous les bancs, des visages grimacèrent. M. de Boissy demanda le retour aux usages parlementaires ; les sénateurs poussèrent des grognements et M. Troplong accusa l'orateur de violer la Constitution. — « Je croyais, pourtant, la Constitution perfectible, répliqua le marquis ; elle ne l'est pas ? fort bien ! C'est comme si vous la condamniez au tombeau ; nous y descendrons tous, alors ; nous irons souper chez les morts. » Les sénateurs s'indignent et l'orateur s'écrie : « On trompe l'Empereur par le silence et la flatterie » A propos de l'intrigue mexicaine, le maréchal Forey fit, d'un ton solennel, cette déclaration : « Il faut bien mal connaître le Mexique pour admettre, un seul instant, qu'il préférât la forme républicaine à la forme monarchique et que la nation mexicaine ne fût pas unanime en faveur de l'empire. » Quel aveuglement ou quelle impudence ! — Les cardinaux et les cléricaux du Sénat attaquèrent l'Italie que, seul, M. Bonjean défendit ; il se prononça contre le pouvoir temporel.

M. Walewski préside le Corps législatif. M. Glais-Bizoin critique, avec raison, la politique du gouvernement au dedans et au dehors ; M. Rouher lui jette cette injure : « C'est de la pasquinade ! » Les vociférateurs de la majorité applaudissent ; au milieu du bruit qu'ils font, M. Glais-Bizoin parvient à faire entendre ces paroles : « Le régime parlementaire nous avait donné la liberté à laquelle vous voudriez substituer les mœurs basses et serviles du premier empire ; mais, vous n'y réussirez pas. Quant aux injures du ministre d'État, je les repousse avec le plus suprême dédain. »

M. Garnier Pagès résuma savamment la longue et cruelle lutte de l'Italie et de la Papauté. — Dans un style plein de mouvements oratoires, M. Jules Favre traita la question romaine. M. Guéroult combattit vivement le pouvoir temporel. Dix-sept députés présentèrent et votèrent, seuls, un amendement qui réclamait toutes les libertés supprimées; le duc de Marmier s'était joint aux députés républicains dont le nombre venait d'être porté à seize par l'élection de M. Girot-Pouzol.

Quarante-cinq membres de la majorité s'en détachèrent pour former un tiers-parti dont M. Buffet était le chef. Dans un amendement fort anodin, ils exprimèrent le désir qu'on accordât « à la France *fermement attachée* à la dynastie qui lui garantit l'ordre, la liberté qu'elle considère comme nécessaire à l'accomplissement de ses destinées. » Cet amendement eut M. Buffet pour défenseur. M. Émile Ollivier prit la parole en faveur « du groupe *qui veut unir les intérêts de la dynastie et de la liberté,* » et il sollicita des Quarante-Cinq « la permission de sortir de sa situation isolée et de se mettre au milieu d'eux. » L'amendement réunit soixante-trois voix.

M. Pelletan plaida brillamment la cause des journalistes auxquels il faut, pour lutter contre la législature de 1852, « une abnégation et un courage dont on ne se doute pas. » Privés de la liberté, le théâtre et la littérature s'avilissent, dit l'orateur; l'un est non-seulement la débauche de l'esprit mais encore celle du regard; l'autre dégénère en licence de boudoir et d'alcôve : « La société actuelle, s'écrie-t-il, n'a qu'un but, le plaisir. Les classes élevées donnent l'exemple de la dépravation. Des modes sans réticence témoignent du relâchement des mœurs et du goût. Les chanteurs et les chanteuses de cabaret font les délices des dilettanti des salons. » Ce tableau n'était pas chargé; de bien s'en faut. On en jugera quand les exigences de mon récit nous ramèneneront au milieu des miasmes qui, engendrés par la Cour du second empire, contagiaient toutes les classes de la société.

Avec cet art accompli qu'il sait mettre dans un langage dont le charme rend attentifs ses adversaires les plus résolus, M. Jules Simon déplora aussi « la décadence des arts coïncidant avec celle des mœurs, » et demanda qu'on limitât à la somme de 100 millions de francs les bons que la caisse des travaux publics de Paris serait autorisée à émettre pendant l'année 1867 ; il se plaignit de l'emploi que M. Haussmann faisait des fonds du dernier emprunt. Le nécessaire est sacrifié à l'agréable. De magnifiques jardins sont créés dans les deux arrondissements qui manquent le plus d'éclairage, d'air, d'eau et surtout d'écoles ; « sur 62 millions dépensés là 780,000 francs seulement ont été consacrés aux établissements scolaires. »

Jamais la finesse de réflexions, le rapide enfantement de la pensée, la lucidité d'idées et la dextérité de langage qui constituaient le talent de M. Thiers ne se manifestèrent avec plus d'éclat que dans son mémorable exposé de la question allemande. Après avoir flétri l'égorgement du Danemark, le clairvoyant orateur signala les dangers qui nous menaceraient si on ne défendait pas contre la Prusse le maintien de l'état actuel de l'Allemagne ou, tout au moins, le principe de l'union d'un nombre déterminé d'États indépendants par un lien fédératif : « Consentir à l'unité allemande, dit-il, au prix même d'une augmentation de territoire, c'est consentir à l'abaissement de la France. Il faut donc s'y opposer au nom de l'intérêt français et de l'équilibre européen. Le moment est venu de sortir de la neutralité et de prévenir courtoisement mais nettement la Prusse que la France ne s'associe pas à sa politique. »

La Chambre applaudit à ce patriotique discours dont l'Empereur, à l'esprit duquel la prévoyance manqua toujours, crut se venger en disant, quelques jours plus tard, dans sa réponse à une allocution du maire d'Auxerre : « Je déteste ces traités de 1815 dont on veut faire, aujourd'hui, l'unique base de notre politique extérieure. »

Le 3 juin, M. Jules Favre décrivit la déplorable situation du Mexique. M. Jérôme David ne craignit pas de dire : « Les conditions dans lesquelles se trouve Maximilien ne peuvent être plus favorables à la conservation de son pouvoir. » Or, nous le verrons dans un instant, ce pouvoir s'écroulait. Tous les regards se fixèrent sur M. Rouher qui resta muet.

Cependant, M. de Bismark a tout préparé pour en finir avec les prétentions de l'Autriche à l'hégémonie de l'Allemagne qu'il veut assurer à la Prusse. François-Joseph, que Guillaume venait d'embrasser à Gastein, entrevit les desseins de M. de Bismark et commença ses préparatifs de défense ; le chef du cabinet de Berlin lui en fit un crime ; il accusa l'Autriche de manquer à ses engagements et de menacer avec des forces considérables la frontière prussienne. « La Prusse, ajoutait-il, ne pouvant compter sur l'alliance avec l'Autriche est obligée de chercher ses alliés dans une Allemagne profondément réformée dans son organisation civile et militaire (1). » Tandis que M. de Moltke mobilisait l'armée, M. de Bismark, encouragé par les lettres de M. Drouyn de Lhuys, nouait une alliance avec l'Italie « que nous ne voulons pas, disait le ministre de Napoléon III, détourner des combinaisons qu'il lui appartient d'apprécier ; nous ne devons apporter aucun obstacle à l'accomplissement de ses destinées. » Dans une autre lettre confidentielle, M. Drouyn de Lhuys confirmait la neutralité de la France, « bien que le cabinet de Vienne nous ait fait observer que notre neutralité était plus favorable pour la Prusse que pour l'Autriche. » Le 20 avril, un traité d'alliance offen.

(1) Circulaire du 24 mars 1866 adressée aux agents de la Prusse en Allemagne.

sive et défensive entre la Prusse et l'Italie fut signé. — Le 5 mai, le cabinet de Vienne offrit à celui de Florence la cession de la Vénétie s'il consentait à rester neutre. Lié par le traité du 20 avril, Victor-Emmanuel refusa loyalement cette offre qui était bien tentante pour lui.

Les trois puissances qui allaient en venir aux mains hâtaient leurs armements. Le 6 juin, la Prusse qui s'était, de longue main, préparée à cette guerre nommée par M. de Moltke « une nécessité historique, » avait réuni 250,000 hommes formant trois armées que, le 24, deux divisions d'infanterie et une division de cavalerie de la landwehr rejoignirent. Le roi, ayant M. de Moltke pour chef d'état-major, avait le commandement général de toutes ces forces composant « la grande armée prussienne de l'Est » dont l'artillerie consistait en 978 canons.

Les deux armées italiennes placées, l'une sous les ordres de Victor-Emmanuel, l'autre sous ceux du général Cialdini étaient fortes de 220,000 hommes, avec 460 canons. Le général Garibaldi, à la tête de 22,000 volontaires, en attendait, pour marcher sur le Tyrol, 18,000 autres venant du sud de l'Italie.

La grande armée autrichienne du Nord dont l'effectif, y compris 24,000 Saxons, était de 270,000 hommes, se divisait en sept corps disposant de 750 bouches à feu. La Bavière, le Hanovre, le Wurtemberg et les autres États secondaires alliés de l'Autriche, allaient mettre en ligne plus 100,000 combattants. En Italie, les soldats autrichiens étaient au nombre de 85,000, mais les garnisons des places fortes en exigeaient plus de la moitié ; l'armée d'opération commandée par l'archiduc Albert avait 170 canons.

Je ne dirai rien des opérations qu'exécutèrent ces trois armées, ni des fautes que, au point de vue de la tactique ou de la stratégie, leurs généraux purent commettre ; les conséquences de cette guerre si fatale à la France méritent, seules, notre attention.

Le 24 juin, une armée italienne, très-supérieure en nombre à celle de l'archiduc Albert fut défaite à Custozza. Les Autrichiens eurent 2,000 hommes tués ou blessés et les Italiens 1,500.

Le 27, le 5ᵉ corps de l'armée de Silésie, commandé par le général Steinmetz battit, à Nachod, trois brigades autrichiennes qui perdirent 225 officiers, 4,227 soldats, 7 canons et un drapeau; 2,500 prisonniers restèrent entre les mains des Prussiens dont les pertes en officiers et soldats tués ou blessés n'atteignirent que le chiffre de 1152. La puissance du fusil à aiguille venait d'éclater pour la première fois.

De même que les Franco-Italiens et les Autrichiens, la veille de la bataille de Solférino, marchaient à la rencontre les uns des autres sans le savoir, — de même les armées prussienne et autrichienne se rapprochèrent, à leur insu, le 2 juillet 1866. Le lendemain, s'engagea cette terrible bataille de Sadowa où la victoire héroïquement disputée et longtemps incertaine pencha du côté de la Prusse. 420,000 combattants, dont 215,000 Prussiens et 205,000 Autrichiens étaient entrés en ligne; les pertes de ceux-ci s'élevèrent, en tués ou blessés, au chiffre énorme de 40,000 hommes; celles des Prussiens furent moindres de moitié.

Le lendemain de cette bataille dont les résultats surprirent et déconcertèrent l'Europe, le général Benedeek demanda un armistice au roi de Prusse et François-Joseph céda la Vénétie à Napoléon III afin qu'il la remît, lui-même, à l'Italie; Victor-Emmanuel ne voulut pas l'accepter sans le consentement de la Prusse et aussi, pour ne pas froisser l'Italie qui, battue à Custozza, brûlait de prendre sa revanche; il fit « *de la cession directe* de la Vénétie une condition de l'armistice. » Napoléon III, dont la médiation avait été agréée, rédigea les préliminaires de paix qui furent signés, le 24 juillet, à Nikolsburg.

Pendant que ces préliminaires se discutaient, le général Vogel de Falkenstein écrasait les États secondaires alliés de l'Autriche ; le 7 juillet, ils avaient sollicité vainement l'appui de Napoléon III, auquel la reine de Hollande, qui lui était fort dévouée, écrivait, le 8 : « Vous vous faites d'étranges illusions. Votre prestige a plus diminué dans cette quinzaine qu'il n'a diminué pendant la durée du règne ; vous laissez détruire les faibles ; vous laissez grandir outre mesure l'insolence et la brutalité de votre plus proche voisin... C'est votre dynastie qui est menacée et c'est elle qui en subira les suites. La Vénétie cédée, il fallait secourir l'Autriche, marcher sur le Rhin, imposer vos conditions. Laisser égorger l'Autriche, c'est plus qu'un crime, c'est une faute. »

Les flatteries de M. de Bismark entretenaient les illusions de l'Empereur qui les faisait partager à son entourage ; on n'y parlait que de compensations territoriales à exiger de la Prusse. Napoléon III réclama le Palatinat et la Hesse rhénane : « Une telle prétention, répondit M. de Bismark, ce serait la guerre. » M. Drouyn de Lhuys, avant son remplacement par M. de Moustier, croyait sage de ne demander que la neutralisation des provinces du Rhin ; M. Rouher exigeait les frontières de 1814, mais se contentait *provisoirement* de la Hesse rhénane ; le Palatinat viendrait après. Chacun disait son mot dans ce cercle d'hallucinés où l'Impératrice, elle-même, avait voix au chapitre ; d'abord, elle voulait *tout ou rien* ; puis, cette habile diplomate déclara que sa condition *sine qua non* était l'annexion du Luxembourg et, un peu plus tard, celle de la Belgique à la France avec le concours de la Prusse. M. de Bismark éludait adroitement cette question ; il amena l'Empereur à penser qu'il était convenable d'en ajourner l'examen à l'époque où se terminerait la médiation de la France. Leurré par de vagues promesses, Napoléon III consentit à ce que la Prusse s'annexât les États secondaires de l'Allemagne, c'est-à-dire accrût sa population de plus de quatre millions d'âmes. Les préliminaires de la paix se convertirent, à Prague, le

24 août, en un traité par lequel François-Joseph consentait « à la dissolution de la Confédération germanique, à une nouvelle organisation de l'Allemagne sans la participation de l'Autriche, à transférer ses droits sur les duchés au roi de Prusse, à lui payer une indemnité de 20 millions de thalers et à céder la Vénétie à l'Italie. » Quand la monarchie prussienne eut absorbé tous les États à sa convenance, M. de Bismark fit soulever l'opinion publique, dans toute l'Allemagne, contre les revendications de Napoléon III et prit prétexte de ce soulèvement pour exprimer à sa dupe le regret de ne pouvoir lui rien donner en échange des services inoubliables qu'il en avait reçus. Les tortuosités de cette politique avaient été, dès le 20 juin, pénétrées par M. de Clermont-Tonnerre : « Le but de M. de Bismark, écrivait-il de Berlin, paraît être de prolonger notre inaction par un mirage d'acquisitions territoriales, en rassurant en même temps l'Allemagne contre la réalité de ce danger. » Pour dissimuler sa défaite et sa confusion, l'Empereur fit célébrer par M. de Lavalette « la satisfaction du sentiment national allemand et l'agrandissement de la Prusse dont la France ne doit prendre aucun ombrage (1). » En vérité, il fallait être insensé ou abêti pour concourir à la ruine *de ses véritables alliés* et, suivant l'expression d'un diplomate allemand, *pour aider au creusement de sa propre fosse.*

Au moment où, de toutes parts, en apprenant les résultats de la bataille de Sadowa, on disait et on répétait « *Le véritable vaincu, c'est la France,* » Napoléon III réunissait les sénateurs pour leur faire voter un sénatus-consulte mettant la Constitution au-dessus de toute controverse, niant au Corps législatif le droit de demander une réforme constitutionnelle quelconque, n'autorisant le Sénat à discuter une pétition qui réclamerait une modification constitutionnelle que si trois de ses cinq bureaux y consentaient, interdisant à

---

(1) Circulaire du 14 septembre 1866, adressée aux agents diplomatiques du gouvernement impérial.

la presse périodique et aux brochures de publier ou de discuter des pétitions de ce genre, punissant d'une amende de 500 à 10,000 francs toute phrase qui aurait pour objet la critique ou la modification de la Constitution, proclamant la durée illimitée des sessions, et élevant à 12,500 francs l'indemnité annuelle des députés. M. Troplong rapporteur de ce projet le présenta comme « une œuvre de préservation et de salut public ; » M. de Boissy l'attaqua comme étant un moyen indirect de supprimer la discussion de l'adresse et de rendre impossibles même les modifications qui seraient jugées bonnes par la majorité du Sénat : « que ferons-nous, demanda-t-il, quand les ministres viendront nous dire, comme cela arrive tous les jours : Repoussez telle proposition de modification, *cela déplairait au gouvernement ?* » Le général Mellinet, les maréchaux Canrobert, Forey et Vaillant tressautèrent sur leurs fauteuils et firent un gros vacarme ; ils voulaient qu'on retirât la parole à l'orateur : « Nous ne sommes pas à une revue, cria M. de Boissy à ces militaires tapageurs, chacun a le droit de dire, ici, son opinion. » M. Troplong essaya d'étouffer la voix de ce sénateur qui avait une franchise gênante et qui termina ainsi son discours : « Vous voulez m'empêcher de parler, mais rappelez-vous ces mots que j'ai lus dans une brochure de Napoléon III : *Une Constitution qui n'a pas pour elle l'appui de l'opinion n'est qu'un chiffon de papier.* » C'est le 14 juillet, anniversaire de la prise de la Bastille, que fut votée cette nouvelle œuvre de tyrannie et d'oppression.

Ferdinand Flocon l'un des trois directeurs et bientôt rédacteur en chef du journal « La Réforme, » membre du gouvernement provisoire, puis ministre de l'agriculture en 1848, mourut pauvre à Lausanne où il avait repris la plume de journaliste et où sa probité vaillante lui attirait de nombreuses sympathies.

Voyons, maintenant, ce que devenait l'échauffourée de Napoléon III au Mexique. Le 10 janvier 1866, le général américain Shoffield déclarait que le gouvernement de Washington n'accordait qu'une année à l'évacuation, et il disait à l'agent de Juarez : « Nous voulons bien faciliter à Napoléon III les moyens de sortir le plus décemment possible, et l'aider à soutenir *cette imposture* consistant à prétendre que son armée rentrerait en France parce que l'empire mexicain n'avait plus rien à craindre ; *mais il doit se hâter* (1). » M. Drouyn de Lhuys répondait, le même jour, à la note américaine du 16 décembre 1855 que « le gouvernement français est disposé à hâter, autant que possible, le rappel de ses troupes du Mexique. » Six jours plus tard, le baron Saillard partait pour Mexico avec la mission d'annoncer à Maximilien le rapatriement prochain de notre armée. Le 12 février, une autre note de M. Seward envoyée par ordre du président Johnson disait : « On a pris acte du rappel des troupes françaises posé en principe, *mais la France n'a que faire de retarder, un seul instant,* la retraite promise de ses forces militaires. *Nous serons charmés lorsque l'Empereur nous donnera l'avis définitif de l'époque à laquelle on pourra compter que finiront les opérations militaires de la France au Mexique.* » Cette note équivalait à un ordre impératif. Le 6 juin, à une demande d'explication au sujet d'un embarquement de troupes pour le Mexique, le ministre américain à Paris recevait de M. Drouyn de Lhuys la réponse suivante : « Les 916 soldats embarqués vers le commencement de l'année appartenaient à la légion étrangère, étaient enrôlés depuis longtemps, mais aucun enrôlement nouveau n'a été fait pour cette légion depuis que l'Empereur a résolu de retirer son drapeau du Mexique ; l'armée toute entière sera rappelée dans le délai fixé par une dépêche au gouvernement américain, plus tôt même si cela se peut. » Quelle déférence ! — Le tyran des faibles est toujours humble devant les forts.

(1) Papiers de Maximilien.

A cette époque, arrivait à Paris le général Almonte que Maximilien y envoyait pour combattre le projet d'évacuation; Napoléon III l'éconduisit en répondant à ses plaintes par des récriminations : « Nous avons, lui dit-il, facilité vos emprunts : on a trouvé des ressources pour régler les contestations anglaises, et nous avons vu contester le principe même des réclamations françaises reconnues par le traité de Miramar *comme la cause déterminante de notre expédition* et qui, à défaut de toute stipulation, *auraient constitué une dette d'honneur irrémissible et indiscutable*; le gouvernement mexicain doit pourvoir, désormais, à sa propre conservation. » Napoléon III avait sur le cœur la non-exécution intégrale du traité Jecker, Morny et compagnie.

Le 7 juillet, en apprenant la réponse de Napoléon III, Maximilien voulut abdiquer; l'Impératrice Charlotte l'en empêcha et partit pour l'Europe. La mauvaise situation du Mexique empirait. Le 20, Bazaine avise Maximilien que la légion belge n'est pas sûre; son esprit d'indiscipline est tel que le général Douay n'ose pas la licencier craignant de provoquer une révolte armée. Dans la légion étrangère, la désertion se propage. Le mécontentement se généralise. Maîtres d'une partie de l'empire, les Juaristes, partout, s'avancent; l'armée mexicaine passe à eux. Dans des combats, à Miahuatlan et à la Carbonera, des soldats de la légion austro-belge mettent bas les armes et se rendent.

Les républicains se rapprochent de la vallée de Mexico. La contre-guérilla se disperse. Dans l'armée, on commence à vanter le désintéressement de Juarez : « il n'est pas l'homme qu'on a tant décrié en France ; peu de Mexicains ont autant de qualités que lui (1). »

Le 7 août, le bruit de l'arrivée en France de la femme de Maximilien s'étant répandu, le *Mémorial diplomatique* et le *Pays* « se disent autorisés à dénoncer *comme une insigne calomnie* la seule supposition que l'impératrice Charlotte

(1) Lettres du commandant Bressonnet, papiers des Tuileries.

pût être en route pour l'Europe. » Le lendemain, elle débarquait à Saint-Nazaire ; le soir même, elle partit pour Paris. Le 9, elle descendait au Grand-Hôtel ; l'Empereur était à Saint-Cloud ; elle lui demanda une entrevue ; Napoléon III lui répondit qu'il était trop malade pour la recevoir ; l'Impératrice Eugénie lui fit une visite qu'elle rendit immédiatement ; ses insistances obligèrent l'Empereur à lui ouvrir la porte de son cabinet. Il opposa froidement aux supplications de cette malheureuse femme ces paroles qui la désespérèrent : « Il est inutile d'insister, madame ; plus un homme, plus un écu. » — « Ah ! s'écria-t-elle en se redressant et en s'abandonnant à une exaltation fiévreuse, je vous connais ; vengez-vous sur la petite-fille de Louis-Philippe de ce qu'il vous a retiré de la misère et préservé de l'échafaud. » Napoléon III pâlissait. Elle continua : « Vous espérez, n'est-il pas vrai, me faire arracher par votre police vos lettres et vos engagements ? Je vous connais trop pour ne pas les avoir mis en lieu sûr. » Après lui avoir jeté, d'une voix que la colère et les larmes étranglaient, cette imprécation : « Que Dieu vous maudisse comme Caïn ! » la princesse dont la raison, déjà, s'égarait, quitta le palais de Saint-Cloud.

De son côté, Maximilien extravaguait. Comme s'il eût voulu précipiter sa chute, il renvoya ses ministres et mit à la tête du cabinet le père Fischer qui distribua les portefeuilles aux plus fougueux ultramontains de son entourage. La violence réactionnaire des ministres cléricaux redouble les forces de l'insurrection contre le gouvernement impérial. Les républicains s'emparent de Tampico, d'Alvarado ; le sud-est des Terres-Chaudes est en leur pouvoir ; dans tous les États, leurs bataillons grossis par les nombreux déserteurs de l'armée impériale s'avancent à grands pas ; ils occupent, sans coup férir, toutes les places qu'abandonne l'armée française en se repliant pour se conformer au plan d'évacuation ; ils menacent la vallée de Mexico.

Bazaine autorisa le général Osmont et l'intendant Friant à prendre les portefeuilles de la guerre et des finances. Aussitôt, le 16 août, M. Seward appelle l'attention de M. Montholon redevenu ministre de France à Washington « sur deux décrets qu'on dit avoir été lancés par le prince Maximilien *lequel prétend être Empereur du Mexique*. Le président croit nécessaire de faire savoir à l'Empereur des Français que la nomination à des fonctions administratives de deux officiers du corps expéditionnaire français *est de nature à porter atteinte aux bonnes relations entre les États-Unis et la France.* » Le *Moniteur* du 13 septembre révoqua l'autorisation donnée par Bazaine à ces deux chefs de service attachés à une armée en campagne, « leurs devoirs militaires étant incompatibles avec leurs nouvelles fonctions. » Quatre jours après, le général Castelnau, muni de pleins pouvoirs, s'embarquait à Saint-Nazaire pour Mexico ; le but de sa mission était connu : Obtenir, de gré ou de force, l'abdication de Maximilien.

Le 18 octobre, les Juaristes anéantirent une colonne de 1,500 Autrichiens près d'Oajaca que Porfirio Diaz assiégeait et qu'elle venait secourir ; cette ville capitula. Voyant sa cause perdue, ne voulant pas recevoir le général Castelnau et apprenant que sa femme est devenue folle, Maximilien s'entend avec Bazaine pour quitter furtivement le Mexique et s'embarquer à Vera-Cruz ; il manifeste le désir d'aller au-devant de l'impératrice Charlotte dont le retour est annoncé, et colore de ce prétexte son éloignement *momentané* de Mexico. Le maréchal avait pris des mesures pour protéger l'Empereur contre les guérillas. Le 21 octobre, trois voitures emportant Maximilien, ses bagages et le père Fischer, prenaient la route d'Orizaba sur laquelle des troupes françaises étaient échelonnées. L'escorte se composait de trois escadrons de chasseurs autrichiens, d'un escadron de la contre-guérilla française et de gendarmes hongrois. Pour prendre ses repas, l'Empereur ne s'arrêta que chez les curés mexicains. A deux kilomètres d'Orizaba des curés à cheval et des cléricaux de la ville l'attendaient ; ils se joignirent à son escorte en l'acclamant. Huit jours après son arrivée à Orizaba, des lettres lui confirmèrent le déplorable état dans lequel se trouvait sa femme. Pour le tenir plus près de son influence et venir à bout des desseins qu'il méditait, le père Fischer conduisit Maximilien au domaine de la Jalapilla. Déjà, la plus grande partie des bagages impériaux était à bord de la frégate autrichienne qui devait ramener le prince en Europe. Les agents du parti clérical affluaient à la Jalapilla ; Marquès et Miramon s'y rendirent aussi. Secondant les efforts du père Fischer qui promettait monts et merveilles à Maximilien, des piastres par millions, des armées sûres de la victoire, ils réveillèrent l'ambition du jeune Empereur.

Le 1er décembre, dans un manifeste daté d'Orizaba, Maximilien annonçait aux Mexicains que, d'après l'avis de ses ministres, « le bien du Mexique exigeait qu'il restât au pouvoir, qu'il accédait à leurs instances, et qu'un congrès national déciderait si l'empire devait continuer dans l'avenir. » Arborant le drapeau clérical, il reprit la route de la capitale, fit une halte dans un domaine de l'évêque de Puebla et alla s'installer à la Teja, résidence impériale située tout auprès de Mexico.

Le 18 décembre, Napoléon III avait télégraphié au général Castelnau : « Rapatriez la légion étrangère. » Non content de violer les articles additionnels secrets du traité de Miramar qui garantissaient la présence de 20,000 Français au Mexique en 1867, il violait l'article 3 du traité lui-même stipulant que « la légion étrangère au service de la France resterait pendant six années encore au Mexique après le départ de toutes les troupes françaises. » Il est vrai qu'une dépêche de M. Seward, datée du 13 novembre, disait au cabinet des Tuileries : « Le président a pris des mesures en prévision de l'évacuation des troupes françaises pour con-

21.

courir *avec le gouvernement du Mexique* à la pacification de ce pays. Déjà sont partis deux délégués *pour conférer avec Juarez.* » Il fallait obéir à cette injonction enveloppée, d'ailleurs, de formes courtoises.

Ne quittons pas le Mexique où nous reviendrons pour y assister à la catastrophe qui termina cette désastreuse aventure, sans dire un mot de la démoralisation qui avait gagné l'armée expéditionnaire. Je laisse la parole à des officiers supérieurs : « Mexico est un foyer d'intrigues. Il y court les bruits les plus..... les moins avantageux pour l'armée française. On a fait, ici, des spéculations scandaleuses. Je ne te dirai pas le nom des masques, cela irait trop loin et trop haut. Nous pataugeons dans le gâchis... Quant à l'aveuglement de l'empereur Maximilien, il faut, pour s'en faire une idée, se représenter un des princes les plus idiots et les plus imbéciles qu'on bafoue pendant les cinq actes et trente tableaux d'une féerie de la Porte-Saint-Martin. (1) »

« Depuis que la contre-guérilla existe, on y a volé plus de 750,000 francs, — Mexico est un Capharnaüm militaire. L'indiscipline et le manque de respect de tout et de tous sont poussés dans cette armée à un point extrême ; je croyais mes soldats indisciplinés et ivrognes ; je ne les savais pas lâches (2). » — « Vraiment, c'est écœurant de voir les bêtises que nous faisons ici... Tâchons de nous en aller avant que la maison ne nous tombe sur le dos ; car la faire tenir, il n'y faut pas songer (3). »

M. Rouher n'ignorait rien de tout cela quand il soutenait, du haut de la tribune, que la situation du Mexique était des plus prospères. Et, que dire de Napoléon III affirmant, dans son discours d'ouverture de la session de 1866, « *la consolidation*, au Mexique, du gouvernement fondé par la

---

(1) Lettres du général Douay à son frère, *Papiers des Tuileries.*
(2) Lettres du lieutenant-colonel de Gallibet à M. Piétri, id.
(3) Lettres de M. d'Espeuilles à M. Piétri, id.

volonté du peuple, » et à un mensonge aussi grossier ajoutant celui-ci : « Le Mexique a trouvé des garanties d'ordre et de sécurité *qui ont développé ses ressources* et porté son commerce avec la France de 21 à 27 millions? » Or, quinze jours auparavant, dans une dépêche adressée au ministre de France à Mexico, M. Drouyn de L'huys s'exprimait ainsi : « La situation *financière du Mexique est grave ; elle n'est pourtant pas désespérée.* » Quelques mois plus tard, se faisant l'interprète du monde financier qui devenait murmurateur, M. Fould résumait, dans un rapport confidentiel adressé à l'Empereur, les funestes effets de l'expédition, la baisse énorme des obligations mexicaines dont les acheteurs refusaient de prendre livraison : « *L'extension de nos relations commerciales*, disait le ministre des finances, *est plutôt compromise qu'obtenue...* Que Maximilien reste s'il veut, partons tout de suite. » On peut, maintenant, mesurer la grandeur de l'audace avec laquelle on trompait la France.

Bazaine était ainsi jugé : « Le public éclairé du corps expéditionnaire s'accorde à penser que le maréchal travaille, depuis plus de deux ans, à se substituer au pouvoir de Maximilien. On sait qu'il a entretenu des intelligences avec des chefs dissidents. On est exaspéré de savoir que de toute cette désastreuse affaire de l'expédition du Mexique un seul homme a pu en retirer une fortune, et qu'afin de pouvoir la liquider il *n'hésite pas à compromettre les intérêts les plus sacrés de notre pays et de nos soldats* (1). » Déjà, il était évident que ce maréchal de France finirait mal.

Un décret daté de Vichy, le 2 août, supprima le *Courrier du Dimanche* « par mesure de sûreté générale ». Dans un article qui motiva cette suppression, M. Prévost-Paradol disait : «La France ressemble à une dame de la cour, très-belle, aimée des plus galants hommes et qui s'enfuit pour

---

(1) Lettres du général Douay à son frère, 29 janvier 1866.

vivre avec un palefrenier. Elle est dépouillée, battue, abêtie un peu plus tous les jours ; mais, c'en est fait, elle y a pris goût et ne peut être arrachée à cet indigne amant. »

Le départ de la légion que l'Empereur avait permis au Pape de former, à Antibes, avec d'anciens militaires et de jeunes soldats eut lieu le 20 septembre. Le ministre de la guerre envoya une épée au commandant de cette légion commandée par des officiers français.

Le 11 décembre, en dépit des efforts contraires de l'ultramontanisme rugissant de colère, l'armée d'occupation française quitta Rome. Des évêques manifestèrent violemment leur irritation en attribuant « les inondations, la guerre, le choléra et toutes les calamités qui affligent le monde à la vengeance céleste contre la démocratie et contre les libres penseurs » (1), qui « appellent la servitude de l'Église avec des grincements de dents dont Satan leur père doit-être heureux et presque jaloux (2). » — « Tant de ressentiment peut-il entrer dans l'âme des Dieux ? »

La bassesse avait rompu les bords. On a ouï parler d'une *vie de César* que Napoléon III eut la fantaisie d'écrire. C'est « une sorte de compilation archéologique à laquelle avaient pris part tout l'Institut ou à peu près, tous les antiquaires de France, » et des érudits Allemands. De ces deux volumes dont un stock énorme est resté dans les magasins de l'éditeur, Sainte-Beuve disait : « Je suis assez courtisan pour n'en point parler, et c'est tout ce que j'ai de bon à en dire (3). » Eh bien, dût-on en être écœuré, il faut connaître quelques-unes des adulations qui rampèrent aux pieds de l'historien couronné : — « Sire, le respect seul m'empêche d'exprimer mon admiration littéraire pour ce monument magnifique élevé par le second Auguste au premier

(1) Mgr Dupanloup. Lettre sur les malheurs et les signes du temps.
(2) Mgr Pie. Lettre à son clergé.
(3) *L'empire, les Bonapartes et la Cour*, documents publiés avec des notes par Jules Claretie.

César. » — « Sire, il ne me siérait guère de louer le rare mérite de cette œuvre si substantielle, si méditée, si virile d'accent et dans laquelle il me semble que quelque chose de Montesquieu a passé. » — Sire, le style de *la Vie de César*, ce style où César reconnaîtrait sa netteté et sa précision est bien propre à nous ramener au bon goût en montrant que le beau langage vient des fortes pensées. » — « Sire, qu'il me soit permis de vous remercier, au nom des lettres, *de l'honneur que vous leur faites*. L'empereur Charles-Quint, pour avoir ramassé le pinceau du Titien, avait bien mérité des arts; vous, sire, vous avez mieux fait : vous avez pris la plume de Montesquieu et vous vous en êtes servi. » — « Sire, votre œuvre ne sera pas seulement *l'honneur de l'histoire et des lettres* : élever les études historiques à cette hauteur, ce n'est pas seulement ennoblir l'histoire, c'est *ennoblir l'humanité*. » — « Sire, votre œuvre est une œuvre d'art des plus remarquables; c'est aussi l'œuvre d'un profond penseur. L'auteur de la *Vie de César* était SEUL en état et en position de rendre ce service à la science. » M. Saint-René Taillandier dispute à ses rivaux, qui tous appartiennent à l'Académie française, la palme de la courtisanerie; il élève au plus haut diapason ses louanges dithyrambiques : « Sire, mon admiration ne s'est pas trompée... Quel grand livre! Quelle haute simplicité! Quelle conviction forte... Je lis et je relis ces pages si belles... les dernières sont d'une exquise beauté. *Je ne sais pas l'art de flatter*, mais je suis heureux d'admirer, à cœur ouvert, tout ce qui est grand. Votre Majesté a parlé en César dans le style de César. Que Dieu continue d'accorder à Votre Majesté LA GLOIRE, LA SAGESSE et la prospérité en toutes choses (1)! »

Nul ne se doutait, pas même mademoiselle Marguerite Bellanger dont nous parlerons bientôt, que Napoléon III eût

---

(1) Toutes ces lettres sont publiées, *in extenso*, dans le second volume des *Papiers et correspondance de la famille impériale*.

reçu de Dieu le don de sagesse. O la maladroite et détestable engeance que celle des flatteurs!

Caligula, un empereur vicieux et cruel comme il y en eu tant, éleva à la dignité de consul son cheval nommé *Incitatus* que les sénateurs et les courtisans d'alors saluaient respectueusement en défilant devant lui. Il y eut des courtisans du second empire qui s'avilirent devant un âne comme les courtisans de Caligula s'étaient avilis devant cheval. L'Impératrice Eugénie qui, un moment, donna dan la bergerie, eut un caprice pour un âne qu'elle baptisa d du nom de Cendrillon. Quand elle allait voir, à Trianon son favori aux longues oreilles et lui prodiguer ses caresse les suivants et les suivantes de la Souveraine louaient la grâce et la gentillesse » de Cendrillon ; qui sait s'ils se mettaient pas à braire avec lui? Un courtisan gouailleur, dans une lettre qu'il suppose écrite par Cendrillon lui fait dire cette grande vérité : « S'il n'y a pas d'hommes parmi les ânes, il y a beaucoup d'ânes parmi les hommes (1). »

(1) La lettre de Cendrillon se trouve parmi les documents publ par Jules Claretie.

CHAPITRE XI

1867

La lettre du 19 janvier; suppression de l'adresse; rétablissement de la tribune. — Discours impérial. — Mort de M. de Boissy. — Session législative de 1867. — La question du Luxembourg. — M. Ollivier redevenu opposant; l'Empereur récompense une nouvelle glorification de l'entreprise mexicaine. — Situation du Mexique; retraite de l'armée française; débâcle; siége et prise de Queretaro; capture, condamnation et exécution de Maximilien, de Miramon et de Méjia; résumé des crimes de l'ex-empereur; à qui la responsabilité de sa mort; ce que nous coûte l'expédition du Mexique; rentrée de Bazaine et de l'armée expéditionnaire. — L'exposition universelle de l'industrie; la revue du 6 juin; attentat et condamnation de Berezowski. — La Convention du 15 septembre violée par le gouvernement impérial. — Napoléon à Saltzbourg; ses déclarations à Lille et à Amiens. — Agitation en Italie; Mentana; *les chassepots ont fait merveille;* influence néfaste; Garibaldi prisonnier. — François-Joseph à l'Hôtel de Ville; manifestation en faveur de l'Italie. — *La commune des ouvriers de Paris.* — Mort de M. Fould et remaniement ministériel. — Situation de la France à la fin de 1867.

Le *Moniteur* du 20 janvier 1867 publia une lettre adressée, la veille, par Napoléon III à M. Rouher; il y était question « de donner aux libertés publiques une extension nouvelle, de réaliser d'importantes réformes et d'achever *le couronnement de l'édifice.* » Ces lois libérales n'étaient, on le verra, que d'insignifiantes améliorations au régime despotique contre les excès duquel la France protestait. En même temps qu'il invitait MM. Rouher et Ollivier à donner une formule aux réformes annoncées, l'Empereur remettait aux députés indépendants le bâillon que, pendant six ans, il leur avait ôté : il supprimait l'adresse et la remplaçait « par le droit d'interpellation *sagement réglé.* » Pour donner suite à une demande d'interpellation signée par cinq membres du Corps législatif, il fallait que quatre bureaux sur neuf émissent un avis favorable. N'était-ce pas rendre illusoire ce prétendu droit? Les trois quarts et demi des membres de ce Corps étaient des valets bien dressés; toute demande d'interpellation désagréable à l'Empereur serait donc repoussée par eux. L'homme de Décembre prenait cette mesure restrictive de la liberté de la parole afin de se dérober aux accusations dont sa politique extérieure allait être l'objet. Un murmure général obligea Napoléon III à déclarer dans le *Moniteur* que « toute interpellation sur la politique extérieure serait acceptée. » — Cette promesse, — est-il besoin de le dire ? — ne fut pas tenue.

Le 14 février, l'Empereur ouvrit la session législative de 1867. Dans un discours laudatif et mensonger, il exalta sa conduite en Allemagne et prétendit encore que « la pensée qui avait présidé à l'expédition du Mexique était grande; » il ajouta « qu'un fâcheux concours de circonstances l'avait compromise. » L'une des plus grosses impostures dont ce discours fourmille est celle-ci : « J'ai SPONTANÉMENT *décidé le rappel de notre corps d'armée.* » Les dépêches impératives du président de la République des États-Unis nous ont édifiés sur la cause de cette *spontanéité;* jamais humiliation plus dure ne fut infligée au chef d'une grande nation.

Le 9 février 1852, Louis Bonaparte visita le Palais-Bourbon où, cinq jours plus tard, devait s'ouvrir la première session du Corps législatif issu du coup d'État. L'homme de Décembre, qui professait une haine farouche contre le parlementarisme, fit démolir sous ses yeux cette tribune française du haut de laquelle, sous tous les régimes, la Liberté s'appuyant sur le Patriotisme et sur l'Éloquence avait fait luire au monde entier tant de rayons glorieux ; — le 14 février 1867, à minuit, il envoya au président Walewski l'ordre de la rétablir. Par cette concession au parlementarisme qu'il abhorrait toujours, l'Empereur voulait atténuer le mécontentement qu'avait produit la suppression de l'adresse.

Quelques jours avant que la session ne s'ouvrît, M. de Boissy mourut. Si cet adversaire ardent mais loyal de la République avait la visière courte, du moins la portait-il levée. Ayant en horreur la morgue, l'artifice et l'hypocrisie, M. de Boissy disait sans ménagement ce qu'il croyait être la vérité. Dans les relations sociales, il apportait une rondeur charmante et une civilité courtoise. Quand il occupait la tribune, on songeait involontairement à une corneille qui abat des noix; il versait dans des discours prolixes tout ce qu'il avait sur le cœur, quelque étrangères que fussent à la discussion engagée les questions diverses que sa faconde abordait par sauts et par bonds. Il parlait sans préparation et sans prétention, mais sans ordre et sans méthode; son langage négligé, diffus, était semé de traits spirituels et mordants. Sa franchise parfois agressive, sa riposte vive et hardie mettaient en rage, à la Chambre des pairs, M. Pasquier — et, au Sénat, M. Troplong qui manifesta la bassesse de sa nature dans son discours d'ouverture de la session; il compara M. de Boissy « à ces sophistes qui soutenaient que la neige est noire et qui étaient, pourtant, des gens d'esprit, au dire de Cicéron; » après avoir décoché des épigrammes rancuneuses sur la tombe de cet honnête homme, le Cambacérès du second empire prononça, en termes scandaleusement élogieux, l'oraison funèbre d'un autre sénateur qui retira plus de crédit et de profits de certaines entremises complaisantes et difficiles à définir ici que des fonctions de premier chambellan de l'Empereur. Un sénatus-consulte investissant le Sénat du droit de soumettre à une deuxième délibération du Corps législatif, dans la session suivante, une loi votée par ce dernier fut unanimement approuvé.

Le comte de Chambord avait publié une lettre-manifeste

qui laissait indifférente l'opinion publique. Il fut ordonné aux préfets de saisir les copies de cet écrit et aux directeurs des postes de retenir et d'adresser à leur chef les lettres qu'ils *jugeraient* contenir un exemplaire du manifeste bourbonnien. MM. Pelletan et Picard accusèrent, à ce sujet, le directeur général de violer le secret des lettres : « A moins, lui dit M. Pelletan, de posséder les facultés magnétiques qui permettent à vos employés de lire à travers les enveloppes, il a bien fallu décacheter les lettres, les ouvrir et avoir un atelier pour pratiquer cette opération césarienne. » M. Vandal se débattit maladroitement contre cette accusation : « L'examen des signes extérieurs, répondit-il, et la délicatesse exceptionnelle que donne au sens du toucher l'habitude de manipuler les lettres suffisent aux employés des postes pour deviner ce que les enveloppes contiennent. » M. Picard fit justice de ces pitoyables arguments, et prouva l'existence *du cabinet noir* : « Seulement, il a pris le nom de *Bureau de retard.* »

M. Jules Favre se plaignit de ce qu'on eût substitué à l'adresse le droit d'interpellation « qui est une entrave portée au droit de discussion. En songeant à ses fautes, le gouvernement n'a pas osé braver la discussion générale. Il est bon, s'écria l'orateur, d'étudier quelquefois l'histoire de nos pères; on leur contestait un droit, ils l'ont pris. » M. Rouher certifia qu'une pensée libérale avait inspiré cette substitution ; et cet homme qui, l'année précédente, s'opposait brutalement à la moindre concession, rattacha, sans rougir, les réformes *dites* libérales « à un plan *depuis longtemps* tracé et dont il avait reçu la confidence. » On avait annoncé que M. Emile Ollivier, initiateur de ces réformes et en guerre ouverte avec M. Rouher, rendrait saillantes les contradictions et la duplicité de ce fourbe. Dès que l'ancien *Cinq* parut à la tribune, les mamelucks le décontenancèrent par leurs cris; changeant prestement de gamme et dissimulant son dépit contre la majorité qu'il tenait à ne pas mécontenter,

M. Emile Ollivier, au grand ébahissement de tous les groupes, loua « *les paroles nobles, libérales et loyales* » de son rival détesté; puis, il déclara qu'il s'unirait à la droite pour voter l'ordre du jour. M. Ollivier espérait, dit-on, retirer de ce tour de souplesse le portefeuille si ardemment convoité; il n'en retira qu'un remerciement de l'Empereur.

M. Thiers ayant, dans un discours considérable, démontré, « que, l'unité allemande consommée, la France descendrait du premier rang des puissances au second et peut-être au troisième, » M. Rouher vint, avec un air de componction, avouer que « après la bataille de Sadowa, il avait éprouvé de *patriotiques angoisses*; mais que, après réflexion, il trouvait la situation meilleure, car l'Allemagne était divisée en *trois tronçons*; qu'au demeurant aucune complication ne menaçait, à l'horizon, les désirs communs de paix et de sympathie, et qu'il n'y avait pas une seule faute commise. » Quelques jours après, la publication des traités militaires entre la Confédération du Nord et les États de l'Allemagne du Sud anéantissait la théorie des *trois tronçons* qui, déjà, se rejoignaient. De plus, à l'horizon, surgissait menaçante la question du Luxembourg. A ces paroles de M. Thiers: « *Le gouvernement n'a plus d'alliés,* » M. Rouher répondit: « *Ni d'ennemis*; la Prusse lui a donné toutes les garanties désirables de sa modération; » et il montrait, dans un tableau riant, l'Autriche redevenant notre auxiliaire, les puissances rayonnant, les unes vis-à-vis des autres, dans des sentiments d'harmonie, et *la France grandissant sinon en étendue, du moins en hauteur.* C'est pourquoi, ce *grand homme d'État*, « en étudiant ce spectacle, dit à la France d'*envisager, comme lui, l'avenir avec un sentiment de profonde quiétude.* »

Et comme s'il eût pris à tâche de démentir, aussitôt, ces assertions pacifiques, le gouvernement présenta une loi de réorganisation militaire élevant à 1,200,000 hommes l'effectif de notre armée. M. Jules Favre fit ressortir les contradictions des paroles et des actes du gouvernement impérial ; attribuant à l'effacement du Corps législatif devant la volonté de l'Empereur, les justes alarmes de l'Allemagne, l'orateur disait: « cette nation se voyant en face d'une volonté unique et maitresse de lancer une armée au-delà du Rhin, sans que la Chambre en eût connaissance, a tremblé pour son indépendance et a créé son unité. » 219 voix contre 45 déclarèrent que tout ce qui avait été fait en Allemagne était admirable et que la France pouvait dormir tranquille.

M. Schneider remplaça au fauteuil de la présidence M. Walewski dont les tendances libérales déplaisaient à l'Impératrice, à M. Rouher et à la majorité; sa disgrâce fut considérée comme « le triomphe de la réaction. »

Le *Moniteur*, je l'ai dit, avait déclaré que « toute interpellation sur la politique extérieure *serait acceptée*. » En conséquence, *les neuf bureaux* en refusèrent une sur la question du Luxembourg. Je vais dire ce qu'était cette question.

On n'ignore pas de quelles illusions s'étaient bercés l'Empereur et son entourage au sujet d'une compensation territoriale, et comment les détruisit M. de Bismark. Voulant, faute de grive au moins prendre un merle, Napoléon III se rabattit sur le Grand-Duché du Luxembourg dans la forteresse duquel la Prusse tenait garnison, car il relevait et de la Hollande et de la confédération germanique : « La Hollande consent, disait M. de Moustier, à le céder à la France qu'il intéresse au point de vue de la sécurité de ses frontières. » Vers le milieu de mars, les journaux officieux affirmaient que les négociations étaient fort avancées et que « M. Rouher annoncerait bientôt au Corps législatif cette augmentation de territoire. » Un peu plus tard, pendant que M. de Bismark disait à l'Angleterre : « *Rien n'est fait*, » la presse napoléonienne ne cessait de répéter : « *Tout est fini* ; c'est le 1er avril, jour de l'ouverture de l'Exposition, que l'Empereur annoncera l'annexion en échange de 90 millions payés à la Hollande. » Le 21 mars, le roi de Hollande et l'Empereur s'étaient, en effet, mis d'accord et les puissances avaient donné leur assentiment à ce marché. Mais, à cet assentiment et à cet accord M. de Bismark objectait sa crainte d'être débordé par l'opinion vivement surexcitée en Allemagne où, à tort ou à raison, on pensait que le Grand-Duché devrait appartenir à la Confédération du Nord. Les bruits de guerre circulaient ; la Bourse baissait ; les intérêts de toute nature s'alarmaient. Sur le ton belliqueux, les journaux impérialistes criaient : « L'insuccès de la *noble question du Mexique*, la *loyale* neutralité de 1866 ont atteint dans l'opinion publique le prestige de notre drapeau ; il faut lui rendre son éclat légitime et nécessaire ; IL FAUT ANNEXER LE LUXEMBOURG ! »

Une fois encore, Napoléon III devant l'opposition de la Prusse, modifia ses desseins. Le 15 avril, dans une circulaire adressée aux agents français à l'étranger, M. de Moustier s'exprimait ainsi : l'Empereur ne veut ni offenser la Prusse ni faire de la cession du Luxembourg une cause de guerre. Il ne désire pas autre chose que la retraite de la garnison. » Ainsi, il ne veut plus de cette annexion que ses journaux proclamaient « *nécessaire pour rendre au drapeau son légitime éclat !* » Sa Majesté trouve, maintenant, le raisin trop vert. Quand une conférence tenue à Londres eut neutralisé, sous la garantie de l'Europe, le Grand-Duché dont la forteresse devait être évacuée et démolie, ces mêmes journaux qui avaient si péremptoirement réclamé l'annexion du Luxembourg, entonnèrent, par ordre, un chant de victoire. Mais, que leur note était peu dans le ton ! De prochaines et grosses complications se prévoyaient. La fabrication de 1,800,000 chassepots fut ordonnée par Napoléon III.

C'est le 13 mai que M. de Moustier annonça au Corps législatif le règlement de la question du Luxembourg ; elle avait fourni à M. Rouher une occasion de poursuivre son système de mensonges : Le 8 avril, à la tribune, il avait affirmé que « la question du Luxembourg n'était pas entrée dans la voix diplomatique, *et qu'il n'existait aucune dépêche émanant du gouvernement français.* » Or, dans *le Livre jaune* où sont contenus les documents qui se rapportent à la politique extérieure, on trouve *sept dépêches* relatives à cette question et dont la date est antérieure à celle du jour où M. Rouher articulait son affirmation.

Reprenant le rôle si étrangement abandonné par M. Ollivier, M. Latour du Moulin s'étonna que M. Rouher ne fût pas sorti du ministère plutôt que de se donner un démenti à lui-même en prenant la défense de réformes dont il s'était déclaré l'adversaire. L'orateur du tiers-parti ayant voulu écarter du chef de l'État la responsabilité des actes du ministère, M. Picard lui dit : « l'Empereur fait tout ; il gouverne seul ; ses ministres ne sont que les exécuteurs de sa volonté ; il est inconstitutionnel de faire peser sur eux une responsabilité qui revient toute à l'Empereur. » Et l'orateur de la gauche déduisait les funestes conséquences d'un système s'incarnant dans un seul homme ; les mamelucks étouffèrent sa voix, et ils étranglèrent la discussion dès qu'ils entendirent M. Jules Simon appuyant la doctrine que venait d'exposer M. Picard et revendiquant « *toutes les libertés, car elles se tiennent toutes et nous manquent toutes.* » M. Ollivier reprit, quelques jours plus tard, la thèse puérile soutenue par M. Latour du Moulin ; il accusa les ministres « d'empêcher le chef de l'État de s'avancer dans la voie libérale et M. Rouher, *vice-empereur sans responsabilité*, de s'opposer de toutes ses forces au développement de la liberté parlementaire. »

MM. Thiers et Jules Favre remirent sur le tapis l'entreprise mexicaine ; M. Rouher la glorifia encore et dit : « *Le prestige de la France n'en est pas diminué.* » Dans un mouvement d'indignation, M. Jules Favre lui jeta ces paroles qui le firent pâlir : « Vous avez compromis les finances de la France, vous avez fait du sang de la France un usage qui doit peser sur vos consciences : dans un pays libre, vous seriez mis en accusation. » Le lendemain de cette séance, l'Empereur, dont la nébulosité intellectuelle s'épaississait tous les jours à la suite des excès de plaisir auxquels il se livrait, envoya à M. Rouher une lettre affectueuse et la grand-croix de la Légion d'honneur en diamants, « pour lui faire oublier les attaques *injustes* dont il est l'objet. » — « *Ce témoignage d'estime, cette attention amicale,* » comme disait Napoléon III dans sa lettre, ayant été motivés par une nouvelle glorification de l'entreprise mexicaine, je vais en raconter les dernières phases. En rapprochant de la catastrophe qui la termina, l'indécente apologie que M. Rouher venait d'en faire et la récompense donnée par l'Empereur à son ministre d'État, tout le monde pensera avec M. Jules Favre que, dans un pays libre, M. Rouher eût été mis en jugement, et avec moi, que Napoléon III était sous les atteintes d'un affaiblissement du cerveau.

Le 14 janvier, Maximilien avait réuni quarante cléricaux à la tête desquels figuraient l'archevêque Labastida et le père Fischer ; ils décidèrent, contrairement à l'opinion du maréchal Bazaine consulté par l'Empereur, que celui-ci devait lutter, sans se préoccuper de la volonté des populations partout soulevées, et qu'il était inutile d'en référer à un congrès national.

L'armée française mit en vente, à vil prix, un nombre considérable de chevaux, de mulets et de harnachements ; aussitôt, le général Porfirio Diaz proclama, au nom de la République mexicaine que « tous bagages, transports, animaux etc., ayant appartenu à l'armée d'invasion, seraient saisis par les autorités constitutionnelles, même dans les mains des acquéreurs, les dits objets étant contrebande de guerre et, comme tels, appartenant à la République. » Le drapeau tricolore ne flottait plus sur le quartier général français à Mexico. Ortega, dont le gouvernement de Napoléon III patronnait la candidature à la présidence de la République mexicaine, afin de créer des obstacles à l'affermissement du pouvoir de Juarez, fut arrêté à Brazos par les Américains. Déjà Bazaine avait fait proposer à Porfirio Diaz « de remettre en ses mains les villes occupées par les Français, de lui livrer Maximilien, Marquès et Miramon et de le proclamer président à la condition qu'il rendrait à Napoléon III le service de lui permettre de dire, par l'intermédiaire de M. Rouher, au Corps législatif : *La dette et les emprunts français ne courent aucun risque* (1). »

Le 11 mars, les derniers soldats de l'armée française qui avaient jonché d'équipements, d'armes, de mourants et de morts la route de Mexico à Vera-Cruz, s'embarquaient. Le maréchal avait brusqué cet embarquement après avoir levé, en toute hâte, le camp d'Orizaba « où il craignait, dit-on, d'être enlevé avec ses immenses bagages, abandonnant pour plusieurs centaines de mille francs de provisions de tous genres (2). »

Subjugué par les prêtres, Maximilien essuyait partout des revers ; Miramon était battu dans le Nord ; les villes remises par les Français aux commissaires impériaux étaient livrées aux Juaristes ; le père Fischer, qui n'avait tenu à Maximilien aucune de ses promesses, interceptait les correspondances, et sa volonté décidait sur tout; il régnait et gouvernait à Mexico. Les désertions avaient réduit à 9,000 hommes, — Autrichiens, Mexicains et Belges, — l'armée qui accompagna son empereur à Morella, capitale de l'État du Michoacan. Les républicains s'étant emparés de Zamora deuxième ville de cet État, tandis qu'une autre de leurs armées allait investir Mexico, Maximilien se rendit à Queretaro où ses soldats le rejoignirent et dont, le 4 mars, les généraux Escobedo et Corona commencèrent le siège qui, tous les jours, se resserrait. Les assiégés firent de stériles

(1) Lettre du général Porfirio Diaz au ministre de Juarez, aux États-Unis.
(2) Taxile Delord, *Histoire du second Empire*, t. V.

sorties et tentèrent vainement de franchir les lignes républicaines. Les réquisitions et les emprunts forcés épuisèrent les ressources des habitants que la famine décimait. Les soldats, exténués comme les bourgeois, pénétraient violemment dans les maisons pour y chercher des vivres qu'ils n'y trouvaient pas. La misère et le découragement produisaient les murmures et les plaintes qui sont les avant-coureurs des révoltes. Maximilien, qui avait passé en banquets, fêtes et revues les premières semaines du siége, voulut se dérober aux cris de malédiction qui s'élevaient contre lui; il fit demander à Escobedo « l'autorisation de gagner secrètement le port le plus voisin d'embarquement. » Un refus accueillit cette demande.

Dans la nuit du 15 mai, des soldats républicains surprirent les sentinelles placées à l'une des embrasures du couvent de la Cruz transformé en citadelle, pénétrèrent dans l'intérieur et appelèrent, au son des cloches, l'armée asssiégeante. Poussés par l'épouvante, les impériaux cherchent un refuge dans la ville. Aux premières lueurs du jour, un groupe de cinq individus se dirige vers la place de la Cruz; l'un d'eux a la tête couverte d'un large chapeau de feutre blanc et dissimule un uniforme sous un paletot : C'est l'Empereur Maximilien. Les autres sont le général Castillo, deux aides de camp du prince déguisés comme lui et le colonel Lopez : « Laissez passer ces quatre civils » dit ce dernier au chef des Juaristes rangés en bataille sur la place. Les fugitifs passent et se dirigent vers une hauteur nommée *le cerro de las Campanas* — la colline des cloches, — et surmontée d'une redoute dans laquelle se sont massés les impériaux. Les républicains tournent contre ce dernier refuge de l'armée cléricale les canons des remparts. Bientôt, au sommet de la redoute criblée de boulets le drapeau blanc est arboré. Le bombardement cesse. Un aide de camp de l'Empereur paraît et demande Escobedo qui se présente entouré de son état-major. Maximilien sort de la redoute, marche vers le général, le salue et le prie de faire quelques pas avec lui : « Me permettez-vous, demande le prince, de me rendre, sous la garde d'une escorte, à un point quelconque de la côte, où je m'embarquerai pour l'Europe? Je jure, sur mon honneur, de ne plus mettre les pieds au Mexique.» — « Il m'est impossible, répondit Escobedo, de vous accorder cela. » — « Traitez-moi donc en prisonnier de guerre, dit Maximilien, voici mon épée. » Le général ordonna au chef de son état-mjaor de la recevoir. On conduisit l'ex-empereur, Miramon et Mejia au couvent des Capucines.

Le 15 juin, après de nombreux sursis accordés aux défenseurs, les trois prisonniers furent traduits devant un conseil de guerre qui, le lendemain, prononça contre eux une sentence de mort. Le 19, à six heures du matin, les condamnés que trois prêtres accompagnaient arrivèrent sur le plateau de *las Campanas*; on leur lut la sentence qui les avait frappés; Maximilien dit qu'il mourait pour *l'indépendance et la liberté du Mexique*; Miramon cria : Vive l'Empereur! Mejia couvrait de baisers un crucifix. L'officier qui commandait le peloton d'exécution leva son épée et les trois condamnés tombèrent.

La conduite de Ferdinand-Maximilien de Habsbourg était rappelée dans une lettre du ministre de la guerre de Juarez au général Escobedo; je la résume : Instrument principal de l'œuvre d'iniquité commise par une intervention étrangère liguée avec la trahison, l'archiduc a répandu sur la République tous les crimes et toutes les calamités possibles; sans autre titre que quelques votes dénués de valeur puisqu'ils furent imposés par les baïonnettes étrangères, il a opprimé le Peuple, détruit la Constitution et les lois, promulgué un décret barbare prescrivant l'assassinat des citoyens qui défendaient l'indépendance et les institutions de leur pays, ordonné de sanglantes exécutions en vertu de ce décret; il a fait brûler par les soldats de l'envahisseur étranger des villes entières, assassiner des milliers de défenseurs de la patrie ; lorsque l'armée de l'invasion se fut retirée et que la République toute entière se soulevait contre lui, il a rassemblé autour de sa personne les plus corrompus et les plus cupides fauteurs de guerre civile ; il a employé tous les moyens de violence, de dévastation et de mort pour soutenir jusqu'au bout son faux titre d'Empereur.

Plusieurs gouvernements essayèrent de soustraire à une terrible expiation ce prince qu'on eût pu fusiller sur-le-champ en lui appliquant son propre décret du 3 octobre 1865. Les protecteurs de Maximilien ont prétendu que, dans son intention, les effets de ce décret atroce devaient être uniquement comminatoires ; ces gens-là feignent d'ignorer que les généraux Salazar, Arteaga et tant d'autres patriotes furent exécutés, à titre de libéraux et en vertu de ce décret ; en outre, le prince a fourni, lui-même, la preuve qu'il en exigeait la rigoureuse application : Le général Riva Palacios ayant été pris sous le drapeau républicain, Maximilien fit écrire au maréchal Bazaine, le 16 novembre 1865, par le chef de son cabinet militaire : « Le général Palacios ne doit pas être passé par les armes. C'EST LA SEULE EXCEPTION que pour *des motifs spéciaux* (1) L'EMPEREUR ENTEND FAIRE AU DÉCRET DU 3 OCTOBRE. » Est-ce clair ?

On a dit que la responsabilité de la mort de Maximilien appartenait toute entière à Napoléon III, — ce n'est pas mon avis, — et on a ajouté qu'il la porterait devant l'histoire, — ce serait injuste. Qu'il porte la plus large part de la responsabilité des crimes commis par le prince, à la bonne heure, car il retira l'archiduc de sa retraite de Miramar et le poussa à les commettre après lui en avoir fourni tous les moyens. Qui donc est responsable de la mort du supplicié de Queretaro ? Le père Fischer, les cléricaux mexicains, et lui-même. En décembre 1866, Maximilien était hors de tout danger et près de monter sur une frégate autrichienne qui

(1) Ce général avait traité des prisonniers belges avec beaucoup d'humanité.

devait le ramener en Europe et à bord de laquelle se trouvaient déjà les bagages impériaux. Ce fut alors que le père Fischer et les cléricaux mexicains ravivant l'ambition du prince et sa passion du pouvoir, ramenèrent dans son âme faible et accessible à toutes les dominations des illusions qu'une lettre de S. M. Eugénie avait récemment flattées : « Le jeune Empereur se plaisait à dire que cette missive qui avait eu pour but de guérir la plaie ouverte par les mesures du gouvernement français *l'avait bien réconforté* (1). » A leurs promesses d'argent et de soldats les cléricaux ajoutaient l'amorce de voluptés que le prince regrettait ; il avait dans le cœur une passion qui dominait sa raison et à laquelle il s'abandonnait quand tout s'écroulait autour de lui. « L'Empereur et l'empire restent ici, écrivait un de nos officiers supérieurs, ce qu'il y a de plus impopulaire, et chacun s'attend à voir disparaître l'un et l'autre. Ne va pas croire que Maximilien en soit si affecté que cela, car sa grande préoccupation est d'aller continuellement à Cuernavaca voir une jeune Mexicaine dont il vient d'avoir un fils, ce qui l'enchante au delà de toute expression. Il est fier d'avoir ainsi affirmé son aptitude à la paternité qui lui était fort contestée. Pendant ce temps-là, le pays reste sans direction, sans confiance et sans le sou (2). » Maintenant, on sait pourquoi, oubliant sa malheureuse femme dont il eût, peut-être, en se rapprochant d'elle, guéri la folie naissante, Fernand-Maximilien de Habsbourg reprit le chemin qui devait le mener à Queretaro, « après avoir voulu, l'armée française étant partie, continuer à répandre stérilement le sang des Mexicains et poursuivre son œuvre de désolation et de ruine en compagnie de quelques hommes connus par leurs vols et leurs assassinats (3). »

(1) De Kératry, *L'élévation et la chute de Maximilien.*
(2) Lettres du lieutenant-colonel de Gallifet, *Papiers des Tuileries.*
(3) Lettre de M. Lerdo de Tejada ministre des affaires étrangères du Mexique, à M. Seward.

Le 20 avril 1864, Pie IX avait béni Maximilien et son épouse agenouillés au bas du grand escalier du palais Marescotti où Sa Sainteté était allé leur rendre la visite qu'ils lui avaient faite, la veille, au Vatican. Le lendemain, les deux époux reprenaient, à Civita-Vecchia, la frégate autrichienne Novara qui les porta au Mexique où, malgré la bénédiction donnée à leur entreprise par le souverain pontife, l'un perdit la vie et l'autre la raison.

Comptons ce que « *la plus belle pensée du règne* » nous coûta : trois cent soixante-trois millions cent cinquante-cinq mille francs en crédits extraordinaires, plus d'un milliard sur les budgets ordinaires de la guerre et de la marine, quatre cents millions frauduleusement arraché saux souscripteurs que le gouvernement impérial trompait, enfin le dixième, au moins, de l'élite de notre armée et un matériel considérable de marine et de guerre. « En France, les yeux les plus obstinément prévenus en faveur de Napoléon III se dessillèrent; la confiance de ses propres amis s'affaissa. A l'étranger, le charme était rompu et le prestige du second empire à jamais éclipsé (1). »

La flotte qui ramenait du Mexique les troupes françaises entrait, le 5 mai, en rade de Toulon. Le préfet maritime exécuta des ordres reçus en ne rendant à Bazaine aucun des honneurs militaires qui sont dûs à un maréchal de France. Mais la disgrâce de cet officier supérieur fut de courte durée; il possédait, assure-t-on, des documents qui mettaient toutes nues les hontes de l'association Jecker-Morny et celles dont le gouvernement impérial s'était couvert tant par ses manœuvres en faveur des deux associés que par ses agenouillements devant les injonctions du gouvernement des États-Unis. A la suite d'un entretien secret avec Napoléon III, le maréchal Bazaine fut appelé au grand commandement de Nancy dont on

---

(1) *Le dernier des Napoléons.*

22.

venait de reconnaître l'onéreuse inutilité et de projeter la suppression. Les survivants de l'armée expéditionnaire « par laquelle certains généraux avaient fait assassiner des prisonniers, incendier des populations entières, décimer plusieurs villes, donner la mort, sur un simple soupçon, sans aucune espèce de jugement, à des personnes sans défense, à des vieillards, à des êtres qui n'avaient pas pu prendre les armes contre elle (1), » gagnèrent, sans tambour ni trompette, les divers cantonnements qu'on leur assigna.

Les fêtes et les joies auxquelles donnait lieu l'Exposition universelle de l'industrie étaient, alors, dans leur épanouissement. Cette solennité internationale attira dans Paris presque tous les rois, empereurs, princes et grands personnages de l'Europe; il en vint d'Égypte, de Turquie et de l'extrême Orient. L'affluence des étrangers était énorme. La démoralisation engendrée par le second empire et dont, une dernière fois, j'aurai à parler, étalait, au milieu d'un faste insolent, tous les vices auxquels s'abandonnent les nations déclinantes. Le roi Guillaume, le général de Moltke et M. de Bismark contemplaient, avec une satisfaction profonde, cette profusion de dépenses éclatantes et folles, ce sybaritisme et ces corruptions au sein desquels s'énervait, excité par l'exemple de son souverain dont les sensualités dépravaient le jugement, un peuple que la Prusse aurait bientôt à combattre. Aussi, les Prussiens se livraient-ils « à des critiques railleuses, à des manifestations grossières; ils se targuaient de leur prochaine campagne contre la France et du châtiment qu'ils infligeraient *à la moderne Babylone.* » Le diplomate qui avait fait cette remarque douloureuse ajoute : « Nous nous souvenons d'un dîner d'officiers allemands, où l'un d'eux porta un toast *à la prise de Paris!* Lors de la grande revue, nous rentrions à Paris précédant de

---

(1) Lettre de M. Lerdo de Tejada à M. Seward.

quelques pas l'empereur et son état-major. Sur l'avenue, un orchestre militaire prussien exécutait un air de la *Dame blanche*. Un officier arrive au galop criant : *L'empereur! jouez l'air national!* Et le chef de musique prussien, d'un air goguenard, dit à ses musiciens, en allemand : *L'air triomphal de notre entrée à Paris* (1)! »

Cette revue de soixante mille hommes commandés par le maréchal Canrobert fut passée le 6 juin. Après la défilé des troupes, vers cinq heures, les calèches des souverains étrangers se rapprochaient de la cascade; la détonation d'une arme à feu se fit entendre, et une balle traversa les naseaux du cheval que montait un écuyer de l'Impératrice; cette balle était destinée au Czar qui, avec ses deux fils et Napoléon III, occupait la première calèche. Un Polonais, nommé Berezowski, dont le poignet droit avait été fracassé par le canon du pistolet d'où était partie la balle et qui creva, fut arrêté. Des mouchards se précipitèrent sur cet homme qui supportait, avec un grand calme, l'atroce douleur que lui causait sa blessure, et, si on ne les en eût empêchés, ils l'auraient massacré sur place. C'était un jeune ouvrier mécanicien âgé de 18 ans; Emmanuel Arago le défendit éloquemment et fit admettre par le jury les circonstances atténuantes. Berezowski fut condamné, le 15 juillet, aux travaux forcés à perpétuité. Le Czar s'irrita de ce qu'on n'eût point prononcé une sentence de mort contre ce jeune homme qui avait déclaré être dans son droit en frappant l'oppresseur de la Pologne « tout en regrettant d'avoir accompli son acte patriotique dans un pays pour lequel il n'éprouvait que des sentiments de reconnaissance. »

Victor-Emmanuel fut le seul monarque européen qui s'abstint de venir à Paris; son gouvernement échangeait, alors, des notes aigres avec celui de Napoléon III. Voici à quel

(1) *Le Dernier des Napoléons.*

propos : le général Dumont était parti pour Rome, le 25 juillet, avec une mission qui, *d'après le Moniteur*, se bornerait à l'inspection de la légion d'Antibes désorganisée par les désertions; le cabinet de Florence considérait cette mission comme étant une violation du traité du 15 septembre et il s'en plaignait avec raison, car la conduite du général français qui s'ingérait dans les affaires intérieures de l'État romain démentait l'assertion du *Moniteur*.

Pendant que les relations entre les deux cabinets de Florence et de Paris se tendaient, Napoléon III avait, à Salzbourg, le 17 août, une entrevue avec François-Joseph. M. de Bismark crut à des négociations tendant à nouer une alliance entre les deux empereurs et prit des mesures pour se mettre en garde contre cette éventualité. En revenant de Salzbourg, l'Empereur s'arrêta dans quelques villes du Nord. A Lille, il reconnut que « *il y avait des points noirs à l'horison ;* » à Amiens, il déclara que « la France pouvait compter sur le maintien de la paix, *l'extérieur ne devant causer aucune appréhension.* » Ces contradictions n'étaient pas de nature à rassurer les esprits tenus sans cesse en inquiétude par une duplicité devenue proverbiale et par une politique de casse-cou.

En Italie, l'agitation se propageait. Plusieurs centaines de patriotes divisés en deux groupes que Menotti et Corrioti commandaient entrèrent, le 27 et le 29 septembre, dans les États pontificaux par le nord et par l'ouest, tandis que d'autres garibaldiens y pénétraient par le sud, du côté de Naples. Une lutte ne tarda pas à s'engager entre ces volontaires et les soldats du pape. Aussitôt, les cléricaux français et leurs évêques sommèrent Napoléon III d'entreprendre une nouvelle expédition romaine; il hésitait. Un conseil fut tenu à Saint-Cloud; l'Impératrice y assistait; elle réclama impérieusement une intervention immédiate. Victor-Emmanuel proposait une occupation mixte des États-Romains. Soutenue par M. Rouher, S. M. Eugénie fit repousser la proposition du roi d'Italie ; cédant à ces influences néfastes, l'Empereur ordonna qu'on dirigeât une division active sur Toulon. Garibaldi trompa la surveillance dont il était l'objet et alla prendre le commandement des volontaires qui, le 26 octobre, se fortifiaient sur la colline de Monte-Rotondo enlevée par eux aux troupes pontificales. Le 30, deux divisions françaises sous les ordres du général de Failly débarquèrent à Civita-Vecchia et, le même jour, entrèrent dans Rome.

Le 3 novembre, trois mille Pontificaux et deux mille Français armés du nouveau fusil chassepot marchèrent vers le Monte-Rotondo. Le lendemain, l'attaque de Mentana, village que les garibaldiens avaient mis en état de défense, commença ; ils capitulèrent après avoir bravement soutenu des combats qui s'étaient renouvelés jusqu'au 6 ; très-inférieurs en nombre et mal armés, ils laissèrent sur le champ de bataille six cents morts ou blessés. Le général de Failly termina sa dépêche tristement fameuse par ces mots : « *Les chassepots ont fait merveille.* » Nous retrouverons, sur un autre champ de bataille, ce général dont l'incapacité militaire accroîtra nos désastres et qui avait conquis, — ce fut, hélas ! son unique conquête, — la protection de l'Impératrice par son habileté à mener le *cotillon*, sorte de danse ridicule et maniérée dont raffolait! cette frivole Majesté.

Arrêté à Figline, Garibaldi fut conduit dans un fort voisin de la Spezzia ; il en sortit, bientôt, au milieu des démonstrations enthousiastes que lui faisait l'Italie et des cris de colère qu'elle poussait contre Napoléon III. En France, les classes démocratiques partageaient la colère des Italiens.

Au moment où les restes de Maximilien, que le gouvernement mexicain avait fait embaumer et que la famille des Habsbourg réclama, venaient d'être ramenés en Europe, François-Joseph, empereur d'Autriche et frère de l'archiduc supplicié, banquetait, à l'Hôtel de Ville de Paris, en compagnie de Napoléon III et d'Eugénie! Ne voulant pas s'associer à cette profanation d'un deuil de famille aussi récent et mettre sa main dans les mains de ceux qui avaient entraîné son beau-frère à des crimes dont le drame de Queretaro fut le châtiment, l'impératrice d'Autriche était restée à Vienne. A leur sortie de l'Hôtel de Ville, les deux empereurs furent accueillis par les cris mille fois répétés de : « Vive l'Italie! Vive Garibaldi! » C'était une protestation contre le gouvernement impérial qui favorisait l'engagement des royalistes bretons dans l'armée du pape et les souscriptions ouvertes par les familles cléricales en faveur des blessés papalins, tandis qu'il refusait aux journaux démocratiques l'autorisation de convier leurs lecteurs à secourir les blessés garibaldiens. Cette iniquité augmentait l'irritation causée par la seconde expédition de Rome.

Des républicains français avaient résolu de donner aux Italiens un témoignage de sympathie. Les restes de Daniel Manin mort à Paris, le 22 septembre 1857, avaient été déposés dans le caveau de famille du peintre Ary Scheffer. Le 2 novembre 1867, des ouvriers et des bourgeois, en assez grand nombre, se rendirent au cimetière Montmartre ; ils portaient, les uns, des couronnes et les autres, des bouquets d'immortelles destinés au tombeau provisoire de l'illustre défenseur de Venise, du grand citoyen dont la vie consacrée, toute entière, à son pays n'eut aucune tache. Ils trouvèrent le cimetière rempli de soldats et la tombe du patriote vénitien entourée de sergents de ville ; ils passèrent devant elle en la saluant. Plusieurs d'entre eux voulurent déposer les couronnes et les bouquets sur le tombeau de Godefroy Cavaignac ; des agents de police travestis en ouvriers et en bourgeois les arrêtèrent.

MM. Alfred Naquet, Accolas, Hayot, Verlière, Chouteau et Godichet furent traduits, le 27 novembre, devant la police correctionnelle sous la double prévention de manœuvres à l'intérieur et d'affiliation à une société secrète dite : *Com-*

mune révolutionnaire des ouvriers de Paris. Des condamnations à quinze mois et à un an de prison les frappèrent. Godichet, condamné, pour la forme, à un an d'emprisonnement fut mis en liberté, le 1ᵉʳ décembre. Son attitude pendant le procès ne laissa aucun doute sur le rôle qu'il avait joué dans cette affaire.

La mort de M. Fould donna lieu à un remaniement ministériel. M. Magne reprit le portefeuille des finances qu'il avait tenu déjà. Les prétendants à celui de l'intérieur étaient nombreux. L'Impératrice qui de son atelier de modes fonctionnant sans relâche aux Tuileries passait dans la chambre du Conseil et se mêlait, sans y rien comprendre, des affaires de l'État, fit choisir M. Pinard ex-procureur général et membre du conseil d'État; il justifiait par ses sentiments ultra-cléricaux la haute protection dont l'honorait sa souveraine. Le 15 novembre, quatre jours avant l'ouverture de la session de 1868, il remplaça M. de Lavalette disgracié à cause de l'opposition qu'il avait faite à la seconde expédition de Rome.

L'Exposition n'avait donné aucun des résultats qu'on en attendait. La paralysation des affaires, l'élévation de l'encaisse de la Banque au chiffre de un milliard neuf cent-dix-neuf mille francs, la hausse croissante du prix du pain, l'effet produit par la sanglante catastrophe qui venait de terminer l'entreprise mexicaine, le souvenir des défaites diplomatiques essuyées, en Allemagne, par la politique de l'Empereur dont la santé chancelait comme son intelligence, les paroles imprudentes et hautaines jetées par M. Rouher, du haut de la tribune, au sujet de l'occupation de Rome, paroles que je rapporterai bientôt, les craintes de complications prochaines au milieu desquelles la France se trouverait isolée, tout faisait naître les plus sinistres idées et multipliait les sujets de mécontentement. Dans l'Isère où le gouvernement avait toujours eu les électeurs en main, le candidat officiel fut battu par M. Riondel. Trois rapports du préfet de police à l'Empereur résumaient ainsi la situation de la France à la fin de 1867 : « On ne parle que de la grève du milliard ; les placards séditieux et les inscriptions à la main se multiplient. Le syndicat des banquiers, Pinard, Fould et C° est accusé d'avoir gagné treize millions sur la première émission des obligations mexicaines, et quatre millions sur les Pagarés alors que les souscripteurs avaient à peu près perdu leur mise. — Le mécontentement excité par la cherté du pain ne diminue pas, et il règne parmi nos ouvriers, parmi leurs femmes surtout, une inquiétude réelle. On recueille des affiches apposées dans les faubourgs et dans lesquelles on s'attaque à l'Empereur lui-même ; on tient des propos violents qui rappellent la disette de 1847. — Les inquiétudes qui tiennent aux complications allemandes sont entretenues par les affaires de Rome. Partout c'est un débordement de critiques amères, de défiances injustes (?), d'appréhensions inquiètes. Le respect de l'autorité est méconnu ; la calomnie s'attaque à tout (1). »

De même que la France, « l'Europe, réveillée comme d'un rêve, voyait et pesait toutes les fautes grossières et le décousu de cette politique qui allait, de gaieté de cœur, se heurter aux obstacles les plus formidables, épuiser le sang et l'argent de la France dans des expéditions insensées (2). »

Au dedans et au dehors, « on avait la conviction que les membres de la trilogie qui gouvernait la France étaient usés : L'Empereur par la maladie, l'Impératrice par la frivolité, M. Rouher par ses mensonges (3). »

(1) Datés des 15 et 22 septembre et du 24 novembre 1867.
(2) *Le dernier des Napoléons.*
(3) Taxile Delord, *Histoire du second Empire*, t. V, p. 265.

CHAPITRE XII

1868

Session de 1868. — Le fameux *jamais !* — Les deux précurseurs de Garibaldi. — Malaise et mécontentement. — Arrestations au Château-d'Eau. — Condamnations. — Exhumation des restes de Manin. — Campagne ultramontraine. — Reprise de la session ; vote des lois sur la presse et sur les réunions publiques. — Nouvelles audaces de M. Rouher ; il est mis sur la sellette. — Le Sénat jugé par un sénateur. — Dépravation des mœurs sous le second empire ; luxe et dévergondage ; la prostitution insoumise ; le *cher seigneur* et Marguerite Bellanger. — *La Lanterne* ; *la Cloche* ; le livre d'Eugène Ténot. — Première application de la loi du 9 mars. — Violation du droit de réunion. — Élection de M. Jules Grévy. — La révolution espagnole. — Manifestations au cimetière Montmartre. — Souscription et procès Baudin. — Plaidoieries ; triomphe éclatant de Léon Gambetta ; premier châtiment infligé au 2 Décembre. — Mort de Berryer. — La grande bataille imaginaire gagnée par M. Pinard ; l'Empereur reprend le portefeuille de l'Intérieur au protégé de l'Impératrice.

La session législative de 1868 s'était ouverte le 19 novembre 1867. L'Empereur qui, le premier, avait violé la convention du 15 Septembre, se plaignit qu'elle n'eût pas été exécutée par l'Italie. « J'ai dû, ajouta-t-il, envoyer de nouveau nos troupes à Rome et protéger le pouvoir du saint-Siége. Le calme est presque entièrement rétabli dans les États du Pape, et nous pouvons calculer l'*époque prochaine* du rapatriement de nos troupes. »

Quatre demandes d'interpellation relatives à l'application des lois concernant la liberté individuelle, à la politique intérieure et extérieure et à la seconde expédition de Rome furent soumises à l'approbation des bureaux ; ils n'autorisèrent que la dernière. Le 2 décembre, M. Jules Favre prit la parole sur cette question : « La seconde expédition, dit-il, est moins excusable encore que la première. Le gouvernement impérial viole le droit, abuse de la force et ne satisfait personne. Si la convention du 15 septembre a été violée par le gouvernement italien, le gouvernement impérial avait donné l'exemple de cette violation. »

Au problème immense que cette question posait, M. Jules Simon ne voit qu'une solution possible : La séparation de l'Église et de l'État : « Le système concordataire doit être aboli ; il laisse subsister une certaine tolérance pour la liberté de penser chez les peuples où il est établi, mais la liberté elle-même n'y régne pas. » M. Guéroult fit cette déclaration : « J'avais cru que le gouvernement arriverait progressivement à l'application des idées libérales ; s'il persiste dans sa soumission à la politique cléricale, il n'aura pas d'adversaire plus résolu que moi. D'ailleurs, le pouvoir temporel agonise. »

C'est au milieu de cette discussion, que, le 4 décembre, M. Rouher, jeta hautainement son fameux JAMAIS : « Il y a, s'écria-t-il, un dilemme : Le Pape a besoin de Rome pour son indépendance ; l'Italie aspire à Rome qu'elle considère comme un besoin impérieux de son unité. Eh bien, nous le déclarons *au nom du gouvernement français, l'Italie ne s'emparera pas de Rome* — JAMAIS ! » — « *Jamais ! jamais !* » vociférait la majorité. — « NON, JAMAIS, reprit M. Rouher ; est-ce clair ? »

Assurément ; aussi clair que ceci : « *l'armée française ne reviendra du Mexique sur nos rivages que son œuvre accomplie et triomphante de toutes les résistances.* »

Les applaudissements donnés par la majorité à l'impolitique affirmation de M. Rouher retentirent agréablement dans le cabinet de Berlin. Des éclairs de joie durent sortir des « yeux sanguins » de M. de Bismark penché sur les plans d'investissement de Paris que, durant l'exposition dont il se souciait peu, M. de Moltke allait dresser à Saint-Germain et sur toutes les hauteurs qui dominent la capitale. En voyant le gouvernement impérial s'aliéner l'Italie, le roi Guillaume dut répéter l'une de ses phrases familières: « Dieu facilite notre tâche, et il nous assistera ; » et le chancelier riposter par celle-ci qu'on lui prête : « Très bien, mais laissons-lui le temps de la réflexion. »

M. Rouher ayant parlé « *des bandes révolutionnaires* qui ont envahi le territoire pontifical, » M. Pelletan lui répondit: « C'est précisément l'expression dont se servait l'Autriche, en 1831, pour désigner les volontaires parmi lesquels figuraient *deux princes Bonaparte*. » Le compte-rendu mutila cette phrase ainsi : « C'est ce que disait l'Autriche *du prince Charles Bonaparte*. » M. Pelletan monta, le lendemain, à la tribune et s'exprima en ces termes qui firent grimacer les mameluks : « Je proteste contre une suppression qui mutile ma pensée ; j'ai parlé des *deux princes Bonaparte* parce qu'il y avait eu, en 1831, deux précurseurs de Garibaldi. L'un est mort, l'autre est sur le trône. »

Le 24 décembre, le Corps législatif ajourna ses travaux à quinzaine.

Un rigoureux hiver aggravait les souffrances de la classe ouvrière que la cherté du pain et le manque de travail poussaient au murmure contre un gouvernement dont les bases s'ébranlaient. Le ministre des finances publia dans le *Moniteur* du 17 janvier 1868, un rapport qui n'était pas de nature à calmer les esprits. Il s'agissait du nouvel emprunt qui s'élèverait à sept cents millions : « Avec cette somme, disait M. Magne, *on fera l'essentiel* ; le reste s'échelonnera dans la proportion des ressources annuelles. » La dette flottante atteint 936 millions « dont une partie considérable est absorbée d'avance par les dépassements des budgets antérieurs. »

Tous les soirs, des jeunes gens allaient glisser au Château-d'eau. Les spectateurs y affluaient. On s'entretenait du malaise dans lequel étaient les affaires, de l'encaisse de la Banque monté au chiffre de 1,042,678,657 francs, de la grève du milliard qui devenait de plus en plus alarmante. Un soir, on accueillit une patrouille aux cris de : Vive la République! On chanta *la Marseillaise*. Les sergents de ville arrêtèrent plusieurs personnes qui furent condamnées à un mois de prison. Trois semaines plus tard, le tribunal correctionnel frappait dix journaux d'une amende de 1000 francs pour comptes rendus illicites. Il y eut, aussi, des condamnations prononcées contre des étudiants arrêtés à l'Odéon où ils réclamaient, à grands cris, *Ruy-Blas* interdit par la censure.

Le 22 mars, les dépouilles de Daniel Manin, de sa femme et de sa fille Émilia furent retirées, pendant la nuit, du tombeau d'Ary Scheffer et dirigées, par un train de grande vitesse, vers la frontière où avait été consignée par le gouvernement impérial la commission italienne chargée d'accompagner à Venise les trois cercueils ; au milieu d'une pompe triomphale, l'Italie les déposa dans un monument élevé au sublime héros que pleurait la patrie Vénitienne.

La secte ultramontaine avait entrepris une campagne de pétitionnement au Sénat en faveur de la liberté d'enseignement... clérical. Le journal le *Monde* disait : « La liberté d'enseigner consiste à enseigner le vrai, et c'est l'Église seule qui l'enseigne. » M. Dupanloup écrivait : « En matière d'enseignement, toutes les phrases sur la liberté sont des sophismes coupables. » Théisme et athéisme, panthéisme et positivisme, science et libre-pensée, l'évêque batailleur attaquait tout avec toute sa violence accoutumée. Les étudiants en médecine firent à leurs professeurs attaqués par l'internationale noire des ovations enthousiastes. Les agents de police brutalisèrent ces jeunes gens.

Le Corps législatif avait repris ses séances.

Après une discussion commencée le 29 janvier, la nouvelle loi sur la presse fut votée le 9 mars. L'autorisation préalable était supprimée. C'était là le seul avantage réel que la presse retirait de cette loi. A l'arbitraire administratif se substituait la juridiction des tribunaux correctionnels dont les présidents et assesseurs étaient, souvent, triés parmi la fine fleur de ces magistrats ambitieux qui, suivant un mot prêté à Napoléon III, « rendent des services et en demandent. » Aussi, les énormes pénalités édictées par la loi du 9 mars seront-elles appliquées par certains tribunaux avec une rigueur brutale.

Combattue par MM. Garnier-Pagès, Jules Simon et Ollivier, la loi sur les réunions publiques fut votée le 25 mars; elle créait des délits qu'il était impossible de ne pas commettre involontairement et elle mettait tant d'entraves au droit de réunion qu'il était fort difficile de l'exercer.

Tel était, « *le couronnement de l'édifice.* »

La discussion des lois de finances fournit à MM. Magnin, Thiers et Garnier-Pagès une nouvelle occasion de prouver leur compétence dans ces questions ardues. L'ancien membre du gouvernement provisoire de 1848 ne laissa aucun doute sur ces deux points que l'emprunt ne liquiderait pas la situation et que la dette flottante s'élevait à 1,356 millions. M. Thiers démontra que, pour dissimuler le découvert dont le chiffre annuel, depuis la fondation de l'Empire, était de 270 millions, on avait dû se procurer quatre milliards. La dette flottante ne sera pas réduite par le nouvel emprunt. Ce déplorable état de choses a été créé par la fausse politique du gouvernement et par l'impuissance de la Chambre à lui faire entendre la vérité.

Se refusant à l'évidence, M. Rouher répète que le « *gouvernement n'a commis aucune faute politique;* » il assure que « le déficit signalé dans les finances est une calomnie, que nos dépenses sont, il est vrai, accrues par nos *victoires diplomatiques*, mais que l'opinion publique est satisfaite. » Redoutant une réplique de M. Jules Favre auquel il répondait, le ministre d'État fit clore la discussion. M. Haentjens, tout dévoué à l'empire, ne put retenir ces mots : « Nous voterons silencieusement, mais les budgets actuels sont des budgets insensés. »

Quel front d'airain ne faut-il pas avoir pour oser, comme le fit M. Rouher, dire, en pleine tribune, « qu'il avait toujours dit la vérité sur la situation financière du Mexique ? » — « Témoin, lui dit M. Picard, le jour où, proclamant qu'on ne devait pas ajouter foi à mes assertions sans autorité sur les finances mexicaines, vous trompiez des milliers de familles aujourd'hui ruinées pour avoir cru à votre parole. »

Dans la séance où il s'agissait d'accorder une indemnité aux souscripteurs des obligations mexicaines, M. Rouher fut tenu sur la sellette. MM. Jules Favre et Berryer le mirent face à face avec ses assertions trompeuses. Il se débattait éperduement contre des démonstrations inéluctables. D'ailleurs, ses victimes ne criaient-elles pas après lui du fond de leur misère qui était son œuvre? Il accusait la fatalité; il parlait de déceptions douloureuses, de revers imprévus, d'illusions fatales. C'est ainsi qu'il essayait d'échapper à une responsabilité qui l'écrasait. Il fallait, maintenant, que les contribuables français payassent les fautes du gouvernement impérial, les tromperies de ses banquistes, Rouher, Corta et Cie, qui avaient entraîné d'innombrables familles dans une ruine complète. La Chambre vota donc une indemnité à ces malheureuses dupes du gouvernement impérial.

Le Sénat s'était occupé, le 19 mai, des pétitions relatives à la liberté d'enseignement. Les ultramontains déclarèrent la guerre à la science. M. Sainte-Beuve leur répondit : « La science veut être et sera libre. Devant elle le surnaturel disparaît. L'opposition désespérée du parti clérical à la pensée moderne se brisera contre la raison. » Un M. Robert, conseiller d'État et orateur du gouvernement, contesta aux professeurs le droit d'émettre aucune hypothèse sur la production de la pensée, sur les phénomènes intellectuels et moraux. C'était stupéfiant. L'archevêque de Rouen prétendit que la physiologie devait se conformer à la théologie ; il lut des articles de MM. Littré et Robin et s'indigna de la définition que la science donne à l'homme. Le renvoi des pétitions au ministre de l'Instruction publique ne fut, pourtant, appuyé que par 14 voix.

Ce Sénat du second empire a été bien jugé par l'un de ses membres : « Je suis, écrivait M. Mérimée, dans un ahurissement complet. D'abord, notre représentation au Sénat où, comme dit M. Jourdain, je puis dire que je n'ai jamais été si soûl de sottises... j'ai délivré mon speech comme une personne naturelle ; j'avais une peur atroce ; mais je l'ai très-bien surmontée *en me disant que j'étais en présence de deux cents imbéciles*, et qu'il n'y avait pas de quoi s'émouvoir (1). »

Le même sénateur, qui était l'un des amis les plus intimes de la famille de l'Impératrice, va nous conduire dans la société licencieuse dont les mauvais exemples corrompaient les mœurs de la nation qui se cotonisait et s'abêtissait de jour en jour : Nous avons joué une pièce immorale... Nous avons ici (2) mademoiselle X... qui est un beau brin de fille de cinq pieds quatre pouces. On paraissait craindre que la seconde partie d'une charade ne répondît pas au commencement. Cela ira bien, dit-elle, nous montrerons nos jambes dans le ballet et ils seront contents. » Au sujet d'un bal donné par le beau-frère de l'Impératrice, notre sénateur raconte que « on y était décolleté d'une manière outrageuse par en haut et par en bas aussi ; une demoiselle était en nymphe Dryade avec une robe qui aurait laissé toute la gorge à découvert si on n'y eût remédié

---

(1) Prosper Mérimée, *Lettres à une inconnue*.
(2) Au château de Compiègne.

par un maillot, ce qui semblait presque aussi vif que le décolletage de la maman dont on pénétrait tout l'estomac d'un coup d'œil. » Puis, il dépeint le *ballet des éléments* composé de seize femmes en courts jupons et couvertes de diamants, — des groupes de naïades poudrées avec de l'argent et de salamandres poudrées d'or, — la salle à manger ressemblant, avec la galerie autour, les domestiques en costumes de pages du XVI⁰ siècle et la lumière électrique, au festin de Balthazar dans le tableau de Wrowthon. Au milieu du bal, un domino s'émancipant de toute convenance embrasse madame de S... qui pousse les hauts cris; c'est l'Empereur qui *s'amuse*.

Qui de nous n'a pas vu exposés aux vitrines de nos magasins, entre les portraits des filles les plus célèbres du demi-monde et les actrices les plus dévergondées, ceux des *grandes dames* de la cour impériale? Dans leur mise, leurs manières, leur langage et leur conduite, ces très *grandes dames* outrageaient effrénément la décence et la pudeur; plusieurs d'entr'elles se donnaient des allures d'*insoumises* et poussaient leur imitation jusqu'au bout; toutes se complaisaient à figurer dans des *tableaux vivants* dont les nudités étaient décrites par certains journaux et reproduites par des photographes. Après avoir parlé de ces réunions privées de l'Impératrice « où étaient invitées des chanteuses populacières et dévergondées, des filles de théâtre d'une notoriété déplorable, » un diplomate qui a vu ces choses-là de près, ajoute : « Les familiers les moins scrupuleux de l'intimité déploraient de voir Sa Majesté Eugénie poser et faire poser ses dames pour des tableaux aussi ridicules qu'inconvenants; et ces cadres scabreux, après avoir figuré aux expositions publiques, étaient appendus dans les appartements privés de l'Impératrice. Pour ne citer que deux de ces toiles, on se rappelle cette corbeille de jeunes femmes vêtues de gazes légères, assises dans l'herbe et sous bois autour de l'Impératrice. La malignité publique avait baptisé cette toile : *Le rendez-vous des grisettes*, et le populaire d'une appellation atroce. Un autre de ces tableaux est indescriptible ici ; cela pourrait s'appeler : *La chasse au nénuphar* (1). »

On se plongeait dans une licence de mœurs « *qui semblait avoir fait effort pour égaler celle que l'on a reprochée à la Régence et au Directoire* (2). » Celui qui a écrit ces mots soulignés par moi fut nommé sénateur le 15 août 1870 ; de tous les témoignages qu'on a donnés des mœurs du second empire, le sien est donc le moins suspect d'exagération. Le cadre étroit dans lequel mon récit doit se renfermer m'oblige à ne montrer que de raccourci le tableau que cet écrivain a fait des progrès de la prostitution clandestine sous le règne de Napoléon III : « S'amuser est devenu le plus important sinon l'unique préoccupation du plus grand nombre. Un vent d'abrutissement a soufflé qui a balayé toute retenue, desséché les instincts les plus précieux. Nous sommes aujourd'hui (3) en présence d'écuries d'Augias où les gens de toute catégorie et de toute condition se sont empressés de jeter leur fumier. Jamais la gangrène n'a été si profonde. Les arts les plus élevés ont été travestis en bouffonneries ignobles. Depuis la Madeleine jusqu'à la Bastille, ce n'est qu'un café où l'absinthe ramollissant les cerveaux verse la fureur maniaque. La prostitution insoumise encombre les boulevards, les Champs-Élysées, le bois de Boulogne ; elle remplit nos théâtres, non-seulement dans les loges mais sur les planches où elle paie pour se montrer, comme sur une table de vente, au plus offrant et dernier enchérisseur ; elle force des caissiers à dévaliser leur caisse ; elle est dans des voitures à quatre chevaux ; elle porte des diamants historiques. » M. Maxime

---

(1) *Le dernier des Napoléon*.
(2) Maxime du Camp. Paris, *Ses organes et sa vie dans la seconde moitié du XIX$_e$ siècle*.
(3) L'auteur écrivait ceci en 1869-70.

23.

du Camp a constaté que l'exposition universelle attira des quatre coins du monde toutes les filles perdues ou qui ne demandaient qu'à se perdre, et il montre ces *mangeardes* arrivées à donner le ton à la mode : « On ne sait plus si ce sont les honnêtes femmes qui s'habillent comme des filles ou les filles qui sont habillées comme les honnêtes femmes. » Dans ce travail panoramique on voit les fils de famille « obéissant à des habitudes de race vivre dans la compagnie de ces filles sans instruction, sans intelligence, sans ressources dans l'esprit, se ruiner dans ces désordres de bas étage, — et les fils de la bourgeoisie les prendre pour modèles, imiter leurs sottises et même parvenir à les dépasser. Répudiant toute moralité, tout courage, toute ambition généreuse, ils ont formé cette génération que le bon sens populaire appelle vertement *les petits crevés*. Aussi lorsque la France a cherché au dedans d'elle-même les hommes dont elle avait besoin, elle a vu le vide et n'a trouvé personne... Ces minotaures femelles qui ont dévoré les jeunes gens avec une persistance malfaisante ont été des instruments de premier choix dans cette œuvre de décomposition sociale et d'abâtardissement. »

Sait-on de quoi se composait, à Paris, en 1870, cette « armée de dépravation, de débauche et de ruine? » *De cent vingt mille femmes* (1), « si on veut compter toutes celles qui ne vivaient que de galanterie, depuis la grisette *mise dans ses meubles* jusqu'à la grande dame qui, avant de se rendre, exige et reçoit un million en pièces d'or nouvellement frappées. »

Voilà ce qu'avait produit ce luxe effréné qui, « inauguré, encouragé, propagé en France par l'Impératrice, gagna, comme une fièvre pernicieuse, toutes les classes sociales et infiltra dans la société française dont l'histoire, sous le second empire, est devenue la chronique scandaleuse de l'Eu-

(1) Dans ce chiffre, M. Maxime du Camp comprend 30,000 filles soumises.

rope, toutes les excitations au mal, toutes les tentations immorales et toutes les dépravations (1). » — « Il y aurait, ajoute un autre écrivain royaliste, tout un volume à écrire sur les intrigues et les galanteries plus ou moins mystérieuses du second empire. On y verrait se succéder, comme favorites, les femmes et les filles de fonctionnaires ambitieux et quelquefois complices, les élégantes besogneuses, les grandes dames étrangères et espionnes politiques, de pauvres filles très-subalternes, enfin, la trop fameuse Marguerite Bellanger, qui écrivait à l'Empereur : « *Mon cher seigneur, je vous ai trompé* (2)... » Elle écrivait encore : « La seule chose dont, à tout prix, je ne veux pas que vous doutiez, c'est de la sincérité et de la profondeur de mon amour pour vous. »

Tous les échos redisaient les orgies intimes du *cher seigneur* qui avait donné une maison de campagne, située dans le voisinage du Château de Saint-Cloud, à sa charmeresse, afin de l'avoir plus près de lui ; elle le rejoignait dans les villes d'eaux, où il allait réparer les brèches que ses incontinences faisaient à sa santé. Nous avons lu les lettres de Marguerite Bellanger à Napoléon III qui les conservait précieusement sous une enveloppe cachetée au chiffre N couronné, — et on sait à quel rôle, dans cette intrigue obscène, se prêta le magistrat qui, alors, était premier président de la cour impériale de Paris.

On avait les oreilles rebattues du récit de ces turpitudes qui soulevaient le cœur de dégoût aux honnêtes gens de tous les partis. — « Il y avait à la surface de l'océan parisien un vent de débauche imbécile et effréné. Dans l'art dramatique, cela se traduisait par des excès de bêtises tellement prodigieux, que la postérité refusera d'y croire... Cela s'appelait tantôt des féeries, tantôt des opérettes. On en sortait navré, navré surtout du plaisir maladif que la foule éprouvait à

(1) *Le dernier des Napoléon.*
(2) *Chroniques du XIXe siècle.*

boire cette écœurante ivresse. Et la salle hurlait, petits crevés, czars en vacances, coquines endiamantées, Robert-Macaires ayant fini leur journée, escargots sympathiques commençant la leur, poches à guinées et mains à poches, la salle entière rugissait d'allégresse sur le cadavre d'Homère assassiné (1). » C'est ainsi que, sous le second empire, tout tombait en ruines dans les mœurs publiques.

Le 1ᵉʳ mai, la *Lanterne* parut; elle fit événement et inspira de l'étonnement. Jusqu'alors, la pensée des honnêtes gens et des bons citoyens ne s'était exprimée librement qu'à l'étranger ; les journalistes français ne pouvaient la laisser entrevoir que sous les voiles d'une allégorie timide ou en l'enveloppant de circonlocutions qui l'affaiblissaient. M. Henri Rochefort prit cette pensée hardiment, et « la vêtit de force, l'arma de traits et de feu et la lança dans le combat » qu'il osait livrer à l'Empereur lui-même. Levant la visière de son armet, le pamphlétaire s'attaqua aux plus hauts personnages de l'État ; rien de ce qui touchait, de près ou de loin, au monde impérial ne fut épargné. La satire dont M. Rochefort se servait pour charger de mépris et ridiculiser ces gens-là dardait un aiguillon qui restait dans la piqûre ; les griffes de son sarcasme arrachaient les masques, déchiraient les habits brodés et mettaient à nu les hontes et les méfaits qui se cachaient sous tous les faux dehors. Revenus de la stupeur où les avait plongés cette audace que d'innombrables sympathies encourageaient, les ministres de Napoléon III mirent en délibération et ordonnèrent la saisie du troisième numéro de la *Lanterne* dont le succès était devenu prodigieux. Les numéros suivants eurent le même sort. Condamné par la police correctionnelle à treize mois de prison et à dix mille francs d'amende, M. Henri Rochefort alla continuer, à Bruxelles, la publication de son belliqueux pamphlet qui, trompant la vigi-

(1) Paul Féval.

lance de la police, franchissait les frontières, pénétrait dans nos villes, dans nos campagnes et même dans le cabinet de l'Empereur. M. Henri Rochefort eut le grand mérite d'avoir, le premier en France, colleté publiquement Napoléon III et montré que ce prétendu colosse avait des pieds d'argile ; — d'avoir aussi découvert les sépulcres blanchis sur lesquels s'appuyait le fameux « édifice, » et éclairé avec sa *Lanterne* les impuretés qu'ils renfermaient.

La *Cloche* avait suivi de près l'apparition de la *Lanterne*. Le pamphlet de M. Louis Ulbach voulait vivre ; aussi n'eut-il aucune des dangereuses hardiesses qui distinguèrent celui de M. Rochefort. Modérés par la prudence, les tintements agressifs de la *Cloche* n'éveillèrent pas la rigueur des tribunaux.

Le livre de M. Eugène Tenot vint porter un terrible coup à l'Empire harcelé par les pamphlets. S'appuyant sur des documents officiels et sur des récits inspirés par l'Élysée, hasardant, çà et là, des réflexions présentées sous une forme inoffensive, au moins en apparence, et parfois interrogative, qui relevait leur sens intentionnel, — enchaînant avec ces réflexions, ces récits et ces documents des faits trop en évidence pour qu'on eût osé les nier, le jeune rédacteur du *Siècle* était parvenu à dresser contre le gouvernement issu des crimes de Décembre un acte d'accusation habile, écrasant et inattaquable. Ce livre eut le grand succès qu'il méritait.

L'*Électeur libre*, fondé par M. Ernest Picard, fut le premier journal que la nouvelle loi sur la presse atteignit. Une amende de dix mille francs le frappa. Dans le courant de juillet, le *Peuple* de Marseille et le *Courrier de Lyon* subirent de dures condamnations ; on interdit la voie publique à l'*Union libérale* de Tours ; on supprima le *Courrier français* et le *Hanneton*.

Le 29, à propos d'une élection législative, une réunion privée se tenait à Nimes. Le commissaire et des agents de police envahirent la salle. Sommés de se disperser, les assistants demeurèrent calmes et ne bougèrent pas. M. Cazot, l'un des candidats, proteste contre cette sommation. Des soldats arrivent; un officier, l'épée en main, leur donne des ordres. Des citoyens sont blessés; un jeune homme reçoit au côté gauche un coup de sabre; d'odieuses violences sont commises par les soldats contre les personnes qu'ils ont arrêtées. A Alais, M. de Larcy avait, par lettres closes et individuelles, convoqué dans son domicile quelques centaines d'électeurs. Un commissaire se présente et veut dissoudre la réunion. M. de Larcy lui dit : « J'exerce un droit dont j'ai usé, depuis trente ans, sous tous les gouvernements ; la liberté de réunion ne périra pas dans mes mains. » Le commissaire dressa procès-verbal et s'en tint là. Les tribunaux condamnèrent les personnes arrêtées dans la réunion de Nîmes sous prétexte que « cette réunion n'avait pas eu lieu *chez ceux qui l'avaient organisée.* » M. de Larcy, qui *avait organisé et tenu chez lui* celle d'Alais, n'en fut pas moins condamné à une amende. Quelle magistrature !

L'élection de M. Jules Grévy dans le Jura causa au gouvernement un dépit d'autant plus vif que le candidat républicain avait réuni vingt-deux mille voix, et le candidat Napoléonien onze mille seulement.

M. Waleski mourut subitement à Strasbourg, le 20 septembre ; il était fils de Napoléon Ier et d'une Polonaise.

L'Empereur et l'Impératrice étaient à Biarritz ; pour se rapprocher d'eux, la reine d'Espagne se rendit à Saint-Sébastien ; elle projetait avec son ancienne sujette l'occupation de Rome par des troupes espagnoles qui iraient y remplacer nos soldats. Une entrevue se préparait dans ce but, lorsqu'une insurrection éclata en Andalousie et rapidement se propagea dans tout le royaume.

Détrônée par son peuple et par son armée, Isabelle de Bourbon montait, le 30 septembre, avec sa famille et au milieu d'un silence sépulcral, dans un wagon qui l'attendait.

La locomotive s'élança emportant vers la frontière de France ce funèbre convoi de la reine découronnée.

Maîtresse de ses destinées, mais ne sachant les régir elle-même, l'Espagne chercha bientôt un roi, et dans cette recherche l'Empereur trouva un prétexte à faire sa dernière folie. La chute d'Isabelle II a indirectement causé celle de Napoléon III ; c'est pourquoi je devais un souvenir à la révolution espagnole du 30 septembre 1868.

Des républicains avaient décidé que, le 2 novembre, ils iraient rendre honneur à la mémoire de Baudin, enterré dans le cimetière Montmartre. A trois heures de l'après-midi, sur la tombe que recouvrait une pierre, M. Charles Quentin, rédacteur du *Réveil,* prononça quelques paroles auxquelles répondirent des cris de : « Vive la liberté! vive la République! » — « Nous sommes venus ici, dit un jeune étudiant, pour honorer la mémoire de Baudin, assassiné, le 3 décembre 1851, par un pouvoir qui est encore debout. Si la vengeance à laquelle il a droit n'est pas encore satisfaite, je la promets éclatante, et je jure qu'elle sera prochaine. Si quelque mouchard veut savoir mon nom, le voici : PEUPLE et JEUNESSE. » M. Gaillard fils récita des vers et s'écria : « Nous reviendrons ici le 3 décembre, anniversaire de la mort de Baudin. » — « Nous y serons, » répondirent mille voix. » — « Qu'au jour du combat, ajouta M. Abel Peyrouton, le patriotisme de Baudin nous serve d'exemple et de stimulant! »

L'*Avenir national,* le *Réveil,* le *Rappel* et le *Revue politique* ouvrirent une souscription « pour élever un monument au glorieux martyr du 3 décembre 1851. » Le gouvernement somma l'*Avenir national* de clore cette souscription. M. Peyrat s'y refusa ; son journal fut saisi trois fois. Le *Siècle,* le *Temps,* l'*Electeur libre,* le *Journal de Paris* et la *Tribune* ouvrirent leurs colonnes à la souscription. Les adhésions se multiplièrent. M. Berryer écrivit à l'*Electeur* : « Le 2 décembre 1851, j'ai provoqué et obtenu de l'Assemblée nationale, réunie dans la mairie du X⁰ arrondissement, un décret de déchéance et de mise hors la loi du président de la République, convoquant les citoyens à la résistance contre la violation des lois dont le président se rendait coupable. Ce décret a été rendu public autant qu'il a été possible. Mon collègue, M. Baudin, a énergiquement obéi aux ordres de l'Assemblée ; il en a été victime, et je me sens obligé de prendre part à la souscription ouverte pour l'érection d'un monument expiatoire sur sa tombe. Veuillez agréer mon offrande. »

MM. Peyrat, Delescluze, Charles Quentin, Challemel Lacour, Gaillard père et fils et Albert Peyrouton comparurent, le 13 novembre, devant la sixième chambre, sous prévention de manœuvres exercées à l'intérieur et par application de la loi de sûreté générale. Le substitut Aulois tenta, dans un pitoyable réquisitoire, la justification du Coup-d'État. Crémieux, défenseur de Quentin, lui répondit : « Le crime ne peut s'absoudre et le plus grand de tous les crimes c'est la main du soldat portée sur la représentation nationale. Vous parlez d'absolution pour le 2 Décembre ! Il n'y a pas d'absolution pour le crime d'usurpation se traduisant en un Coup d'État contre la représentation nationale. »

L'exorde d'Emmanuel Arago plaidant pour Peyrat commençait ainsi : « Je ne connais rien de plus beau, de plus grand que la mort du républicain Baudin, mon cher ancien collègue. Il est tombé, le 3 décembre, victime volontaire de son dévouement à la loi, à la Constitution votée, promulguée, imposant au président des devoirs qu'il avait juré de remplir. Si dix-sept ans ont passé sans que le tombeau d'un martyr ait reçu des hommages, c'est que les morts du 3 et du 4 décembre n'avaient pas eu des funérailles; c'est que, jusqu'ici, on ne savait où déposer des couronnes. Mais voilà qu'enfin on retrouve sur une sépulture le nom que nous enseignerons à nos fils, le nom de celui qui représentait la loi et que les soldats *qui étaient les insurgés* ont tué. Et chacun prend la résolution de se rendre auprès de cette tombe, et c'est cela qu'on appelle manœuvres ! » Rappelant, avec un heureux à propos, le panégyrique prononcé, en 1866, par M. Rouher sur la tombe de M. de Morny à qui l'on dresse des statues, tandis que l'on traduit en police correctionnelle ceux qui songent à élever un monument à Baudin, l'éloquent avocat s'écrie d'une voix tonnante : « Morny et Baudin, rappelez-vous les deux hommes et frémissez du contraste ! Que le second empire dresse des statues à ses complices, mais qu'il nous laisse une tombe pour Baudin, c'est-à-dire pour la vertu, la fermeté, pour tout ce qui fait les bons citoyens ! »

Au milieu de la sensation produite par cette belle plaidoirie, un jeune avocat, presque inconnu au palais, M° Léon Gambetta se lève et prend la parole pour Delescluze. Sa phrase sonore comme sa voix s'empare, tout d'abord, de l'attention de son auditoire. Une nature ardente et puissante se révélait. Après avoir dit que le réquisitoire du ministère public est le véritable terrain du débat, le défenseur pose « aux hommes chargés de faire respecter la justice « cette question : « Peut-on, jamais, sous prétexte de salut public, renverser la loi et traiter de criminels ceux qui la défendent ? » Haussant graduellement le ton, M. Gambetta continue ainsi : « L'acte du 2 décembre a porté le trouble dans les consciences ; à cette date, se sont groupés autour d'un prétendant des hommes sans talent, sans honneur, perdus de dettes et de crimes, de ces complices, à toutes les époques, des coups de force.... de ces gens dont on peut répéter ce que César a dit, lui-même, de ceux qui conspiraient avec lui : *Éternels rebuts des sociétés régulières....* » Le substitut Aulois veut interrompre l'orateur en le menaçant de réquisitions que celui-ci dédaigne : «... Avec ce personnel, poursuit M° Gambetta en donnant à sa diction plus de véhémence, on sabre, depuis des siècles, les institutions et les lois, on écrase le droit sous la botte d'un soldat. » Évoquant le souvenir « des victimes spoliées d'une frénésie ambitieuse, » il rappelle que « grâce à la vapeur et au télégraphe, on trompa la province avec Paris et Paris avec la province. Paris est soumis, affichait-on, quand Paris était assassiné, mitraillé ! » Un geste impétueux donnait aux accents d'une indignation sincère, aux mouvements oratoires dont cette plaidoirie abondait une force qui remuait les esprits et les cœurs : « Écoutez, s'écria le défenseur de Delescluze, voilà dix-sept ans que vous êtes les maîtres absolus, *discrétionnaires* de la France. — C'est votre mot. — Eh bien, vous n'avez jamais osé dire : Nous célébrons, nous mettons au rang des solennités de la France le 2 décembre comme un anniversaire national ! Et cependant tous les régimes qui se sont succédé dans le pays se sont honorés du jour qui les a vus naître; et il n'y a que deux anniversaires, LE 18 BRUMAIRE ET LE 2 DÉCEMBRE, qui n'ont jamais été mis au rang des solennités d'origine, parce que vous savez que, si vous osiez les mettre, la conscience universelle les repousserait. » Nouvelle protestation du substitut dont la voix est étouffée par celle de M. Gambetta qui, en terminant sa foudroyante harangue, lui jette fièrement ces mots : « Vous avez dit : nous aviserons ! Nous ne redoutons ni vos menaces, ni vos dédains; vous pouvez frapper, vous ne pouvez ni nous déshonorer, ni nous abattre. »

Quand Léon Gambetta eut cessé de parler, les prévenus l'embrassèrent; ses confrères le félicitaient et lui serraient les mains au milieu de vifs applaudissements que le président Vivien, un orléaniste, subjugué comme l'auditoire, fit à peine semblant de réprimer. Un tribun du Peuple venait de se produire; son éloquence était bien celle dont parlait Timon « cette éloquence sortant de l'âme comme une source, roulant ses flots avec une abondance qui pousse devant soi, qui accable de sa propre masse, qui renverse et qui engloutit ses adversaires. » M. Léon Gambetta avait raison de dire aux amis qui lui parlaient de sa lutte avec le ministère public : « Il a voulu me fermer la bouche, mais je l'ai submergé. » Le 13 novembre 1868, Gambetta conquit une popularité qui, de jour en jour, a grandi.

M⁰ Clément Laurier, défenseur de M. Challemel-Lacour, fit entendre aussi d'énergiques paroles : « Nous sommes coupables, pourquoi ? Pour avoir voulu élever un monument à la loi. Car c'est la loi, c'est la République auguste qu'on a assassinée dans la personne de Baudin. Rappelez-vous la scène sublime du grand tragique anglais, lady Macbeth s'écriant : « Cette main, l'eau de la mer y passerait sans en effacer le sang. » Eh bien, le 2 Décembre, l'eau de la mer non plus ne l'effacerait pas! Le 2 Décembre sera châtié. »

M⁰ Leblond flétrit éloquemment le Coup d'État : « L'autorité, ajouta-t-il, est pleine d'indulgence pour les spéculations les plus honteuses, pour des dépravations de toutes sortes; mais elle arrête, elle entrave les aspirations nobles, enthousiastes. » M⁰ Hubbard, plaidant la question de droit, démontra que son client Peyrouton n'était point sorti des bornes de la légalité.

Le tribunal condamna Delescluze à six mois d'emprisonnement, à l'interdiction de ses droits civiques pendant le même temps et à 2,000 francs d'amende, — Peyrat, Challemel-Lacour et Quentin, chacun à 2,500 francs d'amende, Gaillard père en 500 francs d'amende, Gaillard fils et Peyrouton à 150 francs d'amende et à un mois de prison. Les retentissements de ces débats se prolongèrent dans tout l'empire et à l'étranger : ils y produisirent une sensation immense. Le second Empire auquel le ministère public avait rattaché le 2 Décembre était, disait-on partout, le véritable condamné. Il intenta un deuxième procès, pour manœuvres à l'intérieur, à MM. Peyrat, Delescluze, Hébrard, du *Temps*, Duret de *la Tribune*, et Weiss du *Journal de Paris*. Chacun d'eux fut condamné, le 29 novembre, à 1,000 francs d'amende.

Le lendemain, M. Berryer termina sa longue et brillante carrière. La France n'eut jamais un orateur plus grand, plus admiré, plus aimé. « Il était éloquent dans toute sa personne, » disait avec raison l'un de ses portraitistes. La nature avait prodigué à M. Berryer tous les dons enviables. C'était un de ces hommes d'élite qui font honneur à leur pays et qui sont la gloire de leur parti. On eût dit que, se sentant entraîné par ses aspirations libérales dans les voies de la Démocratie, il s'efforçait de résister à cet entraînement pour rester fidèle aux doctrines de la légitimité. Ses adversaires politiques se laissaient charmer par son caractère aimable et chevaleresque, par sa parole magnifique et loyale; ils rendaient hommage à l'honnêteté de ses convictions, et leurs regrets se mêlèrent à ceux des partisans de la cause vaincue au service de laquelle il consacra sa vie. Sa mémoire entourée de tous les respects fut insultée par un journaliste. Est-il besoin de nommer cet insulteur? Il ne pouvait s'en trouver qu'un pour baver sur cette tombe, un seul, ce *zoïle cagot* que l'auteur des *Châtiments* a marqué au front d'une flétrissure éternelle.

Le 2 décembre, vers huit heures du matin, la garde de Paris se massait dans l'ancienne prison pour dettes de la rue de Clichy que six escadrons de cavalerie et un bataillon d'infanterie occupaient déjà. Des troupes avaient pris possession des hauteurs de Montmartre. Là, comme dans l'ancienne prison pour dettes, on avait établi des ambulances et rassemblé des approvisionnements de vivres pour cinq jours. Aux abords et autour de la tombe de Baudin, les agents de police fourmillaient; il y en avait quinze cents sur les boulevards extérieurs qu'ils parcouraient avec des commissaires et des officiers de paix. Toutes les troupes de Paris, de Versailles, de Compiègne et de Saint-Germain étaient consignées. A midi, le cimetière Montmartre fut fermé; on y arrêta une douzaine de jeunes gens qui portaient sur la tombe de Baudin des bouquets d'immortelles; les portes de la nécropole ne s'ouvraient pas aux convois qui venaient, et les familles en deuil s'en retournaient tristement chez elles avec leurs morts. Des curieux qu'attirait ce spectacle étrange furent arrêtés. La journée s'écoula dans le plus grand calme. Un rire universel éclata. M. Pinard, l'ordonnateur de ces mesures inspirées par la peur, le vainqueur de chimériques émeutiers, fut ridiculisé par l'opinion publique et invité par Napoléon III à quitter le ministère de l'intérieur; le 17 décembre, M. Forcade de la Roquette y remplaça le protégé de l'impératrice Eugénie.

CHAPITRE XIII

1869

Un scandale et une restitution. — La session législative de 1869; M. Haussmann, les finances de la ville de Paris et le Crédit foncier ; emprunts illégaux, commissions usuraires, fortunes subites ; discussion générale du budget ; la politique intérieure ; la magistrature ; fin de la législature de 1863. — Mort de M. Troplong. — Mort de M. de Lamartine. — La campagne électorale. M. Albert de Broglie et les candidatures officielles. M. Émile Ollivier au Châtelet; brutalités de la police. — Résultat des élections. Deuxième tour de scrutin. — Nouvel attentat de la police; *Les blouses blanches*. — Affaire de la Ricamarie. — Session extraordinaire ; les candidatures officielles; les *rastels* ; message de l'Empereur ; nouvelles réformes. — Panique à la Bourse. — Convocation des Chambres au 29 novembre. — Projet de manifestation. — La grève d'Aubin. — L'Impératrice au Caire. — Élections partielles. — Les assermentés et les inassermentés. — Inauguration de la reprise de la session extraordinaire. — Démission des ministres. — M. Émile Ollivier est chargé de la formation du nouveau cabinet. — Le fils du proscrit et le proscripteur.

Les favoris de la cour impériale se croyaient tout permis. Un scandale sur lequel la presse avait donné l'éveil faisait grand bruit depuis un mois. Disposant sans façon des richesses de nos musées, le surintendant des Beaux-Arts avait tapissé de nos plus beaux tableaux de l'école flamande les murs des vastes salons du Cercle impérial. On se demandait anxieusement si les complaisances d'une administration soustraite à tout contrôle s'étaient bornées là ; on réclamait une enquête à laquelle une haute protection féminine déroba le délinquant. Le musée du Louvre fut rétabli, le 5 janvier, dans la possession des précieuses toiles dont on l'avait si cavalièrement dépouillé. Le 18, dans le discours d'ouverture de la session, l'Empereur disait : « Le but constant de mes efforts est atteint. *Les ressources militaires de la France sont, désormais, à la hauteur de ses destinées dans le monde.* » Tout, d'après lui, était pour le mieux dans le meilleur des gouvernements.

La discussion d'un emprunt municipal de 463 millions fut ouverte par M. Garnier Pagès qui, dévoilant la situation financière et le déficit de la ville de Paris, représenta les suites funestes de l'administration de M. Haussmann. M. Picard montra l'autocratique préfet rusant avec la loi, luttant contre la Cour des Comptes, contractant en moins de six années 465 millions de dettes, distribuant sans contrôle huit millions de francs à titre d'indemnités, réglant sous le manteau de la cheminée des opérations qui roulaient sur des milliards, agissant, enfin, comme s'il n'était responsable de ses actes ni devant les ministres, ni devant la Chambre qu'il bravait jusqu'à contracter avec un entrepreneur et à déguiser en cautionnement un emprunt de 40 millions.

Faisant bonne justice des budgets fantaisistes que M. Haussmann présentait à la Chambre, M. Thiers établit que la dette allait grossissant d'année en année tant en intérêts qu'en amortissement, et que les ressources de la Ville étaient épuisées. M. Rouher avoua qu'on avait contracté 465 millions d'emprunts illégaux et déguisés, violé un dépôt, dépassé de 125 millions le chiffre accordé à la dette flottante, que le Crédit foncier avait violé ses statuts pour aider la ville à s'endetter et à violer la loi ; il promit que de pareils faits ne se reproduiraient pas. En faisant ces aveux et cette promesse, le ministre d'État espérait détourner l'orage qui se formait au-dessus de MM. Haussmann et Frémy. Ce dernier, qui était gouverneur du Crédit foncier, confessa ses fautes et offrit la restitution de 17 millions illégalement perçus. Interprète des sentiments d'un très-grand nombre de leurs collègues, MM. Jules Simon et Bethmont obligèrent M. Magne à déclarer que le gouvernement userait de tout son pouvoir non seulement pour faire restituer, sans délai, par le Crédit foncier les 17 millions en question, mais encore pour obtenir de cet établissement *satisfaction complète*, qu'en outre il rendrait prochainement compte du résultat de ses réclamations.

M. Pouyer-Quertier ne se contentait pas de si peu; il prouva, d'abord, que M. Haussmann ne s'était pas borné à endetter secrètement et illégalement la ville de Paris, mais qu'il avait accordé à son prêteur un taux d'intérêt supérieur à celui que paient toutes les villes de France et, de plus, une commission de 70 centimes pour cent au-dessus de la commission légale; et cette commission usuraire n'était pas seulement soldée une fois, elle se payait autant de fois qu'il y avait d'années à courir jusqu'à l'échéance des valeurs escomptées. La ville avait été rendue par M. Haussmann victime de telles usures que le Crédit foncier dissimulait dans le chapitre « *Divers* » les profits qu'il en retirait. En conséquence, M. Pouyer-Quertier sollicitait la Chambre de déclarer nul tout emprunt illégal, d'annuler les titres émis par l'Hôtel de Ville à taux usuraires et de faire à des conditions honnêtes un emprunt direct. Toutes ces démonstrations, les plus complètes que l'on pût faire contre la coupable administration des finances de la ville de Paris, avaient ébranlé la majorité. M. Rouher fit insinuer dans les groupes hésitants qu'il donnerait sa démission si l'article 1er du projet en discussion n'était pas voté, et deux cents députés le votèrent. L'article 2 soumettait, désormais, à l'approbation législative le vote et le règlement définitif du budget extraordinaire de la ville de Paris dont les finances, depuis seize ans, se gaspillaient sans contrôle. La gauche profita de ces révélations pour demander qu'un

Conseil municipal élu remplaçât une commission municipale dont les votes complaisants avaient couvert les actes de M. Haussmann. Soutenu par MM. Jules Simon et Picard, cet amendement à l'art. 2 fut repoussé, — de même qu'un amendement de M. Martel tendant à soumettre aussi à l'approbation de la Chambre le budget ordinaire de la ville. 41 voix protestèrent contre une loi qui dérobait l'un des budgets municipaux à l'examen de l'Assemblée. M. Jules Favre dit un mot qui résumait cette discussion : « *La grande œuvre* est jugée; ses auteurs se sont levés de la sellette acquittés mais déconsidérés. »

L'aliénation d'une partie des jardins du Luxembourg amena entre M. Pelletan et M. Rouher une discussion fort aigre et dans laquelle M. Picard intervint pour s'étonner des grosses fortunes qui s'étaient subitement produites après la vente de certains terrains domaniaux; il y avait eu du tripotage dans ces affaires, et même un peu de scandale. M. Picard y fit allusion avec une prudente retenue qui, on ne sait pourquoi, irrita M. Rouher à l'excès. Dans ce langage incisif et qui savait éviter l'acerbité, avec cet esprit de harcèlement si alerte et si terrible à ses adversaires, l'infatigable tirailleur dont tous les coups portaient attaqua les pratiques faites par le gouvernement pour fausser la sincérité du suffrage universel. M. Picard appuyait chacune de ses accusations sur des preuves qui mirent M. Forcade de la Roquette dans un grand embarras. M. Emile Ollivier prit la parole après le ministre dans l'unique but d'ouvrir à son impatiente ambition l'accès du pouvoir; il flatta le ministre, caressa l'Empire, proclama que « les révolutions sont toujours funestes, » et provoqua M. Rouher qui lui opposa un silence dédaigneux.

La discussion générale du budget permit à la gauche de renouveler, sous forme d'amendements, les réclamations que, depuis la formation du groupe des Cinq, elle n'avait cessé de faire; c'était aussi, pour elle, une occasion d'at-

24

taquer les abus de pouvoir et les illégalités dont le gouvernement impérial était coutumier : « Il tue la presse, dit M. Thiers, il supprime les réunions publiques, bouleverse les circonscriptions, impose des candidats aux électeurs; voilà comment il entend la liberté électorale. Il refuse au Parlement le droit de nommer son haut bureau, d'amender les lois; il lui interdit toute interpellation directe, toute initiative parlementaire; il n'y a de liberté véritable que là où existe la responsabilité ministérielle. » M. Rouher cria au président : « M. Thiers viole la Constitution depuis une heure. » Les mameluks se mirent à crier aussi. L'orateur put leur faire entendre ces derniers mots : « Dans les gouvernements libres, il n'appartient qu'au pays de se prononcer sur la paix ou la guerre; c'est là son intérêt le plus cher, celui de son existence. »

M. Jules Favre n'eut pas de peine à établir que la loi de sûreté générale suspendait une perpétuelle menace sur tous les actes des citoyens; il attaqua l'art. 75 de la Constitution de l'an VIII « garantissant l'impunité des fonctionnaires d'autant plus sûrement que l'action publique ne peut être remplacée par la presse qui, dans les huit derniers mois, a subi *cent dix-huit* procès. » Après avoir dit qu'une volonté unique, non contente de nommer les ministres, le Sénat, le conseil d'État, tous les fonctionnaires, veut, en outre, nommer les députés, M. Jules Favre termina son discours par cette interrogation : « Que reste-t-il à la nation pour se protéger contre un absolutisme déguisé en régime représentatif, en présence de l'Europe en armes, du Peuple écrasé d'impôts et de l'avenir menacé par la dette? »

Dans cette discussion, MM. Jules Favre et Picard signalèrent la contrainte exercée par le pouvoir sur les magistrats dont la conscience se refusait à prononcer des condamnations politiques injustifiables. Un journal qui avait ouvert une souscription pour élever un monument à Baudin fut traduit devant le tribunal de Clermont qui le renvoya des fins de la plainte. Un magistrat, en pleine audience, taxa « d'imprudence et d'imprévoyance » l'impartialité des juges. M. Baroche, ministre de la Justice, soutenait que ce propos n'avait pas été tenu et M. Girot-Pouzol affirma l'avoir entendu. « Taisez-vous, » lui cria brutalement le Vice-Empereur qui dut faire amende honorable de cette impertinence.

M. de Talhouët raconta, dans tous ses détails, l'affaire Séguier. Conformément aux ordres du procureur général qui, lui même, obéissait aux prescriptions d'une circulaire envoyée par M. Baroche à tous les parquets, M. Séguier, procureur impérial à Toulouse, avait fait saisir les journaux dont les colonnes s'étaient ouvertes à la souscription Baudin ; il se déclara prêt à requérir contre eux « mais à la condition de faire remarquer au tribunal qu'il ne saurait voir dans ce fait *une manœuvre à l'intérieur ;* » et il ajoutait : « Dans le cas où mon attitude ne serait pas approuvée, je donnerais ma démission. Parler à l'audience sous la surveillance d'une police occulte, donner des conclusions imposées d'avance par le garde des sceaux est indigne d'un magistrat qui se respecte. » Quelques semaines après, M. Baroche révoquait M. Séguier et écrivait au procureur général de Toulouse : « Les nombreux acquittements de l'*Emancipation* sont UNE CHOSE HONTEUSE POUR LA JUSTICE ! »

Déjà, M. Turquet, procureur impérial à Vervins, avait dû renoncer à la magistrature pour conserver son indépendance.

Les pouvoirs du Corps législatif issu des élections de 1863 étaient expirés. Ce qui se disait au Sénat n'offrant aucun intérêt et n'ayant aucune portée, je ne reparlerai de ce Corps inutile que pour dire sa fin piteuse. Le 2 mars, M. Troplong était allé « souper chez les morts. » Ce jurisconsulte que la République de 1848 avait fait premier président de la Cour de cassation et qui s'était livré au violateur des lois n'emporta pas les regrets des honnêtes gens.

M. de Lamartine mourut le même jour. Ce fut un deuil pour ceux qui s'énorgueillissent des gloires nationales. Comme poëte et comme orateur, ce grand inspiré des muses de l'harmonie et de l'éloquence captivait les foules sous un charme souverain. La Liberté vers laquelle sont attirées les belles âmes le conduisit sous le drapeau de la République, et il salua la souveraineté du Peuple. La mémoire de Lamartine s'éternisera glorieusement dans les annales du monde.

En vue des élections prochaines, le gouvernement, dès la fin de mars, organisait une presse officieuse dans les départements ; il passait des traités avec des journaux de Paris qui ne tardèrent pas à inonder gratuitement de leur prose subventionnée les villes et les campagnes dans lesquelles il répandait aussi une brochure évoquant le spectre rouge de 1851 dont Napoléon III, pendant toute la durée de son règne, a si bien joué. Les circonscriptions électorales furent soumises à un remaniement scandaleux ; les électeurs des villes tronçonnées allaient être absorbés par la masse des électeurs ruraux sur lesquels s'exercent mieux l'intimidation et la violence.

La période électorale s'ouvre ; les réunions se multiplient ; les circulaires électorales foisonnent. Les candidatures officielles si rudement attaquées, au sein de l'Assemblée, par les députés de la gauche trouvèrent en M. Albert de Broglie, très-parlementaire à cette époque, un adversaire vigoureux : « Le droit de contrôle, écrivait-il aux électeurs de l'Eure dont il sollicitait les suffrages, — peut-il être sérieusement appliqué si celui qui doit le subir désigne, lui-même, celui qui doit l'exercer, *si c'est le gouvernement qui propose et impose même à votre choix, sous le nom de candidats officiels, des approbateurs obligés de tous ses actes? Ce système condamné d'avance par le bon sens est jugé par l'expérience des dernières assemblées. Choisies presque en entier parmi les candidatures officielles, que des fautes n'ont-elles pas laissé* commettre, quels dangers n'ont-elles pas, par là-même, fait courir au gouvernement qu'elles devaient éclairer ? *L'indépendance de l'électeur peut seule assurer celle du député.* » Et M. Albert de Broglie se déclarait résolu à combattre une politique « laissant planer sur toutes les têtes la crainte d'une crise inattendue *et à réclamer le développement de toutes les libertés publiques.* »

Repoussé, comme s'étant rendu indigne de la démocratie, par les électeurs de la 3ᵉ circonscription de la Seine qu'il représentait depuis douze ans, M. Emile Ollivier prépare, au Châtelet, une réunion publique afin d'expliquer sa conduite ; il choisit ses auditeurs parmi ses amis et les munit de cartes personnelles. Le jour venu, mille ou douze cents élcteurs sans cartes pénètrent dans la salle. M. Ollivier se présente et prend la parole au milieu d'un silence profond. Dès qu'il aborde sa thèse de l'*Empire libéral*, des murmures se produisent. Un commissaire de police déclare que, au moindre bruit, il dissoudra la réunion. L'orateur continue ; son langage soulève des protestations et la salle est évacuée. Une foule énorme remplit la place et les rues avoisinantes ; elle crie : « Vive Bancel ! Vive la République ! » On chanta la *Marseillaise* et le *Chant des Girondins*. Cinq ou six cents agents se ruent sur les chanteurs, le casse-tête au poing ; ils dégaînent et blessent des citoyens. Aux alentours de l'Hôtel de Ville, les groupes dispersés se reforment et se dirigent vers l'endroit du Faubourg-Saint-Antoine où Baudin fut assassiné. Là aussi, les cris de : Vive la République ! se mêlent aux strophes de la *Marseillaise*. Rejeté par le parti démocratique, M. Ollivier, tout en maintenant sa candidature à Paris, se présente dans une circonscription du Var. Les deux candidats officiels reçoivent l'ordre de se retirer.

Le 13 mai, à la suite de réunions paisiblement tenues à Belleville, une bande d'individus apparut. Ces inconnus que les gardes municipaux dispersèrent sans leur faire aucun mal hurlaient : « Mort aux propriétaires ! Vive l'anarchie ! » Le préfet de police prit le prétexte de cette équipée dont, mieux que personne, il connaissait les auteurs pour interdire tout stationnement aux abords des lieux où les réunions se tenaient. Exploitant ce coup monté, les journaux officieux essayèrent d'alarmer les esprits en disant qu'une vaste conspiration se tramait contre l'ordre, la famille et la propriété ; — toujours, l'évocation du spectre !

Le 24 mai, deuxième jour des élections, la foule inondait les rues et les boulevards ; elle saluait par d'immenses acclamations le triomphe de MM. Bancel (1), Gambetta, Picard, Jules Simon et Pelletan. Dans quatre circonscriptions, il y avait ballottage.

Dans les départements, la gauche avait fait vingt-six recrues, le tiers-parti s'était renforcé ; partout l'opposition gagnait du terrain. M. Émile Ollivier, que le gouvernement patronnait, fut élu dans le Var.

Au deuxième tour de scrutin, MM. Thiers, Jules Favre, Garnier-Pagès et Jules Ferry triomphèrent des candidats impériaux avec des majorités considérables. La candidature de M. Rochefort opposée à celle de M. Jules Favre dans la 7ᵉ circonscription avait échoué. Des groupes s'étaient formés devant les bureaux du *Rappel* (2). Quelques cris de : « Vive Rochefort ! » se firent entendre. Aussitôt, des nuées de sergents de ville s'abattent sur une foule d'où aucune provocation n'est partie ; ils frappent avec des casse-tête des promeneurs inoffensifs, envahissent les cafés et obligent les consommateurs à déguerpir. L'alarme se répand, les cafés se ferment, le public évacue le théâtre des Variétés ; on

(1) M. Bancel avait obtenu 22,090 voix, et M. Émile Ollivier, son compétiteur officiel, 10,000 seulement, celles de tous les réactionnaires de la 3ᵉ circonscription.

(2) Fondé sous les auspices de Victor Hugo, rédigé avec un grand talent par les deux fils et par les deux plus intimes amis du maître. — MM. Auguste Vaquerie et Paul Meurice, — *le Rappel* avait rapidement conquis une immense popularité.

s'enfuit précipitamment ; les sergents de ville poursuivent les fugitifs, blessent des hommes et des femmes ; un octogénaire est mortellement frappé. Cet attentat de la police était prémédité car il se commettait, à la même heure, sur le boulevard Montmartre et sur le boulevard Saint-Michel.

Le lendemain, des rassemblements plus nombreux se formèrent. Le gouvernement cherchait un motif à agiter le spectre rouge aux yeux du pays que l'Opposition conquérait pacifiquement ; la brutale agression de la veille n'ayant pu amener les excès voulus, on chargea quelques policiers de les commettre ; vêtus de blouses blanches, ils se réunirent, à Belleville, par bandes, en criant : « Vive *la Lanterne* et Vive l'anarchie ! » Sur leur passage, ces faux émeutiers cassaient vitres et réverbères. Du 7 au 12 juin, ils allèrent s'enhardissant ; ils parcouraient les boulevards. Renversant les kiosques, brisant les réverbères et les bancs, se dispersant aux premières sommations, reformant leurs bandes sur d'autres points, ils étaient naturellement respectés par les agents de police qui, en revanche, *empoignaient* et emprisonnaient des curieux et des passants. Le 11, à Belleville, *les blouses blanches* mirent à sac une maison de tolérance, se firent un drapeau du jupon rouge d'une prostituée et le promenèrent dans plusieurs quartiers en vociférant des menaces et des provocations.

Indignés de voir ces perturbateurs parcourir librement les rues, les boulevards et les faubourgs, les boutiquiers du quartier du Temple s'étaient armés de bâtons pour leur donner la chasse, et les gardes nationaux du quartier Montmartre s'apprêtaient à rétablir, eux-mêmes, l'ordre que la police permettait à ces provocateurs de troubler. Cette attitude de la population mit un terme à ces infamies dont on profita pour emprisonner douze ou quinze cents curieux, maltraiter des citoyens paisibles, faire des perquisitions dans les bureaux du *Rappel* et du *Réveil*, pour saisir, cinq fois, ces deux journaux, traduire devant un juge d'instruction MM. Louis Jourdan et Charles Limousin, rédacteurs du *Siècle* dont les bureaux furent visités aussi par la police, — pour opérer la saisie de ce journal, de la *Correspondance de Paris*, de l'*Électeur libre*, de l'*Opinion* et de quarante journaux de province, enfin, pour inculper de *complot contre la sûreté de l'État* un grand nombre de journalistes et de républicains.

Cette mise en scène et le tapage fait autour d'elle ne donna e change à personne. L'opinion publique était convaincue qu'il n'existait d'autre complot que celui qu'on avait tramé dans la rue de Jérusalem et dont l'avortement fut complet. On élargit les citoyens arrêtés ; aucune inculpation ne fut maintenue. Les journaux indépendants publièrent, pendant plus d'un mois, des protestations contre les brutalités de la police ; ils réclamaient énergiquement une enquête sur la cause des troubles qui, pendant cinq jours, avaient tant ému la population, et ils demandaient ironiquement ce qu'étaient devenues les *blouses blanches*. L'enquête n'eut pas lieu ; les *blouses blanches* s'emmagasinèrent à côté des « *engins infernaux* » découverts à Marseille en 1852 ; les « monstres » qui, avec ces engins, préparèrent « la *terrible scène de sang et de mort* » avaient sans doute figuré parmi les drôles mystérieux qu'on avait revêtus de ces blouses fameuses.

Dans le bassin de la Loire, des mineurs s'étaient mis en grève. Trois compagnies du 4e de ligne envoyées à la Ricamarie arrêtèrent, le 16 juin, une quarantaine de grévistes qui engageaient des ouvriers à quitter les puits où le travail continuait. Cinq ou six cents mineurs rencontrèrent le détachement en marche vers Saint-Étienne, ils réclamèrent la mise en liberté des prisonniers ; quelques-uns de ceux-ci s'échappèrent ; les soldats se mirent à leur poursuite ; assaillis par des pierres, ils firent une décharge sur la masse compacte des ouvriers. Neuf hommes et une femme tombèrent morts. On releva un grand nombre de blessés ;

plusieurs d'entr'eux succombèrent. Ces meurtres excitèrent une indignation générale contre le gouvernement impérial.

Les députés qui venaient d'être élus furent convoqués, le 28 juin, en session extraordinaire pour la vérification de leurs pouvoirs. La majorité repoussa une demande de M. Picard tendant à ce que le ministre de l'Intérieur mît à la disposition des membres de l'Assemblée la liste des dons et promesses de dons faits aux communes avant les élections. On avait employé en faveur des candidatures officielles les plus révoltantes manœuvres.

Dans les Pyrénées-Orientales, ce n'était que « menaces insolentes, séductions basses, ivresse versée à pleines mains dans les *rastels* (1), agents de police et gardes-champêtres montrant dans le lointain la déportation à ceux que ne tentaient pas ces dégoûtantes orgies. » Après avoir fait un émouvant tableau de ces scandales, M. Jules Simon éleva contre eux une protestation indignée. Cette élection qu'une Assemblée honnête eût cassée avec mépris fut renvoyée, pour la forme, à l'examen du 7e bureau. MM. Picard, Bethmont, Pelletan, Estancelin parlèrent de curés prêchant en chaire les gloires des candidats officiels, de maires rudoyant leurs administrés et emportant les urnes dans leur chambre à coucher, d'agents de toutes les administrations calomniant par paroles et par affiches les candidats indépendants, de préfets subventionnant les communes qui voteraient *bien*. Les mameluks n'y trouvaient rien à redire car le succès de leur candidature était dû aux mêmes moyens : « Toutes les élections officielles, s'écria M. Jules Ferry, sont entachées de tant d'illégalités et d'irrégularités qu'il n'y en a pas une qui ne méritât d'être recommencée. » Les députés bonapartistes se prêtaient mutuellement le

---

(1) « Le rastel, dit M. Taxile Delord, c'est la table ouverte, les tonneaux défoncés, la kermesse électorale, la goinfrerie soutenue par l'intimidation.

secours de leur vote, et les validations ne faisaient pas le moindre pli.

Le 19 juillet, M. Rouher lut un message Impérial :

« Je viens, disait Napoléon III, au devant des aspirations du Corps législatif en l'investissant du droit de faire son règlement intérieur, d'élire son bureau, de voter les modifications de tarifs internationaux et le budget par chapitres. » En outre, le mode de présentation et d'examen des amendements sera simplifié, le droit d'interpellation étendu, et l'incompatibilité entre le mandat de député et certaines fonctions publiques supprimée. La dernière phrase du Message était peu rassurante ; « Ces modifications doivent, d'ailleurs, laisser intactes les prérogatives que le Peuple m'a plus explicitement confiées et qui sont les conditions spéciales d'un pouvoir sauvegarde de l'ordre et de la société ; » c'est-à-dire du *pouvoir personnel* qui, deux fois en un demi siècle et sous le même nom, s'est brisé contre une invasion victorieuse en livrant la France humiliée aux tortures du démembrement.

Le 14 juillet, un décret prorogea la Chambre à une date que l'Empereur se réservait de fixer. Le ministère d'État fut supprimé et M. Rouher appelé à la présidence du Sénat. Il y eut un remaniement ministériel.

Dans les premiers jours de septembre, la panique se mit parmi les joueurs à la hausse. La Bourse était pleine de bruits alarmants sur la santé de l'Empereur que de violentes douleurs retenaient à Saint-Cloud. On attribuait hautement à ses excès la maladie dont il souffrait. Le 10, il put se rendre en voiture aux Tuileries et une dépêche officielle annonça aux préfets ce mémorable événement.

Le 3 octobre, un décret impérial convoqua les Chambres pour le 29 novembre. Constitutionnellement cette invocation aurait dû être faite pour le 24 octobre. Dans une lettre que tous les journaux publièrent, M. de Kératry invitait ses collègues à se réunir, ce jour-là, sur la place de la

Concorde d'où ils iraient reprendre leurs sièges au Palais-Bourbon. Gambetta écrivit qu'il se trouverait à ce rendez-vous : « Il faut, disait-il, que les députés du Peuple mettent, eux-mêmes, un terme à cette scandaleuse prorogation. Nous avons la mission de déjouer ces misérables temporisations d'une dictature qui se meurt d'impuissance. » MM. Raspail, Bancel et Jules Ferry adhérèrent à la proposition de M. de Kératry. Plusieurs journaux démocratiques regardaient cette manifestation comme inopportune et pouvant être fatale. Vingt députés de la gauche opinèrent qu'il fallait refuser au gouvernement le prétexte qu'il cherchait de se retremper dans une émeute ; ils prirent acte de la violation par le gouvernement de la Constitution qu'ils subissaient : « C'est devant l'Assemblée, disaient-ils dans leur manifeste, que nous demanderons compte au pouvoir de la nouvelle injure faite à la nation. » Le 12 octobre, Victor Hugo répondit, de Bruxelles, à des amis qui le consultaient : « La gauche s'abstenant, le Peuple doit s'abstenir. Le droit est du côté du Peuple ; la violence est du côté du Pouvoir. Ne donnons au Pouvoir aucun prétexte d'employer la violence contre le droit. » Le projet de cette manifestation fut abandonné.

Quatre jours après la publication du décret impérial qui avait excité cet orage contre le gouvernement, les scènes sanglantes de la Ricamarie s'étaient reproduites à Aubin, dans l'Aveyron. Les ouvriers des mines de Crol appartenant à la compagnie d'Orléans s'étaient mis en grève. Le 8 octobre, 160 soldats tuèrent quatorze grévistes et en blessèrent une cinquantaine. Plusieurs de ces blessés moururent. De temps en temps, il fallait quelques cadavres à l'empire.

La journée du 26, en vue de laquelle des précautions militaires et policières avaient été prises, se passa dans le plus grand calme. L'Impératrice était, alors, au Caire où elle assistait aux fêtes données à l'occasion de l'inauguration du Canal de Suez. Le 23 octobre, elle écrivait à l'Empereur: « Le roi a été d'*un galant à te faire dresser les cheveux*. Je ne sais si la présence d'un tiers le gêne pour me faire des confidences politiques, mais, dans tous les cas, *pas les autres*... Les danses dans le harem sont celles des bohémiennes en Espagne, *plus indécentes peut-être* (1). »

Ses allures étaient peu majestueuses. A Matarieh, elle organisa une partie d'ânes : « La souveraine, sur un baudet, entourée et suivie par une caravane de fonctionnaires et d'invités tous juchés sur des ânes, trottant, galopant, se bousculant comme une bande de grisettes et de commis de magasin en vacances à Montmorency formait un tableau indescriptible. Nous nous rappellerons éternellement la figure du Vice-Roi ébahi, consterné, faisant contre mauvaise fortune bonne mine, et tout confus devant les spectateurs de cette échappée de carnaval (2). »

Le diplomate témoin de ces folies dit que, après l'âne, l'Impératrice avait la passion du dromadaire et qu'elle se faisait photographier au haut de ce ruminant : « Un soir, ajoute-t-il, à Ismaïla, au milieu de tous les princes et souverains, à l'ébahissement de dix mille étrangers, elle nous arriva montée sur son inséparable dromadaire. »

Quelques phrases de cette correspondance témoignent que l'homme de décembre méditait un nouvel attentat; nous en trouverons ailleurs la preuve : « Je n'aime pas les *acoups*, écrivait encore l'Impératrice, et je suis persuadée qu'on ne fait pas deux fois dans le même règne des coups-d'État... Je me préoccupe beaucoup de la tournure de l'esprit chez nous. Dieu veuille que l'ordre soit maintenu sans user de la force, car le lendemain de la victoire est souvent difficile, plus difficile que la veille (1). » L'Impératrice tira de son cœur naturellement bon ces réflexions sensées. Les

(1) *Papiers et correspondances de la famille impériale.*
(2) *Le Dernier des Napoléon.*
(3) *Papiers et correspondances de la famille impériale.*

historiens sont tenus de considérer par tous ses côtés la souveraine qui, en cas de décès de Napoléon III, devait, pendant la minorité de son fils, être impératrice-régente et dont l'ingérence dans les affaires de l'État fit tant de mal à la France. Le moment approche où sa volonté prédominante et obstinée précipitera son époux dans cette affreuse guerre dont elle a dit : « *C'est ma guerre à moi,* » et qui, en anéantissant la dynastie napoléonienne, atteindra si terriblement la nation.

Dans sa lettre du 12 octobre, Victor Hugo disait : « Ce qui sort virtuellement de la situation, c'est l'abolition du serment. »

On agita cette question à propos des quatre élections rendues nécessaires par l'option de MM. Bancel, Gambetta, Ernest Picard et Jules Simon pour les départements du Rhône des Bouches-du-Rhône, de l'Hérault et de la Gironde où ils avaient été élus en même temps qu'à Paris. Les électeurs des 1e, 3e, 4e et 8e circonscriptions de la Seine furent convoqués pour le 21 et le 22 novembre. Les républicains se divisèrent sur la question du serment. Les uns voulaient choisir des candidats *assermentés* et pouvant remplir leur mandat, — les autres ne donner leurs suffrages qu'à des candidats refusant le serment préalable et prenant l'engagement de se mettre à la disposition des citoyens qui les auraient élus. Dans ce cas, il eût fallut aller jusqu'au bout, c'est-à-dire forcer les portes de l'Assemblée afin d'y introduire les quatre *inassermentés* et livrer une bataille ingagnable à un pouvoir qui la désirait pour noyer dans le sang la liberté renaissante.

Les partisans de l'*inassermentation* proposèrent la candidature à MM. Ledru-Rollin, Barbès, Louis Blanc et Félix Pyat. Ledru-Rollin prêta, d'abord, l'appui de son nom à cette manifestation ; mais il la voulait pacifique : « Pas d'illusion, écrivait-il, ce que veut l'empire, c'est une journée. N'entendez-vous pas déjà les cris de la presse impérialiste demandant une nouvelle hécatombe de dix mille républicains ? Ignorez-vous que les casernes sont pleines à déborder et que de nouvelles troupes convergent de toutes parts vers Paris ? » Bientôt, notre illustre ami reconnut qu'il était mieux de diriger contre l'ennemi commun toutes les forces de la démocratie, et il retira sa candidature. Louis Blanc répondit sagement qu'il ne pouvait se poser en adversaire de candidatures acceptées déjà par le public: « Est-il nécessaire d'ailleurs, ajoutait-il, que les candidats inassermentés, s'ils sont élus, aillent forcer le seuil de la Chambre sauf à être repoussés, empoignés, emprisonnés?... Une manifestation populaire sans ensemble, partielle, conduirait à un combat horriblement inégal, et le combat horriblement inégal, à une défaite certaine nous donnant une seconde fois un maître déguisé en sauveur. » Barbès, qui agonisait à la Haye, dicta ces paroles à M. Gambon : « Redis bien à tous de ne pas se laisser prendre à quelque piége de l'ennemi ; il doit vouloir l'émeute, il en a besoin... Si, un jour, la bataille est nécessaire, ce qui reste à voir, ne la livrons qu'à bon escient, le jour et l'heure fixés par les évènements et par la volonté du Peuple. Ce jour-là, ou bien mon cœur se rompra en chemin, ou bien je serai avec vous pour recevoir une dernière balle. » Félix Pyat, qui était à Paris, engagea les électeurs de la 8ᵉ circonscription à reporter sur un ouvrier la candidature qu'ils lui offraient.

On renonça, très-heureusement, à cette manifestation comme à l'autre. Le scrutin s'ouvrit. MM. Rochefort, Crémieux, Glais-Bizoin et Emmanuel Arago furent élus.

Dans le discours prononcé par l'Empereur, le 29 novembre, au Louvre où s'inaugura la reprise de la session extraordinaire, cette phrase fut beaucoup remarquée : « *Aidez-moi à sauver la liberté !* » Il fallait qu'il pressentît l'écroulement prochain de sa fortune pour demander qu'on l'aidât, afin de s'en faire un appui à sauver cette liberté, qu'il avait bâillonnée, enchaînée, piétinée, meurtrie. Privé des conseillers hardis et dévoués qui guidaient, autrefois, son esprit indécis et que la mort lui avait successivement enlevés, mis par les infirmités que l'abus des plaisirs cause dans cet état de langueur qui angoisse l'âme et le corps, troublé par les échecs nombreux de sa politique, sans boussole au milieu des ténèbres où tâtonnait sa volonté flottante, Napoléon III prêtait l'oreille à des intrigants qui lui promettaient de raffermir sa couronne en associant la liberté à l'empire ; il leur eût été moins difficile de prendre la lune aux dents que de réaliser une pareille alliance. Y a-t-il deux choses, en ce monde, qui de leur nature soient plus antagoniques et plus irréconciliables que l'Empire et la Liberté ? Ce projet était une ineptie. M. Émile Ollivier qui l'avait conçu fut nommé président dans le deuxième bureau. L'ancien commissaire de Ledru-Rollin prit la parole à cette occasion : « Nous sommes débordés, dit-il, par les passions populaires ; il faut que nous nous groupions autour de la dynastie. Je me sépare avec le *centre gauche*, parce qu'il marche directement à la révolution. »

Ainsi parla cet homme qui, en 1848, était un républicain ardent et dont, en 1857, la candidature fut présentée comme « une consolation à l'exil. » — « On veut, écrivait-il alors, honorer en moi la vie de dévouement de mon père (1), la mémoire de mon frère (2). » Dans une réunion de délégués du parti démocratique, il s'écriait : « Moi, je serai le spectre du 2 Décembre ! »

La vérification des pouvoirs fut reprise. Il y avait des élections tellement scandaleuses, par exemple, celle de M. Clément Duvernois, favori de l'Empereur, que 112 voix sur 247 votants se prononçaient contre leur validation. On

(1) Démosthène Ollivier, qui siégeait sur les bancs de la Montagne après la révolution de Février, et qui fut, après le coup d'État, mon compagnon de casemate et d'exil.

(2) Aristide Ollivier, tué en duel à Montpellier par un ennemi de la République dont il défendait la cause vaillamment.

ne put s'empêcher d'en annuler quatre. Le 27 décembre, la session extraordinaire fut close, et, le lendemain, la session ordinaire s'ouvrit. Ce jour là, le *Journal officiel* annonça que l'Empereur avait reçu les démissions de ses ministres et chargé M. Émile Ollivier de la formation du nouveau cabinet. Les négociations entamées depuis si longtemps dans ce but et reprises avec plus d'activité vers la fin de septembre aboutissaient enfin. Le 30 octobre, M. Émile Ollivier était allé nuitamment à Compiègne ; il avait ôté ses lunettes et entouré sa tête d'un cache-nez pour se rendre méconnaissable. M. Piétri l'attendait à la gare et l'introduisit dans le cabinet de Napoléon III. Là se discutèrent les dernières conditions du marché en suite duquel le fils du Proscrit devint le ministre et le courtisan du proscripteur.

CHAPITRE XIV

1870

Le premier cabinet de l'empire libéral. — Assassinat de Victor Noir par le prince Pierre Bonaparte. — Un article de M. Rochefort; agitation populaire; dérivatifs impuissants; la journée et la nuit du 11 janvier; funérailles de Victor Noir. — Autorisation de poursuites contre M. Rochefort; sa condamnation. — Mort du duc Victor de Broglie. — Arrestation de M. Rochefort. Tentative d'insurrection. — Arrestations. — Le mécanicien Mégy. — Procès et acquittement de M. Pierre Bonaparte. — — Une lettre du procureur général. — M. Tardieu à l'École de Médecine. — La grève du Creusot. — Le système plébiscitaire. — Démission de MM. Buffet et Daru. — Expulsion de M. Cernuschi. — M. Émile Ollivier et l'activité dévorante. — Un complot venu à point. — Le spectre rouge mis en avant par le garde des sceaux. — Manifestes anti-plébiscitaires. — Victor Hugo et les *sacrifiés volontaires*. — Une lettre du ministre de l'intérieur. — La magistrature pendant la période plébiscitaire. — Un coup d'œil sur la sixième chambre; observations de M. Berryer sur les juges qui la présidaient. — Une opinion émise par le duc Albert de Broglie. — M. Émile Ollivier et l'Internationale. — Le plébiscite. — Averse de procès et de condamnations. — Remaniement ministériel. — Mort d'Armand Barbès. — Pétition des princes d'Orléans. — Une prodigieuse adulation. — Un souvenir du 4 janvier 1852.

Après de longues résistances, M. Émile Ollivier s'était résigné à offrir deux portefeuilles au centre gauche; il trouvait MM. Buffet et Daru trop révolutionnaires!

Le *Moniteur* du 4 janvier 1870 annonça que le premier cabinet de l'Empire libéral était ainsi composé : M. Émile Ollivier, garde des sceaux, ministre de la justice et des cultes;

M. Chevandier de Valdrôme, ministre de l'intérieur ; M. Napoléon Daru, des affaires étrangères ; M. Buffet, des finances; le général Lebœuf, de la guerre ; l'amiral Rigault de Genouilly, de la marine ; M. Segris, de l'instruction publique; M. Maurice Richard, des beaux-arts ; M. Louvet du commerce et de l'agriculture ; M. de Talhouet, des travaux publics.

M. Haussmann, « relevé de ses fonctions, » après avoir été vainement invité à s'en démettre, fut remplacé à la préfecture de la Seine par M. Chevreau, préfet du Rhône.

M. Pierre-Napoléon Bonaparte, fils de Lucien et dont les antécédents laissaient beaucoup à désirer avait, à la fois, provoqué M. Rochefort et injurié les rédacteurs d'un journal de Bastia ; M. Paschal Grousset était le correspondant de cette feuille corse. Le 10 janvier, MM. Ulric de Fonvielle et Victor Noir, amis de M. Grousset, devançant les témoins de M. Rochefort, allèrent demander au prince Pierre qui habitait Auteuil raison de ses injures. Après leur avoir dit qu'il avait provoqué M. Rochefort « porte-drapeau de la crapule, » et qu'il n'avait rien à répondre à la lettre de M. Grousset, le cousin de l'Empereur demanda à MM. de Fonvielle et Victor Noir s'ils étaient solidaires « de ces charognes. » — « Nous sommes, répondit Victor, solidaires de nos amis. » Aussitôt, Pierre Bonaparte le soufflette et le tue d'un coup de revolver. Une deuxième balle traverse le paletot de M. de Fonvielle qui, en criant à l'assassin, put gagner la rue. Ce double crime souleva tout Paris.

Le lendemain, dans son journal (1) encadré de noir, M. Rochefort disait : « J'ai eu la faiblesse de croire qu'un Bonaparte pouvait être autre chose qu'un assassin. J'ai osé m'imaginer qu'un duel loyal était possible dans cette famille où le meurtre et le guet-apens sont de tradition et d'usage. Notre collaborateur Paschal Grousset a partagé

(1) La *Marseillaise*.

mon erreur, et aujourd'hui, nous pleurons notre pauvre et cher ami Victor Noir assassiné par le bandit Pierre-Napoléon Bonaparte. Voilà dix-huit ans que la France est entre les mains ensanglantées de ces coupe-jarrets qui, non contents de mitrailler les républicains dans les rues, les attirent dans des piéges immondes pour les égorger à domicile. »

Un grand nombre d'exemplaires de la *Marseillaise* échappèrent à la saisie dont elle fut l'objet. L'irritation populaire était à son comble; pour l'apaiser, M. Émile Ollivier fit savoir à tous les journaux qu'il avait ordonné l'arrestation de M. Pierre Bonaparte, que l'Empereur approuvait cette mesure, et que l'instruction était déjà commencée. En même temps, il « étendait à Ledru-Rollin l'amnistie » dont le grand tribun, avait, seul, été exclus. L'attention publique ne se laissa pas détourner du grave événement qui l'absorbait.

La journée du 11 fut extrêmement agitée. Au Corps législatif, l'émotion n'était pas moins vive qu'au dehors. M. Guyot-Montpayroux réclama « l'abrogation des articles du sénatus-consulte soumettant à une juridiction spéciale les membres de la famille impériale. » — « Un assassinat, dit M. Rochefort, a été commis, hier, sur un jeune homme couvert par un mandat sacré, celui de témoin, c'est-à-dire de parlementaire. L'assassin est un membre de la famille impériale. Pourquoi lui donner des juges dévoués à cette famille? Devant un fait comme celui d'hier, devant les faits qui se passent depuis longtemps, je me demande si nous sommes en présence des Bonapartes ou des Borgia. J'invite tous les citoyens à s'armer et à se faire justice à eux-mêmes. » Le président rappela M. Rochefort à l'ordre. M. E. Ollivier répondit hautainement : « *Prenez garde!* nous sommes la justice et la modération ; mais au besoin, nous serons la force. » Puis il parla de l'origine de la Haute-Cour et de l'indépendance de la magistrature française, — indépenlance que M. Raspail contesta. — Nous les connaissons ajouta-t-il, ces Hautes-Cours dévouées à ceux qui les ont choisies comme les tribunaux ; dans l'une d'elles on a trouvé jusqu'à un homme condamné aux galères. Ce qu'il faut pour juger l'assassin de Victor Noir, c'est un jury qui ne soit pas choisi parmi les ennemis de la cause du Peuple. »

Le soir, dans les salles où se tenaient les réunions publiques, de longs crêpes noirs couvraient le bureau ; on y flétrissait « l'assassin d'Auteuil » : — « Le sang de Victor Noir, disait-on, crie vengeance devant la nation. » On se donnait rendez-vous aux funérailles « de l'enfant du Peuple assassiné par un prince de la famille Bonaparte. » Le bruit s'étant répandu que la police devait enlever nuitamment le cadavre de la victime, plusieurs centaines d'ouvriers se rendirent à Neuilly et se groupèrent autour de la maison mortuaire. De nombreux amis du mort si justement regretté remplissaient la chambre funéraire et la cour. On veilla ainsi toute la nuit pour s'opposer à l'enlèvement qu'on redoutait.

Le 12, à midi, une foule compacte se pressait dans l'avenue de Neuilly ; les ouvriers, les bourgeois, les étudiants et les femmes qui la composaient demandaient que l'enterrement se fît au Père-Lachaise. Louis Noir les supplia, d'une voix que les larmes étouffaient, de conduire au cimetière de Neuilly le corps de son malheureux frère : « C'est, disait-il, le vœu de ma famille. » MM. Rochefort et Delescluze obtinrent qu'on s'y conformât. Non loin du cimetière de Neuilly, une partie de ceux qui formaient l'immense cortége essayèrent de faire rebrousser chemin au corbillard pour le diriger sur Paris. C'eût été compromettre dans un conflit sanglant la cause démocratique dont tout présageait le prochain triomphe ; des troupes étaient massées sur plusieurs points de Paris. La raison l'emporta. Des ouvriers et des étudiants s'attelèrent au corbillard qui pénétra dans le cimetière de Neuilly. Près de la fosse où le cercueil allait être descendu, M. Ulric de Fonvielle s'écria : « Je jure sur cette tombe et devant le Peuple souverain que Victor Noir a été lâchement assassiné par Pierre Bonaparte. Si nous n'obtenons rien de la justice impériale, nous aurons recours à la justice du Peuple. Elle ne nous manquera pas celle-là. Victor Noir, mon ami, mon frère, toi qui as arrrosé de ton sang la demeure d'un prince pour la liberté, je te vengerai ! Le Peuple aussi te vengera ! » — « Oui, vengeance ! répètent des milliers de voix ; mort aux Bonapartes et vive la République ! »

La foule se retire et suit la voiture de M. Rochefort en chantant la *Marseillaise*. La barrière et ses abords sont occupés par des agents de police qui coupent la formidable colonne dès que la voiture et une partie des citoyens qui l'entourent sont passés. Ces citoyens, dont à chaque instant le nombre grossit, trouvent, au rond-point des Champs-Elysées, le chemin barré par un escadron de chasseurs devant lesquels se tiennent un commissaire de police et un tambour. Rochefort descend de voiture et dit au commissaire : « Je vous somme d'ouvrir le passage au député inviolable et aux amis du mort d'Auteuil. » Sur un ordre du commissaire, les rangs de la troupe s'ouvrent, M. Rochefort passe, et ils se referment. Aussitôt, le tambour bat pour les sommations ; la foule crie : « Vive la République ! Vive l'armée ! » Elle se disperse après le deuxième roulement.

Le 17, la majorité de l'Assemblée autorisa des poursuites contre M. Rochefort au sujet de l'article paru, le 11, dans la *Marseillaise*. M. Émile Ollivier avait fait de cette autorisation combattue par MM. Picard, Arago, Ferry, Gambetta et Estancelin une question de cabinet.

Le 22, la 6e chambre présidée par M. Cressent condamna le député du 1er arrondissement de Paris à six mois de prison et à 3,000 francs d'amende.

Le 27, le duc Victor de Broglie mourut fidèle à l'orléanisme, à son attachement au régime parlementaire et à cette vigoureuse haine que les honnêtes gens nourrissaient pour le second empire. Pair de France, il eut le courage de ne pas voter la mort du maréchal Ney et de combattre ceux qui s'opposaient au développement des idées libérales : « Quoi, — disait-il, le 2 mars 1819, aux ministres d'alors, — vous vous effarouchez du moindre mouvement civique et vous croyez vouloir la liberté ! Laissez le développement d'un peuple libre s'opérer sans contrainte pour qu'il subsiste, pour qu'il grandisse et se fortifie ; ne prétendez pas lui inspirer tous ses mouvements. S'il nous faut renoncer à la liberté de la presse chaque fois qu'un écervelé aura mis au jour un pamphlet téméraire, s'il nous faut changer la loi des élections chaque fois que les électeurs auront fait choix d'hommes d'un caractère prononcé dans une opinion qui n'est pas la nôtre, c'en est fait du gouvernement constitutionnel. Qu'on nous ramène aux carrières ! » Cet adversaire du gouvernement personnel, ce vieillard aux mains duquel la police de Napoléon III alla, comme je l'ai raconté, arracher, en 1861, les pages d'un livre qu'il écrivait, aurait ressenti une cruelle douleur s'il eût vu son fils Albert, héritier de son titre ducal, renier les traditions paternelles et devenir « *le protégé de l'Empire.* »

Le 7 février, à huit heures et demie du soir, M. Rochefort descendait d'une voiture dans la rue de Flandre, à la porte d'une salle où se tenait une réunion publique. Des mouchards déguisés en ouvriers l'entourent en l'acclamant et l'entraînent vers une cour dont la grille se referme. Là, un commissaire de police lui lit un mandat d'amener. On le fait monter dans une voiture ; quelques instants après, on l'écrouait à Sainte-Pélagie.

La nouvelle de cette arrestation se répand dans la salle où il était attendu. M. Flourens, qui présidait la réunion, fait un appel aux armes, prend au collet le commissaire de police qui était de service là, et lui ordonne de marcher à ses côtés. Suivi d'une centaine d'hommes, Flourens se dirige vers Belleville, n'y trouve pas les auxiliaires sur lesquels il comptait, et, après quelques tentatives d'insurrection dans le faubourg du Temple, se réfugie chez un ouvrier. Il put, bientôt, gagner Londres.

Le lendemain, tous les rédacteurs de la *Marseillaise* furent arrêtés. L'agitation croissait et faisait craindre une collision qu'il était dans les intérêts de la démocratie d'éviter à tout prix. Des membres de l'*Association des travailleurs* publièrent une déclaration qui se terminait ainsi : « La Révolution marche à grands pas; n'obstruons pas sa route par une impatience bien légitime mais qui pourrait devenir désastreuse : chaque heure diminue les forces du despotisme et augmente les nôtres. Hâtons par la propagande et par l'organisation le triomphe définitif mais ne le compromettons pas par une action trop précipitée. » De nombreuses arrestations se firent. Le 11, à six heures du matin, un commissaire de police s'introduit dans la chambre du mécanicien Mégy qui, armé d'un pistolet fait feu. Une balle effleurant la tempe du commissaire Dorville frappa mortellement l'inspecteur Mourot. Mégy allégua qu'il avait agi dans un cas de légitime défense, sa porte ayant été forcée par les agents de l'autorité avant l'heure où la loi les autorise à violer le domicile d'un citoyen. Les journaux démocratiques défendaient cette opinion contre les feuilles bonapartistes qui la combattaient : « dans la saison d'hiver, disaient-ils, six heures du matin c'est encore la nuit. »

La Haute-Cour réunie à Blois pour juger M. Pierre Bonaparte tint sa première audience le 27 mars. M. Glandaz présidait. L'accusé prétendait n'avoir fait feu sur Victor Noir qu'après avoir été souffleté par lui. Ce système de défense avait été imaginé tardivement. Il fut acquis aux débats que les gants de la victime étaient intacts et boutonnés, — que, dans la pharmacie où le cadavre fut porté,

M. de Fonvielle « avait fait plusieurs fois sans varier, le même récit que devant la justice. » Les docteurs Bergeron et Samazeuilh expliquèrent scientifiquement « que la trace du soufflet reçu par Victor Noir avait fort bien pu disparaître après sa mort. » Plusieurs heures seulement après le crime, le prince fit constater « une espèce d'ecchymose sur sa figure, » et il l'attribua au prétendu soufflet que Victor Noir lui avait donné. Le professeur Tardieu déclara que, « à son avis, un coup direct avait produit cette ecchymose.» Pendant tout le cours des débats, l'accusé manifesta la violence de son caractère. Il insulta MM. Floquet et Laurier, avocats de la partie civile; il était sûr de son acquittement. Si le verdict négatif du haut-jury n'excita aucun étonnement, il produisit une effervescence populaire qui se traduisait par des murmures contagieux. M. Grandperret, procureur général, avait, dans son réquisitoire, adopté le récit du prince et conclu à l'innocence du cousin de l'Empereur. Le lendemain, ce magistrat adressait à M. Conti secrétaire particulier de Napoléon III les lignes suivantes : « Je reçois avec une joie profonde, M. le sénateur, la lettre par laquelle vous me faites savoir que Sa Majesté a daigné m'accorder son approbation. Ce témoignage d'une auguste bonté sera l'honneur de ma vie et le sujet d'une éternelle reconnaissance. Toute mon âme et toutes mes forces sont vouées au service de l'Empereur. »

Le 30, quand M. Tardieu monta dans sa chaire, à l'École de médecine, les étudiants lui crièrent : A la porte, le Corse! A la porte, le défenseur des assassins! » Le professeur que, à tort ou à raison, on accusait de s'être partialisé dans sa déposition favorable au prince Pierre Bonaparte, essaya de parler; on le hua plus fort et il se retira. Deux jours plus tard, il reparut; on lui jeta des gros sous et ces paroles: « Donnez votre démission et allez au Sénat; votre place est au Sénat. » Un arrêté ministériel suspendit les examens et les cours pendant un mois.

Au moyen de retenues faites hebdomadairement sur leur paye, les ouvriers du Creuzot entretenaient une caisse de prévoyance et de secours ; elle était gérée par M. Schneider, propriétaire de cette vaste usine. Une commission chargée de surveiller les intérêts des ouvriers réclama la gestion de cette caisse. M. Schneider s'y refusa, mais il proposa de se référer à l'avis que feraient connaître par un vote tous les ouvriers du Creuzot. Les quatre cinquièmes des votants donnèrent raison à la commission que présidait un mécanicien nommé Assy. Dès que cette décision fut prise, le directeur de l'usine s'y conforma en renvoyant des ateliers Assy et plusieurs de ses camarades, et en maintenant le *statu quo*. Les ouvriers déclarèrent qu'ils cessaient tout travail jusqu'au jour où la gestion de la caisse de secours leur serait remise et où leurs camarades injustement expulsés de l'usine y rentreraient. M. Schneider répondit à cette déclaration en faisant envoyer au Creuzot 3,000 soldats sous le commandement de deux généraux. MM. Esquiros et Gambetta interpellèrent le gouvernement à ce sujet; ils s'indignèrent, avec raison mais sans succès, de cette intervention armée que rien ne justifiait. *L'Association internationale des travailleurs* publia un manifeste : « Veut-on, demandait-elle, une nouvelle hécatombe de prolétaires ? L'association proteste contre ces gens qui, non contents de détenir toutes les forces économiques, disposent de toutes les forces sociales pour le maintien de leurs iniques priviléges. »

Le 6 avril, vingt-six grévistes du Creuzot furent condamnés par le tribunal d'Autun à plusieurs mois de prison ; l'*Internationale* invita « tous les citoyens pénétrés du sentiment de la solidarité républicaine socialiste à prélever un pour cent sur le prix de leur travail au profit des condamnés et de leurs familles. » Elle ajoutait : « Quand la justice succombe sous l'arbitraire, quand on acquitte les princes qui tuent et que l'on condamne des ouvriers qui ne demandent qu'à vivre de leur travail, quand les condamnations frappent surtout les femmes et les enfants en les privant du labeur des chefs de famille, il nous appartient d'infirmer cette nouvelle iniquité par l'adoption des veuves et des orphelins. » Le *Rappel*, la *Marseillaise* et la *Démocratie* annoncèrent que dans leurs bureaux seraient reçues les offrandes en faveur des condamnés d'Autun.

L'Empereur avait conçu le projet de faire ratifier par un plébiscite les dernières réformes et l'espoir de retremper dans cette ratification son pouvoir de plus en plus faiblissant. Un sénatus-consulte rédigé par M. Émile Ollivier portait ceci: « Le pouvoir constituant appartient à la nation, mais elle ne peut l'exercer que sur l'initiative de l'Empereur.» Le système plébiscitaire consistant à poser insidieusement des questions auxquels on ne peut répondre que par *oui* ou par *non* et mis en jeu par l'Empereur seul qui pourrait en user à son gré était, selon l'expression des députés de la gauche, *la menace permanente d'un coup d'État*. « Par ce moyen, disait excellemment M. Jules Grévy dans la séance du 4 avril, l'Empereur accapare le pouvoir constituant qu'il partageait autrefois avec le Sénat. » MM. Gambetta, Jules Simon et Picard firent toucher au doigt et à l'œil le danger du régime plébiscitaire dont M. Émile Ollivier célébra les beautés. MM. Buffet et Daru, partisans des institutions parlementaires, ne pouvaient admettre un régime qui en était la négation; le 10 avril, ils déposèrent leurs portefeuilles. Le 13, la Chambre se prorogea au jeudi qui suivrait le plébiscite dont la date n'était pas encore fixée.

Le 20, les sénateurs octroyèrent au pouvoir exécutif le droit césarien d'appel au Peuple. Le 23, l'Empereur décréta que le peuple français se réunirait, le 8 mai, dans ses comices pour accepter ou rejeter le plébiscite suivant: « Le Peuple approuve les réformes libérales opérées dans la Constitution depuis 1860 et ratifie le sénatus-consulte du 20 avril 1870. » Tout ce qu'il y a d'insidieux dans la rédaction de ce plébiscite saute aux yeux. Le même jour, Napoléon III adressait aux Français une proclamation les invitant à dire *oui*. Le lendemain, les ministres envoyaient aux fonctionnaires une circulaire qui débutait par cette hardiesse : « En 1852, l'Empire a demandé à la nation *la force pour assurer l'ordre*; l'ordre assuré, il lui demande, en 1870, la force pour fonder la liberté! » C'était dire que le *Deux-Décembre* avait été fait pour assurer l'ordre.

Après cette déclaration qu'il a signée le premier, M. Émile Ollivier recommande aux magistrats « une activité dévorante. » Il télégraphie et il écrit aux procureurs généraux : « Dites à tous les juges de paix et à tous les magistrats que je les verrais avec plaisir dans les comités plébiscitaires. — Donnez-moi des renseignements exacts sur l'attitude du clergé dans votre ressort. » Il demande au procureur général de Bourges « s'il est vrai que le président du tribunal donne l'exemple d'une tiédeur voisine de l'hostilité. » En même temps, l'ancien membre du groupe des Cinq expulse de France un ancien membre de la Constituante romaine, M. Henri Cernuschi établi depuis dix-huit ans à Paris et qui venait d'envoyer 100,000 francs à la souscription ouverte par les journaux démocratiques pour couvrir les frais de la propagande anti-plébiscitaire. Le comité de la rue de la Sourdière composé de dix-huit députés de la gauche et de huit délégués de la presse démocratique protesta contre cette expulsion brutale. A l'acte arbitraire et injuste du gouvernement impérial, M. Cernuschi répondit par un nouvel acte de générosité : il fit verser une deuxième somme de 100,000 francs dans la caisse du comité. Chaque soir, dans les réunions anti-plébiscitaires, il était élu, par acclamation, président d'honneur.

Depuis plus d'un mois, la police nourrissait et surveillait un complot que M. Flourens avait formé. On se réservait de le *découvrir* à la veille du plébiscite ; c'est ainsi qu'on avait *découvert* celui de Marseille avant la proclamation de l'Empire. Le 30 avril, l'un des conspirateurs nommé Verdier prévint M. Lagrange, le policier, que le moment de faire sortir de sa boîte le spectre rouge était venu. Le lendemain, on arrêtait un nommé Beaury arrivé de Londres avec des instructions de M. Flourens et qui dépensait dans une maison de tolérance l'argent que le dénonciateur lui avait remis pour agir. Le *Journal officiel* annonça que ce Beaury « avouait son projet de tuer l'Empereur. » On trouva, *sans peine*, des bombes et des fulminates chez l'ébéniste Roussel *qui ne fut pas arrêté*. En revanche, il se fit de nombreuses arrestations à Paris et dans nos villes manufacturières. On saisit plusieurs journaux. Aussitôt, le spectre rouge est mis en mouvement. Ne faut-il pas effrayer les électeurs qui hésitent, détruire par la peur l'effet produit sur beaucoup d'esprits par les manifestes que les députés de la gauche, les délégués de la presse démocratique, les membres des sociétés coopératives et les étudiants ont adressés au Peuple et à l'armée, par la déclaration des délégués de l'*Union* et de la *Gazette de France* invitant leurs coreligionnaires politiques à répudier le plébiscite, enfin, par les exhortations que Victor Hugo faisait au nom des exilés qui avaient refusé l'amnistie? A Guernesey, sur la tombe de Hénette de Kesler qui « avait affirmé sa foi jusqu'à la mort, » l'auteur des *Châtiments* venait (1) d'expliquer l'attitude de ceux qui voulurent protester jusqu'au bout : « Adieu, mon vieux compagnon ! disait-il ; tu vas aller où sont les esprits lumineux qui ont éclairé et qui ont vécu, où sont les penseurs, les martyrs, les apôtres, les prophètes, les précurseurs, les libérateurs. Tu vas voir tous ces grands cœurs flamboyants dans la forme radieuse que leur a donné la mort. Écoute : tu diras à Jean-Jacques que la raison humaine est battue de verges ; tu diras à Beccaria que la loi en est venue à ce degré de honte qu'elle se cache pour tuer; tu diras à Mira-

---

(1) Le 7 avril 1870.

beau que Quatre-Vingt-Neuf est lié au pilori ; tu diras à Danton que le territoire est envahi par une bande pire que l'étranger ; tu diras à Saint-Just que le Peuple n'a pas le droit de parler ; tu diras à Marceau que l'armée n'a pas le droit de penser ; tu diras à Robespierre que la République est poignardée ; tu diras à Camille Desmoulins que la justice est morte, et tu leur diras à tous que tout est bien, et qu'en France une intrépide légion combat plus ardemment que jamais, et que, hors de France, nous, les sacrifiés volontaires, nous la poignée des proscrits survivants, nous tenons toujours, et que nous sommes là, résolus à ne jamais nous rendre, debout sur cette grande brèche qu'on appelle l'exil, avec nos convictions et avec leurs fantômes. »

Pour mieux terroriser le pays, il fallait donner au complot si opportunément *découvert* des proportions vastes. M. Émile Ollivier s'en est chargé : il reprend sa correspondance fébrile avec les procureurs généraux : « J'ai ordonné l'arrestation d'individus qui constituent l'Internationale. Arrêtez les affiliés. N'hésitez pas non plus à poursuivre les journaux qui contiendraient des outrages à l'Empereur. Voyez vos substituts ; qu'ils voient les juges de paix. Activez leur zèle. — Arrêtez les meneurs de l'Internationale sous qualification de *société secrète*. — Surtout, frappez à la tête ; *prenez-vous en aux avocats, aux messieurs.* » Le préfet du Doubs et le procureur de Besançon hésitent à poursuivre les organisateurs d'une réunion anti-plébiscitaire ; ils redoutent le mauvais effet de cette poursuite et la trouvent inopportune. Le fanatisme néophyte de M. Ollivier ne s'accommode pas de ces tiédeurs : « Peu importe l'effet, répond le fils du proscrit de Décembre ; il est temps qu'on sente la main du gouvernement. » Le même procureur général lui annonce qu'un journal doit publier un article qui peut nuire beaucoup : — « *Saisissez !* » télégraphie M. Ollivier. Que cet article soit délictueux ou non, le ministre n'en a cure. Son collègue de l'intérieur, M. Chevandier de Valdrôme, lui écrivait, le 5 mai : « La *Marseillaise* et le *Rappel* n'ont pas été saisis ce matin ; il me semble pourtant qu'avec *un peu de bonne volonté* on pourrait trouver dans les feuilles radicales *de quoi* motiver une poursuite, et je persiste à penser qu'il y a *grand intérêt* à les empêcher, tous ces jours-ci, d'aller empoisonner nos campagnes. » Cela n'est-il pas effrayant de cynisme?

Et que dirait-on si on avait lu, comme moi, certains rapports adressés, pendant la période plébiscitaire, au garde-des sceaux par des membres de la haute magistrature ? J'espère que ces rapports seront publiés un jour. En voici un avant-goût ? Le procureur général de Riom écrivait à M. Émile Ollivier : « A raison des opinions avancées de quelques personnes, *le substitut du procureur impérial s'est concerté avec M. le directeur des postes qui doit* TRÈS SECRÈTEMENT *lui montrer toutes les lettres adressées de la Belgique et de l'Angleterre.* Si parmi ces dépêches il en est qui paraissent présenter un caractère politique, ce qu'il sera facile de savoir par le nom du destinataire, M. le procureur impérial procédera officiellement. » Comment qualifier une pareille conduite ?

La célébrité que, sous le second empire, a conquis cette *sixième chambre*, à laquelle les délits de presse étaient déférés est européenne. Au haut de la porte donnant accès à ce prétoire sombre d'où sortaient condamnés tous les journalistes qui y pénétraient comme accusés, on aurait dû placer cette inscription que le Dante lut sur la porte par où l'on va dans la cité dolente, dans les cercles infernaux : « LAISSEZ TOUTE ESPÉRANCE, O VOUS QUI ENTREZ. » Le gouvernement impérial choisissait les membres de cet implacable tribunal et récompensait promptement le juge qui y présidait. L'un de ces juges (1) se suicida le jour même où l'Empire tomba. Dans la séance législative du 14 février 1868, M. Ber-

---

(1) Il se nommait Delesvaux.

ryer avait signalé, en ces termes, le rapide avancement des présidents de la *sixième chambre:* « Six juges du tribunal civil ont présidé la *sixième chambre* depuis 1859 ; tous les six, au bout d'un an, étaient parvenus au grade supérieur; le président de cette chambre en 1859 a été nommé conseiller en 1860; le président de 1861, conseiller en 1862; le président de 1862, conseiller en 1863; le président de 1864, conseiller en 1865; le président de 1865, conseiller en 1866; le juge qui présidait en 1866 a été nommé président en 1867. *Nous* attendons le sort de celui qui préside la sixième chambre en ce moment. » Dans cette chambre où pas un seul acquittement de journaliste poursuivi ne fut prononcé, les condamnations à l'amende et à la prison pleuvaient sur la presse indépendante dru comme mouches. Pour y être conduit et condamné, il ne fallait pas avoir commis un gros délit. Nous avons vu un ministre de *l'Empire libéral* dire crûment : « *avec un peu de bonne volonté on peut trouver dans les feuilles radicales de quoi motiver une poursuite.* » Voici l'opinion de M. le duc Albert de Broglie sur l'impartialité des juges en matière de délits de presse : « On a pu, quelquefois, j'en conviens, *suspecter l'impartialité de la magistrature dans le jugement des délits de presse*, parce que, par son origine, elle tient de trop près au pouvoir exécutif et que, par là même, *ses sentences ont peu de valeur morale, lorsqu'elles s'appliquent à des matières politiques* (1). »

Jusqu'au 8 mai, M. Ollivier aiguillonne, sans relache, l'activité de ses subordonnés qui, pour lui prouver leur zèle, demandent s'ils ne doivent pas accuser *d'affiliation au complot* les personnes qu'ils arrêtent : « Arrêtez toujours, répond le garde des sceaux, mais seulement sous l'inculpation d'association non autorisée; puis, nous verrons s'il convient d'ajouter d'autres qualifications. » Il se plaint

---

(1) Discours du duc Albert de Broglie à l'Assemblée nationale. Séance du 14 août 1871.

qu'on n'ait point saisi l'Internationale à Toulouse, à Marseille, etc., etc. On lui télégraphie que l'existence de cette association n'y a jamais été signalée. Qu'importe ! Il veut qu'on la saisisse, il affirme qu'elle y existe.

On faisait voter par les corps constitués des adresses à l'Empereur au sujet du complot auquel les gens éclairés ne croyaient pas. Mais on était parvenu à effrayer les simples et les peureux. En outre, on disait aux paysans que voter *oui*, c'était voter pour la paix; et ils le crurent.

Le 18, le corps législatif reprit ses séances. Après avoir proclamé le résultat du vote (1), le président déclara que le peuple français avait adopté le plébiscite.

M. Émile Ollivier avait, dans le cours de la période plébiscitaire, taillé de la besogne à la sixième chambre qui, pendant six semaines, eut à juger, successivement, sous diverses préventions, et condamna très-durement le *Rappel*, le *Siècle*, la *Marseillaise*, *L'Avenir national* et le *Réveil*, puis de nombreux orateurs des réunions publiques et trente-huit membres de *l'Association internationale des travailleurs*. Trente-deux feuilles départementales étaient, en même temps, poursuivies et condamnées. C'est avec cette rudesse que, sous l'impulsion du transfuge de la République, « la main du gouvernement se faisait sentir. »

M. de Talhouët ayant, comme MM. Buffet et Daru, déposé son portefeuille, M. Segris remplacé au ministère de l'ins-

(1) Le nombre des votants inscrits dans les 89 départements était de 10,437,835. — 7,016,227 bulletins portaient le mot *oui*, et 1,495,144 le mot *non*; 112,975 étaient nuls. Il y avait eu 1,813,489 abstentions. Le vote de la population civile en Algérie fut le suivant : 10,719 *oui* et 13,491 *non*.

Le recensement des votes de l'armée de l'intérieur produisit 249,492 *oui* et 40,181 *non*; celui des votes de l'armée de l'Algérie : 35,165 *oui* et 6,029 *non*, — enfin celui de la marine : 23,759 *oui* et 5,874 *non*,

A Paris, les bulletins *affirmatifs* étaient au nombre de 111,463, et les *négatifs*, de 156,377 ; 9,637 étaient nuls ; il y eut 140,011 abstentions.

truction publique par M. Mège passa aux finances, — le duc de Gramont fut nommé ministre des affaires étrangères, — et M. Plichon, ministre des travaux publics.

Dans les premiers jours de juin, Armand Barbès qui, depuis longtemps, se débattait contre une maladie de langueur, télégraphiait à M. Quignot : « Viens avec Martin Bernard ; je me meurs. » Aussitôt, les deux vieux amis du « Bayard de la démocratie » se rendirent à la Haye où ils le trouvèrent calme et souriant devant la mort qui s'approchait. Sa dernière parole fut celle-ci : « France.....! » — Comme il eût été heureux de la revoir cette France qu'il aimait tant, et d'acclamer, avec elle, cette République au triomphe de laquelle il avait tout sacrifié : jeunesse, fortune, liberté ! Et, comme il eût intrépidement combattu les envahisseurs de la patrie adorée ! Ce que fut, pendant quarante années, ce héros de la sainte cause des peuples, ce martyr de notre foi républicaine, nul ne l'ignore. Quelle vaillance dans les luttes qu'il soutint pour la démocratie et quelle stoïque sérénité dans les cachots où se passa la plus grande partie de son existence ! Quels grands exemples de constance, d'abnégation et de désintéressement nous a donnés ce chevaleresque lutteur qui apportait dans le commerce de la vie une douceur et une simplicité si charmantes ! Louis Blanc, Etienne Arago et Martin Bernard adressèrent au vertueux patriote que nous pleurâmes des paroles d'adieu. Sur la pierre de la tombe où repose Armand Barbès, dont le haut caractère était honoré de ses adversaires eux-mêmes, on devrait graver cette épitaphe qui fut décrétée en l'honneur d'un bon citoyen de la république athénienne : « Par l'exemple de sa vie, il a excité tout le monde à aimer la patrie et la liberté. »

Dans la séance du 30 juin, L'Assemblée agita la question du contingent. M. Garnier Pagès s'étonna que la France n'obtînt pas, avec les 600 millions annuels du budget de la guerre, les résultats obtenus par certaines puissances qui s'imposaient de moindres sacrifices. Puis, il exprima, en ces termes, les idées que professait la gauche républicaine au sujet de l'armée : « Ce que nous voulons, c'est la France plus forte, mieux armée, mieux disciplinée, — tous les citoyens ayant passé par l'armée, tous éduqués complétement, voilà ce que nous demandons. Nous demandons pour la France l'organisation militaire actuellement adoptée par l'Allemagne, par l'Autriche et par la Bavière. » Les applaudissements de la gauche répondirent à cette déclaration.

Le 2 juillet, il y eut grande affluence au Corps législatif où se discutait une pétition des princes d'Orléans ; ils demandaient l'autorisation de rentrer en France. M. Dréolle, rapporteur, leur opposa une fin de non recevoir à laquelle des motifs d'ordre public servaient de prétexte. Après M. Estancelin qui, resté fidèle à la cause des princes, revendiqua pour eux les droits de citoyens, MM. Esquiros, Jules Favre, Picard, de Piré et Lebreton appuyèrent le vœu des pétitionnaires ; M. Émile Ollivier le combattit. Cent soixante-treize députés repoussèrent la pétition ; trente et un seulement votèrent pour son renvoi au gouvernement. Parmi ces derniers, vingt-trois appartenaient à la gauche ; les neuf autres membres de ce groupe favorables, d'ailleurs, comme leurs collègues, à l'abrogation des lois d'exil, motivèrent leur abstention sur la crainte que leur association à cet acte ne fût interprétée comme une sorte d'adhésion à une des formes du passé monarchique. Louis-Napoléon Bonaparte, qui avait voué à la famille d'Orléans une haine farouche n'aurait jamais rendu la patrie à ceux dont, suivant l'expression d'un diplomate, « il vendit les propriétés par miettes, à l'encan, pour extirper jusqu'à leur souvenir de la terre de France. »

Dans cette séance du 2 juillet, M. Émile Ollivier, parlant de l'homme du 2 Décembre, tint ce langage courtisanes que : « Il n'y a pas un seul des ministres de l'Empereur qui n'ait compris que la nation a raison de se confier A CE GRAND CŒUR, A CETTE HAUTE INTELLIGENCE, et qui n'ait conçu pour lui UNE RESPECTUEUSE ADMIRATION. » En regard de cette adulation prodigieuse je dois mettre un fait dont elle évoque le souvenir : C'était le 4 janvier 1852. Vers midi, soixante défenseurs de la loi détenus dans les casemates de Bicêtre reçurent l'ordre de faire leurs paquets et de se ranger, deux à deux, dans l'une des cours. Ils furent placés entre une haie de gendarmes et de soldats qui chargèrent leurs armes. La colonne se mit en marche. Le temps était pluvieux et froid. Le camarade sur le bras duquel je m'appuyais se nommait DÉMOSTHÈNE OLLIVIER. A la porte du fort, au milieu de la foule anxieuse des parents qui venaient chercher des nouvelles d'un fils, d'un père, d'un mari, d'un frère arrachés à leur tendresse par Louis-Napoléon Bonaparte, mon compagnon de chaîne aperçut l'un de ses fils. Ce jeune homme voulut échanger avec son père un mot d'adieu ; les gendarmes et les soldats le repoussèrent. Il nous suivit longtemps à travers des chemins boueux. Après avoir inutilement renouvelé sa pieuse tentative, il leva les bras au ciel, murmura quelques mots, — une imprécation sans doute contre ceux qui torturaient son père, — et, quand il se fut assuré qu'on nous menait au fort d'Ivry, il s'éloigna en essuyant une larme. Ce jeune homme était M. ÉMILE OLLIVIER. — « *Pauvre enfant, me disait le père en s'attendrissant, comme il doit souffrir !* »

CHAPITRE XV

1870

Candidature allemande au trône d'Espagne. — Interpellation et discussion. — Désistement du prince Hohenzollern. — Nouvelle exigence du gouvernement impérial. — L'Impératrice et les bonapartistes veulent la guerre. — La note de M. de Bismark. — — Déclaration du gouvernement. — Séance du 15 juillet au Corps législatif. — Rapport de M. de Talhouët. — Escobarderie de M. de Gramont. — Derniers efforts de la gauche pour empêcher la guerre. — Le dogme de l'infaillibilité. — Le procès de Blois. — Manifestations belliqueuses; la *Marseillaise* et le *Rhin Allemand*. — « A Berlin ! » — « L'armée prussienne n'existe pas. — Informations dont on ne tenait aucun compte. — Derniers votes du Corps législatif. — La déclaration de guerre. — M. de Bismark au Reichstadt.— Les harangues adulatrices. — La France n'était pas prête. — Désordre et imprévoyance. — L'empire n'a pas un seul allié. — Un « *document épouvantable.* » — — Les services de bouche de Sa Majesté. — L'Impératrice à Cherbourg. — La Régente aux Invalides. — Les bagages impériaux. — Départ furtif de Napoléon III.

« *Voter oui*, disait le gouvernement impérial, avant le 8 mai, *c'est voter pour la paix.* » Il fallait donc s'attendre à la guerre. On cherchait un prétexte pour s'en couvrir ; l'Espagne le fournit en offrant la couronne au prince Léopold de Hohenzollern, parent du roi de Prusse ; un parti, à la tête duquel était l'amiral Topete, préférait le duc de Montpensier époux de la sœur d'Isabelle II, mais, contrairement à l'assertion du duc de Gramont dont, plus d'une fois, la véracité sera prise en défaut, Napoléon III avait donné l'exclusion à cette candidature.

Répondant, le 6 juillet, à une interpellation de M. Cochery

député du Loiret, M. de Gramont disait : « Le respect des droits d'un peuple voisin ne nous oblige pas à souffrir qu'une puissance étrangère, en plaçant un de ses princes sur le trône de Charles-Quint, puisse mettre en péril les intérêts et l'honneur de la France. Pour empêcher la réalisation de cette éventualité, nous comptons, à la fois, sur la sagesse du peuple allemand et sur l'amitié du peuple espagnol. S'il en était autrement, nous saurions remplir notre devoir sans hésitation et sans faiblesse. » Ce ton comminatoire dénonçait des projets belliqueux. On avait Sadowa sur le cœur. Sans avouer l'énorme faute qu'on avait commise en 1866, on brûlait de la réparer. On voulait que le prestige d'une victoire effaçât le souvenir des humiliations subies, raffermît la dynastie napoléonienne ébranlée et permît le rétablissement de l'empire autoritaire. L'Impératrice soufflait sans cesse aux oreilles de l'Empereur. « Notre fils, disait-elle, ne régnera pas si on n'efface pas Sadowa. »

Après la réponse du duc de Gramont à M. Cochery, MM. Picard et Jules Favre demandèrent inutilement la communication des dépêches diplomatiques relatives à la candidature du prince de Hohenzollern. Les ministres Ollivier et Segris prétendirent que le gouvernement n'avait reçu aucune communication de la Prusse.

Au Sénat, M. Brenier et presque tous ses collègues réclamaient une guerre immédiate avec la Prusse ; ils voulaient que l'Empereur la déclarât sans l'intervention d'aucun autre pouvoir.

Jusqu'alors, que pouvait-on reprocher à la Prusse ? Le gouvernement espagnol ayant offert le trône vacant à un prince allemand qui l'avait accepté, n'était-ce pas du régent Serrano et de ses ministres qu'il fallait obtenir le retrait d'une offre dont l'acceptation « mettait en péril les intérêts et l'honneur de la France ? » Mais, le gouvernement impérial exige le concours du roi de Prusse au désistement du prince Léopold. Eh bien, non-seulement, le 12 juillet, M. Olozaga, ambassadeur d'Espagne à Paris, annonça la renonciation du prétendant, mais encore, le 13, M. Benedetti, notre ambassadeur à Berlin, télégraphia que, « le roi de Prusse consentait à donner son approbation entière et sans réserve au désistement du prince de Hohenzollern. » Guillaume avait hésité, pendant plusieurs jours, de donner au gouvernement impérial cette satisfaction, la seule d'ailleurs que M. Benedetti demandât. L'incident était vidé. Napoléon III le jugeait ainsi : « C'est la paix, dit-il ; je le regrette car l'occasion était bonne. » Ces paroles de regret ne prouvent-elles pas que de ces négociations pacifiquement terminées on avait eu l'espoir de faire sortir la guerre ? Si une démonstration nouvelle de ces espérances déçues était nécessaire, on la trouverait dans ce mot qui, le 9, échappait à M. Émile Ollivier : « Nous n'attendions qu'un prétexte ou une occasion, l'affaire Hohenzollern vient à point. »

Le parti de la guerre ne se tint pas pour battu. A l'heure où notre ambassadeur en Prusse expédiait son télégramme pacificateur, M. Clément Duvernois, favori de Napoléon III, montait à la tribune et annonçait une interpellation au cabinet « sur les garanties qu'il comptait stipuler *pour l'avenir* (1) ». Puis, M. Jérôme David, l'un des plus fougueux partisans de l'Empire autoritaire, déposait une autre interpellation « sur la lenteur dérisoire des négociations avec la Prusse, » lenteur qui, à l'avis de ce pensionné de l'Empereur (2), risque de porter atteinte à la dignité nationale. » Et, le soir, après la séance, M. de Gramont, d'accord avec l'Impératrice, adressait à M. Benedetti une dépêche exigeant

---

(1) Du 1er mars 1869 au 30 juillet 1870, M. Clément Duvernois, rédacteur en chef du *Peuple français*, avait reçu de l'Empereur, à titre de subvention pour ce journal, 1,390,000 fr.

(2) M. Jérôme David touchait une subvention mensuelle de 3,000 fr. sur la cassette impériale.

du roi de Prusse « l'assurance qu'il n'autorisera pas *de nouveau* cette candidature.* » Une telle exigence se comprenait d'autant moins que M. Olozaga venait d'obtenir du gouvernement espagnol cette déclaration péremptoire : « L'Espagne prend acte de la renonciation du prince Léopold et déclare *qu'à l'avenir le prince de Hohenzollern ne sera plus jamais son candidat au trône.* »

M. Benedetti exposa au roi de Prusse qui allait partir d'Ems pour Coblentz et qui le reçut, à la gare, dans son salon réservé, la mission imprévue dont il venait d'être chargé : « Je n'ai plus rien à vous communiquer, lui dit Guillaume ; mon gouvernement continuera les négociations qui pourraient être poursuivies. »

La camarilla de l'Impératrice imagina de voir une insulte dans ce fait que le roi aurait refusé, la veille, une deuxième audience à notre ambassadeur ; ils feignaient d'oublier que Guillaume l'avait reçu à la gare, le lendemain de ce prétendu refus dans lequel M. Benedetti ne vit pas même un simple manque d'égards, le roi lui ayant envoyé un message très-courtois : « *Il n'y a eu à Ems*, dit notre ambassadeur, *ni insulteur, ni insulté* (1). » Comme il était difficile de soutenir sérieusement qu'il y avait eu insulte, on se rabattit sur une circulaire envoyée par M. de Bismark à ses agents diplomatiques. Ce qui s'était passé entre le roi et l'ambassadeur prenait dans cette note une tournure perfide, inconvenante, je n'en disconviens pas, — mais, après tout, ce n'était là, « *qu'une dépêche d'information exclusivement destinée aux agents prussiens*, » et qu'une indiscrétion révéla. D'ailleurs, cette note ne se fût pas produite si le gouvernement impérial n'eût pas ravivé, le 12 au soir, une crise éteinte. Que M. de Bismark, renseigné par le vote plébiscitaire de notre armée sur le nombre relativement petit de soldats rangés sous nos drapeaux, se réjouit de voir le gouvernement im-

(1) *Ma mission en Prusse.*

périal provoquer maladroitement une guerre tôt ou tard inévitable et à laquelle la Prusse s'était préparée, nul n'en doute ; mais, pour faire un coup de partie comme celui que Napoléon III méditait, il faut s'assurer qu'on est de force égale avec son adversaire. Or, l'Empereur et ses conseillers s'obstinèrent follement à engager une lutte pour laquelle ils n'étaient pas du tout prêts. Comme l'a dit je ne ne sais plus quel écrivain, cette guerre était déclarée dans les arrière-salons et dans les boudoirs avant de l'être à la tribune. L'Impératrice ne cessait de répéter : « *Cette guerre, c'est ma guerre à moi ; il me la faut.* » Aussi, les conseils les plus patriotiques furent-ils méconnus, et les hommes sages qui les donnaient, hués, injuriés, réduits brutalement au silence par une cohue d'énergumènes que la sagesse et le patriotisme tentèrent en vain d'exorciser.

Le 15 juillet, M. de Gramont lut aux sénateurs une déclaration qui, défigurant la vérité, se terminait ainsi : « Nous n'avons rien négligé pour éviter la guerre. Nous allons nous préparer à celle qu'on nous offre. » Sur tous les bancs, on qualifia d'impertinente et d'insolente la conduite du roi de Prusse, on cria : « Vive la France et vive l'Empereur ! » Puis, M. Rouher, président du Sénat, proposa de lever la séance « comme un témoignage de sympathie pour les résolutions prises par Napoléon III. »

A la même heure, M. Émile Ollivier lisait la même déclaration au Corps législatif. M. Thiers insiste, avec énergie mais sans succès, pour obtenir des ministres la communication des dépêches de M. de Gramont et les réponses du roi de Prusse. La lecture de ces dépêches eût démontré combien était injustifiable cette guerre « *qu'il fallait à l'Impératrice.* »

M. Jules Favre rappelle un triste souvenir : « C'est comme pour le Mexique ; on nous tenait le même langage et on nous a indignement trompés. » — « Nous n'avons, affirme M. Ollivier, que des dépêches confidentielles que les usages

diplomatiques ne nous permettent pas de communiquer. »
— « C'est le gouvernement personnel de Louis XIV, réplique M. Jules Favre ; il n'y a plus de gouvernement parlementaire. »

Par d'irréfutables arguments M. Gambetta établit que la conduite du gouvernement impérial « est, à la fois, un manque de véracité politique et une atteinte aux droits de l'Assemblée. » M. Ollivier se décide à lire les télégrammes de M. Benedetti. M. Horace de Choiseul dit que « on ne peut pas faire la guerre là-dessus. » M. Emmanuel Arago s'écrie : « Ceci connu, si vous faites la guerre, c'est que vous la voulez à tout prix. » — « Cela est vrai malheureusement, » ajoute M. Jules Favre. M. Émile Ollivier répète qu'on a voulu nous infliger une humiliation, et M. Jules Grévy lui en demande la preuve.

M. Thiers monte à la tribune et s'exprime ainsi : « L'histoire, la France, le monde vous regardent. De la décision que vous allez prendre dépendent la vie de milliers d'hommes et, peut-être, les destinées de notre pays. » MM. Jérôme David, Granier de Cassagnac, Belmontet, etc., veulent étouffer sa voix ; il rappelle aux interrupteurs que, le 6 mars 1866, ils voulurent aussi lui ôter la parole. Ce souvenir devrait leur inspirer le désir de l'écouter. Il bravera leurs murmures. Au milieu de vociférations incessantes, il démontre que la demande principale du gouvernement a été accueillie, qu'on veut rompre sur une question de susceptibilité, que pour une question de forme on est décidé à verser des torrents de sang. Il regarde cette guerre comme souverainement imprudente, — il désire la réparation des événement de 1866, mais il trouve l'occasion détestablement choisie : « Je vous plains, dit l'éminent orateur, si vous ne comprenez pas que je remplis un devoir et le plus pénible de ma vie. Je suis tranquille pour ma mémoire ; je suis sûr de ce qui lui est réservé pour l'acte auquel je me livre en ce moment. Quant à vous, je suis certain qu'il y aura des jours où vous regretterez votre précipitation. Cédant à vos passions, vous ne voulez pas demander la connaissance des dépêches sur lesquelles votre jugement pourrait s'appuyer. Je suis prêt à voter au gouvernement tous les moyens nécessaires quand la guerre sera définitivement déclarée ; mais je désire connaître les dépêches sur lesquelles on fonde cette déclaration. La Chambre fera ce qu'elle voudra, je m'attends à ce qu'elle va faire, mais je décline, quant à moi, la responsabilité d'une guerre aussi peu justifiée. »

De bruyantes clameurs accompagnées de gestes furibonds coupèrent, cent fois, ce discours inspiré par la sagesse et par la raison. Aux insensés qui lui jetaient les épithètes de *traître*, de *Prussien*, de *trompette anti-patriotique du désastre*, le trop clairvoyant patriote disait avec une émotion touchante : « offensez-moi, insultez-moi. Je suis prêt à tout subir pour défendre le sang de mes concitoyens que vous êtes prêts à verser si imprudemment. »

Persistant à dénaturer les faits, M. de Gramont s'étonne, d'un air indigné, qu'on délibère « quand la Prusse refuse de recevoir notre ambassadeur et inflige un pareil affront à l'Empereur et à la France. » — « Mais, objecte M. Jules Favre, où est la preuve que notre honneur soit engagé ? Où est la dépêche officielle ? Où est le compte rendu de la conférence dans laquelle notre ambassadeur a vu méconnaître sa dignité nationale ? Voilà ce que nous avons intérêt et devoir d'examiner. » Et M. Jules Favre provoque le vote de la Chambre sur une résolution ainsi formulée : « Nous demandons communication des dépêches et notamment de celles par lesquelles le gouvernement prussien a notifié sa résolution aux gouvernemens étrangers. »

M. Buffet prend la parole. A son avis, la Chambre, représentation du pays, doit avant d'engager sa responsabilité avec le gouvernement, connaître tout ce que le gouvernement a connu ; « au moment où le pays va être engagé dans une guerre dont il sortira victorieux, — l'orateur en est convaincu, — c'est un droit et un devoir absolu pour la Chambre de demander qu'il lui soit donné communication de toutes les pièces, et c'est le devoir impérieux du gouvernement de lui faire cette communication. » M. Buffet ajoute à sa demande que « avant d'avoir entendu les explications du garde des sceaux, il croyait la communication éminemment utile, mais qu'après les avoir entendues il la considère comme indispensable. » 159 voix contre 84 repoussèrent la proposition de M. Buffet.

En demandant un crédit de 50 millions, M. Émile Ollivier avait prononcé cette phrase malheureuse : « De ce jour commence pour mes collègues et pour moi une grande responsabilité, *nous l'acceptons d'un cœur léger.* » — « Eh! quoi, lui dit M. Esquiros, vous avez *le cœur léger* quand le sang va couler à flots! » Oui, répondit le garde des sceaux, *oui, d'un cœur léger* ; je veux dire, d'un cœur que le remords n'alourdit pas. » Tiendrait-il, aujourd'hui, le même langage? Si sa conscience n'est pas muette que de reproches elle doit lui faire!

Suspendue à cinq heures et demie, la séance fut reprise à neuf heures. La commission nommée pour interroger les ministres et préparer son rapport sur les crédits demandés par le gouvernement avait entendu le duc de Gramont et le maréchal Lebœuf. Donnant à entendre qu'il comptait sur des alliances, le ministre des affaires étrangères s'était excusé en ces termes, d'avoir fait attendre la commission : « J'avais chez moi l'ambassadeur d'Autriche et le ministre d'Italie. *J'espère que la commission ne m'en demandera pas davantage.* » Fidèle à son système d'invéracité, M. de Gramont donna la date du 7 à sa dépêche du 12 au soir dans laquelle apparaissait, pour la première fois, l'exigence qu motiva la réponse du roi Guillaume à M. Benedetti le 13, dans le salon de la gare d'Ems. — « Ainsi, demanda M. D'Albuféra, président de la commission, vous avez, comme cela résulte de la lecture que vous venez de nous faire, *réclamé toujours la même chose?* Nous considérons ce point comme très-important. » Le duc de Gramont répondit à cette question par un signe de tête affimatif. Les commissaires l'auraient pris en flagrant délit de mensonge s'ils avaient lu, eux-mêmes, les pièces qu'il se hâta d'emporter. A cette question : « Sommes-nous prêts? » le maréchal Lebœuf fit cette réponse mémorable : « *Jusqu'au dernier bouton de guêtre*, et nous avons huit jours d'avance sur la Prusse. » La veille, il avait dit au conseil des ministres : « Nous sommes prêts, nous ne l'avons jamais été davantage. D'ailleurs, nous serons infailliblement vainqueurs le premier jour et nous n'avons pas à nous préoccuper du second. »

M. de Talhouët lut son rapport dans lequel, conformément à la trompeuse affirmation du ministre des affaires étrangères, il déclarait que, dès le 7, on avait demandé au roi de Prusse la garantie réclamée le 12 seulement; M. de Gramont, au lieu de rectifier cette erreur qu'il aurait pu commettre involontairement au sein de la commission, l'accrédita par son silence, et tous les ministres en se taisant comme lui, s'associèrent à son escobarderie. M. de Talhouët termina son rapport en disant : « Les explications du maréchal Lebœuf ont montré à la commission qu'inspirées par *une sage prévoyance* les deux administrations de la guerre et de la marine se trouvaient en état de faire face avec *une promptitude remarquable* aux nécessités de la situation. »

M. Gambetta fit d'énergiques efforts pour arrêter la Chambre sur la pente fatale où elle se laissait entraîner. Éludant les questions posées par l'orateur de la gauche, M. Émile Ollivier, à défaut de bonnes raisons, recourut à de si blâmables emportements et à de telles divagations que la majorité dut y mettre un terme en demandant a clôture. Seize députés seulement refusèrent les crédits qui allaient aider le gouvernement à mener la France aux abîmes.

La veille, à Rome, l'une des plus déraisonnables conceptions du jésuitisme, l'infaillibilité du pape (1) avait été convertie en dogme par 533 pères réunis en concile depuis le 9 décembre 1869. Deux évêques seulement protestèrent contre cet acte de papolâtrie (2).

Le même jour, 54 citoyens accusés de complot contre la sûreté de l'État et contre la vie de l'Empereur comparaissaient devant la Haute-Cour de justice réunie à Blois et présidée par M. Zangiacomi. L'attention publique se détournait de ce procès pour se porter du côté des frontières vers lesquelles s'acheminaient nos soldats. Les nommés Verdier, Guérin et Beaury jouèrent un triste rôle dans ces débats qu'aucun incident digne d'être rapporté ne signala. Mégy fut condamné à vingt ans de travaux forcés ; on prononça seize autres condamnations variant de 20 à 15 ans de détention et de 5 à 3 ans de prison. Il y eut 37 acquittements.

A Paris, depuis le 14 juillet, des bandes guidées par les *blouses blanches*, parcouraient les rues et les boulevards en chantant la *Marseillaise* et en criant, après chaque strophe : « A Berlin ! à Berlin ! vive la guerre ! » La police laissait le champ libre à ces hurleurs ivres qui allaient vomir, devant la maison de M. Thiers, des injures grossières ; en revanche, elle dispersa, dans la soirée du 20, une colonne de sept à huit mille citoyens descendant de la Bastille vers la Madeleine aux cris de : « Vive la paix ! « Les sergents de ville arrêtèrent un grand nombre de ces pacifiques promeneurs.

(1) « Trois choses incroyables parmi les choses incroyables, disait Montesquieu : le pur mécanisme des bêtes, l'obéissance passive et l'infaillibilité du pape. »

(2) Le 13 juillet, un premier scrutin avait donné le résultat suivant : 601 Pères étaient présents ; 451 émirent un vote favorable, 88 un vote contraire et 62 un vote conditionnel.

L'Empereur qui, si longtemps, proscrivit l'hymne patriotique de Rouget de Lisle, fit télégraphier, le 15, de Saint-Cloud, au ministre des beaux-arts : « Autorisez la chanson ; prévenez le préfet de police. » Le 17, un télégramme du ministre de l'intérieur, disait aux préfets : « Laissez chanter la *Marseillaise* dans les cafés-concerts. » Et on la chantait partout, dans nos rues, dans nos théâtres, à l'Opéra ; elle alternait avec le *Rhin allemand*. Les impérialistes affirmaient que, le 15 août, la France fêterait l'entrée de Napoléon III dans la capitale de la Prusse. Le maréchal Lebœuf n'avait-il pas dit : « *L'armée prussienne n'existe pas, je la nie?* » Et M. Émile Ollivier parlant de cette armée qui allait nous infliger de si effroyables défaites n'avait-il pas, avec son irritante fatuité, proféré ce mot épique : « *Nous soufflerons dessus?* »

Si une armée n'existait pas, c'était la nôtre. Dans la séance du 13 juin, M. Thiers avait contraint le maréchal Lebœuf d'avouer que les effectifs des régiments d'infanterie étaient de 1,200 hommes seulement quand ils devaient être de 2,400. Quant à l'armée prussienne, c'était bien autre chose ; les informations sur la puissante organisation de cette armée et sur *les énormes* préparatifs que faisait la Prusse affluaient, depuis longtemps, autour du gouvernement impérial qui n'en tenait aucun compte.

Dès le mois de décembre 1866, le général Ducrot écrivait de Strasbourg : « La Prusse sera en mesure de mettre en ligne 600,000 hommes et 1,200 bouches à feu avant que nous ayons songé à organiser les cadres indispensables pour mettre au feu 300,000 hommes et 600 bouches à feu. Je commence à croire que notre gouvernement est frappé de démence. Mais si Jupiter a décidé de le perdre, n'oublions pas que les destinées de notre patrie et que notre sort à tous est lié à ses destinées. Faisons tous nos efforts pour arrêter cette pente fatale qui conduit à tous les précipices. » Deux ans plus tard, il mandait au général Frossard, gouverneur du Prince impérial, ce que venait de lui apprendre madame Pourtalès, — Prussienne par son mari et *revenant de Berlin la mort dans l'âme* : « Les Prussiens sont si bien préparés, si habilement dirigés qu'ils se croient assurés du succès. Ah ! si vous saviez quels *énormes préparatifs* se font de tous côtés, avec quelle ardeur ils travaillent pour fusionner les habitants des États récemment annexés dans tous les rangs de la société et de l'armée ! » Le 31 janvier 1869, le même général avertissait le gouverneur du jeune Prince que les Prussiens abattaient les arbres sur les glacis de Mayence et de Radstadt ; — que, dans le grand-duché de Bade, on répartissait, comme auxiliaires, entre les différents corps de troupes, les médecins et les vétérinaires en état de marcher, avec injonction de se tenir prêts à rejoindre au premier ordre. Mais, suivant l'expression du général Ducrot, « Jupiter avait résolu de perdre le gouvernement impérial » dont la démence était montée jusqu'au dernier comble.

Le 19 juillet, l'Empereur des Français faisait signifier au roi Guillaume « qu'il se considérait, dès à présent, comme en état de guerre avec la Prusse. » Le même jour, la Chambre autorisait le Trésor à se procurer les fonds nécessités par la guerre, au moyen d'une émission de bons « pouvant être portés de 150 à 500 millions. » Malgré l'insistance de MM. Picard et Latour du Moulin à réclamer la réorganisation de la garde nationale, le maréchal Lebœuf et M. Ollivier s'y opposèrent, et le garde des sceaux fit voter une loi imposant à la presse un silence absolu sur tout ce qui, de près ou de loin, touchait à la guerre.

Le lendemain, à l'heure où M. Ollivier lisait au Corps législatif la déclaration de guerre à la Prusse, M. de Bismarck disait au Reichstag : « Les ministres français se sont bien gardés de céder aux instances des rares membres de l'Opposition de Paris qui ont conservé leur lucidité d'esprit et de produire le document en question. La base de la déclaration de guerre se serait écroulée si la représentation nationale avait eu connaissance de ce prétendu document et notamment de sa forme. Ce n'était pas un document, c'était un télégramme d'information. »

178 députés contre 57 autorisèrent, dans la séance du 21, le gouvernement à proroger ou à clore, au gré de l'Empereur, cette session néfaste. Le Sénat et le Corps législatif allèrent successivement présenter leurs félicitations à Napoléon III. Dans sa harangue adulatrice, M. Rouher disait: « L'Empire tire l'épée... il a su attendre. Mais depuis quatre années, *il a porté à sa plus haute perfection l'armement de nos soldats, élevé à toute sa puissance l'organisation de nos forces militaires.* SIRE, GRACE A VOS SOINS, LA FRANCE EST PRÊTE. SI L'HEURE DES PÉRILS EST VENUE, L'HEURE DE LA VICTOIRE EST PROCHE.

Ainsi, M. Rouher, comme le maréchal Lebœuf, comme tous les conseillers et tous les courtisans de l'Empire, affirmaient que *la France était prête*, que nos forces militaires étaient puissamment organisées. Le ministre Lebœuf attestait, le 16 avril, devant la Commission du budget que « sous le rapport de l'armement notre supériorité sur la Prusse était grande, que nos arsenaux regorgeaient de toutes choses. » On a retenu sa réponse du 15 : « *Nous sommes prêts jusqu'à un bouton de guêtre.* » Eh bien, nos arsenaux étaient presque vides, les magasins de l'État manquaient de tout. Les armes, les chaussures, les objets d'équipement dont on faisait la complaisante énumération n'existaient que sur des registres pleins de fictions et d'irrégularités. Où, donc, étaient allées se perdre les sommes énormes que le budget mettait annuellement à la disposition des ministres de la guerre pour l'approvisionnement des arsenaux et des magasins de l'État? Mystère insondable! Méditons cette constatation accablante du rapport que M. Riant, député de la droite, présenta, en 1872, à l'Assemblée nationale : « Pour le département de la guerre il n'a existé, en réalité, pendant près de vingt ans, ni contrôle législatif, ni contrôle admiministratif d'aucune sorte, *et quelques hommes pouvaient disposer à leur gré des ressources de la France.* »

Voyons à l'œuvre cette administration de l'intendance militaire sur laquelle pèsent de si lourdes responsabilités. L'imprévoyance et le désordre dans les approvisionnements et dans l'armement qui, tant en Crimée qu'au Mexique et en Italie, firent si cruellement souffrir nos soldats, vont passer les limites du possible. Le 15, nos troupes s'étaient mises en mouvement. Dès le 17, les réclamations se produisent; elles se succèderont jusqu'à la catastrophe finale. Le général de Failly télégraphie de Bitche « qu'il est sans argent pour faire vivre ses dix-sept bataillons d'infanterie. Point d'argent dans les caisses publiques; point d'argent dans les caisses des corps. » L'intendant général de Metz « n'a ni sucre, ni café, ni riz, ni eau-de-vie, ni sel, peu de lard et de biscuit; » et il réclame l'envoi d'au moins un million de rations sur Thionville. » Le général Ducrot mande de Strasbourg que « en conséquence des ordres qu'il exécute, il y aura *à peine cinquante hommes* pour garder la place de Neuf-Brisach et que quatre autres places sont également dégarnies. » Le général Frossard, commandant le 2ᵉ corps, fait savoir qu'il n'a pas une seule carte de la frontière de France (1). » Le général Michel, arrivé à Belfort, « ne trouve ni sa brigade, ni son général de division, » et, dans son télégramme, il pose cette question au ministre de la guerre : « *Que dois-je faire? Sais pas où sont mes régiments.* » Une dépêche de Paris répond, le 21, au général de Failly : « Pas de revolvers dans les arsenaux; *on a donné* 60 *francs aux officiers pour en faire venir par le commerce.* » Le 24, le général de Ladmirault envoie, de Thionville, au major général cette

---

(1) Le jour où la guerre fut résolue, un député demanda au maréchal Lebœuf s'il avait muni l'armée de bonnes cartes pour la campagne. — « Certainement, répondit ce ministre imbécile et criminel, tous nos officiers ont les meilleures qui existent; tenez, j'ai la mienne sur moi; » et, dégaînant son épée, il ajouta : « la voilà. »

dépêche : « Le 4ᵉ corps n'a encore ni cantines, ni ambulances, ni voitures d'équipages pour les corps et les états-majors. Toul est complétement dégarni. » L'intendant du corps d'armée commandé par le maréchal Bazaine adresse, de Metz, le même jour, cet avis au ministre de la guerre : « Le 3ᵉ corps quitte Metz demain ; je n'ai ni infirmiers, ni ouvriers d'administration, ni caissons d'ambulance, ni fours de campagne, ni instruments de pesage ; à la 4ᵉ division et à la division de cavalerie, je n'ai pas même un fonctionnaire. » Le 25, le bureau des subsistances reçoit, de Mézières, cette plainte : « Il n'existe dans les places de Mézières et de Sedan ni biscuits ni salaison. » Le 26, à Metz, « faute de boulangers, les nombreuses troupes en dehors de la ville sont obligées, pour vivre, de consommer le biscuit de réserve ; » et, le 27, autre dépêche de Metz annonçant que « les balles de canons à balles n'arrivent pas, qu'il n'y a encore ni sous-intendant, ni soldats du train, ni ouvriers d'administration ; que, faute de personnel, on ne peut atteler aucun caisson ni rien constituer ; que les détachements qui rejoignent l'armée continuent à arriver sans cartouches et sans campement. » A la même date, la marine joint ses plaintes à celles des chefs de l'armée de terre : « La majorité de Brest est dépourvue de cartes mer du Nord et Baltique. » Le 1ᵉʳ corps, sous les ordres du maréchal Mac-Mahon, qui doit se porter en avant, n'a encore reçu, le 28, ni un soldat du train, ni un ouvrier d'administration. » A Saint-Omer, sur huit cents colliers que le colonel du 1ᵉʳ du train trouve à la direction, cinq cents sont trop étroits ; à Douai, sur dix-sept cents, le tiers est dans le même cas. Le 29, à Metz, « on manque de biscuit pour marcher en avant ; les tentes-abris, les couvertures, les bidons, les gamelles sont en nombre insuffisant. » A la date du 4 août, le 7ᵉ corps n'a pas d'infirmiers, pas d'ouvriers, pas de train ; » et « dans les vingt batteries du 6ᵉ il n'y a qu'un seul vétérinaire. » A Verdun, le 7, « il manque vin, eau-de-vie, sucre et café lard, légumes secs et viande fraîche. » A Lyon, « la garde mobile n'a pas de fusil ; 500 soldats du 84ᵉ prêts à partir manquent de bidons et de campement. » Le 8, au camp de Châlons, l'intendant du 6ᵉ corps « n'a pas une ration de biscuits, ni de vivres de campagne, à l'exception du sucre et du café, et l'intendant en chef de l'armée du Rhin lui demande 400,000 rations de vivres de campagne et de biscuits, » tandis que le préfet de Perpignan télégraphie au ministre de l'intérieur : Presque toutes les villes et positions frontières du département sont dépourvues de garnison (1).

Voilà comment se vérifiaient les paroles du rapporteur de la Commission du 15 juillet : *Inspirée par une sage prévoyance*, l'administration de la guerre est en état de faire face *avec une promptitude remarquable*, aux nécessités de la situation. » Ce fut bien pis quand il fallut équiper et armer les gardes mobiles, on ne trouva ni souliers, ni fusils Or, six semaines avant la déclaration de guerre, le maréchal Lebœuf déclarait « 1,349,115 fusils se chargeant par la culasse et 1,336,000 fusils se chargeant par la bouche ; » plus tard, il affirmait aussi l'existence en magasin, au début de la guerre, de 2,246,417 paires de souliers, « toute la troupe et les mobiles étant d'ailleurs équipés. » Il est vrai que ces affirmations reposaient « *sur la foi des écritures.* »

Et ces alliances que le duc de Gramont et les partisans de la guerre laissaient entrevoir comme étant assurées, que sont-elles devenues ? La vérité est que pas une seule promesse d'alliance n'avait été faite au gouvernement impérial. La politique de Napoléon III, en froissant toutes les puissances, nous les avait aliénées. Les cabinets européens blâmaient unanimement la dernière prétention de l'Empereur ; elle n'était, à leurs yeux, qu'un moyen de rendre la guerre inévitable. Quelques sympathies platoniques se pro-

---

(1) Papiers des Tuileries.

duisaient timidement ; un document que, dans son numéro du 25 juillet, le *Times* publia les détruisit : c'était un projet de traité aux termes duquel « Napoléon III offrait de reconnaître toutes les conquêtes de la Prusse, de favoriser l'absorption des États du Sud, à condition que le roi Guillaume l'aiderait à acquérir le Luxembourg et à s'annexer la Belgique. » Le roi aurait refusé son approbation à ce traité dont M. Benedetti reconnaissait avoir écrit le projet sous la dictée de M. de Bismark « afin de se rendre un compte exact des combinaisons du chancelier. » Le 29, une circulaire de M. de Bismark communiquait à l'Europe « toutes les propositions que l'ambition insatiable de Napoléon III avait faites à la Prusse depuis 1862 ; » l'Angleterre s'en émut particulièrement et, à la Chambre des lords, le comte de Malmesbury s'écria : « *C'est un document épouvantable!* » Les États de l'Allemagne du Sud, qui avaient compté sur la protection de Napoléon III, s'indignèrent en apprenant qu'il négociait avec Guillaume leur absorption par la Prusse au moment même où il promettait de protéger leur indépendance.

L'Impératrice et le parti clérical privèrent la France du seul allié qu'elle eût pu avoir. En 1869, un traité d'alliance offensive et défensive entre la France et l'Italie était projeté. Une clause portait que, trois mois après l'échange des signatures, les troupes françaises évacueraient Rome qui serait rendue à elle-même. Sous la double pression de Sa Majesté Eugénie et de la secte ultramontaine, Napoléon III objecta « *qu'il ne pouvait abandonner le Pape.* » Avant de déclarer la guerre à la Prusse, il reprit les négociations avec Victor-Emmanuel. Les uns prétendent que, le roi d'Italie maintenant sa condition de 1869, l'Empereur dit et l'Impératrice répéta : « *Plutôt une défaite sur le Rhin que l'abandon du Saint-Père.* » D'autres assurent que les négociations furent, en effet, renouées, par Napoléon III, à la veille de la guerre, mais que M. de Bismark, « connaissant la réponse déclinatoire du cabinet des Tuileries en 1869, avait mis l'Italie à même d'obtenir, sans aucun sacrifice, ce que l'Empereur, mal conseillé, lui avait offert au prix d'une alliance. » Quoi qu'il en soit, Napoléon III, — cela est avéré, — sacrifia les intérêts de la France à ceux du parti clérical en repoussant, afin de plaire à sa femme et au Pape, un traité d'alliance qui eût fait prendre aux événements un tout autre cours.

Pendant que nos corps d'armée manquaient de tout, de cantines, de fours de campagne et d'ambulances, de lard, de riz et de pain, de tentes-abris, de couvertures et de bidons, d'ouvriers d'administration, de boulangers et d'infirmiers, Napoléon III réglait minutieusement, à Saint-Cloud, les services de sa table et de sa maison ; il décrétait qu'il y aurait toujours, soit au bivouac, soit pendant les séjours, deux tables, l'une présidée par Sa Majesté, l'autre par l'adjudant général ; — que les cantines à bouche, formant un total de vingt à vingt-quatre, seraient divisées en deux services chacun avec maîtres-d'hôtel, cuisiniers et aides embrigadés ; — que les valets de chambre de l'Empereur, les maîtres-d'hôtel et le piqueur seront nourris par la bouche de Sa Majesté ; — que les valets de chambre de MM. les aides de camp et officiers d'ordonnance s'installeront une cuisine indépendante du service de la bouche ; — que les bagages et fourgons de l'Empereur seront escortés par un brigadier et six gendarmes de l'escadron de la garde, sous le commandement d'un de ses courriers (1).

Quand les services de bouche furent organisés, l'Empereur chargea l'Impératrice d'aller à Cherbourg pour lire, à bord de la frégate-amirale *la Surveillante*, une proclamation qu'il adressait aux officiers et marins de l'escadre du Nord. Après avoir fait cette lecture, Sa Majesté Eugénie offrit, à bord de *la Savoie*, un grand dîner au commandant en chef de l'escadre, à l'état-major de l'amiral Bouet-Willaumez et

(1) Papiers des Tuileries.

aux autorités de Cherbourg; puis elle regagna Paris où l'Empereur lui conféra, par un décret, le titre de Régente, « pour en exercer les fonctions dès qu'il aurait quitté la capitale. » Le 26, il adressa une proclamation aux Français et une lettre au général Mellinet, commandant en chef de la garde nationale de Paris. Ce jour-là, l'Impératrice-Régente se rendit aux Invalides avec le prince impérial; la mère et le fils s'agenouillèrent et prièrent devant le tombeau de Napoléon Ier.

Dans la soirée du lendemain, trois longs trains quittèrent Paris ; ils transportaient au quartier général les chevaux, les voitures et le personnel des écuries de Sa Majesté, les immenses bagages impériaux, le nombreux personnel composant le service de bouche et huit agents du service de sûreté des résidences impériales.

Le 28 juillet, à huit heures du matin, l'Empereur, en tenue de général de division, montait en wagon, *à la gare des fêtes*, située dans le parc réservé de Saint-Cloud ; son fils, qu'il emmenait avec lui, portait l'uniforme de sous-lieutenant ; sa maison militaire prit le même train qui, par le chemin de ceinture, rejoignit celui de l'Est. Redoutant, sans doute, un froid accueil et peut-être des manifestations hostiles, l'Empereur n'osa pas traverser Paris qui brisait, un à un, les anneaux de la sanglante chaîne dont il l'avait si traîtreusement chargé. A six heures et demie du soir, Napoléon III arrivait à Metz où la garde impériale et les cent-gardes étaient depuis la veille.

Le général Dejean fit l'intérim du ministère de la guerre en l'absence du maréchal Lebœuf nommé major général de l'armée du Rhin, dont l'Empereur allait prendre le commandement en chef.

CHAPITRE XVI

1870

Affaire de Sarrebruck; le baptême du feu. — La surprise et le combat de Wissembourg. — Attitude du ministère et anxiété de la population. — Fausse victoire, enthousiasme et colère. — Dépêches lugubres; l'invasion du territoire. — Proclamations et décrets. — Les désastres : Forbach; Frœschwiller ou Reischoffen. — L'espion prussien de M. Ollivier. — Corps législatif; la séance du 9; renversement du ministère Ollivier. — Le cabinet Palikao. — Le maréchal Lebœuf et l'Empereur jugés par l'Assemblée. — Les Prussiens à Nancy. — Échauffourée de La Villette. — Le silence du gouvernement et l'inquiétude publique. — Les dépêches du 15 août. — Combat de Borny. — Bataille de Rézonville. — Retraite injustifiable. — Bataille de Gravelotte ou de Saint-Privat. — Mensonges du comte de Palikao; les carrières de Jaumont. — L'Empereur au camp de Châlons. — Retraite désastreuse du 1er et du 5e corps. — Une conférence au camp de Châlons; ses résultats. — Le général Trochu gouverneur de Paris. — L'Impératrice s'oppose aux résolutions de l'Empereur. — Hésitations du duc de Magenta; son départ pour Reims. — Nouvelle conférence. — Décision funeste. — *C'est la faute de l'Impératrice.*

Le 2 août, l'Empereur télégraphie à la Régente que « Louis a reçu le *baptême du feu*, a été admirable de sang-froid, a conservé une balle tombée tout près de lui, et que *des soldats pleuraient* en le voyant si calme. » Il s'agissait de la prise des hauteurs qui dominent Sarrebruck et d'où trois divisions françaises avaient bombardé cette ville ouverte qu'un détachement prussien occupait. Quand la réalité se fut dégagée des exagérations de la dépêche paternelle et des complaisances du *Bulletin officiel* dans lequel le général Frossard, parlant de son jeune élève, disait : « Sa présence d'esprit, son sang-froid au milieu du danger son dignes du nom qu'il porte ; » quand on eut appris que la médaille militaire venait d'être décernée à cet enfant et que nos pertes se réduisaient à un officier tué et à dix soldats blessés, on goguenarda au sujet « du baptême et de la balle ; » nul ne douta que cet engagement stérile et bruyamment exploité par les journaux bonapartistes n'eût, au début d'une guerre entreprise dans l'unique intérêt de la dynastie, visé qu'à une réclame dynastique. Jusqu'à la fin de la campagne, cet intérêt dominera celui de la France.

Le 4, la division du général Abel Douay, forte de neuf mille hommes et appartenant au premier corps (maréchal Mac-Mahon), occupait Wissembourg. La cavalerie négligea de reconnaître certaines hauteurs et de sonder les bois qui bordent la Lauter. Funeste imprévoyance qui souvent se renouvellera ! Au moment où les soldats apprêtaient leur soupe, le canon tonna sur ces hauteurs qu'on n'avait pas reconnues ; il foudroyait nos troupes surprises. A la hâte elles prennent les armes, se rangent en bataille et passent la Lauter. Arrivés au pied des hauteurs que l'artillerie allemande couronne, nos soldats sont accueillis par une fusillade éclatant de tous côtés. L'ennemi, que dérobent à la vue les plis du terrain et le feuillage des vignes, décime nos régiments. Les Prussiens sortent des profondeurs du bois ; ils sont quatre-vingt mille ; la moitié de ces forces est engagée ; les Français combattent un contre cinq. L'explosion d'une batterie de mitrailleuses tue le général Abel Douay que le général Pellé remplace. La lutte inégale se soutient encore, mais une plus longue résistance devient impossible. Éclaircis par la mort, les rangs de la division écrasée se resserrent ; la retraite est ordonnée ; elle s'opère en bon ordre. Wissembourg est au pouvoir des Allemands ; l'entrée de l'Alsace leur est ouverte. L'invasion a fait sa première étape.

Les journaux étrangers nous apportèrent la nouvelle de

cette défaite ; le ministère Ollivier l'avait apprise dans la journée du 4 ; il la communiqua seulement dans l'après-midi du 5, en l'atténuant et sans indiquer ni le jour où nous l'avions subie, ni les pertes que nous avions éprouvées. Cette communication inexacte et sommaire se terminait par l'avis que « le maréchal de Mac-Mahon concentrait sur les lieux les forces placées sous son commandement. » Dans la soirée, on laissait se répandre le bruit qu'une revanche venait d'être prise par le héros de Magenta. Le 6, à la première heure, on courut aux nouvelles : pas de dépêches affichées, et dans le *Journal officiel* cette simple ligne : « Le maréchal occupe, avec son corps d'armée, une forte position. » Une foule anxieuse et houleuse remplit les rues et les boulevards ; elle croit que d'un moment à l'autre arrivera la dépêche victorieuse si impatiemment attendue. — « Elle est arrivée, crie-t-on ; elle vient d'être affichée à la Bourse : l'armée de Mac-Mahon a écrasé celle du Prince Charles ; on a fait prisonnier ce prince, son état-major et vingt-cinq mille Allemands ; Landau est pris. » Aussitôt éclate une joie délirante ; aux fenêtres, des drapeaux se déploient ; des chanteurs de l'Opéra sont reconnus dans la foule, entourés et invités à chanter la *Marseillaise* dont le refrain est accompagné par des milliers de voix ; de toutes parts retentissent les cris de : « Vive la France ! Vive l'armée ! » Les tribunaux interrompent leurs audiences ; un enthousiasme irréfléchi et le soleil capiteux d'août enfièvrent les cerveaux à ce point que personne, depuis midi jusqu'à deux heures, ne s'étonne que la dépêche officielle ne soit affichée nulle part. Des citoyens qui mettent en doute l'authenticité de cette victoire sont injuriés et font naître autour d'eux une exaspération menaçante.

Cependant, un éclair de raison traverse quelques esprits ; on va aux informations, et, bientôt, sur les boulevards et dans les rues on entend des voix crier : « Retirez les drapeaux ! La nouvelle est fausse. » On comprend vite que la dépêche est l'œuvre d'un spéculateur. La colère succède à la joie. Des groupes furieux se portent, d'abord, vers la Bourse où ils brisent l'entourage de la corbeille dans laquelle agiotent les agents de change, — puis, vers le ministère de la justice où ils somment le chef du cabinet de se montrer. Les clameurs vont en redoublant. M. Ollivier paraît au balcon et annonce que l'auteur de l'odieuse manœuvre vient d'être arrêté. On se calme. Le soir, une proclamation des ministres aux Parisiens confirmait l'arrestation et promettait le châtiment du coupable. Le préfet de police publiait, de son côté, un avis portant que « l'auteur de la fausse nouvelle est sous la main de la justice. » Comment se nommait-il? Qu'en a fait la justice ? On ne l'a jamais su. Tenait-il de trop près au gouvernement pour qu'on n'osât le nommer et le châtier? Ce fut en vain qu'on demanda l'annulation de toutes les opérations faites à la Bourse de ce jour-là. Le faussaire et ses complices jouirent impunément des sommes qu'ils avaient escroquées à la crédulité publique (1).

Des foules compactes stationnaient devant les ministères de la guerre, de la justice et de l'intérieur; elles étaient résolues à y passer la nuit pour attendre les nouvelles. A une heure du matin, M. Chevandier de Valdrôme parut et lut cette dépêche : « Le corps du général Frossard est en retraite. *Pas d'autres détails.* » On se retira en proie à de funestes pressentiments qui ne tardèrent pas à se réaliser.

Le lendemain, 7, on afficha sur les murs de Paris une proclamation ministérielle suivie de deux dépêches signées: NAPOLÉON, et d'une troisième adressée par le major général

---

(1) Les fluctuations du 3 0/0 donneront une idée du chiffre énorme que ces sommes purent atteindre. La veille, qui était un vendredi, ce fonds d'État clôturait au cours de 66 fr. 70 ; le samedi, jour du mauvais coup, la fausse nouvelle le fit monter jusqu'à 69 fr. 15 ; et, à la Bourse suivante, celle du lundi 8, il descendit à 64 fr. 50.

au ministère de l'intérieur ; ces dépêches étaient lugubres : « Le maréchal de Mac-Mahon a perdu une bataille ; le général Frossard, après une lutte de deux heures, a abandonné ses positions ; ces deux chefs de corps opèrent leur retraite en bon ordre. Les détails sur nos pertes manquent. *L'ennemi est sur notre territoire.* » La proclamation annonçait la convocation des Chambres, la mise de Paris en état de défense, et la déclaration de l'état de siége pour faciliter l'exécution des préparatifs militaires.

Napoléon III s'imaginait rassurer la France en disant, dans l'une de ses dépêches : « *Je vais me mettre au centre de la position.* » Et, dans une proclamation affichée vers une heure, l'impératrice disait : « *Vous me verrez la première au danger pour défendre le drapeau de la France.* » On haussait les épaules, et on lisait, avec une dédaigneuse froideur la proclamation de cette femme adjurant les Français « d'être fermes » en présence des revers qu'attirait sur nous *cette guerre qu'il lui fallait afin que son fils pût régner*. Au même temps qu'elle s'offrait pour « *défendre le drapeau de la France,* » l'Impératrice télégraphiait à son époux ; « Je suis persuadée que *nous mènerons* les Prussiens l'épée dans les reins jusqu'à la frontière. — *Je réponds de Paris.* » Huit jours auparavant, la Régente avait envoyé à son fils ce télégramme d'importance : « La petite Malakoff a encore trouvé deux trèfles à quatre feuilles. Je te les enverrai. »

Le *Journal officiel* du 7 publia trois décrets convoquant les Chambres pour le 11 (1), — mettant Paris en état de siége et appelant le maréchal Bagaguay-d'Hilliers au commandement des forces militaires réunies dans Paris.

La dépêche annonçant la retraite en *bon ordre* du général Frossard après une simple lutte de *deux heures* était mensongère. C'était une vraie bataille que ce général avait

(1) L'Impératrice et M. Ollivier s'opposaient à cette convocation. Le garde des sceaux n'y consentit que devant l'énergique insistance de plusieurs de ses collègues menaçant de déposer leur portefeuille.

perdue. Ses soldats se battirent héroïquement pendant plus de cinq heures. En accourant de Saint-Avold où il se tenait avec le troisième corps, Bazaine aurait pu secourir le chef du deuxième. Il disait, en entendant le bruit du canon : « Qu'il gagne son bâton de maréchal tout seul! » Cette bataille de Forbach nous coûta plus de six mille hommes tués, blessés ou pris. Les Allemands y perdirent trois mille officiers ou soldats. Le général Frossard quitta le champ de bataille avant la fin du combat; ce fut le général Bataille commandant la deuxième division qui dirigea la retraite sur Saint-Avold. Les soldats, maugréant contre le chef qui venait de s'éloigner d'eux et dont l'impéritie les avait fait écraser, jonchaient d'armes et d'équipements la route de Forbach sur laquelle des voitures, des tentes, des fourgons et un équipage de pont furent abandonnés. A Forbach où s'arrêta leur poursuite, les Prussiens, devenus maîtres de la Moselle, trouvèrent une grande quantité d'approvisionnements qui avaient été rassemblés là.

Pendant que le général Frossard était battu sur la Moselle, le maréchal de Mac-Mahon éprouvait le même sort sur la Sauer. Engagée à sept heures du matin, la bataille de Frœschwiller ou Reichshoffen se termina vers cinq heure du soir par la défaite de notre armée. A midi, le maréchal qui aurait pu et dû se replier sur les Vosges après avoir reconnu l'énorme supériorité numérique de l'ennemi, sacrifia, comme l'a dit un historien « la prévoyance du général au point d'honneur du soldat. » L'Empereur « voulait une victoire, » et Mac-Mahon la lui donner. Ce que, à l'exemple de leur chef, nos généraux divisionnaires, nos officiers et nos soldats déployèrent d'héroïsme dans cette journée est inénarrable. En voyant tant de braves expirés ou expirant et la stérilité de ces hécatombes, le maréchal eut, dit-on, un accès de désespoir. Son chef d'état-major, le général Colson, fut tué à ses côtés. Pour couvrir la retraite de l'armée vaincue, le huitième et le neuvième de cuirassiers, formant la brigade du général Michel, se firent, sur l'ordre du maréchal, hacher par la mitraille à peu près jusqu'au dernier homme. Sur le champ de bataille restèrent six mille Français; parmi les morts était le général Raoult. Les Allemands nous prirent huit mille hommes, trente canons, deux drapeaux, la caisse de l'armée, les équipages du maréchal et plusieurs convois d'approvisionnements. Cette victoire leur livrait l'Alsace. Ils évaluent à dix mille cent cinquante-trois le nombre de leurs officiers et soldats tués, blessés ou disparus. Le général de Failly, auquel Mac-Mahon n'avait mandé, il est vrai, que des ordres indécis et tardifs, ne lui envoya aucun renfort; il entendait le bruit du canon, et ce général de salon, dépourvu de tout instinct militaire, demeurait tranquillement à Bitche.

Le 8 août, un décret convoqua le Corps législatif pour le lendemain et dix-sept membres de la gauche apportèrent au ministre de l'intérieur une note exposant la nécessité d'armer immédiatement tous les citoyens de Paris. Déjà le *Rappel*, *l'Avenir national*, la *Cloche*, le *Siècle*, la *Gironde*, le *Phare de la Loire* avaient réclamé l'armement immédiat de tous les citoyens français et l'institution d'un comité de défense.

Dans une proclamation, le ministère Ollivier prétendait qu'on avait saisi sur un espion amené au quartier général ces lignes : « Courage, Paris se soulève; *l'armée française sera prise entre deux feux.* » La *Cloche* se fit l'interprète de l'indignation publique en combattant une insinuation qui outrageait la population parisienne; M. Louis Ulbach demandait le nom du misérable qui promettait au roi de Prusse l'aide de Paris contre notre vaillante armée : « Il faut qu'avant d'être fusillé, cet espion se confesse et soit connu, si non, nous croirons que *c'est un personnage de comédie, inventé à plaisir.* » Cet espion n'était pas autre chose; on l'inventait pour soulever d'aveugles colères contre les partisans de la liberté. Les journaux bonapartistes faisaient, depuis quelque temps, cette besogne ; nous verrons à quels excès elle mena.

Le 9, M. Ollivier fit siffler sa calomnie aux oreilles de l'Assemblée. Dès que la séance fut ouverte, il parut à la tribune : « Notre armée, commença-t-il, a déployé dans le combat un héroïsme sublime. » D'unanimes acclamations s'élevèrent en l'honneur de nos soldats : « Ce sont des lions conduits par des ânes, » s'écria M. Guyot-Montpayroux. — « Oui, dit M. Jules Ferry, l'armée a été héroïque, mais elle a été compromise... » — « Par l'impéritie de son chef, » ajouta M. Jules Favre. La voix tonnante de M. Emmanuel Arago jette au ministre ces mots qui le font pâlir : « Pour le salut de la patrie, que le ministère disparaisse ! » M. Ollivier, reprenant son discours, parle d'une revanche prochaine, et, se tournant vers la gauche, il scande haineusement cette phrase : « Aux ressources dont ils disposent les Prussiens espèrent ajouter celles qui naîtraient de troubles dans Paris. » De tous les bancs de la gauche, des cris partent : « A l'ordre ! c'est une basse et lâche calomnie ! Voilà l'invention de l'espion prussien ! A l'ordre, le calomniateur ! » Cherchant à dissimuler son trouble sous un mauvais sourire, le garde des sceaux continue ainsi : « Nous ne sommes pas vaincus, grâce au ciel, mais nous paraissons l'être... *et si la Chambre ne se place pas derrière nous...* » Pour le coup, le fatuisme de cet homme qui, *d'un cœur léger*, a poussé la France vers la ruine, soulève une tempête d'interpellations irritées : « Si la Chambre, balbutie-t-il, n'a pas de confiance dans le cabinet, qu'elle le signifie par un vote ! » Aussitôt, M. Latour du Moulin dépose sur le bureau cette proposition que treize députés du tiers-parti ont signée avec lui : « Les soussignés demandent que la présidence du Conseil des ministres soit confiée au général Trochu, qu'il soit chargé de composer un cabinet. »

Une grande agitation règne dans l'Assemblée. Le ministère de la guerre demande l'urgence pour un projet de loi appelant sous les drapeaux tous les militaires célibataires n'ayant pas atteint l'âge de trente ans; elle est votée. M. Jules Favre propose d'armer immédiatement toutes les gardes nationales de France; cette proposition obtient un vote d'urgence ; il en présente une deuxième signée par trente-trois de ses collègues ; elle a pour but la nomination par la Chambre d'un comité exécutif de quinze membres choisis dans son sein, comité qui sera investi des pleins pouvoirs du gouvernement pour repousser l'invasion étrangère. « Cette invasion, dit M. Jules Favre, ne serait pas convenablement repoussée par des ministres qui ont déjà perdu deux provinces et qui, grâce à leur ineptie, perdraient le reste. » En développant sa proposition qui rallia cinquante-trois voix contre cent quatre-vingt-dix, l'orateur s'était exprimé en ces termes : « La patrie est compromise ; c'est là le résultat des fautes de ceux qui dirigent les opérations militaires et de l'insuffisance absolue du commandant en chef. Il est indispensable que les forces militaires soient concentrées entre les mains d'un seul homme, mais que cet homme ne soit pas l'Empereur. Il faut que l'Empereur abandonne le quartier général ; ce n'est pas tout : il faut, si la Chambre veut sauver le pays, qu'elle prenne en main le pouvoir. » M. Granier de Cassagnac répondit à cette proposition par ces paroles odieuses : « Cet acte est un commencement de révolution tendant la main à un commencement d'invasion... Les Prussiens vous attendaient... Si j'avais l'honneur de siéger au banc du gouvernement, vous tous, signataires, vous seriez, ce soir, devant un conseil de guerre. » « Fusillez-nous donc, si vous l'osez, » s'écria M. Jules Simon. Le président est ainsi interpellé : « Laisserez-vous injurier et menacer des représentants inviolables ? » L'homme qui avait trompé la Chambre sur les faits et qu'écrasait la responsabilité de nos désastres, le duc de Gramont se mit à rire ! Plus de vingt députés se précipitent vers lui. La main de M. Estancelin s'approche du visage de ce duc vaniteux et bête (1); on le croit souffleté; des députés de la droite se placent entre leurs collègues de la gauche et le ministre des affaires étrangères. Quand le violent orage parlementaire s'est un peu calmé, M. Jérôme David, arrivant de Forbach, avoue « l'infériorité incroyable de nos soldats vis-à-vis de l'ennemi; » et il ajoute : *« La Prusse était prête et nous ne l'étions pas.* » Terrible aveu qui est l'involontaire condamnation du gouvernement impérial !

M. Clément Duvernois, le créateur du cabinet Ollivier, propose cet ordre du jour qui obtient la priorité sur la proposition de M. Latour du Moulin : « La Chambre, décidée à soutenir un cabinet capable d'organiser la défense du pays, passe à l'ordre du jour. » Cet ordre du jour que M. Émile Ollivier regarde, avec raison, « comme étant pour lui une sanglante injure, » et qu'il repousse énergiquement est voté à la presque unanimité.

Après une suspension d'une heure, la séance est reprise. M. Émile Ollivier, qui était allé aux Tuileries, annonce que le général de Palikao est chargé de former un cabinet « Mon appui lui est assuré, » dit-il. Ces mots excitèrent des sourires et des risées.

Le passage sur le pont de la Concorde était interdit même aux députés. M. Jules Simon dut gagner, par le pont de Solférino, la place de la Madeleine. Plusieurs fois reconnu par quelques personnes mêlées à une grande foule, il était entouré, questionné: « Citoyens, répondait-il, je n'ai qu'une bonne nouvelle à vous annoncer : Le ministère Ollivier

---

(1) Quand le duc de Gramont était ambassadeur à Vienne, M. de Bismark le dépeignit en ce peu de mots : « *C'est l'homme le plus bête de l'Europe.* » Quand l'empereur allait l'appeler au ministère des affaires étrangères, un personnage influent ayant demandé s'il ne semblait pas à Sa Majesté qu'il serait dangereux de confier les rênes de la diplomatie française à un homme d'une incapacité aussi absolue, Napoléon répondit : « *Je le choisis à cause de cela.* »

n'existe plus. » Des applaudissements prolongés accueillaient partout cette « bonne nouvelle. »

Le lendemain, la Chambre déclara que l'armée avait bien mérité du pays, et vota une loi appelant sous les drapeaux tous les hommes valides de 20 à 35 ans ; puis, le comte de Palikao dit que, se réservant le portefeuille de la guerre, il avait confié ceux de l'intérieur, des finances, de la justice et des cultes, de l'agriculture et du commerce, de la marine, des travaux publics et des affaires étrangères à MM. Henri Chevreau, Magne, Grandperret, Clément Duvernois, Rigault de Genouilly, Jérôme David et de La Tour d'Auvergne. Tous ces ministres étaient résolûment du parti de la Cour et disposés à ne reculer devant rien pour sauver l'Empire. Le chef de ce cabinet choisi par l'Impératrice et peu rassurant pour les libertés publiques était ce général Cousin-Montauban dont l'expédition en Chine se termina par le pillage du Palais d'Hiver et auquel l'Assemblée si impérialiste de 1862 refusa une dotation que l'Empereur lui-même proposait. Aussi, les bruits de coup d'État recommencèrent-ils à circuler ; je démontrerai qu'ils n'étaient pas sans fondement.

Le 11, M. de Kératry demanda la comparution immédiate du maréchal Lebœuf devant une commission d'enquête. M. Thiers jugea inopportune cette enquête mais en disant : « Si je la repousse, on ne doit pas conclure de cela que nous soyons indulgents pour l'immense aveuglement qui nous a donné la guerre. Oui, la préparation a été insuffisante et la direction profondément incapable. » Ces paroles qui flagellaient si manifestement l'Empereur ne soulevèrent à droite aucune protestation. Au contraire, beaucoup de ceux par qui, naguère, Napoléon III était apothéosé, le traitaient de « général de hasard ; » se désengouant de lui, ils taxaient de pure fanfaronnerie ses prétentions à la tactique et à la stratégie ; ils l'accusaient amèrement de s'être jeté « sans préparatifs et sans plan, » dans une guerre aussi formidable et d'en avoir confié la direction « à d'ineptes favoris. » On savait que, malgré les instances de ses serviteurs les plus dévoués et celles de l'Impératrice qui le pressaient de donner un remplaçant à son stupide major général, il s'aheurtait à le maintenir dans ses fonctions ; la Régente supplia directement le maréchal Lebœuf de s'en démettre, et il y consentit.

Lorsque, dans la séance du 11, le ministre de la guerre annonça que le major général s'était démis de sa charge, que l'Empereur avait renoncé à toute fonction militaire et que le commandement en chef de l'armée appartiendrait, désormais, au maréchal Bazaine, une satisfaction générale accueillit ces communications. Le comte de Palikao dut répéter, le 12, qu'il n'existait « aucun commandement ni au-dessus, ni à côté de Bazaine ; » et M. Barthélemy Saint-Hilaire de s'écrier : « cette affirmation rassurera le pays. »

Le 14, — c'était un dimanche, — bien des fronts naguère hautains s'humilièrent, et une patriotique douleur pénétra toutes les âmes, lorsque M. Gambetta lut cet extrait de *l'Espérance de Nancy* : « Hier, vendredi, 12 août 1870, à trois heures de l'après-midi, date douloureuse pour nous et pour nos descendants, quatre soldats prussiens ont pris possession de la ville de Nancy, ancienne capitale de la Lorraine, chef-lieu du département de la Meurthe. » Oh ! quel bourrèlement certaines consciences durent éprouver ! L'invasion s'avançait à pas de géant. Les incapables, par qui, selon l'expression de Gambetta, nous étions gardés, avaient laissé la Lorraine sans protection. *Quatre-vingt six pompiers*, n'ayant d'autres armes que *quatre-vingt six fusils à silex transformés*, tels étaient les uniques défenseurs du chef-lieu de la Meurthe dépourvu d'armes et de munitions. Quatre jours avant l'arrivée des Prussiens, les autorités militaires, les troupes et les gendarmes eux-mêmes avaient abandonné la ville. Le préfet Podevin déserta son poste et compléta sa lâcheté par une infamie : il fit afficher sur les murs de

Nancy, une proclamation dans laquelle *il conjurait les habitants de faire un bon accueil aux Prussiens !*

Au moment où se passait, au Corps législatif, la navrante scène que je viens de raconter, une centaine d'hommes guidés par Blanqui, Eudes, Granger et Brideau attaquaient la caserne de pompiers située sur le boulevard de la Villette. « Notre projet, écrivit Blanqui un mois plus tard, était de se saisir des armes par surprise et sans faire aucun mal aux pompiers, corps aimé et justement estimé des Parisiens. » Un coup de revolver n'en blessa pas moins la sentinelle de garde ; les émeutiers envahirent la caserne ; ils cherchèrent à s'emparer des armes ; le lieutenant et ses braves pompiers s'y opposèrent énergiquement. Des sergents de ville accoururent ; entre eux et les blanquistes une lutte s'engagea ; quelques agents furent blessés et l'un d'eux mortellement. Les insurgés se retirèrent ; dans leur fuite, ils essayaient de soulever la foule en criant : « Vive la République ! Mort aux Prussiens ! Aux armes ! » La foule stupéfaite ne bougea pas. On arrêta deux des chefs de cette tentative avortée, Eudes et Brideau. Soixante-dix-huit autres arrestations furent opérées, le lendemain. Un blâme général s'éleva contre cette coupable entreprise qui fournit aux journaux impérialistes l'occasion de dire que les Prussiens en étaient les instigateurs. Gambetta adressa une interpellation au ministère sur cette échauffourée que réprouvait le parti républicain et déposa sur le bureau une pétition réclamant l'application de la loi sur les étrangers.

Le gouvernement ne disait rien de la situation de nos armées. L'Impératrice recevait, seule, des dépêches chiffrées. On se plaignait que « cette étrangère, » ayant exclusivement en vue les intérêts dynastiques, laissât « les mères françaises » dans une poignante incertitude sur le sort de leurs fils.

Le 15 août, on communiqua aux Parisiens cette dépêche datée de la veille et adressée par *l'Empereur à l'Impératrice* :

« L'armée a commencé à passer la Moselle ; ce matin, *nos reconnaissances n'avaient signalé la présence d'aucun corps*; mais lorsque la moitié a eu passé, les Prussiens ont attaqué en grande force. Après une lutte de quatre heures, ils ont été repoussés avec de grandes pertes. » Et, le lendemain, le prince impérial télégraphiait à sa mère: « *Tout va de mieux en mieux.* » Cet enfant écrivait ce que lui dictait son père. On s'étonnait de cette attaque des Prussiens « *en grande force* » lorsque « *les reconnaissances n'avaient signalé la présence d'aucun corps.* Cette incurie qui avait causé nos défaites de Wissembourg et de Forbach alarmait tous les esprits. C'est encore d'un bois que les Prussiens sortirent quand notre armée eut passé la Moselle. Ce combat de Borny ou Longeville commença vers quatre heures et dura jusqu'à la nuit. L'ennemi qui s'était emparé du petit bois de Mey défendu par un bataillon de ligne en fut délogé, puis repoussé des villages de Mey et de Servigny qu'il brûla en se retirant. Ses pertes dépassèrent de plus du double les nôtres qui consistaient en 3,408 hommes tués, blessés ou disparus. Les Prussiens s'attribuèrent le succès de la journée en disant qu'ils avaient retardé notre marche et gardé une partie du champ de bataille.

Le 15, notre armée se repliait sur Verdun. Le 16, à neuf heures du matin, les Prussiens attaquèrent nos avant-postes. Bientôt la bataille s'engage sur deux points. Les efforts de l'ennemi se portent, d'abord, du côté de Rézonville. Mais, les deux armées se développent; au milieu des feux qui se croisent sur une vaste étendue, elles déploient une égale bravoure et, jusqu'à la nuit close, se combattent avec un acharnement égal. Le maréchal Bazaine dirigeait les mouvements de nos divisions qui les exécutaient avec intrépidité sous l'active impulsion des commandants en chef et des généraux divisionnaires des 2e, 3e, 4e, et 6e corps et du général Bourbaki ayant sous ses ordres les grenadiers de la garde. La bataille de Rézonville eut de nombreuses oscillations et fut très-meurtrière. Nous y perdîmes 17,000 hommes dont 5,000 disparus. Les pertes des Allemands commandés par le prince Frédéric Charles s'élevèrent à plus de 20,000 hommes; ils prétendirent que l'avantage leur était resté. Le maréchal Bazaine, au contraire, dit, dans son rapport, que battue sur tous les points l'armée allemande se retira en nous laissant maîtres du champ de bataille. A une marche habile et heureusement effectuée par le général de Ladmirault est dû ce succès de nos armes à Rézonville, le seul que, dans cette affreuse campagne de 1870, nous ayons obtenu. Mettant à profit cet avantage, le maréchal livrera-t-il, le lendemain, une nouvelle bataille à l'armée allemande avant qu'elle ne reçoive des renforts? Ou bien cherchera-t-il à opérer sa jonction avec Mac-Mahon? Hélas! non. Il s'éloigne du terrain sur lequel on venait de combattre et recule vers Metz jusqu'à Gravelotte où il perd la journée du 17 que l'armée ennemie emploie à se grossir au moyen de renforts incessants. Nos soldats, ne comprenant rien à cette retraite, murmurent; Bazaine essaye de la justifier en disant que le défaut de vivres et de munitions l'avait mis dans l'impossibilité de marcher en avant et d'attaquer l'ennemi le 17. Le général Soleille qu'il a envoyé à Metz ne peut, ajoute-t-il, donner que 800,000 cartouches, tant la place est mal approvisionnée en munitions; or, cinq jours plus tard, *on découvrait* dans la gare de Metz *quatre millions de cartouches!* Oh! que cette malheureuse et vaillante armée de la Moselle avait raison de se plaindre et de murmurer! Le 17, à sept kilomètres de Metz, le 2ᵉ corps n'a que du riz à manger, et le 6ᵉ du biscuit pour un jour à peine. « L'intendant n'avait ni viande, ni café, ni sucre, ni sel, ni riz! (1). » Quant au commandement supérieur, recueillons cet aveu du général Deligny sous les ordres duquel était la 1ʳᵉ division de la garde impériale : « *De direc-*

(1) Charles Fay, *Journal d'un officier de l'armée du Rhin.*

tion générale aucune, de mouvements coordonnés aucun ; de but précis aucun ! »

Le 18, du sommet des hauteurs que, sur une ligne beaucoup trop étendue, notre armée occupe, on voit de nombreuses colonnes prussiennes traverser la route de Verdun et gagner les bois ; l'état-major ne s'en inquiète pas ; des officiers en avisent leurs généraux qui font ouvrir des tranchées-abris, dresser et couvrir par des épaulements nos batteries.

L'armée de Bazaine comptait 160,000 hommes avec 400 canons et 100 mitrailleuses. Les Allemands, au nombre de 230,000, commencèrent l'attaque vers midi ; la bataille dura jusqu'à la nuit. A six heures, la victoire penchait de notre côté, mais, par un mouvement tournant, l'ennemi déborda et écrasa notre aile droite que formaient le 4º et le 6º corps. Le maréchal Canrobert combattait l'épée à la main et au premier rang ; il fit, plusieurs fois et inutilement, demander à Bazaine des renforts et les réserves de l'artillerie ; avec les 20,000 hommes de son 6º corps, il tenait tête à 80,000 Allemands ; il n'évacua Saint-Privat dont les maisons flambaient et ne se mit en retraite sur les bois de Saulny qu'après l'épuisement de ses munitions. La droite du 4º corps se trouvait ainsi découverte et les Prussiens l'écharpaient. Le général de Ladmirault essaya de lutter encore ; il dut se replier sur Pappleville. Le 2º et le 3º corps se maintinrent dans leurs positions. Nous perdions 500 officiers et 11,000 soldats. L'ennemi avoua une perte de 13,000 soldats et de 520 officiers.

Pendant cette sanglante bataille de Saint-Privat ou Gravelotte dont les Prussiens retirèrent ce grand avantage de couper à l'armée de la Moselle toute communication avec Paris, le commandant en chef de cette héroïque armée ne monta pas, un seul instant à cheval ; il déjeuna chez le curé de Pappleville et passa tranquillement la journée à cinq kilomètres du lieu où tant de soldats français tombèrent.

« Somnolence égoïste, indifférence pour les intérêts généraux, petit esprit et petits moyens (1), » voilà ce que le maréchal Bazaine mit au service de la France avant de la trahir. Et les Parisiens oublieux de la conduite que cet homme avait tenue au Mexique s'aveuglaient au point de mettre en lui seul l'espoir de leur salut!

Dans la séance du 19, le comte de Palikao, qui ne cessa pas de tromper la France, avait dit aux membres du Corps législatif : « Voici un *fait* que je vous donne comme *certain* : Le corps de cuirassiers blancs commandé par M. de Bismark a été anéanti; il n'en reste pas un seul. » Ce *fait* était absolument *faux*. Le lendemain, à propos de la bataille de Gravelotte, il s'exprima ainsi : « Je ne puis entrer dans les détails; *vous comprenez ma réserve*. J'ai fait voir à plusieurs membres de la Chambre les dépêches qui constatent qu'au lieu d'avoir obtenu un avantage, le 18, les trois corps d'armée qui s'étaient avancés contre le maréchal Bazaine ont été, *d'après des renseignements dignes de foi, rejetés dans les carrières de Jaumont.* » Les « très-bien! très-bien! accueillirent cette fable que les bonapartistes propagèrent en la développant. A les entendre plus de 30,000 Prussiens gisaient ensevelis au fond de ces *carrières de Jaumont* situées fort en arrière de nos positions; or, de ce côté, aucun engagement n'avait eu lieu. On avait dû, ajoutaient-ils, couvrir de chaux vive cette masse énorme de cadavres prussiens, et le désespoir du prince Frédéric s'était changé en folie furieuse... Des journaux illustrés publiaient des gravures reproduisant cette scène imaginaire de carnage et représentant un zouave qui fait à un groupe de Parisiens ébahis « *le récit de l'affaire de Jaumont.* » Aucun rapport officiel, est-il besoin de le dire? — ne fit la moindre allusion à ce qui n'était qu'un mensonge imaginé dans le double but d'occuper momentanément les esprits et de détourner du théâtre

---

(1) *Armée de Metz*, par le général Deligny.

de la guerre, où tout allait de mal en pis, les impatiences et l'attention du pays.

L'Empereur, accompagné de son fils, avait quitté Metz, le 16 août, de grand matin. La cavalerie de ligne de la garde, un bataillon de grenadiers, un escadron de guides, la brigade Margueritte composée des 1er et 3e chasseurs d'Afrique l'escortaient. A Etain, la cavalerie de ligne de la garde s'arrêta et regagna son corps, le reste de l'escorte poussa jusqu'à Verdun, et trouvant ensuite la route de Metz coupée alla grossir l'armée de Châlons.

Sur tout le parcours, l'Empereur faisait envoyer des dépêches indiquant le nombre de couverts qui devaient se trouver mis dans les endroits fixés pour ses haltes. Il télégraphia à l'Impératrice son arrivée à Etain et gagna rapidement Verdun d'où un wagon de 3e classe le porta au camp de Châlons. Sombre, accablé, démoralisé, il data, le 17, du quartier-général, ce télégramme monumental : « Au maire d'Etain : *Avez-vous des nouvelles de l'armée?* »

Dans la nuit du 16 au 17, le maréchal de Mac-Mahon arrivait au camp. Après avoir réuni à Saverne les débris de ses régiments, il commença, le 7, sa retraite sur Châlons, retraite si précipitée qu'il oublia de faire sauter les tunnels de Saverne et de Phalsbourg dont la destruction eût arrêté, pendant plusieurs jours, la marche des Prussiens ; il leur abandonnait définitivement cette ligne défensive des Vosges vers laquelle il aurait dû se replier le 6, à midi, au lieu de continuer une lutte héroïque mais imprudente contre des armées huit fois supérieures en nombre à la sienne. Quelle retraite lamentable et désordonnée que celle du 1er corps! Un officier qui en faisait partie l'a décrite : pluies diluviennes, vivres incomplets, pas d'effets, pas de tentes, pas de marmites. Nos soldats couverts de boue, s'affublant de costumes grotesques, maraudant, effrayaient les populations. « On serait tenté de se demander : Mais, qui donc commande ici ? Le lieutenant Marescaldi, officier d'ordonnance du maréchal, est accosté sur la route par deux zouaves de son régiment qui lui demandent la bourse ou la vie. Il leur répond en les menaçant de son revolver (1). » A Blesnes, les vaincus de Reischoffen épuisés, affamés, montèrent en wagon. Leur train dut stationner sept heures en gare afin de laisser passer avant lui l'immense train impérial qui portait les voitures, les chevaux et le personnel des écuries, l'attirail de toilette et le personnel de service, les ustensiles et le personnel de la cuisine, la vaisselle plate et le personnel de bouche; tout cela précédait le train de sa Majesté. « Sept heures d'attente pour nos pauvres derniers vingt-cinq kilomètres; mais, devant nous marchait la maison ou plutôt la boutique impériale (1). »

Le 5ᵉ corps (de Failly) s'était aussi rabattu sur Châlons où il arriva, le 20, dans le plus déplorable état. Les régiments décimés du 2ᵉ (Frossard) s'étaient repliés sur Metz en abandonnant sur les routes, armes, bagages et approvisionnements.

Le 17, après l'arrivée de l'Empereur au camp de Châlons, une conférence fut tenue. Le Prince Napoléon, le duc de Magenta, les généraux Trochu et Schmitz y assistaient : « Pour cette guerre, dit le Prince Napoléon à l'Empereur, vous avez abdiqué à Paris le gouvernement et à Metz le commandement. A moins de passer en Belgique, il faut que vous repreniez l'un et l'autre. Pour le commandement c'est impossible; pour le gouvernement, c'est périlleux, car il faut rentrer à Paris. Mais, que diable, si nous devons tomber, tombons comme des hommes. » Et il donna à son cousin le conseil de nommer le général Trochu gouverneur de Paris, chargé de la défense de la place : « Qu'il vous y précède de quelques heures et vous annonce à la population dans une proclamation qu'il saura faire. » Cet avis fut una-

---

(1) *De Frœschviller à Sedan*, par un officier du 1ᵉʳ corps.
(2) *De Frœschviller à Sedan*.

nimement adopté. On convint que le général Trochu, muni de ses pouvoirs, partirait le soir même, que la garde mobile et l'armée de Mac-Mahon le suivraient de près à Paris où le maréchal reconstituerait cette armée et concentrerait sous ses ordres toutes les forces disponibles.

Le lendemain, à l'heure où le général Trochu adressait aux Parisiens une première proclamation de laquelle avait été effacé, par l'ordre de la Régente, le nom de l'Empereur, celui-ci disait au duc de Magenta : « Je partirai, le 19, pour Paris; prenez vos mesures pour m'y suivre avec vos troupes. »

Mais, la Régente avait déclaré que « *l'Empereur ne reviendrait pas à Paris*, ses ennemis seuls ayant pu lui conseiller ce retour. » Elle était soutenue dans son opposition à ce retour par sa camarilla d'ultra-bonapartistes et par le comte de Palikao qui télégraphia immédiatement à l'Empereur : « Je supplie Sa Majesté de renoncer à l'idée de ramener l'armée de Châlons sur Paris; l'Impératrice partage cette opinion. » Napoléon III sur qui sa femme prenait de plus en plus ascendant, retombe dans son indécision habituelle. Le duc de Magenta ne sait que résoudre. Le 19, il télégraphie à Bazaine : « A la distance où je suis de vous, comment vous venir en aide sans découvrir Paris ? Si vous en jugez autrement, faites-le moi savoir. » En même temps, il envoie ce télégramme au ministre de la guerre : « Veuillez dire au Conseil qu'il peut compter sur moi, et que je ferai tout pour rejoindre Bazaine. » Le même jour, il recevait ce télégramme du comte de Palikao : « J'apprends que les corps ne se gardent pas, qu'il n'y a pas de reconnaissance sérieusement organisée jusqu'ici. A Chaumont, à Blennes, le corps de Failly n'était ni éclairé, ni gardé. »

Le 20, Mac-Mahon a pris une demi-décision dont il avise le ministre en ces termes : « *Bien que je sois, dès demain*, prêt à marcher, je *pense* que je resterai en position jusqu'à connaissance de la direction prise par Bazaine soit au nord, soit au sud ; je partirai demain pour Reims. » Il fit évacuer et détruire le camp de Châlons ; la garde mobile fut dirigée sur Paris où on établit son campement à Saint-Maur. Le 21, Mac-Mahon prit position près de Reims. L'Empereur le manda auprès de lui, à Courcelles où il s'était installé. Le maréchal trouva là M. Rouher qui, entrant dans les vues de l'Impératrice et du comte de Palikao, combattit le projet de retour à Paris. Le duc de Magenta lui répondit que des renseignements de la veille autorisaient cette supposition : 200,000 hommes entourent Bazaine à Metz ; l'armée du Prince royal de Saxe marche sur Verdun ; le Prince royal de Prusse se rapproche de Vitry-le-Français avec 150,000 hommes. Or, continua-t-il, se porter vers l'Est avec une armée comme la mienne n'est-ce pas s'exposer à une défaite qui serait la perte de la France ? »

Cela était bien raisonné ; le président du Sénat ne put qu'objecter ceci : « L'abandon de Bazaine produira un fâcheux effet. » Mais le raisonnement si juste du maréchal avait frappé M. Rouher qui ajouta : « Cette décision doit être expliquée par un manifeste de l'Empereur à la nation et par une proclamation du maréchal à l'armée. » Le président du Sénat rédigea la proclamation et le manifeste qu'il se chargea de publier dans le *Journal officiel* le jour où l'armée se mettrait en marche sur Paris. Avec ces documents, M. Rouher emporta un décret ainsi conçu : « Napoléon, par la grâce de Dieu, etc. Le maréchal de Mac-Mahon, duc de Magenta, est nommé général en chef de toutes les forces militaires composant l'armée de Châlons et de toutes celles qui sont ou seront réunies sous les murs de Paris ou dans la capitale. Notre ministre de la guerre est chargé de l'exécution du présent décret. »

Le manifeste et la proclamation disaient que le retour sous Paris était motivé par l'impossibilité de dégager, désormais, le maréchal Bazaine.

Dès que M. Rouher eut communiqué à l'Impératrice et au

conseil des ministres la résolution « *définitive* » de Napoléon III, le comte de Palikao se hâta de télégraphier à l'Empereur : « Le sentiment du conseil est plus énergique que jamais. Ne pas secourir Bazaine aurait les plus déplorables conséquences à Paris. En présence de ce désastre, il serait à craindre que la capitale ne se défendît pas. »

Abandonnant une résolution dont il avait si bien démontré la sagesse, le duc de Magenta condescendit aux volontés de l'Impératrice.

C'en est fait, Paris sera découvert. Les intérêts de la dynastie napoléonienne ont prévalu contre ceux de la patrie française.

Chargé d'une mission en Italie, le prince Napoléon prit congé de l'Empereur en lui disant : « Adieu, Sire, nous ne nous reverrons plus en France. » — « Dans une gare de la frontière, il rencontra un personnage du gouvernement impérial qui lui demanda des nouvelles : « La France, répondit le Prince, est perdue et nous le sommes tous ; C'EST LA FAUTE DE L'IMPÉRATRICE (1). »

(1) *Le Dernier des Napoléons.*

CHAPITRE XVII

1870

Corps législatif, séances des 22, 23, 24, 25, 26, et 27 août. — La Jacquerie napoléonienne; le crime d'Hautefaye. — Le gouvernement impérial méditait un nouveau coup d'État; preuve de cela. — Refus d'armement. — Exécution d'un espion prussien. — Procès des émeutiers de la Villette. — M. Thiers est nommé membre du comité de défense. — Séance du 31 : la vérité sur Strasbourg; proposition de M. Keller; insolente déclaration du comte de Palikao; ses calculs et ses déductions; baladinages. — L'armée de la Moselle; le siége de Metz; les préludes de la trahison; comment un crime inouï se consomma. — L'armée de Châlons; sa marche vers l'Est; une surprise et une attaque. — Nouvelles perplexités du maréchal de Mac-Mahon; une heureuse inspiration et un bon conseil; le maréchal n'y cède pas; la marche fatale se continue; comment elle a été jugée par Napoléon III; ce qu'en disait M. Thiers au Comité de défense. — Complaisance funeste. — Une grosse question.

Le 22 août, le comte de Palikao dit aux députés avides de nouvelles et en grande anxiété comme la France entière: « J'ai reçu des nouvelles du maréchal Bazaine; *elles sont bonnes; je ne puis vous les dire et vous comprendrez pourquoi;* elles sont du 19; elles prouvent de la part du maréchal une confiance que je partage, connaissant sa valeur et son énergie. La défense de Paris marche avec activité. Bientôt, nous serons prêts à recevoir quiconque se présentera devant nos murs. » Et la droite de crier : Bravo !

La gauche ayant demandé à quelle distance de Paris les Prussiens se trouvaient, et s'il était vrai que leurs éclaireurs eussent paru dans l'Aube, le ministre répondit à la première de ces questions, « qu'il ferait fusiller l'officier capable de commettre l'indiscrétion de le dire, » et à la seconde « qu'il ne savait rien. » La droite applaudit à cet incroyable langage.

Le lendemain, M. Jules Simon proposa de débarrasser Paris de ses bouches inutiles en prévision d'un siége. La droite se récria vivement contre une pareille supposition.

Voulant sortir de la ténébreuse incertitude dans laquelle on tient le pays, les membres de la gauche rédigent cette proposition que M. de Kératry présente : « Neuf députés élus par le Corps législatif seront adjoints au comité de défense de Paris. » Le comte de Palikao repousse, au nom du cabinet, cette proposition dont la Chambre a pourtant voté l'urgence. La commission parlemente avec le ministre qui se refuse même à l'adjonction de trois députés seulement au comité de défense. Il est évident que les ministres subordonnent tout à la question dynastique et ne veulent être gênés par rien dans leurs manœuvres. Le 24, M. Picard le dit nettement : « C'est la volonté de maintenir, avant tout, les institutions actuelles qui règle l'attitude du cabinet. » Le général Cousin-Montauban ne trouva que ceci à répliquer : « Je ne redoute pas les ennemis intérieurs ; j'ai en main tous les pouvoirs nécessaires pour cela, et je réponds de la tranquillité de Paris. » Dès l'ouverture de la séance, le président du conseil d'État avait fait connaître à la Chambre la résolution prise par le gouvernement d'appeler sous les drapeaux tous les hommes mariés ou non, âgés de 25 à 35 ans, tous les anciens officiers au-dessous de 60 ans et tous les généraux en retraite au-dessous de 70 ans. Ce jour-là, M. Gambetta lut à l'Assemblée un article du *Progrès de la Marne* annonçant la prise de possession de Châlons par cinq dragons prussiens ayant le pistolet au poing. Une heure avant leur arrivée, une brigade de cavalerie française sous les ordres du général Brahaut s'était éloignée de la ville. « En vue d'une invasion, écrivit le maire, nous demandions, à grands cris, des armes ; nous ne les avons pas obtenues ; nous n'avions ni un fusil, ni une cartouche. »

Le lendemain, la Chambre rejettait une proposition de M. Jules Ferry tendant à autoriser, en face de l'ennemi, la détention, la fabrication et l'importation des armes de guerre. Et on venait d'apprendre que l'armée de Frédéric-Charles poursuivait sa marche sur Paris !

Le 26, dans le comité secret, on se plaignit des calomnies qui s'attaquaient aux citoyens les plus honorables et des menaces dont ils étaient l'objet dans plusieurs départements. Des journaux bonapartistes ne cessaient d'exciter les populations rurales contre les libéraux, les républicains et les nobles. Des émissaires napoléoniens insinuaient aux paysans que Napoléon n'était pas vaincu mais trahi, que la cause de nos défaites était imputable aux membres de l'Opposition, que les républicains avaient caché les armes et que les nobles envoyaient de l'argent aux Prussiens. Ces choses absurdes trouvaient croyance dans les campagnes. Il est certain qu'une jacquerie napoléonienne se préparait. Un ancien ministre de 1848, propriétaire dans les Basses-Pyrénées et fort aimé de tous les habitants de sa commune, ne se croyait plus en sûreté chez lui tant devenait menaçante pour les propriétaires antinapoléoniens l'exaltation qui entraînait la masse ignorante et crédule des paysans de certains cantons. Déjà, MM. D'Hésecques et d'Estourmel, membres du centre gauche, avaient couru de grands périls dans la Somme dont ils étaient les représentants. Une foule exaspérée poussa contre M. d'Estourmel des cris de mort et voulait brûler la maison dans laquelle il s'était réfugié. La police l'arracha très-difficilement à ces furieux. M. d'Hésecques ne pouvait faire un pas dans son arrondissement sans être assailli d'insultes et de menaces. M. Jaquot dans la Vienne et M. Tachard dans le Haut-Rhin avaient été en butte aux mêmes violences.

Le 16 août, dans une commune de la Dordogne, à Hautefaye, on avait commis au cri de : *vive l'Empereur!* un assassinat horrible. C'était jour de foire. Des paysans se ruèrent sur un légitimiste, M. Alain de Monéys, en lui reprochant de ne pas aimer l'Empereur et d'appartenir à cette classe « de nobles et de riches qui envoient les autres se battre à leur place. » — « On l'assommait à coups de bâton : *Vive l'Empereur!* On lui arrachait les cheveux : *Vive l'Empereur!* On le traînait par les jambes à travers les ruelles du bourg ; sa tête sanglante sonnait sur les cailloux ; son corps déchiré sautait de droite et de gauche : *Vive l'Empereur! Vive l'Empereur!* Et, lorsque, demi-mort, respirant à peine, ces sauvages l'arrêtèrent dans une mare desséchée pour le flamber avec des bottes de paille généreusement offertes, c'est au cri de : *Vive Napoléon!* que cette multitude insensée dansa autour du jeune martyr qui se débattait encore, qui se retournait sur le bûcher, et que la graisse de son corps coula sur deux pierres plates que j'ai vues toutes taches de cette graisse humaine au greffe du parquet de la ville.... Le crime de Hautefaye fut la dernière manifestation en faveur de la dynastie (1). » L'un des assassins de M. de Monéys disait à ses complices : « Voyez comme il grille bien ! » — « Et comme sa graisse flambe ! » ajoutait un autre nommé Besse ; quel dommage que tant de graisse soit perdue ! »

Dans la séance du 27, M. Chevreau, ministre de l'intérieur, lut à l'Assemblée une circulaire destinée à empêcher le retour de ces excès effroyables, et déclara qu'il les réprimerait énergiquement. Un membre de la gauche demanda que cette circulaire et cette déclaration fussent affichées dans toutes les communes de France. Chose qui semblera incroyable, à droite, on murmura contre cette demande ! Voulaient-ils donc, ces murmurateurs, que le crime d'Hautefaye se renouvellât ?

Des pasteurs protestants avaient été, aussi, injuriés, mal-

(1) *Ce que j'ai vu*, par Alcide Dusolier. Ernest Leroux, édit.

traités, accusés de trahison envers l'Empereur. Trois membres de la majorité, — MM. André (du Gard), Johnston et Charles Leroux, — prirent la défense de ces victimes de l'idolâtrie napoléonienne qu'un abîme de honte allait engloutir. Le ministre de l'intérieur répéta sa déclaration et ajouta « qu'il ferait son devoir, que les crimes commis dans certaines localités seraient punis. »

Cependant, le peu de confiance que, sous certains rapports, méritaient quelques membres du cabinet ultra-bonapartiste dont M. Cousin-Montauban était le chef, entretenait la crainte d'un nouveau coup d'État; il est hors de doute que le gouvernement impérial le méditait afin de se débarrasser de ses adversaires et de rétablir l'Empire autoritaire avec toutes ses rigueurs. Une victoire décisive sur la Prusse eût été le signal de ce nouvel attentat. Le préfet du Bas-Rhin,— d'irrécusables témoignages en font foi, — attendait la nouvelle de cette victoire pour ordonner l'arrestation des antiplébiscitaires dont la liste était dressée. En attendant, il proclama, le 15 août, qu'il était prêt à réprimer toute manifestation hostile à l'Empire. Les préfets, avaient, tous, préparé leurs listes. Le 4 Septembre, à Lyon, dans la cheminée du cabinet préfectoral, on trouva brûlées à moitié celles qui concernaient les suspects du Rhône; le préfet de Dijon oublia sur sa table celles où figuraient les noms des futurs proscrits de la Côte-d'Or. M. Jérome David a fait l'aveu que des arrestations furent projetées et des *mesures de force* proposées, « et qu'il y aurait prêté la main *sans hésitation aucune.* » M. Clément Duvernois a déclaré qu'il désapprouvait ces mesures (1); il avait dit, plusieurs fois, à M. Thiers : « quant à moi, je ne consentirai jamais à un coup d'État, et vous pouvez compter sur ma parole. » La préparation d'un coup d'État est donc indéniable; la police, dans les grands centres, se donnait bien des mouvements pour y prendre

---

(1) Déposition devant la commission d'enquête.

part. N'est-ce pas dans le but de le rendre plus facile que les ministres se refusaient à armer les citoyens ? Les principaux membres du cabinet ont avoué « qu'ils avaient tout fait pour retarder le vote de la loi ordonnant l'armement et l'organisation de toutes les gardes nationales. « J'ai résisté tant que j'ai pu, a formellement dit le comte [de Palikao, pour exécuter cette loi. » Votée, le 11 août, elle demeurait lettre morte malgré l'insistance incessante des députés indépendants à en réclamer l'exécution. Dans la séance du 29, le général Lebreton, lui-même, prit la parole à ce sujet : « Au moment où l'on annonce la marche de l'ennemi sur Paris, les départements qui environnent la capitale s'étonnent et s'inquiètent de rester complétement désarmés. » Le vrai mot de cette résistance au vœu de la nation qu'on privait des moyens de se défendre fut dit par M. Raspail : « *Ils ont plus peur de la garde nationale que des Prussiens.* » — « Des armes ! C'était le cri des foules sur les boulevards et autour de la Chambre.... De quel droit l'Empire nous laisse-t-il sans armes devant l'invasion, sacrifiant le pays à la dynastie?... Les précautions prises contre la Révolution la précipitaient (1). »

Charles de Hart, espion prussien, arrêté à Gien et condamné à mort par le 2° conseil de guerre de la Seine, subit courageusement sa peine, le 27. Il avait avoué son titre d'officier et l'envoi fait par lui à son gouvernement de plans et de rapports. C'est le 42° de ligne qui fournit le peloton d'exécution.

Le procès des émeutiers de la Villette occupa les audiences des 20, 23 et 27 août. Le conseil de guerre condamna Eudes, Brideau, Bresset, Zimmermann à la peine de mort, trois autres accusés à dix ans de travaux forcés et deux à cinq ans de détention ; il prononça cinq acquittements. Blanqui n'avait pu être arrêté. Michelet et George Sand

---

(1) Jules Simon, *Origine et chute du second Empire.*

écrivirent « aux chefs de la défense » pour demander un sursis aux exécutions. Le grand historien terminait ainsi sa lettre datée du 30 : « Toute justice humaine, à l'heure qu'il est, doit s'ajourner, attendre, respecter Dieu qui va juger la nation. » Cinq jours plus tard, l'Empire tombait et les condamnés étaient rendus à la liberté.

Le *Journal officiel* du 27 apprit à M. Thiers qu'il était nommé membre du comité de défense. A l'ouverture de la séance, l'homme d'État qui devait être « le libérateur du territoire, » refusa d'entrer dans le comité : « Je ne puis, dit-il, tenir cette délégation que de l'Assemblée. » Il fut unanimement acclamé, et il accepta.

On lisait dans l'*Officiel* du 31 : « Une personne sortie de Strasbourg dit que la ville a beaucoup souffert, que les munitions et les vivres sont suffisants et que le désir de résistance est général. » L'horrible vérité que le gouvernement cachait fut révélée à la Chambre par M. Keller député du Haut-Rhin : « Strasbourg, dit-il, ne sera bientôt qu'un monceau de ruines; le quart de la ville est brûlé; les faubourgs sont détruits; la Bibliothèque, la Cathédrale, le Temple neuf, l'Hôpital sont réduits en cendres; les femmes et les enfants n'ont d'autre abri contre les bombes que les égouts. C'est en tuant les femmes et les enfants, en détruisant les maisons et les monuments que l'ennemi veut forcer Strasbourg à capituler. Il oblige nos paysans à construire les batteries et les tranchées de telle sorte que les assiégés sont dans l'obligation de laisser les travaux s'accomplir ou de diriger leurs balles contre des poitrines françaises. Nos villages mis à contribution ne peuvent se défendre. Depuis longtemps, les paysans alsaciens demandaient des armes, *on les leur a toujours refusées.* » M. Keller proposa « la nomination d'une commission qui désignerait au gouvernement un commissaire extraordinaire chargé d'aller encourager la résistance patriotique de l'Alsace. » Dans cette proposition, la droite ne voit qu'un empiètement sur les droits du Pouvoir exécutif. Ne faut-il pas conserver, coûte que coûte, l'intégrité de cette Constitution impériale *dont l'origine est si pure?* Lorsqu'il s'agit de la conservation d'une loi *aussi librement consentie* par le Pays, en 1852, la destruction de nos villes, quelques hécatombes de femmes et d'enfants, le saccagement de nos villages indéfendus entrent-ils en balance? Le peu que tout cela est ne vaut pas en parler.

Le comte de Palikao est mandé par l'Assemblée; il daigne se rendre à cet appel qui lui a donné de l'humeur. A la proposition de M. Keller il oppose la question de confiance et il la pose roguement : « Que la Chambre, dit-il, se prononce une fois pour toutes! *C'est la dernière fois que je me dérange pour de pareilles questions.* » Quelle outrecuidance et quelle insolence! M. Keller répond : « Une chose me surprend : toutes les fois que la Chambre a voulu, sous une forme ou sous une autre, prendre une part effective à la défense du pays, le ministère s'y est opposé! » Pour rassurer la Chambre, le comte de Palikao osa lui dire ceci, la veille de la catastrophe de Sedan : « Les Allemands ont, depuis leur entrée en France, perdu 200,000 hommes; et, de mes calculs il résulte *qu'ils ne pourront plus guère longtemps* supporter les frais de la guerre. » Les députés de la droite se déclarèrent très-satisfaits des conséquences que le général Cousin-Montauban déduisait de ses calculs savants. Prenant pour bases de leurs supputations le nombre des jours écoulés depuis l'entrée en campagne et le « *plus guère longtemps* » du comte de Palikao, des journalistes démontrèrent, le lendemain, que les Allemands seraient à bout de ressources, le 12 ou le 15 septembre *au plus tard.* C'est alors que, selon l'expression de l'Impératrice-Régente, « nous les mènerons, l'épée dans les reins, jusqu'à la frontière » et au delà. Paris se laissait duper naïvement par de tels baladinages.

Mais, cessons de bâiller aux chimères et allons nous mettre face à face avec la réalité.

Le 19 août, l'armée de la Moselle s'était retirée dans le camp retranché de Metz ; la dernière communication avec la France fut coupée le lendemain ; 200,000 Allemands bloquaient les 180,000 hommes qui composaient cette armée et la garnison de Metz. Le même jour, 220,000 ennemis sous les ordres du prince royal de Prusse et du roi de Saxe prenaient la direction de Paris. Jusqu'au 26, le maréchal Bazaine est demeuré inactif ; ce jour-là, il se décide à tenter une sortie. A quatre heures du matin, sous une pluie torrentielle, l'armée se met en mouvement. Elle est heureuse d'aller, enfin, attaquer les Prussiens. Quand elle est près de franchir la Moselle, on s'aperçoit que l'un des deux ponts sur lesquels doit s'effectuer le passage est impraticable. Au bout de huit heures, presque tous nos régiments sont passés sur l'autre rive ; Bazaine, alors, donne un contre-ordre. Le mécontentement des soldats est extrême. Il est midi, Bazaine tient un conseil de guerre au château de Grémont ; il y avait là les maréchaux Canrobert et Lebœuf, les généraux Bourbaki, de Ladmirault, Soleille et Coffinières commandant de la place de Metz. Bazaine ne souffle mot des dépêches qu'il a reçues du maréchal de Mac-Mahon. Le 23, il lui en était arrivé une dernière qui l'avisait de la marche sur Montmédy. Bazaine a soutenu, plus tard, qu'elle ne lui était point parvenue, mais un colonel d'état-major affirma, sur l'honneur, « non seulement l'avoir vue entre les mains du maréchal, mais encore en avoir reçu directement communication du maréchal lui-même. » Les chefs de corps ignoraient donc la marche du maréchal de Mac-Mahon ; s'ils l'eussent connue, il est hors de doute qu'ils se ussent prononcés pour une sortie malgré l'ardente opposition du général Coffinières qui les suppliait de ne pas dégarnir la place de Metz. De son côté, le général Soleille, autre âme damnée de Bazaine, déclara qu'on n'avait de munitions que pour un jour. Le maréchal Lebœuf, qui connaissait la fausseté de cette affirmation et qui n'osa pas la démentir, conseilla, seul, une trouée immédiate; on ne l'essaya pas. Le général Changarnier, qui suivait l'armée a dit : « Si nous avions percé le rideau peu épais que nous avions alors devant nous, dès le lendemain nous aurions eu des nouvelles précises de l'armée de Mac-Mahon, et, conformant notre marche à la sienne, nous l'aurions ralliée deux jours avant qu'elle vînt se jeter dans le gouffre. »

Le 31, en vertu d'ordres donnés la veille, les 3e, 4e 6e et 8e corps (garde impériale) commencèrent, vers six heures du matin, à gagner la rive gauche de la Moselle. A deux heures de l'après-midi, des combats se livrèrent sur trois points; ils se terminèrent, à neuf heures du soir, par l'enlèvement de trois positions ennemies sur lesquelles nos soldats bivouaquèrent. Au lieu de passer la nuit au milieu de son armée, Bazaine était allé dormir à Saint-Julien. Le 1er septembre, à quatre heures de l'après-midi seulement, nos canons tonnèrent. Le reste de la journée s'écoula en attaques de villages et de retranchements que le 4e et le 6e corps enlevèrent. La nuit vint, et, comme la veille, le commandant en chef s'éloigna du champ de bataille.

La garde impériale n'ayant pas été engagée, et nos quatre corps d'armée n'ayant devant eux que 70,000 hommes environ, on eût pu, à la faveur de la nuit et du brouillard qui enveloppait les vallées, forcer le passage; mais Bazaine ne le voulait pas; j'en trouve la preuve dans cet ordre qu'il donna pour le lendemain : « Si l'ennemi s'est accru, on se bornera à se maintenir jusqu'au soir dans les positions du 31, *afin de revenir ensuite* sous les canons des forts et de la place de Metz. » Le 2, à cinq heures du matin, les Allemands ouvrirent le feu et attaquèrent le 3e corps. Bientôt, la division Fauvard-Bastoul se replie et découvre la division Montaudon qui se retire aussi. Peu à peu, s'opère sans désordre, une retraite générale que l'ennemi ne comprenait pas; nos généraux et nos officiers ne se l'expliquaient pas eux-mêmes; interrogés à ce sujet, ils firent, tous, cette étonnante réponse : « Nous nous sommes retirés parce que tout le monde se retirait (1). » Nous avions perdu 152 officiers et 3,617 soldats. Le général Manèque avait été tué. Les généraux Montaudon et Osmont étaient blessés. Le maréchal Bazaine attribue à la retraite du général Fauvard-Bastoul « l'échec complet de l'opération qu'il avait tentée. » Un officier rapporte que, dans tous les rangs, on murmurait et que, pour tout le monde, il était clair qu'une armée comme la nôtre attaquant un point quelconque de la circonférence ennemie devait la traverser *dès qu'elle en aurait la volonté* : « Aussi, ajoute-t-il, ne put-on s'expliquer notre insuccès qu'en se disant : avait-on bien l'intention de réussir (2) ? »

Non, assurément non, ce maréchal de France qui allait se couvrir d'ignominies n'avait pas l'intention de réussir. Par une suite ininterrompue de lenteurs préméditées, de mensonges odieux, de manœuvres criminelles et de calculs infâmes, ce traître abhorrable parvint à livrer aux ennemis de la France Metz l'inviolée, deux maréchaux, 6,000 officiers, 173,000 soldats, 1143 canons, 150,000 fusils, 13,000 chevaux, et, — ô honte qui n'eut jamais d'égale! — les drapeaux glorieux de nos régiments désarmés.

L'un des historiens les plus impartiaux de cette guerre indique judicieusement le mobile de la conduite tenue par Bazaine : « il voulait devenir l'arbitre des destinées de la France (3). »

Rien n'est plus vrai. Dès le 14 septembre, le maréchal félon hâta l'accomplissement de ses noirs desseins; il entre en relations avec les Prussiens; il déclare à ses généraux « qu'il ne tentera plus rien de sérieux ; » il charge les colonels de prévenir les officiers « que l'anarchie la plus complète règne à Paris, que Rouen et le Havre ont demandé

---

(1) *L'Armée de Metz et la capitulation*, par le général Deligny.
(2) *Journal d'un officier de l'armée du Rhin*, par Ch. Fay.
(3) Jules Claretie, *Hist. de la révolution de 1870-71*.

des garnisons prussiennes, que la Prusse ne veut traiter qu'avec la dynastie déchue et que la Régence sera représentée par lui ; » il envoie des émissaires à celle qu'il nomme encore « l'Impératrice-régente; » pendant qu'il ne cesse de répéter : « je ferai fusiller quiconque parlera de capitulation, » il munit des pouvoirs nécessaires à la reddition de Metz son premier aide de camp, le général Boyer, qui part secrètement pour Versailles ; il nourrit les chevaux avec du blé et affaiblit par les privations ses soldats dont il a paralysé l'aguerrissement. C'est ainsi qu'il acheminait sa trahison abominable.

Allons, maintenant, retrouver l'armée de Châlons que nous avons laissé à Reims. Le 23 août, elle se dirigea vers l'Est, traînant à sa suite l'Empereur et les services de bouche ; elle se composait de 120,000 hommes appuyés par 400 canons et divisés en 4 corps : le 1er et le 5e complétés par vingt-six bataillons de marche, le 7e et le 12e. Ce dernier, sous les ordres du général Lebrun, était intact et formé de quatre divisions d'infanterie dont une d'infanterie de marine commandée par le général de Vassoignes.

Va-t-on, par une marche rapide, rattraper le temps qu'on a perdu en hésitations regrettables? Non, on perd deux jours encore en pivotant sur la droite et sur la gauche. On ne fait que 12 kilomètres par jour, et l'armée du prince royal en fait plus de trente. L'avance que nous avions sur lui va s'amoindrissant. Le 5e et le 7e corps sous les ordres des généraux de Failly et Félix Douay rencontrent, le 27, à Buzency, une armée prussienne qui les attaque; ils rétrogradent et se replient sur Châtillon.

Le maréchal de Mac-Mahon qui est arrivé au Chesne apprend cette attaque imprévue. Ses angoissantes perplexités renaissent. Sa volonté se dégage, un instant, des obsessions qui l'ont maîtrisée. Il est ressaisi par cette crainte salutaire qui, le 21, en présence de l'Empereur et de M. Rouher, l'amenait à cette opinion : « Se porter vers l'Est avec une armée comme la mienne, n'est-ce pas s'exposer à une défaite qui serait la perte de la France ? » Le danger qui le presse de toutes parts est si évident que, pour en préserver son armée, il se décide à se porter sur Mézières : « Faites-le sans prévenir le gouvernement, lui conseille prudemment son chef d'état-major. Hélas ! le maréchal laisse échapper l'occasion, qui, une fois encore, s'offre à lui, de sauver la Patrie. Au lieu d'obéir à son heureuse inspiration et au bon conseil de son chef d'état-major, il avise le comte de Palikao du mouvement qu'il projette et lui expose les puissants motifs qui le déterminent à se rapprocher, le lendemain, de Mézières d'où il continuera sa retraite, selon les événements, vers l'Ouest. Le ministre de la guerre lui répond impérativement : « Au nom du Conseil des ministres et du du Conseil privé, je vous demande de porter secours à Bazaine. Si vous l'abandonnez, la révolution est dans Paris et vous serez, vous-même, attaqué par toutes les forces de l'ennemi. Contre le dehors Paris se gardera. » Aussitôt, renonçant à son mouvement sur Mézières, Mac-Mahon reprit cette marche que l'Empereur a condamnée en ces termes : « Les Prussiens ont été plus tôt prêts que nous ; ils *nous ont surpris en flagrant délit de formation*. L'offensive m'étant devenue impossible, je me suis résolu à la défensive. Mais, *empêchée par des considérations politiques*, la marche en arrière *a été retardée* puis devenue impossible. Revenu à Châlons, j'ai voulu conduire à Paris la dernière armée qui nous restait. Mais, *là encore des considérations politiques nous ont forcés à faire la* MARCHE LA PLUS IMPRUDENTE ET LA MOINS STRATÉGIQUE qui a fini par le désastre de Sedan. Voici, en peu de mots, ce qu'a été la malheureuse campagne de 1870 (1). »

A Paris, dans le comité de défense, cette marche « *la plus imprudente et la moins stratégique* » était blâmée sévèrement : « Ce qui me révoltait dans cette expédition, a dit M. Thiers,

(1) Lettre de l'Empereur au général anglais Burgoyne. Wilhemshœhe, 29 octobre 1870.

c'était de penser qu'on allait prendre notre dernière armée pour l'envoyer périr dans les Ardennes. » Il répétait, sans cesse, aux membres du comité, que, entre l'armée de Metz et Paris, il y avait un mur d'airain de 300,000 hommes et impossible à percer ; que le seul résultat qu'on put obtenir c'était de perdre inutilement nos dernières forces organisées, de se priver inévitablement et fatalement du seul moyen de rendre efficace la résistance de Paris dont la défense n'était concevable qu'avec une armée de secours campant et manœuvrant autour de ses murs ; que si l'armée conduite par Mac-Mahon vers le nord-est ne périssait pas, le moins qui pût lui arriver était d'être bloquée comme celle de Metz. Et il ajoutait : « vous avez un maréchal bloqué, vous en aurez deux. »

Le 27, à huit heures et demie du soir, Mac-Mahon télégraphiait au ministre de la guerre que plus de 200,000 hommes bloquent Metz ; que 50,000 sous les ordres du prince royal se dirigent sur les Ardennes ; que, s'il se porte à la rencontre de Bazaine, il peut être attaqué de front par deux armées, et, en même temps, par celle du prince royal de Prusse lui coupant toute ligne de retraite. » L'abîme est là. Le duc de Magenta le voit, il peut l'éviter ; mais, docilité ou complaisance également funestes, — il ne résiste pas à ceux qui l'y poussent.

Ici, se pose une grosse question : Dans ce télégramme du 27, le maréchal disait : « Depuis le 19, je n'ai aucune nouvelle de Bazaine. » Or, dans la soirée du 22 août, les messagers Miès et Rabasse, ayant pu tromper la vigilance de l'ennemi, arrivaient au quartier général de Reims, porteurs d'une dépêche adressée par Bazaine au maréchal de Mac-Mahon sous le couvert du colonel Stoffel ; elle était datée du 20 et ainsi conçue : « L'ennemi grossit toujours auprès de moi. Je suivrai très-probablement pour vous rejoindre la ligne des places du Nord ; *je vous préviendrai de ma marche, si je puis toutefois l'entreprendre sans compromettre l'armée.* »

Cette dépêche rendait obligatoire la suspension du mouvement projeté sur Montmédy, car l'avis annoncé par Bazaine au sujet de sa marche pourra modifier celle de Mac-Mahon. Cependant, on ne tint nul compte de cette dépêche qui contrariait les désirs pressants de l'Impératrice et du comte de Palikao. Le duc de Magenta déclare qu'il ne l'a point reçue, et nous devons le croire; mais le colonel Stoffel affirme qu'il l'a remise au premier aide de camp du maréchal, et des témoins appuient cette affirmation (1). La disparition de cette dépêche qui imposait au commandant en chef *de nos dernières forces organisées* le devoir de retarder une marche conseillée dans un intérêt purement dynastique est un fait singulièrement étrange.

(1) Le colonel Stoffel ayant été soupçonné d'avoir soustrait cette dépêche, une instruction judiciaire fut faite. Divers témoignages prouvèrent que le colonel avait remis la dépêche au principal aide de camp du maréchal de Mac-Mahon, et une ordonnance de non-lieu fut rendue en faveur du prévenu. — *La Dépêche du 20 août*, par le colonel Stoffel.

CHAPITRE XVIII

1870

L'armée de Châlons en marche; nouvelles lenteurs dont l'ennemi profite. — La surprise et le combat de Beaumont; M. de Failly à table. — Détermination fatale. — Deux dépêches de l'Empereur. — L'armée arrive à Sedan. — Le général de Wimpfen vient remplacer M. de Failly. — La journée du 31. — La bataille de Sedan; Mac-Mahon, blessé, remet le commandement au général Ducrot ; l'Empereur va déjeuner ; de Wimpfen prend le commandement en chef; sa lettre à l'Empereur; ses ordres de retraite; la déroute; l'Empereur a fait hisser le drapeau blanc; protestation et tentative désespérée du général de Wimpfen; il donne sa démission que l'Empereur refuse; négociations au quartier général prussien; la capitulation; Napoléon III se constitue prisonnier du roi de Prusse; sa lettre à Guillaume; entrevue des deux souverains; un mensonge et une lâcheté; départ de l'Empereur pour Wihlemshœhe. — L'armée prisonnière; un cri d'indignation. — Nos pertes. — Une immolation prévue. — Un hommage à l'héroïsme de nos soldats.

Le cinquième corps avait repris, le 28, sa marche sur Buzancy; il parcourait de nouveau les chemins sur lesquels l'attaque imprévue de la veille l'avait obligé à rétrograder. Le soir, nos soldats n'avaient fourni qu'une courte étape. On continuait à gaspiller un temps de plus en plus précieux. Le nombre des traînards s'accroit d'heure en heure; le désordre se met partout. La cavalerie qui devait éclairer l'armée reste en arrière pour protéger l'Empereur. L'ennemi gagne du terrain. Déjà le passage de la Meuse entre Dun et Stenay n'est plus possible; il est effectuable encore entre Mouzon et Sedan, mais il faut que les excitations du commandant en chef donnent, pour ainsi dire, des ailes aux soldats. S'abîmant dans une silence morne, le maréchal de Mac-Mahon ne leur adresse aucune parole d'encouragement ; on dirait que, se sentant perdu, il suit docilement le cours de la destinée à laquelle il s'est soumis.

Le 29, l'ennemi, dont le nombre va, de toutes parts, grossissant, signale son approche par l'enlèvement du village de Voncq et par la puissance de son artillerie qui, à Nouart, fait subir des pertes au cinquième corps ; pendant la nuit, M. de Failly arrive à Beaumont.

Le 30, à sept heures du matin, le maréchal, en se rendant à Mouzon, ordonne à ce général de prendre, sans le moindre retard, la même direction, et de passer la Meuse. N'obéissant pas à cet ordre, le chef du cinquième corps autorise une halte de quatre heures pour la tête de colonne et de cinq pour l'armée : avant le départ, on passera l'inspection des armes ; les fusils devront donc être nettoyés. Au lieu d'établir le campement sur des hauteurs voisines, on avait choisi un bas-fond que rien n'abritait. C'est là que, tout à coup, une grêle d'obus et de mitraille tomba au milieu de nos soldats ; la plupart dormaient tandis que d'autres lavaient leur linge ou nettoyaient leurs fusils.

« Les généraux et le général en chef du cinquième corps achevaient paisiblement de déjeuner chez le maire de Beaumont (1). » M. l'abbé Emmanuel Domenech assure « qu'il n'enregistra qu'après quinze jours d'enquêtes et de contre-enquêtes ce fait monstrueux : Le général de Failly déjeunait. On vient l'avertir que les Prussiens approchent. — *Ah bah!* répondit-il, nous leur avons tué, hier, assez de monde ; ils peuvent bien, aujourd'hui, nous mettre quelques hommes hors de combat. Allons ! débouchons une bouteille (2) ! »

Pendant que nos soldats écrasés par le feu de cinq bat-

---

(1) Le général de Wimpfen, *Sedan*.
(2) *Histoire de la campagne de* 1870-71.

29.

teries prennent les armes, vont chercher les chevaux encore à la corde pour les harnacher et les atteler aux pièces, des bataillons allemands sortent des bois voisins que, suivant la coutume, on n'a pas fouillés et font éclater une vive fusillade sur nos bataillons qui se sont élancés la baïonnette en avant. Pendant sept heures, on se bat. Nos rangs, qui s'étaient formés et reformés plusieurs fois, se rompent. La cavalerie essaye de protéger notre retraite qu'une terreur affolante désordonne et précipite. Le cinquième corps, dont tous les régiments sont débandés n'est plus qu'un amas de fuyards désespérés; les boulets ennemis poursuivent sur le pont et sur le gué de Mouzon nos malheureux soldats qui s'y pressent afin de gagner l'autre bord de la Meuse teinte de leur sang. « Les monceaux de morts augmentaient l'encombrement inextricable de ces deux débouchés si étroits (1). » A Beaumont comme à Reischoffen, nos cuirassiers ineffrayables se jetèrent au devant de la mort et s'offrirent en holocauste pour le salut d'un corps d'armée en pleine déroute.

Puisqu'il s'était décidé à porter secours au maréchal Bazaine, que devait faire le maréchal de Mac-Mahon ? Détruire les ponts sur la Meuse, se diriger vers Metz par Montmédy, mettre l'armée du prince Frédéric-Charles entre deux feux et rendre ainsi obligatoire une sortie de l'armée bloquée. Mais, en cédant à des injonctions qu'il croyait funestes, le duc de Magenta ne retrouvait plus ses qualités militaires. Sa volonté, qui avait eu deux éclairs heureux à Reims et au Chêne-Populeux s'étant anéantie, un déconcertement périlleux se remarquait, non dans ses yeux sombres ni sur sa physionomie inexpressive, mais dans l'hésitation de ses marches, dans l'incertitude de sa direction. Le désastre de Beaumont ajoute encore à la confusion de ses idées et lui suggère la plus fatale détermination qu'on pût prendre : il

---

(1) *Histoire de l'armée de Châlons*, par un volontaire de l'armée du Rhin.

donne l'ordre à l'armée de se replier sur Sedan par les deux routes de Carignan et de Mairy.

Dans cette soirée du 30, l'Empereur qui, pendant la bataille, était resté assis, au milieu de son état-major, sur les hauteurs de Mouzon, télégraphiait à l'Impératrice : « Il y a eu encore, aujourd'hui, *un engagement sans importance, et je suis resté à cheval assez longtemps.* » Et, pendant que nos soldats étaient foudroyés sur le pont et sur le gué de Mouzon, il adressait à son trésorier Bure ce télégramme inqualifiable : « *J'approuve la distribution des fonds que tu me proposes. Tu remettras le reste à Charles Thélin.* »

Dans la nuit du 30 et dans la matinée du 31, l'armée débandée arrivait à Sedan par toutes les routes aboutissantes au gouffre où ses chefs la poussaient. C'était un désordre inexprimable, une tumultueuse cohue d'hommes fatigués, affamés et arrêtés dans leur course haletante par la file interminable des équipages de Sa Majesté. La ville s'encombre d'officiers cherchant leurs régiments et de soldats cherchant du pain.

Pour remplacer à la tête des débris du cinquième corps ce général de Failly dont la criminelle imprévoyance compromit, tant de fois, le sort de nos armes, le comte de Palikao avait tardivement désigné le général de Wimpffen. Par sa bravoure et par ses talents militaires, ce général s'était brillamment distingué en Italie et en Afrique; il commandait la province d'Alger quand la guerre fut déclarée à la Prusse; il sollicita un commandement; à ce vieux soldat qui avait conquis tous ses grades sur les champs de bataille on préféra le danseur émerveillable dans l'art de mener la danse du cotillon, le divertisseur de l'Impératrice! M. de Wimpffen était le plus ancien général de l'armée; à ce titre, il avait reçu du ministre de la guerre l'ordre écrit de prendre le commandement en chef si le maréchal de Mac-Mahon était frappé dans un combat. Le 31, dès le grand matin, le général de Wimpffen pénétra, non sans peine, dans le cabinet de l'Empereur qui habitait l'hôtel de la sous-préfecture. Napoléon prit la main du général, et, les yeux pleins de larmes, lui dit : « Expliquez-moi donc pourquoi nous sommes toujours battus et ce qui a pu amener *la désastreuse affaire* de Beaumont (1) ? » — « Sire, répondit le glorieux blessé de Buffalora (2), je présume que les corps d'armée en présence de l'ennemi étaient trop éloignés les uns des autres pour se prêter un mutuel appui, que les ordres ont été mal donnés et mal exécuté » — « Hélas ! fit l'Empereur, nous sommes bien malheureux ! »

Au lieu de perdre une journée à Sedan, ville sans défense, dépourvue de vivres et de munitions, formant le fond d'un vaste entonnoir dont une chaîne circulaire de vallons et de bois couronne l'évasement, « terrain qui ne pouvait être plus propice au génie de l'ennemi et à sa manière de combattre (3), » pourquoi, dès les premières heures du 31, le maréchal de Mac-Mahon ne donna-t-il pas à l'armée l'ordre d'exécuter rapidement une retraite sur Mézières, place forte, bien pourvue de tout et sous laquelle une bataille eût pu être livrée dans les plus favorables conditions ? Je posai, un jour, cette question à un chef de bataillon qui prit part à cette guerre ; il me répondit à peu près en ces termes : « Quand on fait une chose à contre-cœur, ça va mal ; on se désoriente et ça va pis ; on croit de moins en moins à la réussite et on néglige de plus en plus les détails dont elle dépend. C'était le cas du maréchal. Ajoutez à cela une armée comme la sienne, toujours vaillante au combat, mais démoralisée par le désarroi perdurable des services de l'intendance et par d'incessantes surprises qu'elle im-

---

(1) Que, dans son télégramme à l'Impératrice, il qualifiait d'*engagement sans importance*.

(2) Dans la journée de Magenta, le général de Wimpfen fut blessé en attaquant, l'épée à la main et à la tête des grenadiers de la garde, le village de Buffalora.

(3) *Histoire de l'armée de Châlons*, par un volontaire de l'armée du Rhin.

putait à la trahison, puis des chefs comme ce de Failly dont l'incurie et l'insouciance coupables autorisaient tous les soupçons, et dites s'il n'y a pas de quoi perdre la tramontane : le maréchal la perdit. »

Pendant que le duc de Magenta employait la journée du 31 à inspecter les fortifications de Sedan et à se demander laquelle des trois routes allant, l'une, à l'ouest, sur Mézières, — l'autre, à l'est, sur Carignan, — la troisième au nord, sur la Belgique, il devrait choisir pour effectuer une retraite, les deux armées allemandes sous les ordres du prince royal et du prince de Saxe exécutaient un plan d'attaque aussi rapidement qu'il avait été conçu. A onze heures, un corps de Bavarois simulait une attaque sur Bazeilles afin de donner à tous les corps prussiens le temps d'opérer leurs mouvements autour de notre armée. Jusqu'à sept heures du soir, la division d'infanterie de marine appartenant à notre douzième corps et les Bavarois se disputèrent le village qui demeura en notre pouvoir. Cependant, l'armée du prince de Saxe repassait la Meuse sur le pont de Mouzon que le maréchal de Mac-Mahon n'avait pas songé à détruire et s'établissait sur les hauteurs de Francheval, tandis que celle du prince royal arrivait à Donchéry dont le pont était encore debout malgré l'ordre donné par Mac-Mahon de le faire sauter. L'ennemi pourra traverser la Meuse sur ce pont et nous couper la retraite sur Mézières.

Quand le maréchal regagna son quartier général, il n'avait donné aucun ordre ni rien résolu pour le lendemain.

Le 1ᵉʳ septembre, la lumière aurorale pénétrait à peine un brouillard épais, et nos soldats entourant les feux préparaient leur café, lorsque des coups de fusil retentirent du côté de Bazeilles et s'étendirent de ce bourg à Balan. Les Bavarois franchissaient le pont de Bazeilles. Leur attaque était soutenue par plusieurs batteries prussiennes dressées, pendant la nuit, sur les hauteurs de Marfé. Le général Martin des Pallières défend Bazeilles avec sa division d'infanterie de marine. Bientôt, la bataille s'étend à la Moncelle, à Daigny, à Givonne, à Bois-Chevalier. Mac-Mahon était accouru, des premiers, au feu. Il a établi, du côté de Moncelles, près d'un peuplier, son poste d'observation. Cherchant à se rendre compte des positions de l'ennemi, il décide, à cinq heures et demie, que la retraite sur Mézières ou sur Carignan commencera vers six heures. Quelques minutes s'écoulent et le cheval du duc de Magenta s'abat frappé par « l'enveloppe de plomb d'un projectile ennemi ; » en même temps, le maréchal est blessé à la cuisse. « Ce fut, à coup sûr, la plus heureuse blessure que le maréchal de Mac-Mahon ait eu à inscrire sur ses brillants états de service, que celle qu'il reçut au début de la bataille, le dégageant ainsi de la responsabilité de l'issue et de la catastrophe finale (1) » L'historien auquel j'emprunte cette réflexion ajoute que « si cette heureuse blessure a soustrait le maréchal à l'horrible nécessité de signer la capitulation de Sedan, c'est le commandant en chef de l'armée de Châlons qui nous amena à cette déplorable extrémité. » En énumérant les fautes commises depuis le départ de Reims jusqu'au 31 août, journée qui s'écoula « sans qu'on fixât un plan de bataille, un objectif, une ligne de retraite, » en résumant la part que l'histoire doit attribuer au maréchal dans nos désastres, ce narrateur de la *campagne de Sedan* « croit parler, dit-il, au nom de la justice et de la vérité, tout en conservant entières la sympathie respectueuse et l'admiration que lui a toujours inspirées cette bravoure imperturbable et sereine qui, avec l'honnêteté et l'élévation des sentiments, fut toujours la caractère propre du duc de Magenta. »

Le maréchal remit le commandement au général Ducrot. L'Empereur se croisa avec le blessé qu'on transportait à Sedan ; il échangea quelques mots avec lui, puis, entouré de

(1) *Histoire de l'armée de Châlons*, campagne de Sedan, par un volontaire de l'armée du Rhin.

son état-major, il longea une partie extérieure du champ de bataille. Vers dix heures, le général de Wimpffen rencontra ce triste souverain à pied, abattu, découragé, et il essaya de le relever un peu de cet abattement. Vains efforts ! Au lieu de partager le péril de ses troupes et de chercher à leur tête une mort dont la gloire eût pu sauver sa dynastie, Napoléon III, qui avait faim, regagna Sedan où il se mit à table avec les gens de sa maison militaire et déjeuna ; il ne sortit plus de Sedan que le lendemain pour aller au quartier général prussien se constituer prisonnier du roi Guillaume ; l'avant-veille, il avait envoyé son fils à Mézières.

Un peu après huit heures, le général Wimpffen, désapprouvant un mouvement de retraite sur Mézières ordonné par le général Ducrot, avait réclamé et pris le commandement en chef en vertu de la lettre ministérielle qui le lui conférait. Son objectif était Carignan : lutter jusqu'au soir et tenter, alors, une trouée sur ce point, tel était son plan ; des hommes compétents pensent qu'on ne pouvait en adopter un meilleur. Le fait est que les généraux prussiens virent, avec regret, la retraite sur Mézières abandonnée ; si elle eût été continuée, ils espéraient faire notre armée prisonnière avant dix heures du matin. Vers sept heures et demie, au moment où cette retraite commençait, le prince royal de Prusse, à la tête des 5° et 11° corps allemands, débouchait à l'extrémité de la boucle de la Meuse ; il avait passé cette rivière sur le pont de Donchéry. A onze heures, il déployait son armée au nord-ouest de Sedan, entre Saint-Menges et Fleigneux, vis-à-vis le plateau de Floing où notre 7° corps se rangea en bataille et dressa ses batteries ; entre lui et les Prussiens du prince royal un combat d'artillerie s'engage. L'avantage des Allemands est dans le nombre et la portée de leurs canons qui brisent nos affûts et démontent nos batteries.

A midi, le général Félix Douay, commandant du 7° corps, déclare à de Wimpffen « qu'il ne se bat plus que pour l'honneur des armes. » Le nouveau général en chef se multiplie; pour transmettre ses ordres, il n'a que deux capitaines de l'état-major général de l'armée; le chef et les autres officiers qui le composent ont accompagné le maréchal de Mac-Mahon à Sedan et y sont restés. S'apercevant que la prolongation de la lutte jusqu'au soir devient impossible, de Wimpffen a résolu de s'ouvrir immédiatement un passage sur Carignan, par Bazeilles qui est le point le plus faible de l'ennemi; les deux corps bavarois qui s'y défendaient, depuis cinq heures du matin, étaient décimés par notre division d'infanterie de marine et épuisés par leur lutte contre notre 12e corps dont l'avantage s'accentuait. Le commandant en chef envoya des ordres en conséquence aux généraux Douay, Ducrot et Lespart qui s'était mis à la tête du 5e corps. En même temps, il écrivit à l'Empereur : « Sire je me décide à forcer la ligne qui se trouve devant le général Lebrun et le général Ducrot plutôt que d'être prisonnier dans la place de Sedan. Que Votre Majesté vienne se mettre au milieu de ses troupes; elles tiendront à honneur de lui ouvrir un passage. — 1 heure 1/4, 1er septembre, de Wimpffen. »

Mais les ordres qu'il a donnés aux chefs de corps ne peuvent être suivis. Écrasé par le feu de l'artillerie prussienne, le 7e corps plie sous les masses de l'infanterie allemande qui s'est mise en mouvement pour enfoncer notre aile gauche. A l'appel du général Ducrot, le général de Margueritte lance au galop ses escadrons contre les fantassins ennemis qui les accueillent par une fusillade meurtrière : nos cuirassiers sont foudroyés dès qu'ils arrivent à une distance de 150 mètres; ils reculent pour serrer leurs rangs et renouvellent, sans broncher, leurs charges prodigieuses; le général de Margueritte est mortellement blessé; le général de Galliffet le remplace et, sous son commandement, les débris de notre division de cavalerie ne se lassent pas de faire des prodiges de valeur. Mais les cadavres de nos braves cavaliers s'amoncellent; il faut céder au nombre et battre en retraite. Sous une pluie de projectiles percutants dont le ravage est affreux, le général Ducrot, épée en main, tente inutilement de prolonger une lutte impossible. Le désordre se met dans les rangs éclaircis de nos bataillons qui se débandent; on ne voit plus que des fuyards terrifiés se précipitant vers Sedan et se culbutant pour y entrer.

En attendant la réponse de l'Empereur, le général de Wimpffen s'était placé à la tête de fantassins de la marine et du 47e de ligne et de quelques bataillons de zouaves; combattant à travers bois et jardins, il cherchait dans les environs de Givonne le reste du 12e corps et une division du 5e qu'il espérait trouver là; il poursuivit sa recherche jusqu'à la porte de Sedan où un officier d'ordonnance lui apprit que Sa Majesté avait fait arborer le drapeau blanc de la capitulation, et lui remit une lettre de l'Empereur « ordonnant au commandant en chef de cesser le feu et de capituler. » Le général de Wimpffen s'indigne et s'emporte; il déclare qu'il ne reconnaît pas à l'Empereur le droit de hisser le drapeau parlementaire, qu'il n'ouvrira pas la lettre et qu'il refuse de négocier. Cette lettre à la main, il entre dans la ville, court jusqu'à la place de Turenne, et s'adressant aux soldats : « Mes amis, crie-t-il, suivez-moi si vous ne voulez pas être réduits à mettre bas les armes et à vous rendre prisonniers. » Deux ou trois mille soldats répondent à son appel; il les conduit vers Balan; le général Lebrun se joint à eux; les paysans et leur curé combattent à côté de ces désespérés sublimes. Les Bavarois qui occupent Balan sont refoulés au delà de l'église. Un corps d'armée résolu, comme l'était cette poignée de braves, à préférer la mort à la honte eût culbuté ces divisions bavaroises dont une défense molle trahissait le harassement.

Craignant de voir sa vaillante cohorte que la mort éclaircissait à chaque instant cernée par un trop grand nombre d'ennemis, de Wimpffen donna l'ordre à ses compagnons survivants de se replier sur Sedan où le général Lebrun et lui entrèrent les derniers. Il envoya sa démission de commandant en chef à l'Empereur qui lui répondit : « Général, vous ne pouvez songer à donner votre démission quand il s'agit de sauver l'armée par une honorable capitulation. Je n'accepte donc pas votre démission. Vous avez fait votre devoir toute la journée, faites-le encore. C'est un service que vous rendrez au pays. Le roi de Prusse a accepté l'armistice et j'attends ses propositions. Croyez à mon amitié. »

Le vieux général, qui était si malheureusement venu d'Afrique pour assumer la responsabilité de toutes les fautes commises par d'autres, se soumit, « puisqu'*il s'agissait de sauver l'armée,* » à la douloureuse tâche que les circonstances lui imposaient. A neuf heures du soir, il arrivait au quartier général prussien et parlementait avec MM. de Moltke et de Bismark. Digne et ferme en son langage, le général de Wimpffen plaida la cause de la France. Les derniers mots des représentants du roi Guillaume furent ceux-ci : Capitulation de l'armée qui sera prisonnière de guerre; remise des armes; les officiers conserveront leurs épées et leurs propriétés personnelles. — Quant à la paix dont il fut question, M. de Bismark déclara que la Prusse avait l'intention bien arrêtée d'exiger une indemnité de quatre milliards et *la cession de l'Alsace et de la Lorraine.* Tel était le prix qu'elle mettait *immuablement* à la paix. Un armistice était accordé jusqu'à neuf heures du lendemain matin. Si les termes de la capitulation n'étaient point acceptés à cette heure-là, le bombardement commencerait. « Or, dit M. de Moltke, vous n'avez ni vivres ni munitions; deux cents batteries forment un cercle resserré autour de la ville et peuvent anéantir vos troupes avant qu'elles aient eu le temps d'opérer un mouvement. ».

Le 2 septembre, à six heures du matin, le général de Wimpffen exposa aux généraux réunis en conseil de guerre les tristes résultats de ses pourparlers avec MM. de Moltke et de Bismark. Nos officiers supérieurs reconnurent l'impossibilité d'une lutte et la nécessité de subir les conditions que le vainqueur imposait. MM. de Wimpffen, Ducrot, Lebrun, Félix Douay, Fargeot et Dejean signèrent une déclaration dans ce sens; les généraux Pellé et de Bellamare refusèrent de capituler et de la signer.

A neuf heures, une calèche attelée à la Daumont, précédée par un piqueur à la livrée impériale, escortée par de brillants officiers de cour, suivie par des écuyers chamarrés d'or et faraudant, sortait de la sous-préfecture de Sedan; elle traversa, au pas, les rues où s'entassaient nos pauvres soldats harassés, couverts de boue, irrités. Dans cette calèche était assis Napoléon III accompagné des généraux Douay, Lebrun et Reille; impassible et froid, il roulait une cigarette entre ses doigts; il allait se constituer prisonnier du roi de Prusse. A Donchéry, où le général de Wimpffen le rejoignit, il s'arrêta, eût un entretien avec M. de Bismark, et le traité de capitulation fut signé. Le château de Bellevue, à Fresnoy, fut choisi pour l'entrevue que l'Empereur désirait avoir avec le roi. Napoléon III lui avait écrit, la veille : « Monsieur mon frère, *n'ayant pu mourir à la tête de mes troupes*, il ne me reste plus qu'à remettre mon épée entre les mains de Sa Majesté. » Le roi de Prusse, assure-t-on, avait répondu au messager qui lui apporta cette lettre mensongère : « Qu'il vienne lui-même, ou bien il sera traité en soldat quoiqu'il ne le mérite guère. » Ce lâche souverain ne s'était pas même exposé, nul ne l'ignorait, à cette mort qu'il aurait dû braver à la tête de ses troupes; il n'avait pas tiré, un seul instant, du fourreau cette épée qu'il remettait vierge à son vainqueur.

Vers midi, Guillaume Ier et M. de Bismark suivis d'un nombreux état-major arrivèrent à Bellevue. Napoléon III alla au-devant du roi, le salua chapeau en main, et lui dit en allemand : « Sire, je viens redire, de vive voix, à Votre

Majesté ce que j'ai eu l'honneur de lui faire transmettre par écrit, hier au soir. » Guillaume lui fit une réponse brève et froide. Napoléon III répéta au roi cette déclaration que, trois heures auparavant, il avait faite à M. de Bismark : « Ce n'est pas moi qui ai voulu cette guerre, j'ai été forcé par la pression de l'opinion publique en France (1). » Mensonge odieux et lâcheté sans pareille qui soulevèrent dans tous les cœurs un dégoût profond. « Voilà, disait un écrivain interprète éloquent de l'indignation publique, voilà dans quelles mains nous étions tombés! Si la chute avait été honorable, nous l'aurions respectée ; mais que celui qui nous a plongés par un criminel caprice et un monstrueux égoïsme, dans l'abîme où nous nous débattons, vienne nous en rendre responsables et en rejeter sur nous non-seulement le châtiment mais la faute, c'est la plus terrible expiation que Némésis puisse infliger à notre trop longue patience et à notre coupable complicité. Que la France lise et quelle juge ! Si jamais on venait à nous parler du retour de pareilles cendres, nous sommes sans inquiétude (2). »

Le 3, à sept heures du matin, Napoléon III monta dans une chaise de poste qu'une escorte prussienne accompagna jusqu'à la frontière de Belgique ; ses bagages, ses fourgons, et une suite de cinquante-deux personnes prirent, comme lui, la route d'Allemagne qui mène au château de Wilhemshœhe relié par une allée de tilleuls à la ville de Cassel dont il est le Versailles ; le prisonnier du roi de Prusse verra couler doucement les jours de sa luxueuse captivité dans cette résidence aux somptuosités de laquelle il fit ajouter une vaste galerie qui transformait en serre une partie des magnifiques jardins.

---

(1) Le 6 juillet, l'Empereur fit consulter les quatre-vingt-six préfets sur l'esprit des populations ; *soixante-et-onze* de ces fonctionnaires constatèrent, dans des rapports officiels, que leurs populations *n'aspiraient qu'à la paix et à la tranquillité.*

(2) John Lemoinne, *Journal des Débats.*

Dans l'après-midi du 2, l'armée connut officiellement la capitulation. Les officiers de chaque régiment brûlèrent leur drapeau tandis que des soldats enclouaient des canons, inutilisaient des mitrailleuses, jetaient leurs sabres dans les égouts et leurs fusils dévissés dans la Meuse. On apercevait les dernières flammes qui dévoraient Bazeilles incendié par les Bavarois.

Une clause de la capitulation permettait aux officiers d'opter des deux, rester libre en engageant leur parole d'honneur, par écrit, de ne pas porter les armes contre l'Allemagne pendant la guerre actuelle, ou se rendre prisonniers en Prusse. Presque tous, ayant d'ailleurs l'espoir de s'évader, voulurent partager le sort de leurs soldats. Pendant plusieurs jours, on les tint parqués dans les îles de la Meuse, sous la pluie, sans tentes ni couvertures ; on ne leur distribua que du biscuit et très-insuffisamment. Le correspondant d'un journal anglais (1) a vu ces malheureux « ayant l'air d'être restés trempés dans l'eau pendant plusieurs heures ; » les uns étaient violacés de fièvre, d'autres souffraient de maladies d'entrailles ; des centaines pouvaient à peine se tenir debout, tant ils étaient torturés par des douleurs rhumatismales. Quand on les dirigea, par sections, sur le chemin de fer qui devait les transporter en Allemagne, des musiques militaires jouant des airs de victoire les précédaient; ceux qui, officiers ou soldats, «faibles, malades, affamés, souffrant de la dyssenterie, des rhumatismes et de la fièvre, les habits trempés, restaient un peu en arrière étaient poussés à coup de crosse, et on leur criait : « *En avant! En avant!* »

Certes, on ne peut qu'applaudir à ce cri arraché au général Ducrot par une légitime indignation : « On se sent pris d'un véritable désespoir, lorsqu'on pense que nos affreuses humiliations sont le résultat d'une imprévoyance sans nom,

---

(1) Le *Daily-Telegraph*.

d'une incapacité absolue, d'un fol entêtement ! Vainement, pendant cinq ans, nous avons sonné la cloche d'alarme : on n'a pas voulu l'entendre, et, par cet aveuglement fatal, on est arrivé à nous infliger toutes les hontes de la défaite, toutes les humiliations, toutes les douleurs de la captivité ! Vous ne savez pas ce que nous avons souffert ; non, vous ne le saurez jamais (1). »

La victoire de Sedan ne coûta à la Prusse que 8,960 hommes tués ou blessés. Nous eûmes 3,000 morts et 14,000 blessés ; 11,000 de nos soldats furent faits prisonniers pendant la bataille. La capitulation fit tomber au pouvoir des Prussiens un empereur, un maréchal de France, 39 généraux, 2,095 officiers et 84,433 sous-officiers et soldats enfermés dans cette place que les Allemands appelaient un « *fond de marmite,* » un aigle, deux drapeaux, 400 pièces de canons de campagne et 180 de position, 70 mitrailleuses, 66,000 fusils, 30,000 quintaux de poudre, 1,072 équipages de tout genre et 10,000 chevaux. 3,000 soldats s'étaient réfugiés en Belgique où on les désarma. Quelques régiments envoyés le matin en reconnaissance dans les bois avaient pu gagner Mézières en longeant la frontière belge.

Pauvre armée dont l'immolation prévue par le duc de Magenta fut, surtout, l'œuvre de l'Impératrice, les ennemis qui t'écrasèrent sous la supériorité de leur nombre et de leurs canons ont, du moins, rendu à ton héroïsme un hommage éclatant ! Un historien allemand, qui fait autorité, exalte, d'abord, la conception savante et l'irréprochable exécution des manœuvres stratégiques allemandes au moyen desquelles « fut rejeté dans un cul-de-sac le maréchal de Mac-Mahon courant au piège comme s'il eût été frappé d'éblouissement ; » il constate que, « deux jours avant la bataille de Sedan, si le quartier général français n'eût pas été en proie à un aveuglement sans pareil, il aurait pu se

(1) Déposition devant la Commission d'enquête. Rapport du duc d'Audiffret-Pasquier.

dérober par une marche en arrière ; » Puis, il dit : « L'armée française s'est, jusqu'à Sedan, bien et héroïquement battue ; en particulier, la vieille infanterie française s'est montrée admirablement à la hauteur de la meilleure infanterie allemande en courage, en ténacité, en habileté surtout pour utiliser le terrain. Des régiments de cavalerie se sont littéralement jetés à la mort. Mais, le commandement, dans son ensemble, a été aussi misérable que si c'eût été quelque groupe de chefs kabyles qui eussent commandé les armées de la France, et non une demi-douzaine d'illustres maréchaux avec des centaines de brillants officiers d'état-major de tous grades (1). »

(1) J. de Wickède, *Gazette de Cologne*.

CHAPITRE XIX

1870

Nouveaux mensonges officiels. — La journée du 3 septembre ; la séance de l'Assemblée ; la soirée ; la séance de nuit. — Le 4 septembre ; proclamation jésuitique ; agitation populaire ; la séance ; la Commission de déchéance ; envahissement de la Chambre ; marche vers l'Hôtel de Ville ; aspect des rues et des boulevards ; destruction des emblèmes de l'Empire ; envahissement des Tuileries ; le Peuple et la troupe fraternisent ; isolement et départ de de l'Impératrice ; les appartements de la souveraine déchue ; le Sénat et sa fin ; proclamation de la République à l'Hôtel de Ville ; réunion des députés à l'hôtel de la Présidence ; constitution du gouvernement de la Défense nationale ; comment fut accueillie et jugée la révolution du 4 Septembre.

Pendant que le désastre de Sedan s'accomplissait, la France continuait à être trompée comme jamais nation ne le fut. Le *Journal officiel* présentait notre défaite de Beaumont comme un succès, et la retraite malheureuse du maréchal de Mac-Mahon sur Sedan comme une feinte habile « pour attirer les Prussiens dans un angle formé par les remparts de la ville et les hauteurs de la rive gauche du fleuve où, le 31 août, ayant subi des pertes sérieuses, ils battaient en retraite vers Villemontry après plusieurs tentatives inutiles pour repasser la Meuse. » Le 2 septembre, des journaux bonapartistes disaient : « La faute commise par l'armée prussienne sous Metz est commise, une seconde fois, à Sedan. L'ennemi est attiré sous le feu des remparts, et des trouées énormes se font dans ses rangs. A midi (le 31), sa déroute commence, une vraie déroute. Notre armée poursuit vigoureusement les corps du prince Frédéric-Charles et du prince royal. » Or, le prince Frédéric-Charles était devant Metz avec sept corps d'armée. Les narrateurs officieux continuaient ainsi : « Pendant que les Prussiens reculent vers le Sud, le corps d'armée commandé par le général Vinoy les prend en écharpe et achève de mettre le désordre dans les rangs ennemis. Il est évident que la canonnade entendue, à 4 heures et demie, de la frontière belge provenait de *la dernière défense de l'armée prussienne couvrant sa retraite* (1). »

Le 2 au soir, après la séance du Corps législatif, le gendre du comte de Palikao, officier d'ordonnance du ministre de la guerre, remettait, ostensiblement, devant plusieurs députés, à M. Busson-Billault une prétendue dépêche annonçant la défaite des Prussiens dans la journée du 31 août et leur retraite jusqu'à Villemontry.

Or, ce soir-là, l'Impératrice avait reçu la nouvelle que que tout était perdu et son mari prisonnier.

Dans la séance tenue, vers dix heures, par le comité de défense, M. Thiers ayant insisté sur la nécessité du retour de l'armée de Châlons à Paris, M. Jérôme David lui dit à l'oreille : « N'insistez pas ; je vous parlerai tout à l'heure. » Après la séance, M. Jérôme David lui confia que « le maréchal de Mac-Mahon était blessé et l'Empereur prisonnier. »

Le 3, l'Impératrice faisait prier, par MM. Mérimée et de Metternich, M. Thiers de l'aider de ses conseils.

A trois heures, le comte de Palikao monta, dès l'ouverture de la séance du Corps législatif, à la tribune et dénatura la vérité en ces termes : « La bataille de Sedan a été pour nous l'occasion de succès et de revers. *Nous avons, d'abord, culbuté une partie de l'armée prussienne dans la Meuse* (c'était le pendant de la culbute dans les carrières de Jaumont). Mais, nous avons dû, accablés par le nombre nous retirer *soit sur Mézières*, soit dans Sedan, soit même, je dois vous

---

(1) Le *Gaulois*.

30

le dire, sur le territoire belge mais en petit nombre. Il en résulte qu'il n'y a pas lieu d'espérer, *d'ici à quelque temps, une jonction entre les forces du maréchal de Mac-Mahon et celles de Bazaine.* Il y a, *peut-être,* des nouvelles un peu plus graves telles que celle de la blessure du maréchal de Mac-Mahon *qu'on fait circuler et d'autres encore,* mais, *je déclare* qu'aucune ayant le caractère officiel n'a été reçue par le gouvernement. »

M. Jules Favre demanda : « Où est l'Empereur ? Communique-t-il avec ses ministres ? Donne-t-il des ordres ? » Éludant la première de ces questions, M. Cousin-Montauban se contenta de répondre aux deux dernières : « Non. » — « Cette réponse me suffit, continua M. Jules Favre ; elle désintéresse le débat de cette grande question. Le gouvernement ayant cessé d'exister... » Les murmures de la droite et du centre interrompent l'orateur. Le président dit que « en toute occasion, il doit protester contre de telles paroles... » — « Protestez tant que vous voudrez, s'écrie l'orateur républicain; protestez contre la défaite, protestez contre la fortune qui nous trahit ; niez les événements ; dites que nous sommes victorieux, à la bonne heure ! Il faut que le temps des complaisances cesse. Ce qu'il faut maintenant, c'est que tous les partis s'effacent devant un nom représentant la France et Paris, un nom militaire, le nom d'un homme qui vienne prendre en main la défense de la patrie. Ce nom est connu. Devant lui doivent s'évanouir tous les fantômes de gouvernement. Voilà le remède. Voilà mon vœu ; je l'exprime en face de mon pays; que mon pays l'entende ! »

Ce n'était point un dictateur que voulait la gauche, mais la nomination par la Chambre d'une commission de gouvernement : « Nous aurions voulu, a écrit M. Jules Simon, que M. Thiers en fût la tête et que M. Trochu en fût le bras (1). »

(1) *Souvenirs du 4 Septembre.*

Au milieu d'une grande agitation, la Chambre s'ajourna au lendemain.

Mais, la vérité obscurcie par les dissimulations de M. Cousin-Montauban se faisait jour. Tout Paris la connaissait, le soir. Les instances de nombreux députés arrachèrent à M. Schneider son consentement à une séance de nuit. Vers dix heures, des lettres de convocation furent envoyées à tous les membres de la Chambre. Une foule immense parcourait les boulevards. Une colonne d'ouvriers sans armes et criant : « La déchéance ! la déchéance ! fut violemment assaillie par les sergents de ville du poste de la Galiote vis-à-vis du Gymnase. Ces agents de police avec leurs revolvers, leurs épées et leurs casse-tête, firent plusieurs victimes. « L'Empire, a dit un historien, devait finir comme il avait commencé (1). »

A une heure du matin, M. Schneider prit place au fauteuil de la présidence ; M. de Palikao s'était rendu à la Chambre en bourrasquant et en se plaignant qu'on l'eût contraint à quitter son lit. Ne pouvant plus nier ce que tout le monde savait, il dit que « *l'armée a capitulé et que l'Empereur a été fait prisonnier.* » Encore un mensonge que nous retrouverons, aggravé, dans une proclamation. C'était l'Empereur et non l'armée qui avait capitulé ; il n'avait pas été fait prisonnier, il s'était rendu.

M. de Palikao invite, aussitôt, la Chambre à s'ajourner au lendemain. La droite est de cet avis. M. Jules Favre prend la parole et dit que si la Chambre, dans la douloureuse situation où on se trouve, est d'avis qu'il est sage de remettre toute délibération à une heure de l'après-midi, il ne s'y opposera pas. « Mais, ajoute-t-il, nous prions l'Assemblée de vouloir bien prendre en considération la motion suivante : Louis-Napoléon Bonaparte et sa dynastie sont déclarés déchus du pouvoir que leur a conféré la Constitu-

---

(1) Jules Claretie, *Histoire de la Révolution de* 1870-71.

tion. — Il sera nommé par le Corps législatif une commission de..... (vous fixerez, messieurs, le nombre des membres que vous jugerez convenable)... qui sera investie de tous les pouvoirs du gouvernement et qui aura pour mission expresse de résister à outrance à l'invasion et de chasser l'ennemi du territoire. — M. le général Trochu est maintenu dans les fonctions de gouverneur général de la ville de Paris. » Cette motion signée par trente députés ne souleva qu'une seule protestation, celle de M. Pinard (du Nord).

Cette séance, qui dura vingt minutes à peine, était ignorée de la population; aussi, peu de curieux stationnaient-ils autour du Palais-Bourbon. Quelques groupes s'étaient formés sur la place de la Concorde, non loin du pont dont une brigade de sergents de ville interdisait l'accès. Une voiture dans laquelle étaient MM. Thiers et Jules Favre traversa la place; des ouvriers s'en approchèrent, l'arrêtèrent et en ouvrirent la portière. Ils reconnurent les deux députés et s'écrièrent : « Sauvez-nous! sauvez-nous! La déchéance! » — « La déchéance est certaine, leur répondit M. Thiers, mais soyez calmes si vous voulez l'obtenir. » Ces paroles furent approuvées; la voiture s'éloigna et les groupes se dispersèrent.

Le 4 septembre, à leur lever, les Parisiens trouvaient sur les murs une proclamation du Conseil des ministres au Peuple français; c'était de l'histoire à la façon du père Loriquet; il y était dit : « Après trois jours de luttes héroïques soutenues par l'armée du maréchal de Mac-Mahon contre 300,000 ennemis, *quarante mille hommes* ont été faits prisonniers. *Le général de Wimpffen*, qui avait pris le commandement de l'armée en remplacement du maréchal de Mac-Mahon, *a signé une capitulation.* » Et, à la suite de *l'affirmation que Paris est en état de défense* et *que nous aurons, avant peu de jours, deux nouvelles armées*, venait ce dernier mensonge plus gros encore que tous les autres : « *L'Empereur a été fait prisonnier* PENDANT LA LUTTE. »

De cet amas d'impostures il ressort que 40,000 hommes seulement *ont été faits prisonniers*, tandis que l'armée toute entière *avait été livrée* par ordre de l'Empereur, — que le général de Wimpffen a signé la capitulation, de son propre mouvement, après la lutte *dans laquelle l'Empereur avait été pris en combattant*, tandis que ce triste Sire, après déjeuner, du fond de son cabinet, fit hisser le drapeau blanc, imposa au général de Wimpffen l'ordre de capituler, et, après dîner, envoya son épée vierge au roi Guillaume. Quant au reste, nous savons trop que Paris était loin d'être en état de défense et que la promesse des deux armées dont on annonçait la venue prochaine était un leurre de dupe.

Pendant que dans les rues et sur les boulevards la population se répandait, les députés arrivaient dans la salle des conférences. A onze heures et demie, la foule se porte vers la place de la Concorde ; la terrasse des Tuileries et la rue Royale sont encombrées ; c'est, partout, un mélange de bourgeois, d'ouvriers, de gardes nationaux et de gardes mobiles venus du camp de Saint-Maur. Des spectateurs prudents s'étagent sur les marches et remplissent le perron de la Madeleine. — Sur le pont de la Concorde et autour du Palais-Bourbon toutes les forces de la Préfecture de police sont massées, sergents de ville, gardes de Paris à pied et à cheval, avec quatre commissaires et 200 inspecteurs. La place de Bourgogne est occupée militairement par la gendarmerie départementale et par 1,200 soldats de la ligne mis sous les ordres du général Caussade.

Autour de la caserne Napoléon, des ouvriers ont crié : Vive la République! Et les soldats se mettant aux fenêtres ont répété ce cri.

Il est midi et demi. Une légion de la garde nationale en armes prend position devant la tête du pont de la Concorde. Dans la foule, il y a deux courants où se croisent ces cris : « La déchéance! Vive la République! »

Les tribunes de la Chambre regorgent d'orléanistes, de

légitimistes et de républicains entassés et mêlés. A une heure un quart, la séance est ouverte. M. de Kératry dit que le ministre de la guerre a manqué à son devoir en confiant à des troupes de ligne, à des gendarmes, et à des sergents de ville la garde de l'Assemblée; conformément aux ordres du général Trochu, elle aurait dû être remise à des gardes nationaux. » Le comte de Palikao, sur un ton à la fois goguenard et bravadant, répond : « Vous vous plaignez que je vous fasse la mariée trop belle. » Il arrête les murmures que cette inconvenante réponse provoque en ajoutant qu'il vient soumettre à la Chambre certaines modifications aux conditions actuelles du gouvernement, et il propose un projet de loi instituant un Conseil de gouvernement et de défense nationale, composé de cinq membres nommés à la majorité absolue par le Corps législatif et qui nommerait les ministres. L'article 3 était ainsi conçu : « Le général comte de Palikao est nommé lieutenant général de ce Conseil. »

Cet article fort peu rassurant, car il absorbe tous les autres, soulève des mécontentements et des colères qui, un instant, font perdre à M. de Palikao son assurance effrontée; il la retrouve bientôt et regagne sa place en promenant autour de lui son regard faux et provocant.

M. Jules Favre demande l'urgence pour sa motion de la nuit, et M. Thiers la réclame aussi pour ce projet qu'il a formulé et que quarante-sept députés ont signé : « Vu les circonstances, la Chambre nomme une commission de gouvernement et de défense nationale. Une Constituante sera nommée dès que les circonstances le permettront. » L'urgence sur les trois propositions étant prononcée, les députés se retirent dans leurs bureaux pour nommer une commission qui fera immédiatement son rapport.

Il est deux heures. La délibération traîne en longueur; les députés de la droite bobillonnent, se divisent, ne savent que résoudre. Et le temps marche, et la foule au dehors grossit toujours; elle s'indigne de la proposition Palikao, signée *Eugénie*; elle craint que la Chambre n'adopte cette combinaison d'une politique astucieuse, visant à sauver et à perpétuer l'Empire par l'introduction d'une régence déguisée sous le nom de lieutenance générale qu'exercerait un de ces hommes peu scrupuleux aux yeux desquels la fin justifie les moyens. Cette crainte, que semble confirmer la lenteur des délibérations dans les bureaux, accroît l'impatience et l'agitation d'une multitude exaltée. Un questeur a donné l'ordre de ne laisser pénétrer dans le Palais que les gardes nationaux en armes; il en arrive de tous les côtés. Un bataillon se présente tambours en tête, et quelques-uns de ses officiers demandent le passage du pont. A ce moment, le général Caussade ordonne à ses troupes de se retirer : la nouvelle que Lyon avait proclamé la République rendait imminente la défection des soldats sympathiques aux démonstrations dont ils étaient les témoins. Devant le 6ᵉ bataillon de la garde nationale, bientôt suivi du 8ᵉ, les municipaux à cheval placés à l'entrée du pont dégaînent le sabre. Aux cris de : Vive la République, les deux bataillons, à la tête desquels M. Edmond Adam s'est placé, pénètrent dans les rangs des municipaux qui n'essayent pas de résister à des masses irrésistibles; elles se précipitent vers le Palais; un bataillon d'infanterie de la garde de Paris longeant les jardins de la Présidence prend les fusils réunis en faisceaux; les gardes nationaux crient : « Vive la ligne! » Et les fantassins mettent la crosse en l'air. La grille s'ouvre; toutes les parties du Palais sont envahies; les tribunes de la salle des séances craquent sous le poids des envahisseurs. Des députés rentrent en séance; deux cris les accueillent : « La déchéance! Vive la République! » Le comte de Palikao est à son banc, les autres ministres l'y rejoignent. Pâle, ému, M. Schneider se tient debout devant le fauteuil présidentiel. M. Gambetta paraît à la tribune où M. Crémieux n'a pu se faire écouter; les cris de : « Vive la

République ! La déchéance ! » qui ont étouffé sa voix, dominent, un instant, celle de M. Gambetta. Au nom de la Patrie et de la liberté, et comme représentant de la Révolution française qui saura se faire respecter au dehors et au dedans, il adjure tous les citoyens d'assurer l'ordre pendant les délibérations de l'Assemblée. M. Schneider joint ses exhortations « à celles que M. Gambetta, qu'il tient pour un des hommes les plus patriotes de notre pays, vient d'adresser au public des tribunes au nom des intérêts sacrés de la Patrie. » Écouté jusques-là, le président entame une phraséologie qui se perd dans le bruit des exclamations ; il se couvre et suspend la séance. A trois heures, elle est reprise. M. Gambetta parle ; la porte du fond de la salle vole en éclats ; l'hémicycle est envahi ; dans l'enceinte parlementaire et autour de la tribune se presse une foule compacte : « La déchéance ! Vive la République ! » M. Schneider lève la séance, quitte son fauteuil et se retire lentement, accompagné de M. Magnin ; le comte de Palikao sort en même temps.

Les députés de l'Opposition n'avaient négligé aucun effort pour dissuader le Peuple d'envahir la salle des séances ; et ils luttèrent à peu près seuls contre les envahisseurs ; ils voulaient donner un caractère légal à cette Révolution que légitimait surtout son inévitabilité et qui s'opéra, d'ailleurs, sans aucune difficulté, sans aucune violence.

Après le départ de M. Schneider, le tumulte a grandi, la tribune a été escaladée ; quelques citoyens y prononcent des paroles inentendues ; l'hémicycle est plein d'étudiants, de bourgeois et de gardes nationaux sans armes ; d'autres armés et qui ont arraché les aigles de leurs shakos entrent par les portes latérales et vont dégager la tribune où M. Gambetta monte ; il réclame le silence, l'obtient et s'exprime ainsi :

« Attendu que la Patrie est en danger, que tout le temps nécessaire a été donné à la représentation nationale pour prononcer la déchéance, que nous sommes et que nous constituons le pouvoir régulier issu du suffrage universel, nous déclarons que Louis-Napoléon et sa dynastie ont à jamais cessé de régner sur la France. »

Des bravos éclatent, les acclamations se prolongent, les tambours battent aux champs. M. Jules Favre, qui sortait de son bureau où on délibérait encore, essaye de pénétrer dans l'enceinte ; Gambetta va vers lui ; le Peuple leur ouvre un passage, et les deux orateurs de la gauche montent à la tribune :

« — Pas de guerre civile, s'écrie Jules Favre, pas de guerre civile !

« — Non, non, pas de guerre civile, répètent des milliers de voix ; guerre aux Prussiens seulement !

« — Il nous faut, reprend Jules Favre, constituer un gouvernement provisoire qui prendra en mains les destinées de la France ; il combattra résolûment avec vous. Mais, je vous en conjure, pas de journée sanglante. Ne forcez pas de braves soldats français, qui pourraient être égarés par leurs chefs, à tourner leurs armes contre vous. Ils ne sont armés que contre l'étranger. Soyons tous unis dans un même sentiment de patriotisme et de démocratie. » — « Oui, oui, vive la République ! » — La République, ce n'est pas ici que nous devons la proclamer. » Quelques voix se font entendre : « Si, si ; la République ici, tout de suite. » — « Citoyens, dit Gambetta, allons la proclamer à l'Hôtel de Ville. »

Au milieu de clameurs confuses, MM. Jules Favre et Gambetta descendent de la tribune et entraînent à leur suite la plus grande partie des envahisseurs ; les autres s'obstinent à occuper la salle, « afin, disent-ils, d'empêcher les députés de la droite de rétablir l'Empire. »

Tandis qu'après avoir proclamé cette déchéance qui, six mois plus tard, devait être confirmée à Bordeaux par l'Assemblée nationale, MM. Gambetta, Jules Favre et d'autres députés de la gauche, suivis de gardes nationaux dont les fusils portaient des bouquets de fleurs, et d'une foule qui grossit à chaque pas, se dirigent vers l'Hôtel de Ville, et que deux cents membres environ du Corps législatif se réunissent dans la salle à manger de leur président, Paris offre un spectacle inoubliable. Partout des soldats, des ouvriers, des gardes nationaux et des bourgeois fraternisent avec une joie expansive ; des zouaves, des boutiquiers, des marins grimpent sur des échelles, abattent et broient à coup de marteaux les N et les E, les aigles qui figurent les emblèmes de l'Empire sur les enseignes des fournisseurs officiels et les plaques des rues portant des dénominations qui rappellent le régime impérial. « La foule, dit M. Francisque Sarcey, s'amassait autour du grand justicier-démolisseur. Elle lui adressait ses exhortations, qu'il renvoyait sous forme de quolibets. Et c'étaient, de part et d'autre, de longs éclats de rire. »

Sur la place de la Concorde, où des groupes chantent la *Marseillaise* et le *Chant du départ* autour de la statue de Strasbourg, les sergents de ville du poste de la rue de Rivoli essayent de s'opposer à cette manifestation patriotique; on les désarme sans leur faire aucun mal, et pendant qu'ils s'enfuient du côté des Champs-Élysées, on dépose aux pieds de la statue leurs épées tordues. A trois heures, ces groupes étaient devenus considérables ; ils se portent vers la grille du jardin des Tuileries et cherchent à l'ébranler. Il y avait là un poste de zouaves ; l'officier les appelle aux armes ; des gardes nationaux s'avancent la crosse en l'air ; on acclame les zouaves qui cèdent le poste aux gardes nationaux et s'éloignent. La grille est ouverte ; des milliers d'hommes s'élancent dans le jardin des Tuileries et marchent vers le palais en chantant. Derrière la grille du jardin réservé se tient un bataillon de gardes nationaux ; il ne peut contenir cette foule que plus de cinquante mille citoyens composent. A la porte du palais, des grenadiers de la garde, sur l'ordre du général Mellinet qui a mis le sabre au poing, croisent la baïonnette. Un garde national attache un mouchoir au bout de son fusil, s'avance vers le général et parlemente avec lui. Les grenadiers lèvent la crosse en l'air, le Peuple crie : Vive la République ! en marchant en avant ; la garde nationale remplace la troupe et, bientôt, le vestibule du palais est envahi.

Des cuirassiers, des zouaves, des grenadiers, des voltigeurs de la garde et des chasseurs occupent la cour du côté de la place du Carrousel; le Peuple va au-devant d'eux en criant : « Vive la nation! » Les mains se serrent. Pendant que les soldats retirent les cartouches de leurs fusils, une autre foule massée sur la place du Carrousel force les grilles; les troupes reçoivent et exécutent l'ordre d'évacuer les Tuileries. Le drapeau qui flottait au faîte du palais venait d'être amené.

Après avoir conseillé à l'Impératrice de fuir, le préfet de police avait pris la route de Belgique. Cette souveraine, autour de laquelle se pressaient, naguère, tant de flatteurs qui en mendiant un de ses regards lui protestaient un dévouement sans bornes, est presque seule. « Ah! disait-elle, dans son éplorement, il ne faut jamais, en France, être malheureux ! » Quelle ignorance du monde réel dans cette exclamation dolente! En France comme ailleurs, l'égalité de tous les hommes, souverains ou sujets, devant l'infortune qui met rapidement en fuite les amis des jours prospères est une vérité dont l'âge est celui du monde. Dans l'étourdissement qu'elle éprouvait sur le faîte d'une prospérité aveuglante, l'Impératrice avait écouté distraitement, ou en se croyant hors d'une pareille atteinte, cette belle métaphore que, sous le règne de Napoléon III, la plainte célèbre d'Ovide exilé fournit à un prédicateur en renom (1) : « Au premier coup de hache que le bûcheron porte à un arbre

---

(1) Le Père Félix.

dont le feuillage épais a longtemps servi d'asile à des milliers d'oiseaux, tout s'enfuit, l'arbre reste seul : *solus eris.* »

Au moment où MM. Jules Favre, Gambetta et leur long cortége populaire défilaient sur le quai des Tuileries, l'Impératrice demandait, tant elle était troublée, au général Mellinet « s'il pouvait défendre le Château *sans faire usage des armes.* » — « Je ne crois pas, madame, » répondit le général. — « Dès lors, reprit-elle, tout est fini ; il ne faut pas ajouter à nos désastres l'horreur de la guerre civile. » Dans ces paroles se manifestait la bonté de son cœur ; on ne peut lui nier cette qualité native. L'Impératrice croyait, sans doute, qu'elle trouverait des soldats pour la défendre ; elle se trompait. Mais, comme l'a reconnu loyalement un historien impartial (1), « elle n'essaya pas d'en chercher. » Quelques-unes de ses dames d'honneur balbutièrent des consolations banales et se retirèrent ; d'autres restèrent auprès d'elle jusqu'au dernier moment. Deux hommes seulement lui témoignèrent un intérêt affectueux : C'étaient deux étrangers : le chevalier Nigra et le prince Metternich. Accompagnée de madame Lebreton, sa lectrice, elle pénétra dans le Louvre par la galerie du bord de l'eau, et sortit par la petite porte qui s'ouvre sur la place Saint-Germain-l'Auxerrois ; elle trouva là un fiacre que lui avaient amené le prince de Metternich et le chevalier Nigra ; elle y monta avec madame Lebreton et alla demander un asile à son dentiste qui lui procura une chaise de poste ; elle gagna la côte de Normandie et s'embarqua pour l'Angleterre en compagnie de madame Lebreton et du dentiste. O vanité des grandeurs humaines !

Maître du palais, le Peuple n'y commit aucun dégât ; il brisa seulement les insignes impériaux. Sur les murs du vestibule étaient écrits avec de la craie ces deux mots : « *Mort aux voleurs !* » Les appartements ne subirent aucune at-

---

(1) Jules Simon.

teinte. « Ceux de la souveraine déchue, dit un historien qui, comme moi, les visita, livrèrent les secrets des extravagances et des contradictions de son intelligence. Tout était à la fois ultra-mondain et ultra-clérical autour d'elle. » Dans la bibliothèque, les œuvres de Proud'hon entre des romans badins et des livres mystiques; sur les murailles, des reliques, des bustes de femmes dans le goût mignardement sensuel de Boucher et des ossements de saints. La peinture des plafonds n'offrait à l'œil qu'amoureaux folâtres, ils planaient sur un confessionnal blanc relevé d'or ; ce réduit pieux se composait de parties mobiles se pliant et se dépliant comme les châssis d'un paravent. « Ce mélange singulier de poudre de riz et d'encens caractérisait tout à fait cette piété à l'espagnole (1). »

Le Sénat, dont nul n'avait souci, s'était réuni, vers une heure, sous la présidence de M. Rouher. Les sénateurs « envoyèrent d'abord à l'Empereur un dernier vœu et un dernier hommage » en donnant des vivats aux trois membres de la famille impériale. M. Rouher s'écria : « *Nous saurons avoir le cœur ferme, la volonté résolue.* » Puis, il proposa au Sénat de se déclarer en permanence. Ces braves sénateurs acclamèrent le président qui venait d'exalter la fermeté de leur cœur et la haute résolution de leur volonté. Ils allèrent se promener belliqueusement dans les jardins. A trois heures, on les rappela. M. Rouher leur annonça l'envahissement du Corps législatif et leur demanda s'ils voulaient demeurer en permanence ou s'ajourner à heure fixe. M. Baroche dit : « Si on pouvait espérer que les forces révolutionnaires se dirigeront sur le Sénat, il faudrait les attendre, car je voudrais mourir ici, dans mon fauteuil. Mais, cet espoir ne nous est pas permis. La Révolution éclatera dans Paris et ne viendra pas dans cette enceinte. » Ses collègues partagent son opinion ; il leur offre un expédient pour dé-

---

(1) Jules Claretie, *Histoire de la Révolution de* 1870-71.

guerpir : « *Chacun de nous,* dit-il, *par ses moyens personnels pourra mieux défendre, au dehors, l'ordre et la dynastie impériale.* » Après un débat confus et pendant lequel M. Rouher disparut prudemment, les sénateurs se retirèrent pour aller avec « *leurs moyens personnels* » défendre la dynastie et pourfendre la Révolution. Avant de se séparer, ils avaient, sans rire, adopté cette motion du vice-président Boudet : « Le Sénat se réunira demain, à son heure ordinaire, sans tenir compte des événements extérieurs. » Est-il besoin de dire qu'aucun de ces héros ne se montra nulle part ? Dans la soirée, M. Floquet, adjoint au maire de Paris, alla au palais du Luxembourg avec deux amis ; le nouveau gouvernement l'avait chargé de mettre les scellés sur la porte de la salle des séances. M. Barrot, grand référendaire, et le général de Montfort, gouverneur du palais, se rendirent dans la cour où deux escadrons de gendarmerie s'alignaient ; M. Floquet remit l'ordre dont il était porteur au grand référendaire qui lui répondit très-sérieusement : « *Je cède à la force.* » Et M. Floquet accomplit sa mission. M. Rouher avait déjà quitté Paris sous un déguisement ; dans la précipitation de sa fuite vers la frontière, il oublia son château de Cercey, où il laissait des papiers d'État que les Prussiens trouvèrent et prirent. Ainsi finit le Sénat du second Empire.

Prévoyant, comme tout le monde, la chute du gouvernement impérial, Ledru-Rollin avait, peu de jours avant le 4 Septembre, conseillé de n'appeler au gouvernement nouveau que les députés élus à Paris ; on empêcherait ainsi, disait ce patriote éminent, les compétitions rivales de se produire et de ralentir un mouvement dont la rapidité assure le succès. Il y avait, dans ce conseil qu'on adopta, autant d'abnégation que de sagesse, car Ledru-Rollin était naturellement désigné par l'unanimité du parti démocratique pour la présidence du gouvernement provisoire qui remplacerait celui de Napoléon III.

Vers cinq heures, Gambetta fut acclamé par le Peuple quand, du haut du balcon de l'Hôtel de Ville, il lui annonça qu'un gouvernement de la Défense nationale était constitué et composé de tous les députés de Paris, « déjà investis du mandat populaire, et que la démocratie avait, pour ainsi dire, choisis d'avance. » On leur adjoignait, toujours d'après l'avis de Ledru-Rollin, en les considérant comme députés de Paris, MM. Gambetta, Ernest Picard et Jules Simon qui, dans l'intérêt de leur parti, optèrent pour les trois départements qui les avaient élus aussi. M. Henri Rochefort, triomphalement amené de Sainte-Pélagie, prit place au milieu de ses collègues. Seul, Bancel n'était pas là. Au moment où triomphait la cause glorieuse pour laquelle il avait tant combattu, il agonisait; ses luttes vaillantes et les souffrances d'un long exil avaient prématurément usé sa vie.

Au milieu des acclamations populaires, Étienne Arago fut nommé maire de Paris; il avait pour adjoints MM. Floquet et Hérold, et pour secrétaire général M. Jules Mahias ; il choisit les maires provisoires des vingt arrondissements parmi les hommes les plus influents et les plus estimés du parti républicain.

On confia la préfecture de police à M. de Kératry, les directions des postes, des télégraphes et de l'imprimerie nationale à MM. Rampont, Steenackers et Hauréau.

A huit heures du soir, les cent cinquante ou deux cents députés qui, après une suspension de séance, s'étaient réunis de nouveau dans la salle à manger du président de la Chambre, envoyèrent sept délégués à l'Hôtel de Ville afin de se concerter avec le nouveau gouvernement, après lui avoir annoncé que la réunion, à une grande majorité, venait de voter la proposition de M. Thiers en substituant aux mots : « *Vu les circonstances,* » ceux-ci : « *Vu la vacance du pouvoir,* » ce qui équivalait à une proclamation de déchéance.

M. Jules Favre alla remercier les membres de cette réunion que M. Thiers présidait, de la démarche qui venait d'être faite, en leur nom, auprès du gouvernement « issu de circonstances aussi impérieuses qu'imprévues, et auquel, dit M. Favre, nous avons été enchaînés par un mouvement supérieur qui a, je l'avoue, répondu au sentiment intime de notre âme. » Il parle ensuite du devoir qui s'impose à tous : défendre Paris et la France. On ne peut rien changer à ce qui vient d'être fait; il engage les députés à le ratifier; s'ils s'y refusent, le gouvernement de la République, dont il regrette que M. Thiers n'ait pas cru devoir faire partie, accomplira sa patriotique mission. » M. Thiers prend la parole; il reconnaît que ce gouvernement s'est chargé d'une immense responsabilité; « le devoir de tous est de faire des vœux ardents pour un succès qui serait celui de notre patrie. Combattre, aujourd'hui, ce gouvernement serait une œuvre anti-patriotique. »

MM. Buffet et Pinard (du Nord) ayant demandé si une protestation ne devait pas être rédigée, M. Thiers leur fit comprendre qu'il ne convenait pas d'affaiblir par une protestation vaine la seule autorité qui fût debout en ce moment pour lutter contre les ennemis de la société et de la patrie.

Ceux des envahisseurs qui avaient refusé de quitter la salle des séances fumaient; les huissiers redoutant un incendie, M. Glais-Bizoin était monté à la tribune et avait dit : « Citoyens, restez là si bon vous semble; mais je dois vous prévenir que les scellés vont être mis aux portes. » Aussitôt, les citoyens sortirent, et les portes furent scellées. M. Daru s'en plaignit. — « Y a-t-il, lui répondit M. Thiers, quelque chose de plus grave que les scellés sur les personnes? N'ai-je pas été à Mazas? Ne rentrons pas dans la voie des récriminations; cela nous mènerait trop loin. En présence de l'ennemi qui sera bientôt sous Paris, je crois que nous n'avons qu'une chose à faire : nous retirer avec dignité. » Ce conseil sage fut suivi.

A minuit, le gouvernement de la Défense nationale tenait sa première séance ; il était ainsi composé : le général Trochu, président ; M. Jules Favre, vice-président ; MM. Emmanuel Arago, Crémieux, Jules Ferry, Gambetta, Garnier-Pagès, Glais-Bizoin, Pelletan, E. Picard, H. Rochefort et Jules Simon. Il s'adjoignit trois secrétaires : MM. Dréo, André Lavertujon nommé, en outre, directeur du *Journal officiel*, et Hérold qui devait remplir les fonctions de secrétaire de la justice.

Le ministère fut constitué comme il suit : ministre des affaires étrangères, Jules Favre ; de l'intérieur, Gambetta ; de la guerre, le **général Leflô** ; de la marine, amiral Fourichon ; de la justice, Crémieux ; des finances, E. Picard ; de l'instruction publique et des cultes, J. Simon ; des travaux publics, Dorian ; de l'agriculture et du commerce, Magnin. On nomma M. Clément Laurier directeur du personnel et du cabinet au ministère de l'intérieur ; on mit deux anciens magistrats, MM. Leblond et Didier, à la tête du parquet de Paris ; l'ancien officier d'artillerie Tamisier fut nommé général de la garde nationale.

Le gouvernement était organisé.

La France entière accueillit avec le même enthousiasme que Paris la révolution du 4 Septembre. Les légitimistes, les républicains, les orléanistes et tous les bons citoyens s'allégraient, s'unissaient dans un même sentiment de réprobation contre l'Empire, et applaudissaient avec une égale satisfaction à son effondrement. « L'empire avait tellement révolté les esprits par les malheurs qu'il avait attirés sur le pays que personne n'avait pitié de sa chute et que personne n'avait la pensée d'y résister. Ses partisans eux-mêmes assistaient à ce singulier spectacle sans essayer d'y porter remède (1). »

Je termine mon récit par ce témoignage que l'organe le

---

(1) **A.** Thiers, *Déposition devant la Commission d'enquête.*

plus grave et le plus autorisé de l'orléanisme rendit à l'inévitable et pacifique révolution du 4 Septembre : « La France est rentrée en possession d'elle-même, sans lutte, sans déchirement, par une sorte de soubresaut de patriotisme et de désespoir devant l'ennemi... Un retour de fortune aurait pu, peut-être, tout au plus, suspendre LA GRANDE ET INÉLUCTABLE EXPIATION (1). »

(1) La *Revue des Deux-Mondes*, n° du 15 septembre 1870.

CONCLUSION

On a vu ce que devient une nation qui met ses destinées à la discrétion d'un seul homme. O l'effroyable leçon que la France a reçue ! Voyons ce que Napoléon III lui a coûté.

Pour sa part, il toucha 519 millions (1) ; ses parents collatéraux absorbèrent 70,187,769 francs dont 27 millions furent budgétés (2).

Les budgets du second empire dépassaient de *neuf cents millions* le dernier budget de la République voté en 1850 pour 1851, et ils se soldaient en déficit. Le budget de la police était monté de 1,900,000 francs à *neuf millions,* et celui de l'état-major de dix-sept à *cinquante millions*. On sait quelles furent, pendant la guerre de 1870, les prouesses de cet état-major si grassement payé. Le second empire accrut de huit milliards sept cent cinquante millions la dette publique française et il lui léguait une indemnité de guerre de cinq milliards. L'intérêt de l'argent qu'a coûté la guerre de

---

(1) Provenant des 12 millions votés par le Sénat en 1852, des dix-huit annuités de 25 millions chacune, et des revenus des forêts de l'État, que j'évalue seulement à 3 millions par an.

(2) Le sénatus-consulte de décembre 1852 attribuait, comme je l'ai dit, 1,500,000 fr. à l'Empereur qui devait les répartir entre les princes impériaux.

1870 figure au budget pour une somme de 600 millions de francs représentant une dette effective de douze milliards. Le service de cet intérêt a nécessité l'établissement de nouveaux impôts sur les objets de consommation, et, de ce chef, chaque famille, en moyenne, paye annuellement 66 fr. 66 centimes dont 35 francs sont appliqués au service du tribut payé à la Prusse (1).

Sous le second empire, la part contributive annuelle de chaque famille était, en moyenne, de 242 francs 10 centimes par an, — et, sous la seconde République, de 147 francs 36 centimes seulement.

Les guerres de Crimée et d'Italie, les expéditions au Mexique, en Chine et en Cochinchine ont anéanti *huit cent soixante mille hommes* morts sur les champs de bataille ou des suites de leurs blessures et des maladies contractées en campagne ; elles dévorèrent *onze milliards*.

La dernière guerre, celle de l'Impératrice, a causé la mort de 60,000 Allemands et de 155,000 Français y compris les prisonniers dont les ossements blanchissent en Allemagne; elle a coûté aux deux pays douze milliards cinq cents millions.

C'est donc un total de UN MILLION SOIXANTE-QUINZE MILLE HOMMES que le second empire a forcés à s'entre-tuer. Et qui pourrait dire le nombre des soldats survivant à leurs blessures et à l'amputation mais inutilisés pour l'agriculture et pour l'industrie ? Les dépenses occasionnées par ces mêmes guerres forment un total de VINGT-TROIS MILLIARDS CINQ CENTS MILLIONS. — « Supposez, dit un écrivain du *National* qui reproduit ces chiffres empruntés à une statistique faite par un journal anglais (2), supposez cette somme dépensée en travaux publics, en œuvres de bienfaisance, et

(1) La *France*, journal de M. Emile de Girardin, a récemment publié un remarquable travail sous ce titre : *Le Bilan des deux Empires, et le bilan des deux Républiques*. Je lui ai emprunté quelques chiffres.

(2) *L'Économist*.

estimez par le bien qu'elle a empêché le mal qu'elle a produit. »

Résumons-nous : Si, au lieu de livrer sa fortune, ses droits et ses libertés à Napoléon III, la France fut demeurée républicaine, elle eût économisé la somme énorme de *trente-un milliards six cent quarante-six millions*, se décomposant ainsi :

Dotations impériales et princières...	546,000,000 (1)
Différence entre le budget du second empire et celui de la seconde république pendant 19 ans............	17,100,000,000
Quote-part de la France dans les frais de guerre.................	14.000,000,000 (2)
	31,646,000,000

A ce bilan du second empire il faut ajouter les préjudices causés par la dévastation de nos villes et de nos campagnes, par le pillage de nos maisons, par l'incendie de nos villages, et la perte de l'Alsace et de la Lorraine, ces deux belles provinces arrachées à la patrie qui leur est toujours chère.

Je crois utile de rappeler, en terminant, trois pages d'histoire.

I.

Le 4 décembre 1867, M. Rouher, ministre d'État, s'écriait, au milieu des applaudissements de la majorité du Corps législatif : « L'Italie aspire à Rome qu'elle considère comme un besoin impérieux de son unité. *Eh bien, nous le déclarons, au nom du gouvernement,* L'ITALIE NE S'EMPARERA JAMAIS DE ROME. JAMAIS, NON JAMAIS ! EST-CE CLAIR ? »

(1) Si le calcul du journal la *France*, qui porte à 38 millions au lieu de 28 le chiffre annuel des *dotations impériales* est exact, il faut augmenter de 190 millions ce total, qui s'élèverait à 740 millions.

(2) Dont 10 milliards applicables à la guerre de 1870.

Le 22 avril 1869, le maréchal Niel, ministre de la guerre, après avoir dit, un mois auparavant, que « si la guerre devenait nécessaire nous étions parfaitement en mesure de la supporter, que la France ne serait pas prise au dépourvu et que si le moment de combattre venait, tout le monde serait prêt, » s'écriait, au milieu des mêmes applaudissements : « Quelle est l'armée ennemie, quelque forte qu'elle soit, qui oserait, au cœur de la France, se placer sur un cercle de vingt lieues. Ah ! ce cercle serait bientôt forcé ! Non, il n'est pas possible d'investir Paris; il faut qu'on l'attaque par quelque côté isolément, *mais alors ce ne sera pas Paris qui sera assiégé, c'est l'assiégeant qui sera enveloppé, qui sera pris de tous les côtés.* Les fortifications de Paris en rendent le siége tellement incertain qu'il est évident que Paris ne sera pas assiégé. »

Le 20 septembre 1870, L'Italie s'était emparée de Rome devenue sa capitale; Paris était investi et assiégé.

II.

Le 10 octobre 1852, à Bordeaux, Louis-Napoléon Bonaparte prononça ces paroles qui eurent un grand retentissement : « *Par esprit de défiance*, certaines personnes se disent : l'Empire, c'est la guerre; moi, je dis : L'Empire c'est la paix. »

Le 1er mars 1871, à Bordeaux, l'Assemblée nationale tint la plus douloureuse de ses séances : M. Thiers, chef du pouvoir exécutif de la République française, proposa le projet de loi dont la teneur suit : « L'Assemblée nationale, *subissant les conséquences des faits dont elle n'est pas l'auteur*, ratifie les préliminaires de paix dont le texte est ci-annexé (1) et qui ont été signés à Versailles, le 26 février 1871,

(1) Voici le résumé des principales clauses de ce traité, le plus affreux de notre histoire : « La France payera à S. M. l'empereur d'Allemagne la somme de cinq milliards de francs. — L'évacuation des territoires français occupés par les troupes allemandes com-

et autorise le chef du pouvoir exécutif et le ministre des affaires étrangères à échanger les ratifications. »

Ce jour-là, Paris subissait une humiliation contre laquelle il fut bien près de protester avec les armes. Trente mille Allemands vinrent, conformément à l'une des conditions de l'armistice, occuper « la partie de la ville à l'intérieur de l'enceinte comprise entre la Seine et la rue du Faubourg Saint-Honoré et l'avenue des Ternes. » Les mairies arborent des drapeaux noirs; on en voit à beaucoup de fenêtres; des crêpes funèbres voilent les statues de la place de la Concorde et les drapeaux tricolores qui flottent sur nos édifices publics. La Bourse n'ouvre pas ses portes. Sur des écriteaux mis à celles des magasins, des cafés, des restaurants, on lit : *Fermé pour cause de deuil national.* La grande cité est plongée dans une douleur morne, menaçante, mais contenue. Les directeurs de *tous* les journaux, « confondus dans un même sentiment de patriotisme, » avaient adjuré la population parisienne « de conserver, en face de la situation cruelle qui lui était faite, le calme et la dignité impérieusement commandés par les circonstances. » Ils annonçaient que, pendant l'occupation prussienne, leurs feuilles ne paraîtraient pas. Les envahisseurs attirés, *pour la troisième fois*, à Paris, par les Bonapartes devaient y rester jusqu'à ce que l'Assemblée nationale eût ratifié les préliminaires de paix. Le soir, Paris offrait l'aspect désolé d'une ville morte : Pas une lumière dans les appartements qui donnent sur les rues, sur les places et sur les boulevards où ne circulaient ni voitures, ni omnibus, ni promeneurs. Les patrouilles ne rencontraient, çà et là, que de rares citoyens regagnant leur demeure d'un pas hâtif.

mencera après la ratification du traité de paix par l'Assemblée nationale siégeant à Bordeaux, et continuera successivement après la signature du traité de paix définitif, au fur et à mesure que les versements seront effectués. » Les territoires de l'Alsace et de la Lorraine *cédés par la France* forment un total de 1,487,374 hectares, et les habitants de ces territoires sont au nombre de 1,628,132.

La discussion du traité qui démembrait la patrie fut ardente et poignante. Les députés de l'Alsace et de la Lorraine faisaient entendre des supplications qui angoissaient tous les cœurs. L'un de ces députés, M. Bamberger, s'écria : « Un seul homme est capable de signer un pareil traité, c'est Napoléon III dont le nom sera éternellement cloué au pilori de l'histoire. » Au milieu des bravos qui accueillent ces paroles, un homme se lève et s'élance vers la tribune : C'est M. Conti, le secrétaire particulier, le confident de l'ex-empereur. Les cris de : « Déchéance ! Déchéance ! » étouffent sa voix ; il se plaint « d'allusions blessantes à un passé auquel se rattache un certain nombre de ses collègues qui ont, comme lui, prêté serment à l'Empire. » — On crie de toutes parts : « Hors la loi le Deux-Décembre ! Plus de lâche ! A bas les Bonapartes ! » M. Conti ose parler « *d'années glorieuses.* » Ce fut, alors, un déchaînement de colère inénarrable. — « Dites honteuses, s'écrie M. Vitet ; honteuses ! honteuses ! oui honteuses pour nous qui les avons subies. » Le marquis de Franclieu somme M. Conti de descendre de la tribune : « Les bourreaux, lui dit-il, n'ont pas le droit d'offenser leurs victimes. » — « La déchéance ! La déchéance ! » Ce cri retentit dans la salle, dans les tribunes, dans les galeries et trouve au dehors un écho formidable. Tout à coup, à côté de M. Conti, Victor Hugo paraît. L'émotion de l'Assemblée éclate dans cette exclamation subite, unanime : « *Voilà le châtiment !* »

Victor Hugo cède la parole à M. Thiers : « Je vous ai proposé, dit le chef du pouvoir exécutif, une politique de paix ; mais, lorsque le passé se dresse devant le pays, lorsqu'il semble se jouer de nos malheurs dont il est l'unique cause, au moment même où nous courbons la tête sous ses fautes, *sous ses crime*s.... » Des acclamations prolongées interrompent, un instant, l'orateur qui, s'adressant au confident de l'ex-Empereur, continue en ces termes : « Savez-vous ce que disent, en Europe, les princes que vous représentez ? Je l'ai entendu de la bouche des souverains. Ils disent que ce n'est pas eux qui sont coupables de la guerre ; que c'est la France. Eh bien, je leur donne un démenti à la face de l'Europe. (Applaudissements.) Non, la France n'a pas voulu la guerre. (Non ! non !) C'est vous qui l'avez voulue ! « (Oui ! oui !) »

M. Paul Bethmont propose de clore l'incident par un vote de déchéance. La séance est suspendue. A la reprise, M. Target lit cette proposition: « L'Assemblée nationale clôt l'incident, et dans les circonstances douloureuses que traverse la patrie, en face de protestations et de réserves inattendues, *confirme la déchéance de Napoléon III et de sa dynastie, déjà prononcée par le suffrage universel,* et LE DÉCLARE RESPONSABLE DE LA RUINE, DE L'INVASION ET DU DÉMEMBREMENT DE LA PATRIE. » Cette proposition signée par MM. Target, Paul Bethmont, Jules Buisson, Réné Brice, Ch. Rolland, Tallon, le duc de Marmier, Pradier, Ricard, Girerd, Lambert de Sainte-Croix, Wilson, Ch. Alexandre, Numa Baragnon, Léon Say, Victor de Laprade, Farcy, Marcel Barthe, comte d'Osmoy, Wallon, Rivet, comte de Brette-Thurin, Villain et qui aurait réuni les signatures d'à peu près tous les membres de l'Assemblée est mise aux voix. M. Cochery constate que cinq députés seulement se sont levés à la contre-épreuve. — « Il y en a six, pas un de plus, dit M. Wilson ; je demande que cela soit constaté au *Moniteur*. »

Le moment fatal approchait. Victor Hugo, Edgar Quinet, Louis Blanc ont engagé l'Assemblée à repousser un traité de paix « qui détruit, à la fois, le présent et l'avenir de la France. » Les députés de l'Alsace et de la Lorraine ont offert à la Patrie le sang de tous leurs compatriotes. M. Keller, au nom de l'Alsace, s'est écrié : « Si l'Assemblée devait ratifier un traité qui est une injustice, un mensonge et un déshonneur, d'avance, j'en appelle à la postérité qui nous jugera les uns et les autres ; j'en appelle à tous les peuples qui ne peuvent pas indéfiniment se laisser vendre comme un vil bétail ; j'en appelle, enfin, à l'épée de tous les gens de cœur qui, le plutôt possible, déchireront ce traité détestable. »

D'une voix émue, M. Thiers déclare que l'organisation militaire de la France est détruite ; que, depuis SEDAN et METZ, la France est absolument privée de cadres d'officiers; que, sur *cent-vingt régiments* qu'elle possédait au début de la guerre, CENT SEIZE *sont dans les mains de l'ennemi.* »

Il faut, enfin, prendre un parti : acheter la paix aux dures conditions qu'y met le vainqueur, ou faire un suprême appel à la nation et l'engager dans une de ces guerres que les désespoirs d'un peuple rendent funestes aux envahisseurs.
— Le scrutin est ouvert. Oh ! que de bulletins blancs sont jetés, d'une main tremblante, dans l'urne à laquelle tous les regards s'attachent !

546 députés votèrent la paix ; CENT-SEPT la repoussèrent. Voici les noms de ceux qui croyaient possible le salut de la France par la guerre : Edmond Adam, Albrecht, Amat, Ancelon, docteur André, Andrieu, Emmanuel Arago, Arnaud (de l'Ariége), Bamberger, docteur Barbaroux, Bardon, Berlet, Martin Bernard, général Billot, Billy, Louis Blanc, Bœll, Barsch, Brice, Brisson, Ch. Brun, Brunet, Carion, Carnot fils, Chaix, général Chanzy, Chauffour, Claude, (Meurthe), Claude (Vosges), Clémenceau, Colas, Cournet, Delescluze, Deschange, Dorian, Léon Dornès, Dubois, Eugène Duclerc, Ducoux, Durieu, Esquiros, Farcy, lieutenant de vaisseau, Charles Floquet, Léon Gambetta, Gambon, Alphonse Gent, George, Cyprien Girerd, Grandpierre, Greppo, Grosjean, Guiter, Hartmann, Humbert (Haute-Garonne), Louis Amédée Humbert, comte Jaubert, Joigneaux, baron de Jouvenel, Kable, Keller, Laflize, Lamy, Langlois, Laserve, Laurier, Pierre Lefranc, Lepère, Lockroy, général Loysel, Lucet, de Mahy, Malens, Malon, Marc Dufraisse, général Mazure, Melsheim, Millière, Monteil, Moreau, Noblet, Ostermann, Peyrat, Félix Pyat, Edgard Quinet, Ranc,

Rathier, Razoua, Rencker, H. Rochefort, Saglio, Hervé de Saisy, Scheurer-Kestner, Schnéégans, Schœlcher, Taberlet, Tachard, Teutsch, Tirard, Titot, Tolain, Tridon, Varroy, Victor Hugo, Vilain, Viox.

Quand le résultat du scrutin fut proclamé, M. Grosjean lut, puis déposa sur le bureau une déclaration signée par les vingt-huit députés de l'Alsace et de la Lorraine et « affirmant, de la manière la plus formelle, au nom de ces provinces, leur volonté et leur droit de rester Françaises. » Les signataires ajoutaient : « Livrés, au mépris de toute justice et par un odieux abus de la force, à la domination étrangère, nous déclarons nul et non avenu un pacte qui dispose de nous sans notre consentement. La revendication de nos droits reste à jamais ouverte à tous et à chacun dans la forme et dans la mesure que notre conscience nous dictera. Au moment de quitter cette enceinte où notre dignité ne nous permet plus de siéger, et malgré l'amertume de notre douleur, la pensée suprême que nous trouvons au fond de nos cœurs est une pensée de reconnaissance pour ceux qui, pendant six mois, n'ont pas cessé de nous défendre et d'inaltérable attachement à la patrie dont nous sommes violemment arrachés... Vos frères de l'Alsace et de la Lorraine, séparés, en ce moment, de la patrie commune, conserveront à la France absente de ses foyers une affection filiale jusqu'au jour où elle viendra y reprendre sa place. » D'unanimes applaudissements avaient, plusieurs fois, interrompu cette lecture. Au milieu d'une émotion générale et profonde, les députés de l'Alsace et de la Lorraine quittèrent l'Assemblée.

Dans une dépêche officielle, M. Jules Simon disait : « La tristesse de ceux qui subissent est égale à la tristesse de ceux qui protestent. » Cela était vrai.

III

Le maréchal Bazaine, auteur de la désastreuse capitulation de Metz, fut traduit devant le conseil de guerre de la première division militaire.

Le 10 décembre 1873, à 8 heures 35 minutes du soir, ce Conseil, par l'organe de son président le général de division duc d'Aumale, déclarait, au nom du peuple français, le maréchal Bazaine mis en jugement après avis d'un conseil d'enquête, coupable :

1° D'avoir, le 28 octobre 1870, comme commandant en chef de l'armée du Rhin, capitulé en rase campagne ;

2° D'avoir, par cette capitulation, fait poser les armes aux troupes dont il avait le commandement en chef ;

3° D'avoir traité verbalement, ou par écrit, avec l'ennemi *sans avoir fait préalablement tout ce que lui prescrivaient le devoir et l'honneur ;*

4° D'avoir, le 28 octobre 1870, capitulé avec l'ennemi, et rendu la place de Metz dont il avait le commandement supérieur, *sans avoir épuisé tous les moyens de défense dont il disposait et sans avoir fait tout ce que lui prescrivaient le devoir et l'honneur.*

En conséquence, vu les articles 210, et 208 du code de justice militaire, le Conseil condamne, *à l'unanimité des voix,* François Achille Bazaine, maréchal de France, a la peine de mort avec dégradation militaire.

Et vu l'article 138 du code de justice militaire, le 1ᵉʳ Conseil de guerre déclare que le maréchal Bazaine cesse de faire partie de la Légion d'honneur et d'être décoré de la médaille militaire ; condamne, en outre, le maréchal Bazaine aux frais de la procédure envers l'État, par application de l'article 139 du code de justice militaire. »

Le Conseil de guerre était ainsi composé : Président : duc d'Aumale général de division; juges : Généraux de la

Motterouge, de Chabaud-Latour, Tripier, Princeteau, Ressayre, de Malroy ; commissaire spécial du gouvernement ; général Pourcet ; rapporteur, général Rivière.

Le maréchal de Mac-Mahon qui, le 24 mai 1873, avait été élevé à la présidence de la République française par 391 membres de l'Assemblée nationale (1), commua la peine de mort prononcée contre l'ex-maréchal Bazaine en vingt années de détention avec dispense des formalités de la dégradation militaire mais sous réserve de tous ses effets.

On donna pour prison à l'ex-commandant en chef de l'armée du Rhin reconnu coupable d'avoir causé la perte de 150,000 hommes et de la place de Metz, d'avoir trahi le devoir et l'honneur, le fort de l'île Sainte-Marguerite, un petit paradis ; cette île est formée par des jardins et par un bois charmants où se mêlent les myrtes, les orangers et les chênes-verts.

Le 10 août 1874, Bazaine s'évada ; son évasion n'étonna personne. Il alla, d'abord, présenter ses hommages à l'ex-impératrice Eugénie et à son fils qui se trouvaient, alors, au château d'Arenemberg. L'ex-empereur était mort à Chislehurst, en Angleterre, le 9 janvier 1873. D'Arenemberg, Bazaine se rendit à Cologne où il échangea des visites cordiales avec le général prussien von Kummer, celui-là même qui fut nommé commandant de place à Metz au moment où le traître livra cette ville forte à l'ennemi et qui, au nom de la Prusse, prit possession de nos arsenaux, de nos canons, de nos fusils et de nos drapeaux.

(1) Il y eut 309 abstentions. Le même jour, au sein de l'Assemblée nationale, des légitimistes, des bonapartistes et des orléanistes coalisés avaient, grâce au renfort d'un groupe de onze défectionnaires dont l'histoire a retenu les noms, formé contre M. Thiers une majorité de quatorze voix. « *Obéissant à sa propre maxime, que la majorité du Parlement doit avoir le dernier mot,* » comme l'a si justement dit M. Jules Simon, l'illustre homme d'État qui venait de relever la France, de restaurer le crédit national et de libérer le territoire, se démit avec dignité d'un pouvoir dont, en vertu d'une loi, la durée était égale à celle de cette Assemblée, « *élue en un jour de malheur.* »

J'ai resserré ce que l'histoire raconte longuement du premier et du second empire. Puissent mes deux véridiques récits contribuer à l'anéantissement de cette légende napoléonienne que le mensonge créa et que, pour notre malheur, l'ignorante crédulité du Peuple a laissé subsister trop longtemps ! Manquant de prévoyance, les écrivains libéraux couvraient d'une ombre complaisante des faits qu'un publiciste éminent (1) met, aujourd'hui, en pleine lumière; il est regrettable qu'ils n'aient pas rappelé, souvent, l'aveu qui dut tant coûter à l'orgueil de Napoléon Ier; à Fontainebleau, au moment du départ pour l'île d'Elbe, il s'écria : « *La France sans frontières quand elle en avait de si belles!* C'est ce qu'il y a de plus poignant dans les humiliations qui s'accumulent sur ma tête. LA LAISSER SI PETITE APRÈS L'AVOIR REÇUE SI GRANDE (2)! » La République avait, en effet, donné à la France vingt-six nouveaux départements avec une population de 8,657,000 habitants que le premier empire lui fit perdre après avoir causé la mort de cinq millions d'hommes. Et, à la suite des deux invasions de 1814 et de 1815, la France perdit non-seulement ces conquêtes de la République mais encore Landau, Philippeville et Mariembourg qui lui appartenaient avant 1789. En donnant à ces souvenirs douloureux une publicité fréquente, on eût détruit la légende maudite, et conséquemment, la possibilité des crimes et de la tyrannie qui aboutirent à la troisième invasion et au troisième démembrement de la France.

(1) Emile de Girardin.
(2) Théodore Lavallée, *Les Frontières de la France.*

FIN.

TABLE

LE PROLOGUE DU SECOND EMPIRE

CHAPITRE PREMIER

Une protestation de Joseph Bonaparte. — Le duc de Reichstadt; sa mort. — Transmission du droit napoléonien. — La filialité de Louis-Napoléon; l'insurgé des Romagnes; sa fuite et son permis de séjour à Paris. — Le citoyen de Thurgovie. — Conseils de la reine Hortense à son fils. — Espérances et caractère de M. Louis Bonaparte. — M. Fialin, *dit* de Persigny. — Les deux aventuriers s'accordent. — La conspiration de Strasbourg; ses résultats. — M. Louis Bonaparte est gracié et s'embarque pour New-York. — Acquittement de ses complices. — Son retour en Europe. — Mort de sa mère. — Conflit entre la France et la Suisse. — Départ de M. Louis Bonaparte pour Londres. — Conspirateur et viveur. — La conspiration de Boulogne. — Les conjurés devant la Cour des pairs; la sentence; réflexions qu'elle inspire. — M. Louis Bonaparte dans la forteresse de Ham; la comédie qu'il y joue; son évasion; son retour à Londres; mort de son père; il prête serment de constable. — Un seul frère de Napoléon Ier a survécu. — Une cérémonie funèbre à Saint-Leu-Taverny. — Situation de M. Louis Bonaparte en février 1848. 1

CHAPITRE II

(1848-51)

Le gouvernement provisoire et M. Louis Bonaparte. — Réveil du bonapartisme. — Élection, démission et réélection. — Allocution de M. Louis Bonaparte à l'Assemblée; sa candidature à la présidence de la République; son serment. — Coalition. — Acte de contrition. — Voyages et déclarations. — Les coalisés se dupaient mutuellement. — Rupture. — Satory, Wiesbaden et Claremont. — « *L'Empire est fait.* » — L'œuvre de l'Assemblée.

— Le discours de Dijon. — Le général Changarnier ; « *Délibérez en paix !* » — Imprévoyances. — Vote sur la révision de la Constitution. — Un espoir détruit. — Une imprudence de l'Assemblée ; M. L. Bonaparte en profite. — Les complices. — Le commandant Fleury ; sa campagne de subornation. — Un groupe de chefs militaires subornés. — Le général Saint-Arnaud. — Le général Magnan. — Les prétoriens se démasquent. — Un nouveau ministère. — Le dogme de l'obéissance passive. . . . 21

CHAPITRE III

DU 4 NOVEMBRE AU 2 DÉCEMBRE 1851

Le message du 4 novembre ; Louis Bonaparte propose l'abrogation de la loi du 31 mai ; la droite repousse l'urgence. — Situation des partis. — Les préparatifs du coup d'État se continuent. — Discours aux officiers et aux industriels français. — Mensonges des écrivains bonapartistes. — Discussion du projet de loi sur le rétablissement du suffrage universel. — Les royalistes tombent dans le piége. — Illusion des républicains. — Questions et réponses. — Discussion de la proposition des questeurs. — Aveuglement de la gauche. — La proposition est rejetée. — Conséquences de ce vote. — Fautes reconnues trop tard. — Pourquoi le coup d'État ne peut plus être retardé. — Réunion des généraux subornés. — Le général Perrot et M. Vieyra. — La soirée et la nuit du 1ᵉʳ décembre. — Le colonel Espinasse au Corps législatif. — Arrestations. — Trente-deux mille soldats en mouvement. — Une dépêche de M. de Maupas. 39

CHAPITRE IV

LE DEUX DÉCEMBRE 1851

La Journée du Deux-Décembre : Proclamations et parallèles. — Les bases d'une Constitution. — Louis Bonaparte se dément pour mentir. — Fouché et M. de Maupas. — Suppression des journaux indépendants. — Attitude du peuple et de la bourgeoisie. — Première réunion des députés républicains ; leur première proclamation. — Réunions au Palais législatif, chez M. Crémieux et à la mairie du Xᵉ arrondissement. — Arrestation de 227 représentants ; leur attitude. — Arrêt de la Haute-Cour ; expulsion des juges. — Protestations. — Louis Bonaparte et sa cavalcade. — Michel de Bourges au boulevard du Temple. — Réunions chez MM. Beslay et Lafon ; le comité de résistance.— Réunion chez Cournet. — Un rendez-vous patriotique. . . 62

CHAPITRE V

LE 3 DÉCEMBRE 1851

La journée du 3 décembre : Des prisonniers repoussant leurs libérateurs. — Des représentants républicains au faubourg Saint-

Antoine. — Désarmement de deux postes. — La barricade. — Conduite héroïque de huit représentants du peuple. — Mort de Baudin et d'un jeune ouvrier. — Ce qui suivit la tentative insurrectionnelle. — Le ministère du coup d'État et la commission consultative. — Protestations. — M. de Morny aiguillonne ses complices ; son système d' « *envahissement par la terreur.* » — Encore la Haute-Cour. — L'agitation grandit. — Arrêté de MM. de Morny et de Maupas. — Monstrueuse proclamation de Saint-Arnaud. — Réunions chez MM. Landrin et Marie. — Meurtres préparés et exécutés par le colonel Rochefort. — Exécutions sommaires dans la rue Beaubourg. — Conseil militaire ; combinaison d'un massacre. — Transfèrement à Ham de huit prisonniers. 76

CHAPITRE VI

LE 4 DÉCEMBRE 1851

La journée du 4 décembre : Proclamation de M. de Maupas. — Les hommes en blouse et les barricades. — Physionomie de Paris. — Effarement de M. de Maupas ; sang-froid et aveux de M. de Morny. — Stratagème odieux. — Mise en marche de 30,000 soldats avinés. — Les premiers égorgements. — La barricade du boulevard Bonne-Nouvelle. — Aspect des boulevards avant la tuerie. — Massacre, bombardement et fantaisies. — Le colonel Rochefort sur le boulevard des Italiens. — La musique du général Reybell. — Aspect des boulevards après le massacre ; la vérité jaillit sur la tuerie. — Divers quartiers envahis par la terreur. — Égorgement des prisonniers. — Denys Dussoubs. — Boucheries. — Une exécution au Luxembourg. — La chasse aux hommes. — Le général Fesseur. — Assommements. — Parallèles. — La nuit du 4 au 5. — Mobiles et résultats de deux œuvres scélérates. — Le total des morts. — Détroussement des cadavres. 87

CHAPITRE VII

DU 5 AU 31 DÉCEMBRE 1851

Le comité de résistance et les représentants républicains. — Paris le 5 décembre. — Exposition de cadavres ; arrestations ; exécutions. — Décret et proclamation. — Les dévotieux. — Assimilation de l'honneur à l'infamie. — Scènes de carnage dans les départements. — Arrêtés des commandants militaires. — Calomniateurs démentis. — État de siége. — Confiscations. — Les prisons de Paris. — Le fort de Bicêtre. — Le plébiscite. — Menaces et violences. — La veille du vote. — Le scrutin. — Manœuvres intimidatrices. — Un sophisme d'intérêt. — Dépouillement et recensement suspects. — Le décret du 29 décembre. — L'amitié, la pitié, l'hospitalité sont des crimes. — Sentences horribles. — La commission consultative à l'Élysée. — Ce que ne peut pas la souveraineté du peuple. — Le prince veut aller prier Dieu; un souvenir du 26 août 1572.   118

CHAPITRE VIII

DU 1ᵉʳ JANVIER AU 26 MARS 1852

Notre-Dame de Paris le 1ᵉʳ janvier 1852. — Messe, *Te Deum* et prières étranges. — Un groupe céleste. — L'Aigle et le symbole de la République. — Décrets d'exil. — Les listes de Bicêtre. — La nuit du 9 janvier. — Un convoi de forçats. — *Le Canada*. — Tempête; elle préserve de Cayenne 467 républicains. — La nouvelle Constitution. — Décrets du 22 janvier. — *Le premier vol de l'Aigle*. — Louis Bonaparte et la famille d'Orléans. — Le clergé et le septième commandement de Dieu. — Comédie de fausse pudeur. — Les commissions mixtes et la justice vehmique. — L'inamovibilité de la magistrature. — L'espionnage et la délation. — Décret du 17 février. — Piétinement de la nouvelle Constitution par son auteur. — Élections législatives. — *Le Duguesclin*; souffrances intolérables; ce qu'on fit des détenus. — Le chiffre des transportés en Algérie au 26 mars 1852. . . .   134

CHAPITRE IX

DU 26 MARS AU 2 DÉCEMBRE 1852

Une comédie de clémence. — Installation des trois grands corps de l'État. — Le Parjure impose le serment. — Protestations des généraux exilés. — Trois députés refusent le serment. — M. Billault et l'ex-roi Jérôme. — Composition du Sénat. — La commission du budget. — Clôture de la session de 1852. — Élections municipales et départementales. — Transportations à Cayenne. — Rétablissement de l'échafaud politique. — Une machine infernale surveillée par la police. — Voyages et ovations. — Retour du triomphateur. — Le tour est joué. — Sénatus-consulte et plébiscite. — Les préfets et les évêques. — Le scrutin. — Les grands corps de l'État à Saint-Cloud. — Proclamation de l'Empire. — Napoléon III aux Tuileries. — Et la machine infernale? Chaque chose avait repris sa place. .   152

LE SECOND EMPIRE

CHAPITRE PREMIER

DU 2 DÉCEMBRE 1852 AU 1ᵉʳ MARS 1853

La maison de l'Empereur; les gages. — Le Sénat ne s'oublie pas. — La liste civile. — La famille impériale. — Les prostitutions et l'agiotage. — M. de Morny à l'œuvre. — Corrompre et asservir. — Un maréchal de France et une dette de jeu. — Un vol de 300,000 francs ; le maréchal de Saint-Arnaud et le général Cornemuse. — Les maisons de jeu. — Les fêtes de Compiègne. — Mademoiselle Eugénie de Montijo. — Échecs matrimoniaux de l'Empereur ; son irritation ; il annonce son mariage. — Cantique à l'hymen ; maladresse et dépit. — La célébration du mariage. — Défection de trois légitimistes. — Le procès des correspondants ; la violation du secret des lettres. — La police et deux enterrements. — Habit habillé, culotte courte et savonnette à vilain. — La question des préséances. — Miss Howard est créée comtesse. 173

CHAPITRE II
DU 1er MARS AU 31 DÉCEMBRE 1853

Le chiffre des transportés et celui des proscrits. — Les amnisties. — Les présides africains ; Jules Miot ; le chiffre des morts. — Le grand bal du Palais-Bourbon et le cimetière de Jersey. — Pauline Roland. — Les proscrits en Belgique, au Piémont, en Suisse, en Espagne, en Angleterre et ailleurs. — Noukahiva. — La justice expéditive de Napoléon III. — Kelch, Rassini et Galli ; Sinibaldi ; Donati. — Le bravo de Napoléon III. — Affaires de la Reine-Blanche, de la Commune révolutionnaire. — Complots de l'Hippodrome et de l'Opéra-Comique. — La session de 1853. — Les Pères capucins ; lugubre rapprochement. — Le ministère de la police et la presse. 185

CHAPITRE III
1854

Mort de Lamennais. — Les lieux saints ; les trois Papes ; mobiles qui poussèrent Louis-Napoléon à troubler la paix ; lord Stratford met les moines d'accord ; Louis Bonaparte trouve un nouveau moyen d'agression ; colère du Czar ; Sinope ; de provocateur, pacificateur. — Discours de Napoléon III ; encore un mensonge ; — La Caisse de la boulangerie ; l'emprunt ; l'élévation du contingent. — Traité d'alliance. — Lord Raglan et Saint-Arnaud aux Tuileries et à Constantinople ; l'alliance en péril. — Silistrie. — Les prétentions de l'Angleterre. — La Dobrutja. — Le choléra. — La bataille de l'Alma. — Mort de Saint-Arnaud ; Canrobert lui succède. — Le Tartare. — M. Haussmann préfet malgré l'Impératrice. — M. Billaut au ministère de l'intérieur. — Arrestations et procès. — Le crime de bienfaisance. — Inaction des alliés après la bataille de l'Alma ; les assiégés en profitent. — Un bombardement stérile. — Balaclava. — Inkermann. — L'hiver, la misère et les maladies. — Les jésuites et l'Immaculée-Conception. — Libéralités de Napoléon III. 201

CHAPITRE IV

1855-56-57

Mort de Nicolas Ier; conditions de paix repoussées par Alexandre II. — Mort de Dupont de l'Eure. — Session de 1855. — Voyage de l'Empereur et de l'Impératrice en Angleterre. — Affaire Pianori; scandale donné par un avocat; exécution. — Affaire Bellamare. — Démolitions à Paris. — Arrestations. — L'échauffourée d'Angers. — La machine de Pérenchies. — Arrivée de la reine d'Angleterre à Paris; le banquet de Saint-Cloud. — Le général Pélissier prend le commandement en chef de l'armée de Crimée. — L'armée sarde. — Combats sanglants; attaque du Mamelon-Vert; prise de Sébastopol; résultats de la guerre de Crimée. — Retour des troupes. — Le congrès et la paix. — Mort de David d'Angers. — Semonce au sénat. — Naissance et baptême du prince impérial. — Ce que deviennent les « *enfants de France*. » — Déchaînement général de la spéculation et de l'agiotage. — Les inondations et un complot ignoré. — Un drame à l'hôtel Beauveau. — La statue de Notre-Dame du Puy. — La régence. — Assassinat de l'archevêque Sibour; exécution du prêtre Verger. — Session de 1857. — Dissolution du Corps législatif. — Élections. — Mort d'Eugène Sue. — Mort et obsèques de Béranger. — Affaire Tibaldi. — L'Empereur et l'Impératrice à Osborne. — Réunion du nouveau Corps législatif. — Mort de M. Viellard. — Exigence de l'Impératrice. — Loteries cléricales. 230

CHAPITRE V

1858

L'Italie en 1858. — Napoléon III et le carbonarisme italien. — Felice Orsini; les bombes du 14 janvier; les abords de la salle de l'Opéra; le retour aux Tuileries. — Arrestations. — Bouc émissaire du bonapartisme. — Espinasse ministre de l'intérieur. — La loi de sûreté générale; la France est de nouveau terrorisée. Menaces à l'Angleterre; irritation des Anglais; chute de lord Palmerston. — Deux agents provocateurs à Londres. — Jugement et condamnation d'Orsini et de ses complices; ses lettres à l'Empereur; la question de grâce est agitée; exécution d'Orsini et de Pietri. — Trois élections à Paris; le groupe des Cinq est formé. — Loi sur la noblesse. — Mort de la duchesse Hélène d'Orléans. — Espinasse est renvoyé du ministère. — Le petit Mortara; les voleurs d'enfants. — Un rapport de M. Pietri; M. de Cavour à Plombières; traité entre la France et le Piémont. 251

CHAPITRE VI

1859

Paroles alarmantes. — Mariage du prince Napoléon. — Irrésolutions de l'Empereur. — Déclaration de guerre. — Départ de Napoléon III pour l'Italie; l'Impératrice et les médailles. — Composition et force des armées française, sarde et autrichienne. — La campagne d'Italie. — Premiers combats. — Garibaldi et les chasseurs des Alpes. — Palestro. — Magenta. — Malegnano. — Solférino. — Le traité de Villafranca. — Indignation des Italiens. — Le retour de l'Empereur; ses explications embarrassées et mensongères. — Retour de l'armée d'Italie. — Flatterie grotesque. — L'amnistie du 16 août; protestations et déclarations des proscrits. — Le traité de Zurich. — Soulèvement des Romagnes et annexions.—Conseil de Napoléon III à Pie IX.   270

CHAPITRE VII

1860-1861

Agitation du parti clérical; Encyclique. — Les Sociétés de bienfaisance. — Les traités de commerce. — Le général Lamoricière commandant en chef de l'armée du pape. — Garibaldi en Sicile; l'armée italienne dans les États pontificaux; bataille de Castelfidardo; Lamoricière se rend à l'amiral Persano. — Victor-Emmanuel à Naples; Garibaldi à Caprera. — Expédition de Chine et ses causes; le comte de Pa-li-kao; pillage et incendie du Palais d'été. — Expédition de Cochinchine. — Expédition de Syrie. — Suppression de l'*Univers*. — Mort du prince Jérôme. — Restitution du droit d'adresse. — Mort du roi de Prusse. — Session législative. — Arrestation de M. Jules Mirès. — Le prince Napoléon et le duc d'Aumale. — Le royaume d'Italie reconnu par les puissances; protestation et allocution du pape; déchaînement des colères saintes. — Expulsion de M. Ganesco. — Un chanoine qui détourne des filles mineures. — Répression des abus du clergé; les fougues d'un évêque. — La Société de Saint-Vincent-de-Paul. — Encore un détournement de mineure. — L'amnistie cachait un guet-apens. — Un sénatus-consulte et un décret. — Une destitution et un avertissement. — Mgr Pie et le zouave Gicquel.   286

CHAPITRE VIII

1862-1863

Suspension d'un cours. — Expédition du Mexique; situation de la République mexicaine; l'Impératrice et les cléricaux mexicains; Jecker, le duc de Morny et l'Empereur; la Convention de Londres; arrière-pensée de Napoléon III; les alliés à Vera-Cruz;

manifeste ; un ultimatum ; les préliminaires de la Soledad. — Session législative de 1862. — L'alliance rompue ; la mauvaise foi de Napoléon III ; les Espagnols et les Anglais quittent le Mexique. — Un acte de déloyauté militaire. — Échec de l'armée française à Puebla ; remplacement du général Lorencez par le général Forey. — Affaire Mirès. — Garibaldi à Aspromonte. — Pie IX repousse une transaction. — Le martyrologe de la presse. — *Les Misérables*. — Session législative de 1863. — Saisie et confiscation. — Les élections de 1863. — Remaniement ministériel. — Suite de l'entreprise mexicaine ; siége et prise de Puebla ; l'armée française à Mexico ; triumvirat ; une singulière Constituante ; la couronne impériale offerte à Maximilien ; le Deux-Décembre au Mexique ; rappel du général Forey et révocation de M. de Saligny ; encore un bâton de maréchal mal gagné. — L'Impératrice à Madrid et à Aranjuez. — *La Vie de Jésus*, de M. Renan. — Mort de M. Billaut. — Une idée de Napoléon III. Inquiétudes suscitées par l'Empereur et par M. Fould. — La presse à la fin de 1863.. 306

CHAPITRE IX

1864-65

Les questions en suspens. — Affaires de Pologne. — Affaires du Danemark. — Décret sur la liberté des théâtres. — Session législative de 1865 ; défection de M. Émile Ollivier ; l'emprunt mexicain. — Le procès des *Treize*. — La convention du 15 septembre. — La Société internationale des travailleurs. — L'encyclique *quanta cura* et le *Syllabus* ; arrogances épiscopales ; l'*Internationale noire*. — Mort de Proudhon. — Mort du colonel Charras. — Mort du duc de Morny. — Assassinat du président Lincoln : manifestation des étudiants. — Session législative de 1865 ; le *Syllabus* et l'ultramontanisme devant le Sénat ; discours de M. Rouland ; le maréchal Forey et Dieu ; un mot de M. de Boissy. — Discussions au Corps législatif ; le nouvel emprunt mexicain et M. Rouher.—Affaire Sandon ; *une iniquité épouvantable*. — Voyage de l'Empereur en Algérie. — Une élection dans le Puy-de-Dôme. — Mort du général Lamoricière. — M. de Bismark à Biarritz. — Le congrès de Liége. — Mort de lord Palmerston, de M. Dupin aîné, du roi Léopold. — L'empereur Maximilien et la situation du Mexique en 1864 et en 1865. . . . 329

CHAPITRE X

1866

Optimisme trompeur. — Session de 1866. — Mot lugubre de M. Troplong ; M. de Boissy ; le maréchal Forey. — Corps législatif. — Discours de MM. Glais-Bizoin, Garnier-Pagès, Jules Favre, Guéroult ; les Quarante-Cinq et M. Ollivier. — Discours de MM. Pelletan, Jules Simon, Thiers et Jules Favre. — L'hégémonie de la Prusse. — Traité d'alliance entre la Prusse et l'Italie ; elles déclarent la guerre à l'Autriche. — Forces des armées belligérantes. — Custozza. — Nachob. — Sadowa. — Cession de la Vénétie à l'Italie. — Armistice et préliminaires de paix. — Faute et illusions de Napoléon III. — Traité de Prague. — La dupe de M. de Bismark. — Un sénatus-consulte oppresseur ; tapage au Sénat. — Mort de Ferdinand Flocon. — Le Mexique ; sommations du gouvernement de Washington à Napoléon III ; déplorable situation de l'entreprise mexicaine. — L'impératrice Charlotte à Saint-Cloud. — Extravagances de Maximilien ; il quitte Mexico pour s'embarquer à Vera-Cruz ; il retourne à Mexico en arborant le drapeau clérical. — Démoralisation de l'armée française ; accusations portées contre Bazaine. — L'audace avec laquelle on trompait la France. — Suppression du *Courrier du Dimanche*. — La légion d'Antibes ; l'évacuation de Rome ; colère des évêques. — *La Vie de César* et les adulateurs ; le cheval de Caligula et l'âne de l'Impératrice 355

CHAPITRE XI

1867

La lettre du 19 janvier ; suppression de l'adresse ; rétablissement de la tribune. — Discours impérial. — Mort de M. de Boissy. — Session législative de 1867. — La question du Luxembourg. — M. Ollivier redevenu opposant ; l'Empereur récompense une nouvelle glorification de l'entreprise mexicaine. — Situation du Mexique ; retraite de l'armée française ; débâcle ; siège et prise de Queretaro ; capture, condamnation et exécution de Maximilien, de Miramon et de Méjia ; résumé des crimes de l'ex-empereur ; à qui la responsabilité de sa mort ; ce que nous coûte l'expédition du Mexique ; rentrée de Bazaine et de l'armée expéditionnaire. — L'exposition universelle de l'industrie ; la revue du 6 juin ; attentat et condamnation de Berezowski. — La Convention du 15 septembre violée par le gouvernement impérial. — Napoléon à Saltzbourg ; ses déclarations à Lille et à Amiens. — Agitation en Italie ; Mentana ; *les chassepots ont fait merveille* ; influence néfaste ; Garibaldi prisonnier. — François-Joseph à l'Hôtel de Ville ; manifestation en faveur de l'Italie. — *La commune révolutionnaire des ouvriers de Paris*. — Mort de M. Fould et remaniement ministériel. — Situation de la France à la fin de 1867. 373

CHAPITRE XII

1868

Session de 1868. — Le fameux *jamais!* — Les deux précurseurs de Garibaldi. — Malaise et mécontentement. — Arrestations au

Château-d'Eau. — Condamnations. — Exhumation des restes de Manin. — Campagne ultramontraine. — Reprise de la session ; vote des lois sur la presse et sur les réunions publiques. — Nouvelles audaces de M. Rouher ; il est mis sur la sellette. — Le Sénat jugé par un sénateur. — Dépravation des mœurs sous le second empire ; luxe et dévergondage ; la prostitution insoumise ; le *cher seigneur* et Marguerite Bellanger. — *La Lanterne* ; *la Cloche* ; le livre d'Eugène Ténot. — Première application de la loi du 9 mars. — Violation du droit de réunion. — Élection de M. Jules Grévy. — La révolution espagnole. — Manifestations au cimetière Montmartre. — Souscription et procès Baudin. — Plaidoieries ; triomphe éclatant de Léon Gambetta ; premier châtiment infligé au 2 Décembre. — Mort de Berryer. — La grande bataille imaginaire gagnée par M. Pinard ; l'Empereur reprend le portefeuille de l'Intérieur au protégé de l'Impératrice. 397

CHAPITRE XIII

1869

Un scandale et une restitution. — La session législative de 1869 ; M. Haussmann, les finances de la ville de Paris et le Crédit foncier ; emprunts illégaux, commissions usuraires, fortunes subites ; discussion générale du budget ; la politique intérieure ; la magistrature ; fin de la législature de 1863. — Mort de M. Troplong. — Mort de M. de Lamartine. — La campagne électorale. M. Albert de Broglie et les candidatures officielles. — M. Émile Ollivier au Châtelet ; brutalité de la police. — Résultat des élections. — Deuxième tour de scrutin. — Nouvel attentat de la police ; *les blouses blanches.* — Affaire de la Ricamarie. — Session extraordinaire ; les candidatures officielles ; les *rastels ;* message de l'Empereur ; nouvelles réformes. — Panique à la Bourse. — Convocation des Chambres au 29 novembre. — Projet de manifestation. — — La grève d'Aubin. — L'Impératrice au Caire. — élections partielles. — Les assermentés et les inassermentés. — Inauguration de la reprise de la session extraordinaire. — Démission des ministres. — M. Émile Ollivier est chargé de la formation du nouveau cabinet. — Le fils du proscrit et le proscripteur. 418

CHAPITRE XIV

1870

Le premier cabinet de l'empire libéral. — Assassinat de Victor Noir par le prince Pierre Bonaparte. — Un article de M. Rochefort ; agitation populaire ; dérivatifs impuissants ; la journée et la nuit du 11 janvier ; funérailles de Victor Noir. — Autorisation de poursuites contre M. Rochefort ; sa condamnation. —

Mort du duc Victor de Broglie. — Arrestation de M. Rochefort. Tentative d'insurrection. — Arrestations. — Le mécanicien Mégy. — Procès et acquittement de M. Pierre Bonaparte. — — Une lettre du procureur général. — M. Tardieu à l'École de médecine. — La grève du Creusot. — Le système plébiscitaire. — Démission de MM. Buffet et Daru. — Expulsion de M. Cernuschi. — M. Émile Ollivier et l'activité dévorante. — Un complot venu à point. — Le spectre rouge mis en avant par le garde des sceaux. — Manifestes anti-plébiscitaires. — Victor Hugo et les *sacrifiés volontaires*. — Une lettre du ministre de l'intérieur. — La magistrature pendant la période plébiscitaire. — Un coup d'œil sur la sixième chambre ; observations de M. Berryer sur les juges qui la présidaient. — Une opinion émise par le duc Albert de Broglie. — M. Émile Ollivier et l'Internationale. — Le plébiscite. — Averse de procès et de condamnations. — Remaniement ministériel. — Mort d'Armand Barbès. — Pétition des princes d'Orléans. — Une prodigieuse adulation. — Un souvenir du 4 janvier 1825. 437

CHAPITRE XV

1870

Candidature allemande au trône d'Espagne. — Interpellation et discussion. — Désistement du prince Hohenzollern. — Nouvelle exigence du gouvernement impérial. — L'impératrice et les bonapartistes veulent la guerre. — La note de M. de Bismark. — Déclaration du gouvernement. — Séance du 15 juillet au Corps législatif. — Rapport de M. de Talhouët. — Escobarderie de M. de Gramont. — Derniers efforts de la gauche pour empêcher la guerre. — Le dogme de l'infaillibilité. — Le procès de Blois. — Manifestations belliqueuses ; la *Marseillaise* et le *Rhin Allemand*. — « A Berlin ! » — « *L'armée prussienne n'existe pas.* » — Informations dont on ne tenait aucun compte. — Derniers votes du Corps législatif. — La déclaration de guerre. — M. de Bismark au Reichstadt. — Les harangues adulatrices. — La France n'était pas prête. — Désordre et imprévoyance. — L'empire n'a pas un seul allié. — Un « *document épouvantable.* » — — Les services de bouche de Sa Majesté. — L'Impératrice à Cherbourg. — La Régente aux Invalides. — Les bagages impériaux. — Départ furtif de Napoléon III. 456

CHAPITRE XVI

1870

Affaire de Sarrebruck ; le baptême du feu. — La surprise et le combat de Wissembourg. — Attitude du ministère et anxiété de la population. — Fausse victoire; enthousiasme et colère. — Dépêches lugubres ; l'invasion du territoire. — Proclamations et décrets. — Les désastres; Forbach; Frœschwiller ou Reischoffen. — L'espion prussien de M. Ollivier. — Corps législatif; la séance du 9; renversement du ministère Ollivier. — Le cabinet Palikao. — Le maréchal Lebœuf et l'Empereur jugés par l'Assemblée. — Les Prussiens à Nancy. — Échauffourée de la Villette. — Le silence du gouvernement et l'inquiétude publique. — Les dépêches du 15 août. — Combat de Borny. — Bataille de Rézonville. — Retraite injustifiable. — Bataille de Gravelotte ou de Saint-Privat. — Mensonges du comte de Palikao; les carrières de Jaumont. — L'Empereur au camp de Châlons. — Retraite désastreuse du 1er et du 5e corps. — Une conférence au camp de Châlons; ses résultats. — Le général Trochu gouverneur de Paris. — L'Impératrice s'oppose aux résolutions de l'Empereur. — Hésitations du duc de Magenta; son départ pour Reims. — Nouvelle conférence. — Décision funeste. — *C'est la faute de l'Impératrice.* 475

CHAPIRE XVII
1870

Corps législatif, séances des 22, 23, 24, 25, 26 et 27 août. — La Jacquerie napoléonienne; le crime d'Hautefaye. — Le gouvernement impérial méditait un nouveau coup d'État; preuve de cela. — Refus d'armement. — Exécution d'un espion prussien. — Procès des émeutiers de la Villette. — M. Thiers est nommé membre du comité de défense. — Séance du 31 : la vérité sur Strasbourg; proposition de M. Keller; insolente déclaration du comte de Palikao; ses calculs et ses déductions; baladinages. — L'armée de la Moselle; le siége de Metz; les préludes de la trahison; comment un crime inouï se consomma. — L'armée de Châlons; sa marche vers l'Est; une surprise et une attaque. — Nouvelles perplexités du maréchal de Mac-Mahon; une heureuse inspiration et un bon conseil; le maréchal n'y cède pas; la marche fatale se continue : comment elle a été jugée par Napoléon III; ce qu'en disait M. Thiers au Comité de défense. — Complaisance funeste. — Une grosse question. 497

CHAPITRE XVIII
1870

L'armée de Châlons en marche; nouvelles lenteurs dont l'ennemi profite. — La surprise et le combat de Beaumont; M. de Failly à table. — Détermination fatale. — Deux dépêches de l'Empereur. — L'armée arrive à Sedan. — Le général de Wimpfen vient remplacer M. de Failly. — La journée du 31. — La bataille de Sedan; Mac-Mahon, blessé, remet le commandement au général Ducrot; l'Empereur va déjeuner; de Wimpfen prend le commandement en chef; sa lettre à l'Empereur; ses ordres de retraite; la déroute; l'Empereur a fait hisser le drapeau blanc;

protestation et tentative désespérée du général de Wimpfen ; il donne sa démission, que l'Empereur refuse ; négociations au quartier général prussien ; la capitulation ; Napoléon III se constitue prisonnier du roi de Prusse ; sa lettre à Guillaume ; entrevue des deux souverains; un mensonge et une lâcheté ; départ de l'Empereur pour Wihlemshœhe. — L'armée prisonnière ; un cri d'indignation. — Nos pertes. — Une immolation prévue. — Un hommage à l'héroïsme de nos soldats 512

CHAPITRE XIX

1870

Nouveaux mensonges officiels. — La journée du 3 septembre ; la séance de l'Assemblée ; la soirée ; la séance de nuit. — Le 4 septembre ; proclamation jésuitique ; agitation populaire ; la séance ; la Commission de déchéance ; envahissement de la Chambre ; marche vers l'Hôtel de Ville ; aspect des rues et des boulevards ; destruction des emblèmes de l'Empire ; envahissement des Tuileries ; le Peuple et la troupe fraternisent ; isolement et départ de l'Impératrice, les appartements de la souveraine déchue ; le Sénat et sa fin ; proclamation de la République à l'Hôtel de Ville ; réunion des députés à l'hôtel de la Présidence ; constitution du gouvernement de la Défense nationale ; comment fut accueillie et jugée la révolution du 4 Septembre. 528

CONCLUSION. : 547

FIN DE LA TABLE

F. Aureau. — Imprimerie de Lagny.

ERRATA

Page 60, ligne 29, au lieu de : possessions, lisez : possession.
Page 103, ligne 25, au lieu de : les uns, lisez : les unes.
Page 113, ligne 10, 11, au lieu de : sous l'impression, lisez : sous l'impulsion.
Page 132, ligne 21, au lieu de : apportaient, lisez : apportèrent.
Page 144, ligne 5, au lieu de : servirent, lisez : suivirent.
Page 163, ligne 12, au lieu de : les bien, lisez : les biens.
Page 190, ligne 3, au lieu de : en qualités, lisez : en qualité.
Page 195, ligne 22, au lieu de : appris, lisez : apprit.
Page 201, au dessous de : Chapitre III, lisez : 1854.
Page 255, ligne 1, au lieu de : leur, lisez : leurs.
Page 313, ligne 6, au lieu de : regardèrent, lisez : regardaient.
Page 424, ligne 35, au lieu de : que des fautes, lisez : que de fautes
Page 430, ligne 32, au lieu de : invocation, lisez : convocation.
Page 433, ligne 25, au lieu de : il eût fallut, lisez : il eût fallu.
Page 463, ligne 33, au lieu de : le 13, lisez : le 14.
Page 485, ligne 17, au lieu de : palais d'hiver, lisez : palais d'été.
Page 503, ligne 33, au lieu de : chargé, lisez : chargée.

www.ingramcontent.com/pod-product-compliance
Lightning Source LLC
Chambersburg PA
CBHW060504230426
43665CB00013B/1388